The Economics of EC
Competition Law:
Concepts, Application
and Measurement

欧盟竞争法的经济学：
概念、应用和测量

[英] 西蒙·毕晓普（Simon Bishop） 迈克·沃克（Mike Walker） 著

董红霞 译   吴汉洪 校

人民出版社

责任编辑:高晓璐
封面设计:孙文君

图书在版编目(CIP)数据

欧盟竞争法的经济学:概念、应用和测量/(英)西蒙·毕晓普 著;
　董红霞 译. —北京:人民出版社,2016.6(2017.5 重印)
ISBN 978－7－01－016395－6

Ⅰ.①欧…　Ⅱ.①西…②董…　Ⅲ.①欧洲联盟-反不正竞争法-研究
　Ⅳ.①D950.229

中国版本图书馆 CIP 数据核字(2016)第 139267 号

欧盟竞争法的经济学:概念、应用和测量

OUMENG JINGZHENGFA DE JINGJIXUE GAINIAN YINGYONG HE CELIANG

[英]西蒙·毕晓普　迈克·沃克 著　董红霞 译　吴汉洪 校

人民出版社 出版发行

(100706　北京市东城区隆福寺街 99 号)

北京盛通印刷股份有限公司印刷　新华书店经销

2016 年 6 月第 1 版　2017 年 5 月北京第 2 次印刷
开本:710 毫米×1000 毫米 1/16　印张:53.75
字数:663 千字

ISBN 978－7－01－016395－6　定价:199.00 元

邮购地址 100706　北京市东城区隆福寺街 99 号
人民东方图书销售中心　电话 (010)65250042　65289539

中文版序

我最初于 1996 年开始构思本书的写作。从那时到现在的 20 年间，竞争政策及其实施发生了许多变化。在撰写本书第一版时，尽管并未明确阐述，但人们一般都认为，美国反托拉斯法引领着竞争政策的发展，只有华盛顿的决定才是重要的决定。之后，欧盟竞争总司逐步进入人们的视野，刚开始只是美国反托拉斯机构资历较浅的伙伴，后来获得了与美国反托拉斯机构相同的地位。截至今日，在全球范围内具有显著影响力的，除美国和欧盟这两大竞争法辖区之外，还有中国。有关一项全球性合并如何获得批准的讨论，经常集中于华盛顿、布鲁塞尔和北京竞争执法机构的态度。中国竞争政策能够如此之快地获得这样的地位，充分体现了中国竞争政策领域内同仁们的积极努力，包括竞争法执业者、学者，以及中国三家反垄断执法机构执法人员的付出。

撰写本书第一版的动机，源于我和现任英国竞争与市场管理局首席经济学家迈克·沃克（Mike Walker）的如下想法，即经济学推理和分析在欧盟竞争法中的地位将会更加显著。这种趋势不仅一直在持续，而且在加速发展。2003 年，欧盟竞争总司设置了首席经济学家这一职位，还设置了由经济学家组成的专家团队来支持首席经济学家的工作。这支专家团队的规模也迅速扩张。经济学的重要性同样反映在欧盟竞争总司所发布的指南和行动指导中，如《关于相关市场界定的通告》、《关于纵向限制的指南》、《关于横向合并的指南》、《关于非横向合并的指南》、《关于适用第 102 条查处排他性滥用执法重点的行动指导》等。所有这些文件都在相关政策领域明确地采纳了经济学分析方法。

这些发展趋势自然使得部分竞争法律师和执法人员对经济学分析予以更多关注。尽管存在不同难易程度的优秀的经济学教材，但这些教材的重点在于经济学分析技术本身，很少关注在实践中运用这些经济学分析技术，及其所涉及到的政策议题。同样，很少有专著直接讨论经济学在实践中的运用，更鲜有专著试图回应竞争法律师和其他非经济学家的需求。鉴于此，本书以竞争政策议题为核心，讨论经济学原则，分析经济学推理在法律实施中的运用，并讨论经济学推理对于商业行为的影响。本书的目的在于，分析竞争法判例所涉及到的关键经济学议题，并举例说明这些经济学议题与竞争法实施之间的相关性。

本书主要讨论欧盟竞争法所涉及到的经济学议题，并主要运用欧盟竞争法判例来阐述相关问题。尽管如此，相同的经济学原则也同样被其他竞争法辖区所适用。本书所讨论的经济学分析方法因此也经常能够被适用于那些没有明确采用欧盟竞争法模式的司法辖区之中。因此，我希望本书第三版的中文译本，能够为中国竞争政策的发展和完善尽绵薄之力。

非常感谢吴汉洪教授、董红霞博士、RBB 的同事余妍和冯身修以及人民出版社编辑高晓璐和其他幕后人士为翻译本书所提供的帮助。尤其感谢余妍促成了本书翻译工作的启动和顺利完成。

西蒙·毕晓普（Simon Bishop）
2016 年 5 月

译者序

2008 年 8 月 1 日起施行的中国《反垄断法》，是中国社会主义市场经济体制建设的重要里程碑，体现了国家让市场发挥配置资源的决定性作用，进一步完善社会主义市场经济体制的坚定决心。

至今，中国反垄断法生效实施已近 8 年，中国反垄断配套立法、行政和司法执法以及执法机构国际交流等各项工作相继展开，一些重要反垄断案件的查处和公布，在国内和国际均产生了较大的积极影响。

展望未来，对中国反垄断事业而言，无论在立法方面，还是在执法方面仍有大量工作要做。但笔者认为，一个基础性的工作就是要加强反垄断方面的教育和培训工作。首先，当前我国很多地方政府、企业，尤其是国有企业对市场竞争机制，竞争政策和反垄断法还没有基本的认识。这种认识上的僵化和滞后在很大程度上阻碍了我国竞争政策的落实。国际上的经验表明，转型国家的竞争机构需要在制定、实施反垄断法的初期给予竞争倡导足够的关注。其次，为推动竞争政策的有效实施，按照党中央、国务院有关要求，国家发展改革委正在研究建立公平竞争审查制度，对政府部门拟出台的政策措施进行审查，防止其排除和限制市场竞争。而真正推进公平竞争审查制度，则需要进行大量的教育和培训。再次，鉴于反垄断问题的复杂性，提高现有的反垄断执法人员的专业水平和业务素质是一项长期的，基础性的工作。尤其是在我国目前反垄断执法资源相对不足，反垄断案件复杂性逐渐增加的背景下，更应该加强这方面的工作。

正是基于上述考虑，在人民出版社的帮助下，我们组织翻译了由西蒙·毕晓普和迈克·沃克合著的《欧盟竞争法的经济学：概念、应用和测量》一书，该书具有以下特点：

第一，读者对象广泛。正如该书作者在序言中指出的，该书是所有竞争法从事者，包括竞争主管机构、法律顾问、决策者和学生都应该阅读的一本书。由于竞争法与经济学紧密相关，因此，涉及这方面的每个人都应尽己所能去了解竞争法的基本原则和政策目标。

第二，内容广泛。该书既有对竞争法基本概念，如有效竞争，市场支配力评估和相关市场等内容的介绍，又包括了近年来的一些重要议题，如双边市场、招投标研究、并购模拟和损害赔偿估算等。

第三，反映了欧共体竞争执法的一些新变化。该书第二部分着重于欧共体并购条例，不仅论述了相关内容，还反映了欧盟委员会针对横向并购与非横向并购分别采用了不同的指导方针。这些都有助于我国的读者了解欧共体竞争执法的一些新变化。

需要指出的是，本书中出现的第 101 条对应的是原欧盟条约的第 81 条，第 102 条对应的是原欧盟条约的第 82 条，特此说明。

笔者认为，该书中文版的出版有如下意义：有助于我国竞争执法人员掌握执法过程中需要了解的相关经济学的概念和方法，提高经济学的基本素养；有助于反垄断领域的从业者，包括律师和法律顾问学习、了解反垄断领域中的经济学知识；有助于我国高等学校相关专业的在校生学习，提高他们的经济分析能力。

本书的分工如下：由我主持全书的翻译工作，董红霞博士负责翻译全书的基本内容。在校译过程中，博士后董笃笃和权金亮提供了一定的帮助。RBB 经济咨询公司的余妍女士也提供了大力帮助。最后由我定稿。

我们在此感谢人民出版社的高晓璐女士，她积极联系版权才使该书中文版得以出版。在编辑和出版过程中，高女士仔细和高效的工作也给我们留下了深刻印象。

由于时间仓促和水平有限，翻译中的偏颇和错误在所难免，敬请读者批评指正。

吴汉洪
于中国人民大学明德楼
2016 年 2 月 1 日

代　序

　　自首次接触反垄断法学并将之作为自己最主要的研究领域至今二十余年，其间不仅目睹了世界范围内反垄断法学理论和实践的变迁，更亲历了中国反垄断法及诸多配套规章的制定和实施。这中间，一个最深刻的体会就是反垄断法学与反垄断经济学愈加紧密的结合。正如美国著名法学家波斯纳（R. A. Posner）在其著作《反托拉斯法》一书的再版序中谈到自己删去第一版的副标题"一种经济学的观点"的原因时谈到的："今天在反托拉斯问题上，难道还有其他的观点吗？"而在通过经济学的视角考察反垄断法学，将经济学的方法和分析思路应用于反垄断法实践，为反垄断法的立法、执法和司法活动提供理论支撑和技术分析工具方面，本书的两位作者——来自欧洲的西蒙·毕晓普（Simon Bishop）和迈克·沃克（Mike Walker）无疑是佼佼者。早在 1998 年，在本书的第一版中，两位作者就断言经济分析与经济学论证将在未来欧共体竞争法中扮演更加重要的角色。

　　本书的两位作者不仅具有高深的反垄断经济学和法学专业知识，更有长达几十年的将反垄断经济学运用于具体垄断案件展开分析的实践经验。这就使得他们的这本著作既不同于纯粹的竞争法法律解释学著作，又比那些纯粹介绍或研讨反垄断经济学基本理论的著作更具实践价值。正如两位作者在原序中谈到的那样，本书旨在重点讨论经济学的分析方法如何在竞争法的适用中发挥作用。以此为出发点，也使得本书成为此领域中为数不多的佳作之一。

　　虽然本书以欧盟竞争法为研究对象，但对中国读者而言同样具有很高的实用价值。一方面，我国《反垄断法》在立法过程中就广泛借鉴了包括欧盟在内的世界各主要反垄断法域的立法和执法经验，因此研究欧盟竞争法更有助于加深我们对我国反垄断法的理解。更为重要的是，我国《反垄断法》自2008年开始实施至今，理论界和实务界也都面临着这样的问题——如何将经济学分析方法有机纳入抽象的对非法垄断行为构成要件的分析过程之中。对于行政执法机构和法院而言，他们需要在掌握相关经济学知识的基础上，学习和借鉴包括欧盟在内的各主要反垄断法域在过往案例中对经济学分析方法和分析工具进行运用的经验，来适应、形成这种与传统法律思维不同的反垄断案件所特有的思维方式，进而建构起我国对垄断案件的行政执法和司法分析框架体系。可喜的是，近期的一些案件表明，我国的行政执法机构和人民法院在这方面进行了非常了不起的尝试。对于广大企业和律师而言，在我国反垄断法配套法规还不尽完善，典型案例数量还较为有限的情况下，学习和了解包括欧盟在内的其他国家和地区既往的案例和经验，有助于快速领会反垄断法的精要，进一步加深对我国反垄断法的理解，通过学习和掌握各种反垄断的经济学分析方法来完善企业的合规性审查等。

多年以前，因研究需要，曾研读本书（第一版），并因此加深了对欧盟竞争法的理解和认识，也开始意识到经济分析对反垄断法的重要意义。机缘巧合，值此书第三版中译本面世，很荣幸受邀作序，诚挚的向竞争法学友推荐本书，希望更多的读者能通过本书获益！

黄 勇
（对外经济贸易大学竞争法中心主任、法学院教授）

序

　　正如我在本书第二版的序中所说，这是所有竞争法从事者，包括竞争主管机构、法律顾问、法官、政策制定者和学生，都应阅读的一本书。竞争法与经济学有关，因此，涉及这方面的每个人都应尽己所能去了解它的基本原则和政策目标。此外，熟悉经济学家们在处理一些特别案例时所使用的各种方法论也很重要。本书第二版发行七年以来一直广受读者追捧，第三版同样倍受欢迎。那些时而被称为"更经济学"的分析方法在近代已根深蒂固。这些可在个案中看到，尤其是在欧盟并购条例下，越来越多复杂的方法被应用到了个案中，人们也接受了那些包含比以往案例有更多经济分析的判决。经济学的重要性在委员会指南中也显而易见，例如横向并购与非横向并购指南和《欧盟第102条款查处市场支配地位企业滥用性排他行为的执法重点指南》。因此，不足为奇，本书的成长和本身就反映了经济学日益增长的影响。第三版的内容比第二版多很多，增添了许多备受欢迎的新材料。

　　本书的结构仍然与以前的版本一样，在本书第一部分，读者可以读到这些内容的基本概念——有效竞争、市场力量评估和相关市场。在市场力量的讨论中增添了抵消性买方力量、勒纳指数和一个近年来变得很重要的话题——双边市场这些新内容。在市场界定这一章节，作者为实践中时而会出现的一些失误提供指导，"玻璃纸谬误"就是众多失误之一。

　　本书的第二部分着重于第101条款、第102条款和欧盟并购条例。这些章节中的大部分内容都作出了改动以体现过去七年的发展。这段时期，委员会要根除卡特尔的决心越来越坚定：如今罚款的数额巨大，而且委员会的许多决定导致了随后的损害赔偿诉讼。曾经，经济学在卡特尔案例中并没有发挥很大作用。然而，在近些年却有了变化，越来越多的经济学家参与到案例的实质性分析中，例如，信息交换协议实际上会不会对价格造成影响？如果不会，那么是否应该认为此协议是根据目标限制竞争，而不是依靠是否构成影响而限制竞争？而且，在考虑案例的正确罚款额，以及执行规定在本国法院的一系列诉讼中，计算何种程度的损害应予以赔偿这项极为艰巨的任务时，经济学家们越来越多地被要求施以援手。本书新的版本包含了很多对这些重要话题很有用的论述。本书也详细说明了2005年欧盟竞争总司讨论稿之后对第102条的应用，以及委员会较新的《执法重点指南》。在此最新版中，有两个章节是关于并购规制的，而不是像旧版一样仅有一章节，这反映了委员会针对横向合并与非横向合并分别采用了不同的指南。

了解经济学家在处理实际案例时使用的方法和基本经济概念同等重要。本书的第三部分主要是针对这些方法提出一些极为有用的论述，例如，包括弹性分析法的使用、招投标研究、冲击影响分析、价格集中度研究、并购模拟、装运和运输成本测试和损害赔偿估算等。

我重点突出了第三版中的主要改动。当然，还添加了其他一些内容，在这就不一一指出了。渴望了解经济学对竞争法以及竞争政策作出的贡献的读者们会发现本书的价值是无法估量的——感谢作者对精编新版的卓越贡献。

理查德·韦思（Richard Whish）
2009年10月于伦敦国王学院

前　言

　　本书的初版于 1998 年完写成，主要阐述经济推理和分析在欧盟竞争法中的重要地位。自从第二版于 2002 年写成后，这个趋势持续并快速发展。这一趋势发展的明显标志是经济学家所介入的案例数量与类型，以及越来越多的经济学家在欧洲各种竞争主管机构里工作。欧洲委员会的欧委会竞争总司于 2003 年新增了首席经济学家这一职位，并且设立了一支由经济学家组成的专家团队来支撑该职位，这使得经济分析的重要性得到了进一步的确认。[①] 自那以后，该团队的规模迅速发展扩大。但在我们看来，最为重要的标志依然是欧委会竞争总司和某些国家的竞争主管机构在政策和政策指南中所采取的越来越多的经济手段。在欧盟竞争政策的背景下，这类例子包括相关市场的界定通告、纵向约束指南、横向合并指南、非横向合并指南和欧盟条约第 102 条款查处企业滥用性排他行为的执法重点指南。[②] 所有这些文件在相关的政策领域都采取了详尽的经济分析方法。

　　对涉及竞争法的律师和政府官员来说，这些新发展自然而然地提高了他们对这个话题的兴趣。但如今市面上好几本较好的经济学教科书都存在不同程度的复杂性，这些律师和官员的关注点在于经济分析技巧本身，而

　　[①]　罗勒和贝格斯（Röller, Buigues）（2005），以一个业内人士的观点来特别看待首席经济学家团队的作用，和普通看待欧委会竞争总司内部经济学家的普通作用。

　　[②]　欧洲委员会（1997）《关于欧盟竞争法中相关市场定义的委员会通告》OJ C372/5；欧洲委员会（2000）《委员会通告：纵向约束指南》（2000/C29/01）；欧洲委员会（2004）《欧洲理事会关于控制企业间集中条例下的横向合并评估指南》（2004/C 31/04）；欧洲委员会（2008）《欧洲理事会关于控制企业间集中条例下的非横向合并评估指南》（2008/C 265/07）；以及欧洲委员会（2008）《欧盟条约第 82 条查处市场支配地位企业滥用性排他行为的执法重点指南》。

不是在实践中用到或可能用到的对政策问题的分析。同样地，只有为数不多的书籍直接涉及经济学的实际应用，尤其是只有极少数是尝试着解决竞争法事务律师和其他非经济学人士的需求。③ 因此，本书中关于经济原理的条款明确地侧重于政策问题——经济推理如何与法律的实际应用及法律方法对商业和商业行为的影响产生关联。本书旨在为出现在欧盟竞争法案例中的重点经济问题提供指引，并提供一些相关的实际案例。

虽然本书专门注重欧盟竞争法中出现的经济学问题，但需要注意的是，随着越来越多的成员国将欧盟竞争法纳入本国法律，欧盟竞争法与国内竞争法的相关性也不断增强。④ 此外，本书所述的经济分析技巧甚至对于一些并没有明显地参考欧盟竞争法建立起本国竞争法的管辖区也经常适用。

竞争法事务律师、竞争主管机构官员和涉及这个领域的经济学家（作为学者兼顾问）这三类人群对本书的第一部分会感兴趣。在这一部分，我们将以一个明确务实的方式来讨论"有效竞争"的本质、市场力量和与市场界定相关的问题——这是竞争政策分析的三个核心概念。第二部分主要针对律师和竞争主管机构的官员，但毫无疑问，经济学家们可能也会对经济原理的实际应用讨论产生兴趣。该部分主要讨论第 101、102 条款和并购条例背后的经济理论。自第二版出版以来，针对在这些领域中出现的经济问题的讨论已有了进一步扩展，这反映了经济学起主要作用的案例数量的普遍增长，也反映了两套并购指南的引入和由欧委会竞争总司发布的第102 条款指南的采用。而关于并购评估的相关经济概念则分两个章节讨论：第一章节讨论横向合并，第二章节讨论非横向合并。而第三部分的针对对象再次回到那三类人群。这个部分论述了在竞争分析中可用来区分竞争假说的各种实证方法。该部分比第一、第二部分更具技术性。我们知道部分材料对于非经济学家人士来说有相当的难度，特别是第 10 章和 15 章的部分内容。但是，希望第三章将会提供各种实证方法的基本知识，从而给那

---

③　显著的例外包括 Mehta 和 Peeperkorn（2007），Motto（2004）和 Lyons（2009）。

④　除了德国，所有成员国都有并购规制而且都有仿效第 101、102 条款而制定的国内法。

些可能遇到的实证分析一个更为精确的评定。

不论直接还是间接，为这本书作出贡献的人数不胜数。其中就包括过去十八年来和我一起共事的竞争法律师们。他们使得我们多次重新审视和改善我们对将经济理论应用到真正世界市场的理解和对经济学针对政策问题可以有效说明的内容的理解，这是一个持续不断的过程。类似的表述也适用于在欧委会竞争总司工作的官员和不同国家的竞争主管机构，尤其是英国公平交易局、英国竞争委员会、南非竞争委员会及法庭、澳大利亚竞争及消费委员会和德国联邦卡特尔局。我们还要感谢每一位经济学同事为我们持续的经济学教育所做的贡献。感谢你们！

我们还要向那些曾经被迫详细阅读本书初稿并作出评论的人们致以诚挚的谢意。此外，还要感谢那些为本书第一和第二版提供帮助以及协助完成此版的人们：路易莎·阿芙索、马库斯·巴尔道夫、保罗·多布森、巴勃罗·弗洛里安、博扬·伊根拖维科、米格尔·德拉马诺、理查德·穆加特罗伊德、达莉亚·普里吉奥尼、维塔利·普鲁然斯基、弗朗西索·罗萨蒂、塔尼亚·范登·布兰德、马泰斯·维瑟、克里斯·沃尔特斯、格雷格·威尔和理查德·韦思。

再一次特别感谢理查德·韦思为本书写序。

目　录

第三部分　测量

第一章　导　论

　　推动建立一个欧洲共同市场的主要动力之一是该项目完成后会带来的预期经济优势。欧盟的目标已被载入《欧盟条约》第 2 条，其中包括通过建立一个无国界约束的共同市场来加速提高人民生活水平和实现经济活动持续平稳扩展。因此，货物、服务、人员和资本的自由流动，以及在其他成员国建立业务的权利成为了该条约的中心目标。然而，消除那些诸如成员国之间的关税壁垒和配额等政府对于竞争的限制，如果被卡特尔和其他反竞争行为所取代，那么消除各成员国政府对于竞争的限制，便无法带来什么好处①。

　　《欧盟条约》的制定者认可了欧洲竞争规则的必要性，并且将若干条规定载入其中。其中，最重要的是《欧盟条约》第 101 条和第 102 条②。第 101 条禁止企业之间各种限制、扭曲或妨碍企业之间竞争的协议或一致行动，除非证明该协议或行为可以为整个共同体提供高于一切的利益。该条款适用于企业间的共谋行为、横向合作、合营企业以及纵向约束。第

---

　　① 反对政府限制的斗争仍在进行。在许多备受瞩目的案例中，各国政府要么通过支持反竞争的合并要么通过阻止外资收购来寻求保护或创造国家"冠军"企业，见收购西班牙电力和天然气供应商——恩德萨公司所产生的问题一例。起初，西班牙政府支持另一个西班牙的供应商——天然气公司的收购，但后来，在该交易被西班牙竞争主管机构禁止之后，西班牙政府试图对德国供应商——德国意昂集团对恩德萨公司的收购施加限制。详情请参阅《2006 年 1 月 5 日天然气公司/恩德萨公司反垄断裁决报告 C-94/05》或《2006 年 12 月 20 日委员会新闻稿 IP/06/1853（"合并：委员会判定，西班牙在收购意昂集团/恩德萨公司一事上所采取的措施违反了欧盟法律"）》。2008 年 9 月的金融危机引发大量的由各国政府提出的国家援助请求，其中很多可能是没有法律依据的。

　　② 《阿姆斯特丹条约》的第 101 条以及第 102 条分别与《罗马条约》的第 85 条和第 86 条相对应。

102 条旨在防止支配企业做出损害共同市场利益的行为，例如收费过高。自 1989 年将监管企业行为的规则纳入《并购条例》后，这些规则得到了强化。[3]《并购条例》[4] 授予了委员会禁止反竞争的合并、收购、合营企业等具有欧盟大范围的企业合资的权利，并于 2004 年进行了修订。

《欧盟条约》还力图防止政府在竞争过程中过度干预。为此，该条约包含了管理实行国家援助的规则（《欧盟条约》第 86 到 89 条）。原则上，经济推理对这些条款，如第 101 条、第 102 条以及《并购条例》的应用具有很大的作用。[5] 后来在意识到这一事实后，委员会于 2005 年 6 月开展了国家援助改革的五年计划，随后编写了大量的讨论文件并举行了许多概述经济分析作用的会议。[6] 对此，一个重要的、可喜的成果是人们对进行国家援助的经济合理性的关注增多了，例如，人们增多了对需要援助解决的市场失效的关注。根据《反倾销条例》，经济分析也有可能在反倾销税的评估中发挥作用。然而，管理国家援助和反倾销的规定应用与欧盟竞争法的核心内容不同，由于这两者本身的内容范围都很大，因此都被视为超出了本书的范围。[7]

欧盟竞争政策是欧洲单一市场计划的核心。显然，经济学在竞争法研究中发挥核心作用这一说法越来越多地被人接受。一旦人们了解到很多竞争法的关键概念，例如，"竞争""垄断""寡头垄断"和"进入壁垒"这些概念并不是出自于法律，也不是来源于社会学或政治学，而是来自于经济学，经济学的重要性就显而易见了。因此，如果不考虑经济因素的话，竞争法的应用并不能适当地生效。引用施马兰西的一句话：

---

③　规则 4064/89［1989］OJ L3951

④　2004 年 1 月 20 日第 139/2004 号有关控制经营者集中理事会条例，见第 7 章对主要变化的讨论。

⑤　关于支持经济学在国家援助案例中发挥作用的早期支持者，请看 Bishop（1997）一书。

⑥　例子请见：《公平贸易局》（2005）、Nitsche and Heidhues（2006）以及 Friederiszick, Roller and Verouden（2008）。

⑦　支持延长国家援助协议和反倾销法律的读者分别为 Quigley（2009）and Mueller，以及 Khan and Scharf（2009）。

"除非经济效率被认定为不重要，否则，人们不可避免会使用当前背景下的经济模型，这胜于发表一些枯燥的议论。"⑧

因此，不足为奇，在提交给委员会的意见书和委员会自身的判决中，经济原则的应用在做出决定的过程中发挥着越来越重要的作用。⑨⑩ 在20世纪70年代和80年代，如果欧盟委员会的裁决和欧洲法院的判决的确使用了经济推理，这些决定往往会以一种不精确的和随机的方式运用经济学原理。然而，在采用《并购条例》后，提交给委员会的申请书和委员会的后续判决中，经济论证的明显运用不断增加。对经济推理的依赖不断增强还体现在过去十年里发布的指南和通告的数量上，其中包括：界定相关市场的通知（1997）、应用于纵向限制的第102条指南（2000）、横向并购指南（2004）、改革第102条更多地引入经济学方法的讨论稿（2005）、非横向合并指南（2008）以及适用第82条的指南（2009）。⑪

2003年，首席经济学家进一步证实了经济学在欧盟竞争法中的重要性。他们直接向欧盟委员会竞争总署的局长进行了汇报，并且得到了经济学家团队的支持。最初，首席经济学家团队只有10位成员，但在意识到经济学在委员会决策过程中日益提高的重要性之后，其成员已经增加到了20名，而且有进一步增加的趋势。⑫

经济学在委员会决策中的作用日益突出，很大程度上是由于使用实证证据来支持经济论证的用法增加。⑬ 实证证据的使用有助于竞争监管机构

---

⑧　施马兰西（1979）。

⑨　在下文中，"委员会"指的是欧盟委员会，除非另有说明。

⑩　可以说，类似的言论越来越多地应用于欧洲初审法院和欧洲法院的判决中。

⑪　欧盟委员会（1997）为施行《欧盟竞争法》97/C 372/03 给相关市场的通告；欧盟委员会（2000）通告：纵向限制指南 2000C291/01、欧盟委员会（2004）横向合并评估指南 OJ C31，5-2-4、（2005年12月）欧盟委员会竞争总署关于第82条对于排他性滥用条例的应用报告文件、欧盟委员会（2008）非横向合并评估指南；以及欧盟委员会（2009）委员会交流：委员会执行优先应用《欧盟条约》第102条处理主要经营者排他性滥用行为指南。

⑫　理论上，建立首席经济学家团队为个案调查组提供了额外的相互制衡作用。但实际上，首席经济学家团队成为了该调查组不可分割的一部分。

⑬　把实证证据的使用等同于计量经济分析的使用，这是一个常见的谬误。如本书第三部分所示，计量经济分析仅仅是分析观测数据的方法之一。

解决问题——在很多案例中，一种合理的经济论证，能够被用来支持促进竞争或损害竞争的论断。在理论上，这两个观点的差异往往是不可消除的。那些熟悉经济理论的人都知道，很多的结果往往都可以会因为一个假设被推翻而改变，这尤其适用于采用博弈方法论的现代经济分析。实证分析提供了检验相互矛盾的假设的机会。然而，依赖经验证据并不总是正确的，通常，比起一种假说，这些证据更支持另一种假说。简而言之，了解被调查行业实际发生的情况对判定所调查的行为是否代表有效竞争行为或反竞争行为是至关重要的。

　　了解竞争法研究中所出现的问题、这些问题潜在的基本理论以及可以用来解决这些问题的实证证据类型，对于律师、经济学家和从事这一领域的行政人员来说越来越重要了。本书包含了能提供良好政策方案的经济理论，以及理论论证所隐含的结果和实际市场结果的比较。[14] 因此，涉及竞争法从业者感兴趣问题的大量理论模型，我们在此不作详细说明。[15] 相反，我们注重的是已广为认可的经济模型，这些模型给出了能够实证检验的命题。

　　本书首先探讨应用欧盟竞争法所引起的主要经济问题，以及如何在实践中运用判例法解决这些问题；然后讨论如何运用可获取的市场证据来区分竞争与反竞争行为。应该强调的是实证分析技巧是评估竞争效果的法律程序的辅助手段，而不是目标本身；实证证据可以用来支持一个论点，但其并不构成论证本身。

第一节　欧盟竞争政策目标

　　用于检验经济理论和实证技巧的理论，应被视为给竞争法从事者提供的一套工具，用以评估竞争性假说的优缺点。但这立即引发了一个问题：

----

[14]　维克斯（2002）提倡这个方法。

[15]　泰勒尔提出关于对工业经济理论的极好概述（1988）；莫塔提出关于竞争法经济学的理论课程（2004）。

人们应该设法去检验何种假设？要回答这个问题，必须考虑到欧盟竞争法的目标。从对这些目标的考虑出发，⑯ 以下是需要考虑的经济问题，以及经济学应该力图解决的问题类型。特别是，回答这个问题时要突出其重要性，可以的话，竞争主管机构和法院在决策过程中应该重视经济学的重要性，以及为竞争价值的确定提供一个框架。

欧盟竞争法广泛阐述两个目标：促进成员国之间的一体化以及有效公平竞争。⑰ 这些目标有可能会被称为"一体化目标"和"经济目标"。

一、一体化目标

欧盟的竞争政策与其他管辖区的竞争政策不同，其必须考虑市场的一体化目标，以及对公平竞争制度的需要。⑱ 欧盟条约第 2 条很清楚地阐述了市场一体化是欧盟竞争法的一个重要目标：

"欧盟应将其作为任务——通过建立共同市场，逐步拉近成员国的经济政策，从而促进整个欧盟经济活动协调发展、持续平稳扩展，增强稳定性，加速提高人民生活水平和加强成员国之间的密切联系。"

欧盟竞争法的一体化动机对委员会的决策有着重大影响。市场一体化目标的存在说明了委员会抵制阻止或妨碍跨境贸易的协议或商业行为。

二、经济目标

欧盟主要竞争规则的措词表明欧盟竞争法的核心在于维护有效竞争：

- 第 101 条禁止有悖于单一市场的或影响成员国之间贸易的协定，禁

---

⑯ 同样的原理也适用于其他国家，例如，成员国的国家竞争法。然而，也应适当顾及成员国之间存在的差异。

⑰ 尽管欧盟竞争法还有其他目标，实际上，经济目标和促进一体化是最重要的。关于其他目标的更多概述，请参阅 Whish（2009）和 Neven et al.（1998）。

⑱ 欧盟竞争法的目标不仅仅是公平竞争。例如，南非竞争法包含有关就业和少数民族权利的规定，而欧盟竞争法的独特之处在于把市场一体化作为其目标之一。

止"成员国实施妨碍、限制或扭曲共同市场内竞争的行为或将其作为目标"。

● 第 102 条禁止可能产生反竞争结果的个体企业行为；"禁止一个或多个具有市场支配地位的企业滥用市场支配地位，这和共同市场原则不符"尤其是过高收费或者依消费者偏好限制生产。

● 欧盟并购条例指出，"在共同市场或在大部分的共同市场中，经营者集中有可能严重阻碍有效竞争，特别是当经营者集中导致或强化市场支配地位时，其应被认定为与共同市场相悖。

但何谓有效的竞争？标准经济理论告诉我们，除非企业拥有并行使市场力量，否则他们不会对竞争造成不利影响。因此，有效的竞争可等同于不存在市场力量。标准经济理论把市场力量定义为将价格提高至高于竞争价格水平的一种能力。

然而，这就引发了关于"竞争价格"的定义问题。在许多教科书中，"竞争价格"被定义为等于短期边际成本。但是，正如许多评论家所指出的，在这种定义下，几乎所有的企业都具有某些市场力量。这导致了人们认为所有此类行业都需要监管干预（这当然是站不住脚的论点），或认为必须要区分"显著"市场力量和"不太显著"市场力量。大多数考虑过此问题的评论家都支持第二个观点，这意味着在不行使显著市场力量的情况下，市场属于有效竞争。但市场力量什么时候才变得显著？最终，添加"显著"这一形容词并不能为判定一个企业是否从事反竞争行为提供实际性指导。

通过本书，我们可以明确了解有效竞争可以而且通常会导致价格高于短期边际成本。简而言之，不一定要将高于单位生产成本的价格视为市场力量的象征。[19] 因此，评估市场是否属于有效竞争，远不只是对价格成本差额的观察。第二章和第三章将提供关于竞争性评估的主要构成要素的概述。

---

[19]　该观点的论证由泰勒尔（1988 年）、卡茨和夏皮罗（1998 年）提供。

三、冲突的目标

欧盟竞争法的两个目标可能不一致。例如，有些制造商试图限制零售商活动的范围。在某些情况下，从提高经济效率的角度来看，这种做法可以被认为是促进竞争的。然而，这种做法可能会违背欧洲市场一体化的目标，因此遭到了委员会的质疑。这也就解释了为什么某些协议被视为与共同市场的目标相悖，而其他一些对经济福利有相同影响的协议则不然。

这两个目标引起了许多评论家的注意，他们认为欧盟竞争法的应用与其他司法管辖区（尤其是美国）的竞争法实施有着本质性区别。从某种意义上说，确实如此：欧盟竞争法有两个目标，而美国的反垄断法只有一个。但这并不需要评估商业行为、协议或合并对经济福利的影响。如上文所述，一个清晰的竞争评估，需要仔细考虑经济学原理。经济推理为各司法辖区各行业竞争的有效性评估提供了必要的工具。这意味着相同的经济学原理在欧盟竞争法和其他司法辖区竞争法的应用中同样有效（包括美国）[20]。

然而在实践中，欧盟竞争法的市场一体化目标可能先于经济目标，但这不意味着：即使是在协议明确限制跨境贸易的情况下，欧盟竞争法不应当重视经济效率。只根据市场的一体化目标来做出决定，而忽视其对经济福利的影响，后果将不堪设想。

在委员会的众多案例中，有一个很好的例子：葛兰素史克制药公司试图阻止该公司出口到西班牙和希腊的药品平行贸易[21]。整个欧洲的药品

---

[20]　所述的欧盟的目标和美国反垄断法的目标的一致性由来已久。竞争委员会前委员卡雷尔.范.梅尔特 1998 年在《金融时报》表示，在反垄断问题上欧盟和美国能够密切合作，是因为双方的竞争政策"虽有不相同，但非常相似"。

[21]　详情见《葛兰素史克公司服务项目和委员会》［2006］5 C. M. L. R. 29；倡议者雅各布斯的观点见于《Syfait and Others v GlaxoSmithKline and Others（C-53/03）》［2005］E. C. R. I-4609，［2005］5 C. M. L. R. 1；欧委会和葛兰素史向第一上诉法厅起诉（C-501/06P，C-513/06P）；以及 http://ec.europe.eu/competition/sectors/pharmaceuticals/overview-en.html［2009 年 9 月 9 日查获］。

价格皆由成员国政府设定。相比于欧洲其他国家，西班牙和希腊政府设定的价格是相对较低的。这使得把药品进口到西班牙和希腊的批发商们，通过将药品再出口到药品价格更高的国家，如法国和英国，而从中获利。

葛兰素史克公司试图通过拒绝满足西班牙批发商的要求和避免与希腊批发商合作来阻止这种贸易。委员会认为这违背了单一市场的目标，是反竞争行为。在撰写本书时，该案件仍在上诉，但如果委员会获胜的话，很显然，一个潜在的后果是：葛兰素史克公司可能会停止在西班牙和希腊销售其药品。这将会对这些国家的消费者造成危害，并且让其他地方的消费者无法得到相应的利益②。

委员会对联合酿酒集团㉓案例的决定为该矛盾提供了另一个虽过时但很好的例证。在该案例中，委员会谴责通过制定出口双重定价方案妨碍出口的行为，依照该方案，英国经销商被迫放弃出口每箱威士忌酒高达5英镑的折扣。该集团认为需要使用该方案来保护欧洲大陆的酿酒独家经销商，因为他们花费了大量的资金在推销上，而且使得平行进口商收益颇丰。但委员会并不接受该说法。该决定的结果导致了英国某些牌子的酒价格上涨，尊尼获加红方在英国撤出了销售，消费者（至少英国的消费者）福利明显下降但却没有利益补偿。此外，其他酿酒品牌也停止了在欧洲大陆的推广。所以，唯一的结果就是，在英国和欧洲大陆销售的酒的品牌不同。因此，推动单一市场的一体化远远没有实现，事实上委员会的决定可能已经延缓了一体化的进程。

因此，经济学原理的合理应用，并不意味着忽略一体化或欧盟竞争法的其他目标或降低其重要性。相反地，它只是说明通过单独考虑每个目标，对违背欧盟条约目标的商业行为所造成的影响进行评估，可以使两个

㉒　竞争与一体化目标的相互作用也请参阅《Silhouette（C-355/96）》（1998），E. C. R. 676。该案件也涉及了对高品质时尚眼镜和太阳眼镜平行进口商的限制。

㉓　联合酿酒集团（红牌）［1983］C. M. L. R. 173；［1983］OJ C245/3.

目标更清晰、更一致。㉔ 这两个目标之间的冲突不应上升至国家层面。

第二节 "更经济学的方法"的影响

应该重点强调，"更经济学的方法"体现了竞争法的实施在欧盟是一个渐进的过程，而不是独立于竞争法。与很多观察家所坚持的观点相反的是，之前的很多决定都包含了经济推理，即使只是以一个不明确的方式。然而，上述发展明显已经对竞争法在欧洲的应用产生了影响。具体而言，对竞争性评估重点的关注已经从考虑竞争对手是否受到损害（这反映了德国竞争法对欧盟竞争法早期发展的影响）转移到竞争是否不利于消费者这一重点上。

如上所述，欧盟竞争法的经济目标是防止竞争损害。该目标不需要总是或经常涉及对竞争者的保护。如委员会《第102条指南》指出，"委员会需要谨记，真正重要的是保护有效的竞争秩序，而不只是保护竞争者。"㉕ 在涉及排除竞争对手的潜在损害理论的案例中，区分损害竞争者和损害竞争是非常重要的；损害竞争对手会使得反竞争影响对消费者造成不良后果。㉖ 从"更经济学的方法"的影响中意识到损害竞争者不一定由损害竞争造成，而且需要做出更详细的分析。事实上，整个竞争过程涉及了企业为获取高于竞争对手的优势地位而进行的斗争，这个过程几乎被定义为损害竞争对手。但是，这不一定说明市场不属于有效竞争。例如独家供应合同这种既定的商业行为，会使企业的竞争对手更难与之竞争，但这种商业行为并不说明竞争秩序正遭受损害。

总之，经济推理在委员会的决定中更加明确，这产生了一个主要影响——竞争过程把竞争评估的重点从保护竞争者转移到了保护竞争，因

㉔　Whish 2009 年作出以下声明："因此，重要的问题是判断竞争对经济绩效的影响。要熟悉这点必须先熟悉经济理论"（第4页）。

㉕　详情见《第102条指南》第6段。

㉖　该问题在第六章讨论第102条时有详细讲解，在第8章关于纵向和混合并购所产生的潜在竞争关系的讨论中也有详述。

此，重点转向分析调查中的行为影响而非行为方式。因此，也许更适合谈论"更基于效果的方法"而不只是"更经济学的方法"。

第三节　实证技巧的使用

适用于欧盟竞争法一个更基于效果的方法，其核心要素是加强可观察到的市场证据的重要性；以及找出评估商业行为可能产生的影响的方法。然而，很多人对欧盟竞争法实证证据的使用持反对意见，反对意见分为三大类。

第一类反对意见原则上认为，实证技巧的使用在竞争评估中起到了辅助作用，然而，问题在于这类测试在实践中的适用性。特别是，测试中所需的数据不容易获取。确实，数据的数量和类型跟理想数据不匹配，但这不意味着没有有效的数据可供使用。事实上，在许多情况下，如没有明显复杂的计量经济分析，竞争性评估可以结合有效的市场证据，而且几乎在所有的个案中，都可以采用一些适当的实证分析。即使是那些结合有限实证分析结果的论证也往往优于那些纯粹基于理论的论证。

第二类反对意见更为重要，其关注的是实证方法在帮助竞争性评估方面是否有用。这种批判可以总结为"错进，错出"。这种说法有一定的优点，不能依赖使用不恰当数据而得出的结果，也不能依赖由不好或不正确分析得出的推论。例如，众所周知，当大部分交易都以标价的不同折扣达成时，标价本身就不太可能反映市场竞争状况。然而，这只是强调好坏分析之间的区别，因此，必须防止使用这类论证来排除所有实证研究的结果。在一方试图抹黑对方证据的情况下，这种说法确实存在。至少，应该说明数据为什么不可靠，并说明纠正错误数据的方法，这种方法将会改变最初的研究结果。自从对美国通用电气公司和 Instrmentarium 的合并进行调查研究后，委员会经常通过让当事方的经济学家获取由第三方提供的保密信息，特别是投诉方用于准备他们自己的经济学建议的信息，以促进这种类型的交流。这样，双方都能够直接评论和检验分析的稳健性，该分析由

第三方申诉人和委员会做出。㉗

　　第三类反对意见认为这种实证分析过于耗时，并且没有足够的资源或专业知识提供给竞争主管机构去检测或评估这种分析的正确性。这种反对意见通常来自那些国内竞争机构，他们反对在竞争法中采用更基于效果的方法。然而，如上所述，实证分析并不总是需要大量的数据，因此可以方便并快速地进行。此外，很多关于实证分析的"棘手工作"是由被调查方和申诉人完成的。因此，缺少外部资源并不阻碍这种分析作为一种竞争性评估的资源来使用，因为它只对进行分析的人产生影响。然而，越来越多的竞争主管机构有充分的内部经济资源，如上文所述，委员会首席经济学家团队现有大量的工作人员，而其他的竞争主管机构同样如此。从根本上来说，这种反对意见好像是在认为实际市场证据的审查在竞争评估中没有价值。这显然是不正确的。实际上，这种批评体现了一种鸵鸟策略——像鸵鸟一样把头埋在沙子里逃避问题。

第四节　本书内容安排

　　本书的第一部分详述欧盟竞争法运用的主要经济概念。第二章详细评估"有效竞争"中一些可行的定义。有人主张，从竞争法的目的出发，对"有效竞争"合理的定义必须关注市场结果而非只是描述市场的特性。基于市场结果的定义提供一个用于评估某个行业竞争水平的基准，还提供了一个用于评估竞争水平的基准。

　　第三章介绍市场力量的概念，该概念重点说明了行使显著市场力量的

　　㉗　美国法庭通过运用多伯特规则检验专家证据的可靠性。这些规则提供四个问题用以检测专家的证据是否足够可靠以在法庭上使用。这些问题是：
- 证据是否以可测试的理论或技术为根据？
- 该理论或技术有被同行所审评吗？
- 该理论或技术有已知的出错率或控制其操作的标准吗？
- 它潜在的科学性被广泛地接受吗？

在评估任何竞争法案件中的经验主义证据时，要处理以上一系列的问题。

市场其结果与有效竞争市场的结果是不同的。第三章也提供了关于行使市场力量的福利含义论述。还简单论述了市场力量竞争评估重要的基本因素。

第四章讨论"相关市场"的界定。相关市场是欧盟竞争法㉓运用中的重点概念。讨论涉及了相关市场在协助竞争评估中起的作用，并讨论了该作用对"应界定相关市场"的基础所具有的含义。本章也进一步讨论了假定垄断者测试以及它是如何运用于实践的，同时强调了在界定"相关市场"时普遍出现的几种错误类型。

本书第二部分对经济原理进行探讨，这些原理用于符合第 101 条、第 102 条和并购条例情况的评估竞争。其中有一章主要讲述第 101 和第 102 条，两个章节介绍并购条例。这些章节介绍了欧盟竞争法各自领域的内容，在该领域里经济和法律之间的关系以及与法律实际运用相关的主要经济问题。

第三部分讨论使用规范的实证方法作为竞争评估的辅助手段。前文提到，借助于被调查的行业关于追索权的具体事实，为竞争从业者提供了区别竞争性理论的可能性。在一些调查中，调整实证分析以适应行业的特定需求以及调查的重点。然而，仍有大量惯用的实证方法运用于竞争法的调查。第三部分对标准方法做出综述并讨论每种检测在竞争评估中有可能发挥的作用。文中适时给出了委员会推理中应用这些方法的案例。从实践角度来看，需要对每种检测的强弱进行检验。

最后是结束语。近年来，经济推理对欧盟竞争法运用的影响越来越大。这使得委员会的竞争影响评估得以改进，同时也提升了决定过程的透明度。本书的第二版阐述了《相关市场界定通告》(1997) 和第 101 条关于纵向和横向协议的集体豁免指南，这些均有力地表明（经济推理）这一过程将会继续。最近关于第 101 条、第 102 条和并购控制发展的证据表明经济学家证明了至少这一次他们的预测是正确的。

㉓　事实上，在所有运用竞争法的司法管辖区里，国内竞争法同样适用。

第一部分　概念

"不研究经济学的律师……极易成为公众的敌人。"

——美国联邦最高法院法官 布兰迪斯（1916）

第二章　有效竞争

竞争值得拥有，这是一个人们普遍接受的原则，因为竞争有助于提高成本效率，降低价格，鼓励创新。竞争性市场比没有竞争的市场，无论从长远还是短期来看，都更加有助于提高消费者福利。对于竞争性市场来说，监管干预既无必要也不合理，甚至还可能有害。相反地，大家普遍认为垄断有损于消费者福利，因此为了保护消费者利益，垄断必须受到监管。

虽然竞争（即法律术语讲的有效竞争）的益处已被广泛接受，但这同样也提出了一个问题，即如何定义"有效竞争"才能使其有助于政策执行。本章评估了关于"有效竞争"一些可能的定义。一些乍一看很有吸引力的定义却并不能为竞争法的施行提供有效的标准。相反地，我们认为从可观察的水平上看竞争是否有效并不取决于竞争的形式或描述，而是取决于竞争带来的结果。

这些市场结果可以作为衡量特定行业内竞争是否有效的标准。对于有效竞争明晰的理解可以为我们连贯而合理地解读下列术语提供一个基础："扭曲竞争""限制竞争"以及"过高定价"。这些术语都必然会涉及到两个市场结果之间的比较。举例来说，"扭曲竞争"明确地表明我们将一个"扭曲"的市场结果和一个正当市场结果进行比较。同时，做出过高价格的判断也必然涉及和其他正常价格的比较。

为了理解有效竞争所能带来的结果，经济学上①将竞争模型分为三个

---

① "垄断"在经济学上是指市场中只存在一家企业。而"垄断"的法律意义则没有这么严苛，它是指市场上最大的一家企业，尽管它不是唯一的一家但完成了市场上大部分的产品销售。

大类，分别是："完全竞争""垄断"以及"寡头垄断"。虽然从经济学的意义上来讲，没有一个市场具有完全竞争或垄断的特征，但是这两种竞争模型依然相当重要，因为它们可以展现有效竞争的缺乏是如何影响市场结果的。分析这些模型的意义在于给我们提供一套基本的分析工具来评估某一市场是否属于有效竞争，如果不是，该市场结果与有效竞争市场结果又有何区别。

尽管完全竞争和垄断这两种模型为分析竞争的有效性提供了一个有用的出发点，但两者均不能为政策制定提供可靠的基础。原因有两点，首先绝大部分市场都不是处于完全竞争或者完全垄断状态。其次，也是关键一点，就是两者均不能用来分析现实中最普通的情形：市场上少数企业之间的相互影响。在竞争有效性的评估中，对于这种相互影响的考量却是相当重要的。而上述的第三种模型，寡头垄断模型，则明确涉及这种企业间的相互影响是如何影响到竞争进程的结果。寡头垄断模型还有助于我们了解有效竞争所能带来的合理结果。② 有人认为，由多个寡头竞争产生的结果与有效竞争相一致。

第一节　关于"有效竞争"的一些可能定义

欧盟竞争法的核心即是维持"有效竞争"。③ 但是究竟什么是有效竞争？例如，欧盟竞争法第 101 条中认定阻止、限制、歪曲或妨碍有效竞争的协议的标准是什么？同样地，第 102 条中认定某种经济活动构成滥用的依据又是什么？尽管这一概念对于欧盟竞争法非常重要，但这些问题的答案无论从理论上还是现实操作上④都不是很明确。欧盟竞争法中也未对

---

② 必须指出的是，即使是这些模型也无法描述企业间到底是如何竞争的。尤其是本章讨论的此类寡头垄断模型也是趋向于为静止模型。

③ 举例来说，并购条例指出："在共同市场或其重要的一部分中，严重妨碍有效竞争的合并，特别是其结果造成或加强了其市场支配地位的，应当被认定与共同市场不相符合"。欧洲法庭在联合商标案中将"支配"定义为某企业具有的"在相关市场中阻止有效竞争"的能力。

④ 见伯克（1978）和菲利浦（1995）。菲利浦论述了"正常"竞争的概念以及其可能的含义。

"有效竞争"进行明确的定义。尽管如此，还是存在一些表面看似合理的关于"有效竞争"的定义。下文列出了三个可能的定义。

一、视有效竞争为一个竞争行为过程

从直观角度看，有效竞争可以与竞争行为的过程画等号。这样一个定义乍一看很是合理，因为竞争行为是一个竞争性行业产生和带来利益的途径。再者，人们经常在竞争行为因合并或卡特尔协定而被消除时启动竞争法调查。但是"有效竞争"的这个定义未能就到底需要多大程度的竞争行为才能达到有效竞争提供基准，并且导致这样一个错误结论，即竞争行为消除必当被认定为反竞争或者限制竞争。这显然与实际情况不符。举个例子，某一生产商与零售商签订合同约定该零售商只能出售该生产商的产品，这就消除了该生产商与供货给这一零售商的其他生产商之间的竞争行为。但是难道这种竞争行为消除就会削弱有效竞争吗？实际情况未必如此。这一零售商可能规模较小，只拥有微小的市场份额。这种情况下，这一合同对市场竞争产生不了实质的影响。再者，根据关于竞争法适用于纵向限制竞争的判例以及各种欧盟委员会文件显示，生产商与零售商之间的这种协定事实上无论对供销双方还是对消费者来讲都有可能是有益的。⑤从提高消费者福利这一角度看，这种竞争行为的消除与其说一定是反竞争的，还不如说有可能是促进竞争的。举例来说，两家企业通过共享知识产权，联合研发给市场带来一个产品，而这一产品仅凭它们其中任何一家企业的努力都是无法完成的⑥。另一例子就是航运联营，对不同企业的船只进行统一管理和运营。这种形式的联营因其能提高企业的产能利用率及规

---

⑤　更多细节请参见第五章关于纵向限制的部分以及本书的附录 B 收录的《欧盟委员会纵向限制竞争准则》［2000］OJ C291/01。

⑥　欧洲夜间服务（T-374.375.384 及 388/94）［1998］E. C. R. II-3141 则是几家企业联合向市场提供新的产品及服务的又一案例，这种产品和服务同样没有任何其中一家企业能够独立提供。在这一案例中，四家铁路企业联合投资拟提供穿越英吉利海峡隧道夜间服务。欧盟委员会根据《竞争法》第 101 条第 3 款之规定认定联合投资协定不合法，而 CFI 则依据第 101 条第 1 款认定协议合法。而这种夜间服务最终也没实行。

模经济效益进而提高消费者福利。⑦

　　因此，这种关于"有效竞争"的定义并不符合竞争法的目的，因为它不管某些竞争行为的消除到底对消费者福利有无实质的负面效应，而是以竞争行为本身作为目的。我们必须认识到所有的市场经济都需要某种竞争行为的消除，因为它对每一次努力进行富有成效的经济整合和协调以及专业化来讲都是必需的。正如伯克所言⑧：

　　"任何一个成员超过一个人的企业、合伙企业、股份企业或经济单位，其存在免不了要消除某种人与人之间的竞争行为。"

　　在区分竞争行为消除的合法及不合法理由时，我们必须认识到危害竞争者和危害竞争之间的区别。如第 1 章诉述，《欧盟竞争法》的经济目的是为了保护竞争不受损害，而此举并不一定是要保护竞争者。诚如欧洲法院总法律顾问雅各布斯所言：

　　"请不要忽略第 102 条的目的是为了防止竞争扭曲，特别是捍卫消费者的利益而不是保护某些竞争者的地位。"⑨

　　这一观点也得到竞争委员会专员尼利·克洛斯的认同，她认为：

　　"首先，我们要保护的是竞争而非竞争者；其次，我们的最终目的是保护消费者利益不受损害。我喜欢激烈的竞争，包括大企业之间的竞争。只要最终能够使消费者受益，我才不关心某些竞争者受到伤害，因为第 102 条主要及最终的目的是为了保护消费者，这当然需要保护非扭曲的市场竞争过程。"⑩

---

　　⑦　详见欧盟委员会《关于海运服务适用欧盟条约第 101 条的指导意见》第 69 至 77 段（2008 年 7 月 1 日）。

　　⑧　伯克（1978）。

　　⑨　欧洲法院总法律顾问雅各布斯的意见 Oscar Bronner GmbH & Co KG v Mediaprint Zei-tungs-und Zeitschriftenverlag GmbH & Co KG（C7/97），at［58］。

　　⑩　克洛斯（2005）。

整个竞争过程包含着企业之间为取得优势地位而进行的争斗，这必然
对竞争者造成伤害。但这并不意味着市场就一定没有有效竞争。某种商业
行为，比如说独家供应合同的签订，增加了别的企业与该企业竞争的难
度，但这并不一定意味着竞争秩序受到了损害。如果有效竞争完全等同于
竞争行为，那么竞争监管部门又如何区分反竞争的独家供应合同和能够提
升经济效率或至少没有有害结果的独家供应合同呢（既然两者都削弱了竞
争行为）？显而易见，将"有效竞争"完全定义为竞争行为的作法太过于
局限了。

二、将有效竞争定义为没有约束

"有效竞争"的另一定义，同样在表面上看来很有吸引力，认为某企
业的经济活动完全不受其他企业的约束即为有效竞争。[11] 同样，这个关于
"有效竞争"的定义忽略了市场经济中真实的商业行为。依照这个定义看，
所有的商业合同都会限制竞争，因为每个合同都涉及到一家企业对另一家
企业行为的约束（比如说另一家企业必须在某一天提交一定量的产品）。
某种意义上来说，这种对于有效竞争的解读通常被欧盟委员用来判定合同
是否受第 101 条管辖，不管这些合同有没有与第 101 条相冲突。[12] 但是将
有效竞争等同于没有商业约束，这个定义还是太过于狭隘。这种定义的局
限性在使用集体豁免和最低减让条款来降低违反第 101 条案件的数量中更
加凸显。[13] 集体豁免和最低减让条款都认为需要有其他的标准而非仅仅用
没有约束来定义有效竞争（即将某个特定行业或行为的性质与这种行为可
能的市场效果区分对待）。

---

[11]　参见 Hoppmann 案（1966. 1968）。
[12]　欧盟法院经常在第 101 条的适用上使用更加合理解释（例如欧洲夜间服务案［1998］
E. C. R. II-3141）。
[13]　第 101 条的详细阐述参见下文第 5 章。

三、有效竞争意味着一个市场环境，在这个环境下没有一家企业能够影响市场价格

"有效竞争"也可定义为一种市场环境，在这个环境下没有一家企业能够影响市场价格。[14] 这个关于有效竞争的定义源于完全竞争模型。在这个模型里，竞争价格等同于生产的边际成本。[15] 虽然这个模型有助于阐明基础经济原理，但却不能为政策的制定提供一个良好的基础。完全竞争模型假定市场上有大量的企业和买家，所有企业都制造同样的产品（也就是说，不存在产品差异），市场信息健全完善，所有现存及未来的产品都有市场。除此之外，完全竞争模型还有其他各种限制性的假设条件。这显然不符合大多数市场的真实情况，所以这个模型也不能充当"有效竞争"定义的基础。试图复制这些假定的条件显然既不现实也不明智。如采用这个模型会导致一个荒谬的结论，即很多竞争性市场下运作的只赢得合理利润的企业事实上都没有服从有效竞争原则。因此，这个关于"有效竞争"的定义并不适用于欧盟竞争法。我们下文还会进一步谈到，某种短期和长期的定价能力是否完全符合有效竞争原则。

四、接近于"有效竞争"的实用定义

上述关于"有效竞争"的定义均不恰当。第三个定义之所以不合适，是因为它认为所有的行业都需要干预。其他两个定义也不恰当的主要理由如下：首先，它们均不能为经得起考验的竞争性权利主张提供一个标准：到底需要多大程度的竞争行为或施加多少限制条件才能使竞争不失效？其次，这两个定义都着力于描述市场特征而非有效竞争带来的结果。欧盟竞争法的经济目标是保护和促进有效竞争。之所以设立这个目标是因为有效

---

    [14] 换句话说，有效竞争意味着买家所面对的供给弹性是无穷的（也就是说，即使买家提供的产品价格只是略低于市场价格，也不会有一个卖家卖给他产品），而卖家所面对的需求弹性也是无穷的（也就是说，即使卖家出售产品的价格只是稍微高于市场价格，他的产品也一件都卖不出去）。弹性问题详见第3章。

    [15] 见下文有效竞争模型。

竞争能够给欧洲消费者带来好处。因此重要的是市场竞争给消费者带来的结果而不是竞争过程所采取的特定形式。一个市场是否以有效竞争为特征要看有效竞争带来的结果。

这就引出一个问题，即什么是有效竞争带来的结果，它们如何区别于次有效竞争带来的结果。竞争法的适用需要少关心某些理论的抽象意义上的结果，多着力于监管干预能够切实取得的实际结果。[16] 要区分两者，我们必须考虑各种竞争模型以及它们对消费者福利的影响。

第二节　两个极端：完全竞争与垄断[17]

竞争法应该适用于以下市场情境，即竞争监管机构的干预能够提高消费者福利。[18] 通过对两个极端经济模型，即完全竞争与垄断的阐述，我们可以界定这种干预的应用范围。在完全竞争模型下，消费者福利已经被最大化，即使一个无所不能的监管者也不能提高分毫。在垄断模型下，消费者福利没有被最大化，原则上它可以通过监管干预有所提高。虽然这两个模型都未能很好的描述绝大部分行业存在的竞争过程，但是它们可以用来阐述基本的经济概念，使我们对竞争法监管机构的干预是否有利于提高消费者福利做出判断。

---

[16] 库恩及其他人（1992）。

[17] 本书假定所有企业都追求利润最大化。利润最大化的概念与其他经济模型的假定一样都不能太从字面化的角度来理解。企业决策者在很多方面都会背离利润最大化行为，很多机制也会相应的限制管理酬情权。尽管如此，撇开对产权与管理的分离的研究，利润最大化假定始终处于经济学的核心位置。正如谢勒与罗斯（1995）指出的："被迫跳入企业是否追求利润最大化这个问题的战壕后，经济学家只能拿起他们武器库中的终极武器：达尔文自然选择论的一个翻版。在长期的角力中，企业生存的唯一标准即是利润不能为负。无论企业管理者们如何愿意追求其他目标，无论在这个充满不确定性的信息成本高昂的世界中把定利润最大化的战略有多难，未能满足这一标准的企业最终会在经济科学的世界中消失。"（第48页）

[18] 这一论述假定竞争政策的目的是为了实现消费者福利的最大化。这一点并非没有争议，尤其是很多经济学家都被教唆相信需要被最大化的是社会福利（即消费者福利加上企业利润）。我们会在下文第2章中讨论这个问题。

一、完全竞争模型

虽然完全竞争模型是大多数经济学家知晓的第一个经济学模型，但它却与现实相去甚远。完全竞争模型假定特定产品存在很多买家和卖家，任一买家或卖家购入或售出的产品数量相对产品总成交量都极其有限，因此各家成交量都不会影响该产品的市场价格。而且，在完全竞争模型下，产品和企业都是同质的，所有买家和卖家都享有完全信息，市场进入和退出都是自由的。

这些假定包含很多隐含的意义。其中最重要的是产品的市场价格等同于制造该产品的边际成本，[19] 所有生产者的边际成本都是相等的。[20] 这一结果背后的思维也是相当简单的。如果该产品的市场价格高于边际成本，卖家可以通过销售更多数量的该产品来获取更多的利润。既然市场价格高于高于制造成本，销售方即可获得正利润。同样的，如果边际成本高于市场价格，通过降低产量即可以提高利润。既然（假定）产品是同质的，没有一个卖家可以影响市场价格，市场价格对所有卖家来讲都是一样的。这就意味着所有的卖家都会扩大产出直至边际成本与市场价格持平。所有卖家拥有相同的边际成本，该边际成本与市场价格一致。

这一模型的另一重要含义就是没有一家企业能够取得正经济利润。[21] 如果价格高到市场中的企业能够取得正利润，其他市场外的企业就会纷纷进入市场以取得该利润。市场自由进入的假设意味着只要市场内的企业还能取得正利润，市场进入就不会停止。假定的市场自由退出意味着企业发生损失即

---

⑲ 产品边际成本是指制造下一单位产品所需的成本。因此如果某一汽车制造商生产 9 辆汽车的成本是 45000 英镑，生产 10 辆汽车的成本仅为 47500 英镑，那么对于该制造商来说，第十辆汽车的边际成本就是 2500 英镑。值得注意的是，在此例中，当产量从 9 辆提高到 10 辆时，平均成本从 5000 英镑下降到 4750 英镑。

⑳ 此处我们将与边际成本（无论长期或短期）有关的事项进行抽象化处理。

㉑ 这并不意味着零会计利润。经济学上的零利润表示所有生产要素，包括资本都只获得它们的机会成本。资产的机会成本即该资产用作其他最佳用途的价值。资产带来资金成本，其所得的利润水平也被称作正常利润。更确切地说，企业赚得的收益率在他们进入或退出市场的情况下没有差异。如果收益率被计入企业成本，企业也不产生利润了。经济利润不同于会计利润，它的定义是收入减去机会成本。关于利润以及它在经济政策研究中所扮演的角色，详见第 3 章。

可退出市场。所以，在完全竞争模型中，企业的经济利润为零。这就意味着市场价格除了等同于边际成本之外还必须等同于企业的平均成本。

　　概括来说，完全竞争假定下的市场有如下特征：

- 价格等于边际成本；
- 价格等于平均成本（因为也就意味着边际成本等于平均成本）；
- 企业无正经济利润。

这些特征如下图 2.1 所示：

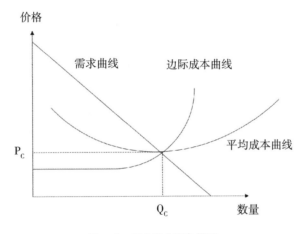

图 2.1　行业完全竞争模型

　　这条向下倾斜的直线是行业的需求曲线，它表示在不同的价格下，产品消费者的需求。价格下降时，消费者想要购买更多的产品，因此需求曲线向下倾斜（几乎所有产品的需求曲线均是如此）。Pc 表示此种情况下的完全竞争性价格，而 Qc 则表示完全竞争下产量。如图所示，Pc 边际成本等于价格（即边际成本曲线与需求曲线相交），平均成本同样等于价格（因此总利润为零）。[22]

---

　　[22]　值得注意的是，在这个例子中，平均成本曲线最初是倾斜向下的，这意味着某些固定生产成本的存在（举例来说，工厂的固定成本）。

延伸阅读：行业曲线与企业特有曲线

值得注意的是图2.1中的曲线代表着整个行业，它们不同于某个特定企业的曲线。向下倾斜的需求曲线也是代表整个市场。在完全竞争情况下任何单一卖方的需求曲线应当是平直的，这表示如果定价超过竞争性水平，他们将面对零需求。同样地，图2.1中的平均成本曲线和边际成本曲线也都是代表整个行业，它们不同于某个特定卖方的曲线。整个行业的边际成本和平均成本曲线源于那些个体企业的曲线以实现最小化总成本。我们举例来说明。

假定某个完全竞争性的行业存在100家企业，市场价格为10，每家企业生产10个单位产品。整个行业的销售量则为1000。如下文图2.2左侧所示，当销售量为1000时，市场价格为10，等于整个行业的边际成本和平均成本。下文图2.2右侧则表示某个特定企业。对于每个企业来讲，生产10个单位产品的平均成本为10。既然存在100家企业，则整个行业生产1000个单位产品的平均成本为10。同样地，如图2.2右侧所示，产量为10时，每家企业的边际成本为10，转化为行业的1000个单位产品的边际成本也为10（100家企业每家生产10个单位产品）。

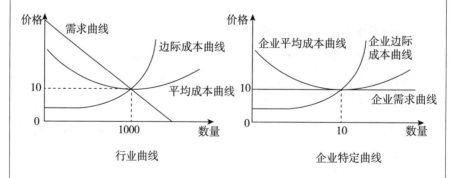

图2.2　行业曲线与企业特定曲线

如果一个行业以完全竞争为特征，那么即使是无所不能的监管者也不可能提高该行业内的消费者福利。㉓要明白这个道理，首先要知道完全竞争所能带来的两个益处。它们分别是生产效率和分配效率。

当特定的一组产品以最低的可能成本生产（特定的现有技术、投入价格等）时，高生产效率就产生了。这一情况会发生在以完全竞争为特征的行业内，因为只要有任何一家企业没有以最低的成本生产产品，它就会亏损进而退出市场。在完全竞争下，高效率企业的经济利润为零，而低效率企业势必要亏损。完全竞争能产生高生产效率的企业，因为对于利润最大化的追求促使企业尽可能地降低成本。与其他竞争模型下的情况不同，如果企业不能把成本控制在与其竞争对手一样低的水平上，它就会因亏损而退出市场。这也暴露了非有效竞争性市场可能存在的缺陷。竞争性和非竞争性市场中的成本和价格可能有所不同。如果缺乏行业内竞争可导致生产不振或无效率，那么消费者福利势必受到损害。这种与竞争缺失相关的生产不振或无效率被称之为 X 无效率。㉔㉕

分配效率涉及生产边际产品的成本与消费者眼中该产品的价值区别。如果生产下一单位产品的边际成本不同于消费者愿意支付的价格，那么就会产生分配无效率。如果该产品边际成本低于消费者愿支付的价格，销售方和消费者均可受益。销售方可以略高于其生产成本但略低于消费者预期的价格将产品卖给消费者。这就会产生分配无效率，因为生产下一单位产品的资源再分配会提高社会福利（也就是提高消费者福利和生产者福利的总和）。同样道理，边际成本高于消费者预期价格也会产生低分配效率。

㉓　如我们下文将要详细论述，只要监管者不能让企业在亏损的情况下继续运营，这个说法就肯定能成立。

㉔　莱宾斯坦（1966）详见参考文献。

㉕　当企业不受有效竞争约束时，生产无效率意味着有效竞争的缺失并不一定需要通过可见的高利润率显现出来。英国电信管理办公室（Oftel）的监管人员在 2001 年末处理几家移动电话企业的时候就持有此观点。英国电信管理办公室认为虽然英国电讯的负利润表明其生产效率低下，但沃达丰的高利润意味着有效竞争的缺失。监管人员认为"一家低效率和低利润的企业可以将价格定的与高效率高利润企业的一样高。因此，经营者是否亏损并不体现市场力量"。（英国电信办公室 2001 年 9 月 26 日《对于移动通信业的有效竞争的审查》第 3、4 段）

这种情况下，消费者认为的产品价值低于生产成本，社会福利会因减少产出而提高。只有价格等于边际成本时才会有分配效率。由此可见，完全竞争能够确保价格等于边际成本，因而能够带来分配效率。

二、垄断模型

完全竞争的另一个极端即是垄断。在垄断模型里，假定只有一个卖家而非很多卖家。如图 2.3 所示，垄断者所定的价格高于完全竞争时的价格。在完全竞争下，价格等于边际成本并由需求曲线与边际成本曲线的交点决定。图 2.3 中 Pc 为完全竞争下的价格，Pm 为垄断下的价格，Pm 高于 Pc。

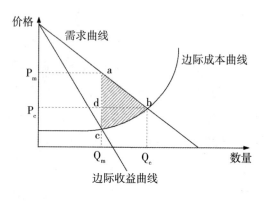

图 2.3 垄断

图 2.3 中的需求曲线与边际成本曲线与图 2.1 中所示的相同，但是图 2.3 中加入了一条新的曲线[26]，即边际收益曲线，它表示垄断者多卖出一个单位产品所获得的额外收益。如果垄断者打算卖出 X+1 而非 X 个单位产品，他就会从多卖的一个单位产品中获得额外收益。但是因为需求曲线是向下倾斜的，垄断者不得不降低这个额外单位产品及其他所有单位产品的售价。[27] 因此，边际收益曲线永远低于需求曲线，因为垄断者获得的边际

---

[26]　为避免图 2.3 显得过于凌乱，此处省去平均成本曲线。

[27]　此处假定垄断者不能针对不同消费者进行差别定价，所以他对所有消费者都收取同样价格。我们将在第 6 章讨论价格歧视问题。

收益低于产品价格。垄断者会不断加大产出直至边际收益等于边际成本。[28]
这里的直观理解很清楚：制造多一单位产品的成本就是边际成本，垄断者
出售这一额外单位产品所得收益就是边际收益，两者相等。所以，如图 2.3
所示，垄断者以 Pm 的价格出售 Qm 个单位产品。

　　表 2.1 为一数字示例，用以阐明边际收益，边际成本以及最大化利润
之间的关系。在此例中，我们假定在每个单位产品价格为 60，已售出 20
个单位产品的情况下，垄断者决定是否提高产品销量。每个单位产品的固
定成本（并且因此边际成本）为 30，目前收入为 1200（单价 60，一共 20
个单位产品），利润为 600（收入 1200 减去 20 个单位产品的总成本 600。）
他应该提高销量吗？在方案 A（见表 2.1）中，答案是肯定的。在这一方
案中，当垄断者将销量增加一个单位产品，总量达到 21 时，价格跌至 59，
收入升至 1239，利润升至 609。注意这里收入提高了 39（从 1200 到
1239），所以，因边际成本只有 30，提高销量对于垄断者来讲是有利可图
的。在方案 B 中，当垄断者将销量提至 21 时价格降至 58，收益从 1200 升
至 1218，利润则从 600 降至 588。由此可见提高销量是无利可图的。注意
在此方案中，收入的增长低于成本的提高（边际收益为 18，边际成本则为
30），所以提高销量显然无利可图。

表 2.1　垄断者产量决策的数字示例

	销量	价格	收入	边际收益	边际成本	利润
	20	60	1200		30	600
方案 A	21	59	1239	39	30	609
方案 B	21	58	1218	18	30	588

　　图 2.3 显示垄断者出售的产品数量会比完全竞争下的少，但单位产品
的价格更高。正是基于这个理由，经济学家们在谈论有效竞争缺失时常与

---

　　[28]　这一点事实上对于所有企业都适用，不管该企业是处于完全竞争下还是作为垄断者或构
成寡头垄断市场的一部分（只要他们之间没有互相串通）。对于完全竞争下的企业，因为市场价格
并不随企业产量的变化而变化（与垄断者面临的局面形成鲜明对比），所以价格等于边际收益。

限制产量相联系。价格提高与产量下降意味着垄断者定价与产量的决策没有将社会福利最大化，这也给监管者留下了可干预的空间。图 2.3 的阴影部分（由 a、b、c、d 点围成）表示由垄断造成的社会福利净损失，这也是一个没有有效运行的市场造成的社会成本。这是一个处于需求曲线之下，边际成本曲线之上，Qm 和 Qc 之间的区域。在 Qm 和 Qc 之间，生产的边际成本小于消费者认定的产品价值（如需求曲线所示）。这种情况下，生产更多产品就会产生社会收益。因此降低垄断产品的价格，提高其产量有助于提升社会福利。因为生产的边际成本与边际消费者估价存在差异，所以垄断就会导致低分配效率。[29]

社会福利通常由两个组成部分：消费者剩余与生产者剩余。消费者剩余是低于需求曲线但高于价格的区域，它代表消费者对每一个售出的单位产品的估价与其价格之差的总和。图 2.3 $P_m abdP_c$ 围成的区域就是由垄断造成的消费者剩余损失。在这当中，$P_m adP_c$ 围成的区域代表消费者利益向垄断者转移，而 adb 围成的区域则是消费者失去的社会福利净损失。阴影部分剩下的区域则是生产者剩余，即高于边际成本曲线低于价格的部分（也是以高于其制造成本出售的额外产品的数量）。

在前文我们已经阐明"有效竞争"的任何合理定义必须与市场结果有关而非仅仅局限于竞争的特定形式。为了研究不同竞争模型产生结果的福利含义，我们相继引入了分配和生产效率、消费者福利、生产者福利以及垄断造成的福利净损失等概念。我们解释了为什么完全竞争可带来高分配和生产效率而垄断则会导致分配无效率。垄断同时也可带来生产无效率。在完全竞争下，企业必须具有高生产效率，否则就会亏本。而垄断模型下，即使企业生产效率略低它仍有可能盈利。诚如希克斯的名言："垄断利润最大的益处便是恬静的生活。"值得注意的是，从某种程度上来说，当

---

[29]　过去有很多研究人员都试图对垄断造成的净损失进行量化。他们的估计介于国民生产总值的 0.1%（哈伯格，1954）与国民生产总值的 4% 到 13%（考林与穆勒，1978）之间。而李特查尔德（1981）已经令人信服地指出由于方法错误，考林与穆勒做出的估计过高了。

低效率带来高边际成本时，生产效率低下的垄断者所定的价格高于生产效率较高的垄断者定的价格。讨论这一点的意义在于监管者可以通过降低价格提高产量来提升垄断情形下的社会福利。

第三节　欧盟竞争法的福利标准[30]

为了对有效竞争带来的结果有更好的理解，我们必须了解有效竞争为何如此重要。也就是说，我们必须了解我们通过竞争法的施行来最大限度提升的东西是什么。对于经济学家来讲，这就归结为一个问题：我们想要最大化的福利标准是什么？到目前为止，我们已经提及消费者剩余、生产者剩余以及社会福利（消费者和生产者剩余之和），但尚未言明它们中间哪个最重要。[31]

经济学家们过去一直关注社会福利。[32] 他们并不对消费者和生产者作出价值判断，因此认为两方的获利具有同等价值。如果非要作出判断，有些经济学家会指出很多企业由股东持有，企业的资金很大一部分用来支付养老基金，因此消费者剩余与生产者剩余之间的区别并没有看起来这么明显。不管怎样，欧盟竞争法很明确地认为消费者和生产者福利并不具有同等重要性。虽然并无明文指出，但欧盟竞争法还是认定消费者福利高于生产者福利。举例来说，第 101 条第 3 款明确要求消费者应"公平地享有"任何效率收益。这就暗示效率提升仅仅带来生产者福利是不够的。欧盟委员会竞争政策委员尼利·克洛斯明确指出欧盟委员会竞争政策的核心是保护消费者福利。她在 2008 年 11 月巴黎欧洲竞争日的演讲中说道：

"竞争确有其用，而竞争政策使竞争发挥更好的作用。也就是说，归根结底让市场更好地为消费者运作。"

---

[30] 已经接受欧盟竞争法适用的福利标准为消费者福利的读者可以略过此部分。
[31] 必须指出的在本文中经济学家使用"剩余"和"福利"两个词是同义的。
[32] 伯克（1978）是社会福利标准的坚定支持者。

她还指出：

"作为竞争政策委员会委员，最开心的事莫过于知道竞争政策每天能够为欧洲的消费者做些事情。"[33][34]

我们再回到图 2.3，欧盟竞争法更看重消费者福利而非生产者福利。这就意味其主要关心的不是垄断造成的社会福利净损失（abcd 围成的阴影部分）而是消费者盈余的减少（$P_m abdP_c$ 区域）。这个区域可以分解为两个部分：$P_m adP_c$ 区域和 abd 区域。$P_m adP_c$ 区域表示垄断者以垄断价格 P_m 而非完全竞争价格 P_c 出售 Q_m 个单位产品获得的额外利润，也就是消费者以 P_m 价格购买 Q_m 个单位产品需额外付出的金额。由此可见，这个区域表示的是消费者福利纯粹向垄断者转移。abd 区域则是垄断净成本的一部分。

一、采取什么福利标准真的重要吗？

人们不禁要问，采用确切的福利标准何时意义深远，何时又无关紧要？下面我们就来讨论这一问题。

首先由图 2.3 可知，消费者福利最大化和社会福利最大化造成的结果都是一样的。[35] 如前文所述，当价格等于边际成本的时候，社会福利可最大化。在这一点时（图 2.3 中 b 点），净损失为零。同时在这一点上，消费者福利（也就是低于需求曲线高于价格的区域）也达到最大化。乍一看这并不明显。有人不禁要问，如果只追求消费者福利，那么监管者为什么

---

[33]　2008 年 11 月 18 日在巴黎举行的欧洲竞争日上的主题演讲。

[34]　有趣的是，美国的政策与欧盟竞争法的政策大体一致。1997 年颁布的《并购指南》指出效率必须高到能够消除因竞争缺失而导致的对消费者利益造成的潜在损害。美国司法部规定反托拉斯法必须 "禁止那些不合理地剥夺竞争给消费者带来的利益的商业行为"，并规定 "反托拉斯法保护竞争。自由而开放的竞争对消费者有利"（美国司法部 "反托拉斯法的实施和消费者"）。美国联邦贸易委员会规定："本委员会的在竞争方面的任务就是执行竞争性市场规则——反托拉斯法。这些法律有利于促进激烈竞争保护消费者权益"。此外，在它的刊物《联邦贸易委员会成立 100 周年：面向第二个百年》（2009 年 1 月）中，该委员会指出："联邦贸易委员会目前的任务就是关注消费者权益，我们竞争与消费者保护工作的正确目标就是提升消费者福利"。

[35]　技术上讲，这一论断要求不同消费者之间不存在歧视。

不通过将价格压制在边际成本之下来取得更多的消费者剩余呢？根据图2.3来看，这一点似乎合情合理。但是从一个更广泛的角度看，情况并非如此。如果监管者坚持让价格低于边际成本，价格和边际成本还是相背离，这就会导致低分配效率。生产的边际成本会高于边际消费者的估价。这种情况下消费者福利会降低，因为对用于制造额外产品的资源估值会高于额外产品本身。这些资源只有用于制造消费者估价高于资源本身的产品时才能提升消费者福利。

　　除了分配效率还有两个原因可说明当价格等于边际成本时，消费者和社会福利会最大化。首先，如果某行业内部竞争非常激烈以致于企业无法获得超额利润，那么强迫企业生产更多的产品，尽管这些产品的价格低于制造产品的边际成本，就会使企业亏损从而有可能退出市场，继而给消费者造成长期有害的影响。其次，我们并不认为监管者应该坚持让企业以低于生产边际成本的价格出售产品。诚如我们在第6章中所述，持续制定低于边际成本的价格可视为一种掠夺行为。

　　到目前为止，我们的讨论仅限于静态环境，需求和成本条件都被假定为一成不变。然而，有一个领域，政策法规有可能根据采用的福利标准而变化，这个就是并购领域。很多并购都带能带来成本缩减，从而可能提高生产效率。但是，如果并购降低了市场的竞争程度，它们同时也可能导致价格的上涨。如果仅以消费者福利为重，监管者就不会容许任何导致价格上涨的并购，即使它能够提升成本效率。如果生产者福利同样受到重视（社会福利成为福利标准），那么依据生产效率提升的程度，这一并购有可能被允许施行。我们将在第7章、第8章讨论效率在评估并购时的角色问题。但是此处必须指出的是，欧盟竞争法基本不支持并购提起的所谓效率抗辩。[36]

　　消费者福利标准理解不当可能会导致潜在的危险。如果监管者将追求

---

　　[36]　必须指出的是，"效率抗辩"一词经常被随意使用，其正式含义是指虽然并购可能导致价格上涨，但生产者因高效率获得的利益要大于消费者承受的损失。在欧洲，该词通常用于表示这一观点，即并购带来的效率提升最终会导致价格下降。

消费者福利放在一个完全静态的框架下来考虑，则有可能导致最不理想的结果。特别是对于消费者福利的追求使人产生这样的看法或信念，即企业赚取的任何利润都是以牺牲消费者福利为代价的，这个时候问题就产生了。这种看法如果在上述静态的框架下可能是合理的，但在动态的框架下则不尽然。

企业会进行投资和创新并最终使消费者受益。监管者对于短期消费者福利的关注可能会挫伤企业投资的积极性。如果投资充满风险，那么对于成功投资的回报必须能够补偿企业承担的投资风险。如果监管者对于企业的获利能力过于猜忌，他就会试图通过强迫企业降低价格来抵消企业风险投资应得的回报。如果监管者总是这么做，企业对投资或创新就会心灰意冷。总而言之，消费者福利最大化需在一个动态而非静态的框架下进行。

除消费者和生产者福利孰轻孰重这一问题以外，我们还有一个问题需要解决，即分配效率和生产效率哪个优先。虽然分配效率更直接地使消费者获益（因其意味着价格并不高于边际成本，而是与边际成本一致），但我们认为生产效率同样能提升消费者利益。即使垄断之下，边际成本的下降也能导致价格的下降。[37] 但是，尽管低生产效率导致的福利损失与低分配效率导致的福利损失大致相当，绝大部分的竞争调查还是更加侧重于分配效率。[38] 欧盟竞争法的经济目标似乎是提高分配效率，同时不严重损害生产效率，以期整体提高消费者福利。假定竞争法的施行与对行业细节上的微观调控无关，这一政策目标即是合情合理的。对企业效率的直接干预可以说是困难重重，再加上获得的信息有限，监管者更容易犯重大错误。

因此本章的结论是欧盟竞争法采用的福利标准是消费者福利而非社会福利。在绝大多数情况下，福利标准的区别并不特别重要，因为消费者福利和社会福利最大化的结果是一样的。但是在有些情况下（比如说某些并

---

[37] 不相信这一论断的人可以看看图 2.3，考虑下如果边际成本曲线下移会发生什么事情。边际成本曲线会与更下方的边际收益曲线相交，这就意味着产量增大，产量增大就会导致价格下降。

[38] 当市场需求曲线失去弹性时（价格变化对需求没有影响），价格小幅偏离边际成本对分配效率影响甚微。这种情况下，生产效率损失就很容易超过分配效率损失。

购案中），福利还是有先后顺序的，这时我们优先关注的是消费者福利。

第四节　寡头垄断模型

无论是完全竞争模型还是垄断模型都没有恰当地描述大部分行业内存在的竞争。虽然完全竞争模型和垄断模型为我们理解经济学基本原理提供了很好的基础，特别是在阐明垄断对于福利的不良后果时作用明显，但是两者均不能为政策制定提供良好的框架。两者都忽视了企业间的相互作用以及这种相互作用对于竞争过程的结果造成的影响。在完全竞争模型下，所有企业的规模都很小，无论它们是增加还是减少市场投放量，都不能影响市场价格。基于此，完全竞争市场中的企业在制定自己的计划时无需担心别的企业的做法。举个例子，当一个农民将他的产品投放国际市场时，他并不考虑他的产品投放量是否能够影响市场价格，而是直接接受市场价格，而市场价格是既定的，不是他能改变的。在另一极端就是垄断者因为没有对手而能够直接设定市场价格。

但是在大部分的市场中，企业在制定自己的商业战略时却需考虑其对手的决策。在大部分市场中，企业认识到其自身计划的改变——例如价格、计划生产、产能追加等，可能会影响行业内其他企业的决策，因此企业决策时会将其考虑在内。[39] 所以，我们在讨论有效竞争的构成时，必须考虑企业间的互动。这就要求我们去研究更加实际的竞争模型：寡头垄断行为模型。正是这些寡头垄断行为模型的结果构成了我们理解有效竞争的基础。

随着博弈论的发展，竞争的经济学模型变得日益复杂，也开始明确考虑竞争企业间的互动。20 世纪 70 年代，对于寡头垄断的研究仍然默默无闻，无人问津，这也反映出这一领域内分析工具的缺失。但是从那时开始，经济学一个崭新的分支——非合作博弈论开始蓬勃发展，非合作博弈

---

[39]　依下文详述，企业认识到其行动可能会影响行业内其他企业的行为，但这并不意味着所有企业会因此调整它们的行为。

论直接涉及企业间的战略互动，[40] 它将企业间的竞争视为每个企业在其对手的影响下竭力做到最好。这一分析的关键概念就是纳什非合作均衡。[41] 在市场上所有其他企业的既定行为下，没有企业愿意改变其行为（比如说，在所有其他企业的既定行为下，每个企业都达到利润最大化），这种均衡就称作纳什均衡。

　　非合作纳什均衡的概念可通过下列博弈进行说明，这个博弈就是大家熟知的囚徒困境。[42] 两家企业，企业 A 和企业 B 都必须决定到底是制定一个高价格还是一个低价格。可能的结果一共有四种：两家企业都定高价，两家都定低价，或者是一家高价一家低价。图 2.4 每个框中的数字代表两家企业决策的结果所带来的收益。每个框中的第一个数字表示企业 A 获得的收益，第二个数字表示企业 B 获得的收益。举个例子，如果两家企业同时制定低价，则每个企业获得的收益都为 4（见右下方框）。

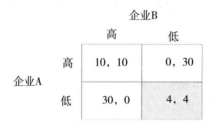

图 2.4　纳什均衡图解[43]

　　考虑到各个不同的结果，两家企业都更愿意获得两者都定高价产生的结果而不是两者都定低价产生的结果。这种情况下，两家得到的收益都为 10（左上方框）。但是如果在企业 A 选择高价的情况下，企业 B 最佳的策

　　[40]　"崭新"一词严格意义上来讲并不十分准确，因为关于博弈论的开创性著作成书于 20 世纪 40 年代（冯·诺依曼和摩根斯特恩，1944）。

　　[41]　纳什（1951）详见参考文献。

　　[42]　这个博弈原先的情境是两个必须在招供或沉默之间做出选择的囚徒。此处博弈的情境是两家互为竞争对手的企业。

　　[43]　示例中的数字只是说明性的，并不反映真实情况。

略是什么呢？如果企业 B 选择高价，那么它获得的收益为 10（左上方框）。但是如果企业 B 选择低价，它通过与企业 A 的削价竞争获得的收益为 30（右上方框）。因此，如果企业 A 选择高价的话，企业 B 最好的策略就是选择低价。

但如果企业 B 选择了低价，企业 A 最好的应对办法是什么呢？这种情况下，如果企业 A 选择高价，它获得的收益为 0（右上方框）；如果企业 A 选择低价，它获得的收益为 4（右下方框）。

所以，如果企业 B 制定低价，企业 A 也会制定低价。这个结果（阴影部分）就表示纳什均衡：如果企业 B 制定低价，企业 A 最佳的策略就是制定低价，反之亦然。这个实例中，结果只能是纳什均衡。在其他三个方框的任一方框内，鉴于另一家企业的做法，至少有一家企业希望改变自己的做法。在左上方框中，两家企业都想改变自己的做法；在左下方框中，企业 B 想改变自己的做法；在右上方框中，企业 A 想改变自己的做法。

这一简单的模型显示，虽然两家企业都更愿意出现两者都定高价的局面，但受对手选择高价的激励，另一家企业会选择低价，而这样做产生的结果就是两家企业都选择低价。[44]

市场中的企业认识到自己的商业行动会影响对手的决策。为这种企业行为建模需要对企业的竞争方式有一个合理的认识和鉴定。下文我们就来论述 5 种寡头垄断模型，它们分别是：古诺模型、伯川德模型、垄断竞争模型、领导者–追随者模型、卡特尔模型。[45]

一、古诺模型

假设一个行业内只有两家企业。[46] 古诺模型假定在一家企业产量既定的情况下，另一家企业通过设定自己的产量来达到利润最大化，并且假定

[44] 这一结果本身足以消除这样的假想，即寡头垄断市场其结果必然是共谋的。

[45] 本文只是对寡头垄断模型作一简介。如需更加完整全面的分析，感兴趣的读者可以阅读梯若尔（1998）或者卡尔顿和佩罗夫（2004）的作品以及其中的参考文献。

[46] 以下论述同样适用于行业内存在 N 个企业的情形。

竞争发生在一个时期内（每家企业只有一次设定产量的机会），竞争的结果就是一个非合作纳什均衡。这个模型以法国数学家奥古斯丁·古诺的名字命名。[47] 那么，究竟古诺模型竞争的结果是什么呢？

我们先来看企业 1 的决策过程。对应企业 2 的不同产量水平，（假设）只有一种产量水平能够使企业 1 的利润达到最大化，由图 2.5 中的 R_1 线表示（称之为反映函数）。对应企业 1 的不同产量水平，企业 2 的反应函数表示能使企业 2 达到利润最大化的产量水平，由图 2.5 中的 R_2 表示。在企业 2 产量既定的情况下，企业 1 沿着 R_1 线选择自己的产量水平以达到利润最大化。同样地，在企业 1 产量既定的情况下，企业 2 沿着 R_2 线选择自己的产量水平以达到利润最大化。R_1 和 R_2 的交点就是非合作纳什均衡点：在对手产量既定的情况下，两家企业都达到利润最大化。这就是古诺均衡（图中以 E 点表示）。

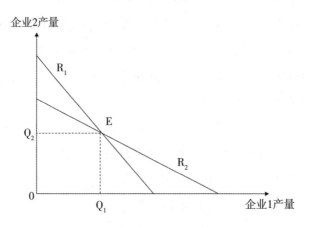

图 2.5　古诺竞争结果

虽然图 2.5 并未显示古诺均衡时的价格，但在两家企业共同产量（Q_1+Q_2）既定的情况下，价格由行业的需求曲线决定。根据我们上文所述，企业共同产量越高，价格越低，消费者福利也就越高。古诺均衡时的价格会低于垄断价格高于完全竞争价格，消费者福利高于垄断时的消费者

福利，但低于完全竞争时的消费者福利。随着古诺模型中企业数量的增多，会使市场价格下降，总产量增加，行业总利润下降。举例来说，与市场中仅有 5 家企业的情况相比，当市场中有 10 家企业时，古诺模型中的市场价格更低，产量更高。随着市场企业数量的增多，古诺均衡也就慢慢接近于完全竞争均衡。

古诺均衡的一个重要特点就是，既没有高分配效率也没有高生产效率。因为价格高于边际成本（也就是高于完全竞争价格），所以分配效率低下。因为既定产量下的行业总成本并没有达到最小化，所以生产效率低下。㊽ 随着行业内企业数量的增多，古诺均衡就会更加接近于完全竞争均衡，其与分配和生产效率的差距也逐渐缩小。

然而我们还有一个问题并没有解决，即古诺模型中，什么决定了行业内企业的数量？标准的古诺模型认为企业数量是外部既定的，从实用角度看，这显然不能令人满意。事实上，关于行业内企业数量存在两种主要的可能性。第一种可能就是：即使市场内企业能够获得超额利润，其他企业因为准入壁垒也未能进入市场。第二种可能就是：企业可自由进入市场。这种情况下，企业的数量就取决于，有多少企业能够有利可图地竞争。在古诺模型中，因为价格大于边际成本，所以唯一使利润降至零的可能性就是存在固定成本。㊾ 企业数量也相应由固定成本的水平决定。固定成本越高，企业为回收总成本，价格就会高于边际成本，市场上的企业数量就会越低。

㊽　这一点是正确的，除非出现不太可能的情况，即所有企业成本结构完全相同，销量完全相同。在成本结构相异的情况下，边际成本较低的企业其销量要比边际成本较高企业的大。在古诺均衡下，各企业的边际成本是不同的，所以存在生产无效率。

㊾　正准确地说，应该是沉没成本而不是固定成本。沉没成本是指企业在退出市场不能回收的成本，比如说广告费。固定成本是可以回收的，比如说购买一辆卡车的费用，企业在退出市场时可以将卡车卖掉。在下文第 3 章关于市场壁垒的论述，我们还会提及这个问题。

延伸阅读：古诺模型中市场自由进入情况下固定成本在决定企业数量时重要性的数字示例

假定行业需求曲线为 $Q=50-P/2$，Q 表示行业销量，P 表示价格。进一步假设行业内每家企业的不变边际成本为 10，固定成本为 F。假定企业可自由进入市场，如果预期利润为正的，企业就愿意进入市场。如表 2.2 所示，行业内企业数量随 F 的变化而变化。如果进入企业的固定成本为 450，市场只能容纳两家企业。如果再有一家企业进入，那么行业内所有企业的亏损均为 197。如果固定成本只有 112 的话，市场至多能容纳 5 家而不是 6 家企业。如果固定成本为 33，市场至多能容纳 10 而不是 11 家企业。

表 2.2　固定成本与企业数量的关系

固定成本	企业数量	每家企业销量	行业销量	价格	每家企业利润
450	2	15.0	30.0	40.0	0
450	3	11.3	33.8	32.5	197
112	5	7.5	37.5	25.0	0
112	6	6.4	38.6	22.9	29
33	10	4.1	40.9	18.2	0
33	11	3.8	41.3	17.5	5

表 2.2 同时也说明了古诺模型的一些其他特征。如表 2.2 所示，企业数量上升时，每家企业销量下降，但行业总销量上升，所以价格下降。

上述论断牵涉到分配效率和有效竞争之间的关系。虽然我们目前还没有得出关于"有效竞争"的定义，但如果一个行业内所有企业都具有高效率但取得零利润，那么这个行业应当是存在有效竞争的。[50] 这种情况下，一个行业有可能既存在有效竞争，但因价格高于边际成本而又存在低分配

---

[50]　对于这样的行业，干预的理由究竟是什么？

效率。由此我们可以得到两个重要的推论。第一，"有效竞争"的定义不可能是价格等于短期边际成本。第二，寡头垄断可能属于有效竞争。

二、伯川德模型

古诺模型假定在市场上其他企业产量既定的情况下，每家企业通过选择自己的产量来实现利润最大化。而另一种设想则是假定企业通过价格设定而非产量设定来进行竞争。[51] 假如行业内只有两家企业，在另一家企业价格既定的情况下，企业通过设定价格来实现利润最大化。进一步假定所有产品都是均一的，且只存在一个周期（也就是说每家企业设定价格的机会只有一次），每家企业的边际成本都相等且保持不变，不存在固定成本，竞争的结果是一个非合作纳什均衡。这个模型就以法国经济学家约瑟夫·伯川德的名字命名为伯川德模型。[52]

令人惊奇的是，伯川德模型下竞争的结果竟然与完全竞争下的结果类似。让我们看看这个直观的结果。对于企业 2 设定的任何价格，企业 1 都可以将其价格设定为略低于企业 2 的价格，这样企业 1 即可给整个市场供货（使消费者对企业 2 产品的需求为零）从而达到利润最大化。同样情形也适用于企业 2：它同样有动机针对企业 1 的价格进行削价竞争。只有一家企业的价格等于边际成本时，企业才不会削价，因为削价就会亏本。所以两家企业的价格都等于边际成本，市场存在高分配效率。不管市场上有两家企业还是 100 家企业，这一结论始终成立。

根据伯川德模型，垄断和双寡头垄断产生的最初结果截然不同，但其后的结果却又无差别。对这样一个模型，人们肯定会持怀疑态度。这一结果显然与现实不符，这也暗示这个模型肯定忽视了一些重要的竞争因素。市场上的企业越多，竞争就越激烈，尤其是在市场企业数量不多的情况下。这一简单的伯川德模型存在两个重要的问题：

第一，伯川德模型没有考虑到企业的产能限制，假定市场上的任一企

---

[51] 下文会讨论这两种设想的基本区别。
[52] 伯川德（1883）详见参考文献。

业都能满足整个市场需求。在绝大多数情况下，这一假设都是不能成立的，尤其是当市场上不止两家企业的时候。如果一家企业与另一家企业进行削价竞争，它可能不能满足整个市场需求，那么另一家企业仍然可以销售部分产品。这一点可以从根本上改变竞争的结果。古诺模型假定企业设定的产量而不是价格。虽然这看上去有点奇怪（设定价格不是更奇怪?），但如果我们将它解读为企业受其产能限制，先选择产量而后设定价格，这样一来模型就更具合理性了。[53] 假定整个行业内有两家企业，两个竞争周期。在第一个竞争周期，每家企业根据其对对手产能水平的估计来选择自己的产能，这实际上就是我们上文讨论的古诺产量设定模型。在第二个竞争周期，每家企业同时且独立设定各自产品价格以期将他们各自的产品全部销完。在第一周期产能限制既定的情况下，第二周期市场达到均衡时的价格就会与不考虑产能限制的均一伯川德模型的价格不一样。[54] 这时的价格会高于伯川德模型的价格。[55]

　　第二，简单的伯川德模型假定所有产品都是均一的。但是事实上，绝大部分行业的产品都是或多或少有所区别（例如汽车、服装、房屋等）。这种区别有可能源自产品本身的物理差别，或者因广告产生的品牌认知度差别，区域差别以及其他原因造成的差别。引入产品差异这个概念从根本上改变伯川德模型，因此产生的模型我们称之为垄断竞争。

---

　　[53]　值得注意的是，产量竞争还是价格竞争到底哪个更贴切的描述市场竞争很大程度上取决于哪个变量（产量或价格）更为灵活。当价格固定时，企业可以通过改变产量占据市场直至供求达到平衡。当产量固定时，企业可以改变价格直至供求达到平衡。

　　[54]　克雷普斯和斯格因克曼（1983）及戴维森和丹克瑞（1986）的研究表明，带产能限制的伯川德方案在某种条件下与古诺方案是一致的。当然，这两个方案并不总是保持一致。爱德华兹（1897）的研究表明有可能并不存在稳定方案。

　　[55]　这并不是否认真实市场有时也近似于伯川德模型。电信企业发现带宽市场就是这样一个市场。因为预计消费者对于带宽的需求会大幅增长，很多欧洲电信企业在 20 世纪 90 年代末就装备了高容量电缆。不幸的是，他们预计的增长并没有发生，市场出现普遍的过剩产能，价格也跌至接近于边际成本。因为这一行业内边际成本远低于沉没成本，所以对于电信企业来讲这无疑是一场商业灾难。

三、垄断竞争

处于垄断竞争市场的企业出售差异化产品，因此每个企业对其销售的特定产品都拥有"垄断"地位。在产品存在差异情况下，即使某一家企业与市场上的其他企业进行削价竞争，定价高的企业也不会完全没有销量，因为尽管其价格相对较高，某些消费者也还是会更加喜欢他们的产品而不是低价的产品。举个例子，某一牛仔裤生产商降低了它的产品价格，有些消费者会由其他品牌的牛仔裤转向这一降价了的品牌，但是很多消费者还会继续购买其他牌子的牛仔裤。结果就是在垄断竞争为特征的寡头垄断市场，价格并不会（像标准伯川德模型中那样）被压低至边际成本。垄断竞争模型很好地描述了真实市场，即市场中有少数企业销售差异化的产品。

如上文涉及古诺模型时所述，价格高于边际成本并不意味着市场一定缺乏有效竞争。如果没有市场准入壁垒，垄断竞争下的每家企业只能获得零经济利润，因为正经济利润会吸引新的企业加入市场直至利润下降为零。图2.6 说明了处于垄断竞争市场中的一家企业其获得的经济利润为零时的平衡状态。

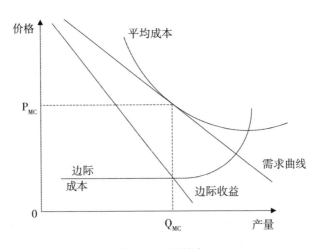

图 2.6　垄断竞争

　　图 2.6 中 Q_{MC} 和 P_{MC} 分别表示垄断竞争下一家企业的销量和产品价格。该企业的需求曲线向下倾斜，这与完全竞争下的不同，因为这家企业出售的是差异产品。而企业的边际收益曲线也是倾斜向下。在边际成本曲线与边际收益曲线交点处（Q_{MC}），该企业达到利润最大化。市场自由进入的假定就意味着利润为零。在平均成本曲线与需求曲线的切点，价格等于平均成本，企业获得的利润为零。

　　值得我们思考的是，为什么古诺模型和垄断竞争模型都会导致价格高于边际成本。在完全竞争下，价格等于边际成本是因为一家企业的产量决策对于产品的价格并不产生影响。这一点在寡头垄断模型中并不适用。在古诺模型中，因为市场上只有少数几家企业，所以每家企业的产量都直接影响到市场价格。这就意味着每家企业的边际收益都低于价格，而企业的边际收益又等于边际成本，所以边际成本也低于价格。在垄断竞争模型中，因为存在产品差异，所以每家企业的需求曲线都是倾斜向下的。这也意味着每家企业的产量都直接影响到其销售产品的价格，其边际收益低于价格，价格高于边际成本。这里隐含着一个重要的论断就是，即使企业对其销售产品的价格有一定的控制力，这种竞争也有可能是有效竞争。如前文所述，基于所有企业都是价格接受者（即对价格没有控制力）而非价格制定者（对于制定价格有一定控制力）的"有效竞争"的定义并不适用于监管政策的制定。

四、领导者-追随者模型

　　这一部分我们将简短地论述两种竞争模型，在这两种模型中，一个企业充当领导者，另一家企业充当追随者。这两个模型分别是主导企业模型和斯塔克尔贝格模型。[56] 我们首先从主导企业模型开始。[57] 这个模型假定市场上有一个大型企业和一大批小型的"价格接受"企业。价格接受企业接受市场既定的价格并据此设定自己的产量，这些小企业通常被称作边缘竞

[56]　此处"主导企业"一词主要是从经济意义而非法律意义上来讲的。
[57]　这一模型由福希海默尔（1908）首创。

争者。在主导企业模型中，主导企业设定价格，而边缘竞争者则选择自己的产量水平。主导企业设定的价格越高，边缘竞争者选择的产量越高，因为边缘竞争者的供给曲线假定为向上倾斜，如图 2.7 所示。与垄断者不同的是，主导企业的需求曲线并不等同于市场需求曲线，它是市场需求曲线减去来自边缘竞争者的供给。所以主导企业需求曲线也被称之为剩余需求曲线，它是市场需求曲线除却边缘企业供给之后的剩余部分。主导企业会像垄断者一样制定自己的价格，只不过它是以剩余需求曲线而非市场需求曲线为基础。剩余需求曲线会在最低价格点时有一个弯曲，这时边缘竞争者会停止所有供给。如果价格低于边缘竞争者所能供给的水平，剩余需求曲线就会等同于市场需求曲线。这一模型的又一假设是边缘竞争者成本效率低于主导企业，这样就存在某个价格，边缘竞争者在低于这个价格时停止供给，而主导企业仍然继续供给。

图 2.7 显示主导企业制定的价格为 P^D，销量为 Q^D。由剩余需求曲线导出的边际收益曲线（图 2.7 中的 MR（R）线）与主导企业边际成本曲线相交。这时，销量为 Q^D，剩余需求曲线上销量为 Q^D 时的价格为 P^D。边缘竞争者会以 P^D 价格供给市场总需求 Q^T 与 Q^D 之间的差额。在主导企业模型中，市场价格低于垄断时的价格，产量也相应的高于垄断时的产量。但是，必须指出的是，市场价格仍然高于边际成本，因此主导企业对价格仍然有一定控制力。

值得我们注意的是边缘竞争者供给所扮演的角色。如果边缘竞争供给曲线更加陡峭（也就是边缘竞争者在每个价格时的供给较低），主导企业定价就会超出图 2.7 所示的水平。同样地，如果边缘竞争供给曲线更加平直，主导企业定价就会低于原先的水平，因为更加平直的边缘竞争供给曲线表示边缘竞争者在每个价格时的供给较高。所以说既定价格时边缘竞争者的供给量越大，主导企业对于价格的控制力就越弱。

另一个领导者—追随者模型是斯塔克尔贝格领导模型。[58] 与主导企业

58　斯塔克尔贝格（1934）详见参考文献。

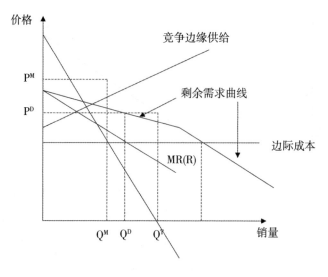

图2.7　主导企业模型

模型相似之处是，这个模型也有一个领导者，不同的是边缘竞争由一个或几个企业构成。在斯塔克尔贝格领导模型中，领导者设定自己的产量，而另一个（些）企业则选择自己的供应量（也就是说，边缘竞争者通过产品数量进行竞争）。图2.8显示只有两家企业（也就说，一个领导者一个追随者）时市场的均衡状态，这与上文古诺模型（图2.5）很是相似。图中点E即表示古诺模型方案。在斯塔克尔贝格模型中，领导者知道追随者会根据自己的产量来设定产量以达到利润最大化，它也知道追随者会以反作用曲线为基础来设定产量。因此，领导者的问题就是以追随者的反作用曲线为条件来达到其自身的利润最大化。在只有两家企业的情况下，解决方案如下图所示。根据图示，我们知道在斯塔克尔伯格模型中，当领导者提高销量时，追随者的销量相比古诺模型而言要小。

斯塔克尔伯格模型与主导企业模型存在一个重要的区别。在主导企业模型中，边缘竞争者作为价格接受者设定边际成本等于价格。在斯塔克尔伯格领导模型中，追随者根据领导者的产量来选择自己的产量以达到利润最大化。由于他们面临着倾斜向下的剩余需求曲线，所以他们并不会设定

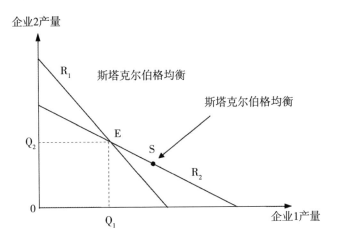

图 2.8　斯塔克尔伯格方案

价格等于边际成本。结果就是，相较于主导企业模型，斯塔克尔伯格领导模型中的价格更高而产量更低。但是随着追随者的增多，价格就会下降并趋近于主导企业模型中的价格。当追随者的数量非常庞大时，两个模型的价格就一致了。[59] 在企业数量很大的情况下，这两个模型的解决方案都趋近于完全竞争的结果。

五、卡特尔行为

上文论述的三种寡头垄断竞争模型中，有两种表明价格高于边际成本并不一定代表企业就没有激烈竞争。但是，这并不意味着所有寡头垄断市场结果都是由有效竞争促成的。举例来说，市场结果明显不反映有效竞争的一个例子就是：卡特尔。

卡特尔行为是反竞争的。如果卡特尔组织成立，他们就会提高价格并降低产量至反竞争的水平。设想一下图 2.5 描述的古诺双寡头互相串通结果将会怎样？答案就是新的均衡会在图 2.9 中 C 点位置确立。

在 C 点，两家企业出售的产品数量比古诺均衡中的产品数量（Q_1，

---

[59]　严格来讲，当追随者的数目趋向无穷大时，价格也趋向于等于主导企业模型价格。

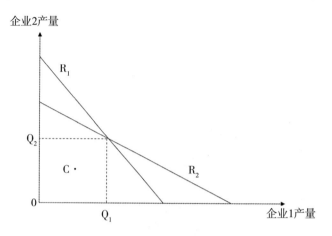

图 2.9　卡特尔方案

Q_2）都少。但因为价格相应变高，所以相比古诺均衡时，两家企业都获得了更高的利润。因为产量下降，消费者在 C 点的境遇肯定比古诺均衡时更差。和古诺均衡不同的是，卡特尔方案具有不确定性。两家企业可以选择不同的产量水平来赚取比古诺均衡时更高的利润。卡特尔组织的最终目标就是模仿垄断模型，藉此来实现共同利润的最大化。但是大部分卡特尔并不能如此成功。所以，除了知道相比古诺模型，卡特尔模型价格更高产量更低以外，我们不能准确地预测卡特尔模型的市场价格和产量。

　　因为受两家企业反应函数的相互作用限制，古诺方案具有确定性。但是点 C 并不位于任一企业的反应函数上，所以并不代表任一企业的（短期）最佳结果。在对手产量既定的情况下，另一家企业可以通过将产量转移到其自己的反应曲线上来提高利润。

　　所以说，点 C 并不代表短期的纳什均衡[60]，因为从短期来看，两家企业都有改变其产量的动机。因为每家参加卡特尔的企业都有动机背离协定，所以这一点对于卡特尔的稳定具有重要意义。

---

　　[60]　在所有其他企业行为既定的情况下，没有一家企业想做出改变，这时就会出现纳什均衡。在利润最大化背景中，这就意味着在市场所有其他企业销量既定的情况下，每个企业都获得了利润最大化。

企业选择不提高产量（或者说选择不"欺诈"）的原因就是只要别的企业同样不提高产量（或者同样不"欺诈"），他们就可以在点 C 获得更高的利润。但是每家企业都有欺诈的理由，因为如果别的企业不欺诈，它就可以通过欺诈获得更高的利润。同样道理，如果别的企业有欺诈行为，那么每家企业可以通过欺诈获取更高利润。这一"囚徒困境"就是卡特尔组织经常不稳定和短命的原因。其他与卡特尔稳定性相关的因素还包括其他企业发现某一企业背离卡特尔协定的可能性，发现背离卡特尔协定需要的时间以及惩罚措施等等。我们会在第 5 章更详细地讨论卡特尔的经济学意义。

第五节　动态因素

上文讨论的竞争模型本质上讲都是静态的，现有产品种类和生产方法都是既定的。所以，这些模型都忽视了有关创新的一些动态问题以及现有产品种类和生产过程改变的可能性。这些改变对于竞争性质会产生重要影响。

静态模型主要针对价格和产量，特别倾向于关注有着既定现有成本和产品的企业间的价格竞争。而这有可能并不适用于动态环境。在很多动态竞争的环境中，企业间竞争的不仅是价格，而且还是创新。创新有可能是产品创新或者成本创新。举例来说，企业间的竞争可以不通过针对既定产品制定低于竞争对手的价格，而是通过产品研发，向市场出售别家企业没有的产品（比如说专利产品）。或者，企业也可以不接受既定成本，通过成本创新成为生产某一产品成本最低的供应商来与别的企业竞争。此外，企业还可以通过扩大产能与/或引入新产品来应对其竞争对手的商业动作。所以，进行竞争评估需要考虑这些重要的动态竞争因素。

尤其值得注意的是，在很多动态市场，企业并不是在市场中竞争，而是为市场而竞争。举例来说，很多企业都会竞争成为治疗某种疾病的某一药物的首个专利持有者。无论谁成为药物的首个专利持有者都能得到法律保护成为该药物在专利有效期内的独家销售者。因为获得合法的垄断地位并在专利有效期内成为市场的独家供应商，专利竞赛的"赢家"在市场上就没有竞争对手。但是因为很多企业都在为这个市场而竞争，所以在结束的专利竞赛中，这个赢家肯定面临过非常激烈的竞争。[61]

由此我们可以得到以下推断。第一，为了成为首个创新者并藉此获得赚取垄断利润的权利，企业会在产品研发阶段投入大量资金。但是只有在预计这种投资能够成功将新产品投入市场并获得利润的情况下，企业才会将资金投入到产品研发中。新产品投入市场所带来的预期利润越低，企业就越不可能将资金预先投入到产品研发中。因此允许成功的创新者获得投资的回报对于市场正常运作是不可缺少的。[62] 所以，垄断不仅仅象征低效率，它更是一种必要的市场结构，能够保证消费者从愿意冒险从事创新活动的企业中受益。这是奥地利学派经济学家所推崇的一种竞争形式。熊彼特将动态竞争描述为一个"创造性破坏"的过程，创新活动催生新的市场和行业的同时又促成老的市场和行业的消亡。[63] 在这个世界，当下的市场领导者总是面临着这样的危险：他们的市场地位被拥有更好新产品的新的创新者所取代。

第二，这种市场通常的特征是高固定成本（用于研发）和低边际成本（用于生产）。实际上，在某些行业，生产边际成本接近于零（比如制药或软件业）。当固定成本高而边际成本低廉的时候，企业必须制定远远高于边际成本的价格以收回总成本。[64] 任何基于按边际成本定价的有效竞争的标准对于这种类型的市场都是不合适的。[65] 同时专利竞赛赢家也可能享受充分的定价权，因此任何基于定价者缺失的"有效竞争"的定义也都是不

---

[61] 为市场而竞争也有可能发生在较为静态的环境下。详见第 12 章。

[62] 正是意识到这一点才促成了通过专利权工具来进行知识产权保护。

[63] 熊彼特（1950）。

[64] 为了收回固定成本，价格可能需要高于边际成本这一观点已在前面关于古诺模型的论述中阐明。

[65] 这也符合我们关于静态模型的结论：价格等于边际成本并不是关于"有效竞争"的理想定义。

合适的。

此外，既然企业在期望赢得竞赛的研发投资中承担了巨大的风险，我们应该预料到价格也会足够高到企业收益大大超出总成本。[66] 对于赢家的预期收益必须高到即使因为亏损风险而有所折扣，企业仍然能够获得正收益。举例来说，只有在预期收益高于研发成本三倍的情况下，三家企业才会参与到专利竞赛中。[67]

第三，动态行业有时呈现出网络效应。某些产品越多人使用，对于用户来讲就价值越高。举例来说，当某个电信网络已有很多人使用，你与周围人共享同一网络，你加入这个电信网络的价值就更高。同样道理，一个软件平台用户越多就越有价值，因为用户越多，平台交换文件越容易，为平台写的软件和自主手册也更多。基于网络效应，客户可能选择已拥有最广大客户群的产品，不管这个产品在技术上是不是最先进的。这种情况下，市场有可能被"推向"垄断或近似垄断。

延伸阅读：耐用品垄断者：最大的敌人是自己

上文我们阐明了这样的观点：垄断者会设定高于生产边际成本的价格从而获取超额利润并导致低分配效率。但是，得出此种结论的分析是在静态环境下进行的。正如科斯（1972）指出的，这种分析对于售卖耐用品的垄断者可能不适用，因为他不得不通过几个周期来决定产品的价格。在极端的情况下，科斯猜想认为耐用品垄断者会以边际成本出售他的产品。[68]

---

[66] 这强调了这样一个事实，即：排斥边际成本作为有效竞争的指标并不仅仅是排斥短期边际成本。使用长期边际成本同样解决不了企业从事高风险项目的问题。只有在潜在收益远远高于总成本时，企业才会投入到高风险项目中。

[67] 这里假定每家企业都认为自己有三分之一赢得专利竞赛的机会。

[68] 虽然还被称之为科斯臆想，它在很多情形下都已被证明是正确的。

　　科斯猜想隐藏的含义如下：设想耐用品垄断者在第一个周期内以 P_1 价格出售他的产品，认为该产品价值高于 P_1 的消费者在第一个周期购买了该产品。那第二个周期垄断者该做什么呢？既然在第一个周期内购买了该耐用品的消费者不大可能在第二个周期继续购买，垄断者在第一周期销售其产品的未来需求，所以他明显需要在第二个周期将价格降至 P_1 以下。因此他在第二个周期以低于 P_1 的价格 P_2 出售他的产品。只要价格高于生产边际成本，垄断者就会每个周期都降低价格以满足剩余消费者并获取利润。理论上，这个过程会不断持续直至价格等于边际成本。

　　但是，上述分析并没有考虑消费者预期。如果消费者认为垄断者会在下一周期降低价格，很多人就可能将他们的购买行为延迟至下一周期（取决于两个周期之间的时间跨度）。这就意味着即使在第一个周期内，耐用品垄断者也可能无法设定稳定的垄断价格。科斯猜想预测耐用品垄断者会不断降低其产品价格直至以边际成本出售其产品，而消费者因为预期到未来的价格下调会选择推迟他们的购买行为直至价格等于边际成本。

　　科斯猜想认为：随着价格调整周期的缩短，无限耐用品垄断者会失去他所有的垄断能力。这一论断的成立必须满足两个附加条件。第一，消费者必须能够在无重大风险的情况下推迟自己的购买行为。第二，垄断者未来不能维持高价。但是，垄断者有可能通过下列办法使其在未来不降低价格：

- 向早期购买者提供退款保证，如后续降价，可退款；
- 出租而非售卖该耐用品；
- 通过计划报废或引入新型产品来缩短耐用品的使用寿命；或者建立从不降价的声誉。

上述讨论的意义并不是要证明科斯猜想的现实可行性，而是要强调耐用品垄断者如何与自己竞争，因为其当下的定价受到其过去的产品销量和消费者对于其未来的定价行为预期的约束。这是又一个能够证明一旦考虑动态因素，静态模型结果就可能不合适的例子。

本章我们讨论了有关"有效竞争"一些可能的定义，并介绍了几个简单的经济学模型以帮助理解。同时我们还介绍了分配和生产效率，以及生产者和消费者福利的概念。我们认定竞争政策的目标是最大化消费者福利而不是社会福利（即不是消费者福利和生产者福利之和）。

我们讨论的第一个有关"有效竞争"的可能定义是以竞争行为为基础的：当企业间存在激烈的竞争行为时，有效竞争就会存在。我们认为这一"有效竞争"的定义并不恰当，理由有二：第一，它本身没有指明到底需要多少竞争行为才能称为有效竞争；第二，它更注重竞争过程而非竞争结果。

我们讨论的第二个有关"有效竞争"的可能定义是以企业行为不受约束为基础的。我们同样摒弃它，因为它过于指令性。在正常情况下，企业愿意接受对其行为的束缚（比如说企业间的合同）。如果没有这样的约束，企业就不可能有效运转。

第三个可能的定义围绕企业对市场价格的影响力展开。这个定义认为当没有一家企业能够单独影响市场价格时有效竞争即存在，反之则不存在。但是，我们通过对于各种经济学模型的论述，知道这一定义也是不恰当的。虽然在标准的完全竞争模型中，没有一家企业单独影响市场价格，但是这个模型并不能广泛适用于真实世界。在我们另外介绍的几个模型（例如垄断竞争，可自由进入市场的古诺竞争以及伯川德竞争模型）中，企业虽然对于市场价格具有影响力，但是竞争还是迫使价格降至没有一家企业可获得正经济利润的水平。如果认为尽管效率高的企业没能获得正经济利润，但这些模型仍然不是有效竞争模型的话，就未免太过于墨守成规了。

此外，经济学家有时还采用另一种方法来定义有效竞争，即当价格等于特定的成本（通常是但并不总是边际成本）时，便构成有效竞争。举例来说，梅塔和皮普孔就指出：[69]

"什么是市场力量？经济学家的答案是：将价格提高至高于竞争水平的能力即为市场力量。从短期看，是指将价格提高至高于边际成本的能力。从长期看，是指将价格提高至高于平均总成本的能力。"

在《纵向限制指南》[70] 中，欧盟委员会将竞争性价格定义为最低平均总成本："现存企业能够将他们的价格提高至高于竞争水平的程度通常是高于最低平均总成本。"

通过对各种经济学模型以及动态竞争过程的论述，我们知道这一定义"有效竞争"的方法存在严重不足。在某些情形下价格有可能高于边际成本，比如说可称之为有效竞争性的市场，如垄断竞争和市场自由进入的古诺竞争等。我们同时还指出，当固定成本高，边际成本低的时候，价格等于边际成本会致使企业亏损并退出市场。[71] 此外，我们还指出当存在为市场而竞争而非在市场内竞争的情形时，价格需要远远高于赢家企业的平均总成本。[72]

---

[69] 梅塔和皮普孔（2007）详见参考文献。

[70] 欧盟委员会公告：《纵向限制指南》［2000］OJ C291/01 第 126 段。

[71] 当固定成本高而边际成本低廉时，这一问题显得特别突出。但是事实上，只要存在固定成本和固定边际成本，按边际成本定价就会导致亏损。

[72] 有人倾向于认为有效竞争就意味着企业的经济利润为零。关于这个问题，我们会在第 3 章进行详细讨论，但是这里必须重新强调的是，在以高投资风险为特征的动态市场，这种情况不大可能发生。在这种市场下，企业对于利润的预期对竞争过程的有效运作是必不可少的。在第 3 章，我们将研究其他各种不同的有效竞争并不意味着零经济利润的情况，并且证明这些情况趋向于成为惯例而非例外。

　　虽然本章并没有提供"有效竞争"的正式定义，但我们已经强调当监管者因认定市场缺乏有效竞争而干预时，他们相信这种干预能够提升消费者福利。这也为衡量竞争有效性提供了一个标准。

　　有了这个标准在心中，我们发现市场的竞争行为通常是重要的，但竞争自身并不一定必然带来消费者福利最大化。我们还发现，很多对于企业行为的限制是完全符合消费者福利最大化的要求的。同时，企业拥有一定的定价权利（或者对等来说，拥有一定限制市场投放量的能力）也是符合消费者福利最大化要求的。此外，我们还发现寡头垄断可以是有效竞争，而且寡头垄断下的价格制定也可以符合有效竞争要求。⑬ 总而言之，评估一个市场是否为有效竞争市场需要分析当前市场结构以及市场内的企业行为，并综合考虑静态和动态因素来分析市场干预是否能够提升消费者福利。

---

　　⑬　我们希望藉此能够揭示不假思索就斥责"寡头垄断定价"生来有罪的这种态度明显是有缺陷的。

第三章　市场力量评估

上一章我们讨论了"有效竞争"的概念。这一章我们将要讨论如何在实践中鉴别特定市场是否存在有效竞争。市场存在有效竞争的一个特征就是不存在市场力量。因此，市场力量的经济学概念就处于竞争政策问题评估的核心位置。这一点对于依据第101条、第102条或《并购条例》采取的调查都是适用的。①

"市场力量"是指企业在持续的一段时期内将价格提至高于竞争性价格从而获利的能力。但是，因为竞争性价格在实践中极难确定，所以我们通常需要一种间接的评估手段来确定企业是否实际享有市场力量。② 这就提出了一个问题，即怎样鉴别企业或企业集团是否有能力实施市场力量。本章主要讨论什么是市场力量以及它如何影响企业价格和产量决策。

如第1章所述，这并不意味着对于市场力量的经济学考量和鉴别是《欧盟委员会竞争法》评估竞争的唯一相关因素。《欧盟委员会竞争法》同时还有一个目标，即缔造单一欧洲市场。进行竞争分析不应该混淆这两个目标（即"单一市场"目标和"有效竞争"目标）。对于市场目前或将来是否存在有效竞争的分析，应当独立于对于企业是否阻碍单一市场发展的考量。此外，在特定情况下当我们要权衡这两个目标时，判定企业行为是否违反单一市场目标时，必须同时对此决定对竞争性结果产生的影响作显

---

① 事实上，市场力量对于所有竞争法的管辖范围都是一个关键概念。

② 尽管蒂罗尔（1988）列出了一个非常著名的特例，但经济学学术文献还是经常将短期边际成本等同于竞争性价格。如第2章所述，通过很多有效竞争的经济学模型，我们都可以知道竞争性价格是高于短期边际成本的。

性或隐性的经济分析，并以此分析为基础或者至少部分基于此分析。

　　本书的目的不是对《欧盟竞争法》各项标准的孰轻孰重作出评价，但希望能够阐明平衡这些标准的条件。举个例子，我们必须知道市场一体化可能会严重牺牲经济效率。有鉴于此，本章集中评估竞争与《欧盟竞争法》经济目标之间的关系。

第一节　什么是市场力量

　　经济学学术文献倾向于将"市场力量"定义为一种设定价格高于短期边际成本的能力。[3] 但是，根据第 2 章的论述，这个定义显然无益于政策的制定。第 2 章我们讨论的几种竞争理论模型，许多模型显示有效竞争会导致价格高于短期边际成本。此外，我们还认识到，根据边际成本定价是源于对理想的完全竞争经济模型的不恰当应用。如果将"市场力量"定义为设定价格高于短期边际成本的能力，那么事实上所有的企业都有一定程度的市场力量。但是，如果所有企业实际上都有市场力量的话，那么市场力量的存在则不能成为衡量有效竞争存在与否或监管干预需要与否的标准。

　　"市场力量"是指一个企业或多个企业集团通过限制产量将价格提高至某一水平，从而使其从该提价行动中获得其在竞争条件下无法获得的利润增长。[4] 此定义已获数家竞争监管机构的明确采用。举个例子，英国公平贸易局指出："本准则通常将市场力量定义为持续将价格提至高于竞争价格水平并从中获利的能力"[5]；欧盟委员会指出："能在较长一段时期内将价格提至高于竞争价格水平的企业拥有实质性的市场力量"[6]；梅塔和皮普

---

[3]　产品的边际成本即增加一单位产品生产需要的成本。

[4]　评估并购行为的标准有所不同，即看并购行为是否会产生或提高市场力量，从而允许价格相对于现行价格而言有所提高。

[5]　《市场力量评估》第 1.2 段，英国公平贸易局，1999 年 4 月 15 日。

[6]　欧盟委员会竞争总署《关于适用条约第 102 条查处排他性滥用行为的讨论稿》第 24 段，（2005 年 12 月）。

孔也指出："什么是市场力量？经济学家的答案是：将价格提升至高于竞争水平的能力即为市场支配力。"[7]

"市场力量"的定义包含三个重要因素：

（1）市场力量的运用导致产量下降；
（2）价格的上涨必然导致利润的增长；
（3）市场力量的运用与有效竞争条件下的结果的标准有关。[8]

下文将对这三个因素作进一步的探讨。

一、市场力量的运用导致产量下降

如果企业希望提高价格，那么它必须做好降低销量的准备。企业定价越高，产品需求就越低，反之亦然。这是因为大部分需求曲线向下倾斜，价格的上涨必然伴随着销量的下降。[9] 图 3.1 显示的正是这种效应。价格的上涨由 P_1 上涨至 P_2，导致了需求由 Q_1 下降至 Q_2。举例来说，如果 DVD 的价格上涨，一些消费者就会减少 DVD 的购买量。个体消费者的情况同样适用于作为整体的市场。市场需求曲线正是个体需求曲线的聚合。[10]

二、价格的上涨必然导致利润的增长

利润最大化的设想意味着市场力量的运用必然导致企业利润的增长。任何企业都可以在任何时间选择提价，[11] 但这并不表示每家企业都有市场力量。如上文所述，价格的上涨会导致需求的下降。如果需求大量下滑而导致价格上涨至高于竞争性水平带来的只是利润削减，那么这个企业就没有市场力量。但是，如果需求下降幅度较小，可以由价格上涨来补偿（产

---

　⑦　梅塔和皮普孔（2007）第 1.18 段。
　⑧　这一点并不是在所有情况下都能成立的。我们会在下文作进一步探讨。但是在这里这种说法还是合理的。
　⑨　这种销量的下降也经常被称为产量限制。
　⑩　戈尔曼（1959）。
　⑪　除非有价格管制。

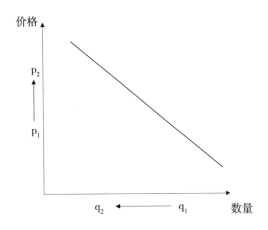

图 3.1 价格与需求量的关系

量越小，成本也就越低），将产量限制在竞争性水平之下将会带来利润的增长，这表示该企业拥有市场力量。

由此可见，关键的问题是企业提高价格之后会失去多少需求。这个可以由企业的需求价格弹性来衡量。需求价格弹性即是特定的价格增长百分比导致销量下降的百分比，常写作：

（1）需求价格弹性 $= \dfrac{销量百分比变化}{价格百分比变化}$

严格来讲，方程（1）表示的是需求自价格弹性，意指特定产品价格变化导致其销量的变化。[12] 因为价格上涨导致需求下降，所以需求自价格弹性总是负值。但是通常我们都是讲自价格弹性的绝对值（也就是说，通常忽略负号，讲弹性负 2 大于弹性负 1）。

需求价格弹性越大，特定百分比的价格上涨引起的销量下降的百分比就越大。需求价格弹性为负 1 意味着价格上涨 1 个百分点，销量就下降 1 个百分点。需求价格弹性为负 5 意味着价格上涨 1 个百分点，销量就下降 5 个百分点。同样道理，需求价格弹性为负 0.5 意味着价格上涨 1 个百分

---

[12] 相对于交叉需求价格弹性而言。交叉需求价格弹性是指另一产品价格的变化导致一产品的销量变化。

点，销量就只下降0.5个百分点。如果需求价格弹性大于1，价格的上涨就会导致收益的下降。经济学家将弹性大于1的需求曲线称之为"有弹性的"，而弹性小于1的则称之为"无弹性的"。这两个术语也可用于两者相较而言：某产品的需求曲线比另一产品的更具弹性（即使这两个产品的需求曲线根据弹性小于1而言都是无弹性的）。举个例子，图3.2显示价格由 P_1 上涨至 P_2 对于（a）中需求量的影响要大于对于（b）中需求量的影响。由此，（a）的需求价格弹性可以说大于（b）的需求价格弹性。[13]

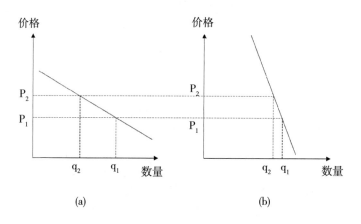

图3.2　不同弹性的两个需求曲线

为了说明需求价格弹性与收益率的关系，我们可以研究以下数例。假定某产品的目前价格为 € 10。企业以这个价格水平售出1000个单位产品，其收益为 € 10000。假定边际成本恒定为 € 9，无固定成本，因此总成本为 € 9000，利润为 € 1000。现在我们来研究价格上涨至 € 11，也就是价格上涨10%产生的效果。表3.1显示了需求弹性如何决定价格上涨对利润产生的影响。

如果需求曲线弹性为负6，那么价格上涨可能导致利润下降。在弹性

---

　　[13]　事实上，当需求曲线为线性时，需求弹性随价格变化而变化（价格上升，弹性也上升）。因此，不存在（a）中特定价格下需求弹性比（b）中所有价格时的需求弹性都大的情况。但是，在任一相同价格下，（a）中的弹性要大于（b）中的弹性。

为负 6 的情况下，价格上涨 10%，销量就会下降 60%，利润由 € 1000 下降
至 € 800。相反而言，如果需求曲线弹性为负 3（也就是说，弹性更小），
那么价格上涨会导致利润上涨。弹性为负 3 就意味着价格上涨 10%，销量
就会下降 30%，利润由 € 1000 上涨至 € 1400。

表 3.1　不同弹性含义的数字示例

	价格为 € 10 时的原先结果	价格上涨至 € 11 时随后产生的结果	
		弹性	
		-6	-3
销量	1000	400	700
收益	10000	4400	7700
成本	9000	3600	6300
利润	1000	800	1400

　　上述讨论显示企业运用市场力量的程度取决于企业的自需求价格弹
性。需求曲线弹性越大，企业将价格上涨至高于有效竞争件下价格水平的
程度就越有限。相反地，因为价格上涨并不会引起销量大幅下滑，所以企
业需求弹性越小，其运用市场力量的可能性就越大。因此，影响需求弹性
的因素也就成了评估市场力量的核心要素。

　　在探讨这些因素之前，我们必须区分整个行业的需求曲线与单个企业
的需求曲线。一般来说，这两个需求曲线的弹性是不同的，行业需求曲线
的弹性小于单个企业需求曲线的弹性。行业需求曲线相对来讲弹性较小，
而单个企业需求曲线相对来讲弹性更大，这完全是有可能的。要弄明白这
一点，我们可以研究企业的剩余需求曲线。单个企业的剩余需求与行业内
其他企业的需求不同，也就是说企业剩余需求曲线是行业需求曲线减去其
他企业的供给量。

延伸阅读：剩余需求曲线推导

图 3.3 显示特定企业的剩余需求曲线是如何从行业需求曲线和市场其他企业供给曲线推导而来的。

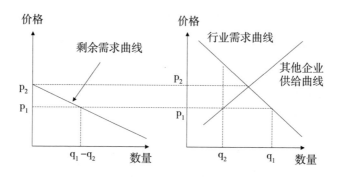

图 3.3　同质产品剩余需求曲线推导

图 3.3 右手半边显示行业需求曲线和除去某一特定企业的其他所有企业的供给曲线（也就是其他企业在特定价格下愿意出售的产品总量）。市场需求曲线与其他企业供给量的水平差异就是剩余企业的剩余需求。这一点非常直观清楚。特定价格下市场对某一企业的产品需求等于该价格下行业总需求减去其他企业愿意供给的产品量。举例来说，价格为 p_1 时，消费者的需求量为 q_1，其他企业供给量为 q_2。由此，价格为 p_1 时，剩余企业的剩余需求就是 q_1 减去 q_2。价格为 p_2 时，其他企业愿意满足消费者所有的需求（也就是说，除去特定企业的供给曲线与行业需求曲线相交）。由此，当价格为 p_2 或更高时，剩余企业的剩余需求为零。值得注意的是，剩余需求曲线比市场需求曲线更平直（更具弹性）。相关道理也是非常清楚的，即特定企业产品的替代品比整个行业产品的替代品要多。

自价格需求弹性（我们已论述过的）与交叉价格需求弹性存在重要的区别。自价格需求弹性衡量的是产品本身价格变化引起的对该产品需求变化的程度。而交叉价格需求弹性则是衡量其他产品价格变化引起的对某一产品需求变化的程度。如果这两种产品或服务互为替代品，那么一个产品价格相对上涨会导致消费者转而购买另一产品，由此这两个产品的交叉价格需求弹性为正。[14]

虽然竞争监管机构时常提及交叉价格需求弹性的重要性，尤其是界定相关市场时，但是决定市场力量程度的还是自需求价格弹性。如果自价格弹性较低，那么价格上涨很可能获利，因为销量下降的幅度较小。相反，如果某产品的自价格弹性较高，则价格上涨极有可能无利可图，因为销量下降的幅度较大。产品的自价格需求弹性是该产品所有交叉价格需求弹性的和。所以所有相关交叉价格弹性较低而自价格弹性仍然较高这种情况还是可能存在的。当某一既定产品因大量替代品的存在而受到约束时，尽管单个替代品所起的竞争约束作用有限，但这些替代品共同作用有可能对该产品构成强大的约束。

延伸阅读：何种交叉价格弹性较为合适？

我们在讨论交叉价格弹性时经常忽略一个重要的问题，即何种交叉价格弹性对于分析企业面临的竞争约束条件较为合适？论述交叉价格弹性较为明智的做法是必须规定究竟是产品 X 相对于产品 Y 的需求交叉价格弹性还是产品 Y 相对产品 X 的需求交叉价格弹性。这两个交叉价格弹性一般来讲并不相同，所以选择一个正确无疑的是很重要的。举例来说，与杜松子酒相比，喝伏特加的人对伏特加的偏好较弱；而与伏特加相比，喝杜松子酒的人对杜松子酒的偏好较强。如果情况的

---

[14]　如果两个产品的交叉价格弹性为负，也就是说一个产品价格的上涨会导致另一产品需求的下降，那么这两个产品可以说是互补商品。

确如此，那么相对杜松子酒，伏特加价格上涨就会使大量的伏特加消费者转而购买杜松子酒。而杜松子酒的价格上涨则只会使少量杜松子酒消费者转而购买伏特加。⑮

假定我们正在研究某一产品 A 生产商所面临的竞争约束条件。如上所述，我们真正关心的是 A 的自价格弹性。但是，假定出现了一个关于产品 B 对 A 是否构成竞争约束条件这样一个问题。我们到底是对 A 相对于 B 的交叉需求价格弹性感兴趣还是对 B 相对于 A 的交叉需求价格弹性感兴趣？我们不感兴趣的是 A 的价格变化对于 B 需求的影响（也就是 B 相对于 A 的交叉需求价格弹性）。我们感兴趣的是 B 的价格变化对于 A 需求的影响（也就是 A 相对于 B 的交叉需求价格弹性）。这是因为我们想知道的是如果 B 价格下降，其对 A 的需求是否会造成重大影响。如果答案为是，则 B 对于 A 构成竞争约束条件。所以，当问题涉及产品 X 的市场是否应当包含产品 Y 时，相关的交叉需求价格弹性应当是相对产品 Y 价格的产品 X 的交叉需求价格弹性。⑯

如上所述，适用何种正确交叉价格弹性这一问题常常被忽略。⑰即使在竞争监管机构颁发的各种指导性文件也鲜有规定正确的交叉价格弹性。一般来讲，仅仅只是涉及交叉价格弹性而非具体规定何种交叉价格弹性适用。

---

⑮　产品 X 相对于产品 Y 的交叉需求价格弹性一般来讲不同于产品 Y 相对产品 X 的交叉需求价格弹性的另外原因详见第 10 章。

⑯　见卡尔顿和佩罗夫（2004）。

⑰　欧盟委员会在宝洁诉谢克丹兹（II）案例的裁定书（1994）中使用了错误的交叉价格弹性。在裁定书第 54 条中，欧盟委员会讨论了这样一个问题，即卫生巾的销量是否受到了棉球价格的影响。欧盟委员会特别关注了卫生巾品牌 Always 和棉球品牌 Ob 之间的相互影响，它指出："【A】……Always 价格的下降引起了……Always 销量的上升（……自价格弹性）以及 Ob 棉球销量的下降（……交叉价格弹性）。而 Always 价格的……上涨引起了 Always 销量的……下降（……自价格弹性）以及 Ob 销量的……上升（交叉价格弹性）。由此，这些数据表明了 Ob 较高的自价格和交叉价格弹性。"审查 Ob 相对于 Always 的交叉价格弹性则是适用了错误的交叉价格弹性，因为这个交叉价格弹性并不能用于评估 Ob 棉球对于 Always 的约束作用。

三、市场力量的行使与有效竞争条件下结果的标准有关

"市场力量"界定的第三个要素为确定价格是否过高或利润是否超额提供了一个标杆。市场力量的运用涉及将价格提至高于有效竞争条件下的现行水平——并由此导致产量降至低于有效竞争水平。

如前所述，理论经济学文献倾向于将竞争性价格水平等同于短期边际成本。这种观点也就意味着市场力量的存在是一种规律而并非是特例，因为在绝大部分行业内，价格都是超过短期边际成本的。[18] 由此可以产生两种不同的反应。第一，有人可以认为绝大部分市场需要竞争监管机构的干预。或者，恰如第 2 章所述，有人可以认为在很多情况下，价格高于短期边际成本是完全符合有效竞争规则的。这一点虽然不能让我们的分析变得直截了当，但是起码它将注意力聚焦在那些通过监管干预可以事实上而非理论上提高福利的市场。[19]

事实上，直接认定竞争性价格水平在竞争调查中是无足轻重的。如果能够认定竞争性价格水平，那么竞争法的适用就会变得直截了当。人们可以简单地将观测到的价格水平与竞争性价格水平相比较。如果观测到的价格水平高于竞争性价格水平，也就意味着存在竞争问题需要解决。竞争政策的制定也就只是需要选择一个能将价格降至竞争性水平的方法，而价格调节就会被广泛运用。但是，事实并非如此。这是因为识别竞争性价格水平几乎是不可能的。[20] 这意味着行业经济分析远比仅作价格比较要复杂的多。

因此，现行价格水平并不能为检验企业目前是否施加其市场力量提供合适的标准。提出企业将价格提至高于现行价格水平是否能够获利这一问题毫无意义。因为如果此举能够获利，一个运转良好追求利润最大化的企

---

[18] 沃登（1998）详见参考文献。

[19] 库恩，西布莱特以及史密斯（1992）同样持此观点。

[20] 应该指出的是，此处的含义是外部规则试图去确定竞争性价格。有鉴于确定竞争性价格水平的困难，行业价格调整应当只是例外行为而非正常操作。

业早就会这样做了。[21] 这一点对于所有企业，无论是在完全竞争条件下还是垄断条件下都是适用的。因此，评估市场力量是否存在并不是看企业将价格提至高于现行水平后能否获利（因为如果企业运作良好，这个问题的答案始终是否定的），而是看企业是否能够保持高于有效竞争条件下的现行价格水平去定价。既然直接认定竞争性价格水平通常是不可能的，那么推断市场力量是否存在则需要间接地从行业特征以及市场竞争性质入手。

四、市场力量要素说明

市场力量三要素可通过下列例子进行说明。假定市场上有 100 个小器具的供应商，每个供应商以价格 1 出售 10 个小器具，1 是小器具的有效竞争价格（也就是说，这个行业目前是以有效竞争为特征的）。假设单位固定成本为 1，由此每个企业在价格为 1 时的经济利润为零。在这种情况下，行业小器具的销量为 1000（10×100），总收入是 1000。进一步假定所有企业都没有产能限制。如果任何企业企图通过限制产量来提高价格，其他供应商就会提高产量，于是它的企图就会落空，即提高价格对它来讲是无利可图的。

现在假定政府决定小器具供应商必须持有执照，而政府颁发的执照只有五个，这样一来，这一行业由 100 家企业减至 5 家企业。市场的更加集中是不是意味着剩下的企业拥有市场力量呢？答案是不一定。如果这 5 家企业每家生产 200 个小器具，整个行业的销量就会维持在 1000，价格也会维持在 1。这种情况下，市场的集中并不允许企业将价格提至高于有效竞争水平，因此所有企业各自都不具备市场力量。[22]

但是如果这 5 家企业每家只生产 190 个小器具，导致行业总销量为950，每个小器具的价格更高，那么这些企业就拥有了市场力量：它们通

---

[21]　略微适度地讲，如果运作良好的企业的提价行为有可能根据第 102 条规定有超高定价之嫌，那么此举就有可能不能实现利润最大化。

[22]　这个简单的例子表明通过计算企业数量或者市场份额来评估市场力量是否存在是极不可靠的。

过限制产量提高了价格以及利润。这种情况有可能会发生，比如因为这 5 家企业集体认识到，通过每家企业限制产量可以提高售价，或者因为政府颁发的 5 个执照是给 5 个不同的地理区域，这 5 家企业彼此就不构成竞争关系。

第二节　市场力量指标

评估市场是属于有效竞争还是受市场力量控制通常不是一件直截了当的事。判断市场行为是否涉及市场力量的运用就尤其困难了，因为即使从理论上界定有效竞争条件下的现行价格都是非常困难的。虽然直接衡量市场力量的手段较难找到，[23] 但是我们可以通过调查特定行业竞争的特征来推出结论。这些特征可以揭露企业间互动的本质以及用来评估目前结果是否代表有效竞争结果。下面我们就来看看其中的一些特征，它们包括产业集中度、企业数量、进入和扩张壁垒以及企业间互动的本质。

企业是否以有效竞争条件下的现行水平定价，取决于其以有效竞争水平衡量的剩余需求曲线弹性。如果弹性较高，企业就会以或接近有效竞争水平进行定价。这就意味着非并购案件中的大部分经济分析应该主要集中在评估有效竞争价格水平下可能的需求弹性。在并购案件中，竞争评估应该集中于并购是否会导致价格上涨，而非现行价格是否为有效竞争水平。所以，在并购案件中，考虑现行价格水平下的需求弹性是合适的。但是决定需求弹性的因素又是什么呢？需求弹性取决于许多因素，它们都与市场力量评估息息相关。这些因素主要包括：

- 相同产品互相竞争的供应商的数量、市场份额和市场集中度；
- 进入壁垒和潜在竞争；
- 扩张壁垒；
- 抵消性买方力量；

---

[23]　虽然在某些情况下也不是不可能的。详见下文。

- 产品差异化；
- 企业间寡占互动行为的本质。

一、互相竞争的供应商的数量、市场份额和市场集中度

以特定企业所面临的竞争对手的数量来衡量行业竞争水平，这一点从直观上来看很吸引人。一般来讲，行业内企业数量的增加会导致行业内某一企业的需求曲线弹性增大。这是因为如果一个企业提高价格，消费者可以有更多的其他供应商以供选择。[24] 而对于绝大部分市场需求曲线而言，一个行业不需要有太多的企业，因为单一企业面临的需求弹性已经很大了。

延伸阅读：行业和企业的需求曲线弹性[25]

企业面临的自价格需求弹性与行业需求弹性的一般关系如下：

(2) $\varepsilon_i = \varepsilon \dfrac{Q}{q_i} - \sum\limits_{j \neq i}^{n} \dfrac{q_j}{q_i} \eta_j$

其中 ε 表示市场弹性；

ε_i 表示企业 i 的自价格弹性；

Q 表示产业总销量；

q_i 表示企业 i 的销量；

q_j 表示企业 j 的销量；

η_i 表示企业 j 的供应弹性，行业内共有 n 家企业。

如果所有 n 家企业都一样的话，这个方程可以简化为：

---

[24] 就延伸阅读而言，供应曲线会随着企业数量的增多而变得越发"平直"（更具弹性），单一企业的剩余需求曲线也会变得更加"平直"（更具弹性）。

[25] 此分析很大程度上倚重卡尔顿和佩罗夫（2004）的观点。

(3) $\varepsilon_i = \varepsilon n - \eta(n-1)$

其中 η 表示除企业 i 以外所有企业的供应弹性。

方程(3) 表明其他企业的供应弹性越大，企业 i 的弹性也就越大。[26]这一点的含义是其他企业的供应弹性越大，应对价格上涨时它们的销量增幅就越大，留给企业 i 的未满足的需求量也就越小。方程(3) 同时也表明行业内企业数量越多，企业弹性就越大。这一点的含义是市场企业数量越多，任何单个企业的销量就越小，企业 i 所面对的特定的需求变化表示的相对变化就越大。

表3.2 显示了某一企业的需求弹性如何随着行业企业数量，市场弹性及其他企业供应弹性的变化而变化。

表3.2　企业弹性与市场弹性的关系

企业数量	不具弹性（-0.5）		单一弹性（-1）		具有弹性（-5）	
	1	2	1	2	1	2
3	-3.5	-5.5	-5	-7	-17	-19
5	-6.5	-10.5	-9	-13	-29	-33
10	-14	-23	-19	-28	-59	-68
25	-36.5	-60.5	-49	-73	-149	-173
50	-74	-123	-99	-148	-299	-348
100	-149	-248	-199	-298	-599	-698

市场弹性 / 供应弹性

如上表所示，即使在市场需求曲线不具弹性时，单一企业面临的剩余需求曲线仍有可能具有弹性。举个例子，如果 ε 等于 -0.5，n 等于5，η 等于1，则企业弹性为 -6.5。

---

[26]　此处的更大我们指的是绝对值而言。因为自价格弹性是负数，这里的意思就是"更加负"。

最后，值得指出的是，上述分析是企业提供更多产品应对价格上涨（也就是正常的竞争反应）为基础的。这种情况下，如果某一企业提高价格，其他企业就会提高销量以赚取更多利润，而最初提价的企业会遭受销量的大幅下滑。这种情形下，我们很难看到企业单边的价格上涨。但是如果是在一个相对严格的寡占市场环境下，一个企业提价，其他企业可能也会提高售价。由此，产量削减，所有企业销量都下滑，但希望通过较高的价格赚取更高的利润。这种情况下，每个企业面临的价格弹性其实就是行业的价格弹性。[27]

但是，市场竞争者的数量并不总能反映市场的竞争水平。举例来说，如果市场建立和维持卡特尔相对比较容易（例如在一个非常透明的市场内，所有企业的价格设定都十分清楚），那么即使市场上存在众多企业，价格还是会偏离竞争性水平很远。相比之下，如果价格竞争非常激烈（如第2章所述的伯川德模型），那么市场上有两个竞争者就足以构成有效竞争。此外，如果市场进入和退出都无需成本且非常容易，那么即使是一个垄断者也不能将价格提至高于竞争性水平，因为仅仅是市场进入威胁就可以保持较低的价格。[28] 在具有招投标市场特征的市场下，企业数量作为市场力量的指标就显得尤其孱弱了。企业为取得承包合同进行投标。而相对市场规模而言，承包合同规模较大且并不常有。这样一来，即使只有少数企业在竞标，竞争还是会很激烈的。此外，这种情况下，市场份额作为市场力量的指标也是非常孱弱的，因为单一企业对市场构成的竞争约束不是取决于它目前的市场份额，而是取决于其提交可靠报价的能力。即使是一个占市场份额极低的企业也能对其他企业的投标行为造成很大影响，只要其提供的报价可靠且具有攻击性。[29] 鉴于此，目前市场份额还可能对人们

---

　　[27]　这一点非常易懂。如果价格上涨10%，行业需求则下降10%。所有企业都遭受同等的需求下滑，每个企业销量下滑的幅度都为10%。这种情况下，企业弹性等于市场弹性，两者都为1。

　　[28]　详见下文图框3.5。

　　[29]　波音/麦道并购案正是这种现象的绝佳的例证。详见第12章。

了解现行竞争水平产生很大的误导。同样道理,当现有企业扩张壁垒较低时,目前市场份额对于衡量市场力量而言也不是很好的指标。[30] 总而言之,充满变数的市场份额表明目前高市场份额有可能转瞬即逝,市场上企业间的竞争是剧烈的,因此其代表的市场力量相对较弱。

尽管如此,衡量一个行业内市场力量存在的指标最常用的还是市场集中度。[31] 这种观点源于 20 世纪 60 年代形成的结构–行为–绩效模型。此模型认为行业结构(例如企业数量,集中度等)决定企业竞争行为并由此决定企业绩效(例如利润率)(见图 3.4)。市场结构越集中,企业行为竞争性越弱,相比更具竞争性条件下的价格和利润也更高。这一点和第 2 章讨论的古诺模型相符合。随着集中度的提高,古诺均衡引起价格上升。此外,市场集中度越高,企业协调其行为就越容易,由此也导致价格高于竞争性水平。鉴于此,结构–行为–绩效模型认为竞争法应当关注市场结构。市场集中度越高,其偏离有效竞争的可能性越大。此外,此模型还认为任何单一企业所拥有的市场力量可以(不完全地)由其市场份额体现出来。这种方法的含义就是针对竞争问题的解决方案应该是结构性的而非行为性的。

图 3.4 结构–行为–绩效模型图

虽然结构–行为–绩效模型是很多竞争政策分析的起点,但它也并不是完美无缺的。首先,认为因果关系流完全单向地从结构到行为再到绩效未免过于简单,特别是我们应该想到绩效对结构的作用。[32] 成功的企业(可能是因为它们的成本效率较高)极有可能继续壮大,而不成功的企业极有可能萎缩。这会导致市场集中度提高。一家大企业成功的原因并不是其市场力量的运用,而是其成本效率较高,定价非常具有竞争力从而赢得市场

---

[30] 详见下文关于扩张壁垒的讨论。

[31] 逻辑上来讲,计算市场集中度需要对市场进行事先界定。相关市场界定详见第 4 章。

[32] 德姆塞茨(1973)和萨顿(1991)。

份额。

其次，最简单的结构-行为-绩效模型并没有回答什么是结构的动因。结构最重要的动因很可能是行业的成本结构以及消费者需求的本质。行业成本结构决定最低有效生产规模，而消费者需求决定行业内以最小有效规模运营的企业数量。如果相对需求而言，规模经济较大，则市场会自然集中。行业的"基本条件"部分由外因决定，但同时受行为变量的影响。这些行为变量包括广告或研发的投资水平。举例来说，研发活动可以改变行业的成本结构（比如说通过发明一个工艺流程来降低成本，改变最低有效生产规模）并继而改变行业结构。

因此，图 3.5 描述的模型应更加优秀，尽管它给出的明晰的政策计划较少。[33] 我们同时增加了从行为到市场结构（例如广告可以提升消费者忠诚度从而可能提高进入壁垒），以及从绩效到行为（例如收益率影响投资和研发费用）的反馈环节。这里的要点就是行业的各个方面极有可能是互连互动的。

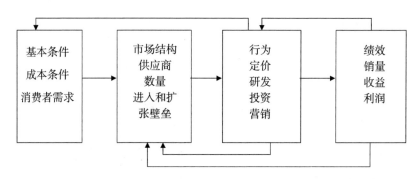

图 3.5　改进的结构-行为-绩效模型

本节讨论的重要含义在于行为并不仅仅是行业结构的结果，它本身就是一个选择变量，可以影响行业的基本条件和结构。与简单结构-行为-绩效模型（仅仅结构发生作用）的结论相比，这一结论显然更加符合我们的

---

[33]　本图基于梅塔和皮普孔（2007）所提供的图 2。

直觉和经验。

二、市场集中度测量

测量市场集中度两个最常用的手段就是集中度比率和赫芬尔达－赫尔斯曼指数（HHI）。集中比率是关于市场集中水平的简单统计。特定市场可以计算出很多集中比率。举例来说，我们可以说两个企业的集中比率（通常记作 C_2）或者 4 个企业的集中比率（记作 C_4）。"C_2" 表示市场上两家领先厂商市场份额的总和，而 "C_4" 则表示市场上 4 家领先厂商市场份额的总和。

作为衡量行业竞争有效的指标，集中比率有两个主要的缺点。首先，它没有考虑领先企业的相对规模。举例来说，一个市场有 4 家领先企业，每家所占市场份额均是 20%；另一市场 4 家领先企业所占的市场份额分别是 55%、20%、4% 和 1%。这两个市场的 C_4 集中率是一样的，但是竞争程度却极有可能截然不同。比如说，后一个市场中明显存在一个潜在的 "领先者"，其他企业可以追随，而前一个市场则有可能出现企业间激烈的竞争，去角逐成为最大的企业（尤其是生产的规模经济非常庞大时）。其次，集中率既没有考虑市场企业总数量，也没有考虑较小企业的市场份额。在很多行业，现有企业扩张产能的能力比潜在进入者所能提供的竞争约束更加重要。如果较小企业有提高产量应对领先企业提价的能力，那么它们就可以对市场行为进行有效的竞争约束。我们将在下文对此作进一步探讨。

HHI 试图通过将行业内所有企业考虑在内来弥补集中率的缺点。[34] HHI 表示市场内所有企业市场份额的平方和。

（4）$HHI = \sum_{i=1}^{N} S_i^2$

市场内有 N 家企业，S_i 表示企业 i 的市场份额；

举个例子，市场内有 4 家企业，每家企业的市场份额分别是 50%，

---

[34]　作为理论上的完美事物，如果企业行为严格按照古诺产量设定模型并且市场有绝对的进入壁垒，HHI 就是衡量行业有效竞争度的完美方法。

20%，20%，10%，那么 HHI 就是 3400。[35] HHI 必然介于 0（市场内存在无数家企业，每家企业的市场份额基本为 0）和 10000 之间（1 个垄断者）。

延伸阅读：计算 HHI

如果知道市场内所有企业的市场份额，那么计算 HHI 就很简单了。但是，当只知道市场内几个主要企业的市场份额而不知道所有企业的市场份额时，HHI 又是如何计算呢？这种情况下，最有效的办法就是计算 HHI 的上下限。

假定我们知道市场内共有 8 家企业，但只知道其中最大 3 家企业的市场份额。假设剩余的市场份额由剩余的企业均分即可计算 HHI 的下限。比如 3 家最大企业剩余的市场份额为 15%，通过假设剩余 5 家企业每家所占市场份额为 3% 即可计算 HHI 的下限。HHI 的上限可以通过两种方法计算而得。最为粗糙的办法就是假设所有剩余的市场份额只属于一个企业。我们接着上个例子讲，就是假设第四大企业获得剩余的 15% 市场份额，而其余 4 家企业的市场份额基本为 0。但有些时候，这显然不是计算上限的正确办法。如果最大 3 家企业每家企业所占市场份额为 20%，则还剩余 40% 市场份额。把剩余市场份额全部归于一家企业显然是不明智的。如果我们知道最大 3 家企业每家拥有 20% 市场份额，那么第四大的企业拥有的市场份额肯定小于 20%。这种情况下，计算上限更合理的办法应该是假设第四大和第五大企业每家拥有的市场份额略低于 20%，剩余 3 家企业拥有的市场份额基本为 0。

---

[35]　$HHI = (50^2 + 20^2 + 20^2 + 10^2) = (2500 + 400 + 400 + 100) = 3400$。

举个例子可以让我们看得更清楚（见表 3.3）。假定市场上共有 8
家企业，我们知道其中 4 家企业的市场份额，分别是：35%、24%、
15%、10%。C4 集中率可以计算而得（为 84%），而准确的 HHI 却不
得而知，因为剩余 4 家企业的市场份额是未知的。准确的 HHI 水平取
决于剩余 16% 的市场份额的精确分布。通过假定剩余 16% 的市场份额
由剩余 4 家企业平均分配（每家得 4%）可计算 HHI 的下限。计算上
限的一个可能办法就是假定剩余的 16% 市场份额全部归剩余 4 家企业
的其中一家。但是因为我们所知的 4 家企业其中一家的市场份额仅为
10%，所以不大可能存在一家市场份额为 16% 而我们又不知道的企业。
因此，计算上限更为合理的办法是假定第 5 家企业拥有略低于 10% 的
市场份额（仅略低于我们所知的拥有最低市场份额的企业的水平），
第 6 家企业拥有略低于 6% 的市场份额，第 7 和第 8 家企业拥有的市场
份额基本为 0。

表 3.3　计算 HHI 的上限和下限：有解样例

	市场份额	市场份额平方
企业 1	35	1225
企业 2	24	576
企业 3	15	225
企业 4	10	100
总计	84	2126

上限：1 家 16%，其余为 0　　　　　$HHI = 2126 + 16^2 = 2382$

1 家为 10%，1 家为 6%，其余为 0　　　$HHI = 2126 + 10^2 + 6^2 = 2262$

下限：每家为 4%　　　　　　　　$HHI = 2126 + 4 \ (4^2) = 2190$

在此例中，HHI 可能位 2190 和 2382 之间，尽管更为合理的上限
应为 2262 而不是 2382。

虽然集中度比率和 HHI 计算相对容易且表明看来颇具吸引力，但使用
市场份额、集中率和 HHI 来评估行业的竞争程度会引发一系列潜在的严重

问题。

第一，观测到的市场集中度水平受很多因素的影响。特别是正如上文所述，如果市场上某一企业效率提高（可能因为技术进步）或开发出更好的产品，则该企业很有可能攫取更高的利润和市场份额，从而提高市场集中度。在这种情况下，将集中度提高与竞争削弱画等号显然是错误的。问题是市场结构不是既定的，它受市场上企业行为和绩效影响（结构并不由外因决定，而是由内因决定）。市场结构很可能至少部分是由内因决定的。

第二，逻辑上讲，市场份额的使用需要对市场进行界定。当市场界定不准确时，运用市场份额来推断竞争程度就会产生严重的问题。既然市场份额常常被作为衡量市场力量的重要指标之一，那么市场的界定就应该反映产品间的竞争约束。关于相关市场界定这个问题详见第4章。㊱

第三，如上所述，市场集中度和竞争者数量并不总能成为衡量市场竞争水平的指标。竞争者数量众多且集中度低的市场有时可能被卡特尔化。而集中度极高的市场也有可能充满竞争，比如在市场进入和退出都非常容易的情况下。

三、进入壁垒和潜在竞争

人们在进行竞争分析时很早就认识到企业行使市场力量的企图可以被进入市场的新供应商所击败。价格上涨会鼓励新的企业加入市场，这种可能性对市场内企业的竞争行为构成强大的约束。事实的确如此，市场进入或者只是潜在的市场进入构成的约束在特定情况下可以阻止市场份额极高的企业行使其市场力量。

从上文结构-行为-绩效模型的论述中，我们可以认识到进入壁垒在竞争评估中的重要性。结构-行为-绩效模型认定一个由结构到行为再到绩效的单向因果链。但是，如果市场中的企业赚取超额利润，我们期待新企业

㊱　如果市场界定准确，市场份额可以做为有用的筛选工具。市场份额较低的企业不大可能拥有市场力量。但这并不意味着市场份额较高的企业就一定拥有市场力量。合理原则应该是，基于界定准确的相关市场，较高的份额可以作为行使市场力量的必要条件而不是充分条件。

的进入可以从长远上纠正这种局面。因此，结构-行为-绩效模型将持续的超额利润认定为进入壁垒存在的指标，而其本质上由外因既定。但是结构-行为-绩效模型忽视了决定市场结构和结果的因素之间重要相互作用的可能性（上文已讨论），包括进入壁垒由内因决定的可能性。预见的市场结果在企业做出市场进入决定时扮演一个尤其重要的角色。如果一个潜在的市场进入者认为目前市场存在超额利润并且在其进入后超额利润仍将持续的话，它进入市场的动机就会相当强烈。

对于结构-行为-绩效模型的批评并不仅仅局限于近期的博弈理论。早在 20 世纪 70 年代，很多实证研究都已经注意到考量从行为或绩效到结构反链接的必要性。[37] 两个因素会影响到企业进入市场的决定：其一是市场进入的不可恢复成本，即所谓的沉没成本；其二是市场进入的预期盈利能力。在预期进入后竞争水平既定的情况下（包括预期的价格水平及其他），与进入相关的不可恢复成本越大，进入发生的可能性就越小。相对市场规模而言，沉没成本较大的情况下，只有少数企业会在市场上共存。但是，即使与进入相关的成本较低，如果进入后的市场竞争使预期毛利润低于进入成本的话，还是没有企业会考虑进入市场。由此可见，激烈的或者预期激烈的市场竞争会阻止市场进入。[38] 因此，进入成本和预期进入后价格竞争水平的相互作用决定市场结构。[39]

由此可见，观测到的市场结构反映了合理进入必须收回的沉没准备成本水平和进入后价格竞争强度之间的矛盾：进入者越多则意味着价格越低；而价格越低，则进入越不具吸引力。这就表示当价格竞争异常激烈时，即使进入壁垒较低，市场进入也不可能发生。为什么企业会希望进入一个现行价格所带来的利润率低到它不能回收投资成本的市场呢？此外，这也意味着在预期进入后竞争水平既定的情况下，沉没成本的增加会使企业对市场进入意兴

---

　　[37]　见马兰奇（1987）的评论。

　　[38]　这就引发了一个问题，到底是目前的竞争水平还是预期进入后的竞争水平会成为阻止进入的关键因素？理论上讲，答案应该是后者。从实际来看，前者通常是进入后可能竞争水平的重要指示。

　　[39]　见萨顿（1991）详见参考文献。

索然。如下文所述，这给了市场内企业采取战略性的进入威慑行为提供了可能性，即它们通过提高潜在进入者必须支付的沉没成本来威慑其进入。

延伸阅读：可竞争市场

关于潜在进入构成的竞争约束最强有力的表述也许是在可竞争市场理论中。[40] 对于完全的可竞争市场而言，进入和退出都是即时的，不需成本的，但是市场内企业本身不能对市场进入立即做出反应。即使市场只剩一家企业，完全可竞争市场的竞争也总能带来竞争性结果。其理由是，如果价格提至高于竞争性水平并可能由此产生超额利润，低于这个超竞争价格仍然能够获取超额利润的可能性会立即吸引新的企业进入市场。这一过程会一直持续到价格降到竞争性水平为止。可竞争市场的进入可以说是遵循"打了就跑"模式。值得注意的是，高退出成本的隐含意义就是：退出成本越高，进入的可能性越小。

一个市场可称为完全可竞争市场的条件是非常严格的：无成本的即时进入和退出，"打了就跑"的进入模式，市场现有企业不能及时对此做出反应。这就意味着外部企业可以在市场内企业有时间调整价格之前进入市场并开始生产。而市场内企业不能做出及时反应的假定是特别重要的一个条件。如果市场内企业可以对新企业进入做出及时反应，它们就无需在新企业进入之前将价格设定在竞争性水平（由此，进入前价格就不能为进入后价格提供可靠的指导）。相反地，它们可以在新企业进入之前将价格设定在高于竞争性水平，因为它们知道它们可以在新企业进入后降低价格。这一点或许可以起到进入威慑的作用，因为进入者知道它们在进入前看到的利润机会可能会在进入后被市场内企业消除掉。因为竞争的规模和定价都是显而易见且通常可以在短时间内做出改变的，所以纯可竞争市场理论是否能够广泛应用还是值得怀疑的。[41]

---

[40] 鲍莫尔、盎策尔和维林（1982）详见参考文献。
[41] 关于此问题的论述详见维克斯和亚罗（1988）详见参考文献。

> 但是不管怎么说，"可竞争"一词已经成为法律词汇，它的使用也比经济学文献上来的宽松。概括来讲，"可竞争"一词的法律意义是指潜在竞争可对现有企业的行为构成重要的竞争约束的市场，其进入相对简单，并不需要很大的沉没成本。虽然经济学家们可能会抱怨术语滥用之嫌，但法律专业人士却已获得其中的精要：进入市场越难，潜在进入对市场竞争行为构成的约束越小。

外生性沉没成本和内生性沉没成本存在重要的区别。外生性沉没成本是指企业进入市场必须承受的成本。举例来说，外生性成本就是生产准备成本，比如说获得最小有效规模的工厂。相比之下，内生性沉没成本并非如外生性沉没成本一样是既定的，它是由企业自身决定的。举例来说，企业准备的研发以及广告费用通常都不是预先决定的，而是取决于特定企业的商业决策。内生性成本产生的费用水平主要取决这些花费对消费者产品需求所起的作用。就内源性沉没成本而言，企业间的竞争有可能导致费用水平竞争性的上涨。这种情况下，企业费用的上涨即意味着某些行业已经形成了策略性集中。[42] 判断这种行为是否为反竞争需要考察这些花费对于消费者福利的影响。

1997 年美国颁布的《横向合并指南》区分了无约束进入和约束进入。[43] 无约束进入的概念有效地整合了供给方替代的思想（相邻市场企业进入，这些企业已经拥有生产另一市场产品所需的资产）。无约束进入指企业可快速进入市场而无需为新的工厂和设备进行大量投资。这就允许企业能够利用短期出现的赢利机会，并在机会消失后退出市场。相比而言，有约束的进入者则需要投入大量资金以形成其竞争能力。这就意味着有约束的进入者希望参与长期市场竞争而非只是抓住短期赢利机会。约束进入相较无约束进入而言承担的风险更大。相应地，有约束的进入者对于进入后的竞争水平也是更加倚重。

---

[42]　见萨顿（1991）对于这种现象的论述的举例。

[43]　关于该指南分析市场进入的方法详见第 7 章。

　　虽然市场进入可以对现有企业的行为构成重要的竞争约束，但是市场进入不应被认为是所调查市场某种抽象的特征。我们不应羁绊于进入壁垒的高低，而应当看重潜在的市场进入是否能够阻止或抵消潜在的反竞争行为。

　　我们在评估市场进入的作用时，非常重要的一点就是必须依照恰当的顺序展开分析。分析潜在市场进入构成的竞争约束时，应当首先评估现行市场企业之间业已存在的竞争约束条件。很多情况下，人们会因为无新的企业进入市场而断言市场进入壁垒高，进而得出现行市场企业未受有效竞争条件约束的结论。但是这种分析方法并没有指出因目前市场竞争激烈而无新企业进入这种情况。如果市场内价格竞争激烈而导致产品价格低廉，那么没有别的企业选择进入就不足为奇了。因无新企业进入而得出进入壁垒高以及非竞争性市场的结论显然是错误的。

　　对于进入可能性的评估因为需要进行反事实分析而变得复杂。最近几年未有大量企业进入的事实并不一定表示受调查的市场不受有效潜在竞争条件的约束。举例来说，在依据第 102 条采取的过高定价调查中，评估潜在竞争构成的竞争约束条件的重要性，在某种程度上取决于你是否认为有企业滥用其支配地位。最近几年未有大量企业进入的原因可通过两种方法进行解释。其一，如果你认为受调查的企业滥用其支配地位并制定高于有效竞争条件下现行水平的价格，那么原因可以解释为高市场进入壁垒或者排他性行为的滥用。其二，如果你认为企业受制于有效竞争约束，那么原因可以解释为进入一个有效竞争的市场带来的收益较低。区分这两者可能性是比较困难的。

延伸阅读：“进入壁垒”的学术定义

　　关于市场结构的学术文献中包含很多关于“进入壁垒”的定义。贝恩[44]关于进入壁垒的定义如下：

---

[44]　贝恩（1956）详见参考文献。

"从长期看，现行市场企业能够将价格提至高于最小平均生产和分销成本（最佳规模产生的成本）但不引起潜在进入者进入行业的程度"。

此定义主要关注市场现有企业赚取超额利润的能力。

史汀格勒[45]给出的进入壁垒的定义如下：

"企业进入一个行业所必须承担的生产成本，而行业内的企业无需承担的生产成本"。

继史汀格勒之后，卡尔顿和佩罗夫[46]也提出：

"长期进入壁垒指的是新进企业必须承担，而现有企业不用（不必）承担的成本。"

根据这一定义，如果现有企业同样需要承担相同的成本的话，那么新进企业必须承担的启动成本对于现有企业而言就无优势可言了。

吉尔伯托[47]将进入壁垒的存在定义为"企业因立足某一行业能够赚取的额外利润"。贝恩的定义主要关注现有企业赚取超额利润的能力。此外，还有其他关于进入壁垒的定义涉及经济效率的问题。[48] 但是，吉尔伯托指出，这些定义都没有关注到核心问题，即：是什么因素能够使现有企业赚取高于正常水平的利润而其他具有相同或更高效率的企业却被排除在外？

四、绝对进入壁垒和策略性进入壁垒[49]

进入壁垒可以分为绝对进入壁垒和策略性在位优势。[50] 绝对进入壁垒

---

[45]　史汀格勒（1968）详见参考文献。

[46]　卡尔顿和佩罗夫（2004）详见参考文献。

[47]　吉尔伯托（1989）详见参考文献。

[48]　见吉尔伯托（1989）关于这些定义的论述。

[49]　很多人都在经济学文献中提出各种不同的"进入壁垒"定义。见伯克（1978）、贝恩（1956）史汀格勒（1968）、卡尔顿和佩罗夫（2004）、吉尔伯托（1989）以及图3.6。

[50]　关于进入壁垒文献的综述详见伦敦政经（1991）及吉尔伯托（1989）。

包括对于必要投入品的独占或者优先获取。

绝对进入壁垒可分为市场进入的不可能性或者进入成本过于高昂。仅是因不能获取必要的投入品而导致企业无法进入市场。举个例子，受专利保护的产品就代表了绝对进入壁垒，因为专利所有人可以拒绝将专利产品提供给新的进入者。[51] 同样道理，如果机场已经没有起飞和降落的跑道了，那么新的航班就无法进入。此外，如果现有企业控制了必要的设施并拒绝第三方获取，这也构成了绝对进入壁垒。[52]

如果市场进入的成本太高，则市场进入对现有企业而言可能无法构成有效竞争约束。即，新进企业虽然能够获得所需的投入品使市场进入成为可能，但是市场进入从利润上讲并不具备足够的吸引力。在这种情况下，进入壁垒可以说是偏高的。但是我们应该理解的是，我们必须从被调查的行业背景下来考量进入新市场所需的投资规模。开一家披萨店所需的成本显然不能与修建一个钢铁厂所需的成本同日而语。但钢铁厂所产生的收入也是远远高于披萨店的。因此，仅知道新的进入者需要花费 1000 万欧元才能进入市场并不能为判断进入壁垒的高或低提供依据。这还需要看被调查市场的营业额：相比营业额为 1 千万欧元的，进入营业额为 1 亿欧元的市场可行性较大。因此，我们只有将预期收入与预期投资相比较才有可能判断进入壁垒的高低。在评估进入壁垒高低时，最小有效规模（MES）和最小可行规模（MVS）的概念或许对我们有所帮助。最小有效规模是指平均成本最小化时的最低产量，而最小可行规模是指进入者可赚取正利润时的最低产量。如果相比市场总规模而言，最小有效规模或最小可行规模较大，则市场进入极有可能困难重重。

策略性在位优势涉及现有企业因新进企业因进入时间不同产生的不对称性（现有企业进入市场在先），它通常比绝对进入壁垒要更难以分析。

---

[51] 这当然不是一个竞争政策问题。企业从专利产品获得的高额利润可能只是其研发过程的合理回报，特别是在失败研究项目的成本也被计算在内的情况下。为了确保企业进行风险投资的正确动机，明显的高利润或许是必要的。

[52] 我们会在第 6 章对必要设施做进一步阐述。

很多情况下，现有企业能够"改变游戏规则"使其对己有利。[53] 通过改变规则，现有企业能够改变行业的竞争动态，而此举或有阻止新进企业进入的效果。沉没成本在这种策略中居于核心位置。很多阻止进入的策略都是基于现有企业让新企业认为进入该行业无利可图。如果我们假设现有企业对于进入者的反应可以是坚决反击或者姑息迁就，那么当潜在的进入者认为现有企业会进行反击的情况下，其进入企图被阻止的可能性就更大。这就意味着现有企业希望其能够让进入者相信它会进行反击。如果在市场进入已经发生的情况下现有企业采取的战略是姑息迁就的话，现有企业先前做出的回击威胁则变得不是那么可信了。但是，如果现有企业能够制造一些沉没成本以确保其在进入者进入后的最佳策略就是回击，那么其回击的威胁就是可信的，进入者进入市场的行为也可能被吓阻。[54]

我们来看图3.6和图3.7。这两张图显示了两家企业的潜在收益：一家为现有企业，一家为潜在进入者。潜在收益显示在括号中。在图3.6中，如果潜在进入者选择不进入，则现有企业获得的收益为4，潜在进入者获得的收益为0。如果潜在进入者选择进入，现有企业可选择"回击"或者"姑息迁就"。如果现有企业回击，则两家企业的亏损均为1。如果现有企

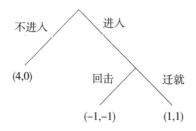

图3.6　收益导致市场进入

———————————

[53]　现有企业的这种好处经常被称为"先行者优势"。
[54]　萨顿（1991）认为沉没成本为内生性的（现有企业引起的成本而非生产的必要成本）行业其集中度极有可能相对较高，因为现有企业可以通过内生性沉没成本来阻止新进企业进入市场。萨顿引用的其中一个例子就是高昂的广告费用。

业选择姑息迁就，则两家企业的收益均为 1。这种情况下，现有企业并不会对于进入进行回击，我们也可以预见潜在进入者会进入市场。[55]

　　现在我们来看图 3.7。图 3.7 所示的收益与图 3.6 有所不同。现有企业已经有所动作（例如它已作了一些投资），这意味着虽然它在没有新进入者进入的情况下获得的收益减少（收益为 3 而不为 4），它回击进入者赚取的收益（-0.5）要比姑息进入者赚取的收益（-1）高。这就使回击的威胁较为可信，那么潜在的进入者极有可能选择不进入市场，因为收益为 0 总比亏损为 1 要好些。

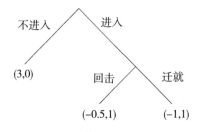

图 3.7　收益导致不进入

　　这种策略性进入壁垒其中一个实例就是对过剩产能进行投资。[56] 如果现有企业能够通过投资过剩产能来降低提高产量的边际成本，那么其更有可能对新进企业进行回击。特别是当现有企业目前的产能受限时，这种情况更加容易发生。如果投入研发能够使现有企业保持一定的新产品储备以便于其可以在新进企业进入市场时投放（由此可以将进入者的潜在需求降至低于损益两平水准），那么这种对于研发活动的投资或许与投资过剩产能有相同的效果。

　　另一种对市场进入进行战略阻止的方法就是直接改变潜在进入者的需求或成本曲线。现有企业可以有很多方法来降低潜在进入者的需求。它可

---

　　[55]　在动态竞争环境下这一结论可能是不正确的。特别是当现有企业面对多个进入者时，即使其盈利确如图 3.6 所示，现有企业也会对第一个进入者进行回击，因为这有可能阻止其他的进入者。这一点我们会在第 6 章论述支配地位企业的掠夺性行为时作进一步阐述。

　　[56]　见斯宾塞（1977）和迪克西特（1980）。

以投放大量的广告以提升消费者对产品的需求而降低消费者对潜在替代产品的需求（比如提高消费者忠诚度或者提高品牌吸引力）。当产品需要消费者购买耗材时（比如说补充材料、游戏卡等等），现有企业可以通过制造消费者转向潜在替代品的成本来阻止新进企业进入要素市场。[57] 举个例子，现有企业可以向消费者保证，潜在替代的耗材与其产品的匹配不如它自己生产的耗材。现有企业也可以实施产品多样化战略以降低进入者投放产品的空间。[58] 而现有企业的良好口碑则是一个较为温和的进入壁垒。现有企业为树立良好口碑进行的投资（比如说一如既往的售卖质优价廉的产品）也可以成为一个市场进入壁垒。但是，这种进入壁垒并不是竞争监管机构需要担心的，因为它是基于企业对于消费者偏好的满足，是有利于促进消费者福利的。[59] 现有企业还可以与必要生产供应商签订独家供应合同，从而直接改变潜在进入者的成本。进入者不得不因此采用其他并不十分匹配的生产要素，从而导致自己的成本提高。值得注意的是，所有本段中提及的战略都是现有企业在进入发生之前而非发生之后（进入发生之后，姑息迁就则比回击战略获得的利润更高）采取的，这样一来，进入者对于进入的利润预期就会下降，其进入的可能性也相应降低了。

纵向约束（或纵向整合/纵向并购）也可用于阻止市场进入。[60] 独家销售合同可以阻止新的零售商进入市场，因为他们根本无法获得需要的产品。独家代理合同同样可以阻止新的制造商进入市场，因为他们根本无法为他们的产品找到零售销路。关于这个问题我们会在第 5 章详述。

梯若尔（1988）认为资本市场缺陷同样可以成为进入壁垒。他特别指出，通过掠夺性行为，现有企业可以降低市场进入带来的短期预期利润，

---

[57]　克伦培勒（1987）详见参考文献。

[58]　见施马兰西（1978）。正如贾德（1985）指出的，这种战略需要产品在产品空间内相对固定。否则，在市场进入之后，为了适应进入，产品可能在产品空间内移动。这种可能性会降低这种进入吓阻战略的可信度。详见第 6 章。

[59]　如果现有企业通过这种战略赚取超额利润却没有引发市场进入的话，这就意味着他可能依靠他拥有的某些要素赚取租金。这可能也是对于创新的回报。

[60]　奥多瓦，塞隆纳和萨洛普（1990）详见参考文献。

从而提高进入者进入市场所需的资金水平。资本市场缺陷可能导致进入者无法筹集足够资金，即使市场进入从长远看是有利可图的。博尔顿和沙尔夫斯坦（1990）同样认为资本市场缺陷可导致进入壁垒。如我们第6章所述，总的来说，我们是不同意基于资本市场缺陷的观点的。但是，我们知道，资本限制并不构成进入壁垒这一经济学观点并不为广大企业家所接受。施马兰西（1987）提出的常识性的方法可能较为正确：如果企业家们认为资本限制构成进入壁垒，则不管经济学家们如何看待，他们对这种限制的认识极有可能影响他们市场进入的决策。[61]

我们会在第6章对掠夺性行为以及它如何阻止市场进入作大量的论述。这里就不作重复了，感兴趣的读者可参见第6章。

延伸阅读：限制性定价阻止市场进入

限制性定价是指现有企业为了阻止新企业进入市场将价格定于其利润最大化水平之下的行为。假定潜在进入者相信现有企业会在其进入后继续生产相同数量的产品。现有企业可以通过设定其销售量来迫使进入者以高于其平均成本曲线的价格出售的产品数量为零。如果现有企业真的这么做，那么潜在进入者就不会进入市场。实际上，在位企业是通过设定其产量来使消费者对于进入者产品的需求不足，从而使其不能赢利。

但是这一观点存在一个严重的问题。它是基于进入者相信现有企业不会在其进入之后改变产量这一假设的。如果进入者真的进入市场，现有企业可以通过姑息迁就进入行为降低产量来赚取更多的利润。知道这一点之后，进入者会进入市场，现有企业也会理性地迁就进入行为。

---

[61]　不管怎样，关于这点，伯克（1978）的评论值得我们铭记："资本需求是存在且一定会抑制进入——正如一个天才对于职业足球的需求是存在的且一定会抑制进入。壁垒在任何意义上既不是人造的，也不是反托拉斯政策特别关注的主题。"

要使限制性定价战略真实可信的其中一个办法就是现有企业进行某种形式的承诺投资，意味着即使新的企业进入，现有企业的最佳选择仍是保持原先产量。这可以是某种形式的产能投资，恰如上文图3.7所示。另一种办法将新企业进入前的低价作为产生忠诚客户的基础，从而降低消费者对新进企业产品的需求。这种战略需要一些产品之间的转换成本，意味着即使替代产品出现，消费者对现有企业的产品需求也不会大幅下降。

限制性定价的另一合理化解释是基于这样的观点，即现有企业在新企业进入前的行为能够给进入者传递有用的信息。举个例子，现有企业的行为可以给潜在进入者传递这样的信号，即，即使潜在进入者进入市场也不会赢利，这样就可以阻止其进入。设想现有企业可分为两种，一种是高成本，一种是低成本，而只有现有企业本身才知道自己属于哪种类型。进一步假设现有企业为高成本时进入者进入市场就会获得正利润，而现有企业为低成本时进入者进入市场会亏损。在这种情况下，现有企业会发现即使其实际成本较高，模仿低成本企业行为仍是它最佳的商业战略，因为这可以阻止新企业进入市场。要想使这一战略成为赢利战略，高成本现有企业必须通过做出低成本垄断企业的行为来获取更高的利润，而不是作为高成本企业和别人共享市场。

五、扩张壁垒

进入壁垒以及新企业进入的潜在效果涉及特定市场外的企业约束市场内有可能行使市场力量的企业的能力。但是对绝大部分市场而言，对竞争结果影响最大的还是现有企业之间的竞争。在绝大部分行业内，竞争约束的一个重要源泉就是市场现有企业通过扩大销量应对别的企业提高价格（或者降低供给数量）的能力。如果企业能够以低廉的成本快速提升产量，那么它们就可以提供有效竞争的约束条件。

　　扩张壁垒就是指某种能够阻止市场现有企业以低廉的成本快速提升产量的力量。一个企业产能受限而且要提高产量则会招致大量沉没成本，该企业扩大产出就面临着扩张壁垒，而拥有备用产能的企业则不面临扩张壁垒（在其动用所有产能之前）。同样道理，目前满负荷生产的企业如果它能够以相对低廉的成本快速提高其生产能力（特别是不招致大量的沉没成本），则它也并不面临严重的扩张壁垒。如果市场内的竞争企业并不面临着扩张壁垒，而另一企业提高产品售价，则这些企业可以通过降低价格和加大产品供应量来应对提价，从而破坏该企业通过提价获利的企图。

　　因为即使进入壁垒较高的情况下扩张壁垒也可以较低，所以扩张壁垒在进行竞争政策分析时是比较重要的。不考虑扩张壁垒很可能会导致错误的结论：因为进入壁垒较高，所以拥有高市场份额的企业就拥有市场力量。但是事实上，由于市场现有企业扩张壁垒较低，所以高份额企业并不具备市场力量。同样，沉没成本是进行进入壁垒分析的关键，也是进行扩张壁垒分析的关键。如果某企业需要大量的沉没成本来提高其产量，那么它就很可能面临严重的扩张壁垒。但是，企业需花费高昂的沉没成本来进入市场，而一旦进入市场后其扩张产能的沉没成本就会比较低，这种可能性还是很高的。我们举两个例子来说明。首先，在品牌效应较高的市场，进入壁垒较高而扩张壁垒较低。企业经常需要花费高昂的沉没成本（通常用于广告）来建立一个品牌，这也许是进入市场的先决条件。但一旦当企业在市场上树立了一个品牌，扩张销量就不需要大量的沉没成本了。第二个例子，当投资非常"聚集"时，[62] 进入市场也许就必须花费高昂的沉没成本，但是将产能提高至满负荷所需的成本则非常之低。当然，一旦这样一个企业进行满负荷生产，投资的聚集性就意味着它再度扩张面临的壁垒

---

　　[62]　当生产单位产品所需的投资与生产更多产品的投资相近时，我们称之为"聚集"投资。举例来说，企业在生产任何产品之前需要购买一台非常昂贵机器，但是这台机器可以用于生产比如说1百万件产品，这种投资就非常集中。如果相对整个市场规模而言，聚集投资的规模非常大，那么我们可以预见市场的集中度相对较高。

整合，从而使自己变成销售市场的新进入者。欧盟委员会判定利乐公司能够资助新企业进入市场或者帮助市场现有小企业扩张。这就是欧盟委员会同意恩索/斯道拉并购案的原因，即使并购后其占有较高的市场份额。[65] 大买家还可以破坏卖家卡特尔。当新客户是一个大买家而非小买家时，加入卡特尔的企业更加容易做出"欺骗"行为，以低于卡特尔水平的售价吸引这位新客户。

大买家可以保护自己免受市场力量的影响并不意味着小买家也可以如法炮制。竞争监管机构经常担心虽然大买家可以抵抗价格上涨，但小买家则无能为力。因此《第102条指南》指出：[66]

"诚然，如果只能保证特定或有限的一部分客户免受支配地位企业市场力量的影响，那么买方力量就不能被视为一个充分有效的约束条件。"

因此，在评估买方力量时，我们必须确认它在保护大买家的同时还能保护小买家。事实上，有观点指出，大买家的买方力量实际上会伤害小买家，这被称之为"水床效应"。这一观点认为如果卖家为了交易成功而对大买家作出让步，他们会寻求从小买家处赚取更多的利润。也就是，对大买家降价，对小买家提价。这一点会损害消费者利益，因为由于生产要素的价格上涨，小企业不得不提高产品售价。这同时也有可能导致大企业提高产品售价，因为小企业对其构成的竞争约束削弱了。[67][68] 总的来说，我们

---

[65]　IV/M. 1225 恩索/斯道拉（1988）。更多买方力量观点的细节参见第7章。

[66]　《第102条指南》第18段。

[67]　英国关于超市的一系列调查的申诉人曾经使用过"水床效应"这一观点。在2006—2008年的超市调查案中，英国便利店协会向竞争委员会提交了一份水床效应的经济模型。经过大量的分析，竞争委员会最终没有采信这一模型，理由是该模型缺乏实证数据的支持，对消费者利益也不构成损害。见附录5.4《英国市场调查中的百货供给》中的《供应商定价中的水床效应》，竞争委员会，2008年4月30日。

[68]　此处的"水床效应"必须和移动通信中常提到的水床效应相区分。后者涉及在两个相互关联的市场（呼叫发起和呼叫终结）内运作的企业的定价结构。这实际上是一个双边市场问题，而不是买方力量问题。更多细节详见吉纳克斯和瓦莱第（2008）、麦则特、雷诺斯和沃克（2006）以及阿姆斯特朗和赖特（2007）。

整合，从而使自己变成销售市场的新进入者。欧盟委员会判定利乐公司能够资助新企业进入市场或者帮助市场现有小企业扩张。这就是欧盟委员会同意恩索/斯道拉并购案的原因，即使并购后其占有较高的市场份额。[65] 大买家还可以破坏卖家卡特尔。当新客户是一个大买家而非小买家时，加入卡特尔的企业更加容易做出"欺骗"行为，以低于卡特尔水平的售价吸引这位新客户。

大买家可以保护自己免受市场力量的影响并不意味着小买家也可以如法炮制。竞争监管机构经常担心虽然大买家可以抵抗价格上涨，但小买家则无能为力。因此《第102条指南》指出：[66]

"诚然，如果只能保证特定或有限的一部分客户免受支配地位企业市场力量的影响，那么买方力量就不能被视为一个充分有效的约束条件。"

因此，在评估买方力量时，我们必须确认它在保护大买家的同时还能保护小买家。事实上，有观点指出，大买家的买方力量实际上会伤害小买家，这被称之为"水床效应"。这一观点认为如果卖家为了交易成功而对大买家作出让步，他们会寻求从小买家处赚取更多的利润。也就是，对大买家降价，对小买家提价。这一点会损害消费者利益，因为由于生产要素的价格上涨，小企业不得不提高产品售价。这同时也有可能导致大企业提高产品售价，因为小企业对其构成的竞争约束削弱了。[67][68] 总的来说，我们

---

[65] IV/M. 1225 恩索/斯道拉（1988）。更多买方力量观点的细节参见第7章。

[66] 《第102条指南》第18段。

[67] 英国关于超市的一系列调查的申诉人曾经使用过"水床效应"这一观点。在2006—2008年的超市调查案中，英国便利店协会向竞争委员会提交了一份水床效应的经济模型。经过大量的分析，竞争委员会最终没有采信这一模型，理由是该模型缺乏实证数据的支持，对消费者利益也不构成损害。见附录5.4《英国市场调查中的百货供给》中的《供应商定价中的水床效应》，竞争委员会，2008年4月30日。

[68] 此处的"水床效应"必须和移动通信中常提到的水床效应相区分。后者涉及在两个相互关联的市场（呼叫发起和呼叫终结）内运作的企业的定价结构。这实际上是一个双边市场问题，而不是买方力量问题。更多细节详见吉纳克斯和瓦莱第（2008）、麦则特、雷诺斯和沃克（2006）以及阿姆斯特朗和赖特（2007）。

对此观点持怀疑态度，主要原因在于如果卖家能够对小买家提高售价，我们并不清楚为什么他不会对大买家提高售价。[69]

七、产品差异化

虽然竞争法施行关注的是单个企业面临的需求弹性，但是竞争法调查通常从确定对价格构成有效竞争约束的产品以及受调查各方提供产品的其他条件开始的（即，主要关注交叉价格弹性）。这个方法是较为明智的，因为需求弹性部分取决于消费者在价格相对上涨之后转向其他供应商的意愿程度。在所有产品都相同的市场中（企业提供同质产品），一家企业产品相对于其他企业产品的价格上涨会导致消费者转向其他供应商，因为所有供应商提供的产品都是一样的。这种情况下，单个企业面临的需求弹性较高。[70]

但是在绝大部分行业内，产品并不是同质的，它们在一个或多个方面都是相互区别的。举例来说，市场中有很多构造不同的汽车，不同品牌的衣服粉以及不同设计的牛仔裤等等。当不同客户对各种不同的产品都有不同的偏好时，产品的差异化就存在了。有些消费者喜欢购买李维斯牛仔裤，有些消费者更倾向于中档品牌的牛仔裤，还有消费者则喜欢花更多的钱来购买名牌牛仔裤。产品差异化的原因可以是固有品质区别，也可以是感官品质区别（例如由广告造成的区别）。[71]

产品差异化的总体经济影响就是"软化"各企业之间的价格竞争。一家企业将其产品价格设定于稍高于其他企业的价格水平并不一定表示它的销量会跌至零。事实上，产品差异化使每家企业剩余需求曲线的弹性减弱。显然，消费者在面临相对价格上涨时转投另一产品的意愿取决于这两个产品的相似程度（也就说取决于产品差异化程度）。

---

[69] 当然，也有人著书立说希望为水床效应提供一个理论基础。见德斯特和瓦莱第（2008）、杜布森和德斯特（2007）以及马将达（2005）。

[70] 在产品完全同质且别的企业无产能限制的情况下，每个企业面临的需求弹性都是无穷大。

[71] 产品也可因地理位置和时间有所差别。

经济学家对水平产品差异化和垂直产品差异化加以区分。水平产品差异化是指消费者偏好的差异，而垂直产品差异化是指产品质量的差别。水平产品差异化的一个例子：在其他条件相同的情况下，水泥买家更喜欢从附近而非距离较远的水泥生产商处采购水泥。相似地，有些人喜欢红色轿车，而有些人则喜欢蓝色轿车。但是水平产品差异化的存在并不意味着供应商之间就不存在竞争。如果距离较远的水泥生产商的报价低到足够弥补运输成本，那么消费者就会考虑从这些卖家处购买。或者如果红色轿车的定价高于蓝色轿车，即使在相同价格下他们更喜欢红色轿车，有些人也会转而购买蓝色轿车。

延伸阅读：水平产品差异化说明

图 3.8 显示三家生产不同品牌早餐麦片的企业。这些品牌沿一直线分布，代表不同消费者的偏好。在其他条件相同的情况下，每个消费者都喜欢线上离他"最近"的产品。举例来说，假定价格相同的情况下，喜欢左边的消费者会选择品牌 A 而非别的产品。每个品牌产品的价格由垂直线段的高度表示。价格越高，垂直线段的高度越高。市场份额则取决于每个产品的替代产品与其邻居之间的距离，在图 3.8 中以"雨伞"的斜度表示。斜度越舒缓，表示产品之间的可替换程度越高。两个产品"雨伞"的交点表示消费者对这两个产品的偏好相等。所以，ab 点左边的消费者会选择产品 A，而 ab 点右边至 bc 点的消费者会选择产品 B，而 bc 点右边的消费者则选择产品 C。值得注意的是，"雨伞"斜度越接近零，相邻产品的相似度越高。当斜度变成零的时候（也就是，"雨伞"变成一条平的直线），所有消费者都会选择价格最便宜的产品。

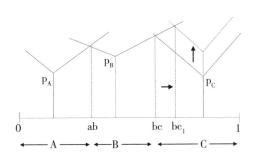

图3.8 差异化产品竞争

图3.8显示尽管每个品牌的价格不同，每个品牌都具有正市场份额。市场份额的多少由线段的长短表示，反映出消费者对每个产品的偏好。图3.8同时还描述了产品C涨价产生的影响。产品C价格的上涨意味着垂直线段 p_c 的升高，于是产品B和产品C"雨伞"的交点也向右移动（由bc至 bc_1）。这就表示产品C价格的上涨导致其市场份额的缩小，消费者由产品C转而投向产品B。这一市场份额的缩小在图3.8上即由bc点和 bc_1 点之间的水平间隔表示。

水平产品差异化体现的是消费者偏好差异产生的竞争效果，而垂直产品差异化则体现产品质量差异是如何影响竞争的。在很多市场中，人们依据产品质量进行分级，这种分级或是感知的（在很多时尚产业）或者实际的。举个例子，大部分消费者认为定制的西服是优于成衣的。价格相同的情况下，所有消费者都会购买质量更好的产品。这并不是说，所有消费者在实际中都会购买质量更好的产品，因为价格并不是相同的（也就是说，高质量产品的价格要高于低质量产品的价格）。虽然消费者意识到质量的差异，但是个体消费者对于产品的选择还是取决于他对于价格和质量的权衡。

凡是垂直产品差异化范围较大的地方，市场就可能会出现集中的倾向。如果可以通过内生性的支出，例如广告或研发（也就是垂直差异可能存在的地方），来改变消费者的购买意向，则企业还是愿意选择付出高昂的沉没成本。如果相对于市场规模而言，竞争的沉没成本较大，则会导致市场日益集中，因为它只能维持少数几家企业。[72]

当然，在很多情况下，产品会同时展现出其水平和垂直特性。举个例子，在汽车工业，不同类型的汽车存在水平差异（比如小型车、MPV、运动型车或豪华型车），同时每个类型的汽车也存在垂直差异（比如在运动型车领域，马自达 MX5、保时捷 Boxster 和奥迪 R8 之间的差异）。

八、企业间寡占互动行为的本质

特定企业面临的剩余需求曲线弹性部分取决于其竞争对手的决策。在某企业的竞争对手提高价格时，如果该企业保持原价，则其需求曲线向外移动，其剩余需求弹性也随之改变。同样地，如果竞争对手降低价格，则该企业的需求曲线向内移动。在绝大多数行业，企业都意识到它们的竞争方式（比如定价和营销决策）会影响其对手的竞争方式，同时也受到其对手竞争方式的影响。这就对于竞争互动性的认识就提出了这样一个问题，即企业会不会寻求降低其与竞争对手之间的竞争烈度。这可以通过囚徒困境来说明。[73] 如果采取不合作的态度，则即使两家企业都想采取高价策略，它们也都会选择低价策略。在这个例子中，低价策略赚取的收益为 4，而高价策略赚取的收益为 10。但是，如果这个博弈并不只是一次而是数次，则结果有可能不同，因为企业可以赢得合作的信誉。这种情况下就可达成高价均衡。从现实角度讲，关键的问题是竞争评估需要检查市场机制到底是阻止还是促进合作行为。这种合作行为会导致"高价"均衡而非竞争性的"低价"均衡。

企业间合作的达成可以通过明示的手段（比如卡特尔协定的达成）或

---

[72] 更多细节及实证支持请参见萨顿（1991）。
[73] 见第 2 章图框 2.2。

者心照不宣的共识，即激烈竞争对每个企业都没好处。[74] 但是，不管何种形式，合作行为是否可持续很大程度上取决于特定市场的特征。关于这些影响企业进行明示或默示串谋的市场特征详见第 5 章。[75] 尽管如此，我们还需要强调两点。第一，大家经常提及的观点，即寡头垄断市场唯一可预见的结果就是一个共谋的结果，这是没有根据的。[76] 第二，区分竞争性和合作性行为是相当困难的。举例来说，如果一家企业提高价格，另一家企业紧随其后，那这到底是聪明的竞争性反应还是合作行为呢？此外，"寡头垄断定价"并不一定就意味着有效竞争缺失。我们尤其不能机械地指责企业明智地应对其竞争对手定价的行为。我们的观点是，在没有确凿证据的情况下，区分竞争性和合作性行为通常需要对数据进行仔细地分析，而这种分析也不一定就能形成决定性论断。我们比较同意这样的观点，在证据没有明确表明的情况下，一般推断市场结果是由竞争而非合作造成的。

第三节　勒纳指数：市场力量的测定

勒纳指数有时被用来测定市场力量。[77] 勒纳指数即价格边际成本差额，记作：

$$(5)\ L = \frac{P - MC}{P}$$

勒纳指数经常等同于自价格需求弹性的倒数。由此，对于企业 i 来说：

$$(6)\ Li = \frac{P_i - MC_i}{P_i} = \frac{-1}{\varepsilon_i}$$

此公式的推导见图 3.9。

---

　　[74] 欧洲竞争法意识到了企业之间心照不宣合作的可能性，因此就有了集体支配地位、协调效应以及有意识平行行为等概念。

　　[75] 见第 7 章。

　　[76] 菲利普（1995）表达了类似的观点。

　　[77] 勒纳（1934）详见参考文献。

　　勒纳指数似乎为我们提供了一种看似合理的市场力量测定方法。首先，它与企业将价格提至高于短期边际成本的能力直接相关。而短期边际成本，正如我们在第2章中讨论的那样，在学术文献中经常等同于竞争性价格。其次，勒纳指数意味着市场力量与企业面临的需求弹性呈相反关系，这符合我们在前面段落的论述。如果需求弹性很高，那么价格边际成本差额就会较低。同样地，低需求弹性也就意味着高价格边际成本差额。如果某企业的需求弹性为负20，则其价格仅比其边际成本高5%。[78] 如果需求弹性为负2，则其价格是边际成本的2倍。

　　但是，我们在使用勒纳指数充当测定市场力量的方法时必须非常谨慎。正如我们在第2章中所述，企业的短期边际成本仅仅在很少时候能被看作竞争性价格的近似值。当企业担负固定成本时，竞争性价格一定会高于生产的短期边际成本。在有些行业，竞争性价格会远远高于生产的短期边际成本以补偿企业前期大量投入的沉没成本。以知识产权为特征的行业，例如软件或音乐制作行业，为竞争性价格必须高于短期生产成本提供了很好的例子。

　　此外，人们经常以自价格弹性是勒纳指数的倒数为基础，使用勒纳指数来推导企业面临的自价格弹性。这就意味着只要知道企业的毛利润（也就是价格与短期边际成本的差）就可以估计企业的自价格弹性。不幸的是，这种估计经常是有缺陷的。首先，它要求调查者对边际成本有一个良好的估算，而这一点往往是做不到的。[79] 其次，如上所述，即使我们可以准确估算短期边际成本，毛利润也不一定能够很好地反映出企业面临的竞争水平，因为企业还需要担负沉没成本。

　　第三，简单的勒纳方程仅适用于生产单一产品的企业，而大部分企业都是生产多种产品的。这会影响企业的最佳定价决策。企业经常会出售互

---

　　[78]　更准确的说，应该是比边际成本高5/95或5.3%。

　　[79]　斯莱德（2004）发现了实际价格边际成本差距低于勒纳指数预测水平的例子。这有可能是因为对弹性的错误估算（估算弹性小于实际弹性），也有可能如库恩（2008）所认为的是由于错误计算了边际成本。

补商品，即以低价提供一种产品则有可能激发消费者对其他产品的需求。当企业出售两种互补产品时，它有动机为每种产品设定低于仅出售单一产品时的价格（为了激发消费者对另一产品的需求），这是一种很正常的现象。举个例子，产品的互补性降低了零售商提价的动机，因为提高一种产品的售价就有可能导致客户转向其竞争对手，这就意味着企业在消费者原本会购买的其他产品的销量上会有所损失。由此可见，产品互补性使定价行为大大不同于勒纳指数所包含的模式。[30]

这种情况同样适用于生产多种产品的企业售卖替代产品的情形。在这种情形下，企业倾向于为产品设定高于仅出售单一产品时的价格。这时因为企业考虑到这样一种事实，即其设定的较高售价产品的销量损失可以由出售另一种产品来弥补。这时，使用勒纳指数来推导自价格弹性也是不恰当的。

第四，勒纳指数假定企业选择价格是为了最大化其短期利润，也就是说企业根据静态的短期非合作纳什均衡进行竞争。但是实际情况经常不是这样的。当勒纳指数假定的情况与实际不符时，它也就不能为企业自价格需求弹性提供很好的估算。[31]

延伸阅读：勒纳指数方程推导

追求利润最大化的企业会设定边际成本等于边际收益。如果收益等于 PQ，则：

$$(7)\ MR = \frac{d(PQ)}{dQ} = P + Q\frac{dP}{dQ} = P\left(1 + \frac{QdP}{PdQ}\right) = P\left(1 + \frac{1}{\varepsilon}\right)$$

---

[30]　有关此点的数学解释见附录 A。

[31]　斯莱德（2004）和内沃（2001）都曾使用勒纳指数方程估算行业偏离短期纳什均衡的程度。使用估算的弹性和边际成本，他们计算出了勒纳指数预计的产品价格。然后，将此价格与市场实际价格相比较，两者之间的差距则可用来衡量行业偏离纳什均衡的程度。

设定 *MR* 等于 *MC*，则得出下列表达式：

$$(8)\ \frac{P-MC}{P}=\frac{-1}{\varepsilon}$$

第四节　排除能力[82]

截至目前，本章对于市场力量的讨论主要根据定价权力和企业有利可图地将价格提至高于有效竞争现行水平（即有效竞争价格）的能力。而仅仅讨论体现为定价能力的市场力量则有可能忽略另外一种市场力量的体现形式：排除能力亦或排他性能力。

排他市场力量的概念可见诸经济学文献和关于市场力量的司法解读。举个例子，在杜邦案中[83]，美国最高法院将"垄断力量"定义为"控制价格或排除竞争的能力"。公平贸易局指出[84]：

"如果拥有显著水平的市场力量，则该企业可能处于支配地位。支配的本质就是脱离于竞争压力行事的能力。一个处于支配地位的企业可以制定比有效竞争时更高的价格以获得利润（或者对于一个处支配地位的买家而言则是获取更低的价格）。它还可以使用其市场力量从事反竞争活动，排除或阻止其他竞争者进入市场"。

克瑞特梅克，郎德以及萨洛普（1987）认为有必要：

"明确认识到反竞争力量可以通过下列任一手段实现：提高自身价格或者提高竞争对手成本。这两种实现市场力量的手段分别与'控价能力'和'排除竞争者能力'相关。这两者的区别在杜邦案的陈述中也有表达。"

---

[82]　本节主要依据查尔斯河公司发布的公平贸易局经济学讨论论文 3（2002）《创新和竞争政策》。

[83]　E. I. 内穆尔杜邦公司案（1956）351 美国 377。

[84]　公平贸易局 402，1999《第二章 禁令》第 3.9 段。

　　克瑞特梅克等人区分了"直接通过限制自己产量来控制价格获取利润的能力"（传统或"Stiglerian"市场力量）及"排他性或'Bainian'市场力量"。后者是指企业提高其竞争对手的成本，从而降低其竞争能力或者干脆将其挤出市场。

　　那么到底定价能力和排他性能力有没有本质的区别。有人认为运用排他性能力其实就是降低竞争程度从而提高售价的一种方法。一般来讲，这一观点是正确的。但是也有人认为，在有些场合，这两种市场力量存在本质区别，更多的时候，对于排他性权力的思考可以简化竞争分析过程。这种观点认为相比仅仅付出高过有效竞争条件下的价格，消费者在排他性能力运用时受到伤害的情形更多样。举个例子，现有企业限制其竞争对手引进新的创新产品的行为就有可能使消费者蒙受损失，现有企业的这种反竞争行为使新产品根本无法进入市场。这种行为在没有提高市场产品价格的情况下损害了消费者利益，提高了现有企业自身的利润。[85]

　　当然，值得注意的是，欧盟竞争法关于滥用支配地位的判断主要关注排他性滥用而非直接关注剥削性滥用。前者包括拒绝供货，某种垂直限制及掠夺行为。后者主要指过高定价以及价格歧视。此外，排他性权力的概念也与"支配地位"的法律定义相符，支配地位尤指不受竞争对手限制而行使的能力。这一点与排除竞争者的概念也是一致的。

　　不管怎样，我们考量排他性能力和定价能力的最重要理由就是，如果不这么做，就有可能导致错误的结论。举个例子，某些情形下，企业貌似没有定价能力，但确实拥有排除新企业进入市场的能力。而新企业的进入有可能带来价格下降或者更好的产品，因此从远期看有益于消费者。值得注意的是，绝大部分起诉微软公司的案子都不是关注其所谓的提价能力，而是其排除竞争对手的能力。

---

　　⑤　严格来讲，排除一个企业即等同于迫使该企业为其产品制定过高的价格从而导致消费者对该产品的需求为零。

第五节　双边市场⑧⑥

当有着相关需求的两个不同客户群，其中任意一个客户群都能对另外一个产生正外部效应时，就会出现双边市场。大家已经做过很多分析的一个双边市场的例子就是信用卡市场。这个市场的两个客户群就是零售商和消费者。拥有信用卡的消费者越多，则接受信用卡并从中获益的零售商也越多。接受信用卡的零售商越多，则拥有信用卡并从中获益的消费者也越多。由此，通过信用卡公司（维萨、万事达、美国运通，等等）提供的平台，每个客户群都对另一方产生了正外部效应。另一个例子是异性夜总会。女士去异性夜总会越多，夜总会对于男士来讲更具吸引力，反之亦然。在这个例子里，夜总会是市场的两边会面的平台。eBay 是联系两个客户群的另一平台：卖家和买家。⑧⑦

适用于有效定价的标准方法有时并不适用于双边市场。在解释为什么之前，我们必须强调绝大多数时候，从市场力量评估角度看，分析双边市场不需要采用与分析标准市场不同的办法。近年来有一种趋势，即业内人士倾向于认为因为市场是双边的，所以老的规则就不适用了。我们希望在本节内容结束后，可以使读者明白，这种观点一般来讲是不正确的。

现在我们来看上面提到的夜总会的例子。夜总会对于市场的两边（男士和女士）该如何定价？首先，两边收取同样的价格多半不是最佳选择。假设女士对男士产生的正外部效应要大于男士对女士产生的效应。也就是说，夜总会每增加一个女士对于男士需求所产生的影响要大于每增加一个男士产生的影响。这就意味着因为女士产生的正外部效应较大，所以夜总会收取她们的价格应该低于男士。所以，定价决策的其中一个因素就是：

---

⑧⑥　本节对此领域只是简要论述。更多细节，请参见罗切特和蒂罗尔（2008），埃文斯和施马兰奇（2008）以及阿姆斯特朗（2006）。

⑧⑦　双边市场应该区别于一般市场及其售后市场（比如剃刀和剃刀片，打印机和色粉盒等等）。在这些市场上，对于两种产品的需求虽然是互相关联的，但都来自同一消费者。而双边市场则涉及两个独立的客户群。

市场的哪一边对另一边产生的正外部效应较大？

其次，市场哪一边对于价格较为敏感，则哪一边收取的价格更低。这一点也比较直观。假设一个客户群对于价格比另一客户群更为敏感，而平台对双方收取了同样的价格。那么只要稍微降低对价格较为敏感的客户群收取的价格，稍微提升对价格较不敏感的客户群收取的价格，平台就可以在不损失收益的情况下提高使用平台的客户总数。[88]

当平台对于每个客户的价值随着另一边的客户数上升而上升的时候，定价时就应该考虑这种正外部效应，这就意味着平台会对两个客户群收取不同的价格。而此举有以下隐含的意义。第一，价格歧视可能是最佳选择。[89] 如果市场的一边比另一边对价格更加敏感，比另一边更具价值，那么我们可以想见这一边会付出较低的价格。在极限情况下，对于市场一边收取零（或者负）价格也许是最佳选择。即使平台是一个垄断企业，这种价格结构也不应被视为剥削性价格歧视或者排他性掠夺行为。

单归属和多归属之间存在重要的区别。当市场一边的客户仅选择几个相互竞争的平台中的一个时，即为单归属。当客户选择超过一个平台时，即为多归属。[90] 全球分销系统，例如伽利略或艾玛迪斯，其市场一边客户为单归属，另一边为多归属，这提供了一个很好的例子。全球分销系统为旅行社和航空公司提供了一个会面的平台。旅行社在一家全球分销系统注册，并藉此为他们的客户预订航班。旅行社注册多家全球分销系统是非常昂贵的，所以通常他们不会这么做。这就意味着如果想与所有的旅行社建立联系，航空公司需要注册所有的全球分销系统。全球分销系统平台相互竞争以赢得旅行社客户，因为这使他们对于航空公司来讲更具价值，也给了他们更多的与航空公司讨价还价的权力。结果就是对旅行社收取的价格较低。事实上，旅行社使用全球分销系统平台时倾向于获得全球分销系统

---

[88]　这一逻辑与拉姆齐定价理论的逻辑相似（详见第 6 章）。

[89]　这并非双边市场所特有之现象。价格歧视经常会是最佳选择。详见第 6 章。

[90]　一般来讲，我们不应想见市场两边都为多归属。如果一边为多归属，则另外一边通过单归属即可与其取得联系。

的报酬。相反地，航空公司需要付费使用全球分销系统。各个全球分销系统平台之间的竞争意味着他们由航空公司赚得的收益大部分转移给了旅行社。[91]

这个例子说明了双边市场的一些重要特征。首先，它说明了市场两边的价格结构可能会失衡。其次，它说明了这不一定是竞争政策问题，因为平台间的竞争可能导致从市场一边赚取的任何明显过高租金会因为市场的另一边的竞争而被消除。因此，对于这种类型的双边市场，我们有必要查看价格水平，而不仅仅是价格结构。我们在定义相关市场时，这个问题在个别情况下会比较重要。

上文我们提到，有人倾向于认为适用于市场力量分析的标准方法并不适用于双边市场。这一观点是不正确的。第一，很多双边市场竞争监管机构都是依照惯例使用标准的方法进行分析。例如，超市可以被视作双边市场。超市拥有的用户越多（客流量越大），其对于供应商的价值越大。同时，超市储备的不同产品越多，其对于客户的价值越大。但是，这并不妨碍英国竞争监管机构正确地采用标准方法来对其进行市场力量分析。职业介绍所是另一个双边市场。一家职业介绍所接触的雇主越多，其对于工人的价值越大。同时，职业介绍所登记的工人越多，其对于雇主的价值越大。但是，在任仕达和维迪欧[92]并购案的调查中，欧盟委员会并没有因为市场的双边性而采用一个非标准的方法进行市场力量评估。

这么做的原因是 与"标准"市场力量评估相关的因素与进行双边市场力量评估相关因素是一致的。举例来说，进入壁垒同样重要：如果进入平台市场的壁垒较低，则平台就不能运用市场力量。如果现有平台扩张壁垒较低，那我们可以预见在没有共谋的情况下，平台间的竞争会是相当激烈的。买方力量的重要性同样不可忽视，尤其是当其可能成为理解市场价格结构的关键时（也就是说，对于具有买方力量的一边收取较

---

[91] 关于这一市场并购案的分析，详见欧盟委员会关于 Travelport 和 Worldspan 并购案的决定。（COMP/M. 4523（2007 年 8 月 21 日)）

[92] COMP/M. 5009（2008）。

低价格）。

双边市场的另一特征是有时它们会有所倾斜，主要是在多归属对于市场的两边都比较昂贵的时候。这就意味着一个平台会占支配地位。虽然不是一定发生，但这可能会导致平台层面的市场力量。我们用三个例子来说明。第一，由于与市场相关的网络的外部效应，微软在操作系统市场拥有市场力量。为操作系统写的软件越多，该操作系统就越能吸引用户。同时，用户使用越多，该操作系统就越能吸引软件开发商。多归属对于市场两边来说成本都十分巨大，所以市场两边都倾向于单归属。最后的结果就是市场向视窗操作系统倾斜，微软获得市场力量。第二，让我们来看一下录像带的例子。制片厂喜欢使用绝大部分消费者使用的视频格式发行电影，而消费者则想拥有一台能够支持绝大部分电影格式的录像带播放机。最后的结果就是市场向家用录像系统格式而非盒式录像机格式倾斜。但是，在录像带播放机市场并不存在市场力量，因为这个市场中有多家企业，竞争发生在市场内，而操作系统的竞争却是为市场而竞争。第三，游戏机市场的市场力量是最为稍纵即逝的。这个市场和操作系统市场一样，也存在潜在类似的网络效应。消费者想要拥有支持绝大部分游戏的游戏机，而软件作者也希望为绝大部分用户使用的游戏机创作软件。但是游戏机市场区别于操作系统市场之处，在于其极高的创新水平，因此凭借更高的质量，新的游戏机能够"蛙跳"性地超越现有产品。目前最为成功的平台不太可能在未来几年时间内仍然保持第一的位置。

值得指出的是，虽然会产生市场力量，但倾斜并不一定不是最佳选择。市场两边之间存在正外部效应就意味着市场的任意一边都想使用最为普及的平台，这个时候市场就容易产生倾斜。平台市场存在的竞争并不是竞争政策所关注的内容。但是如果仅仅为市场而竞争，且赢得竞争的平台其地位长时间无人撼动，那么这里面就极有可能存在市场力量的问题。

第六节　盈利能力和市场力量的关系[93]

完全竞争经济模型涉及的企业获取的经济利润为零，而垄断经济模型涉及的企业则有可能获得很大的利润。这两个模型处于"竞争频谱"的两端。由此，有人得出貌似很直观的结论，就是一个企业赚取的利润水平可以代表其所在市场的竞争程度。英国公平贸易局指出：

"根据其他现有证据，由某企业…持续赚取超额利润推断该企业拥有市场力量或许是合理的。"[94]

我们认为，这种表面看似简单明了的关系其实极少出现，所以不应该被广泛地用作评估特定市场或行业竞争程度的依据。

用利润作为衡量市场竞争程度的工具其逻辑可概括如下：竞争政策的任务就是实现消费者福利的最大化；利润是消费者转让给生产者的利益；生产者只需赚回资金成本以可以维持其市场存在，任何高于此水平的利润都应散诸新进企业；所以任何高于资金成本的利润都是过度的，是缺乏有效竞争的表现。值得指出的是，利润分析更多的只是英国竞争法的特征，而非欧盟或美国制度的表现。[95]

在竞争法调查活动中使用盈利能力作为衡量市场力量的工具之前，我们有必要理解经济利润的可能来源。这些利润来源包括：

- 风险和创新的回报（熊彼特租金）；
- 竞争优势的回报，如更高效率或更好管理（李嘉图租金）；
- 拥有和行使市场力量的结果。

---

[93]　对于本节涉及问题的良好分析请参见奥克瑟拉（2003）。

[94]　公平贸易局415市场力量评估（2004）第6.5段。

[95]　尽管在联合商标案中（联合商标诉讼委员［1978］E. C. R. 207；［1978］1 C. M. L. R. 429），法庭确实认为利润率分析在过高定价案中有一定作用。详见下文第6章。

三个可能利润来源中，只有最后一种才应该引起监管者的关注。

企业家承担高风险投资，回报极不确定的项目时，如果只是希望项目成功后获得与他们资金成本相等的回报，那么他们是不会去投资的。相反，他们投资项目要么血本无归，要么一旦成功，他们将获得远远超过他们初期投资的高额回报。前者情况的实例之一就是铱星卫星电话系统。这个系统耗费了数十亿美元才启动，结果证明只是一个商业灾难，导致投资者几乎损失他们所有的初期投资。后者情况的实例之一就是 iPod，它使苹果公司获得了数倍于初期投资的回报。高风险带来的高利润并不表明市场缺乏竞争。投资一旦成功获得的超额利润可能只是代表基于事前项目风险的适度的"风险调整"回报。如果一个特定的投资项目只有 10% 的成功率，那么只有预见项目一旦成功其回报会超过初期投资的 10 倍时，企业才会进行投资。这一点是非常必要的，用于补偿企业 90% 的投资无任何回报的风险率。

高利润率的另外一个合法来源就是竞争优势，譬如竞争者更高的效率或更好的管理。应该指出的是，经济学上认为即使在一个竞争性市场，只有边际企业才会获得零经济利润。比边际企业更具效率的企业会获得正经济利润，而比边际企业效率更低的企业要么退出市场要么根本就进入不了市场。因此，在很多有效竞争的行业内，在无任何竞争政策问题的情况下，企业赚取比他们的资金成本更高的利润。[96]

我们已经在第 2 章中阐明过，垄断者通过将产量限制在竞争性水平之下来将产品价格提至竞争性水平之上，从而获得超额利润。而投资风险项目的企业则不那么做。他们寻求创造目前没有的产品，也就是说，他们寻求扩张产出。同样地，因比同行更具效率而赚取利润的企业也不是通过限制产出来达到目的的。所以，这两种利润来源不应受到政策制定者的关注。

同样值得指出的是，经济利润只是认为在竞争条件下运营的企业在市

---

[96]　举个例子，约翰·凯在 2000 年 4 月 5 日的《金融时报》中刊文指出全球 500 强企业所属的 45 个行业当中的 41 个都是获得高于其资金成本回报的。

场达到均衡时会获得零经济利润。当市场处于不均衡状态时，企业有可能获得经济利润或者亏损。举个例子，某些企业掌握成本更低的新生产技术可能使这些企业在短期内获得正利润，直到市场达到新的均衡。很多动态市场（比如说软件和计算机游戏市场）可能永远达不到均衡状态，因为每个产品都会很快被更新更好的产品所替代。在这种市场内，人们不可能指望企业持续获得零经济利润。相反，企业会时而亏损，时而获得正经济利润。

这并不是要否认有的超额利润确实是市场力量运用的结果。但是，经济利润（也就是整个项目周期内的收益减去机会成本）的计算也是困难重重。经济利润与会计利润有本质的区别。会计编制给外部人员展示的财务报表，基于审慎原则其主要关注客观可信的生产信息。会计并不记载与经济学联系更加紧密的、但属主观的信息，也不能用来衡量经济成本。

举个例子，譬如企业品牌价值或知识产权等资本资产通常不会出现在资产负债表中。[97] 但是，这些有可能是企业竞争优势关键的组成部分，应该被计入企业通过其资产获得的经济回报中。无形资产项目，比如研发费和广告费，经常是在本期支出的，而并非被资本化而随着时间折旧。从经济学角度看，这一处理并不恰当，因为这些支出构成的投资会随着时间的推移而产生收益的。[98] 竞争法的案例涉及的是相关反托拉斯市场内竞争的本质，而会计则是典型的企业层面的整合，它们基本不会以反托拉斯市场为基础被分解。

这就意味着使用会计利润来直接计算经济利润不大可能是合理之选。事实上，贝恩（1941）认为：

"以普通方法由资产负债表和收益表计算所得的未调整的会计利润率作为垄断力量或超额利润是否存在的指标是完全不可靠的。"

费舍尔和麦克哥尔恩（1983）对此论断也是颇为认同：

---

[97]　一个例外就是该企业最近被出售了。这种情况下，给这些因素估值应当是"善意的"。
[98]　奥克瑟拉（2003）认为资产价值容易在会计中被低估。

"以会计收益率为根据来推测相关的经济利润率尚且完全不可行，更不必说以此来推断垄断利润的存在与否。"

这并不是说会计数据对于计算经济利润毫无用处。但是会计利润的确不能用来代表经济利润。计算投资经济利润率的正确方法需要计算该项投资整个生命周期内相关的成本⑨与收益。这只能通过使用贴现现金流方法为项目生命周期内的活动建模来实现。依照固定的模式，绝大部分项目都会包含一个初期投资阶段、一个成熟阶段以及一个没落阶段。在初期投资阶段，会计利润很低，甚至为负；在成熟阶段，会计利润很高；而在没落阶段，会计利润下降为零，经济活动停止。只看到产品生命周期成熟阶段的高会计利润并不能为评估企业是否赚取高额利润提供有用的信息。经济学家将这种利润称之为准利润。它们看似为真实的（超额）利润，但事实上只是产品整个生命周期的特定阶段所产生的假象。⑩

英国垄断和兼并委员会 1995 年出具的关于电子游戏行业的报告便是只看假象所产生危害的活生生的例子。⑩ 该委员会的结论是：

"至少到 1993/1994 年为止，我们可以合理地得出这样的结论：任天堂是一家利润特别丰厚的企业，世嘉也是如此。"

该委员会以此作为电子游戏行业缺乏有效竞争的证据。事实上，这个结论是不正确的。它并没有考虑世嘉和任天堂在 1987 年进入市场时所承担的风险水平，也没有考虑到这样一个事实：即有充分的证据证明这两家企业都没有持久的市场力量。历史表明即使很大的企业（雅达利、康懋达以及飞利浦）也已经从这个市场中铩羽而归。而索尼即将进入市场也成了众

---

⑨　值得注意的是，这些成本是很难计算的。举个例子，计算企业的资金成本就困难重重。

⑩　由会计收益率推断垄断利润这一做法产生的理论和实际的问题大家都非常了解了。对这一观点进行详细展开已经超出了本书的范围。这一问题的具体讨论，可参见费舍尔和麦克哥尔恩（1983）

⑩　垄断和兼并委员会关于电子游戏市场的报告：《英国电子游戏市场报告》第 2.55 段，垄断和兼并委员会，1995 年。

所周知的消息。如我们随后所知的那样，索尼在 20 世纪 90 年代末成为世界范围内的市场领袖，世嘉于 2001 年退出市场，微软也进入电子游戏市场以挑战索尼的霸主地位。世嘉和任天堂在 20 世纪 90 年代中期所创造的高利润根本无法说明市场的竞争状态。英国垄断和兼并委员会当时应该考虑竞争行为和进入壁垒这些直接的证据来评估该市场是否为竞争性市场，而不是仅仅只看企业的利润率。[102]

绝大部分企业生产不止一个产品线。当不同的产品线拥有分摊成本（共同成本）时，特定产品线的利润率就会难以计算。只要总收益超过总成本，企业就会获得正利润。存在共同成本时，企业就需要确保其所有产品获得超过可变成本的足够的利润以弥补其共同成本。这种情况下计算特定产品的利润率就需要知道每个产品分摊的共同成本的比例。这种成本的分摊可能会非常有争议，而从经济学角度看，不存在单一"正确"的方法来进行共同成本分摊。

延伸阅读：共同成本分摊举例

图 3.9 提供了一个例子以展示不同的共同成本分摊如何影响一个产品线的表面利润率。在这个例子中，产品 A 和产品 B 的共同成本为 400，产品 A 的可变成本为 50，产品 B 的可变成本为 150。产品 A 的收益为 400，产品 B 的收益为 200，两个产品的各自收益都超过了其可变成本。总成本和总收益都是 600，所以企业在这两个产品上的利润为零。但是，取决于共同成本如何分摊，产品 A 表面看起来可能利润超高。图 3.9 展示了可能的共同成本分摊。

1. 共同成本分摊的比例与可变成本比例一致（也就是说，产品 A 占 25%，产品 B 占 75%）。

---

[102] 关于此案的详细分析，请参见英国公平贸易局 377 号出版物：《创新和竞争政策》（2002 年）。

2. 共同成本分摊的比例与收益比例一致（也就是说，产品 A 占 67%，产品 B 占 33%）。

3. 共同成本分摊使两个产品的回报一致（也就是说，产品 A 为 350，产品 B 为 50）。

图 3.9 不同的共同成本分摊

		产品 A	产品 B
共同成本		400	
收益		400	200
可变成本		50	150
收益与可变成本的差		350	50
可能的分摊方案	分摊	100	300
	隐含回报率	167%	−56%
	分摊	267	133
	隐含回报率	26%	−29%
	分摊	350	50
	隐含回报率	0	0

当共同成本根据可变成本进行分摊时，产品 A 表面看起来利润超高，因为其总成本为 150，收益为 400。当共同成本根据收益进行分摊时，产品 A 的收益少了很多。而当共同成本分摊使两个产品的隐含收益相等时，两者的收益均为零。所以说，共同成本的分摊方法会对利润率的计算产生重大影响。

如上所述，简单正确分摊共同成本的方法在经济学上是不存在的。如果监管者希望查看企业利润率，我们强烈建议其查看企业内足够高水平上的利润率，以免结果受到共同成本分摊的影响。在我们上述例子中，应当查看的是产品 A 和产品 B 的利润之和，而不单单只是产品 A 的利润。

　　此外，我们在根据利润率分析得出结论时还需要考虑一个问题，即利润数字的可靠性。举个例子，假定某企业宣称正在赚取超常利润，比如说比其资金成本高20%的利润。一个重要的问题是，这个数字的置信区间是多少？因为任何利润率的计算都只是一种估计，因此我们只可能确认利润率的估算在一定的范围内，而不是精确地等于一个特定的数字。置信区间为18%—22%或10%—50%，对于20%超常利润率估值的解读都会有所不同。

　　当然，我们并不是说分析受调查企业的利润率对于评估市场竞争的有效性毫无裨益。举例来说，在一个品牌和广告并不重要的成熟的资本密集型产品领域，你会发现长期的高回报率是件稀罕的事情。但当我们从这种类型的行业转至动态产业，即事前风险高和其他无形资产凸显重要的行业，利润率分析在判别市场是否属于有效竞争时所能起的作用就下降了。而一旦碰到计算利润率的其他困难，比如说成本分摊问题，那么这种计算很快就会变得毫无意义了。

延伸阅读：截取的内部收益率

　　如果确有必要估算企业相对较短时期内的经济利润率，那么最为合理的办法就是查看截取的内部收益率（IRR）。项目的内部收益率是指使项目净现值为零的折现率。截取内部收益率就是查看企业（或项目）整个生命周期的一段时间内的利润变化。企业在时间零和时间 T 之间的价值变化就是这段时期现金流的总价值加上企业所拥有资产的价值变化，所有价值乘以相关的折现率进行折现。由此，内部收益率可由以下公式表示：

$$(9)\ A_0 = \sum_{t=1}^{T} \frac{CF_t}{(1+r)^t} + \frac{A_T}{(1+r)^T}$$

　　A_0 和 A_T 分别是时间零和时间 T 时的资产价值；CF_t 是时间 T 时的现金流；r 表示内部收益率。

假定我们现有一项目，其会计利润模型如上所述：投资阶段为初始损耗，然后继以很大的现金流，在项目的没落阶段现金流下降。假定使用以上公式来估算大现金流阶段的内部收益率。我们应该预见到阶段末(A_T)的资产价值会小于阶段初(A_0)的资产价值，因为根据假设，和时间为零时相比，项目在时间 T 时的资产可产生的未来现金流大大减少了。[103]所以由此计算所得的内部收益率会比简单使用会计利润所得的内部收益率低。

由此所得的内部收益率与项目总体的内部收益率不尽相同。但是，爱德华兹及其他人（1987）认为，它的确为竞争政策的制定提供了有用的利润率信息，降低了将准租金看作真实租金的风险。

第七节　根据认定的反竞争行为来分析市场力量[104]

评估竞争性行为的标准方法可分为两个阶段：首先定义相关市场，[105]评估企业在这个市场内是否具有市场力量；其次，如果发现企业拥有市场力量，则考量认定的反竞争行为的竞争影响。这种方法将市场界定和市场力量分析作为前提（门槛）：如果在相关市场内没有发现市场力量，则需要终止分析。[106]一般来讲，这种方法处理竞争政策问题还是比较合理的。但是，我们不能忽视这样的事实，即竞争政策的核心就是看认定的反竞争行为对消费者福利所产生的影响。分析市场界定和市场力量，只是为了帮助评估该行为是否具有反竞争性效果。一个有趣的问题就是这一"标准"方法是否可能导致实践中的竞争效果的分析产生错误。答案是如果市场界

---

[103]　应当指出的是，当使用截取的内部收益率公式来评估利润是否超高时，资产评估必须以现代等效资产价值(或者重置成本)为基础。

[104]　特别参见萨洛普（2000）详见参考文献。

[105]　这种两段式方法的动机和关于特定案例中如何界定相关市场的详细讨论参见第4章。

[106]　这正是伊斯特布鲁克（1984）所采用的方法。

定和市场力量分析完全背离竞争效果分析，则这种错误有时的确会发生。

市场力量应当被定义为将价格维持在高于不存在反竞争行为情况下的价格水平的力量。如果市场力量分析没有考虑认定的反竞争行为以及其暗含的反事实思维，则有可能在竞争评估中产生错误。我们用两个例子来说明这一点。

假定监管者的指控是某企业通过反竞争行为将一个竞争对手排除出市场，这一点已经对竞争产生危害。这种情况下，反竞争行为的理论应该是：在没有这种排他性行为的情况下，价格会低于现行价格。在这个实例中，检查市场力量行使的标准应当是查看现行价格是否高于没有排他性行为时的价格。

但是，值得指出的是，在个别情况下，专注竞争效果意味着相关市场及市场力量分析是完全不需要的。当我们有反竞争效果的直接证据时，市场力量分析可能就显得多余了。在柯达案中，[107] 美国法院指出：

"推断柯达公司拥有提高价格和排除配件市场竞争的市场力量显然是合理的，因为被告出具了柯达这么做的直接证据。"[108]

当然，分析还没有结束：我们仍然有必要知道反竞争行为对于消费者的危害，但这或许已经不需要市场界定或市场力量分析了。相反，这需要直接分析这一行为对消费者产生的影响。萨洛普（2000）在引用印第安纳州牙医联合会案[109]时指出：

"既然市场界定和市场力量分析的目的是判断某项安排是否有可能对竞争产生真正的负面效果，那么如果我们有实际有害效果的证据，比如说降低产量，就可以排除市场力量分析的必要性，因为市场力量只不过是有害效果的替代品而已。"

但是，应该指出的是，即使在这种情况下，仍然有可能界定受调查企

[107] 伊士曼柯达公司诉图像技术服务公司（1992）504 US 451。
[108] 伊士曼柯达公司 477。
[109] 美国联邦贸易委员会诉印第安纳州牙医联合会（1986）476 US 477。

业可能行使反竞争性市场力量所在的相关市场。关键就是当细致的直接分析已经最后显示反竞争行为的存在已经危害到了消费者，相对来说，我们就不需要额外的分析来界定市场和找到市场力量了。在结束这个问题之前，我们必须强调，运用这种市场力量评估的方法是相对少见的。

　　本章主要讨论竞争法中关键的经济概念：市场力量。企业行使市场力量要求该企业能够限制对相关市场的产量输出。这种产量限制对于企业来讲是有利可图的，产品价格也被提至高于有效竞争条件下的价格水平。然后我们还讨论了评估企业是否拥有市场力量的各种基本指标。这些指标包括：同一产品互相竞争的供应商的数量，他们的市场份额以及市场集中度；进入壁垒及潜在竞争的存在；扩张壁垒的存在；抵消性买方力量的存在；产品差异化程度以及企业间寡占互动行为的本质。当然，仅仅考量这些因素并不能构成完整的竞争性分析。如本书的第二部分所述，完整的竞争性分析必须基于受调查行业以及行为的特定事实。此外，我们还讨论了勒纳指数作为直接衡量市场力量工具的问题，并指出其实用的局限性。

　　除了依据定价能力讨论市场力量以外，还要指出的是，市场力量也可以表现为排除竞争对手的能力。我们还讨论了双边市场，并证明了评估普通双边市场的市场力量不需要不同的方法。我们证明了计算企业的利润率通常对于衡量企业是否运用市场力量用处不大。最后，笔者认为反竞争效果有时可以直接观测到，而无需界定市场或进行正式的市场力量分析。

补充阅读　多产品企业和勒纳指数

　　在本章的正文里，我们解释了为什么当企业出售多种产品时，使用勒纳指数推导自价格弹性是不合适的。本附录提供了这一观点的数学表达。

为简单起见，我们认为一个多产品垄断企业出售 N 种产品（尽管这一结果的含义跨越了多个集中度不同的市场）。该垄断企业实现下列利润函数的最大化：

$$(1)\ Profits = \sum_{i=1}^{N} p_i D_i(p) - C_i(D_i(p))$$

此处，p_i 指产品 i 的价格；

$D_i(p)$ 指在该企业其他所有产品价格既定的情况下，价格为 p_i 时消费者对于产品 i 的需求；

$C_i(D_i(p))$ 指生产 $D_i(p)$ 的总成本。

这个利润函数就是每个产品的收益（价格乘以需求）减去制造每个产品的成本。该成本基于企业为所有产品设定的价格矢量。

通过最优化所有产品的利润函数以及重新整理各项达到利润的最大化。这就给了我们每个产品 i 的一阶条件，展示如下：

$$(2)\ \frac{p_i - mc_i}{p_i} = \frac{1}{\varepsilon_{ii}} - \sum_{j \neq i} \frac{(p_j - C_j')D_j \varepsilon_{ij}}{p_i D_i \varepsilon_{ii}}$$

此处 ε_{ii} 和 ε_{ij} 分别指产品 i 的自价格需求弹性和关于产品 j 的交叉价格需求弹性；

mc_i 指生产产品 i 的边际成本。

当 ε_{ij} 为负（即产品 i 和产品 j 为互补商品）时，方程(2)右侧第二项为正；当 ε_{ij} 为正（即产品 i 和产品 j 互为替代品）时，方程(2)右侧第二项为负。这就意味着当产品互补时，在任何既定的毛利润下，由勒纳指数推出的企业自价格需求弹性会夸大企业真实的自价格需求弹性水平。这一点也很直观。当产品互补时，相比单一产品结果，企业会为每个产品制定较低的价格。这就意味着相较单一产品结果时，勒纳指数会偏低，所以得出自价格弹性会高于其实际水平。

当产品互为替代品时，则逻辑刚好相反。由勒纳指数推出的自价格弹性会低于正确值。

第四章　相关市场

相关市场的概念在欧洲竞争法的运用中处于核心地位，通常起着重要作用。在以第 101 条、第 102 条和《并购条例》为基础所作出的所有决定中，以及在成员国的国内主管机构所作出的许多竞争决定中，相关市场的界定起着重要的作用①。相关市场之所以成为欧盟竞争法的重要概念，是有很多原因的。

其中主要的法律原因来源于欧洲法院和初审法院的判决。欧洲法院在很多场合表示过，相关市场的界定是必要的②。然而，法院的审判虽然能够说明相关市场概念的重要性，但是他们几乎没有提供任何关于应该如何界定相关市场的指导。因此，为了了解界定相关市场的基础，需要检验它在整个竞争性评估中所起的作用。一旦清楚它的作用，相关市场界定的基础也就变得清晰了。

在指定的行业中评估竞争的本质并非易事。如第三章所示，为了评估一家企业或者一群企业是否拥有市场力量，一个恰当的竞争评估需要考虑大量有关被调查行业的特定因素。如果具有市场力量，在第 101 和 102 条调查情况下，这一力量有多强大，或者，这些企业由于合并或并购后的企业与竞争性企业一起，是否能够获得增强了的市场力量？这些需要考虑的

---

① 市场界定的问题也出现在国家援助案件中，虽然没有其他竞争问题那么正式。例如，一个常见的问题是所谓的援助是否扭曲了企业间的竞争，这种分析需要清楚哪些公司是相互竞争的。这种分析也类似于下述的相关市场界定。参见 Bishop（1997）

② 请参见 6/72 Europemballage Corp and Continental Can Co Inc v EC Commission［1973］E. C. R. 215 at 247；［1973］C. M. L. R. 199 at 226；Sixteen Report on Competition Policy（1986）paras 337 等等。

因素包括提供竞争性产品的企业数量、产品间的竞争程度（如产品差异化程度）、扩张壁垒的存在、企业产品重新定位的能力、进入壁垒的存在和潜在的竞争、消费者潜在的反应以及企业之间寡头垄断的相互作用的本质。即便仅仅考虑上述行业因素，仍可以看出竞争评估是一项复杂的工作。

鉴于在既定行业中评估竞争程度的复杂性，竞争性评估通常会分两个阶段进行：首先界定相关市场，然后在相关市场中进行竞争评估③。在第一阶段界定的相关市场，涵盖了所有被认为是重点调查的产品和服务的有效替代品的产品和服务。事实上，相关市场把人们的注意力集中于"重要的"或"首要的"产品和地域竞争约束上。相关市场的界定有助于第二阶段的评估，包括了对市场份额和市场集中度的分析。

因此，界定相关市场可以识别那些对被调查方提供的产品或服务构成有效竞争约束的替代产品或服务，是进行竞争评估的一种工具。实际上，相关市场试图只将注意力放在对竞争有显著影响的产品或服务上。委员会在《关于欧共体竞争法中相关市场界定通告》（下述"相关市场通告"④）中对此做出了精确的界定。《相关市场通告》规定如下：

"市场界定作为一种手段，其目的是以系统化的方式确定相关企业面临的竞争约束。界定市场的目的是从产品和地域两个方面辨别有能力对所关注的企业构成约束，并阻止其在不受任何有效竞争约束下独立行为的实际竞争对手。"⑤ 正如相关市场界定通告所述，"相关市场"的概念不同于在其他背景下常用的市场概念，例如市场营销⑥。

---

③ 如第三章所示，对市场份额传统的看法反应了竞争评估中的结构性方式。然而，尽管欧盟竞争法当前的竞争执法模式将重点从市场份额和集中度上，转向了定性竞争效应，相关市场界定在竞争评估中仍然起着重要作用。

④ 欧盟委员会对欧盟竞争法中界定相关市场的通告［1997］OJ C372/5；［1998］4 C. M. L. R. 177。

⑤ 《相关市场通告》，第二段。

⑥ 《相关市场通告》，第三段。

界定相关市场作为竞争性评估的中间步骤有两大好处。首先，它为竞争性评估提供了一个焦点。通过界定相关市场以涵盖所有被认为是重点调查的产品和服务的有效替代品的产品和服务。相关市场将委员会和利益相关方的注意力放在产品和地域之间的主要竞争约束上。在分析中不考虑这些竞争性约束，有可能导致竞争性评估有缺陷。[7]

其次，相关市场界定为竞争评估提供了一个初步筛选机制。界定相关市场后可以统计市场份额和计算市场集中度[8]。但是，只有用系统化的方式来界定市场，识别被调查的企业所面临的竞争约束和有效竞争对手，市场份额才有可能提供竞争评估中有关市场力量的有效指标[9]。在上述情况下，市场份额在决定是否需要更详细的竞争评估上，起着第一层有效过滤的作用。在绝大多数情况下，低市场份额和企业具有市场力量不相符。因此，只有当在合理界定的相关市场里企业表现出相对较高的市场份额时，才需要进行详细的竞争评估[10]。

然而，就如人们常常误解的一样，高市场份额并不预示着竞争损害。相反，需要结合所界定的相关市场，参考其他可能影响竞争的因素，进行全面和完善的竞争评估。竞争调查通常会涉及第 101 条或第 102 条竞争规则下有效竞争是否受到的不利影响；或者有效竞争是否会受到合并的不利影响[11]。这与市场界定本身无关，因此，相关市场的界定只不过是促成第二阶段竞争性评估的一个中间步骤而已。该评估包括了对市场份额与集中

[7] 本书在之前章节，已经讨论了过度重视同一相关产品或地域市场中存在着的一些竞争约束的范围。

[8] 任何市场份额，或者集中度的统计，必定需要界定相关市场，不管这种统计是显性还是隐形的。

[9] 《相关市场通告》，第二段

[10] 在本章节后部分以及本书第二部分提到，在某些情况下，市场份额有可能低估或高估企业面临的竞争约束。在这种情况下，即使是在被调查的企业只有较低的市场份额，但也有可能需要更详细的竞争评估。

[11] 第101条、第102条案例和并购案例之间的区别并不总像这样明显。对第101条规定下的合营企业的分析通常是一个前瞻性的分析，然而，第102条的一些主张本质上也体现出前瞻性分析（例如，所谓的排他性行为会影响一个企业将来竞争的能力）。此外，现存的市场力量可以推测很多关于非横向合并案例危害的理论。

度的分析，也包括了对进入市场的难易度、策略性寡头垄断行为的范围以及买方力量强弱等关键问题的分析。过度关注相关市场的界定通常意味着对这些重要问题的考虑的欠缺。

确定了相关市场的界定在竞争性评估中所起的作用之后，界定相关市场的依据就会变得清晰。只有在允许对市场力量进行有效评估的基础上界定相关市场，相关市场的界定才会成为一个有效协助竞争性评估的中间工具。从经济角度来看，第101条和第102条通常会涉及当下的商业活动是否允许企业提价至高于竞争价格水平的问题。并购审查有所不同，它们涉及的问题是合并是否可能削弱竞争，导致价格上涨至高于现行价格水平[12]。

企业是否能够行使市场力量将取决于该企业或这些企业在适于特定调查的价格水平上，所面临的自价格需求弹性。在一定程度上这又反过来取决于是否能够获取上述企业的产品或服务的合适替代品，因此，相关市场的界定直接与识别这些替代产品或服务有关。换言之，界定相关市场的一个合理依据是直接关注企业间相互施加给对方的产品或服务的竞争约束。显然，任何界定相关市场的合理依据都应与此依据一致。

这种推理解释了为什么界定相关市场的根本指导原则可以总结如下：相关市场是值得垄断的[13]。如果垄断可以使价格盈利性地上涨，那么市场是值得垄断的。如果该"市场"所涉及的产品集合不受外部市场产品的明显竞争约束，那么上述说法将会是正确的。

本章的其余部分阐述了该测试以及如何将测试应用到实践中。我们从宏观上注意到，假定垄断者测试在任何情况下都为界定相关市场提供合适的分析框架，即使在实践中，进行实证分析的可能性并不一定存在。我们讨论了一些在实践中经常遇到的界定相关市场常见的错误或谬误。第一节

---

[12] 凡是涉及目前竞争力水平的竞争评估，其相应的基准是竞争价格；而凡是涉及未来竞争力水平的竞争评估，如尚未落实的合并或协议的影响，其相应的基准是现行价格。接下来，如果是在第101条或第102条条例下进行调查，引用的需求弹性是指在竞争价格水平的弹性需求；如果是在并购条例下进行调查，则引用的需求弹性是指有现行价格水平的弹性需求；除非另有说明。

[13] Bishop 和 Darcey（1995）。

阐述了支撑假定垄断者测试的理论原则；第二节讨论玻璃纸谬误；第三节讨论其他一些在实践中界定相关市场所遇到的常见的谬误；第四节提出一些假定垄断者测试在实际应用中经常出现的更深层次的问题。

第一节　界定相关市场：假定垄断者测试

假定垄断者测试被视为界定相关市场的标准方法[14]。该测试源于美国司法部和联邦贸易委员会联合发布的《美国横向合并指南》。1992 年版指南指出[15]：

"市场被界定为一种产品或一组产品以及一个地理区域，在该范围中，假设一个生产和销售利益最大化的企业不受价格管制，而且在该区域是这些产品当前和未来唯一的生产商或销售商，假定其他所有产品的销售条款保持不变，那么其很有可能实施'小幅但显著而非暂时的'价格上涨。"[16]

该测试的另一种叙述是：市场是产品的集合，因此，该集合的（假定的）单一供应商能够盈利性地涨价；换言之，相关市场是值得垄断的[17]。用这种方法界定相关市场，确保了对受调查的企业造成竞争约束的所有产品能够纳入考虑范围中。如果垄断使得价格盈利性地提高，那么，市场是值得垄断的。而当该"市场"所涉及的产品集合不受外部市场产品的巨大竞争约束，那么上述说法将会是正确的[18]。

---

[14]　该测试也称为 SSNIP 测试或 5%测试。

[15]　假定垄断者测试在 1982 年的《美国横向并购指南》中首次被引入美国并购控制，其最初的想法在阿尔曼德的一篇文章中得以表述。

[16]　小幅但显著而非暂时的价格上涨（SSNIP）通常为 5%或 10%。

[17]　更确切地说，该测试是关于假定垄断者能否可以盈利性地将价格提至高于与研究中的具体案例相关的基准价格。这通常是并购的现行价格，也是其他类型研究的竞争价格。我们将在后面的段落中讨论实践当基准价格为竞争价格时，应用假定垄断者测试所带来的问题。

[18]　为清楚起见，我们在这里忽略不计玻璃纸谬误所引起的潜在问题。在下面，我们将会仔细思考这些问题。

延伸阅读：假定垄断者利润最大化或盈利性涨价

美国司法部和联邦贸易委员会的方法与欧盟的方法似乎有一点细微的差别。美国司法部和联邦贸易委员会的假定垄断者测试强调的是假定的利润最大化垄断者是否会将价格提高至高于当前水平的 5 % 到 10%以上，而欧盟的假定垄断者测试似乎在假设如果价格比当前水平高 5%到 10%，那么假定的垄断者是否会获取更多的利润。这两个版本测试之间存在一个重要区别。如果价格高于当前的水平的 5%以上，那么假定垄断者可能会获取更高的利润；但如果提高至高于当前水平的不到 5%，假定垄断者也还可以实现利润最大化。因此，美国司法部和联邦贸易委员会版本的测试是正确的，在实践中也有所使用。

图 4.1 说明了这个问题。横轴对应的是高于当前水平的涨价，而竖轴对应的是假设垄断者利润的增加。在图 4.1 中，在高达 4%的幅度内，高于当前水平的提价，会使假定垄断者的利润增加。随后，利润下降，但仍高于原来的利润水平。然而，超过 10%的利润实际上低于原来的水平。在这种情况下，追求利润最大化的、在相关产品群之上的假定垄断者将提价 4%，这显然少于界定独立市场的假定垄断者测试所规定的 5%到 10%。因此，在此情况下，相关市场比目前所包含的产品群更广泛。

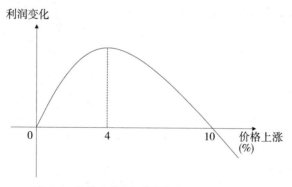

图 4.1　价格变化与假定垄断者利润的变化关系

　　相关市场有两个维度：产品市场和地域市场⑲。产品市场维度指的是对那些受调查企业所生产的产品构成有效竞争约束的产品。例如，如果钢板罐的价格对铝罐的价格构成一个有效的竞争约束，那么，相关产品将包括钢板罐和铝罐。同样地，相关地域市场依据位于某地区的企业对位于同一地区接受调查的企业所构成的竞争约束而定。因此，比利时的苹果市场可能是一个相关市场。在这种情况下，产品市场指的是"苹果"，即不包括其他水果，而地域市场则是比利时。相关市场不可能只有一个产品维度或只有一个地域维度——它必然是一种产品在一个特定区域的集合⑳。

　　因此，假定垄断者测试的基本概念是确定那些对被调查企业构成最重要竞争约束的产品和区域。很大程度上，企业能够提高价格至高于符合特定研究的基准价格，取决于是否存在可替代产品（需求替代品），以及其他企业开始供应这些产品（供应替代品）的能力。有效的替代产品越少，其他企业转而供应这些产品越困难，那么假定垄断者面对的需求曲线弹性越小，提价的空间越大。

　　重要的是要记住以下几点。

　　●应该强调的是，仅仅从定义上讲，不遵循假定垄断者测试的概念框架来界定相关市场，将不能考虑到来自于需求替代品和供应替代品的主要竞争约束，因而导致了所有计算的市场份额都不能为市场力量提供任何有意义的指示，除非纯属偶然。

　　●假定垄断者测试显然旨在评估差异化产品之间的竞争。换言之，无论上述产品是同类的还是有差别的，界定相关市场的原则都同样适用㉑。

　　●与许多评论家的观点相反，假定垄断者测试的确考虑到了非价格竞争的因素、物理特性和预期用途。其他竞辩就是对假定垄断者测试性质的歪曲。假定垄断者是否能盈利性地进行相对涨价，将取决于其他产品的消

---

　　⑲　在某些情况下，相关市场也根据时间而定。例如，对于上午9：30后（非高峰期）的火车旅行而言，工作日（高峰期）上午9：30前的火车旅行可以被认为是一个独立市场。

　　⑳　然而，在实践中，相关产品市场或相关地域市场的界定往往是不言自明的。

　　㉑　的确，假定垄断者测试专门用于解决差异化产品之间的竞争。

费者和生产者如何应对该相对价格上涨。各种非价格因素，如降价出售的各类产品的质量、物理特性和预期用途，都是评估中不可或缺的部分。

● 最后，下面的讨论将再次表明假定垄断者测试与许多评论家的观点不同，它的实际应用不需要正式的计量经济学分析。相反，该测试应被视为识别关键问题和评估可用数据而提供的一个框架。因此，虽然计量经济学分析通常有助于进行假定垄断者测试，但它并不是有效分析测试的必然要求。

一、假定垄断者测试的应用

假定所有其他产品的价格保持不变[22]，假定垄断者测试的应用首先考虑接受调查的一家企业或多家企业提供的产品或服务，并探讨控制所有这些产品的假定垄断者是否能长久地盈利性地将这些产品的价格提高 5% 至 10%[23]。

如果问题的答案是肯定的，那么这组产品就界定了相关市场，而且这些产品的供应商间的竞争是竞争约束的主要来源。如果答案是否定的，这就意味着其他产品的供应同样会带来重大的竞争约束。因此，应该把这些产品投入到假定的市场，并且再次应用这个测试，反复进行上述操作，直到证明一个值得被垄断的产品组合。市场被界定为一组最小的适合假定垄断者测试的产品组合，换言之，假定垄断者测试将相关市场界定为一组值得垄断的最小产品组合。

正如本章前面所提到的，相关市场同时兼有产品维度和地域维度。理论上来说，这两种维度应该共同决定。但事实上，往往先界定产品市场，接着再界定那些产品的地域市场范围。因此接下来的讨论是根据相关产品市场的界定进行的。通过必要的修改，这些大致相同的讨论也适用于相关地域市场的界定。

---

[22] 注意：此测试适用于所有这些产品的供应商。如果此测试只是适用于由单个企业所供应的商品，那么相对价格在现行价格水平上上涨 5% 将是无法获利的。因为我们认为能盈利性地涨价的公司已经开始这样做了。

[23] 只要企业所面临的需求曲线不是垂直的或向上倾斜的，这都是可行的，而这两种情况都不太可能发生。

一组既定产品的假定垄断者是否能在任何特定区域内盈利性地提高一组指定产品的相对价格，取决于价格提升后将会减少的销售量。无论何时，一组产品的价格上升，就会损失部分销售量[24]。关键的问题是，价格上涨所带来的存留销售的利润增加是否足以抵消销售量的减少所带来的利润损失。例如，如果相对价格提升 5% 会使得销售量减少不到 5%，那么价格上涨是有利可图的，这是因为总收入会增加且生产成本会降低。相反，如果相对价格提升 5% 会导致销售量减少 8%，则总收入会减少。除非产量减少造成的成本降低能抵消总收入的减少，否则价格上涨将是无利可图的。

延伸阅读：临界损失：假定垄断者要损失多少销售量？

评估假设垄断者为应对相对价格上涨 5%，要损失多少销售量才会无利可图，其参考就是临界损失[25]。临界损失指的是使得一个小幅度而显著的价格上涨无利可图的最低销量（百分比）损失。临界损失很容易算出来，假设边际生产成本不变，则临界损失的计算公式为[26]：

$s / (s + m)$

其中，s 是指假定的小幅而显著的价格上涨，以百分比来计算，m 指的是合并前的毛利润[27]。[28] 如表 4.1 所示，临界损失随着每次销售赚取的毛利润而变化，利润越高，临界损失越低。

例如，赚取 70% 毛利润的假定垄断者会发现，如果相对价格提升没有导致现存销售量损失超过 6.7%，那么提价 5% 是可获利的。反之，赚取 30% 毛利润的假定垄断者会发现，假如相对价格提升没有导致现存销售量损失超过 14.3%，那么提价 5% 是可以获利的。

---

[24] 关于这个逻辑在实证运用中的详细信息请参见第 11 章。

[25] 关于临界损失方法分析更详细的讨论请见第 11 章。

[26] 参见 Farrell 和 Shapiro（2008）。

[27] "毛利润"被定义为价格和短期边际生产成本的差额。因此，毛利润不包括公司的固定成本。在第三章讨论到，毛利润的量值并不能为公司的竞争程度提供一个好的指标。

[28] 注意：临界损失并不取决于假定垄断者面临的需求弹性。然而，实际损失肯定会取决于需求弹性（参见下文）。

表 4.1　给定范围内的利润和假定价格上升表现的临界损失

毛利润（%）	小幅而显著的价格上涨	
	5%	10%
100	4.8%	9.1%
90	5.3%	10.0%
88	5.9%	11.1%
70	6.7%	12.5%
60	7.7%	14.3%
50	9.1%	16.7%
40	11.1%	20.0%
30	14.3%	25.0%
20	20.0%	33.3%
10	33.3%	50.0%

因此，临界损失只是一种运算。然而，关于假定垄断者是否会发现相对价格上涨是有利可图的这一方面，临界损失本身就提供了很少信息。处理这个问题需要考虑实际损失[29]。

如上文表 4.1 所示，尽管事实上赚取高毛利润的企业，其临界损失会比低毛利润的企业低[30]，但是随着假设的相对价格上涨，企业实际上将会损失多少销售额这一问题，企业的毛利润并没有提供明确的信息。因此，在做出实际损失高于临界损失这一结论之前，需要做进一步的分析[31]。检测实际损失的一个标准方法，是针对过去的价格变动对需求所产生的影响进行计量经济分析。另一个方法是通过对消费者问卷调查询问他们将如何应对假定的价格上涨。这些问卷回应可以估算出实际损失，然后将其与临界损失进行比较。

---

[29]　术语"实际损失"指的是假定垄断者试图提升相对价格所导致的预计损失。

[30]　本书在第三章提到毛利润和需求的自价格弹性之间的理论联系。同时也讨论了在尝试使用毛利润算出自价格弹性时，会在实践中遇到的棘手问题。

[31]　参见 Scheffman 和 Simons（2003），Katz 和 Shapiro（2003），Farrell 和 Shapiro（2008），O'Brien 和 Wickelgren（2003）中关于临界损失分析的适当作用的讨论。

评估销售额损失的可能程度，需要逐个评估企业所面临的各种约束。据《相关市场通告》所示，企业可能面临的竞争约束有三个潜在来源[32]：

● 需求方的可替代性，即消费者将其他产品作为有效替代品的程度；

● 供给方的可替代性，即不在假定垄断者控制下的经营性资产可以迅速重新定位，生产直接竞争的产品；

● 潜在竞争，即新企业能够进入市场的程度。

相关市场的界定着重于前两个竞争约束，其中需求方的可替代性是首要重点[33]。这些在下文将做详细讨论。在界定相关市场时，竞争带来的竞争性约束的第三个潜在来源通常不予考虑。在潜在竞争提供了一个有效竞争约束的情况下，如果有新企业进入市场，那么这些情况将根据对市场特性的分析而定，包括可能的市场竞争力。因此，在竞争评估的第二阶段要对这种竞争约束的效果进行评估[34]，为此，我们不在本章对这种竞争约束的来源做进一步的探究。

二、需求替代

当消费者因为产品的相对价格变动而从一种产品转向购买另一种产品时，需求替代品就会出现。所关注产品组合的相对价格上升，会导致消费者转向购买其他产品，这种可能性是如何影响该产品组合的单一供应商的呢？为了实现单一供应商盈利性地提价（或者为了使市场值得垄断），需求水平的下降不能过大。这种情况是否属实，取决于需求对价格上涨的反应程度[35]。

需求替代的可能性为既定产品的供应商提供了一个直接有效的约束力。如果消费者可以转向购买有效的替代产品或者开始从其他地区的供应

---

[32] 《相关市场通告》，第13段。

[33] 《相关市场通告》说明："需求替代品构成了既定产品供应商最直接有效的监督，尤其是涉及到定价决策时。

[34] 参见《相关市场通告》第13段，美国当局有效地采取相同的方法。

[35] 在第3，第6，第7章阐述了竞争评估中新进入市场企业的重要性。

商采购所需产品，那么价格上涨将无法获利。通过购买其他替代产品，消费者的自身需求越容易满足，那么在既定的相对价格上涨的情况下，消费者对一些产品需求的变化越大。在这种情况下，假定的供应商企图涨价有可能导致销量损失，而这些损失足以使价格上涨无利可图。因此，上述的产品不值得垄断，也不构成一个相关市场。如果相关市场的界定仅包含产品，在很大程度上，基于市场份额对市场力量进行评估，其结果将会有所夸大。为了使市场份额能够合理地表现市场力量的范围，因此，有必要逐步加入消费者为应对相对价格上涨而有可能转向购买的其他产品。在每个阶段重复该测试，直到所包括的产品值得垄断。但要注意的是，为了使得相对价格上涨无利可图，并不需要所有甚至大多数的消费者转向购买其他产品，也不需要这些消费者转移他们所有的需求量。仅需要足够多的客户转向购买其他产品，就会使得试图涨价是无利可图的。正如在下文详细阐述的，这说明重要的不是"一般"消费者的行为，而是"边际"消费者的行为（即为应对相对价格改变，最有可能转而购买其他产品的消费者）。

假定一个例子：分析矿泉水是否能构成一个相关市场。在某种程度上，若单一供应商发现将矿泉水的价格相对其他产品价格上涨10%后可以获利，那矿泉水值得垄断吗？如果90%的矿泉水消费者因为矿泉水的相对价格上涨转而购买可口可乐和其他不含酒精的饮料，那么，矿泉水就不能形成一个相关市场，矿泉水市场就是不值得垄断的。然而，若只有5%的消费者愿意转向购买其他产品，那么矿泉水就能构成一个相关产品市场。

三、供给替代

即使没有可供消费者考虑转而购买的其他产品，一组产品仍不值得垄断。即便消费者不能对价格上涨做出反应，但生产商有可能可以。如果其他厂家对由单一供应商提供的产品的相对价格上涨做出反应，即通过改变他们的生产设备以生产垄断的系列产品，供给水平的提高有可能导致所有的试图涨价无利可图。在这种情况下，所关注的产品因存在可能的供给方替代品而不能构成相关市场。

因此，虽然供给替代并不是很明显的一种替代形式，但在某些情况下，它可能跟需求替代一样，代表着有效竞争的约束。如果其中一种产品的供应商已经拥有了所有用于生产其他产品的重要资产，并且有开始生产该产品的商业动机和能力，那么本质上来说，这两种产品就是供给方替代品㊱。例如，一个销售塑料刀叉的假定垄断供应商，不太可能因为消费者转向购买塑料基板而使其产品涨价受限。换言之，塑料基板不是塑料餐具的需求替代品。但是，塑料板制造商的资产，如注射模塑设备和配电系统能用于短时间内快速制造塑料刀叉，并且无需进行新的巨大投资或是承担新的重大风险。如果是这样的话，那么，一个销售塑料刀叉的假定垄断供应商不太可能实现盈利性价格上涨。

如果为竞争企业提供供给方替代品的真实来源，意味着要在所需的其他经营性资产中追加大量的额外投资，那么对该企业来说拥有部分资产是不充足的。例如，一家企业有可能利用已有的生产条件生产出其他企业的产品，但却有可能无法复制他们的必要营销资产（如一个知名品牌）或配售资产（如仓库）。假若这样，生产物质产品的能力不足以将供应商视为供给方替代品的有效供应来源，因为创立品牌和销售网可能需要巨大的投资，而且这些投资大部分可能石沉大海㊲。此外，将一家企业的产品视为供给方替代品，不仅仅要在不需要新的巨大投资的情况下能够生产相关产品，而且必须要在短时间内完成，周期通常不超过一年。

在某些情况下，供给替代在产品市场界定中是受到明确认可的。然而，在大多数情况下，它只受到了含蓄的认可。例如，一个严谨的需求分析会将不同大小的鞋子放进不同的市场中去，因为一个想购买 5 码鞋的消费者不会因为 5 码鞋的价格提高就转向购买 8 码鞋。然而，我们不建议在现实中根据鞋码的不同来界定不同的相关市场。不同尺寸或原材料不同

㊱ 转换生产的商业能力取决于相对利润率的改变是否刺激其他产品的生产并获利。在企业出现闲置产能的情况下，这是有可能的。这是因为生产另一产品不会造成现有产品的减产。

㊲ 沉没投资是无可挽回的。例如，在退出市场时，能从市场转售的资产如办公楼、车辆、多用途器械，是可以重新利用的。相反地，在退出时无法售出的资产，如行业专用器械或行业专用品牌，就只能"石沉大海"了。

的产品常常以这种方式来归类，这并不是因为在消费者看来它们是替代品，而是因为改变尺寸或产出的原材料成分而改进生产流程是很平常的事情。

在界定相关市场时是否将供给替代纳入考虑范围，或是在市场界定后再将其纳入考虑范围，这仍存在着很多争议。争议焦点是，在市场界定阶段（如狭义界定相关市场）不将供给方替代品纳入考虑范围，是否会比在诠释市场份额时认可这一约束更好些。美国界定市场的方法以需求方的可替代性为基准，但随后他们会在计算市场份额时考虑供给方的可替代性。相反地，《相关市场通告》虽然将需求替代置于首位，但也认可了供给替代的作用，并且表明了在市场界定时，如果供给替代的有效性与时效性的效果与需求替代相同，那么会将其纳入考虑范围㊳。

在某种意义上，"是在界定相关市场时，还是在之后的竞争评估中，纳入供给方的考量，这一问题并不重要。倘若在竞争分析的某一阶段要考虑由供给方的可替代性所引起的竞争约束，那么在市场力量方面应该可以得出相同的结论。然而，在市场界定阶段不考虑供给方，可能会导致更高的市场份额，从而夸大了企业所具备的市场力量㊴。

以下例子说明这两点。船主为了防止藤壶附着在船身上，需要给长时间浸泡在海水中的船体涂上防污漆。假定只有一家防污漆制造商，但还有许多规模更大的普通油漆制造商，这些普通油漆制造商只需简单地在他们的油漆中加入一些铜化合物，就能很容易地开始生产防污漆。如果仅仅是参照需求替代来界定相关市场，那么相关市场就是防污漆，而防污漆的单一供应商就会拥有这个市场100%的市场份额。然而，在评估防污漆垄断者的市场力量时，还需要考虑普通油漆制造商所带来的竞争约束，因为如果相对价格的改变是极具吸引力的，那么，这些制造商就可能开始供应防污漆。以此为依据，我们可以总结出，即使拥有100%的市场份额，也不

㊳ 《相关市场通告》，第20段。

㊴ 如上所示，在计算市场份额时，美国《横向合并指南》包含了持有有效的供给替代的企业的经营性资产。

足以推断企业会行使市场力量。相反，在界定相关市场时应考虑供给替代，我们可能得出结论：相关市场包含了防污漆和普通油漆的生产者。在这种情况下，防污漆制造商就只拥有这个市场的一个非常小的份额，这也意味着缺乏市场力量[40]。

由此可见，无论使用哪一种市场界定，都会得出同一个结论（假定我们正确地进行了分析）。然而，如果在界定相关市场时不将供给替代纳入考虑范围，那么市场份额将无法为评估市场力量提供可靠的指示。在上述例子中，就防污漆垄断供应商市场力量的程度而言，只有对供给替代予以考虑，市场份额才能提供有用信息。

因此，在供给方的可替代性可以迅速并轻易发生的情况下，我们认为，在界定相关市场时应将其纳入考虑范围。

供给替代的概念因其相关性已被欧洲法院所接受。在大陆制罐公司合并案中，委员会认为存在三个相关产品市场：肉类罐头产品的轻金属容器市场、海鲜类罐头的轻金属容器市场和食物包装工业的金属瓶塞市场（冠形瓶塞除外）[41]。由于委员会没有考虑到供给替代，法院将此界定驳回：

　　"为构建一个独特的市场，所关注产品必须进行个性化处理，不仅要依据它们用于包装特定产品这一单纯事实而定，还需依据使其特别适用于这一目的特定生产特征。"

为了支持其对市场的界定，欧洲法院辩称，委员会需要解释为什么其他类型罐头容器的生产商不能生产那些与大陆制罐公司的产品直接竞争的罐头容器产品。

然而，当供给替代的概念在实践中被认可后，以往的经验表明，委员会对于相关市场的描述主要是在于对需求方的考量，而供给替代，即使考虑，那也只不过是马后炮罢了。确实，FormA/B 和 FormCO 均表明，在产

---

[40]　此例子由富兰克林·费歇尔教授提供。
[41]　6/72 尤罗蓬玻乐企业与大陆制罐股份有限企业联合委员会［1972］E.C.R 215；［1973］C.M.L.R 199；［1972］OJ L7/25。

品市场界定中，供给方的可替代性没有起到任何作用：

"一个相关产品市场包含消费者认为可互换的或可替换的所有产品与服务。"[42]

的确，关于委员会基于供给方的考虑来界定市场的例子寥寥可数。而且实际上，对于两种产品或区域是否应纳入同一相关市场，委员会的观点往往是从消费者的角度看产品的可替代性而定的。[43]

四、假定垄断者测试小结

假定垄断者测试备受称赞。首先，假定垄断者测试根据有效的行业数据提供了一个原则上可检测的假定。[44] 因此，假定垄断者测试原则上提供了一个解决竞争要求的框架。过往的经验表明，在大多数情况下，虽然可获取的相关数据并不代表一组完整的或理想的数据，但是这些数据对帮助实现基于"真实科学证据"的市场界定是非常有帮助的。

需要强调的是，在与假定垄断者测试原理不一致的基础上界定相关市场，会导致无法适当考虑需求方与供给方替代的可能性。因此，除了个别的偶然事件之外，任何根据这样的市场界定计算出的市场份额都将无法指代市场力量。虽然假定垄断者测试常被认为是界定相关市场的一种可行的方法，但至今仍未提出一个与评估需求方和供给方的可替代性原理相一致的替代方法。[45]

其次，假定垄断者测试提供了一个清晰合理的框架。这个框架包含了

---

[42] Form A/B 的第 6 章，Form CO 的第 6 章。

[43] 不可否认的是，委员会时而会将供给方的可替代性纳入考虑范围。例如，在皇家银行私募股本/Cineven/Chelwood Group，IV/M. 2737（2002），委员会承认了在供应不同种类的砖块时受到供给方约束。

[44] 关于所使用的经验技巧，详情请见第三部分。

[45] 例如，《相关市场通告》声明如下："需求方替代品评估需要确定被消费者视为替代品的产品的范围。确定的方式被视为是推理实验，假定相对价格出现假设性的小而持久的变动，然后评估消费者对此增长可能会作出的反应。"但至于用其他什么方法来确定需求方替代品的产品范围（同样适用于供给方可替代性评估），这是完全不明确的。

关于被调查企业面临的竞争约束的相关问题，因而有助于使分析辩论不至于仅限于临时性反思，并且明确地关注需求方和供给方替代这些关键概念。虽然假定垄断者测试常被认为必然涉及定量分析，但这歪曲了它的真实价值，其更多在于提供了一个进行分析评估的基本概念。委员会含蓄地表明，如假定垄断者测试通告所述，这一可能性可"被视为推理性实验"[46]。虽然在可获取数据时这类分析往往也是有用的，但是明显不同于在每个案件中要求进行正式计量经济检测的情况。

第二节 玻璃纸谬误[47]

假定垄断者测试的好处之一是，利用所观察到的行业数据去评估竞争诉求品质的潜力，如两种产品或区域是否应纳入同一相关市场。如在第三部分详细讨论的那样，有大量的经验技巧可使用。然而，当其应用于第101条，第102条的调查时，对这些方法的应用会引起严重的问题。这些问题源于著名的玻璃纸谬误[48]。

为了理解玻璃纸谬误，在评估并购可能引发的竞争影响时，有必要区分在评估并购可能的竞争影响而进行的竞争分析与通常在第101条、第102条调查中进行的竞争分析在本质上的根本差异。在评估并购可能引发的竞争影响时，主要的竞争问题是并购是否会导致价格上涨并超过现行水平。为此，竞争分析的重点是对并购方当下的商业行为的竞争约束。由此说来，并购调查中进行的竞争分析具有前瞻性，并且涉及对现行水平下的竞争约束的识别。

相比之下，基于第101条、第102条的竞争性评估往往会关注被调查

---

[46] 《相关市场通告》，第15段。

[47] 本章重点参考《Baker and Bishop》（2001）.

[48] 与《克罗乔尼》（2002）描述的不同，玻璃纸谬误只出现在横向合并分析的极少数案例中，甚至是在早先存在支配地位的情况下。

企业当下是否受到有效竞争约束。[49] 换言之，被调查企业当前是否拥有市场力量？在进行这项评估时，问题是现行价格是否已经上涨超过竞争水平；而在并购审查中，关注的问题是那些企业是否能够更进一步提高价格[50]。

这种区别对假定垄断者测试的实际应用有一些重要影响，因为现行价格下（所观测到的行业经验证据必然依靠于此）替代品的证据无法识别当前竞争约束是否能有效约束价格并将其控制在竞争水平，还是仅仅限制价格进一步上涨。简言之，出现问题是因为在许多非并购调查中，现行价格水平没有为竞争约束的评估提供合适的基准[51]。利润最大化的企业总会将价格设在一个进一步涨价就无法获利的水平，[52] 这就意味着双方的产品竞争约束程度部分取决于当前的相对价格。某些产品可以在某种价格水平上互为替代品，但在更低的价格水平上便可能并非相互替代。正如在美国诉柯达案中所说，如果垄断产品的价格太高，消费者甚至会对劣质替代品感兴趣[53]。

这是标准的经济理论结果。然而，这对于市场界定和市场力量的评估可能有重大的影响。这意味着在现行价格中，企业面临的是来自其他产品有约束力的竞争约束，而且企业不会过多地告诉我们其是否具有正在行使的市场力量。换句话说，企业拥有相对高的需求自价格弹性，并不意味着它因此就不具有可以将价格提高到超过有效竞争水平的市场力量。在有效竞争价格水平上，自价格需求弹性实际上是相当低的，因此它能够把价格提高到当前价格水平之上，由于需求替代或供给替代的存在，在当前水平上再进一步提价是无利可图的。

这就是竞争政策分析中所指的玻璃纸谬误，其名称源于著名的杜邦案。[54] 在那件案例中，杜邦企业辩称玻璃纸并不是一个单独的相关市场，

[49]　我们通常会说，由于在某种情况下第101、第102条的竞争分析同样具有前瞻性，因此会更近似于那些引导并购调查的分析。

[50]　如本章介绍中所述，价格的上涨参考围绕着质量的下降。

[51]　在非横向合并调查研究中同样可能适用。

[52]　这适用于所有企业，无论企业是否拥有市场力量。

[53]　伊斯曼柯达企业的影像技术服务部（1992）504 U.S. 451。

[54]　美国杜邦企业（1956）351 U.S. 377；76 S. Ct. 994；L. Ed1264。

因为经验证据表明它直接而且密切地与软包装材料（如铝箔、蜡纸和聚乙烯）竞争。但是，正如许多评论家所说，杜邦企业的辩论是不合理的。杜邦企业曾是唯一的玻璃纸供应商，它可以将价格提升至一定水平，而在这个水平上其他产品对它的竞争约束变成了对它的束缚。杜邦企业无法在现行价格水平再进一步提价这一仅有的事实，并无法回答该企业是否拥有市场力量并因此有能力将价格提高到超过有效竞争价格水平这一问题。在这个案例中，美国最高法院没有意识到，较高的自价格弹性可能意味着一家企业已经在行使市场力量了。

　　玻璃纸谬误的主要含义是，确定现有价格下的替代品不一定就能确定竞争价格下的有效替代品，而且竞争价格在大多数非并购案例中是界定市场的相关基准。产品在现有价格下是有效替代品的证据仅是识别出了那些竞争对手，这些竞争对手限制被调查的某个或某些企业的价格提高至高于现有水平。这些证据不见得能提供有关那些产品是否会限制价格至竞争水平的信息。

延伸阅读：玻璃纸谬误的假定例子

　　假定只有两家 CD 播放器的制造商，一家是磁带放音机制造商，另一家是 DVD 播放器制造商。磁带放音机卖 50 欧元，CD 播放器卖 100 欧元，DVD 播放器卖 200 欧元。接下来，假定 CD 播放器的 100 欧元是有效的竞争价格。然而，如果两个 CD 播放器制造商合并，那么他们可以盈利性地将每台 CD 播放器价格提升至 130 欧元。如果我们对现行价格水平进行假定垄断者测试，我们会发现 CD 播放器的假定垄断者将价格提高至高于现行价格的 5%-10%，他们是可获利的；因此我们可以得出结论：CD 播放器是一个以并购为目的的相关市场。进而，我们可以得出结论：合并可能会导致市场垄断，所以应该被阻止。这将是正确的结论。

现在，假定本来只有一个 CD 播放器的制造商，且它的售价为 130 欧元，这是其利润最大化的价格水平。一个潜在竞争对手投诉道，CD 播放器制造商正滥用其在 CD 播放器市场上的市场支配地位。如果我们在现行价格水平上进行假定垄断者测试，我们会问，如果 CD 播放器制造商将价格从 130 欧元提高到 136.5 欧元（5%的升幅）或 143 欧元（10%的升幅），那么该制造商是否可有利可图。如果 CD 播放器垄断者的垄断价格为 130 欧元是恰当的话，那么关于假定垄断者的答案便是，5%-10%的价格涨幅是无利可图的。假定情况相反，在进一步分析现行价格的基础上，我们得出了结论：相关市场包括磁带放音机，DVD 播放器和 CD 播放器，其中 CD 播放器制造商只占 30%的市场份额。那么，我们很可能会得出这样的结论：CD 播放器制造商并不占市场支配地位。但是，这将是个错误的结论，因为通过阐释，我们知道事实上 CD 播放机制造商已经能够将 CD 播放器的价格提高到竞争价格水平的 30%以上，已表明它是市场支配地位企业。

一、玻璃纸谬误的解决方法

由于玻璃纸谬误产生了一些本质的问题，所以人们很容易认为，仅仅通过重新定义评估竞争约束的基准就能解决问题。由于在大多数非并购案件中，界定相关市场的关键问题是确定为竞争价格提供一个有效竞争约束的产品。所以，原则上可以通过询问假定垄断者是否能盈利性地提高价格至高于竞争水平来考虑此问题，从而可以修改假定垄断者测试。这是《委员会通告》里倡导的方法[55]：

"一般情况下，特别是针对并购案件的分析，考虑的价格应该是现行的市场价格。当现行价格的设定已经是在缺乏充分竞争的情况下时，这种

---

[55] 《相关市场通告》第 19 段。

方法可能就不适用了。特别是对于滥用支配地位的调查，应该考虑到现行价格可能已经大幅度上涨这一事实。"

可惜的是，至于"如何考虑"这一"事实"，该通告并没有提供任何的建议。如第二章指出的，确定竞争价格几乎是不可能的；如果我们可以做到，那么，界定相关市场以及所有的其他分析都是多余的[56]。一般来说，自从通告生效以来，委员会的做法几乎不能说明委员会充分理解玻璃纸谬误所引发的实际问题，或知道如何处理这些问题[57]。一个明显的的例外是：委员会关于第102条[58]查处排他性滥用应用的讨论文件中包含的讨论。总之，解决玻璃纸谬误的尝试几乎没有实际相关性，这是因为如果能确定竞争价格以进行必要的分析，那么在任何情况下进行市场界定分析都是没必要的[59]。此外，正如第2章和第3章指出的，确定竞争价格水平是极其困难的，而且在大多数情况下是无法确定的。

这就引发了一个关于如何考虑玻璃纸谬误的问题。当然，在非并购案件中界定市场时，忽略玻璃纸谬误的含义是不正确的，因为这样会导致市场界定的范围过于广泛。然而，认为假定垄断者测试的原理不再适用的观点也是不正确的。正如上面的讨论所示，假定垄断者测试提供了一个评估竞争约束的概念性框架。在非并购案例中进行经验实证需要仔细分析，并不意味着假定垄断者测试背后的根本原则，而非实际验证，就不再适用了。从另一方面论证，这表明在没有产品和地区竞争约束的参考下，相关市场也可以被界定。当相关市场的界定并非参考现有产品和地域之间的竞争约束时，所得到的市场份额通常无法为市场力量提供一个好的指标，因

---

[56] 讨论的迂回特征在下面著名学术经济学家的质证中会显示。接受了"在支配地位情况下界定市场，需要根据竞争价格来检验"这一说法后，他用"目前明显低于当前价格水平"回答了"你知道产品的竞争价格是什么吗？"这个问题。显然，如果这个说法是正确的，那么就完全没必要进行界定相关市场的实践。

[57] 针对其他竞争监管机构，也会有这种批评意见。例如，英国公平交易贸易局在《市场界定指南》中指出，"局长必须做出一些关于'当前价格是否已经远远高于竞争水平'的判断"。

[58] 竞争总局关于第102条查处排他性滥用文件（2005），详情见于第11段到19段。令人失望的是，第102条指导文件排除了该讨论。

[59] 除法律要求外。

而可能得出关于市场支配地位的不恰当的结论。

事实上，假定垄断者测试将继续为评估竞争约束提供合适的框架。而且，如果该测试是以玻璃纸谬误所产生问题为参考进行阐释的话，那么实证证据仍然可以在非并购案例中使用。

第一，存在这样一些非并购的情况，进行测验正确的基准价格水平是当前的价格水平。一家企业试图排除它的其中一个竞争对手，以便一旦竞争对手被排除就可以提高价格，当存在这种指控时，那么根据当前的价格水平来进行假定垄断者测试是正确的方法。假定即使竞争对手被排除了，而所谓的排除性企业却只占市场份额的 5%，那么为了把价格提高至现行商品水平的 5%—10%，就必须对市场进行垄断。在这种情况下，显然，所谓的排他性行为不会导致价格上涨。

第二，在某些情况下，即使使用假定垄断者测试的正确基准不是现行价格水平，也可以推断出"现行价格水平高于基准价格水平"。在这些情况下，为了评估市场力量而正式确定相关市场是没必要的[60]。假定一家企业在英国地区占有 60% 的水泥市场份额，而该企业正被指控滥用其支配地位。在我们可以弄清 60% 的份额是否可能代表市场力量之前，有必要知道狭窄地区的水泥是否代表了一个相关市场（或知道相关市场的地理维度是否更宽。）要想知道答案，其中一个方法是观察英国其他地区的水泥"市场"。如果我们发现相对于拥有较小份额市场，当企业拥有一个大额的水泥市场份额时，它们会系统性地收取更高价格，这就意味着大份额的区域市场会赋予市场力量。那么，这就为我们提供了关于"我们调查的占有了60% 特定区域水泥市场份额的公司，是否拥有市场力量"这一问题的答案[61]。确定这个结论可能成立后，我们可以继续对该公司是否滥用市场力量进行分析。在经济学上，我们并不需要界定市场，因为我们已经直接确定了市场力量；但是在法律上，明智的做法是得出以下结论——将相关市

---

[60]　我们这里的意思是，没有必要从经济的角度来界定相关的市场，但从法律的角度来界定通常是有必要的。

[61]　这里我们简单阐述了对价格集中度的研究，在第 14 章我们将详细讲解。

场界定为区域水泥市场，且被调查的公司占有该市场60%的份额。

第三，即使当我们不能完全避免玻璃纸谬误所带来的问题时，仍然能借助市场界定和假定垄断者测试，以一种在经济学上相融贯的方式来进行思考。[62] 我们建议采用以下三个步骤进行分析：

1. 确保所有的假定市场界定与需求方和供给方的可替代性原则一致。这意味着，将某种产品或区域纳入到特定相关市场时，我们应确保拥有需求方或供给方的合理理由。这一步看似是明显，但在市场界定实践中并不总是得到应用。

2. 确保假定市场界定所包括的产品至少在当前价格下是替代品。我们解释过了为什么两种产品以当前的价格计算构成替代品，并不因此而意味着它们在有效竞争价格下也是替代品。然而，该论证反过来并不成立。如果两个产品按现行价格来计算都不是替代品，那么他们在有效的竞争价格（有可能更低）下也不会是替代品。如果在现行价格下，消费者不愿意由购买产品A转向成购买产品B，那就很难理解为什么当产品A的价格下降时，人们可能会从购买产品A转向购买产品B[63]。

应该指出，在指控公司目前定价过低时（即某种掠夺性行为指控），这意味着现行价格低于有效竞争价格的情况，并且在现行价格水平缺乏替代品并不意味着在有效竞争价格水平上，这些产品没有替代品。

3. 确保所有假定的市场界定都以分析产品的特性和用途为基础，是似是而非的。委员会（以及在各成员国的其他竞争机构）屡次在对相关产品的特性分析基础上，界定各类市场。假定对证据的诠释是正确的，那么当可替代性的直接证据无法获得时，这是一个非常合理的方法。确保任何用于界定市场的物理特性都与产品间的可替代性程度相关，是非常重要的。因此，基于红色汽车在物理特性上（如颜色），不同于其他车而将红色汽

---

　　[62]　详情见于第16段竞争总局关于竞争法第102条的讨论文书。

　　[63]　毫无疑问，产生的原理是用来解释这类行为（也许产品A是炫耀性的消费物品，当其便宜时，其价值就更小了），但这原理是非常罕见的，且能用来分析即将到来的特殊案例。

车界定为一个独立市场，这是毫无意义的。消费者可能对汽车的颜色有所偏好，但是不同颜色的汽车制造商的供应方的可替代性显然是非常高的。相反，基于汽车引擎的大小来界定独立市场有可能是合理的。

这种方法很可能导致多个貌似合理的相关市场。但该方法未必可以缩小到一个相关市场，尽管如此，这比确定一个很有可能是错误的市场界定要好。使用错误的市场界定并不能帮助竞争评估，相反，会导致调查者将焦点放在错误的竞争约束上，并且很有可能因此误解竞争影响分析。另一方面，基于多个合理的市场界定来开展竞争影响分析可能是有用的。如果被调查企业在所有貌似合理的市场中的市场份额都偏低，那么这表明他们没有市场力量，所以不需要作进一步的分析，因此，在这种情况下，市场界定实践仍然可以作为有用的筛选工具。当企业在貌似合理的市场中的份额偏高时，就有必要进行进一步的竞争影响分析，但是避免将焦点放在与假定垄断者测试基本原则不符合的市场界定之上。

第三节　界定相关市场的常见谬误

本节讨论了几种不同类型的谬误推理，这些推理往往出现在界定相关市场的实践中。这些"谬误"大多数是因为不正确地运用假定垄断者测试的逻辑框架而造成的。

常见谬误如下：

- "假定垄断者测试仅代表'一种合适的'界定相关市场的方法。"
- "一般消费者而不是边际消费者重要。"
- "一个相关市场需要产品和区域构成有效的需求替代以及有效的供应替代。"
- "竞争反应必须是'瞬间的'。"
- "物理特性的差异意味着独立的相关市场。"
- "不同的最终用途/销售渠道意味着独立的相关市场。"

- "价格水平的差异意味着独立的相关市场。"
- "包括各地区市场份额差异在内的区域差异意味着独立的相关地域市场。"
- "进口缺失意味着独立的相关地域市场。"
- "相关市场的界定独立于特定的竞争关注。"

本节的其余部分会介绍这些表述错误的原因。[64]

一、所有相关市场应该与假定垄断者测试的基本原则一致

现在，虽然大多数的竞争主管机构采用了假定垄断者测试或一个与它几乎相同的方法，但有时仍然被问到"是否有可以用来界定市场的替代方法"。委员会在《相关市场通告》中表明所列的市场界定测试只是界定相关市场的其中一种合理的测试方法，但不一定是唯一方法。例如在维珍和英国航空公司案例，委员会指出：

"对于如何在实践中运用这一原理，委员会在《相关市场通告》中做出了详尽的指导。《相关市场通告》介绍了委员会如何使用有关产品特性的信息，以及过去的替代证据等来界定产品市场。该通告也提到了一个假定价格上涨的观点，并以此来解释相关市场的概念。[65]"

对于这个观点，我们并不赞同[66]。只有在存在一个分析框架的前提下，才有可能说明如何利用相关信息做出评估。如上所述，假定垄断者测试试图确定主要的竞争约束，而且以需求方和供给方的替代为依据市场界定只有在针对具体情况，最大可能的捕获市场中不同企业面临的竞争约束，才能够在竞争法执法中起到有益的作用。因为竞争约束只能产生于消费者行

---

[64]　尽管在某些情况下，这些表达背后的逻辑或许会产生正确的关于相关市场范围的结论，但是在大多数情况下，这些逻辑会导致错误的结论。

[65]　IV/D-2/34.780《维珍/巴西航空公司》(1994) 第70段。

[66]　如果委员会的观点是正确的，那么《相关市场通告》中的市场界定在很大程度上是多余的，也不能达到提高市场界定过程的透明度的规定要求。

为（如需求方面的考虑）或者其他企业的行为（如供给方面考虑），所以需求方替代和供给方替代必须是任何有效的市场界定测试的核心。因此，很难想象存在其他和产品及地域竞争约束所依据的基本原则相一致的分析方法。

确实，对于"假定垄断者测试的替代方法可能是什么"[67]这一问题，《相关市场通告》并没有给出任何提示。在没有清楚说明可以替代假定垄断者测试的方法是什么的情况下，作出假定垄断者测试仅是如何界定相关市场的例证之一的任何声明，无疑面临着重回通过产品特性作出随机分析而界定市场的风险。当然，假定垄断者测试并没有完全解决在案例中出现的所有竞争问题，甚至可能没有完全获取需求和供给方替代的相关信息，尤其是在产品差异性大的情况下。尽管如此，作为假定垄断者测试的核心概念，需求和供给方的替代将一直是分析重点；此外，假定垄断者测试为构建竞争分析的其他部分提供了一个有用的框架。总而言之，我们不认为存在另一种可替代假定垄断者测试的市场界定的合理方法。

另一类主张是完全放弃市场界定。有些评论家（通常为学者）认为界定市场在分析中是一个抽象的步骤，还不如人们直接进行分析。我们反对这样的主张，认为主张这种方法的人不理解市场界定在竞争案例的实践评估中所起的作用。在我们看来，在分析过程中完全忽略市场界定可能是不利的，因为它使得所有的后续分析没有了严谨的框架，将太多的分析放在主观判断上，特别是在有关市场支配地位调查的案例中。

我们认为，对如何界定相关市场的思考，为详细分析被调查企业的竞争动态提供了重点和范围。缺乏市场界定的分析阶段，后续分析可能会随意进行。缺乏进行分析的清晰框架，可能会有风险——分析可能会退化到"市场力量一看即知"的水平，并且无法在对"竞争行为"和"反竞争行

---

[67]　类似的评论适用于许多其他竞争机构提供的指南。

为"之间的区别提供任何可识别的基准⑱。

二、在评估可替代性中，边际消费者的反应比普通消费者的反应更为重要

在假定垄断者测试中假设的相对价格上涨是否有利可图，取决于转向购买替代产品的消费者数量。从上述的讨论应明确：要使得相对价格上涨无利可图，并不需要大多数的消费者转而购买其他产品，而只要有足够的消费者这样做就行了。也就是说，在观察消费者可能产生的反应时，边际消费者的反应比普通消费者的反应更为重要。

如临界损失的计算所示，不需要让所有的消费者愿意转向购买，使一个市场的既定产品群不值得垄断，只要有足够的消费者转而购买其他产品以应对价格上涨，使得该价格上涨恰好有利可图。换言之，那些产品群的需求弹性是什么？确定需求替代品的合适范围以及替代程度（即可以表明特定的一组产品不值得垄断），需要对需求价格弹性进行评估。

在解释消费者问卷调查的结果时，特别要注重边际消费者可能产生的反应，而不是普通消费者的反应⑲。边际消费者的行为才是重要的：只要有一群足够数量的"边际"消费者，并且他们愿意因为相对价格的改变而转换产品，那么其他不愿意转换产品的消费者（即使占了消费者数量的大多数）的存在，并不意味着范围更窄的相关市场。即使有大部分消费者不会因相对价格上涨而转换产品，但这种现象本身也不足以说明应该狭义地界定市场。在解释其对第11条问卷调查的回应时，这一要点仍然会常常被委员会忽视。⑳ 以下的例子可以阐释此要点。

设想某特定产品（装饰物）的80%消费者在面对其价格上涨10%的情

---

⑱　不可否认，如第三章所述，我们可能直接从市场中企业的行为推断出市场力量。然而，即使在这种罕见的情况下，我们认为在假定垄断者测试方法的基础上进行市场界定仍然是个好的做法。（由直接推断市场力量的影响可知）。

⑲　《相关市场通告》指出应该"极其谨慎"地对待以竞争调查为目的而进行的调查，同样需要"极其谨慎"对待委员会对消费者调查的使用，包括那些构成第11条的要求。

⑳　同样的评论甚至更常适用于一些国家竞争机构。

况下，不会考虑转向购买其他产品，那么这会使这些装饰物成为一个独立的相关市场吗？如果剩余20%的消费者会为应对10%的涨价而转向购买其他的产品，那么价格上涨10%则会导致装饰物生产商的收益减少12%。取决于制造商通过减产20%的装饰物可能产生的成本节约，即使80%的消费者没有转向购买其他产品，这也很可能不是一个盈利性的涨价。

在界定相关市场时，将重点放在特定消费群体的行为上或普通消费者行为上是错误的，这种错误在联合品牌案的决定后被称为"无依据（没有牙齿的）谬误"⑦。在这个决定中，委员会认为，香蕉可以界定一个独立的相关市场，因为孩童和老人（即没有牙齿的人群）认为其他水果不能成为香蕉的适合替代品。然而，同时存在着这样一个事实：一群只钟情于某种产品的消费者没有可用的替代品，但这不足以界定相关市场。联合品牌中的主要问题不是"在香蕉价格上涨时，无牙齿人群是否会转向购买其他水果？"，而是"为应对香蕉价格上涨，会不会有足够的消费者转向购买其他水果从而导致价格的上涨无利可图呢？"⑫

三、如果需求方或供给方提供了一个有效的竞争约束，那么应该从广义上界定相关市场

如果大量消费者转向购买其他产品（即需求替代起着有效竞争约束作用）或者是其他产品的供应商可以简单并快速地开始提供假定垄断者的产品（即供给替代起着有效竞争约束的作用），那么一组产品的假定垄断者发现相对于其他产品而言，该产品涨价后将无利可图。因此，如果需求方替代代表一种有效的竞争约束，那么相关市场需要扩大；假定垄断者将会发现涨价无利可图。同样地，如果供给方替代代表一种有效的竞争约束，

---

⑦　27/76 United Brands Co and United Brands Continental BV v Commission ［1978］E. C. R. 207；［1978］1 C. M. L. R. 429.

⑫　此分析假设香蕉供应商不能为不同的消费人群定价。如果他们可以通过某种方式向"没有牙齿的客户"收取和与其他客户不一样的费用，那么当"没有牙齿的客户"没有香蕉的替代品时，可能会使得价格仅针对"没有牙齿的客户"盈利性上涨。我们在联合品牌中没有得到任何关于价格歧视证据和建议。

那么相关市场也需要扩大：假定垄断者同样会发现涨价无利可图。由此可见，即便只有其中一种潜在的竞争约束能够有效约束假定垄断者，相关市场的界定也应当适当的扩大。这一要点虽简单但时常会被人们忘记。例如，由于供应方替代性的缺失，即使产品被公认为是需求方替代品，相关市场也可能会错误地被狭隘界定。换句话说，这两种条件没必要同时满足，选择考虑其中一种替代，再考虑其他替代只会扩大市场——这绝不意味着市场应该被界定的更狭窄。

四、为了体现一个有效的竞争约束，供求双方需要在1—2年内做出反应

考虑到来自供求双方替代的竞争约束，有必要考虑替代产生的时间周期。总的来说，考虑的时间周期越长，产生替代的可能性越大。例如，消费者有可能无法马上由购买商品 A 转向购买商品 B，但在两个月后可能会更容易这样做。因此，在这个时间周期内的替代品对相关市场的界定有重要的影响。

假定这样一个例子：在一个市场里，消费者可以根据为期一年的供应合同在现货市场上进行采购，而且采购的产品是完全相同的。根据为期一年的供应合同而定的采购价格在每年年初设定好，即合同所定的销售价格在整一年里都是不变的。然而，在现货市场采购的价格在一年内各不相同，这反映当时的需求和供给情况。现在，对于合同销售是否可能和现货销售位于同一个相关市场这一问题，考虑如何应用假定垄断者测试。如果消费者是否转离合同销售的时间范围被限于 12 个月内，那么在合同和现货销售之间几乎就不存在需求方的替代，即相关市场似乎只是合同销售。然而，如果消费者可以转向购买替代品的时间周期延长至 12 个月或者更久，那么合同销售价格的上涨相对于现货销售来说，可能会导致消费者转向现货销售，即相关市场有可能包括合同销售和现货销售。

美国司法部/联邦贸易委员会（DOJ/FTC）指南中涉及到了替代品生效的两年期限。因为我们对消费者和供应商应对相对价格的持久性改变感

兴趣，因此至少一年的时间更合理；采用短时间周期来考虑可能会出现的替代，可能会导致影响竞争结果的重大竞争约束被忽视。出乎意料的是，《相关市场通告》对此只字不提，这在实践中也导致了结合短时间考虑替代，并且导致狭义界定相关市场的偏见。

五、物理特性的不同并不妨碍产品成为同一相关市场的一部分

有时人们认为物理特性不同的产品不能构成同一相关市场。但是通过物理特性的不同来划定相关市场是有风险的，因为它会导致界定一个过于狭窄的市场。简单地对相关市场加上"界定"这一形容词，会使得越来越多的产品被排除在外。

在界定相关市场时过于依赖于物理特性，问题就会出现。雀巢/毕雷（Nestle/Perrier）[73] 作为一个例子可供大家思考。这个案例中涉及两个矿泉水供应商的合并。在界定相关市场时出现了两个问题：非碳酸和碳酸的矿泉水可以构成同一个相关市场吗？不管是狭窄还是宽泛的界定市场，矿泉水会面临软饮料（如可口可乐）的竞争约束吗？通过物理特性区分，可以认为不带汽和带汽的矿泉水分别处于独立的相关市场，因为不带汽饮料不会起泡沫，而另一种带汽饮料则会。此外，若用物理特性差异的"逻辑"分析，可以认为可口可乐和带汽饮料是构成同一相关市场的一部分，因为两种饮料都会起泡沫。

当然，即使关于相关市场范围的结论是正确的，这种推理也是有缺陷的。假定垄断者测试应用不在于关注不同的产品是否能以不同的方式描述，而是要关注为应对产品相对价格变动，消费者转而购买另一产品的程度。从某一层面来说，对产品物理特性差异的考虑是界定相关市场的一个相关因素，如果产品具有不同的物理特性，这是否在说明消费者不会将这两种产品视为有效的替代品？当然，答案取决于，在假定垄断者测试中为

---

[73]　雀巢/毕雷 IV/M190［1993］4 C. M. L. R. M17；［1992］OJ L356/1.

应对假定价格的变动，转而购买其他产品的消费者数量。最终那是个实证问题。简言之，不同物理特性的产品本身不能决定这些产品处于独立的相关市场，重要的是这些物理差异对产品替代模式的影响。

这些类型的观点和通过简单添加越来越多的形容词来狭义界定市场的过程有相似之处。过程是不可预测的，任何市场的界定都可以通过有选择地倾向于产品特征而进行下去。于是在物理差异上下了很大的功夫，但对此的关注并没有解决主要的问题，即：随着价格上涨，销售额损失的幅度有多大？

联合品牌案例对此做了明确说明[74]。在联合品牌案例中，欧洲法庭发现香蕉市场有某些与众不同的特性，从而使得人们认为它代表一个独立的相关产品市场。这些特征包括产品全年可以获得，香蕉可以满足某重要部分人群的需求，并且在香蕉的旺季，其他水果对它的竞争影响有限。这个结论似乎是基于非常有限的经验证据得出的，而且没有试图去判断这些差异是否意味着香蕉是一种值得垄断的产品，因而有实质意义这一问题。人们总有可能列举出一系列的产品差异，但真正的问题是，这些差异是否有意义？这是一个需要依靠实证观测值才能解决的问题；该实证观测关注在价格变动时消费者如何在产品间寻找替代品的。

六、最终用途的差异不妨碍产品成为同一相关市场的一部分

委员会在很多场合已经表示过，相关市场可以根据最终用途的差异，尤其是依据不同的分销渠道来界定。例如，在菲仕兰食品/坎皮纳公司的案例中，委员会称通过户外批发商销售的奶酪和通过零售商销售的奶酪不是处于同一市场。这一结论是根据产品包装的不同而得出，委员会做出了以下声明：

"零售的奶酪通常以最多400g的小包包装或在特定区域切块出售。出售给户外批发商的奶酪通常是500g或2000g的大包装（或每小包有1或2

---

[74]　联合品牌 27/76［1978］E. C. R. 207；［1978］1 C. M. L. R. 429.

片奶酪）。"⑦

但是这类推理显然不能起决定性作用。尽管通过某一销售渠道购买的客户可能不会将其他销售渠道的产品视为替代品，但是对零售商或餐饮部门来说，这两种不同的销售渠道可能会因为供应商可以轻松转换两个不同销售渠道而联系起来。假定垄断者测试的适当应用将会涉及到奶酪的假定单一供应商（即奶酪零售商）是否会认为对零售商涨价仍可获利的问题。这问题的答案取决于餐饮部的供应商是否能把分销到餐饮部门的商品数量（或扩大生产）转向零售分销商，即供应商是否能轻易地成为替代品的供应方。在两个分销体系内，产品拥有不同的预期用途这一事实本身不会阻止这种替代可能性对奶酪零售商的单一供应商提供有效的约束。

七、价格水平的差异并不意味着独立的相关市场

有时人们认为如果两种产品或两个地区各自的价格水平不同，它们不可能属于同一相关市场。这个争论似乎就是，如果两种产品的价格明显不同，则产品就不能作为合理的替代品。因此，价格差异通常用来区分"功能可替换，但实际中不可替换"的产品⑦。根据该说法的"逻辑性"，人们可能会认为，虽然一种二线品牌的香水和一种由领先服装时尚品牌经营的香水都实现相同的功能，但是它们价格的差异意味着两种产品不可能在同一市场。⑦

但是重申一次，这个推论并没有解决假定垄断者测试关注的核心问题。特别是，如果价格的差异反应了实际的或预知的质量差异，那么基于价格差异来界定相关市场将存在着缺陷。无论什么情况下，如果存在质量差异，那么对绝对价格水平的考量将忽略消费者在价格和质量之间做权衡的可能性。如果产品 A 普遍被认为比产品 B"好一倍"（或许因为产品 A

---

⑦　在第 544 段有对菲仕兰食品食品/坎皮纳公司的阐述，COMP/M. 5046，2008。

⑦　第 112 页，Jones and Gonza（1992）。

⑦　英国垄断和并购委员会品牌香水的参考资料都基于相同的基本原理。[品牌香水：关于英国品牌香水零售的报告（1993）Cm. 2380]。

比产品 B 耐用两倍），那么在产品 A 价格是产品 B 价格两倍的情况下（即产品 A 价格为 10 欧元，产品 B 价格为 5 欧元），两种产品可以在市场中共存。若产品 A 的制造商想把价格提高为 15 欧元，那么很明显地，客户会转而购买产品 B。如果产品 A 仅仅比产品 B "好一倍"，那么它不值得付出多 "两倍" 的价钱。另一个例子则考虑了两种香水的差价。虽然两瓶香水制作原料非常相似，但是在消费者看来，以更高价格出售的香水可能体现出了更高的品质。因此，售价较高的香水可能仍然受到售价较低的香水的约束。上述说法是否成立，是个实证问题。

绝对价格水平差异的使用源于界定市场和界定相关市场之间的混淆：混淆了把市场界定为一个只存在一种价格（"law of one price" holds）的区域——所谓的 "经济市场" 和界定一个考虑产品和地区之间的竞争约束的相关市场[78]。相关市场可以与经济市场一致，或者比它更广阔或更狭窄。以香水为例，在竞争法条例的范围内，需要回答的相关问题是廉价香水的价格相对增加是否会使得大批的消费者转而购买时尚品牌香水，从而导致价格上涨而无利可图的现象，即相关问题是廉价香水是否值得垄断。

当问题是大品牌产品是否会与非品牌等价物竞争时，相似的问题就会出现。在委员会对美国科学俱乐部联合会/美国宝洁公司（欧洲地区的业务）的调查中，也出现过该问题[79]。竞争评估的核心问题是自主品牌纸巾是否跟品牌纸巾处于同一相关市场。毫无意外，尽管表面上几乎区分不了这两种产品，但是在零售时，品牌纸巾比自主品牌纸巾要贵。其实，许多自主品牌产品都是由品牌产品厂商生产的。使用绝对价格的差异性去描述相关市场，就是将品牌产品和自主品牌的产品置于分别的相关市场。然而显而易见的是，部分差价是因为实际或感觉上的质量差异而产生的；消费者显然把这些质量差异归于一个价值。真正的问题是品牌产品的价格行为

---

[78]　请参见 Stigler and Sherwin（1985）。

[79]　美国科学俱乐部联合会/美国宝洁公司（欧洲纸巾业务）的 COMP/M.4533（2007），也见于金佰利公司/史古脱纸业公司的 IV/M623（1995）OJ L183。

受到自品牌产品价格动态的约束程度。如果品牌产品的价格受到自品牌产品价格的约束，那么品牌产品不一定能够展示一个值得垄断的市场。换言之，价格差异并不意味两种产品必须在独立的相关市场内。在美国科学俱乐部联合会/美国宝洁公司（欧洲纸巾业务）的调查中，委员会得出下列结论：

"市场调查广义上已经证实，在零售层面上，品牌产品和私有品牌都在货架上竞争，并且都是单一市场的一部分。"[80]

这就是雀巢/毕雷矿泉水公认的相关价格变动的竞争影响[81]。委员会依据许多因素来区分瓶装水和软饮料，其中最重要的一个因素就是价格。委员会发现，软饮料的价格通常是瓶装水的两倍，并且这也被当作是表明这两种产品处于不同的市场的明显迹象。然而，该结论得到了价格关联分析的价格趋势研究的证实。决议声明：

"在过去五年里，生产商的自来水和软饮料价格有了非常不一样的变动。尽管在同一时期软饮料的价格呈下降趋势，但国家矿泉水供应商还能在名义上和实际上大幅地涨价。这两个行业的厂商似乎都没有将消费者可能转向购买软饮料这一替代品纳入他们的价格政策范围内。该价格变动似乎表明即使软饮料的实际价格大幅而且持续下降，也不能促使自来水供应商降低他们的价格，而且也不能影响他们提升价格的能力。"

委员会似乎已经承认，出于界定相关产品市场的目的，重要的不是明显的绝对价格差异，而是一个产品价格的改变是否有可能对另一产品的价格产生竞争性影响。因此，以英国空游航空公司或首选航空公司为例，委员会认为短途一揽子度假相对于长途一揽子度假来说是独立的市场[82]。在其他证据中，如绝对价格差异，委员会指出：西班牙短途度假的价格变动与到佛罗里

---

⑧⓪　前面引用的书，第20段。

⑧①　IV/M190［1993］4 C. M. L. R. M17；［1992］OJ L356/1.

⑧②　IV/M1524（1999）.

达州长途度假的价格变动之间没有任何联系[83]。

与价格差异性相关的类似观点适用于相关地域市场的界定。如果两个地区都在同一相关市场，那么人们希望一个地区的价格变动去影响另一地区的价格变动或被其影响。然而，这并不等于说两个地区的价格必须在完全相同的水平上：需求替代性程度是通过边际消费者转换他们所购产品的意愿来衡量的。因此，相关市场的地域范围应该反映价格波动的相似性，而不是价格水平的相似性[84]。

委员会指出英国联合食品集团/英国 GBI 集团的鲜酵母的价格水平与法国、葡萄牙和西班牙的不同。然而，如上所述，价格水平的差异并不能为两个地区属于不同的相关地域市场的结论提供充分的依据。因此，在该案例中，委员会更加重视价格水平的动态变动。采用价格的相关性分析，[85]委员会发现这三个国家的平均价格没有很大的相关性[86]。

八、地区差异并不意味着独立的相关地域市场

有时候委员会采用地域差异性作为界定狭隘的相关地域市场的依据。例如，国家采购的政策、跨境进口税的存在、配销渠道的需要和市场营销的基础设施，还有语言都是用来解释为什么可以忽略考虑关注地区以外的竞争者的原因。但是在某些情况下，区域差异性将意味着考量的地区是值得垄断的；而在其他情况中，情况则相反。跟委员会考虑的大多数其他因素一样，即使地区差异涉及某些利益问题，但是它不是地域市场问题的决定性因素。

特别值得关注的是，委员会采用成员国间市场份额的差异作为界定相关地域市场的一个决定性因素。在英国联合食品集团/英国 GBI 集团业务中[87]，成员国与成员国间供应商各自的市场份额差异很大，这被认为是一

---

[83]　前面引用的书，第 22 段。

[84]　请参阅英国联合食品集团/英国 GBI 集团业务的 COMP/M. 4980（2008）的第 73 段。

[85]　该测试详情请参阅第 10 章。

[86]　然而在该分析中，人们可以质疑使用平均价格的适当性。

[87]　COMP/M. 4980ABF/GBI Business（2008）.

个暗示独立的相关地域市场的要素。然而，把市场份额的差异视为界定相关市场的一种方式，这几乎没有理论依据。在界定相关的基本问题中推断出"相似市场份额"的条件是不可能的：在特定的地区该集合的产品值得垄断吗？此外，"相似市场份额"的问题与需求或供应替代的概念没有任何联系。没有任何的依据表明，在一个相关地域市场内所有地区的份额应该跟整个市场一样。的确，如果完全相同，这将会是不同寻常的。关于区域内市场份额差异，可以认定的是理解差异性存在的原因往往是很有用的，因为他们可能阐明竞争本质的某些方面。然而，这无疑是远离了他们界定独立市场的说辞。

九、缺乏进口并不意味着独立的相关地域市场

虽然直观看来，两个地理区域的贸易缺失暗示着这两个地区缺乏竞争，但是通过对目前进口额偏低或不存在进口的观察得出的关于相关地域市场的推断，需要仔细斟酌。事实是，当前进口额很低并不意味着：如果跨地区的相对价格发生改变进口额会持续偏低。对于一个值得垄断的地区来说，必须能够将价格提高至高于适当的基准水平。应提出的问题是，虽然目前进口额很低，但如果一个假定的唯一供应商将价格提高了10%，那么将会发生什么情况呢？在某些情况下，10%的涨价可能引起进口水平的大幅增长。举例说明，考虑地区 A 和地区 B 这两个截然不同的地区，这两个地区提供的竞争价格为100欧元，且这两个地区的交通成本为3欧元，因此目前没有企业认为产品值得出口到其他地区。可是，如果 A 地区的价格提升到105或者110欧元，很显然 B 地区的企业就会想要出口到 A 地区。

同样，运输成本不可以作为市场界定的决定性条件，因为其他因素也可能使外部企业为所讨论的地区供货，即使表面上运输成本是一不利条件。但如果忽视这一可能性，就会出现高运输成本用于"证明"区域间的贸易不可进行这一风险。

十、市场界定并不是独一无二的

一个普遍的错误理解是市场界定独立于眼前的竞争问题。事实并非如此[⑧]。正确的市场界定取决于争论中的特定问题。和第102条款下的情况相比，这在并购中尤为明显。在并购调查中，市场界定的问题在于一个假设垄断者能否在现行价格水平上提价5%—10%。在第102条款下的调查中，市场界定可能是一个假定垄断者是否能够提价高于基准价格，而这基准价格不太可能是现行价格。这两个不同的问题很可能产生不同的相关市场界定。因此，在并购调查中相关市场的界定范围可能比非并购调查中相关市场界定范围还要广。这个问题出现在"利乐拉伐/西得乐"案件中，委员会对并购分析明显受到先前两个第102条款案例中市场界定的影响，在这两个案件中，相关市场被界定为是包装盒的供应[⑧]。然而这一市场界定，和在并购审查中大于包装盒市场的界定，并非不一致。即便来自聚酯瓶的竞争不足以有效约束包装盒的假设单一供应商的行为，但可能在边缘市场，聚酯瓶可提供竞争约束，防止包装盒价格进一步盈利性提高，因此消除竞争约束可能使得包装盒的价格上升。如果确实如此，可以界定包括包装盒与聚酯瓶的相关市场，并基于此分析合并可能带来的竞争性影响。

根据第102条案件的性质不同，很有可能会有不同的市场界定。如果一个据称是占市场支配地位的企业收取过高费用，那市场界定使用的基准价格就是有效的竞争价格，而不是现行价格（这种情况下，玻璃纸谬误就是一个真实的问题）。另一方面，如果一个据称是占市场支配地位的企业停止为竞争对手提供关键的原料，这将会提高所谓的支配地位企业的市场力量，并让其将价格提至高于现行价格水平，这可能是需要关注的。在这种情况下一个合理的问题就是假设垄断者是否能够将价格提至高于现行价格水平。

---

⑧　这被 CFI 所认可（参见可口可乐企业委员会，参与案例 T-125/97 和 T-127/97）。

⑧　利乐拉伐，COMP/M. 2416［2001］。

　　此外，在某些行业，竞争性约束的是不对称的。产品 A 的供应商可能会约束产品 B，反之则不然。例如，产品 A 和产品 B 可能都是某种产品生产的合适投入品，但只有产品 A 能用于其他更高"质量"产品的生产。这可能是因为产品 A 迎合健康和安全标准的需求。在这种情况下，产品 A 的生产者可以约束产品 B 的生产者，但反之不然。如果确实如此，那么相关市场的界定会取决于被调查的确切的竞争问题。例如，产品 A 供应商的合并可能会涉及到产品 A 范围限制的相关产品市场，反之，产品 B 供应商的合并可能涉及到包括产品 A 和产品 B 生产者的相关产品市场[90]。

　　在界定地域市场时，类似的推理同样适用。为了说明这点，假设 A 地区和 B 地区的价格分别是 100 欧元和 120 欧元，两个地区间的相关产品的运输费为 20 欧元。如果用价格差异来描述相关市场，那么我们可以得出 A 和 B 是两个独立市场的结论。但现实是难以捉摸的。A 地区可能是一个独立的市场，但 B 地区可能不是。其原因是 A 地区没有受到 B 地区的竞争性约束，但反过来就不是这样了。如果假设 A 地区的价格升高 5% 至 105 欧元，B 地区可能不会出口到 A 地区。这是因为 B 地区的生产者可以在 B 地区以 120 欧元卖出，但在 A 地区只能卖 105 欧元，并且还要承担 20 欧元的额外运输费用。然而，如果假设 B 地区的价格升高 5% 至 126 欧元，那 A 地区的生产者可能会出口到 B 地区，即使要承担 20 欧元的运输费用，在 B 地区仍比在 A 地区好卖。所以 A 是一个特定市场，但一个包含 B 的市场也应当包含供应给 A 地区的企业。

第四节　市场界定实践中更深入的问题

一、替代品的连续链

　　市场界定中常提到的一个观点是产品间存在替代品连续链，相互间不

---

　　[90]　在 SCA/P&G 中，委员会发现在采购阶段，品牌产品生产者与自有品牌生产者间的竞争交互作用是不对等的。品牌产品生产者约束自有品牌生产者，但反之不然。

直接竞争的产品应在同一个相关市场中进行考虑。这通常出现于运输费用相对较高的产品地域市场界定中。理由详情如下：A 工厂的产出与 B 工厂的产出竞争，因为他们彼此较为相近；B 工厂的产出与 C 工厂的产出竞争，因为他们彼此较为相近；因此 A 工厂和 C 工厂处于同一个相关地域市场，因为 A 工厂的产出价格约束 B 工厂的产出价格，进而约束着 C 工厂的产出价格。图 4.2 阐明了这个例子。AB 区和 BC 区的竞争足以保证 A 工厂受到 C 工厂的价格约束，但反之亦成立[91]。

　　皮尔金顿企业/SIV 案例中有个相关的例子。这个案例关系到 Societa' ItalianaVetro Spa，一家意大利国有玻璃制造商被一家皮尔金顿玻璃参与的合营企业所收购。委员会提示道，虽然玻璃体积大、沉重，但仍会跨国界运输大量的玻璃。委员会认为，当由相关运输费用决定半径的同心圆代表一个特定生产者供应的自然区域时，这些供应圈相互重叠，"所以相互间能相互影响"。所以，由于运输费用问题，西班牙的一个生产者与德国北部的生产者不产生直接竞争，但这两者间仍可能存在着竞争联系。因此，委员会将相关地域市场作为一整个共同体来界定。

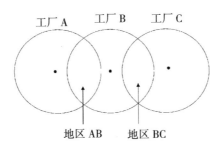

图 4.2　替代品的连续链

　　替代品的连续链问题同样与产品市场相关。只要存在一系列的不同类型的产品，如汽车，在他们之间就可能存在着一个替代品的连续链。小型掀背式轿车不会直接与豪华汽车竞争，但它可能直接与中型车竞争；而中

---

[91]　IV/M358 皮尔金顿（1994）OJ L158/24。

型车可能直接与房车竞争，房车又可能直接与豪华车竞争，因此，可能会将所有汽车放进入一个单一市场。

需要谨慎论述关于替代连续链的问题。仅是一种产品多种类型的连续统一体，或重叠区域竞争互动的一个连续链其本身并不意味着该产品的所有类型或所有重叠区域构成一个单一产品市场或单一区域市场。假设产品A至X有连续性，每个产品与两个相近的产品直接竞争。如此，B与A和C竞争，C与B和D竞争等等。假设更进一步，每个产品受到相邻产品的约束，以便价格保持在有效竞争水平。这是不是就意味着相关市场就是完整的连续统一体？答案是：不一定。产品D、E和F的合并会使得合并企业能够盈利性地提高产品D、E和F的价格。产品E的价格升高会使得购买产品E的客户转而购买产品D或F，但并不会损害合并企业——因为他拥有D和F。D的价格提高导致购买D的客户转而购买C，但同样地他们也会转而购买合并企业中的E。同样的逻辑也适用于F的价格上涨。结果可能是5%～10%的价格上涨仍有盈利的空间，并且针对当前合并，产品D、E、F是一个独立的相关市场。

延伸阅读：关于一系列替代品中狭窄市场的例子

假设有五家企业，分别是A、B、C、D和E。目前，每家企业以1欧元的价格卖出100套产品。每套产品的成本价是0.5欧元，并且没有固定成本，所以目前每家企业能赚50欧元。如果任何一家企业将它的相对价格提高10%，那么这家企业就会失去10%的销售量给其每一家相邻企业。所以如果C企业提价10%，它的销售量就会跌至80套。它的价格升至每套产品1.1欧元，那它的总收入就会降至88欧元，成本会跌至40欧元，这样它的利润就会降至48欧元。因此，提价并不是有利可图的。

　　现在，假设 B 企业、C 企业和 D 企业进行合并，合并后的企业提价 10%。B 企业会失去 10% 的销售量给 A 企业，但由于 B 企业和 C 企业的相对价格不变，所以 B 企业不会失去销售量给 C 企业。C 企业的销售量不会下降是因为它的价格相对于 B 企业和 D 企业来说没有变化[②]。D 企业会失去 10% 的销售量给 E 企业，但由于 D 企业和 C 企业的相对价格不变，所以 D 企业不会失去销售量给 C 企业。最终结果是合并后的企业以 1 欧元的价格卖出 280 套产品，而不是以 1 欧元卖出 300 套。它的总收入升至 308 欧元，成本则降至 140 欧元，所以它的利润从 150 欧元升至 168 欧元。因此，企业 BCD 是一个相关市场，尽管 A、B、C、D、E 企业间存在着替代品的连续链。

　　替代品连续链论据也可能会不成立，因为在这个链条中出现了"断裂"。图 4.3 与图 4.2 相似，但现在是包括了六个工厂，而不是三个。在这种情况下，C 工厂和 D 工厂之间就不会出现重叠，因此他们之间不存在着竞争。结果是这个链条中出现了断裂，所以 A 工厂至 F 工厂间并没有竞争性约束原理联系起来。因此相关地域市场不会比 A、B、C 或 D、E、F 更广。

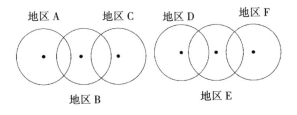

图 4.3　替代品链条的断裂

　　委员会清楚替代连续链的论证，重要的是，他们意识到这些替代论证

---

②　请注意：为了方便说明，我们假设行业的整体价格弹性为零。

的潜在缺陷[93]。《相关市场通告》的第 57 段表明：

"在某些情况下，替代连续链的存在可能会导致这样界定相关市场，在该相关市场里，两端的产品或地域不可直接替代。"

接着，《相关市场通告》的第 58 段指出：

"从实践的角度来看，为了使个别案例中的相关市场得以扩展，替代连续链的概念必须由实际证据证实，例如与之相关的替代连续链两端的价格相互依存。"

二、创新市场

"创新市场"这一概念已在美国使用。创新市场背后的理念是：有时当前的竞争问题涉及的是研究与开发的中间"市场"，而不是商品和服务的市场。比如说，问题可能在于——由于双方目前是唯一研究特定领域的两家公司，所以合并很可能会降低合并后的研发强度。或许，问题可能在于授权协议，授权协议使得参与研发的积极性下降——可能是因为有生产过程专利许可的公司获得了专利，从而使得其他公司参与研发的积极性下降，使得他们尝试寻找一个可替代的、可能更好的生产过程。在此类的情况中，界定一个创新市场也许会有意义。

美国司法部和联邦贸易委员会表明[94]：

"一个创新市场包括对特别的新产品或改进的产品或生产过程的研究和开发，以及用于研究与开发的紧密替代品。紧密替代包括研究和开发投入、技术、和研发相关的产品，并极大地限制了相关的研究和开发方面市场力量的行使。例如，通过限制假定垄断者减慢研究和开发速度的能力和动机等。"

---

　　[93]　英国公平贸易局也是如此，其在《市场界定》（OFT403，1999）指南的第 3.9 段到 3.12 段中考虑到了替代品连续链参数。

　　[94]　美国司法部和联邦贸易委员会，《知识产权许可的反托拉斯指南》（1995）。

　　一个创新市场应该包括那些限制公司在研发中行使市场力量的能力的因素。这种市场力量最明显的表现是：在缺乏竞争研发的情况下，有能力放缓创新速度。

　　关于创新市场的概念是否有用这一问题上，学者们存在着相当大的分歧。然而，在涉及生产新一代产品的竞争案例中，若不清楚新一代产品是什么或新产品的样子，那么不使用创新市场概念的话，很难分析竞争问题。因此，在分析"汽巴－嘉基"（Ciba－Geigy）和"山德士"（Sandoz）1996年合并组成诺华公司时，联邦贸易委员会使用到了创新市场的概念。在基因治疗研究领域出现的竞争问题，涉及通过改变基因来治疗疾病或处理医疗状况，然后把改变后的基因嵌入病人的细胞。直到研发产生了商业产品，人们才会知道相关的产品市场可能会受到合并的影响。然而，联邦贸易委员会认为汽巴和山德士控制了基因治疗产品商业化的关键投入，合并后没有其他企业会有足够的动力去与试图将基因治疗研究成果商业化的当事企业进行竞争。因而，联邦贸易委员会对当事方实施了许可救济措施，以维护合并后的基因治疗研究竞争。

　　然而，重要的是要注意，研发是一种投入而不是产出，而且研发支出水平与创新速度之间的实证关系是微弱的。这就意味着，降低进行研发的支出水平并不等同于垄断者限制输出市场的产量。虽然垄断者限制输出导致了消费者在标准的微观经济模型里受到损害，但是限制研发的福利效应是不明确的。如果削减研发开支与跨企业知识共享（如合并）结合，那么可能会导致创新速度缓慢和损害消费者，或者可能会避免研发工作的重复浪费，或甚至可能会加快创新的步伐。

　　我们对创新市场的看法如下：第一，如果有可能界定标准产品市场比更具投机性的创新市场要好；第二，有些竞争问题最好使用创新市场的概念来分析；第三，在最好使用创新市场来分析问题的情况下，对市场份额的分析要更为谨慎。即使创新市场很集中，它们也不可能相互沟通，因为它们要先于竞争对手进行创新的动机很强烈（例如，你"赢"了，你就首先拥有创新的专利）；此外，知识产权和专利制度的本质是：研发支出中通常只有一个"赢家"——首先创新（即获得专利）的公司是赢家。这意味着，即使只有很少的参与者，创新市场的竞争也可以很激烈。

三、售后市场⑤

消费者购买一些耐用品，进而需要购买一些互补产品，而至少其中一些互补产品是在购买了耐用品之后买的。在这种情况下，售后市场就会出现。在这里，耐用消费品被称为"主要产品"，而互补产品则被称为"副产品"或者"售后市场"。表4.2给出了一些例子：

表4.2　拥有售后市场的行业

行业	主要产品	次级产品
视频游戏	游戏机	电视游戏
汽车	汽车	备件
电脑	硬件	软件和外部设备
		维修服务
移动电话	移动电话/网络	移动电话通话服务

这些类型行业独特的竞争特点在于主要的耐用产品和次级产品之间或相关联的互补产品或服务的售后市场的竞争互动。不同主要产品之间的技术差异常常意味着与主要产品相配的互补产品的选择是有限的。例如，拥有福特汽车的人需要购买一些与这类型汽车相配的备件。至于电视游戏，一旦消费者购买了一个特定的游戏平台，他只能用这个平台来玩一些与之相配的游戏。也就是说，消费者在较大或较小程度上被某些售后市场的供应商锁定了。

当处理二级市场的时候，界定相关市场的出发点应该是标准的假定垄断者测试以及对需求和供应方面的可替代性的关注。这可能会导致一个广义或狭义的市场界定。电视游戏的游戏机往往是专有的特定游戏机，因此，它通常没有需求方面的可替代性（也就是说，任天堂的 Wii 电视游戏在微软游戏机上玩不了）。知识产权属于游戏机制造商，就意味着其他供应商不能提供此类游戏机，除非游戏机制造商卖给他们许可证。因此，供应方通常也很少或没有价格限制。另一方面，一个特定品牌个人电脑使用的打印机并不是专有的，因而其有相当大的需求方面的可替代性，这就出现了一个包括了很多品牌的打印机的相关市场。

当主要产品的本质是该产品的生产商有 100% 的关联二级市场时，可能会出现分析混乱。委员会已经调查研究了很多有售后市场特征的行业，如 Hugin/Liptons⑯ 和 AB Volvo Veng。比如说，在对 Hugin/Liptons 的调查中，委员会发现 Hugin 收银机的备件与其他收银机的备件不可互换。因此，如果没有 Hugin 的部件，则不能维护、维修或重新组装 Hugin 收银机。这就使得 Hugin 拥有 Hugin 收银机零部件市场的 100% 市场份额⑰。

由此产生的重要的问题是：我们如何去看待一个拥有 100% 二级市场的企业？问题的答案取决于该企业在一级市场的地位以及一级市场的竞争本质。如果企业在一级市场进行激烈的竞争以赢得消费者，那么二级市场的 100% 市场份额不太可能带来市场力量。在对 Hugin/Liptons 的调查研究中，委员会发现，虽然在欧洲收银机市场中只有 12% 的市场份额，Hugin 在其收银机备件市场中占主导地位。凭直觉来看，这结果似乎不可能是正确的，因为我们希望主要市场（即欧洲收银机）的竞争不带有任何的超额利润，这些超额利润可能在理论上附属于 100% 的零部件市场份额。另一方面，只有 Hugin 拥有欧洲收银机市场的 60% 市场份额，欧盟的决策才会显得更加合理。在对京瓷公司/百利金的调查研究中，委员会对京瓷公司由于在打印机的主要市场面临激烈的竞争，而拒绝了滥用其打印机二级产

---

⑯　Liptons 收银机 IV/29.132 和 v HuginKassaregister AB 商业设备有限公司 ［1978］1 C. M. L. R. D19；［1997］OJ L22/23。

⑰　238/87 ［1988］E. C. R. 6211；［1989］4 C. M. L. R. 122。

品市场的支配地位的投诉[98]。[99] 那么，这对正确的市场界定来说意味着什么？正如我们之前所指出的，因为市场界定的目的是帮助竞争评估，所以，这个问题的答案应该基于最可能帮助竞争评估的界定[100]。

对于售后市场，通常能提出三种可能的市场界定类型：

1. 系统市场：主要产品和次级产品的统一市场（例如，所有剃须刀及其更换头的市场）

2. 多元化市场：一个主要产品市场和多个与主要产品相关的次级产品的独立市场（例如，一个剃须刀市场，和多个不同类型更换头刀的独立市场）；以及

3. 双重市场：一个主要产品市场和一个独立的次级产品市场（例如，一个剃须刀市场，和一个独立的更换头刀市场。）

依据案例的真实情况进行适当的界定。在客户进行整体系统成本核算的情况下或在声誉效应意味着为二级产品设定一个超高级竞争价格将会大大损害供应商在未来销售其主要产品利益的情况下，系统市场的界定可能会是适当的。然而，如果这两种情况都不适用，那么多元化市场或双重市场的界定可能是恰当的。在购买了一个主要产品后，消费者被限定只能使用限定数量的、与主要产品相配的次级产品，在这种情况下，多元化市场的界定可能是恰当的。而在次级产品与所有的主要产品都相配（而且消费者也这样认为）的情况下，双重市场的界定是恰当的。

第五节　解读产品高度差异化的市场份额

虽然市场界定是评估并购的有效分析工具，但是，在产品差异化情况

---

[98]　参见欧盟经济委员会《竞争政策报告》第二十五条。

[99]　公平贸易局遵从了京瓷公司/百利金投诉的评估决定——大型机供应商并没有提供通过特定诊断软件来维护消费者的非 ICL 硬件维修，这使得 ICL 可以阻止第三方维护人员争夺 ICL 大型机的硬件维护合同。公平交易贸易局 CA98/6/2001，ICL/Synstar（2001）。

[100]　更相似的讨论请参见《公平贸易局市场界定》，公平贸易局 403（2004）。

下界定相关市场，并在做市场份额的后续解读中，必须谨慎。在差异化产品的市场中，简单的市场份额分析方法可能会使人产生误解。市场份额分析认为，活跃在相关市场的各个企业所构成的竞争约束与他们的市场份额成比例，即，市场份额越大，竞争约束就越大。这种分析意味着，相对于小企业，大企业之间的并购更加可能产生竞争问题。然而，在产品差异化的情况下，这种市场份额分析可能无法为存在于不同企业之间的竞争约束提供有用的指标；而且在某些情况下，该分析可能会大大低估或高估企业之间的竞争约束[100]。

下面的例子阐述了市场份额分析如何可以产生误导。试想一下，假如某个行业中有7个独立的供应商，供应商们拥有各种品牌汤，假定各个品牌的汤都分为不同的类别。品牌A和品牌B都被认为是有高质量的材料和高档形象的"奢华"品牌；品牌C、D和E被认为是"标准"品牌；而品牌F、G是未登广告的"经济"品牌。每个品牌的销量如表4.3所示。

表4.3 市场界定和差异产品

	销量	总市场份额
奢华品牌 A	50	5%
奢华品牌 B	100	10%
标准品牌 C	100	10%
标准品牌 D	100	10%
标准品牌 E	200	20%
经济品牌 F	300	30%
经济品牌 G	150	15%
总计	1000	100%

为了突出纯粹市场份额分析的影响，下面讨论两种合并。第一种合并是品牌A与品牌B之间的合并，双方都是奢华品牌。第二种合并是品牌B与品牌F之间的合并，其中一个是经济品牌。假定各种类型的汤是一个相

---

[100] 有关这一点的更多论述，请参见第7章。

关市场，那么，第一种合并似乎不会产生任何主要的竞争问题，因为合并后，合并双方的市场份额将只有15%。相反，第二种合并似乎更有可能引起重大竞争问题，因为其合并后的市场份额为40%。

　　然而，第一种合并是指两家在同一细分市场（奢华市场）中运营的企业间的合并，所以这两家企业可被称为紧密竞争对手。这两家企业的合并可能会互相解除各自的最强竞争约束。第二种合并是两家在不同细分市场（奢华市场和经济市场）中运营的企业间的合并，因此，这两家企业可被称为非紧密竞争对手。人们很自然地认为品牌F最强的竞争约束来自于其他经济品牌（如品牌G），而其来自于品牌B的竞争约束是相对较弱的。因此，尽管在品牌B与品牌F的合并中，合并后的市场份额变高了，但是，在品牌A与品牌B的合并中，合并后竞争约束更小了。

　　我们这里并不是说品牌A与品牌B合并必然产生竞争问题，也不是说品牌B与品牌F合并肯定不会产生竞争问题。我们只是在阐明一个确切的事实——在差异产品市场中，所有的产品都可能成为彼此的紧密竞争对手。在解读市场份额时，我们需要牢记这一事实。

　　　　与大多数其他司法管辖区一样，相关市场是欧盟竞争法应用的一个关键概念。然而，这就产生了一些问题——"相关市场在竞争评估中起什么作用，以及应该如何定义相关市场"。虽然欧洲法院的决定中强调了界定相关市场的原因，但是却很少有关于界定市场的指导方法。这种分析的差距可以通过检验市场界定在竞争法调查中所起的作用及检查这些调查的目标来消除。

　　　　相关市场的界定在竞争评估中只扮演一个中间步骤的角色。它提供了一个用于帮助竞争评估的工具——通过识别那些替代产品或服务来帮助竞争评估，这些产品和服务有效约束了所调查企业提供的产品和服务。这将复杂的评估竞争任务分解为两个步骤：第一，界定相关市场；第二，评估市场内企业间竞争的本质。

　　如果是在与竞争法目标一致的基础上界定相关市场，那么，相关市场的界定只能是一个帮助竞争评估的有用的中间工具。由于相关市场的界定是根据欧洲竞争法的经济目标用来评估竞争的，即维护有效竞争，所以，界定一个相关市场的基础应直接在于相互强加在对方身上的产品或服务的竞争约束。同时，这种方法大致可以总结如下："相关市场是值得垄断的"。

　　《相关市场通告》提供了一个基于经济原则的框架（即，"假定垄断者测试"），这使得在欧洲竞争法的应用中有更大的一致性和透明性。然而，经验表明人们对假定垄断者测试的基本原则缺少关注，也就是，在实践中界定相关市场时，很少关注由需求方和供给方的替代可能性产生的竞争约束。我们也指出了在假定垄断者测试应用中常常遇到的一些常见谬误。

第二部分　应用

"对于法律的理性研究，懂得法条的人可能掌握着现在，但掌握未来的人则是统计学与经济学大师。"

Justice O. W. Holmes（1897）

第五章　有关第 101 条的经济学应用

第一节　简介

欧盟条约第 101 条禁止企业间达成的大量协议。第 101 条规定：

（1）凡可能影响成员国之间的贸易，并以阻碍、限制或扭曲共同市场内的竞争为目的或有此效果的企业间协议、企业协会的决议和一致行动，均被视为与共同市场不相容而被禁止，尤其是下列行为：

（a）直接或间接固定购买、销售价格，或其他交易条件；

（b）限制或控制生产、销售、技术开发和投资；

（c）划分市场或供应来源；

（d）对同等交易的其他贸易伙伴适用不同的条件，从而使其处于不利的竞争地位；

（e）使合同的缔结取决于其他贸易伙伴对额外义务的接受，而无论是依其性质或按商业惯例，这些额外义务均与合同的主题无关。

（2）本条所禁止的任何协议或决议自动无效。

（3）下列协议、决定或一致行动，如果有利于改善产品的生产或销售，或有利于促进技术和经济进步，同时使消费者能公平共享由此产生的利益，并且（a）不对企业施加对这些目标之实现并非必不可少的限制；（b）不致使企业有可能在相关产品的重要部分消除竞争，则第（1）项的规定不适用：

- 企业间的任何一项协议，或任何种类的协议；
- 企业联合组织的任何一项决定或任何种类的决定；
- 任何一项一致行动，或任何种类的一致行动。

因此，任何触犯 101 条第 1 款的协议，除非满足第 101 条 3 款之下单独或集体豁免的条件，否则，按照 101 条第 2 款，该协议自动失效。

对于任何引起"阻碍、限制或扭曲竞争"的协议，都可用第 101 条对其进行处理。问题就在于什么情况下可以判定竞争被阻碍、限制或扭曲。委员会已在宽泛的意义上解释过第 101 条第 1 款，这样，几乎所有的协议，不管所涉当事方的市场地位或协议的经济影响如何，都在适用范围之内。这种广义解释的结果对竞争分析没多大作用，并且其从字面理解是毫无意义的（详见以下内容）。此外，它还会导致行政不畅。按照欧盟第 17/62 规则规定的程序，委员会每年只能通过 20 项左右的正式决议。虽然积压待办的工作已经在一定程度上通过"告慰信"得以缓解，但是委员会以非正式告慰信终结案件的能力局限于每年 150 宗左右。因此，委员会出台了大量的政策方案去解决这个问题。其中最重要的两个方案分别是集体豁免条例以及免除 101 条第 3 款委员会的专属豁免权。后者通常被视为欧盟委员会竞争法现代化的体现。①

一、集体豁免条例

面对繁重的积压待办工作及不尽人意的告慰信，委员会采用了"集体豁免"的办法。

根据理事会 19/65 号条例，对满足第 101 条第 3 款条件的特定类别协议，委员会可以使用集体豁免条例进行处理。理事会 19/65 号条例规定，委员会采用的集体豁免条例列明可集体豁免协议必须满足的条件、协议的

---

① 参见欧盟委员会委员会的欧盟委员会条约第 85 和 86 条款规则执行现代化的白皮书，OJ C132（1999）以及在条约第 101 和 102 条中，2001 年 12 月 16 日第 1/2003 号有关竞争规则执行理事会条例。

类型、可豁免的限定条款以及必须排除的条款。[2] 集体豁免条例的使用有助于减少积压待办的案件，但通常这些条例拘泥于形式，其不灵活的特点备受批评，这样的特点把企业签订的协议限定在一定的类别里，也就是签订的协议都是为了能获得集体豁免资格的协议。在过去，考虑协议条款是否有资格获得集体豁免从而获得第 101 条第 3 款的自动豁免都过分强调个别协议条款，却没有考虑协议条款的经济影响。获得豁免并不取决于协议的影响，而是取决于其在结构上是否落入集体豁免的相关范围内。

这种拘泥于形式的方法与经济现实不符。标准经济理论规定，除非企业具有和行使市场力量，否则他们无法对竞争造成不利影响。换句话说，没有市场力量，企业之间的协议不会阻碍竞争。这就解释了为什么一个给定的合同条款在一份协议当中有良性效果，而同样的条款在另一份协议当中却是阻碍竞争的。一份协议是否会对竞争产生不利影响，并不取决于其形式，而是取决于其对市场的影响以及企业在市场中的地位。[3]

为了解释这一点，我们作这样一个假设：如果一个鞋类制造商只对那些同意不从其他制造商处进货的零售商供货，那么这样的一个独家经销协议阻碍竞争吗？答案要视具体情况而定。例如，如果这个鞋类制造商拥有相对少的鞋类零售市场份额——假设是 10%——那么这个独家经销协议不可能会对竞争造成不利影响，因为与之竞争的鞋类制造商可以轻易找到其他不受此独家经销协议所限制的零售店。[4] 另一方面，如果鞋类制造商能够与 90% 的鞋类零售店签订合同，其对竞争的影响就会不一样。

了解到这种拘泥于形式的集体豁免的方法之不足后，在过去的十年里委员会采取了一个基于经济学——即注重市场力量及市场效果的做法。

1999 年委员会实施了一项内容涵盖纵向协议的集体豁免以及采用 101 条对协议进行评定而设定评估原则的指南。[5] 在集体豁免的情况下，任何

---

[2]　有关当前正生效的集体豁免条例的详细内容，参见 Whish（2009）的第四章。

[3]　这一点已被委员会关于纵向限制的绿皮书（1997）接纳。

[4]　在此我们假设已经确切界定相关市场。

[5]　委员会条例第 2790/1999 号文件（1999OJL336，第 21—25 页）以及欧盟委员会：《委员会通告：纵向限制的指南》，2000 年版 OJC291/01。

由市场份额低于30%的企业所缔结的纵向协议可获得81条的自动豁免权，不会被禁止。类似的以市场份额临界点为标准的评定方法也列入横向协议的指南中。⑥ 采用市场份额门槛的评定方法旨在减少了对那些没有能力阻碍市场竞争的企业缔结的书面协议的监管负担。

二、基于经济学的做法

尽管这些政策的改变是好的，但仍保留着在经济学家看来非常奇怪的法律架构。当委员会凭借第101条第1款判定某项协议阻碍竞争时，其解释通常是拘泥于形式的，但当要判定该协议与101条第3款是否兼容时，委员会却从经济学的角度去评估和考虑协议对竞争的影响。这样的做法在一定程度上是前后矛盾的。协议可以促进竞争或者阻碍竞争，从目前101条的应用来看，委员会所判定的协议既有可能促进竞争也可能阻碍竞争。⑦ 假如在某一阶段对某项特定协议的经济效应进行完整的评估，那么就会存在这样的争议，第101条第1款的论证都是理论上的说法。然而，第101条第1款与第101条第3款在经济层面上说并不一致。尽管集体豁免协议保证那些市场份额低于特定临界值的企业可以获得第101条第3款的自动豁免，但其实这些有问题的企业之所以能自动豁免仅仅是因为其不具有很大的市场力量而没有能力去缔结纵向协议。因此这些协议可能不会落在101条第1款的范围内。一些法院在裁决时也会采用这样的方法。例如，在 European Night Services 一案中，法院指出：

"在检验委员会对于协议阻碍竞争的分析是否正确之前，要记住应用101条第1款对协议进行评估，除非该协议含有明显的阻碍竞争的规定，比如固定价格、划分市场或限制零售点，否则必须要考虑协议的实际应用条件，特别是企业运营的经济环境，协议涵盖的产品和服务以及相关市场的实际架构。如果协议含有明显的阻碍竞争的限制，那么这种限制必须与

---

⑥ 委员会通告：欧盟委员会条约对于横向合作协议的适用性指南［2001］C3/02。

⑦ 关于此案件的法律观点参见 Korah（2000）。

他们所谓的促进竞争的影响进行权衡（只有在条约第 101 条第 3 款的语境下），其看法是：可以按照第 101 条第 3 款对其进行豁免。"⑧

事实上，欧洲初审法院曾指出，抛开卡特尔协议不说，在评估一份协议是否在第 101 条第 1 款范围之内时，要采用合理原则。⑨ 在 European Night Services 一案中，欧洲初审法院表示，如果不对协议产生的阻碍竞争的效应进行评估，委员会就做出裁决，就意味着论证不充分，该判决无效。⑩

三、第 101 条第 3 款

第 101 条第 3 款包括协议落在第 101 条第 1 款范围之内的 4 个条件。这四个条件都是必要条件，因此，若协议不符合其中任何一个条件，都不被接纳。四个条件如下：

1. 协议必须能产生效率收益（"改进生产、改善产品配送服务或者推进技术和经济进展"）；

2. 客户必须能公平共享这些效益；

3. 协议当中的反竞争限制对于获取效率是不可或缺的；

4. 协议决不能"消除所涉产品重要部分的竞争"。

对这些条件有一些评论需要注意。首先，效率可以体现为节约成本或可获取的相关产品的质量（比如质量更好的现存产品或新产品）。如果效率体现为节约成本，那么肯定不只是市场力量作用的结果。一份引起价格上涨的协议将会导致需求下降，并且总生产成本会因此下降。然而，这一

---

⑧ 委员会著：European Night Services（联合案例 T-374/94，T-375/94，T384/94 及 388/94），E. C. R. II-3141，1998 年版，第 136 页。

⑨ 此处简单引出"论证准则"说明不能单纯对协议的形式进行评估，还要对其效应进行评估。参见威士尔 2009 年著：关于把美国反垄断法的术语引进欧盟竞争法的危害。

⑩ 在评估荷兰喜力啤酒公司与其在荷兰的零售商缔结的独家经销协议时，荷兰全国管理协会也采取了同样的做法（请查看荷兰媒体在 2002 年 5 月 29 日发布的新闻"全国管理协会批准喜力啤酒公司的新合同"）。

类的成本节约不能算作效率。[11] 委员会要求任何宣称的效率必须与协议有清晰的联系，必须是可证实的、可计量的。[12] 这些要求与委员会用于对横向并购的效益评估中的要求是一致的。

第二，委员会已经明确将客户"公平共享"作为目标，即消费者的情况不会比没有协议的情况下变得更糟糕。因此委员会要求保持或提高消费者福利。这意味着如果消费者受害而供应商受益，并且供应商受益的程度足以弥补消费者损害，但这也不为接受。也就是说，委员会清楚地知道这是适用的消费者福利标准，而不是社会福利。

第三，客户要么受益于更优惠的价格，要么受益于新的产品或改善的产品。当企业的效率是通过节约成本得来，那么企业必须以较低的价格传递给消费者。我们将会在第 17 章讨论在什么情况下传递到消费者身上的效益多，什么情况下传递的效益少，在此我们仅分析两个普遍的错误概念。第一，竞争弱的话，节约的成本并不会传递到消费者身上，这是不正确的。就算是一个垄断企业也会把相当部分的节约成本传递到消费者身上，并且传递的比率会视需求曲线的模型而定，比率甚至可能高达 100%。第二，当竞争激烈时，节约的成本必然会传递给消费者，这也是不正确的。当竞争激烈并且所有的企业都能节约成本时，成本节约效益才会被传递。但是，当竞争激烈，而只有一家企业能够节约成本时（例如，只有一家企业创新生产流程），那么成本节约就不可能完全被传递。[13]

第四，对是否削弱了市场主要部分的竞争进行分析需要运用到第三章所讨论的市场力量分析。如果协议不会产生市场力量，那么该协议就不会在很大程度上削弱竞争。当然，如果协议已经实施了一段时间，那么就可以直接观察其是否产生市场力量。例如，协议生效后价格是否上涨？如果是的话，这种价格的上涨与产品质量的改善有关或者就是产生了市场力量

---

[11]　横向并购的成本效益道理也是一样。详情参见第七章。

[12]　条约第 101 条第 3 款的应用指导（2004/C 101/08），第 51 页。

[13]　Roller, Stennek 以及 Verboven（2006）指出，现有的实证文献表明节约成本效益传递的比率为 30%—70%。

而导致的结果呢？

本章余下的内容安排如下：第二节分析卡特尔以及共谋行为经济学，这一部分内容是第七章中讨论的并购协调效应的补充内容。第三节讨论纵向协议的经济学以及委员会对纵向协议采取的政策以及纵向协议的评估。第四节讨论横向协议。第五节讨论市场界定在第 101 条案例中的作用。

第二节　卡特尔与共谋

在大部分市场，企业都清楚某一商业策略的获利状况取决于竞争企业采用的策略。这就加大了企业间签订协议共同合作以削弱企业间的有效竞争的可能性。通过缔结这样的协议，企业可以把价格定到高于竞争水平，并且从中获益。这样的行为无疑会使消费者蒙受损失。欧盟条约禁止这种共谋行为。第 101 条第 1 款也提到了这样的协议以及一致行为。正如上述提到的，在 European Night Services 一案中，欧洲初审法院指出，企业间缔结的涉及价格垄断或划分市场的协议明显阻碍市场竞争，并且属于第 101 条第 1 款的范围。考虑到此类行为的理论依据，这样的协议极不可能从第 101 条第 3 款的豁免中获益。[14]

根据第 101 条，企业间以合作的形式所产生的一致行为是当企业还没达成并签订书面协议时，以实际上的共同合作形式应对竞争风险的替代做法。欧盟条约中特别对一致行为做出定义的目的，是为了防止企业做出协议范围以外的共谋行为（但实际上这样的行为对竞争也是有不利影响的）以规避 101 条第 1 款。[15] 比如，企业可能通过相互告知自己将要收取的价

---

[14]　早在 1980 年委员会就指出卡特尔是一种 "明显违反 101 条第 1 款的行为，根据 101 条第 3 款其实不可能被豁免的，因为这样的行为损害消费者利益。"（委员会政策第十份报告，第 115 段）。委员会条约第 101 条第 3 款指南 2004 年版指出，原则上第 101 条第 3 款适用于所有第 101 条第 1 款之下的协议，"严重阻碍竞争的行为不可能满足第 101 条第 3 款的条件"，并且联合企业的垄断价格行为就是一个例子（参见指南第 48 段）。

[15]　实际上，委员会对于卡特尔案件的裁决很少关注其对竞争的影响，而是更多关注是否存在卡特尔。然而，对前者的考虑更多与罚款评估以及第三方蒙受的损失计算相关。

格以达成共识，进行共谋。

这就意味着，总的来说卡特尔的例子里面共谋行为很少有确切的形式。最近被委员会指出有明显卡特尔的公司里面，涉及的行业有汽车玻璃、燃气、自动升降梯和自动扶梯，燃气绝缘开关设备，石蜡和平板玻璃⑯。更早的案例还涉及石墨电极⑰，斯堪的纳维亚航空公司/马士基航运公司⑱，葡萄糖酸盐⑲，维生素⑳以及磷酸锌㉑。

在考虑那些可能维持共谋或者维持共谋的市场特征之前，必须要区分明示共谋以及默示共谋。㉒尽管企业能够明确地进行正式共谋，但一旦认识到他们之间的相互信赖性就有可能进行暗地的共谋。企业都清楚，如果每个企业都不是很积极去进行竞争，那么他们就可以提高价格并获取更多利润。比如，当企业意识到如果削减价格，竞争对手企业也会跟风，那么最合适的做法是使价格维持在当前水平。同样地，企业有可能相信如果提

---

⑯ 在汽车玻璃一案中（COMP/39，2008 年版，125 页），4 家企业因为划分市场和共享机密信息被罚款超过 14 亿欧元。圣逢戈班（St Goban）和皮尔金顿（Pilkington）分别被罚款 896，000 欧元和 370，000 欧元。在汽油业的案子里面，德国意昂集团和法国燃气苏伊士集团因在德国和法国划分市场而各被罚款 553，000 欧元。在自动升降梯和自动扶梯行业的例子里（COMP/38，2007 年版，第 823 页），4 家企业被罚款 990，000 多欧元，因为他们在比利时、德国、卢森堡以及荷兰就自动升降梯和自动扶梯的安装和维修进行卡特尔行为。仅蒂森克虏伯集团就被罚将近 480，000 欧元。在燃气绝缘开关设备行业的案子里，11 家企业集团由于在欧洲经济特区串通投标、垄断价格、划分市场和共享信息而被罚款 750，000 欧元，而西门子被罚款项超过这个数目的一半（几乎达到 400，000 欧元）。在石蜡行业 COMP/39，2008 年版，第 181 页），9 家企业组织由于垄断价格以及划分市场和客户而被罚款 676，000 欧元。在平板玻璃行业（COMP/39，2007 年版，第 165 页），4 家企业因为在欧洲经济特区共谋提高平板玻璃定价以及缔结其他商业条款而被罚款将近 500，000 欧元。

⑰ 在 20 世纪 90 年代，8 家公司因划分了当时全球范围内几乎所有石墨电极市场以及垄断了该行业的价格被罚款 218，800，000 欧元。

⑱ 斯堪的纳维亚航空公司和马士基航空公司的案子（COMP/D2/37.444 和 COMP/D2/37.386；OJ L265），因为两家公司划分了往返丹麦的所有航线而被罚款 52，500，000 欧元。

⑲ 从 1987 年至 1995 年，6 家企业联合划分了全球葡萄糖酸钠的市场并垄断了其价格，因此委员会对这 6 家企业罚了共 57，530，000 欧元（COMP/36.756）。

⑳ 8 家企业因为给不同的维他命定同样的价格而被罚款共 855.23 欧元（COMP/37.512）。美国联立调查也对此进行了刑事惩罚。

㉑ 在 1994 到 1998 年间参与到覆盖整个欧洲经济特区的企业联合行为的 6 家企业被委员会罚款 11，950，000 欧元。

㉒ 默示共谋行为也称非公开共谋行为或者有意识的类似行为。

高价格，其竞争对手也会提高价格，从而使得价格提高有利可图。

从理论上说，企业可以通过默示共谋从而产生与垄断一样的效果。学术评论员为测试默示共谋行为做了研究。[23] 研究表明，与一次性的不合作结果相比，长期的共谋行为可使企业增加与非合作相关的利润，但是整体行业利润并没有垄断或企业完全卡特尔所得利润那么多。有人因此提出协调以及合作的困难实际上比大多数理论方法假设的难度更大。[24]

那些可能促成默示共谋行为的因素与可能促成可持续卡特尔行为的因素几乎一样，因此，那些已经或者试图做出卡特尔的行业，通常会被视为有默示共谋的倾向。[25] 然而，应该注意的是，一般来说，企业更偏向默示共谋而不是明显公开共谋，因为公开共谋行为会让企业受到更严重的法律惩治，比如巨额罚款，而在美国和一些欧盟成员国如英国和爱尔兰，这样的行为还要接受刑事处罚。[26] 这就意味着企业只有在默示共谋不成功时才会进行公开共谋。在企业相对容易成功地进行默示共谋的情况下（达成垄断均衡），我们不应该期盼看到企业明示共谋行为。

企业可能进行的默示共谋行为给政策的制定带来困难。[27] 如何区分阻碍竞争的默示共谋行为与正常的有效竞争行为？必须认清的一个事实是，企业承认其与别的公司相互依赖并不足以推断所观察到的结果不是有效竞争的结果。囚徒困境原理也指出了这点。[28] 每一家企业都知道利润的多少关键在于竞争对手的行为，但尽管如此，企业还是有动机选择定"低价"。

考虑到辨别默示共谋与有效竞争的困难，在没有足够证据表明市场的结果与有效竞争的市场效果显著不同的情况下，不应把政策作为一般规则，因怀疑企业默示共谋而去试图干预市场。还要注意的是，当委员会发现默示共

---

[23] 包括格林（Green）1984 年的研究，斯拉德（Slade）1987 年的研究以及伴朗斯坦（Borenstein）与谢巴德（Shepard）1996 年的研究。

[24] Jacquewin 和 Slade（1989）详见参考文献。

[25] 详见美国司法部与联邦贸易委员会并购指南 1992 年版第 2.1 节和英国竞争委员会与公平贸易局共同草拟并购评估指南 2009 年 4 月版 120 页第 4 段。

[26] 其他国家也会对卡特尔行为进行刑事处罚，如澳大利亚、日本，南非和韩国。

[27] 更多关于 82 条案例中应用联合支配这一概念的背景参见第六章。

[28] 有关囚徒困境的更多内容，参见第 2 章以及本章以下的内容。

谋行为时，往往不存在明确的补救措施。委员会不喜欢（有合理理由）对企业进行价格规制，并且委员会不会对非并购的案子进行结构救济。㉙言外之意就是，应对默示共谋的主要政策武器可能是并购控制，因此本质上是防范而不是纠正。㉚鉴于这些原因，本部分以下内容将讨论明示共谋。

首先会简单分析企业共谋的基本原理，然后分析促使企业成功达成卡特尔的因素。接着讨论影响卡特尔稳定性的因素。尽管有诱因促使企业进行公开合作，但这并不意味着企业必定会这样做。即便并没有竞争法律阻止这样的共谋行为，许多行业特征也使得企业不可能进行持续的明示共谋行为。因此本部分会详细讨论决定是否可以进行持续明示共谋行为的因素。接着还会研究经济分析在卡特尔调查中的作用。

在开始讨论前，要说明一点，众所周知，卡特尔通常会被视为最严重的反垄断违法行为并且这意味着会受到比盗窃罪更严重的指控。但在我们看来这种说法是不正确的。㉛当一个消费者或客户购买卡特尔产品时，他们是自愿做出购买选择的，并且这意味着他们认为产品价值高于他们所付出的价钱，否则他们就不会购买该产品。这与盗窃情况下发生的非自愿剥夺财产是不同的。而且还要强调的一点是，事实上卡特尔仍然给了消费者购买产品的选择。这与一些旨在迫使企业离开市场或阻止新企业进入市场

㉙　欧盟竞争法与英国竞争法之间有很大的区别。在英国，竞争委员会可以根据企业法（2002）进行市场调查，如发现企业行为"对市场竞争产生不利影响"，则会对企业进行结构救济或者进行价格监管。更确切地说，竞争委员会还会判断"哪些相关市场的特征或者集成特征会阻碍、限制或扭曲英国市场或部分市场的产品或服务的供应或收购的竞争。"（企业法第134条第1项，出版者不详）。对中小型企业的银行服务进行调查（Cm 5319 2002年版）就是竞争委员会对鳌头进行价格监管的例子。英国机场管理局调查（2009年）是竞争委员会要求企业撤资的例子。英国机场管理局被要求从伦敦的三家机场中的两家（盖特威特机场和斯坦斯德特机场）撤资。根据欧盟第1/2003号规章的第17条，欧盟委员会也有权进行调查，但调查过后不会直接采取价格监管或要求撤资的措施。欧盟委员会采取额措施是运用81条或82条（或国家补助）对企业进行调查或者提出立法建议。对制药行业进行调查（2009年7月最终报告）后委员会采取的是更进一步的调查，而对能源行业进行调查（2007年）后委员会所做的是提出立法建议。对啤酒供应行业进行调查（Cm 651（1989年版）后委员会采取了结构救济措施（"啤酒调整协议"）。

㉚　更多关于并购背景下的默示共谋行为的讨论内容，请详见以下的第7章，以及库恩2008年著及摩特2004年著。

㉛　值得注意的是，并不是所有的卡特尔都能在任何情况下成功地提高价格。

的排他性行为不同，与那些剥夺消费者接触潜在新产品权利的行为也不同。[32] 我们认为，只有卡特尔行为最终给大多数消费者造成损害，那样的共谋才应被视为比较严重的犯罪行为。

一、共谋的动机

企业共谋的动机可以用第 2 章提到的囚徒困境博弈进行分析。囚徒困境的例子表明，尽管高价让企业双方受益，但竞争最终会导致企业降价。图 5.1（第二章也有此表格）显示了两家企业价格行为的结果。简单来说，每家企业都能选择收取高价或低价。每个小方格的第一个数字显示 A 企业的收益，第二个数字是 B 企业的收益。打个比方，如果 A 企业定了一个高价而 B 企业定了低价，A 企业将不能获利，而 B 企业将赚取 30 的收益（见右上角的方格）。

图 5.1　企业协调的动机

上图显示，两家企业都更偏向于协调各自行为并且收取较高的价格。如此一来，双方的收益都为 10（见左上方标着"卡特尔"的方格）。与此相反的是两家公司均通过降价而互相竞争，这样的话两家企业的收益均为

---

　　[32] 菲斯曼（Fershtman）及帕克斯（Pakes）2000 年对此作了进一步阐述。他们认为某些情况下，卡特尔实际上能够通过增加产品种类从而提高消费者的福利。实际上他们认为，规模经济使得竞争导致市场上仅剩一家或少数公司，那么与卡特尔相关的较高价格才可能引起更多的企业竞争，从而增加产品种类。尽管这时产品价格比竞争价格更高，但是增加的产品种类给消费者带来的好处远远大于价格提高给消费者带来的损害。

4（见右下角标着"竞争"的方格）。

然而，这个博弈也说明，有动机促使企业共谋，也有动机促使其中的一个企业做出违背共谋协议的欺骗行为。达成协议之后，两家企业都将会定高价，但每家企业都有动机欺骗对方收取较低的价格，因为这样企业将会获取30%的收益。但是，若两家企业都欺骗对方，就会回到双方都通过定低价而相互竞争的那种情况，这样的话双方的收益只有4。这说明了一个常被遗忘的关键问题：即使企业有动机共谋达成共谋，但维持共谋均衡是极其困难的。实际上，在一期的寡头博弈中，如果所有参与其中的企业相互协调定价和产出，那么所有企业都会比不相互合作协调时赚取更多的利润，但是，每个企业以低于商定的垄断价格来定价可以获得更多的利润。也就是说，观察企业协调行为并不能只观察某一时期的博弈。㉝

因此，企业协调行为要求企业长时间合作。在这种情况下，假如一个企业试图摆脱共谋协议并定较低的价格，那么该企业也应清楚这样做的话所得到的利润只是短暂的，因为如果其他企业能够发现这样的行为并且也会做出行动制定较低的价格（这样的行动通常被称为"惩罚"）。另一方面，如果企业现在进行协调合作，以后竞争者就会为其带来益处，这样企业就能成功进行默示共谋。㉞

接下来我们讨论促使企业成功提价并缔结卡特尔协议的行业特征及其问题。

㉝ 一次性博弈不存在默示协调的原因是，我们假设经理人均是理性的利益最大化者。一些实证表明，企业并不会总是这样做。关于实证经济学的介绍和这些结果表明，经理人并不总是理性的，参见艾理（Ariely）2008年著。关于反垄断的内容参见斯特克（Stucke）2009年著以及本书的参考文献。

㉞ 关于这一点，从理论上看有一处奇异的地方。如果不断重复"博弈"但参与者都清楚博弈什么时候会结束，那么从理论上看协调行为就没有办法维持下去。因为所有参与者都知道协调合作在最后一个阶段并不能维持下去，那么这就等同于是一个短期的博弈。但如果在最后一个阶段并不能协调合作，那么在倒数第二阶段不去欺骗协议另一方就没有意义了，因为很清楚的一点就是竞争对手在最后一个阶段不会为你带来利益。倒过来说，无论博弈会进行多久，任何时期都不可能进行协调合作行为。无论是常识还是实验性的结果都表明这样的共谋行为是不可行的。如果参与者总是不清楚博弈什么时候会结束，那么理论家也会接纳协调合作行为是可行的，参见Kreps 与 Wilson（1982）以及 Milgrom 与 Roberts（1982）。

（一）提价能力

企业非法卡特尔行动的目的是通过把产量限制在低于现行水平从而把价格提升到高于现行水平。企业通过卡特尔从而提高价格的能力，取决于卡特尔成员所面临的需求曲线的弹性。[35] 需求弹性越小，那么定价就越高，通过企业卡特尔获得的利润也就越大。相反，参与企业卡特尔的企业的需求曲线弹性越大，企业提价获利的空间就越小。在以下情况下，参与企业卡特尔的企业的需求曲线可能相对更有弹性：

●卡特尔成员提价导致非卡特尔成员竞争者提高产量（也就是企业扩张的障碍少）；

●或者卡特尔成员提价使新的企业快速涌入该行业（也就是进入该行业的障碍少）。

在这两种情况下，产量高于卡特尔均衡水平，价格就会下降。要注意的是，当分析在某一特定行业是否能成功进行卡特尔行为时，供应限制可以说是"成功的信号"。如果新企业加入市场的障碍，或非联合成员扩张的障碍不大，卡特尔就不会持久。正如讨论过的中国维他命 C 制造业的例子，中国维他命 C 制造行业的扩张能力导致维他命 C 行业的卡特尔失败。[36]

此外，"搅局者"企业会破坏卡特尔。这些企业往往采取过激的商业策略，比如说总是奉行低价策略。就算是在集中的市场，企业维持共谋结果的能力也会被他们所破坏。[37] 当边缘企业扩张的壁垒较低时，卡特尔成员可能不得不为这些企业提供大量的诱惑（比如共享比边缘企业本身能赚取的大得多的卡特尔利润），以激励他们参与卡特尔组织。因此，当现存的非卡特尔成员面临的扩张壁垒较高，或新企业进入市场的壁垒较高的时

---

[35] 当一个行业内的所有企业都参与到企业卡特尔行为，那么将与行业需求曲线一样。

[36] Levenstein 和 Suslow（2002）详见参考文献。

[37] 参见贝克尔（Baker）2002 年著：有关背离企业如何损害卡特尔（虽然与默示协调有关）的例子，详见委员会对 Pilkington-Techint 公司与 SIV 公司并购的裁决［1994 年版 OJ L158/24。有趣但是被误导的，背离企业作用的讨论参见 COMP/M. 3916 T-Mobile/tele. ring（2006）。

候，企业卡特尔才更有可能提高价格。

买方力量同样可以阻挠卡特尔提高价格的意图。强大的买方力量可以抵制卡特尔提价的意图或者可以通过支持新的市场进入者以应对上升的价格。任何形式的买方力量都会减少企业建立卡特尔所获取的利润。

成立卡特尔的潜在收益也与不存在卡特尔情况下的竞争水平有关。在不存在卡特尔的情况下，竞争越激烈，价格越低，进行卡特尔就越能从中获益。在不存在卡特尔的情况下，决定竞争水平的四个重要因素是：市场上的企业数量，行业闲置生产水平，企业成本结构，以及产品同质性如何。正如第二章和第三章所说的，市场上企业数量越多，竞争就越激烈，尽管这种关系并不完全正确。[38] 闲置生产能力水平影响企业必须降价以增加额外销售量的动力。如果企业没有闲置产能，那么企业就没有降价的动力，因为缺乏闲置产能意味着其不能销售更多的产品。边际成本与平均成本之间的关系与没有卡特尔情况下的竞争水平有影响。当边际成本比平均成本低（或者，等同于固定成本高），定价接近边际成本就会造成损失。这使得企业有强烈的动力去通过共谋以避免这样的价格，从而把价格提高到平均成本之上。最后一点是，如果产品是相对同质的，竞争就会加大，因为这意味着产品是相互紧密的替代品。反之，当产品是差异化产品时，竞争通常就不那么激烈。

成立卡特尔的最大的成本或许就是被竞争监管机构发现的风险。竞争监管机构发现卡特尔的可能性越低，或者卡特尔一旦被查出所施加的惩罚相对较轻（比如，只是要求停止卡特尔，而不是巨额罚款），则成立卡特尔就越有可能有利可图。因此，竞争法对卡特尔行为的侦查和惩罚力度对卡特尔的成败有很大的影响。我们接下来会进一步讨论。

（二）达成协议的能力

尽管达成卡特尔的收益很明显，但成立卡特尔的成本和困难可能远大

---

[38]　例如，我们在第二章指出，如市场上仅有两家企业，那么同类产品的竞争就越激烈。

于其收益。尤其是在卡特尔协议需要商定卡特尔价格并且划分不同企业从共谋中所获的收益的情况下。[39] 影响企业卡特尔的成本和困难的因素主要有：

- 产品同质性如何；
- 不同企业的成本结构和运营效率的差异；
- 行业中企业的数量以及市场的集中度；
- 需求增长高或不确定；
- 涉及的市场数量。

接下来我们逐点讨论这些因素。

通常，当企业差异（无论是销售的产品，还是企业的成本结构或经营效率）较少时，企业容易就价格达成一致。如果每家企业的产品在质量或性能上存在很大差异时，特别是那些客观上不能解决的差异，那么企业就很难商定价格。反之，产品越相似的话，企业就越容易商定合适的卡特尔价格。这在某种程度上解释了为什么委员会对卡特尔行为的裁决大都是针对生产诸如钢梁[40]、水泥[41]、聚氯乙烯[42]、维他命[43]、磷酸锌[44]、平板玻璃[45]，以及过氧化氢和过硼酸盐[46]的行业。这些行业的产品很大程度上都有比较大的同质性。当产品具有差异化时，就会形成多方面的竞争，而不仅仅是价格上的竞争。这意味着协调合作会变得更复杂，除非企业有可能在另一个竞争范围内进行协调合作，比如产能。同样地，当一个行业的企业成本结构不同或运营效率不同时，对于一家企业是最优的价格，对于另一

---

[39]　当企业公开共谋时，企业就越容易达成一致的协调合作条款。这也是明示协调和默示协调很大的一个区别。

[40]　comp/38. 907（2006）.

[41]　comp/39. 520（2008）.

[42]　IV/31. 865（1994）.

[43]　comp/37. 512（2001）.

[44]　comp/027（2001）.

[45]　comp/39. 165（2007）.

[46]　comp/38. 620（2000）.

家企业来说就不是最优价格了。有两点要注意的，一方面，企业的成本结构可能基本相同，但一家企业的效率可能比另一家要低，因而它的单位成本就更高；另一方面，企业可能都有效率，但却有不同的成本结构，其中一家企业选择固定成本低而可变成本高的生产流程，而另一家企业会选择固定成本高而可变成本低的方法。正如在第二章讨论的，从经济理论可以知道，企业在设定价格时要考虑的相关成本是边际成本。与边际成本较高的企业相比，拥有相对较低的边际成本的企业，愿意设定相对较低的价格（从而加大产出）。这并不意味着边际成本不同的企业就不能达成一个折中的价格，只能说明要达成一个卡特尔价格有潜在的难度。这也凸显了企业协调的能力受不同时间企业成本结构变化的影响。例如，如果一家企业引进新技术，它的边际成本优势就会超过其竞争对手，这很可能使得持续协调变得更加困难，因为比起之前想要降低边际成本，创新企业现在也希望设定更低的价格。而且，正如我们下面进一步讨论的，成本结构变化也将可能使企业作弊行为更有利可图。

对企业协调行为能力有影响的一个结构特征是在市场上的竞争企业的数量。一般来说，活跃在市场上的企业越多，就越难促成协调合作行为。企业创建卡特尔的能力还取决于市场的集中度水平。即使在某行业中有大量企业，如果少数企业具有很大的市场占有率，那么这些企业或许可以忽略其他许多小公司而进行协调合作。情况是否如此，取决于边缘企业通过降价来扩大销售的能力，也就是企业扩张是否有障碍?[47] 还应当注意的是多家企业共谋的例子也很常见。比如，103 家建筑公司由于在 2009 年 9 月串通投标，被英国公平贸易局罚款一亿两千九百五十万英镑。[48] 在荷兰建筑行业卡特尔，涉及本地区的很多企业固定价格并划分市场，大约 1400 家企业因而被罚款。

要注意的是，协调合作可以有多种形式，而缔约的成本可能各不

---

　　[47]　有关评估边缘企业在限制领先企业成功共谋能力的影响的内容参见谢雷尔（Scherer）与罗斯（Ross）1990 年著。另请参考卡尔顿（Carlton）与佩尔洛夫（Perloff）2004 年著。

　　[48]　详情请参阅 2009 年 9 月 22 日公平贸易局的新闻发布。

相同。[49] 许多卡特尔给不同的企业固定了市场份额。这样做有两个原因。第一，与价格相比（特别当存在秘密降价的可能性时），观察竞争对手的市场份额往往会更容易。第二，如果卡特尔设定的是价格而不是市场份额，那么企业就有动力进行非价格竞争（例如所提供服务的水平），以提高自己的市场份额从而提高利润。如果所有的企业都这样做，那么十有八九是消费者受益，而不是企业受益。因此，除了设定价格之外，卡特尔往往设定市场份额，以减少非价格竞争所带来的威胁。

卡特尔还可以划分市场或消费群，其中一家企业为一个区域或特定的客户群提供货物和服务，另一家企业则为另一个区域或客户群提供货物和服务，企业在区域或客户群里面不会互相竞争。这种协调合作往往比价格协调更容易监管，并且不需要任何明确的价格协议。相反，划分市场和客户会减少竞争从而导致价格上涨。[50] 企业有很大的可能性做出作弊行为使得卡特尔寻找一些控制或抬高价格的额外因素。这包括划分独立的相关地域市场、固定市场份额、采用最惠国条款、采用竞争一致条款，设定触发价格。如此一来，如果市场价格低于卡特尔达成的最低价（也就是“触发价格”），所有卡特尔成员均同意把产出扩大至卡特尔之前的水平。

当需求正在强劲增长或需求不确定性相当大的时候，达成市场份额协议往往是很难的。当需求增长异常强劲时，企业希望从这种持续需求增长当中赚取利润，而这可能使企业很难达成市场份额协议。[51] 当需求不确定时，企业需要协商如何应对无法预料的增长或减少的需求。需求下降时，协调合作更难达成，因为与在未来较小的市场中赚取卡特尔利润相比较，目前做出作弊行为的吸引力更大。

不同企业参与竞争的市场越多，达成卡特尔方案就变得越复杂。特别是不同市场由不同企业的不同部门来提供产品，而这些企业的不同部门市

　　⑲　Stigler（1964），详见参考文献。
　　⑳　迪克 1996 年著。认为卡特尔的形式如果是固定价格，而不是在竞争的其他方面（如划分市场），那么它比其他卡特尔更加不稳定。
　　㉑　例如，参见 Rotewberg 和 Saloner（1986 年），详见参考文献。

场运营又是互不相干的情况下，情况就越复杂。然而，要注意的是，当共谋涵盖多个市场时，共谋可能更有价值。[52]

对企业来说，如果存在一种简易的方法，在不引起竞争监管机构注意的情况下使企业更容易达成一致行为，建立和执行卡特尔的成本就会减少。这样的方法可以是建立行业协会。[53]当卡特尔涉及很多公司时，行业协会能够发挥特别重要的作用。海伊（Hay）与凯利（Kelley）（1974）指出，他们调查的所有成员数超过 15 个的卡特尔中，80%建立了行业协会；而成员数超过 25 个的卡特尔中，100%都会建有行业协会。勒文斯坦（Levenstein）与萨斯洛（Suslow）（2006）指出，在他们调查的样本中，29%的卡特尔涉及协会。2003 年，委员会判定一家名为 AC-Treuhand AG 的瑞士咨询公司做出违法的卡特尔行为，因为尽管其自身没有生产或销售相关产品，但也促成了卡特尔。实际上其是为有机过氧化物达成的卡特尔，企业包括 Akzo 集团，Atofina SA 公司 和 Peroxid Chemie GmbH 公司。[54]委员会发现，AC-Treuhand AG 公司曾积极组织企业并为卡特尔提供支持，如组织会议、提供共享信息以及存放合同。[55]

二、卡特尔的稳定性

如上所述，卡特尔成员有动机来降低卡特尔价格。这在图 5.1 中有所解释，通过收取较低价格并削弱其他企业所收取的高价格，企业可以赚取的利润是 30，而不仅仅是 10。也就是说，如果一个企业定价高，另一个企业就可以通过收取较低的价格来赚取更高的利润。在第二章中就已经指出卡特尔并不会给每家企业都带来最好的短期效果。图 2.9 显示，考虑市场

---

[52] 然而，不应认为多市场合同必然会促进勾结（Bernheim 与 Whinston（1990））。更多内容参见第七章。

[53] 参见 AROW v BNIC 1982 年版及芬纳斯 1996 年著。当然，并不是所有的行业协会都为协调合作提供机制。有关这个问题的总体讨论，参见雷伯维兹（Leibowitz）2005 年著。

[54] Comp/37. 857 (2003).

[55] 康诺尔（Connor）2001 年著指出，氨基酸制造商国际协会是由赖氨酸联合成员组成，而芬达伯克（Funderburk）1974 年著指出，俄克拉荷马州公路部门仅在沥青加工协会形成后，才开始接纳供应商相同的报价。

上其他企业的产量，每家企业都可以通过移动反应曲线来提高利润（只要其他企业没有改变其对应产量）。因此，卡特尔并不意味着能取得短期的纳什均衡。⑤⑥ 这对卡特尔的稳定性给出了重要的暗示：卡特尔通常是不稳定的。卡特尔中的企业可能会做出作弊行为，比如降低卡特尔价格或参与其他破坏共谋协议的活动。只要稍微降低卡特尔价格，企业就可以大幅增加销售量并因此增加利润。

然而，在企业采取这样的行动前，需要权衡背离协议（即"欺骗"）的潜在收益，以及参与卡特尔的其他企业发现其进行作弊行为并"惩罚"该企业的可能性。因此，卡特尔的稳定性取决于三个因素：

1. 企业做出作弊行为的收益；
2. 该作弊行为被发现的可能性；
3. 以及企业可以对"欺骗者"施加"惩罚"的力度。⑤⑦

我们会逐个考虑这些因素。需要注意的是，我们先不考虑竞争监管机构如何使得卡特尔不稳定，在以后段落我们再对此进行讨论。

（一）作弊行为的收益

作弊行为的收益是，个别企业可以通过降低共谋价格从而销售更多的产品，以此赚取额外的利润。然而，作弊行为也是有代价的，企业会因此而损失那些本来可以以高价出售的商品的利润。因此，有必要对因作弊产生额外销售而获取的额外利润与企业原本销量所获较低利润的成本进行权衡。额外利润取决于作弊企业的边际成本、彼时所设定的价格以及增加的销售量。与价格相比，边际成本越低，通过作弊行为促使销售量增长从而谋取的利润就越多。同样地，边际成本和价格一定时，销售增长越多，作

---

⑤⑥ 市场上所有企业都不愿改变其运作才会存在纳什均衡。这就意味着在利润最大化的情况下，所有企业的销售量也是最大，因此利润也是最大化。

⑤⑦ 卡特尔协议的破坏可能是暂时性的也可能是永久的，一些学者认为周期性价格战对维持共谋行为的长期稳定性起着很重要的作用，参见 Green 与 Porter（1984）。

弊行为的利润就越多（也就是作弊企业的自价格弹性越大）。表5.1明确了这一点。表格展示了6种利润增长因边际成本以及企业自价格需求弹性的不同而不同的情景。我们假设企业共谋价格是100，作弊企业所定价格是95，而企业共谋时（作弊前）的销售量是1000。情景1至3显示的是，保持企业自价格需求弹性不变，随着企业边际成本的下降，作弊企业的利润如何增长。情景4至6显示的是，保持边际成本不变，随着企业自价格需求弹性的增大，作弊企业的利润如何增长。

表5.1　作弊行为的好处

	边际成本	共谋价格	作弊公司所定价格	共谋时的销售量	需求弹性	额外销售量	利润的增加
情景1	70	100	95	1000	-5.0	250	1250
情景2	60	100	95	1000	-5.0	250	3750
情景3	50	100	95	1000	-5.0	250	6250
情景4	60	100	95	1000	-4.0	200	2000
情景5	60	100	95	1000	-5.0	250	3750
情景6	60	100	95	1000	-6.0	300	5500

请注意，我们假设的这些情形中，作弊企业要么有闲置产能，要么可以在边际成本恒定的情况下加大闲置产能。一般情况下，如果企业竭尽全能进行生产，边际成本可能大幅增加，而增加的额外产能可能包含大量固定成本。因此，如果企业已经全负荷进行生产，作弊行为的收益很可能会减少。

以上内容表明，那些固定成本比边际成本高的企业，其作弊的短期利润可能就很高。然而，正如我们前面所提到的，在那些竞争可能会导致产品定价低于边际成本从而使企业遭受损失的行业，会增加企业设法共谋的动机。究竟作弊的诱因是否会破坏卡特尔还是企业是否努力维持稳定的卡特尔，哪种效应会占上风，这些我们并不能预知。Grout和Sonderegger（2005）提供证据表明，一个行业的规模经济越高（也就是相对来说固定成本高于可变成本），该行业就越可能存在卡特尔。

影响作弊收益的其他因素包括市场上其他企业的数量。企业的需求弹性通常随着它所面临的竞争对手数量的增多而增加（因为企业的产品有了更多的替代品），因此我们会认为市场上企业的数量越多，通过作弊行为获取的收益就越多。此外，由于发现企业削减价格难度加大，随着企业数量的增加，通过价格削减而得到的利润就越多。通常，随着每家企业供给行业产出的份额减少，个别生产商就会忽视其定价及产出对竞争对手造成的影响，更可能做出作弊行为。

企业背离卡特尔协议的诱因，取决于其做出作弊行为所获得的短期收益的大小。如果作弊的短期收益比共谋的长期受益要大，就会增加企业作弊的动机。这里有一个重要的因素，就是相对于当前的利润，企业应用到将来利润中的折现率。与未来的利润相比，当前的利润越高，企业欺骗的动机就越大。另外，影响作弊短期收益的另一个重要因素是买方的购买量大小以及频率。当某一特定时候（例如，某一行业的特征就是不定时的会有少量大订单）的订单规模相对未来的总订单比较大的时候，企业作弊所得的短期收益就比较大。作弊的短期效益在某种程度上也会受作弊者的闲置产能的影响或企业扩张障碍大小的影响。一个可以在短期内显著增加其产量的企业，比起只能增加少量产量的企业，作弊可能会更有利可图。还有一点，如果企业可以选择同时在多个市场进行作弊，那么这将比其只在一个市场作弊牟取更多的利润。

然而，在此仅是对作弊动机做出的部分分析，因此并没有考虑作弊被发现的可能性以及企业的作弊行为被发现后的后果如何。作弊行为被其他卡特尔成员发现的可能性越大，惩罚越严厉，企业作弊的可能性就越小。我们现在就来分析这个问题。

(二) 作弊可能会被发现所带来的威慑作用

企业背离卡特尔协议而不被发现的时间越长，其收益就越大。因此，发现作弊的困难和/或成本越大，卡特尔协议的可持续性就越小。有许多因素影响企业对其他企业行为的监督力度。

这些因素当中最明显的就是价格透明度水平。如果行业价格非常透明，那么任何作弊行为都会马上暴露无遗。反之，如果价格不透明，也许是因为保密定价，或是不同企业提供的产品存在质量差异使其很难直接比较价格，那么就很难发现作弊行为。一个用于预先防范打击报复的通常方法就是同意秘密回扣。只要价格超过了边际成本，就有秘密降价的诱因。如果这些做法能够局限在整个行业销售量的少量部分，那么这些折扣就不会对价格产生重大影响，并且可能不会被其他卡特尔成员发现。但如果秘密降价延伸到大部分市场，那么对价格就会有很大影响，并且可能会破坏卡特尔协议。因此，卡特尔有动机去寻找让价格更加透明的方法。正如我们下面会提到的，这是行业协会的一个潜在作用。如果行业协会可以收集并核实各个企业的价格和销售数据，然后共享这些信息，就有可能促成共谋。或者企业可以通过公开宣布他们将设定的价格从而实现共谋。美国航空公司就是一个例子。过去航空公司可以在电脑预订系统上发布价格（该价格不会立即生效）。例如，航空公司可以发布价格（该价格在两周内不会生效）。如果其他航空公司根据这个发布的价格来调整他们的价格，那么原来发布定价的航空公司就会实行这个价格。但是，如果其他航空公司没有调整价格，那么原来发布定价的航空公司可以在价格生效之前将其从预订系统上删除。美国司法部认为，这是通过交换未来价格的信息促成共谋。

业内的企业数量也很重要。当行业内只有少数企业时，卡特尔成员就可以更轻易地监督其他成员的行为。相反，在企业数量很多的市场，监督难度就会加大。随着企业数量的增加，双向信息流动量也会迅速加大。[58]因此随着企业数量的增加，尽管很清楚有企业作弊（可能因为价格已经大幅下跌），也很难知道谁是欺骗者。

产品的属性同样会影响发现作弊行为的力度。当产品同质时，企业更容易达成合适的卡特尔价格，而且作弊行为也更容易被发现。与产品差异化的情况相比，同质产品市场中市场份额的变化更易于说明企业有降低价

---

[58] 双向信息流动量是由以下公式得出的：$N(N-1)/2$。因此，当有两家企业时，数量为1；3家时，为3；6家时为15；10家时为45。

格的行为。当产品存在差异化时，市场份额的变化可能反映了消费者对产品的偏好变化，而不是作弊的结果。

如果一个行业的需求变化无法预测，企业就很难确定其产品需求的变化是由卡特尔成员的作弊行为造成，还是仅仅体现了整个行业需求的变化。[59]

(三) 企业对"欺骗者"的"惩罚"力度的震慑作用

作弊的动机将会受到"欺骗者"可能面临的"惩罚"的影响。"惩罚"是指卡特尔中的其他成员发现个别成员背离卡特尔协议而采取的措施。这必然会从卡特尔均衡转向较为竞争的均衡，从而减少作弊者的利润。惩罚越接近竞争结果，持续的时间越长，企业作弊并承担被惩罚的风险的动机就越小。

然而，其他企业惩罚作弊企业的意愿与想要把自身利益受损降到最低的意愿就有冲突了。一旦发现作弊行为，其他企业就想要尽快恢复联合均衡。但如果不给作弊企业一些惩罚（利润损失），就会鼓励其他企业也去进行欺骗。格林（Green）与波特尔（Porter）（1984）认为，卡特尔恢复到竞争行为的阶段实际上对卡特尔的稳定来说是必要的，通过实现惩罚而让企业保持"诚实"。因此，惩罚的震慑真实可信对于稳定卡特尔协议非常重要。为了增加惩罚威慑的可靠性，一个办法就是把惩罚机制形成书面文字，作为卡特尔协议的一部分。通过让企业清楚知道作弊的惩罚是什么（如半年内降价 10%），就更能体现惩罚的震慑性。但这并没有解决更根本的问题，即非欺骗企业希望惩罚周期对他们影响越少越好，所以希望尽快恢复卡特尔均衡。使惩罚更有震慑性的更好的方法是，制定仅针对作弊企业的惩罚机制。例如，如果卡特尔协议规定，每家企业都有自己专属的区域，其他企业不得与之竞争，惩罚机制就是在特定的时期内，其他企业可以进入作弊企业的专属领域与之竞争。这不仅能惩罚作弊企业，并且也不会损害企业在他们自己的专属区域中所获得的卡特尔利润。

---

[59] 参见 Green 和 Porter（1984）详见参考文献。

其他三个影响惩罚力度的因素分别是：闲置产能的存在、惩罚欺骗者的速度、以及可以执行惩罚的市场数量。首先，惩罚作弊企业的一个必要条件是，行业内的其他企业有提高产量的闲置产能。如果他们不能提高产量从而降低价格的话，就无法惩罚作弊企业。其次，竞争对手无法应对作弊行为的时间越长时，作弊行为的收益就越大（因为当前收益比未来收益更多，这必须要根据货币的时间价值来折现）。因此，惩罚作弊行为的速度越慢，为了抵消惩罚延迟的影响，惩罚的力度就要更大。第三，如果作弊企业在多个市场参与，那么卡特尔成员就可以在多个市场提高产出，从而加大惩罚的力度。

三、竞争监管机构在阻止卡特尔中的作用

企业在权衡是否要开始或者继续进行卡特尔时，竞争监管机构对其决定有很大影响。竞争监管机构有两种可以阻止卡特尔的方式。第一，加大探测出卡特尔的可能性。第二，一旦发现卡特尔后必须加大制裁力度。近年来，全球的竞争监管机构均推行这两个方法。

（一）加大探测出卡特尔的可能性

为了提高震慑性，一般采用三种方法。第一种是现在普遍使用的宽大处理方案，参与卡特尔企业会被鼓励向相关的竞争监管机构坦承其卡特尔行为，就可以免受制裁，或面临大大减少制裁力度。这种方法就可以迫使卡特尔成员做一次"懦夫"：所有的企业都不想有任何一家企业对竞争监管机构坦白卡特尔行为，但一旦有企业坦白其行为，那么所有的企业都想要争做第一个坦白的企业。宽大处理方案非常有效地增加了被探测出的卡特尔的数量，这是广为认可的观点。[60] 第二种是竞争监管机构鼓励企业内

---

[60] 例如，斯科特·哈蒙德，美国司法反垄断部门刑事执法处处长，在 2000 年说过"在过去五年里，美国奉行的企业宽大处理政策（"大赦计划"）侦查和揭露的国际联合案件比通过搜查令、秘密音频或录像带，以及联邦调查审讯加起来侦察到的联合案件还要多。毫无疑问，这是提供给反垄断执法者最好的调查工具"（2000 年 11 月 21—22 日国际研讨会上关于企业联合的讲话）。

部的个人去举报卡特尔行为。例如，英国公平贸易局为提供卡特尔行为的"内幕消息"的人提供 10 万英镑的奖励。

第三种是竞争管理机构开始基于对行业结构和业内行为的观察，自己寻找卡特尔行为。受英国公平贸易局委托的论文 Grout 与 Sonderegger（2005）得出这样的结论，有三大"基础背景"应该是"促成卡特尔的基本条件"。基于实证研究和回顾理论文献，他们发现这些"背景"为：

- 产品同质化；
- 行业内缺乏持续波动；
- 或者行业内的领先企业较为稳定（即庞大而稳定的市场份额）。

他们还发现形成卡特尔的一个重要指标是：要么是影响到整个市场长时间产品的需求和价格下降，要么是影响到市场上所有企业的负面市场冲击。举例说明，阿彻尔丹尼斯米德兰（ADM）于 1991 年进入市场，并引起赖氨酸的卡特尔。ADM 的进入使行业产能增加 65%，并且导致价格大幅下降，从 1.1 美元/磅降至 0.69 美元/磅。赖氨酸行业于 1992 年 6 月形成卡特尔，其明显意图是使价格回升到 1 美元/磅以上。

应当注意的是，这些因素只能用作筛选手段。虽然没有三大"基础背景"不大可能促成企业联合行为，但三大"基础背景"的存在并不意味着行业因此而存在卡特尔。

（二）加大对卡特尔的制裁力度

其次，竞争监管机构已经加大对卡特尔的制裁力度。欧盟委员会不断提高对卡特尔罚款的征收额度。1990 年到 1994 年间和 1995 年到 1999 年间委员会对企业联合征收的总罚款分别为 5.67 亿欧元和 2.97 亿欧元。2000 年到 2004 年期间征收的罚款总数几乎上升到 37 亿欧元，而在 2005 年至 2009 年间已经上升到超过 90 亿欧元。如上所述，一些成员国如英国和爱尔兰，会对卡特尔成员进行刑事制裁，这意味着涉及卡特尔的企业员工可能会面临牢狱之灾。[61]

延伸阅读：共谋动机更正规的处理方式[62]

如果企业共谋产生的利润超过作弊而产生的利润，那么企业共谋才有利可图。我们将企业 i 某一时期的共谋利润设为 Π_i^C，将以后共谋牟取的总利润表示为 $\sum_i^C$。这些利润需要折现，而我们会将这个折现系数表示为少于 1（因为未来的利润价值低于当前的利润值），但大于 0（即还是有一定的价值）的 δ，因此共谋的利润是：

(1) $\Pi_i^C + \delta \sum_i^C$

将作弊行为（即偏离共谋均衡）的利润表示为 Π_i^D。如果一个企业做出作弊行为，那么在下一个阶段以及后面所有的阶段，我们假设市场恢复到竞争均衡（即惩罚机制是一种"严厉"策略）。

我们把这些竞争均衡利润表示为 $\sum_i^{Comp}$。那么作弊行为所牟取的利润为：

(2) $\Pi_i^D + \delta \sum_i^{Comp}$

当且仅当以下不等式成立时企业共谋才会稳定：

(3) $\Pi_i^C + \delta \sum_i^C \geq \Pi_i^D + \delta \sum_i^{Comp}$

这就意味着共谋折现系数满足以下公式时，企业共谋才会稳定：

(4) $\delta \geq \dfrac{\Pi_i^D - \Pi_i^C}{\sum_i^C - \sum_i^{Comp}}$

从公式（3）和（4）可以说明几点。首先，折现系数足够高，共谋才能维持。这是很直观体现出来的。如果一个企业未来并不能牟利，那么它应该做出作弊行为并赚取当前时间段的更高利润。企业对未来利润的估值越低，就越有可能认为作弊行为有利可图。

---

　　[61]　例如，2008 年 6 月在英国，有三个人因为参与海产软管企业联合而被判入狱。在爱尔兰，至今还没有人被关押过，尽管有被判缓刑的案例（如 2007 年在爱尔兰福特汽车经销协会的案例）。

　　[62]　此做法的根据：泰勒拉（Tirole）1988 年著。

第二，当订单很大或起伏不定时，共谋就更难以维持。大订单的作用是增加作弊行为的盈利能力（为赢得大订单），也就是要加大 Π_i^D。方程（3）表明，这增加了不等式不成立的可能，并且作弊行为可能取得最佳效果。

第三，我们还可以看出一个细微点，作弊行为的利润越大，共谋就越有可能是不可持续的。所以，如果有一个需求冲击的周期，可以增加作弊行为的盈利能力，就可能会破坏共谋的行为（假设需求冲击使作弊行为的盈利能力超过了当前共谋的盈利能力，这是直观反应出来的）。但要注意，如果需求冲击是持久的，这个结论就要改变。如果需求冲击是持久的，则这个冲击会带来积极效应，既可以增加当前作弊行为的利润，也可以增加未来共谋的利润（即增加了 $\sum_i^c$）。因此，一个周期的正面需求冲击可能会破坏卡特尔，而持久的正面需求冲击将有可能使其更加稳定。反之，一个周期的负面需求冲击会使得共谋更加稳定，但持久的负面需求冲击则会使其不稳定。

第四，我们可以推断出共谋企业数量增加的结果。如果产能不受限制，那么共谋的企业数量增加的结果是使相对 π_i^c 而言，增加了 π_i^D 的大小。从公式（3）来看这可能使得共谋可能不是最佳的，同样的，从公式（4）可以看出，增加折扣率对维持共谋的稳定尤为重要。

第五，我们可以简单模拟一下竞争监管机构采取反卡特尔政策的效果。用 CA_i 来表示企业由于竞争监管机构的政策而造成的预计损失。预期价值是由竞争机构发现卡特尔的可能性乘以预期的罚款（以及可能对第三方造成的损害）。公式（3）就会变成：

(5) $\Pi_i^C + \delta \sum_i^c - CA_i \geqslant \Pi_i^D + \delta_i^{Comp}$

并且公式（4）会变成：

(6) $\delta \geqslant \dfrac{\Pi_i^D - \Pi_i^C + CA_i}{\sum_i^c - \sum_i^{comp}}$

公式（6）表明，竞争监管机构采取行动的可能性提高了折现率，而这折现率对维持卡特尔稳定很重要。这是因为，为了抵消竞争监管机构带来的负面影响，企业有必要牟取更多未来的利润。从公式（6）我们可以得知当出现以下情况时，企业卡特尔无法保持稳定：

(7) $\Pi_i^D - \Pi_i^C + CA_i > \sum_i^C - \sum_i^{Comp}$

因为这需要大于 1 的折现率。

四、经济分析在卡特尔调查中的作用

为了判定参与卡特尔的企业是否违反第 101 条，委员会只需要证明企业以限制竞争为目的进行非法协调。通常，委员会只需凭借企业会议的书面资料证明这一点，而这些资料涉及到定价以及消费者或市场分配的事宜。由于对违反第 101 条的行为并不要求对卡特尔的实际影响进行分析，这似乎使得经济分析在卡特尔案例中显得多余了。然而，经济分析可以通过两种方式发挥其有益作用。[63] 首先，它可以提供证据证明行业是否真的在进行卡特尔。其次，它可以评估卡特尔对价格的影响。下文我们将依次分析这些问题。

（一）共谋的可能性

我们应该明白，在某一特定行业中共谋的存在是否合理，经济学可以给出解释。有很多产业结构方面的因素，如果不存在，表明共谋是不合理的。比如，如果产品存在差异化，那么企业进行共谋就是不太可能的。如果市场有很大的波动，那么企业进行共谋就是不太可能的。如果新市场进入的难度不大，或者存在竞争性的边缘企业，具有较低的扩张壁垒，那么我们就不用设想有共谋的可能了。此外，市场份额波动的证据很难与共谋相一致。因此经济学可以说明某一特定行业不可能进行共谋。反过来说，

---

　　[63]　然而，从经济学的角度看，仅仅是试图参与联合行为并不会导致价格高于非一般的竞争水平。

经济学可以表明有些行业形成共谋是有道理的，因此可能有必要对行业深入调查。

或者，竞争监管机构可能会观察到，一些企业只会活跃在一个区域，而其他企业则活跃在另一区域，从而可以得出存在划分市场的结论。然而，这可能是正常的竞争行为。在这种情况下，对该行业的特点作深入的经济分析有助于对此作出正确的判断和解释。

这点是毋庸置疑的，但问题是，在没有确凿证据下，经济学是否能够进一步分析并得出发生共谋的结论。我们认为经济学并不能做到这一步，尽管它可以给出有用的检测，人们认为其可以补充"确凿证据"。[64] 接下来我们讨论一些案例。

经济学可以回答的一个重要问题是，企业被观察到的行为是否与竞争不相符。如果是，那么这就是可能共谋的一个重要证据。关于这点一个例子是，俄克拉荷马州在 1954 到 1965 年间在沥青拍卖上存在共谋的嫌疑。在这个时期大部分时候，沥青的价格都稳定在每加仑 10.25 美分。价格恒定本身是可疑的，这种说法有争议，但它肯定没有与竞争不相符。然而，同一时期周边地区的价格仅为每加仑 6 美分，并且不是恒定的。即使考虑到这些地区的运输成本（高达每加仑 2.5 美分），俄克拉荷马州定价如此之高，运营商在周边地区以每加仑 6 美分进行销售是有利可图的，并且可以把销售量延伸至俄克拉荷马州。在竞争激烈的市场上，这是我们所期望看到的。另一个例子是 Porter 与 Zona（1999）提供的。他们分析了辛辛那提地区学校牛奶拍卖的情况。他们把供应商分为涉嫌共谋和不涉嫌共谋，目的是要看看，两种类型的企业价格形成的过程是否一样。Porter 和 Zona 认为他们做到了。一个有趣的发现是，招投标出价与相关供应商的加工厂和校区之间距离的关系，在涉嫌共谋者和其他企业之间不一样。距离与"竞争性"企业之间的关系正如我们估计的那样：随着加工厂与学校区域之间距离的增加，企业的出价也会增加。然而，共谋企业的情况则完全相

　　[64]　这种说法有一个例外是，克里斯堤（Christie）和舒尔茨（Schulz）发现了美国造市商之间的共谋，原因是他们发现离奇地缺少纳斯迈克证券市场的 1/8 报价惯例。

反。随着距离的增加，他们的出价也会下降。在竞争背景下，这一点是很难理解的。

有一个问题需要弄清楚，就是涉嫌共谋与没有共谋嫌疑的企业之间的行为是否有差异。这并不要求证明涉嫌共谋者的行为与竞争不相符，而只需证明其行为与那些"竞争性"企业有很大的差异。这是一个相对较弱的检测，但是有可能导致放弃有意思的实证调查。

还有一个重要的问题就是，分析市场数据是否存在结构突变，以此判断市场的体制是否由正常竞争转向共谋或者情况刚好相反。体现结构断裂的一个很重要的变化是定价过程的变化，市场上产品的价格突然激增或猛跌，而这与潜在的成本变化毫不相关，由此可以看出这种变化。比如，人们担心一个卡特尔自 X 日开始，那么就可以对 X 日前关于价格形成过程的计量经济模型进行评估，然后再看这个模型是否仍适用于 X 日后的情况。除了查找定价过程的结构断裂之外，查找价格变动或市场份额变化的结构断裂也很重要，当行业内形成卡特尔的时候，我们认为两者均会降低。[65]

一些经济学家认为，还有一个有用的测试，就是查看共谋模型是否比竞争模式更"适用"于一个行业。这个测试就是设定一个模式，分析其在企业相互竞争的情况下如何运行，而在卡特尔的情况下又是如何运行的。那么，接下来的检测就要看看实证数据是最适合竞争模型还是卡特尔模型。对于这个测试的有效性我们没有十足的把握，因为在做这样的测试时做了很多的假设。首先，竞争模型必须是正确的。其次，共谋如何运行的模型必须是正确的。最后，收集的数据一定可以正确区分开这两种模型。不过，有一些关于这方面的理论文献[66]，可能是有这样的情况，其中这种方法提供了一些有用的信息。

关于查出卡特尔还有一个方法，但是，其根本的缺陷是需要考虑价格成本差额，因此我们不接受这一方法。人们认为，卡特尔会增加一个行业

---

[65] 有一个问题就是是否能够确定卡特尔的起始与截止日期。

[66] 如巴德文（Baldwin），马萨尔（Marshall）与里查德 1997 年著，班纳基（Banerji）与米纳克奇（Meenakski）2004 年著以及巴扎城（Bajari）与叶尔（Ye）2003 年著。

的价格成本差额，那么就可以通过分析价格与成本之间是否存在较大的差距来查出卡特尔。之所以说这种方法存在缺陷是因为不同的行业的价格成本差额会取决于行业的成本结构而发生变化。固定成本高而边际成本低的行业往往具有较高的价格成本差额，即使在竞争状态下也是如此。[67]

(二) 卡特尔的影响

当评估卡特尔的影响时通常会运用经济分析。存在卡特尔行为并不一定会使价格上升到高于有效竞争时的价格水平，这是一个不争的事实，法院也接纳这个观点。[68] 比如，尽管参与卡特尔的企业会对外公布提升了的协定价格，但不一定意味着那些价格上涨会实现，或者说消费者会以公布的价格去购买产品和服务。特别是，当消费者以报价的不同折扣价购买产品时，情况更是如此。

尽管参与无效的卡特尔不能对不利的调查结果做出辩解，但对实际影响的分析与委员会做出怎样的处罚额度有一定的关系。并且，这种分析为以后委员会裁决卡特尔对第三方提出损害赔偿而进行的调查工作作了铺垫。

第 17 章详细分析了对卡特尔影响的评估及卡特尔所带来损失的评估，此处就不再做详细讨论。[69]

---

[67] 更多详细内容参见本书第 2 和第 3 章。

[68] 参见 Cascades v Commission （T-308/94）1998 年版 E. C. R. II-925。

[69] 大量的经济学文献表明卡特尔可以成功地提价，因此使消费者蒙受损失。波特尔（Porter）与颂纳（Zona）（2001）对 1980 到 1990 年间俄亥俄州西南部地区的学校牛奶拍卖做了调查研究。他们发现尽管卡特尔引起的定价高于常价的平均幅度为 6.5%，但某些校区的幅度高达 49%。弗洛（Froeb），克雅克（Koyak）与瓦登（Werden）（1993）所做调查发现美国冰冻鲈鱼采购拍卖中定价高于常价的平均幅度为 27%。克沃卡（Kwoka）（1997）对美国华盛顿地产拍卖中投标者间的共谋进行调查。他发现价格低于常价的幅度约为 30%。霍华德（Howard）与卡谢尔曼（Kaserman）（1989）对城市下水道建设工程承包做了评估，发现定价高于常价的幅度约为 40%。这些研究都是针对特定的卡特尔，还有一些专门分析卡特尔过高收价的研究。Connor 与 Bolotova（2006）研究了 395 个卡特尔的例子。他们发现过高收价的平均幅度为 29%，而中位数值为 19%。而在更早的研究中，Connor（2007）对比美国国内企业卡特尔过高收价的幅度以及国际卡特尔过高收价的幅度，研究发现美国国内的中位幅度是 18%，而国际的中位幅度是 32%。他还发现 60% 的企业卡特尔过高收价的幅度是 20%。Levenstein 与 Suslow（2006）对 35 个国际企业联合的案例进行研究，发现过高收价的平均幅度为 25%，而这些案例里面，幅度为 10% 到 100% 不等。

一个行业是否会形成卡特尔主要取决于行业中的企业形成卡特尔的动机大小以及卡特尔的稳定性。促成卡特尔的动机取决于企业参与卡特尔与不参与其中赢利能力的潜在差异。卡特尔的稳定性主要取决于对作弊行为查出及惩罚的可能性是否胜于企业背离卡特尔协议的动机。本部分还分析了影响这些权衡结果的因素。

然而，非卡特尔成员的供给方反应可能破坏卡特尔。当市场进入容易，或者非卡特尔成员为应对卡特尔成员的提价而扩张产出比较容易的情况下，卡特尔就很难维持下去。从这个层面上讲，供给方的反应比上面所述的其他因素都更有影响力。此外，很多行业的结构并不适合企业形成卡特尔。我们分析了哪些因素表明卡特尔是可行的。我们也分析了竞争监管机构对于卡特尔的阻止作用，还有经济分析在卡特尔调查中发挥的作用。

第三节 纵向限制

一、什么是纵向限制

纵向协议，是指处于生产和供应链中不同阶段的企业之间订立的协议，包括制造商和零售商之间、制造商和经销商之间、经销商和零售商之间等订立的协议等。通常，纵向协议包括协议一方施加给另一方的限制。有时，这些限制可能会触犯第101条。图5.2说明了纵向关系与横向关系的区别。

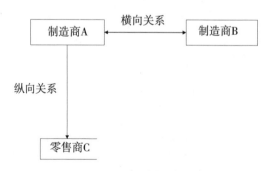

图 5.2 纵向关系与横向关系的区别

　　图 5.2 显示，制造商 A 和制造商 B 活跃在同一生产环节（也就是制造）中，并且在供给产品上是竞争对手。[⑦] 他们之间的关系被视为横向关系，因此他们订立的协议也是横向协议。相反，制造商 A 和零售商 C 之间的关系属于纵向关系，因为他们活跃在不同的生产流程环节中，分别为产品制造和销售环节。制造商 A 向零售商 C 供应产品，零售商 C 把产品卖给客户，客户要么把产品作为其生产过程中的投入品，要么提供零售服务。制造商 A 和零售商 C 相互不是竞争对手，他们提供的产品或服务是互补的。制造商 A 需要零售商 C 来销售他的产品，同时，零售商 C 需要制造商 A 供应产品。通常，制造商 A 叫做上游企业，零售商 C 叫做下游企业（上游企业的生产流程先于下游企业的生产流程）。

　　企业使用各种各样的纵向限制，这些限制可能会引起竞争担忧，也可能不会引起竞争担忧。一些制造商只向他们选定的批发商分销产品（"选择性分销"）。品牌产品通常是这种情况，因为制造商会关注产品的销售环境。一些零售商仅销售一家制造商的产品（独家经销）。一些制造商承诺不会为某一零售商所在的地理区域内的其他零售商提供产品（"专营地区"）。有时，制造商要求至少要以一定金额销售其产品（"转售价格维持"）[⑦]，其他制造商可能要求零售商至少要销售一定数量的产品（"数量强销"）。

　　纵向整合是指同一企业在纵向产业链中不同环节进行的经济活动。在上例中，制造商 A 和零售商 C 的商业活动是由不同的企业完成的。但原则上说，这两种活动可以由同一企业承担。这样的话，制造商 A 和零售商 C 可以说是纵向整合了。图 5.3 阐明了这一点。在这里，企业 A 和企业 C 是同一家公司企业 D 的一部分，因此可以说是纵向整合。

　　许多这样的限制（转售价格维持、数量强销、专营地区和独家经销）

---

　　⑦　这里假设 A 企业和 B 企业提供的产品在同一相关市场。

　　⑦　委员会在很多情况下谴责转售价格维持，并将其列入欧洲司法法院的文件。详见如 Pronuptia de ParisvSchillgalis（161/84）[1981] E. C. R. 353；[1986] 1 C. M. L. R. 414. 但是，如我们接下来讨论的，大西洋公约的各方都更能接受转售价格维持的做法，因为在某些情况下转售价格维持是促进竞争的。

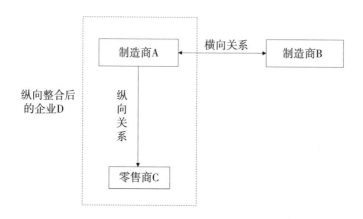

图 5.3　纵向整合

是纵向整合的代替品，虽然在一些情况下是有瑕疵的。例如，选择性分销只是纵向整合的部分代替品。纵向整合和选择性分销都限制了向零售商提供产品的数量。然而，一个纵向整合的企业可能选择不去零售其竞争对手的产品，而选择性分销就允许零售商从不同制造商处选择产品。

纵向整合的宗旨是消除合约交易或市场交易以及取代企业边界内的内部交易。纵向整合如果能够通过生成交易成本效益[72]，或者能够使企业克服与外部企业沟通的困难，从而提高企业运营效率，那么纵向整合就是促进竞争的。[73]

在讨论各种纵向限制对竞争的影响之前，要说明一点，就是许多纵向协议对竞争的影响与纵向整合对竞争的影响相似。例如，在制造和零售环节，独家购买协议可能有着与纵向整合一样的促进竞争的效果。一般来

---

[72]　当单个企业内部交易的费用低于企业间交易的费用时，就会产生交易成本效益。比如当多个公司交易时，卖方公司需要花费一定费用去调查买方公司是否可信，而同一公司的内部交易就不需要这样做。更多关于此事的内容参见威廉森（Williamson）1979 年著和克雷恩（Klein），克拉弗德（Crawford）与艾尔查恩（Alchian）1978 年著。

[73]　公司签订的合同并不能把所有不测之事涵盖在内，问题就产生了。因此，合同被认为是"不完整的"，因为它不能列明所有不测之事。如果突如其来的不测之事改变了合同双方的谈判能力并使得一方能够利用另一方（比如，给对方十分重要的产品定很高的价格），问题就出现了。有关好的介绍调查，参见霍蒙斯唐（Holmstrom）与哈特（Hart）1989 年著以及哈特（Hart）1989 年著，有关研究议程说明的讨论参见泰勒（Tirole）1999 年著。

说，当能够证明一种纵向限制取得了与纵向整合一样促进竞争的效果时，这种纵向限制可以说是有利于竞争的。例如，独家购买协议能够激励制造商对零售商作特定的投资，制造商在没有零售商的需求保证时是不会进行这种投资的。这样的判断标准是合理的。无论是从经济上还是法律上说，如果允许提高效益的纵向整合而不允许独立企业间采取效益同等的纵向限制，这样的做法是荒谬的。因此，当考虑一项特定的纵向限制是否阻碍竞争时，一个可行的方法是考虑该限制是否会产生与纵向整合一样的效果。如果是，就要考虑在某一特定情况下，纵向整合是促进竞争还是阻碍竞争的。

二、纵向限制本质上有利于竞争

对竞争法律从业人员来说，处理纵向限制时的一个困难在于要确定某一特定的纵向限制是促进竞争还是阻碍竞争的。委员会所做的很多裁决指出，除非协议的目标具有很强的阻碍竞争的意图，否则不能单凭协议条款来判断是否适用第 101 条第 1 款来处理该限制。[74]

互相竞争的企业之间的协议（例如共谋和并购这样的横向协议）通常是阻碍竞争的。如果两家企业均有一定的市场力量时，这一点更是如此。然而，上游企业与下游企业之间签订的纵向协议则不一定会阻碍竞争。即使两个企业都有一定的市场力量，这样的协议也可能是有经济效益的合理性。这是因为具有纵向关系的企业所生产的产品是互补的，而具有横向关系的企业所生产的产品是可替代的。[75] 当某一产品的替代产品的价格下降时，那么该产品的需求量就会下降，但是当某一产品的互补产品价格下降时，该产品的需求量就会增加，这就使得企业之间的关系不一样。当生产的产品为替代品时，每个企业会希望另一个企业提高其产品价格，从而减

---

[74]　详情请查阅 Societe Technique Miniere v Maschinenbau Ulm GmbH (56/65) [1966] E. C. R. 235；[1966] C. M. L. R. 357 以及 Brasserie de Haech SA v Wilkin (23/67) [1967] E. C. R. 407；[1968] C. M. L. R. 26。

[75]　可以说在同一产品市场销售产品的不同企业间签订的协议都是横向协议，如果不是的话，那么所签订的协议就不涉及反垄断。

弱价格竞争。但是，当生产的产品为互补产品时，每个企业会希望另一个企业降低其产品价格。回顾图 5.2，无论企业 A 定什么价，企业 B 的产品价格越高，企业 A 销售的产品就越多。因此，企业 A 希望企业 B 提高产品价格。但无论定什么价格，企业 A 希望下游企业 C 确定较低价格，因为这样能够使产品的需求最大化。因此，上游企业希望下游企业定价低。同样地，下游企业也希望上游企业定较低价格，因为上游企业设定的价格是下游企业的原料价格。

因而，通常在纵向关系当中，企业都希望其他企业降低价格。这样的话也就降低了消费者的购买价从而增加了消费者的福利。在这种情况下，某企业强加给另一企业的纵向限制可能有利于竞争，因为可能会促使纵向关系的其他企业定较低价，这正是消费者想要的。企业缔结纵向关系的动机与缔结横向关系的动机存在差异，这在委员会关于纵向限制的指南中有所说明。[76] 指南指出：[77]

"在横向关系下，如果某一企业运用市场力量（更高的产品价格），那么可能有利于其竞争对手，这就诱使竞争者相互做出阻碍竞争的行为。在纵向关系下，某一方的产品可能是另一方的原料。[78] 这意味着，上游或下游企业运用市场力量会减少另一方对产品的需求。因此，签订纵向协议的企业会有动机阻止协议另一方运用市场力量。"

所谓的双重边际化问题可以用来解释纵向限制有利于竞争的本质。假设纵向关系中的两家企业理论上都有市场力量（即定价可高于边际成本），[79] 上游企业将批发价格定的高于产品生产的边际成本，下游企业则会

---

[76] 欧盟委员会，"委员会公告：纵向限制指南" 2000 年版 OJ C291/01。

[77] 纵向限制指南的第 100 段。

[78] 2009 年 7 月委员会公告草案：纵向限制指南，其中加入了这点："也就是说协议所做的各种活动对协议其他方都有互补作用。"

[79] 为避免疑虑，我们并不认为，在某种意义上与竞争相关的市场力量就是把价格设定得高于边际成本的能力。正如我们在本书第 2 和第 3 章所讨论的，很多企业在没有与竞争法有关的市场力量下，也可把定价定得高于边际成本。

把价格定的高于其投入价（即批发价）。这就会使得零售价高于边际成本的两倍。对于上游企业的产品来说，其定价更高，产出更低。[80] 上游企业设定批发价，就更希望下游企业不要再加价，因为这会降低产品需求，从而也降低上游企业的利润。在这种情况下，上游企业强加给下游企业的纵向限制使得下游企业不得对边际成本加价，不仅可以增加上游企业的利润，也可以增加消费者的福利。[81] 大量的纵向限制都适用于这种情况。例如，上游企业设定这样的纵向限制，下游企业不得把价格设定得高于边际成本（最高价格上限）。或者，上游企业可以对下游企业施加限制，规定下游企业必须得从上游企业那里购买一定数量的产品，而这样的数量迫使下游企业所定的零售价低于其边际成本。

在此需要说明两点，第一，在这个例子中尽管纵向限制有利于竞争，但纵向限制不能保证零售价就是竞争价格。通过假设可得出，制造商具有市场力量（理论上说是这样，见脚注80），因此能把销售价（批发价）设定得高于边际成本。[82] 第二，在这种情况下，纵向限制可以消除零售商的市场力量。如果零售部门是完全竞争的，那么零售商就不具有市场力量，那么就不需要纵向限制。也就是说在评估纵向限制的竞争效果时，理解纵向每一层面的竞争本质很重要。[83]

---

[80] 这就会回答了"什么比垄断者更坏"，答案是"一连串的垄断者"。

[81] 在此假设制造商给零售商强加纵向限制（会增加消费者福利的纵向限制）。这与假设零售商给制造商强加纵向限制的结果是一样的。

[82] 当然，如果零售商对制造商施加限制，零售商的定价将会高于其边际成本。基点都一样：零售价会高于正常竞争水平价格。

[83] 斯担纳尔（1996年）：抨击了零售层面完全竞争的假设以及意识到抛弃这一假设的潜在含义所花的时间。他指出，"不切实际的单一阶段［市场力量］范式的衰亡被推迟了，因为提出和应用该理论的人很少活跃在该行业并且不会凭直觉而凭经验办事。这就敲醒了一个警钟：理论已不起作用。"他继续说道："许多经济学家随意承认，他们更愿意从事垄断或纯竞争假设型的研究工作，因为位于这两个阶段之间的不完美竞争，数学变得复杂而混乱。然而，在不完美竞争环境下，经营者并不能逃避责任，同样要去思考在如此混乱的市场条件下如何实现利益最大化的问题。"

延伸阅读：双重边际化（双重加价）

我们可以从更正式的背景分析双重边际化问题。我们假设有一家垄断制造商为垄断零售商供应产品，因而两者都拥有市场力量。再假设零售商唯一的边际成本是制造商的批发价。从第二章我们知道，垄断企业设定价格使得边际成本等于边际收益。[84] 因此制造商清楚，零售商将会设定使其边际成本与边际收益相同时的对应价格。这意味着，零售商对制造商产品的需求数量由零售商的边际成本（也就是制造商的批发价）与零售商的边际收益曲线相交处决定。因此，制造商将会把零售商的边际收益曲线视作其需求曲线，并设定边际成本等于边际收益曲线（由零售商的边际收益曲线决定，即生产商的需求曲线）将根据零售商定义的边际收益曲线（即生产商的需求曲线），来设定等价的边际成本。图 5.4 表明了这点。

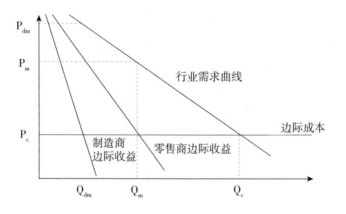

图 5.4 双重边际化

在完全竞争情况下，企业需求曲线与边际成本曲线相交处，完全竞争价格为 P_c，而竞争产出是 Q_c。由于双重边际化，制造商的定价为 P_m，而零售商的定价是 P_{dm}，产出是 Q_{dm}。然而，如果制造商能够迫使零售商以其边际成本为价格销售产品，那么零售商的定价为 P_m（生产商的批发价），而产出将会是 Q_m。就是说，比起没有纵向限制的情况，在纵向限制之下的产量将会更大，而价格则会较低。可以实现这一情况的纵向限制包括：制造商设定一个最大的零售价，在这个价位下零售商可以售出（P_m），或者给零售商设定一个数 Q_m，零售商必须卖出这么多的产品。要注意的是，尽管存在纵向限制，制造商的市场力量会使零售价格高于竞争水平（即价格为 P_m 而不是 P_c）。还要注意的是，尽管我们的假设都是基于纵向垄断的，但并不一定表明，只要两个层级都有市场力量，就会引起双重边际化（理论参见脚注80）。因此，纵向限制是普遍存在的，并且很多各方认可的限制都是有好处的。委员会的非横向并购指南也认识到双重边际化的重要性和潜在的频繁性。[85]

目前的讨论说明了两个要点。第一，纵向限制可能是促进竞争的。第二，由于企业缔结纵向关系往往使企业的动机与社会相一致，这说明纵向协议的任何潜在反竞争效果都是来自于横向层面的影响。确实如此，并且这一观点已被广为接受。纵向限制是否阻碍竞争，主要取决于它是否会在横向水平上削弱竞争。纵向限制可以用于阻碍品牌间竞争（不同品牌之间的竞争）以及品牌内部竞争（同一品牌在不同销售点的竞争）。当纵向限制大大削弱品牌间和品牌内部竞争时，这些限制可能是阻碍竞争的。品牌间竞争的损失比品牌内部竞争的损失更让人担忧。如1997年关于纵向限制绿皮书中委员会指出：[86]

---

[85] 以上内容的详细讨论，请看第八章。
[86] 欧盟委员会，"欧盟竞争法关于纵向限制的绿皮书"1997年版，第 iii 页。

"经济学家之间关于纵向限制的激烈争论已经稍微平复，并且逐渐出现了共识。纵向限制不再被认为是本身可疑或者本身是促进竞争的。经济学家不愿意做出笼统的解释，相反，他们更注重对所涉案件的事实进行分析。但是有一点必须指出的，就是市场结构对于分析纵向限制的影响的重要性。品牌间的竞争越激烈，就越有利于竞争，并且效益远远大于纵向限制产生的阻碍竞争效应。只有当品牌间竞争不激烈、生产商或分销商存在进入市场的障碍，就可能有反竞争的效应。"

这一观点在委员会指南中也有体现：⑧⑦

"在评估个别案件时，委员会遵循第 101 条对纵向限制进行评估时会采用经济学方法。这就限制了第 101 条在某些企业上的应用，这些企业在品牌间竞争不足时拥有一定的市场力量。在那样的情况下，保护品牌间和品牌内部竞争从而保证经济效益以及消费者福利尤为重要。"

更新后的指南草案也明确了这点：

"如果品牌间竞争激烈时，品牌内部竞争的减少不会对消费者产生不利影响。"⑧⑧

并且"如果品牌间竞争受限，品牌内部竞争的减少才有问题。"⑧⑨

然而，就算特定的纵向限制损害了品牌间竞争从而对竞争造成消极影响，也不一定要阻止纵向限制，因为纵向限制带来的效率收益可能会超过反竞争影响。正如上面讨论的，纵向限制可以消除纵向关系中的企业定价较高的问题（即双重边际化问题），这些价格高于纵向关系中其他企业的最优价格。纵向关系导致的许多效率低下问题都可通过纵向限制缓解或解决。

---

⑧⑦　竞争法应用指南，第 102 段。
⑧⑧　委员会通知草案："纵向限制指南" 2009 年 7 月著，第 98 段。
⑧⑨　纵向限制指南，第 149 段。

在多种情况下，制造商强加给下游消费者的纵向限制，是由于制造商要把消费者的利益与自身利益统一起来。很多情况下，对零售商最有益的行为可能对制造商不利。这会导致一种局面，即，总体来说对制造商和社会都是次优的。很多这种情况的例子都是由于零售商不能占用自身投资的所有收益造成的。这样的话，零售商就不会像在可以占有所有投资收益的时候投资那么多。如此一来，就会给制造商和社会带来不利影响，特别是在降低产品需求的情况下。

当消费者看重售前服务时，就是这种无效率的典型例子。售前服务会增加一些产品的需求，尤其是一些比较复杂的产品，它们的质量不会马上体现出来（如昂贵的消费电子产品）。制造商希望零售商能提供售前服务，例如懂行的销售员，因为售前服务会增加其产品的需求。然而，如果大部分零售商提供售前服务，那么对于不提供售前服务的一些零售商来说就有利可图，因为这给了这些不提供售前服务的零售商搭便车的机会。消费者可以从一个零售商那里获得售前服务，然后从另一家价格较低的零售商那购买产品，该零售商之所以价格较低是因为其并不提供任何售前服务，不会因此而产生成本。而制造商因此会面临的问题是，这类行为减少了零售商提供售前服务的动机，结果无论是对制造商还是对整个社会来说，提供的售前服务都减少了。在这种情况下，纵向限制可能可以解决这个问题。如果制造商只向那些提供售前服务的零售商供应产品，这个问题就得以解决。制造商可以通过选择性地分销其产品，即只为那些提供售前服务的零售商供应产品，那么就可以解决这个问题。⑩

零售商做广告宣传也会出现类似的问题。如果某个零售商为某一特定品牌产品（假设是 DVD 播放器）做广告宣传，从而使得该区域内的所有零售商提供的该品牌的 DVD 播放器的需求量都增加了，那么零售商们都会

---

⑩ 尽管这可能导致另一种无效率的情况。由于制造商要求零售商们提供售前服务，那么那些不需要售前服务的消费者（因为他们早已十分了解产品）也因此而要支付更多的钱。这种情况下制造商采用的选择性是为了避免"搭便车"的问题，这样还会增加产品销售量。因此，其目的是鼓励边际消费者购买产品。这就损害了那些即使在没有选择性分销时也想购买产品的消费者（缘下消费者）的利益。

尝试"搭便车"，享受某一零售商做广告宣传得来的效益。但是，如果每个零售商都试图这样做，就会减少甚至不会再有这样的促销活动。无疑这种情况下的宣传活动会比没有"搭便车"动机时的宣传活动要少。这种情况下，对某一特定品牌的 DVD 播放器就没有什么促销效果，并且其销售量也会比有广告宣传时的销售量低。制造商可以把广告宣传作为选择性分销协议中的某一条件从而解决这个问题。这样的纵向限制可以促成新的产品进入市场，这类产品如果没有广告宣传的话，就要通过很大努力才能打进市场，而消费者也会因为缺乏此类产品的广告宣传而对该类产品缺乏了解。⑨

　　要注意的是选择性分销可能会阻碍竞争。如果制造商通过选择性分销大大减少销售其产品的销售点，这可能会大大减少品牌内部竞争。如果品牌间竞争相对较弱，就会使得产品价格高于竞争水平。当相关产品需要售前服务或真需要保证品牌产品避免不恰当的分销时，或者品牌内部竞争并没有大幅度减少时，或者品牌间的竞争仍然激烈时，选择性分销才可能会提高经济效率。

　　当制造商不能占用其所有投资收益的时候，也会出现降低经济效率的情况。假设制造商为销售其产品的零售员工的培训进行投资，这样的培训投资可能不仅让销售人员更好地销售该制造商的产品，也可能会使销售人员更好为其他制造商销售产品。由于制造商不会把这点考虑在内，或者会把这点归结为培训的负面影响，那么制造商就会减少培训上的投资。解决这个问题的方法是制造商仅提供货物给那些只销售其产品的零售商（也就是独家经销）。还有要注意的是，独家经销可能会阻碍竞争。独家经销会削弱每个零售商之间的品牌间竞争。如果品牌间竞争本来就弱，那么定价

---

⑨ 可替代的纵向限制可能是专营地区。如果专营地区的范围足够大，那么就可以大大减少那些想要在其他零售商提供的售前服务或者广告宣传中"搭便车"的机会。然而，委员会一向不看好专营地区的做法。因为这种做法不但阻碍竞争（削弱品牌内部竞争），而且还与委员会的单一市场机制相悖。参见 Newitt/Dunlop Sla-zenger（IV/32.290）[1993] 5 C.M.L.R. 352；[1992] OJ L131/32 以及 GlaxoSmithKline v Commission [2006] E.C.R. II 2969；[2006] 5 C.M.L.R. 29。

就会上涨。②

通常纵向限制也会被制造商用以获取规模经济。一个制造商可能不愿意向进货少的大量零售商供货，相反，他们会给少量进货多的零售商供货。纵向限制如数量控制可以解决这个问题。要注意的是，尽管这样的纵向限制是合法的，但如果这样的做法会导致品牌内竞争弱的市场上只有很少零售商得到产品供应，那么品牌间竞争就会大大减少，这样也就引起了反竞争效应。

纵向限制也可以用于避免纵向关系中一方对另一方所做的机会主义行为。在纵向关系下，如果要进行特定关系投资，那么除非纵向关系中的企业在确保其他方不会将投资效益据为己有时，他们才会进行投资。建在钢铁工厂旁边的发电厂决定对钢铁厂提价可能就是机会主义行为的例子。一旦钢铁厂确定了位置，钢铁厂就没有选择供应商的余地。认识到这种危险，钢铁厂只有在确定其不会遭受机会主义损害时，钢铁厂才会建立厂房。长期供货协议可以用于避免此类问题。

三、纵向限制潜在的反竞争影响

尽管之前已指出，即使是加强经济效率的纵向限制也有可能带来反竞争的影响，目前的讨论主要集中在用于消除有纵向关系产生的经济无效率而运用的纵向限制。然而，纵向限制也可以用于阻碍竞争。纵向限制可以通过三种方式损害竞争：第一，可以用于对竞争对手封锁市场；第二，可以用于削弱竞争者的价格竞争；第三，他们可以被用于促进共谋（通常是默示共谋）。

企业想要通过纵向限制封锁市场主要有两个原因。一个原因可能是企业希望避免增加由新产品进入市场而引起的品牌间竞争。例如，现存的制造商可能试图通过与所有零售商签订独家经销协议从而阻止制造商进入市场，特别是这些制造商比现存的制造商更有效率。如果存在进入零售市场

---

② 事实上，这种情况下的数量控制类似于独家销售地区。

的障碍，那么就能保证任何新的制造商不能分销其产品。[93] 同样地，零售商可能通过与所有制造商签订独家经销协议，试图阻止新的零售商进入市场。[94] 关键是制造商（或零售商）可能利用纵向限制防止竞争对手与其他各方交易，如零售商或制造商。而竞争者如果成功进入市场，就需要与这些零售或制造商进行交易。结果是纵向限制有时可以被用于阻止新的制造商或零售商进入市场。

利用纵向限制封锁市场的第二个原因是，上游垄断者可能希望削弱下游企业的品牌内竞争，即使下游市场是竞争的。[95] 芝加哥学派认为，上游垄断者可以设定批发价格，以便获取所有垄断利润。垄断者对所有零售商都提供批发价，因而效仿纵向整合措施。然而，与芝加哥学派的观点相反，垄断者可能无法获得全部垄断利润。如果垄断者有可能在不同时候对不同的零售商提供不同的价格（即，合同是保密的并且不是同时签订的），那么芝加哥学派的观点就无效。一旦垄断者已经给某一零售商提供某一定价，垄断者最大化利润的做法是为下一个零售商提供较低的定价。[96] 然而，第一个零售商清楚知道这一点，不会接受早期较高的价格。除非垄断者对所有零售商实行统一定价，否则垄断价格就不可接受。这意味着，垄断者将不能获得理论上的垄断利润。[97] 解决这一问题的方法是，垄断者要切实地"牵紧一家零售商的手"，仅与某一零售商签订独家经销协议，或给零售商独家销售区域。

---

[93] 制造商的一个比较弱的封锁方式可能是签订"最好的"零售商（比如处于最优的地理位置的零售商）。这并不会完全阻止进入市场，但会加大进入市场的难度。实际上这将会提高进入市场的成本，因为加入者要投入更多（例如，更多品牌广告，寻找新的零售商等等）更多去抵消拥有不是那么好的零售商的劣势。

[94] 或者，是和最好的制造商。

[95] 哈特（Hart）与泰勒（Tirole）1990年著：在古诺竞争背景下讨论这个问题，同时欧毕文（O'Brien）与谢菲尔（Shaffer）1992年著：在不同的产品背景下分析价格竞争。

[96] 这背后的逻辑跟第二章讨论的耐用产品的垄断一样。

[97] 竞争法干预（对垄断者施加非歧视性条款）可能会提高给消费者的定价。第六章会对非歧视性条款的福利进行更详细的讨论。

延伸阅读：承诺问题[98]

假设上游垄断者只有两个零售商，纵向整合利润最大化的产量和价格分别是 Q_M 和 P_M。进一步假设零售商的成本均为零（且不说批发价），反需求函数为 $P = P(Q)$。垄断者的不变边际成本是 c，没有固定成本。那么标准芝加哥观点认为，垄断者会以 P_M 价向零售商提供产品，而每个零售商（假设对称）的销售量为 $Q_M/2$。现在假设还有保密合同的余地，因此就无法保证制造商为每个零售商提供相同定价，并且零售商也不知道制造商给别的零售商提供的价格是多少。将两个零售商表示为 Ri，其中 i = 1 或者 2。假设零售商 R_1 希望零售商 R_2 将会从制造商那购买 q_2 数量的产品。那么，R_1 将会为 q 数量的产品支付 $P(q + q_2)$ 的钱。R_1 想要把垄断者利润最大化，就要实现 $[P(q + q_2) - c]q$ 最大化。这种情况与其他零售商一样，所以由此得出标准古诺最大化问题。这意味着垄断者赚取的利润不会超过古诺利润，而根据定义古诺利润低于纵向整合的垄断利润。因此可以直接得出的一个结论是，只有所有零售商所得的定价一样，零售商才会以价格 p 购买 q 数量的产品，才能满足垄断者利润最大化的要求，因为只有这样，垄断者不会给其他零售商提供更低价格的说法才让人信服。但这是古诺竞争下的纳什均衡的定义（详见第二章，尤其是图 2.5）。

委员会已经表明，要警惕可能造成市场封锁的纵向限制。委员会就这个问题采取措施的一个例子是有关对爱尔兰立即消费冰激凌市场的裁决。[99] 委员会发现，联合利华滥用市场支配地位，因为其通过仅为那些保证只从联合利华进货的零售商提供冰箱，从而对新进入者进行市场封锁。委员会

---

[98]　这种做法是遵循雷伊（Rey）与泰勒（Tirole）（1996）提出的做法。

[99]　Masterfoods Ltd v HB Ice Cream Ltd［2001］All E. R.（EC）130；［2001］4 C. M. L. R. 449。以下讨论内容并非要谴责或宽恕委员会做出裁决的所做的分析。

指出，许多零售商不能或不希望在他们的商店里安置两台冰箱。这表明在许多零售商店里，冰箱专用与独家销售是相同的。也就是说，一旦联合利华在零售店里安装了一台专用冰箱，其他制造商就不能再向该零售店供应产品，所以该零售商店事实上就成了独家经销商。

　　一些评论员认为，只有当证据表明纵向限制造成了市场封锁时，才应受到竞争法的干预。例如，伦敦经济学（London Economics）[⑩] 指出：

　　"总的来说，关于纵向限制的经济学文献认为，不应采取竞争法干预纵向限制，除非纵向限制已被用做阻止新的企业进入市场的策略，实际上是制造商限制竞争对手与下游的经销商进行贸易往来。"

　　然而，这说法太过武断。尽管企业利用纵向限制去封锁市场是主要的反竞争担忧，但纵向限制也可以用于弱化制造商之间的价格竞争或者促进共谋。消费者群体通常认为，这是选择性分销的预期效果。他们认为，制造商可以使用选择性分销减少品牌内竞争从而提升价格。价格上调可能会刺激作为竞争者的制造商提高其定价（也就削弱了品牌间竞争）。根据这种说法，如果多个竞争的制造商一起采取选择性分销就类似于默示共谋。独家经销也有类似的效应，因为同样削弱了品牌内的竞争。独家经销通过阻止其他品牌产品进入零售店从而对品牌间的竞争具有更直接的影响。那么，如果所有制造商采取独家经销，就类似于共谋。转售价格维持（RPM）是另一种纵向限制，如果大量主要制造商都使用它的话，就类似于共谋。RPM 直接减少品牌内和品牌间竞争。

　　转售价格维持不在集体豁免条例范围之内。委员会一直以来都敌视转售价格维持，并且不会根据第 101 条第 3 款授予其单独豁免。[⑩] 然

---

　　⑩　伦敦经济学 1997 年版。

　　⑩　在某些情况下 RPM 是可以提高效率的，尽管这样的情况不多。出版商一直认为书本是转售价格维持对社会有利的一个例子。也就是说转售价格维持可能允许出版商交叉补助那些"有价值的"书，但如果他们本身想要赚取利润，他们就不会出版这些书。然而，这种观点似乎没有给委员会留下很深的印象。委员会对比利时，荷兰，英国和爱尔兰的企业联合行为进行监管。在发表异议声明后，委员会允许那些保证不会影响成员国间的贸易的德国的卡特尔企业（"Sammel-revers"）进行卡特尔行为。

而，如我们在下面的方框 5.4 中所讨论的，这可能是政策正在变化的领域。⑩

延伸阅读：关于转售价格维持的新兴政策——经济学的成就

转售价格维持是经济分析在反垄断规则中起作用的一个很好的例子。欧盟委员会制定 RPM 是"核心"纵向限制，这意味着它实际上本身是违法的。多年来，美国同样用本身违法原则处理 RPM。然而，自丽晶皮革（Leegin）一案后，美国对 RPM 的立场已经没那么强硬。丽晶皮革公司是皮革制品和时尚饰品制造商，其所在市场有很多竞争者，因此品牌间竞争十分激烈。自 1997 年以来，丽晶皮革公司实行这样一个政策：拒绝为那些对其产品打折、使价格低于丽晶皮革公司建议售价的零售商提供货物。丽晶皮革公司的其中一个客户零售商 Kay's Kloset 起诉了丽晶皮革公司，因为 Kay's Kloset 以低于丽晶皮革公司建议的价格出售产品，丽晶皮革公司就停止为其供货。地方法院基于 RPM 本身违法的原则支持 Kay's Kloset。这个案子最终提交到最高法院，推翻了对转售价格维持的本身禁令，而是采用了合理原则的方法。⑩

---

⑩　另一个认为转售价格维持有经济效益的例子是英国公平贸易局对 John Bruce 有限公司英国分公司的裁决。（CA/12/2002 John Bruce 有限公司英国分公司，Fleet Parts 有限公司以及卡车和拖车零部件公司共同签订的垄断价格协议。）公平贸易局负责人指出 John Bruce 有限公司英国分公司，Fleet Parts 有限公司以及卡车和拖车零部件公司（Unipart 集团旗下的一个分公司）缔结了垄断价格协议，因而违反了 1998 年的竞争法。上述的三家企业都是供应 MEI 品牌的自动间隙调整器的。然而，有说法指出，转售价格维持对于提供充足资金推销 John Bruce 品牌产品尤为重要，因为该品牌产品是市场的新进入者。

⑩　由 25 位反垄断经济学家发布的法庭之友简讯也支持这样的立场。

最高法院接纳了在某些情况下转售价格维持是促进竞争的说法，并指出基于与其他纵向限制类似的理由，转售价格维持也可能是合理的："如果没有纵向的价格约束，那么就可能不会有足够的促进品牌间竞争的服务。"但并不是说转售价格维持不会阻碍竞争。法院清楚地知道，在某些情况下，如转售价格维持用于促成卡特尔，转售价格维持就阻碍竞争。法院指出，以下因素对于调查转售价格维持很重要：

1. 有多少其他企业正在采用相同的做法？

2. 限制背后的驱动力量是什么？法院认为，如果是由零售商而不是制造商驱使的，那么 RPM 就很可能是不利于竞争的。

3. 制造商或零售商是否有市场力量？

这些因素背后的经济原理是很明显的。如果只有少数几家企业在运用 RPM，而他们并没有市场力量，那么这样的做法就不会阻碍竞争。这是因为 RPM 并不会对品牌间竞争产生显著的不利影响。如果 RPM 是由零售商驱动的，那么这与零售商想要缓解下游竞争的意愿是一致的。然而，制造商通常想要鼓励下游经销商有效分销产品，这也是消费者想要的。

Leegin 一案的裁决引起很大争议，而且应该注意到，高级法院处理这个案件时的分歧导致法院本身分成人数为 5/4 的两派。值得注意的是，委员会新起草的纵向限制指南已经表明了其对 RPM 的立场有所缓和。委员会仍然认为 RPM（转售价格维持）是一个"核心"限制，但提供了这样的可能性：尽管如此，RPM 还是有可能依据第 101 条第 3 款豁免。因此，新的指南草案规定[104]：

---

[104]　第 47 段（或者第 219 段的复述）。

　　"这是一个可辩驳的假设，在个别案例中，它为企业提供根据欧盟竞争法第 101 条第 3 款进行效率辩护的机会。万一企业证明把核心限制列入条款内会产生效率，并且总体上满足了第 101 条第 3 款的所有条件，这就要求在委员会对核心限制是否满足第 101 条第 3 款的所有条件做出最终判定前，要对其会产生的不利于竞争的影响做出确切的评估而不是假设。"此外，指南草案也接受这样的观点，"RPM 可能会限制竞争，有时也可能产生效率"，并且列举了大量例子，比如促成新品牌进入市场。而最高法院对 Leegin 一案的判决，并不意味着 RPM 通常是促进竞争的。事实上，委员会仍然对 RPM 持怀疑态度。然而，委员会似乎正在走向"合理原则"的方法，基于案件的具体事实进行经济分析。这与美国对 Leegin 一案的裁决相一致，也与自 2000 年以来委员会对纵向限制的总体态度一致。

四、委员会对纵向限制的政策

　　委员会在 2000 年 6 月实施了集体豁免条例，以此对纵向限制进行管制，同时发布了一份指南公告，为根据第 101 条对纵向限制进行评估提供了准则。[105] 集体豁免条例为那些市场份额低于 30% 的企业所缔结的纵向协议做了合法性假设[106]。当企业享有超过 30% 的市场份额时，委员会就会对其进行一个基于效应的分析，检测相关纵向限制是否阻碍了竞争。委员会保留在极少情况下对那些市场份额少于 30% 的企业撤回集体豁免权的权利，特别是在 50% 的市场均被那些市场份额少于 30% 的企业的相似限制所覆盖的情形。最后还有一点，如上所述，一些限制如转售价格维持被称为

---

　　[105] 欧盟委员会，"委员会公告：纵向限制指南" 2000 年版 OJ C291/01。这些指南把纵向限制分成四类并讨论各类纵向限制的潜在效率及其阻碍竞争的影响。指南是十分有用的重要参考资源，最新的指南草案在本书（英文版）出版前不久就已发布，但那仅是一份草案，在最后的评论期限（2009 年 9 月下旬）过后，将会修订该草案。

　　[106] 通常是上游企业，但占用的情况下是下游企业签订的协议，如独家供应协议。

"核心"限制，因此它们不在集体豁免的范围。

集体豁免条例解决了先前对纵向限制所采取政策的三点主要不足，分别为：

1. 当时采用的集体豁免条例基于严格的形式要求，因而太过于墨守成规并且实施起来会带来很大束缚；

2. 有这样一个实际性风险：当时采用的集体豁免条例实际上是扭曲竞争的豁免协议；

3. 集体豁免只用于那些与最终产品有关而与中间产品或服务无关的纵向协议。

在评估那些不会得益于豁免的纵向协议时，指南指出"委员会将采用基于市场效应的经济方法"[107]，并且：

"委员会在应用 101 条处理纵向限制时会采用经济学方法。这就限制了 101 条对那些在品牌间竞争不足而仍享有一定市场力量的企业的应用范围。"[108]

新的指南草案回应了这个观点，草案指出：[109]

"对于大多数纵向限制，只有在一个或多个交易环节竞争不足时（也就是在供应商的环节或者买家的环节或者这两个环节均有一定的市场力量），才会引起竞争担忧。"

采用30%的市场份额门槛与仅关注那些享有一定横向市场力量的企业实施纵向限制的做法一致。委员会建议协议双方（也就是上游企业和下游企业）均用这个市场份额门槛。先前的假设是这样的市场份额门槛仅仅是指那些施加纵向限制的企业（通常是上游企业）。委员会特地把这样的变

---

[107]　指南第 7 段。
[108]　指南第 102 段。
[109]　指南草案第 6 段。

化标识为对新的集体豁免条例咨询过程中收到的评论之一。而我们的观点是，市场份额门槛是指实施纵向限制的企业，并且通常很清楚哪一方实施了纵向限制。

委员会越来越倾向于以经济学为基础的并且具有一致性的政策。这种变化很受欢迎。有说法指出，新方法比之前基于形式的方法更不具法律稳定性。然而，即使是这样，企业也不会受到对 101 条陈旧解释的商业惯例的束缚。因此在我们看来，新政策是委员会竞争政策的明显进步。委员会知道只有在企业具有横向市场力量的情况下采取纵向限制才会阻碍竞争，并且委员会以经济学为基础的更一致的政策比先前的旧体制更关注那些会产生市场力量的纵向限制。该政策已取得成功已被广泛接受。这反映了一个事实：委员会目前对修订版本的集体豁免条例和指南（要求要在 2010 年 5 月前全部完成）的咨询会正视政策的细微变化。

但是，有必要强调一下委员会的方法会引起的大量问题。首先，委员会继续使用"核心"纵向限制的概念。有很多纵向限制被认为不在集体豁免范围之内并且被推测为不合法的。在上面的内容我们已经讨论过转售价格维持，但还有其他四种"核心限制"，它们分别为：

- 对产品销售区域或者潜在客户群的限制；
- 在选择性分销系统下授权给零售经销商，从而对最终用户的主动或被动销售的限制；
- 选择性分销系统下被授权的经销商销售产品和从分销网络中的其他成员处购买产品的限制；
- 对备用零件制造商（卖给终端用户、独立修理商以及服务供应商）的销售量的控制。

这些限制有趣之处在于，它们与品牌内竞争约束有关，且不是由品牌间的竞争担忧所引发的。相反，是源于这些限制可能分割市场或者给价格歧视提供机会的忧虑。因此，委员会对这些限制引起的竞争担忧就没有市场一体化方面的担忧那么强。指南明确指出市场整合也是委员会其中的一个目标。指南第 7 段指出：

"市场一体化是欧盟委员会竞争法的另一个目标。市场一体化加大了共同体的竞争。国家壁垒成功摒除后，企业不得重建成员国间的私人壁垒。"

核心纵向限制的概念并不是由经济学的必然推理得出：纵向限制竞争影响必须根据特定案件的事实进行评估。根据欧盟竞争法的市场一体化目标禁止一些核心限制是合理的，而要明白的是全面禁止的政策会涉及一些促进效率的协议。

其次，指南根据纵向限制可能造成的消极影响把纵向限制分为四类，分别是：

● "单一品牌类"，即非竞争条款、数量控制、捆绑等。这些限制的共同特征是直接影响品牌间竞争；

● "限制分销类"，即选择性分销、独家经销等。这些限制直接影响品牌内竞争，尽管它们在某些情况下也可能间接影响品牌间竞争；

● "转售价格维持类"，即最低限价、最高限价、建议转售价格等。这里的担忧就是事实上这些执行起来跟转售价格维持一样；

● "市场分割类"，即区域转售限制、独家采购等。这里的问题与市场一体化目标有关。

指南指出转售价格维持类以及市场分割类更可能阻碍竞争，并且其效率收益比其他两类要低。这与委员会"核心"限制的方法相符，但是，把比"单一品牌类"或"限制分销类"更让人担忧的市场分割类包含在内的做法并不是以竞争经济学为基础的。有时候追求市场一体化会与追求经济效率和消费者福利相冲突。

第三，在指南大部分内容中，委员会指出纵向限制组合起来的情况比个别纵向限制更糟糕。因此，在第 119 段第 6 行指出：

"总的来说，纵向限制的组合加大了消极影响。然而，某些纵向限制组合比它们单独使用的时候更有利于竞争。"

通常来说，纵向限制的组合比单一纵向限制更糟糕，这是事实。但必须要注意的是，委员会是正确的：情况并不总是这样。这本身没有规则可遵循，而且对每种纵向限制组合的分析都需在其发生的市场背景下进行。

第四，2000 年的指南对处于市场支配地位的企业采取的纵向限制持有敌对立场。[⑩] 根据指南，处于市场支配地位的企业不能获得 101 条第 3 款下的豁免[⑪]：

"当一个企业处于市场支配地位或者由于纵向协议享有市场支配地位，那么可断定其采取的纵向限制具有可预见的反竞争影响，原则上不能被豁免。"

指南关于这点的论证受到品牌间和品牌内竞争的权衡的启发，即如果不存在品牌间竞争，那可以通过品牌内部竞争得以补救，相反也一样。然而，如果没有品牌间竞争，那么加大品牌内部竞争通常是不能挽回失败——使下游企业竞争更激烈，一般不会解决上游企业之间缺乏竞争的问题。同样地，通常不存在这样的推测，品牌内部竞争限制会削弱品牌间竞争。如上面指出的，品牌间竞争激烈时，无需担忧品牌内部竞争削弱（暗示可能存在纵向限制）的问题。但由此就推出"当品牌间竞争不太有效时（也就是存在享有支配地位的企业），不能允许纵向限制"，这是不对的。这种观点忽视了具有市场支配地位的企业，和不具有市场支配地位的企业一样存在，会因为促进竞争的理由而执行纵向限制。

要指出的一点是，新的指南草案并没有以上所引用的表述。这就表明了委员会对支配地位企业及纵向限制的立场没那么强硬了。然而，委员会

---

⑩ 在毕晓普（Bishop）与里提雅德（Ridyard）2002 年著及毕晓普（Bishop）2003 年著均对此作了详细讨论。

⑪ 指南第 135 段。

在第 123 段指出：

"一份保持、引发或加强接近垄断的市场地位的限制协议通常不能因为其也能产生效率而判定为合理的。"

尽管这句话含义的侧重点在于"通常"，但委员会的政策态度似乎并没有缓解很多。如果是这样的话，那么支配地位企业使用的纵向限制可能就不被允许了，即使那些限制净效应是增加消费者福利。

关于指南对支配地位企业不友好的一个回应是，表明这些限制不在第 101 条第 1 款的范围之内。[112]

这就是荷兰竞争监管机构荷兰竞争管理局所采取的方法，荷兰竞争管理局评估了喜力啤酒（荷兰主要啤酒制造商）为酒吧或授权零售店（"按需"）提供散装皮尔森啤酒时采用的独家供应协议，根据协议，喜力啤酒为这些酒吧或授权零售店提供经济和商业支持。[113]

在评估喜力啤酒的协议是否不在第 101 条第 1 款的范围之内时，荷兰竞争管理局强调检验那些协议对竞争的整体影响的重要性，并指出不能通过一个企业的市场地位推断出来：

"喜力啤酒在相关市场的地位很重要，因为其地位越高，其产生阻碍竞争影响的可能就越大……喜力啤酒是否享有市场支配地位（以及排他性是否被客观评判），这个问题只有在其能证明协议具有可预见的反竞争影响时才有关系。"[114]

换句话说，企业如果被判定为享有市场支配地位并不能说明其使用的纵向协议会产生可预见的反竞争影响。在这个特定案例中，荷兰竞争管理局发现，尽管喜力啤酒的市场定位对特定审查给出了解释，但其新的供应

---

[112] 详见皮帕克恩（Peekerkorn）2002 年著：文中分析了委员会政策背后的论据。
[113] 2002 年 5 月 28 日全国管理协会对喜力啤酒的裁决 — Horecaovereenkomsten（2036）。
[114] 参见裁决第 85 段，德国的非官方解释。

协议并没有反竞争的影响并且不在第 101 条第 1 款范围之内。⑮

五、纵向限制的实证证据

对纵向限制影响的实证分析显著缺乏，尤其是在与大量理论文献相比的时候。Lafontaine 和 Slade（2008）对现有的实证文献进行了研究。该文献涵盖许多行业，比如啤酒和白酒分销、汽车销售、汽油、隐形眼镜、铁路运输、有线电视、电影销售以及原油精炼。尽管作者立即指出这只代表很少一部分行业，不能代表整个市场经济，但他们也认为该文献一致表明两个相当明显的结论。第一，企业自发缔结的纵向限制有利于竞争。这与"纵向产业链中的产品都是互补产品而不是替代产品，所以我们判断纵向限制是促进竞争的"的原理也是一样的。第二，当制造商实施的纵向限制是政府行为的结果，这些限制通常不利于竞争并且往往会提高价格却降低服务水平。Lafontaine 和 Slade 指出：

"似乎当经销商或消费者群体说服政府'重新调整'他们遭受的不公平待遇时，结果第一，就是价格更高，成本更高，经营时间更短以及消费更少和上游企业利润更低。"⑯

上述纵向限制的讨论有两个显而易见的主要结论。第一，在特定情况下，一个指定的纵向限制是否不利于竞争，尤其取决于品牌间的竞争水平。品牌间竞争越激烈，纵向限制就越不可能阻碍竞争，即使这些限制削弱或消除了品牌内竞争。当品牌间和品牌内竞争都激烈时，就更不可能阻碍竞争。然而，当品牌间竞争不激烈时，纵向限制就可能导致市场封锁或价格竞争疲软。

图表 5.2 给出了详尽的纵向限制列表，并表明每种纵向限制直接影响的竞争类型。这个图标着重于每个纵向限制的直接影响。因此，选择性分

---

⑮ 这种解释与本节简介中讨论的第 101 条第 1 款更狭义的更基于经济学的解释相符。

⑯ 拉佛唐恩（Lafontaine）与萨拉德（Slade）2008 年著，第 408 页。

销直接削弱品牌内竞争，但不会削弱品牌间竞争。如果多个制造商一致采用选择性分销，作为默示共谋的工具，那么不可否认其能用于削弱品牌间竞争。

图表5.2 零售环节所选择的的纵向限制对竞争的影响

	削弱品牌内竞争	削弱品牌间竞争
选择性分销		X
独家经销		X
独家分销	X	
价格上限		
独家销售区	X	
转售价格维持	X	X
全线强制		X
竞业禁止		X

上述表格说明三点：第一，表5.2所列的限制因素中，与那些仅减少品牌内竞争的限制因素相比，委员会对于那些减少品牌间竞争的限制因素会做更严肃的处理。因此，转售价格维持是一种"核心"限制，它和独家经销、搭售和竞业禁止条款一样，委员会会为保护"单一品牌"而对其采取措施。第二，限定价格并没有直接减少品牌内或品牌间的竞争。而我们所讨论的纵向关系的互补性是指，在通常情况下，限定价格应该是有利于竞争的，它可以防止双重边际化的问题，当然有时也会出乎意料地妨碍竞争。最高转售价格的争议之处在于很多制造商可以以此作为共谋的"焦点"[117]。尽管从理论上讲这一争议有一定的道理，但事实告诉我们，这是一

---

[117] 纵向指南第226段指出"最高价或者建议价格给竞争带来的第一个可能风险是最高价或者建议价格会成为转销商关注的焦点并且为他们所利用。第二就是最高价或者建议价格可能会促成供应商之间的共谋"。

个没有什么力度的争议⑩。因此我们认为表 5.2 传递了限定价格的正确信息。第三，这一表格仅是指向性的，每一种纵向限制的实际影响还是要视具体情况而定。

本部分的第二大结论是纵向关系的互补性意味着纵向限制通常会提高经济效率。因此，尽管纵向限制有时会具有反竞争影响，但如果其能带来重大经济效率的话，就可以带来一系列社会效益。当然，最好是保证：在既有反竞争的影响，又有效率情况下，所选的纵向限制应该是那些反竞争影响最小的，这样可以保护效率。

第四节　横向协议

横向协议包括合营企业、特许协议以及联营标准设定。合营企业涉及很多活动，例如产品研发、产品生产或者产品销售。与纵向协议不同，横向协议通常是那些供应替代商品的竞争者之间签订的。这就意味着横向协议的缔约方之间的关系与纵向协议的缔约方之间的关系完全不一样。自然也就让人担心横向协议是阻碍竞争的。然而，与纵向协议一样，横向协议很多时候也是促进竞争的，所以对每一个案件，都需要对横向协议的潜在反竞争影响与可能的显著效率收益进行权衡。从经济学观点来看，如果能表明横向协议总体上对于竞争具有促进作用或者至少对竞争的影响是中性的，那横向协议就可以获得欧洲共同体竞争法第 101 条第 3 款的豁免。

一些横向协议需要依据并购条例进行审查⑩，这些就是全功能合营企业，即那些按照自主经营企业的全部功能长期运营的企业，在以下的第七章会对这种合营企业进行讨论。但尽管横向协议只依据第 101 条进行审查，

---

⑩　例如，欧盟委员会在雷索普尔 CPP 一案中对此争议不予理会（见《市场测试通知》OJ C258 2004 年版，第 18—20 段。另外，英国垄断与并购调查委员会在调查国内家电商品的零售价时也援引了这一点（英国垄断与并购委员会对"国内电子产品"的调查 Cm. 3675）。当家电产品产品分化足够多的时候，串谋这一说法可以说是"站不住脚"的说法。

⑩　欧盟并购条例第 3 条第 4 项指出"自主经营自负盈亏的全功能合营企业应当遵循第 3 条第 4 项（b），并在其合法范围内经营。"

但这些协议是否满足第 101 条第 3 款的豁免条件，其经济学评估在某种意义上等同于依据并购条例进行评估。委员会经常要对一个新合营企业可能会给竞争带来的影响进行评估，因此这样的分析是具有前瞻性的[⑩]。这可能与 101 条里面对一些案件进行的经济学评估正好相反，例如卡特尔案件，这种案件就是评估协议是否已经对有效竞争带来了负面影响。

横向协议通常的竞争关系就是，横向协议可能使得各方提高价格。原因在于，横向协议可以使缔约方固定价格（即共谋），横向协议可以削弱企业间的竞争（潜在或实际的竞争）从而削弱价格竞争。下面我们依次讨论这两种情况。

横向协议有很多方法可以让企业更容易共谋。营销型合营企业由缔约企业直接限定价格并把它作为协议的一部分。生产合营企业可能会成为缔约方之间的一种信息流动工具，这就使共谋更容易了。例如，如果一个生产合营企业的各方都清楚知道其他企业的产出，那就很容易地查出一个企业是否有通过低于垄断价格的定价进行作弊行为或者销售比产出"配额"更多的产品，这样就能维持共谋行为。或者因为合营企业要求缔约企业定期联系，这样合营各方可以一起设定价格，而竞争机构也不能查出共谋。如果生产合营企业的缔约企业能增加其成本结构的相似性，就更容易共谋。如上所述，如果缔约企业的成本结构很不一样的话，企业就很难在卡特尔均衡上达成共识。研发合营企业可能会减少产品异质性，同样使企业更容易达到卡特尔均衡。总的来说，影响纵向产业链的横向协议在一个相对较早的时期（如研发或生产合营企业）促使共谋的可能性比在一个较晚的时期（如营销合营企业）要低。

横向协议会减少潜在竞争者或实际竞争者间的竞争。假设 A 公司和 B 公司彼此竞争，他们分别销售 X 产品和 Y 产品。这样的话当两个公司给自己的产品定价的时候都会考虑另一个公司的价格。现在假设两个公司都委托一个合营企业为他们的产品定价，那么这个合营企业所面临的竞争就不

[⑩]　当然，对于强加实施新的纵向限制进行评估也是有前瞻性的。

会与来自其他企业的竞争一样大，像两个公司分别定价的时候那样，因为 X 产品和 Y 产品的价格竞争已经不存在了。[⑫] 这样就无需再担忧 X（Y）产品的定价会因担心销售量损失给另一种产品 Y（X）而受到一定的限制。由此价格就会上升，并且主要取决于其他公司所带来的竞争约束。这种情况更有可能发生在一个营销或者配送合营企业而不是一个生产或研发合营企业。如德国汉莎航空公司和斯堪的纳维亚航空公司的例子，委员会发现合营企业会消除两家航空公司在路线上的竞争。为了保存潜在竞争，委员会附加了条件使得新的竞争者能够运营这些线路。而澳大利亚航空公司和德国汉莎航空公司[⑫]在线路方面也有类似的担忧。合营航空公司可以在澳大利亚和德国的 33 条航线中的 32 条航线上飞行，并且合营航空公司是仅有的可以在两国 27 条航线上飞行的公司。为了应对竞争减少的问题，委员会施加了一系列救济措施，让新的竞争者进入这些航线当中。[⑬] 这些补救方法包括剥离一些位置给航空市场的新进入者；承诺新进入者进入航线后两年内不增加航班班次；给新进入者提供联运；把合营航空公司的航班运力让新进入者使用（这样一来，新进入者的乘客也可以享用增加的频率）。[⑭]

横向协议导致的竞争减少可能不会马上对消费者造成负面影响，但可能会给以后的竞争带来不利影响。[⑮] 这对于研发合营企业来说是一个潜在的危险。[⑯][⑰][⑱] 两家企业的研发型合营企业就是指两家企业共同生产一种产品，而不是分别生产两种产品通过潜在减少市场上企业的数量，这可能会

---

⑫　要注意的是这种形式的分析类似于横向并购的单边效应的分析，详见第 7 章。

⑫　IV/35. 545［1995］OJ C141/9.

⑬　这些条件可能是分出一些起飞和降落的位置给航空市场的新进入者。

⑭　COMP/37. 730-澳大利亚航空公司/德国汉莎航空公司（2002）。

⑮　Air Frane/Alifalia（COMP/38. 284/D2，2002）一案决定中也附加了类似的条件。

⑯　委员会也做出了新的定价补救措施。如果合营企业在遇到竞争时降低某一线路的价格，那么即使其他线路没有遇到竞争，合营企业也须对三条线路（合营企业任选）进行同等的降价。这一措施的目的在于通过加大合营企业进行掠夺性行为的成本以保护新的竞争者。

⑰　参见委员会横向并购指南 2001 第 98 段。

⑱　见委员会横向并购指南 2001 第 61—67 段。

降低有效竞争的水平。在梅里公司和默克公司的例子里，[129] 委员会尤其担心的是研发合营企业会给儿科疫苗以后的竞争带来不利影响。[130] 然而，其实委员会对于研发合营企业并不是很反感，在这一领域委员会缺乏强制性决定，就很好地说明了这一点。

有一个很重要的问题：横向协议是否会消除竞争，如无此协议该竞争就会存在。通过创设其他情况下不会产生的竞争，横向协议也可以促进竞争。欧盟竞争法101条第3款的委员会指南也认可了这一点。[131] 在适用条约第101条第3款的应用指南中，标题为"101条第1款中协议评定的基本原则[132]"一文中、委员会认为：

"对一项协议是否限制竞争的评定必须在'如没有所谓的限制协议，竞争就会存在'这样的实际情况下进行。"（第17段）

在第18段委员会规定进行评估的有效分析框架需要考虑以下问题：

"协议是否阻碍实际和潜在竞争，而这些竞争在没有此协议的情况下就会存在)？如果是的话，那么该协议可能受到第101条第1款的管辖。"

在福特和大众的案例里[133]，委员会认为两家公司的合作并不会消除多功能车辆的汽车市场的竞争。福特公司和大众公司当时都不可能在这个市场中，并且认为这两家公司中的任意一家公司都不能独自进入这个市场，因为进入市场的最小有效规模要比这两家公司各自运营所可能具有的规模要大得多。因此委员会认为合营企业增加了选择、创造了更为均衡的市场结构以及加大了价格和质量竞争，因此，实际上是可以促进竞争的。在埃

---

[129] IV/M159；[1993] 5 C. M. L. R. 118；[1993] OJC188/10.

[130] 委员会尤其担心用于治疗多染色体麻疹、流行性腮腺炎、风疹、水痘和甲肝这些疾病的疫苗的市场潜在竞争减少。

[131] 委员会须知：协议101条第3款的应用指南（2004/c101/08）。

[132] 委员会须知：协议101条第3款的应用指南（2004/c101/08）。

[133] IV/33. 814 [1993] SC. M. L. R. 617；[1992] OJL20/14.

克森石油公司和 Shell 公司的例子里⑬，委员会允许合营企业建立一个线型低密度聚乙烯/高密度聚乙烯工厂。委员会称两家公司不可能单独建成这样的工厂，因为建立这样的工厂需要很大的投资规模。

一、许可⑬

知识产权许可是现代经济中十分重要且有益的特征。但是，知识产权许可也经常引起两种竞争担忧。第一，企业可能会拒绝许可知识产权。根据假设，竞争政策应该尊重知识产权，拒绝许可一般不应该被认为是反竞争的。但是，在有些情况下这种说法可能并不正确，如在基础设施的标题下。第 6 章会详细讨论这些情况，在此不做详细讨论。第二个担忧就是特许协议里面的某些条款是阻碍竞争的。这种情况是我们在此要详细讨论的。

当要评定特许协议里面的条款是否阻碍竞争时，很重要的一点就是识别反事实的情况。当评定一项特许协议时，必须要知道从竞争政策的视角上看，在该协议下的市场结果是否要比在禁止特许协议下的市场结果要差。如果没有特许协议，可能的情况就是任何许可都不被授予，那么就需要评定是否有替代方法能得到比特许协议更好的市场结果，这与美国知识产权许可指南是一致的。⑬ 该指南认为如果特许协议损害那些在没有特许协议的情况下就存在的竞争，那么特许协议就是阻碍竞争的。因此指南3.1 指出：

"当没有特许协议时相关市场的企业间会存在或有可能存在竞争，但特许协议的出现会妨碍这些竞争，这可能是垄断行为。"

知识产权的特许协议的限制通常可以分为两大类。

---

⑬　IV/33. 640 Exxon/Shell（IV/33. 640）（2004）.

⑬　本部分和下一部分大部分内容均出自林德（Lind），穆沙尔特（Muysert）及活克尔（Walker）2002 年著中公平贸易局经济讨论文件 3 "创新与竞争法例"。更多与本部分讨论相关的内容可见——美国司法部与联邦贸易委员会《反垄断和知识产权法》：推动创新和竞争。（2007 年4 月）

⑬　美国司法部与联邦贸易委员会关于知识产权许可的反垄断指南（1995 年）。

1. 特许协议的使用限制（如区域限制或者使用领域限制）；

2. 在某种程度上妨碍许可者竞争对手的限制，例如限制被许可者与许可者竞争对手进行交易的能力。

乍看之下，第一种限制似乎是阻碍竞争的，但实际上并不是这样。如果关于限制的备选方案是不颁发知识产权许可证，那么相对于不许可来说，只是限制许可使用似乎好一点，因此是促进竞争的。比如许可证会限制被许可者在特定地理区域如美国使用该知识产权，许可证并没有消除竞争（这在不颁发许可证的情况下也如此），那么，不能增进欧盟竞争的事实，就不能作为得出反竞争结论的理由。有一个例子能更清楚地说明这一点。皮尔金顿公司加工浮动玻璃的方法大大减少了加工成本并且提高了其质量。皮尔金顿公司对外许可技术，但包括了很多使用该技术的地理区域限制。这样的做法并没有阻碍竞争。皮尔金顿公司没有足够的财政资源在全球范围内使用该技术，因此，其许可尽管有地域限制，但是也增加了新技术在全球范围内的使用，因此并没有妨碍竞争（在皮尔金顿公司不进行许可的情况下，竞争也是如此）。

第二种限制则可能引起更大的阻碍竞争的隐忧。限制被许可人与许可人的竞争对手交易的能力会大大限制竞争（而这竞争在没有许可证的情况下会存在）。比如软件开发商提出书面申请获取某一操作系统的许可时，如果他们被要求不得提出书面申请使用竞争对手的操作系统，这种情况下可能会妨碍竞争。同样地，限制当前竞争对手与许可人竞争的能力，这种许可也可能是妨碍竞争的。回到皮尔金顿的例子，如果许可规定当前在欧洲销售产品的竞争对手只能在美国使用新技术并且同时从欧洲玻璃市场上撤出，那么，这种许可就是妨碍竞争的。

交叉许可和专利池也会引起关于反竞争的担忧。当一个企业向另一个企业许可知识产权的前提是另一个企业以其他许可互换，即为交叉许可。这种许可通常没有专利费。多个知识产权持有人把他们的专利许可到一起，让下游的被许可证人直接从那里得到所有的许可而无需从每一个专利持有人那里得到许可，这就是专利共享。专利池会给池里的知识产权设一个单一价格。^⑬当存在多专利持有者（也就是所谓的专业丛林）时，交互授权和专利池都能从多个方面促进竞争。第一，那些想要许可专利的企业可以大大减少交易成本。第二，可以解决"阻断型专利"的问题。当生产某种产品的专利被多个企业拥有，在没得到其他企业所有专利时，任何一家企业都不能生产该产品，这就是阻挡专利。在这种情况下，必要专利的持有者，即使持有相关技术众多必要专利中的一个，也能够要求不成比例的高额费用，因为他们有能力阻挡许可人得到所有所需的知识产权。第三，专利池可以避免专利费堆叠从而降低费率。这情况跟双重边际化如出一辙。互补资产的垄断者（如专利池）所设定的价格会比多个拥有者所定的互补性资产价格相加的总数要低。最糟糕的情况是专利费堆叠可能会导致因为专利费太高而不能生产某一产品。

　　然而，要注意的是，在某些情况下交叉许可和专利池会妨碍竞争。第一，那些提供互补知识产权的企业，同时又是下游横向的竞争者，那么，如果交叉许可和专利池成为企业间互换信息的工具，就会促使企业共谋。第二，当专利被排他性地许可到专利池里，这样可能会阻止竞争性技术使用专利池中的专利，则无法形成与专利池竞争的专利集合。第三，专利池里面不仅只有互补知识产权，还包括可替代的知识产权，这样就可能妨碍竞争，因为这样会减少进入到专利池的竞争者的数量。

　　Summit 公司和美国威视公司就是专利池阻碍竞争的一个很好的例子。^⑬这两家公司在镭射角膜整形手术（一种眼部手术）的技术和设备市场进行竞争。这两家公司是美国市场上仅有的两家有合法权利销售这种用于镭射角膜整形手术的激光设备的公司。Summit 公司和美国威视公司最初是各自研发镭射角膜整形手术的技术并为各自的技术寻求专利保护。然而，1992年这两家公司不再各自研发这种技术，而是共同设立了一个专利池。这两

---

　　⑬　在某些情况下，通过较低的专利税率可能只能得到专利池里面的部分知识产权（所谓的"部分许可证书"），但这种情况是比较罕见的。

　　⑬　美国联邦贸易委员会对 Summit 公司与威视公司的诉讼。

家公司无论哪家每生产一台用于镭射角膜整形手术的激光设备，专利池都有250美元的收入。这两家公司随后分享所有的这些专利收入。建立这个专利池有相关条款规定两家公司任意一家在没得到对方的允许的情况下不得向第三方许可自己的这项技术的专利。

美国联邦委员会认为这样的做法限制了竞争，主要体现在两方面。第一，两家公司不再为价格进行竞争。这两家公司无论哪家每生产一台用于镭射角膜整形手术的激光设备，专利池都有250美元的收入。这样一来，两家公司都没有动机向医生收取低于250美元的费用。第二，两家公司都不会有任何动力或能力在许可此项技术专利方面竞争，因为在没得到对方的同意的情况下是不得许可自己的这项技术专利。很明显，这个专利池包括了替代性知识产权，并且这种做法消除了其他情况下本该有的竞争。

二、合作标准设置

横向合作中还有另一种方式是牵涉到竞争政策的，那就是合作标准设置。当多家企业同意以统一标准进行运作时，就会用到合作标准设置。当合作的每家企业的产品必须要相互兼容时，这个合作标准设置就显得尤为重要。例如，录像机要与录像带兼容，CD播放器要与CD兼容，DVD播放器要与DVD兼容等等。这里关于竞争政策的问题是，设置共同的标准是否有利于消费者、或者它是否会使多种标准的福利加强得出损失。

合作标准会产生三种影响。[39] 第一，这个合作标准不同于有竞争存在的情况下所使用的标准。如果这个合作标准不如存在竞争时采用的标准好的话，消费者的利益就可能会受损。第二，有了这个合作标准就可以避免"标准战争"，就不会出现多个标准互相竞争，最后只有一个胜出并成为标准（例如家用录像系统和Beta制录像系统之间的斗争）。有了这个标准消费就不会做出"错误"的选择，去选择没用的产品（例如不会出现"标准投资"），而且还减少了成本，因为避免了重复的研发。但有了这个标准，

---

　　[39]　Katz 和 Shapiro（1998）.

消费者就不能得到激烈的标准竞争期间的利益。还有一种效应就是这一合作标准允许多个企业在市场上竞争。

合作标准设置是促进竞争还是阻碍竞争要视具体情况决定，必须要综合考虑各方面因素。第一，进行共同标准设定的企业，是否共同拥有市场力量？或者他们是否因为合作而可能获得市场力量？第二，合作是否有利于产品的推出（例如存在阻碍性专利，这是一个企业独自推出产品的一个很大的风险）？第三，这样的标准是开放的（可能会导致相关市场的激烈竞争）还是封闭的（阻碍那些设定共同标准的企业竞争）？第四，设定这样的标准会带来什么限制因素使得企业没有动力和能力去相互竞争？

第五节　市场界定在第 101 条中的作用

通常，相关市场界定对于第 101 条下的竞争性评估没有多大的影响。然而，与委员会的看法相反，意大利第一诉讼法院在意大利平板玻璃一案[⑭]中初审法院认为分析市场并不是多余的。在过去第 81 条的规定对相关市场界定似乎都是敷衍。

然而，相关市场界定对于第 101 条可能有着与其对于第 102 条或者并购条例相似的作用。合理的市场界定可以帮助我们关注产品间竞争限制因素的本质，并且可以让我们更好地了解产品相互竞争或可能竞争的不同方式。

此外，委员会的横向限制以及第 101 条下的横向协议都涉及市场份额门槛。因此纵向限制集体豁免对于市场份额高于 30% 的公司是不适用的，而对于研发和专业化集体豁免的市场份额门槛分别是 20% 到 25%。[⑭] 并且，关于纵向限制与横向合作的指南也都参与了赫芬达尔指数，计算这一指

---

⑭　Societa Italiano Vetro SpA v Commission（Italian Flat Glass）（T-68/89, T-77/89 and T-78/89）[1992] E. C. R. II-1403；[1992] 5 C. M. L. R. 302）欧洲初审法院于 1992 年 3 月 10 的裁决。

⑭　威士（Whish）2009 年著中罗列了很多不同的欧洲和美国竞争法的市场份额阈值。

数，要界定相关市场。因此不管委员会过去的情况如何，市场界定对于第101条下的案件都很重要。

虽然在第4章已经详细讨论过市场界定的相关事宜，但在此有必要对其中的某些内容重申一下。当第101条下的合营企业让人担忧其阻碍竞争时，对市场界定进行标准假定垄断者测试就是合理的。竞争担忧是具有前瞻性的，并且一个很重要的问题是合营企业后的竞争情况是否会比当前的竞争情况差。在这样的情况下，应用假定垄断者测试就有一个很明显的基准：当前的情况。[142] 这对于某些纵向限制的情况也是一样的。当还没有发生纵向限制时，当前的状况可以作为应用假定垄断者测试的一个基准。

然而，许多第101条款下的调查都担忧这样的一个问题，即，当前的市场情况是不是已经不利于竞争了。卡特尔案件就是这样，已经出现限制的纵向限制的案件也是如此。在这些案例中，因为缺乏一个基准，并且还有与玻璃纸谬误相悖的危险，相关市场界定就更难了。然而，在此必须强调三点。第一，了解在现行价格水平下的竞争限制的本质仍然很重要，即使这对于市场界定没有直接影响。[143] 第二，假定垄断者测试仍然提供了一个有用的框架，可以帮助我们关注重要的事情：产品和区域之间的竞争影响。第三，在市场界定方面有相关的实证方法，即使在出现玻璃纸谬误这样的情况下仍然是可行的，并且有时候市场界定在现行价格并不能作为基准的时候，仍然是可行的。[144]

在过去，相比于第102条和并购条例，经济分析在第101条所起的作用并不是很大。这是因为人们认为有效竞争相当于商业活动自由而不看中市场效果（情况）。然而，现在这样的看法已经改变了，并且近几年欧洲的竞争法运用经济分析的情况已经越来越多。现在经济分析常常用于评定

---

[142] 第101条下的一些合营企业关注潜在竞争的损失。在这些例子里，当前情况和不存在合营企业（也就是可能是潜在的加入者）的情况大不相同，因此当前情况可能不能作为合理的基准。

[143] 详见第4章：检验"即使出现玻璃纸谬误，现行价格水平下的产品仍为替代品"的重要性。

[144] 更多内容详见第4章和本书第三部分。

101 条第 3 款的应用是否合理。这样的话 101 条第 1 款与 101 条第 3 款的竞争性分析就会有冲突。

过去认为 101 条第 1 款几乎适用于所有承诺协议的看法不仅使第 101 条的应用范围扩大到极致，并且还导致了前后矛盾的分析。因为认为根据 101 条第 3 款可以豁免的观点是基于协议的促进市场作用的，委员会根据 101 条第 3 款给予的豁免，实际上是认为协议既促进竞争也阻碍竞争的协议。这种观点既不正确，也不可持续。委员会对横向和纵向协议方面的主动性表明需要经济学上更一致的方法。现在，委员会的指南很明确地承认市场力量在协议对竞争的影响能力中所起的中心作用，并且市场份额门槛的使用也体现了向更一致的法律应用前进了一步。

本章讨论了属于第 101 条例管辖的三种潜在竞争担忧所引发的经济学问题：卡特尔、纵向限制和横向协议。卡特尔能够使得允许多个企业共同行使各自不能行使的市场力量。卡特尔既可明示达成也可默示达成，尽管从理论上看，两种方案之间并没有区别，但从政策方面看，还是有区别的。因为很难分辨竞争性互动和默示共谋，第 101 条例应更多地关注公开协调。针对默示协调的一个非常有力的武器似乎是并购控制。我们已经讨论了可以共谋的条件，并且已经说明如何从经济学的角度去查看在特定的市场上共谋成功的可能性。我们也讨论了如何从经济学的角度夫评估卡特尔对价格的实际影响。

纵向限制的经济学比较复杂。然而，大多数纵向关系的互补实质意味着纵向限制具有促进竞争的效率提高的原理。从经济学的角度分析纵向限制得出了一个重要的结论，就是当品牌间竞争较弱的时候就会引起严重的竞争隐忧。当品牌间竞争较强的时候，限制品牌内竞争就不会妨碍竞争。当品牌间竞争较弱时，纵向限制就会用来封锁新竞争者进入市场或者削弱价格竞争。

横向协议主要是竞争者或潜在竞争者之间签订的，因此，横向协议可能是阻碍竞争的。横向协议可以促进共谋并且会减少或消除实际的或潜在的竞争者之间的竞争。共谋更多的发生在营销和配送的合营企业而不会发生在生产和研发型合营企业。然而，后面两种合营企业也有消除潜在竞争的可能性，应该根据具体情况处理。

很多横向协议的表现形式是许可知识产权。这些许可通常包含对被许可人的限制，这些限制可能会阻碍竞争。当要评定这样一个许可的时候，需要问的一个问题是许可的限制条件是否会消除竞争（这些竞争在许可不存在的时候就存在）。如果没有消除竞争，那么许可的限制条件就不会阻碍竞争。

以前市场界定在第 101 条案件中所起的作用并不大。集体豁免对市场份额门槛的应用日益增加，而且根据第 101 条例进行的经济分析的水平也普遍提高，这些都改变了过去对相关市场作用的看法。

第六章　有关第 102 条的经济学应用

第一节　简介

欧盟条约第 102 条涵盖了单个企业的行为，力图阻止企业做出阻碍竞争的行为。[①] 第 102 条规定：

"一个或多个企业在共同市场中或在其大部分市场中滥用市场支配地位，只要可能影响成员国间的贸易，则被视为与共同市场不相容而被禁止。"

（a）直接或间接强加不公平的购买或销售价格或其他不公平的贸易条件；

（b）限制生产、销售或技术发展，从而使消费者蒙受损失；

（c）就同等的交易，对其他贸易伙伴适用不同的交易条件，从而使其在竞争中处于不利的地位；

（d）使合同的缔结取决于贸易伙伴对于额外义务的接受，而无论依其性质还是按照商业惯例，该项额外义务都与合同主体无关。

正如欧委会关于《适用欧盟条约第 102 条委员会查处支配地位企业滥用排他性行为的执法重点》的指南（以下称《第 102 条指南》[②] 中指出，判断一个企业是否违反第 102 条需要遵循两个步骤。第一，确定被调查企

---

① 第 102 条也包括企业共同支配市场地位的情况，在以下的内容会讨论这种情况。

② 委员会指南关于欧盟条约 102 条对于支配地位企业的滥用行为的执法准则（2008 年版）。

业拥有市场力量的程度，以此检测其是否具有支配地位。③ 与第 102 条相关的案例法认为支配地位不会抽象存在。④ 实际上，支配地位存在必须与市场相关联，这表明需要界定相关市场或者企业竞争的市场。一旦相关市场被界定，就可以计算出被调查企业和其竞争企业的市场份额。尽管委员会和欧盟法院承认市场份额本身并不自动表明市场支配地位，判断企业是否具有市场支配地位⑤还需考虑其他因素，但最重要的还是看一个企业的市场份额。⑥ 欧盟司法法院指出，如果一个企业的市场份额超出 50%，则这一数额非常高的（除非有特殊情况），这样的企业就可以被推断为具有支配地位。⑦ 委员会指出，当一个企业的市场份额超出 40%-45%时，就可以视为存在支配地位，尽管也不排除市场份额较低的企业。⑧⑨ 实际上，在英国维珍航空公司和英国航空公司案例里，委员会就指出英国航空公司具有支配市场地位，尽管该公司的市场份额低于 40%。⑩

　　一个合理的方法就是在一个准确界定的相关市场里，市场份额低的企业并没有具有支配地位的嫌疑，而尽管高市场份额是支配地位的必要条件，但不是充分条件。在评定市场份额的时候，有一点要特别注意的，就

---

③ 《第 102 条指南》第 9 段。

④ Europemballage Corp and Continental Can Co Inc v Commission （6/72）［1972］E. C. R. 2159；［1973］C. M. L. R. 199.

⑤ Hoffmann-La Roche v Commission （81/76）［1979］E. C. R. 461.

⑥ 见威士（Whish）2009 年版以及弗兰（Faullan）与尼克帕（Nikpay）1999 年著关于市场份额在判定支配地位的作用的讨论。见兰德斯（Landes）与波斯纳尔（Posner）1981 年著以及维克尔斯（Vickers）2006 年著关于通过市场份额推断公司实力的局限性的讨论。

⑦ 工程与化学用品（Epsom and Gloucester Ltd v Akzo Chemie UK Ltd （IV/30.698）［1982］1 C. M. L. R. 273；［1981］OJ L374/1。

⑧ 欧盟委员会第十号竞争法报告（1981），在《第 102 条指南》第 14 段委员会指出：

"委员会的经验表明，如果企业在相关市场的市场份额低于 40%，那么该企业就不太可能存在支配地位。然而也有低于这个阈值的具体案例：竞争者没有足够的力量阻止处于支配地位公司的行为，例如竞争者受到严重的产能约束。对于这样的例子，委员会应给与更多的关注。"

⑨ 有时候会引用到"超级支配地位"这个概念，如某个公司拥有 90%左右的市场份额（如 Whish（2009），第五章）例如，在利乐包这个例子里，欧洲法庭指出利乐包公司在无菌纸盒和纸盒灌装机的市场上的市场份额高达 90%-95%；在船运公司 Belge 的例子里，该公司的市场份额高达 90%甚至更高；在 IMS 公司的例子里，委员会指出该公司处于"准垄断"地位；在 Microsoft 的例子里，委员会指出该公司拥有超过 90%的市场份额并拥有"绝对支配地位"。

⑩ IV/D-2/34.780 Virgin/British Airways（1999）.

是竞争企业的市场地位；竞争企业的市场份额越低，委员会就越可能认定最大的企业具有支配地位。

从某一层面上说，相关市场界定在确定企业是否违反第102条的规定起到了筛选的作用。通过合理地界定相关市场，[11] 就可以计算出一个企业的市场份额，这一数据也可以初步说明该企业的市场力量。只有在企业拥有比较高的市场份额的时候才需要做进一步调查。然而就如第4章指出的那样，依据第102条处理的案件中，界定相关市场往往也会有问题（以下也会对此进行讨论），因此，对这些问题的认识，也应当适当地在相关市场界定及在评定支配地位在整个竞争评估中的作用时反映出来。

一旦一个企业被指出拥有支配地位，第二阶段的调查中必须问的一个问题是：该企业是否做出滥用支配地位的行为。第102条并没有禁止企业拥有支配地位，禁止的是滥用支配地位。第102条列出了一些滥用支配地位的行为但并不够详尽，被指可能滥用支配地位而需进行调查的商业行为还有很多。通常，处于支配地位的企业都有责任去"不要让企业的行为损害共同市场里正常的竞争"。[12] 但有一个问题是，如何判定一个处于支配地位的企业的行为是正常的竞争行为还是滥用支配地位行为。

近几年来，第102条的实施引起了很多讨论和争论，[13] 因此在2005年委员会出台了讨论文件，而在2008年则出台了《第102条指南》。[14] 对实施102条当前采用方法持反对意见的人士指出：支配地位不只是起到过滤作用；一旦企业被认定具有市场支配地位，那么该企业所做的任何损害竞

⑪　参见第4章关于界定相关市场的合适基础的讨论。

⑫　参见 Michelin v Commission（322/81）[1983] E. C. R. 3461；[1981] 1 C. M. L. R. 282。

⑬　以下的参考文献仅是关于此争论的大量文献中很少的一部分——霍文卡朋（Hovenkamp）（2007）瓦尔登（Werden）（2006）；艾尔霍格（Elhauge）（2003）；梅拉米德（Melamed）（2006）；RBB Economics（2006）；威克尔斯（Vickers）（2005）以及102条对于排他性滥用条例的执法准则的竞争性报告文件。

⑭　美国司法部及联邦贸易委员会为谢尔曼法第二部分举行了联合听证会．司法部随后在2008年9月发表了题为"竞争与垄断：谢尔曼法案第二部分关于单边企业行为"的文件；联邦贸易委员会马上否认该报告，并指出该报告的发表过分纵容了企业的行为。在2009年5月11日美国司法部反垄断署助理总检察长 Chrstine Varney 撤回该报告。克里斯汀·瓦尔内伊（Chrsthe Vaney）

争对手的行为都必然推断是阻碍竞争的。[15] 因此，政策的争议主要集中在当前执行第 102 条是否过于注重形式，因此这更趋于是更有效地保护竞争者而不是竞争本身。对于现有方法的批评指出，需要一个基于市场效应来评价具有支配地位企业行为的方法，来说明委员会关于第 102 条（实际上所有的欧洲竞争法）的目标是保护竞争本身而不是保护竞争者。[16] 在得出企业应该被禁止的结论前，要做的不是假定支配地位企业的行为损害竞争，而是需要仔细地评估该企业的行为对竞争的影响。总而言之，逐案评定一个具有支配地位的企业的商业行为对市场的影响是很有必要的。

本章剩下的内容安排如下：首先会讨论支配地位以及滥用支配地位的法律概念与其经济概念的相似之处。处于支配地位可以等同于拥有强大的市场力量。滥用支配地位行为可以分为两类：过高定价和市场封锁。过高定价指的是所定价格远远高于竞争水平，市场封锁指的是通过排挤同样有效率的竞争对手从而提高价格的行为。[17] 之后，我们会讲述市场界定和支配地位在对适用第 102 条案件进行评定所起的作用。我们看来，支配地位在竞争评定中占据过于重要的地位：一旦企业被认为具有市场支配地位，那么就无需对其行为作竞争性评定。接下来会依次讨论对那些被认为滥用的行为进行评估所引起的经济学问题。我们简单讨论一下第 102 条的适用范围以及两个或多个企业的协调行为。

第二节　支配地位和滥用的经济学定义

在实践中执行第 102 条要求评定"支配地位"和"滥用支配地位"的含义。欧洲司法法院对这两个词进行了解释（见以下讨论内容），同时法庭对于其他概念如"有效竞争"和"正常竞争"也作了解释，这些词语的

---

⑮　参见：Opinion of Advocate General Kokott, Case C-95/04 P British Airways Plcv Commission (2006)，第 87 段。

⑯　参见克罗斯（Kroes）2008 年著。

⑰　雷伊（Rey）与泰勒（Tirole）2007 年著：关于市场圈定的经济理论的学术讨论。

法律定义都比较宽松。这些法律术语的确切含义是不明晰的，无法给出一个明确的，可以进行竞争诉求评估的参照基础。然而，正如我们所讨论的，每一个术语都有其相对应的基本经济概念。

一、支配地位

在 United Brands 案中，欧洲司法法院确立了"支配地位"的定义，法院陈述如下：

"第 102 条下的市场支配地位指的是企业具有一定的经济实力地位，这种地位通过给予企业权力使其在相当程度上的行为独立于竞争者、消费者以及最终的消费者，可以让其阻止相关市场中的有效竞争"[18]

因此支配地位的法律定义就是企业能够通过独立于其竞争对手以及消费者进行运作以阻止有效竞争的能力。如《第 102 条指南》对于独立性的解释，独立性可以解释为对被调查企业施加竞争约束的程度。[19] 如果这些竞争约束对于一个企业并没有起到什么作用，那么该企业就可被判定为具有支配地位，因此也就可以说，该企业有很强大的市场力量。[20][21] 因此支配地位的法律定义等同于显著的市场力量的经济学概念。[22] 在《第 102 条指南》里已经明确承认了支配地位等同于显著的市场力量。[23]

---

[18] United Brands Co and United Brands Continental，v Commission（27/76）[1978] E. C. R. 207；[1978] 1 C. M. L. R. 429.

[19] 《第 102 条指南》第 10 段。

[20] 参见第 3 章市场力量的概念。

[21] 区分企业享有强大市场力量与仅仅享有市场力量是很困难的，因此这样的区分最终对于竞争法的实际应用并无多大作用。详见第 2 章。法律上是通过市场份额区分享有市场力量与享有强大市场力量。

[22] 从经济层面上看，定义一个企业可否运用市场力量以及是否运用市场力量这样的想法是不合理的，因为利润最大化意味着企业会尽其所能充分运用自身享有的市场力量。然而，这里讨论的内容是要用经济推理去解释现有的法律概念。

[23] 见《第 102 条指南》第 10 段。

延伸阅读：解读支配地位的经济意义

从经济学视角看，独立行动的概念并不能很好地分辨出有支配地位的企业和没有支配地位的企业。任何企业都不可能完全不依赖消费者和客户进行运营。[24] 因为每家企业都面临需求曲线的限制。通常情况下，需求曲线向下倾斜，表明一家企业如果愿意减少销售量，就可以收取较高的价格。企业如果提价的话就很难保持与提价前一样的销售量。这对于有支配地位的企业和没有支配地位的企业情况都一样。

企业不可能独立于消费者而运营，独立于竞争对手似乎更合理，但用独立运作的概念来作为支配地位的指标仍然存在很大的问题。就不依赖于客户和消费者而独立运作的企业来说，除了真正具有支配地位的企业，其他任何企业的商业行为都会在一定程度上受竞争对手的影响，因为这些竞争对手会影响一个企业的剩余需求曲线。[25] 尽管依据定义这点对于竞争市场上的企业是正确的，但对具有支配地位的企业来说也如此。所有的企业，包括被指具有支配地位的企业在内，都会把价格定得比竞争价格要高，在此价格水平上，进一步地提高价格将会无利可图。因此，竞争对手的确限制了企业的行为，即使是具有支配地位的企业也不能独立于竞争对手而运作。

然而，一个具有支配地位的企业能够在很大程度上独立于竞争对手而运营，具有重大意义。具有支配地位的企业能够把价格抬高到比竞争价格还要高，该企业就可能被认定在竞争价格下能够独立于竞争者而运营。Whish 写到："限制产出和提高价格的能力来自于独立性，或者换句话说，不受竞争约束。"[26] 然而，如下所述，通常情况下很难确定竞争价格，因此，对于支配地位的评定通常是基于对定价高于竞争水平的能力的间接测量得来。

---

[24] 或者至少不是在很大程度上。
[25] 更多的讨论内容详见第 3 章。
[26] 威士（Whish）2001 年著，第 153 页。

　　用市场力量来定义支配地位有两大特征。第一也是最重要的一点，这样就提供了一个与支持竞争法基本原理的经济学原则一致的定义。第二，该定义提供了一个可检测的基准，依此可以提出竞争诉求，而且，对某些因素是否可以表明一个企业具有支配地位提供评定基准。

　　《第 102 条指南》指出，市场份额为市场结构以及活跃在相关市场上不同企业的重要性提供了一个有用的指标。然而，《第 102 条指南》也明确地指出竞争是一个动态的过程，对于一个公司的竞争约束进行评估并不能单纯地基于现有的市场结构。[27] 市场上现存竞争企业的扩张潜力及新企业进入市场的潜力，均对企业（即使有很大市场份额的企业）行为具有有效的竞争约束。[28] 最后，必须考虑消费者潜在的抵消买方力量。[29] 然而，如本章引言部分所说，实践中对于支配地位的评定通常主要是参照企业的市场份额。

二、滥用支配地位

　　第 102 条并没有禁止企业拥有支配地位，只是禁止企业滥用支配地位。Hoffman-La Roche[30] 首先提出对于滥用支配地位的法律测试，后来 Michelin[31] 重申了这一点：

　　"任何滥用支配地位的行为，只要其可能影响到成员国之间的贸易往来，都应予以禁止。第 102 条列出了那些可能会影响市场结构的行为。滥用支配地位企业的出现导致的一个直接后果是，这些企业通过与主导产品和服务正常竞争不同的资源来削弱竞争，从而妨碍市场竞争水平的发展，或者阻止市场现有竞争水平的维持。"[32]

---

[27]　《第 102 条指南》第 16 段。

[28]　参见第 3 章关于竞争性限制的来源。

[29]　参见第 3 章和第 7 章关于买家的力量。

[30]　(81/76)［1979］E. C. R. 461；［1979］3 C. M. L. R. 211.

[31]　(322/81)［1983］E. C. R. 3461；［1981］1 C. M. L. R. 282.

[32]　引自第 12 段。

与具有市场支配地位一样，很难给"滥用市场支配地位"下一个法律定义。[33] 然而，滥用支配地位的行为有很明显的特征——影响市场结构，削弱竞争，滥用支配地位的企业运作与"正常竞争行为"不一样。这样来定义的话，意味着仅当企业的运作与正常的竞争行为不一样的时候才能说一个企业滥用支配地位。

要区分正常竞争行为和阻碍竞争行为，必须先有一个合适的基准。当一个具有市场支配地位的企业行使市场力量，把价格提高到高于市场竞争水平或者降低所提供的产品或服务的质量，就会损害消费者利益。[34] 这也就意味着定义滥用支配地位需要直接关注其对消费者的损害。因此，"滥用支配地位"可以被定义为：一个具有支配地位的企业采取一定的措施，相对于该企业不采取特定措施来说，极大地降低了消费者的福利。[35] 如果一个企业的行为并没有给消费者带来不利影响，那么无论是目前还是长期来说，企业的行为都应被视为正常的竞争行为。[36] 这样的定义不仅与欧委会竞争法的目标一致，而且也与欧委会以及竞争总司高级官员对竞争所做出的政策声明是一致的。[37]

滥用行为可分为两大类：剥夺性滥用以及排他性滥用。通常来说剥夺性滥用也就是收取过高价格。这样的滥用显示了直接伤害消费者利益的显著市场力量。相反，排他性滥用行为是通过间接的方式损害消费者利益，通过排挤或者封锁其他竞争对手从而提高向消费者提价的能力。

第102条主要讨论的是排他性滥用，原因会在下面进行讨论。事实上

---

[33] 瓦勒订·雷拉恩（Valetine Korah）2001年著曾指出这一点"很难理解"。

[34] 后者对于消费者利益的损害等同于提价对于消费者利益的损害。鉴于此，通常经济学家谈及提价对于消费者利益的损害时，都会进一步谈及降低质量对于消费者利益的损害。

[35] 要注意的是该行为或者通过立即提高价格或降低质量给消费者带来损害，或者从长远来说降低竞争水平（比如排挤竞争对手），从而导致价格上升或质量下降。

[36] 这种滥用支配地位的理解与英国公平贸易局采用的一样。公平贸易局在其竞争行为的指南中指出"如果企业的行为给竞争带来影响，直接（如通过限定价格）或间接（如通过增加新的竞争者进入市场的壁垒或者提高其进入市场的成本）损害消费者利益，那么该行为就是滥用行为。"（公平贸易局402号文件4.2 1999年版第二章：禁令）。

[37] 见第2章关于欧盟竞争法对于消费者利益的损害（而不是损害竞争者利益）。

《第 102 条指南》仅仅涵盖了排他性滥用。《第 102 条指南》指出，委员会关于排他性滥用市场支配地位行为的制裁，其目的是为了保证具有支配地位的企业不会通过反竞争的方式封锁竞争对手而损害有效竞争，从而损害消费者福利。

《第 102 条指南》所述的排他性滥用行为主要有以下四种：

1. 排他性交易：利用排他性的购买义务或者折扣从而可能阻碍竞争对手的销售能力。⊛

2. 捆绑销售与搭售：把一种产品的销售条款与其他产品联系在一起，从而使得竞争对手无法与之匹敌的行为。㊴

3. 掠夺行为：短期内刻意招致损失，以封锁竞争对手的行为。㊵

4. 拒绝供应和紧缩利润的行为：该行为会引起对下游竞争对手的纵向封锁。㊶

接下来我们将讨论每一种排他性滥用行为的引发的经济学问题。在某些时候，我们所讨论的每一种滥用行为是会阻碍竞争的，但在其他情况下他们也可能只是正常的竞争行为，即使是处于支配地位的企业做出这样的行为。因此这样一来的话，如何判断每种行为究竟是促进竞争还是阻碍竞争就成问题了。

关于排他性滥用行为影响竞争性的担忧，主要是具有支配地位的企业可能封锁竞争对手从而导致对终端消费者提高价格。㊷ 如此说来，只有当一个具有支配地位的企业，其行为给消费者带来不利影响时，才能被视为封锁竞争对手。因此原则上来说，一个具有市场支配地位企业的商业行为使得销售量从竞争对手转移到具有支配地位的企业，这种情况不足以确认为滥用。对竞争对手带来的这种损害是说明企业滥用行为的一个必要步

⊛ 《第 102 条指南》第 31 至 45 段。

㊴ 《第 102 条指南》第 46 至 61 段。

㊵ 《第 102 条指南》第 61 至 73 段。

㊶ 《第 102 条指南》第 73 至 89 段。

㊷ 《第 102 条指南》第 19 段。

骤，但仅凭这一点是不足以说明情况的。而且，与非横向并购竞争评估一样，市场份额转移并不能说明会给消费者带来不利影响。[43]

没有直接的方法能分辨出合法的竞争行为（包括损害竞争对手的行为）以及阻碍竞争的行为（即，损害竞争对手从而给消费者带来不利影响的行为）。对于以价格为基础的排他性行为来说，这一点更是如此。通常激烈的价格竞争对消费者有好处，因此在采取措施调整价格竞争前要多加考虑。[44] 仅当价格竞争封锁那些像拥有支配地位的企业[45]一样有效率的竞争者时，才应该采取干预措施。判断竞争企业是否与支配企业一样有效率，应以成本基准为参考。[46] 如果处于支配地位的企业的定价并没有超过成本基准，那么委员会可以由此得出结论，该企业正在牺牲短期利润来封锁与其同样有效率的竞争对手，[47] 这样的话就假定会给消费者带来不利影响。

第三节　第102条中支配地位的适当作用

确立市场支配地位不仅是第102条竞争性评定关注的焦点，而且实际上也是102条整体评估的最主要考虑因素。目前的方法有两个主要的问题：

第一，确立市场支配地位本身就存在很大争议。在很多情况下，市场支配地位主要取决于一个企业的市场份额，因此在102条竞争性评估里相关市场界定很重要。[48] 尽管假定性垄断者测试为相关市场界定提供了一个

---

[43]　然而，正如我们在下一部分讨论的，对于支配地位的解释意味着欧洲竞争法假想具有支配地位的企业损害竞争者必然损害竞争本身。也就意味着102条下真正的基于市场效应的评定的应用范围有限。

[44]　通常会被忽略的一个问题是过分干预会给消费者带来相当大的代价，这个代价可能等同于甚至超过缺乏干预所带来的代价。过分干预的错误会给竞争带来不利影响，并且与缺乏干预不一样，这样的错误并不能补救。如美国某位法官所说："容忍有害行为的错误裁决其实是在自我纠正；而错误的裁决则无法起到这样的作用。" Easterbrook（1984）。

[45]　《第102条指南》第22段。

[46]　参见第六章中关于成本基准的内容。

[47]　第《第102条指南》第25段。

[48]　如欧洲司法法庭指出具有支配地位的企业并不能孤立存在，那么相关市场界定在102条案例里委员会的竞争性评定起到中心的作用。

比较恰当的框架，但这并不意味着相关市场界定是一项简单的任务。实际经验告诉我们，相关市场界定并不容易，并且通常需要逐案分析。在 102 条调查中相关市场界定的难点主要是所谓的"玻璃纸谬误"。[49] 重要的是玻璃纸谬误告诉我们，在很多情况下，所获得的证据并不能区分似是而非、因此又相互矛盾的相关市场界定。所得证据既符合狭义相关市场界定又符合广义相关市场界定，这实际上就意味着在很多情况下我们并不能确切知道是否能仅凭市场份额去判断一个企业是不是具有支配地位。[50] 无论是当事方还是竞争监管机构，均不能给出一个肯定的答案。[51]

当评估市场进入障碍以及潜在进入者具有的竞争约束力量时，也会出现类似的问题。在面临新进入者的威胁时，被调查的企业并不能把价格提高到现行价格之上，但这并不意味着潜在竞争能在竞争水平上构成有效约束。然而，如果潜在进入者在现行价格水平下都不能提供有效的竞争约束，那么在较低的价格水平下就更不可能了。

延伸阅读：市场力量是一个替代的方法？

既然相关市场界定有那么多实际难处，一些评论家就提出这样的观点，即在一些情况下可以直接判断企业的行为是否损害消费者利益，因此，案件分析不必界定市场了。[52] 美国最高法院偶尔也会这样处理竞争法律问题。[53] 在柯达公司的案子里，法院指出：

---

[49]　更多关于玻璃纸谬误的详尽内容及其对假定垄断者测试的实际应用的启示请参见第 4 章。

[50]　更多关于 102 条调查案例关于相关市场界定的困难的内容，参见 Bishop and Baker (2001)。

[51]　玻璃纸谬误的存在说明了在某些情况下市场证据表明市场界定的范围太广；因此在解释市场证据时应谨慎。但不幸的是，正如阿拉伯期刊的例子（见脚注 213）说的那样，通常大家都会提起玻璃纸谬误，从而无端地撤销所有证据。

[52]　萨洛佩（Salop）（2000）详见参考文献。

[53]　本段引自 Salop（2000）详见参考文献。

> "根据原告提供的直接证据（柯达公司所为），足以推断出柯达公司拥有市场力量来提高价格，并且消除售后市场的竞争。"[54]

在印第安纳州牙医联合会的案子[55]，法院也提出同样的观点，但是明确地将其与评估是否存在市场力量的必要性联系起来。

> "因为调查市场界定和市场力量的目的在于判断一项安排是否会给竞争带来实际性的不利影响，但'实际不利影响的证据，如产出减少'，就足以证明这点了，因此没有必要调查市场力量，市场力量只是一个替代的调查因素。"

按照上面的法律推理，认定支配地位需要界定相关市场。判断一个企业的行为是否会给竞争带来不利影响，应该先界定一个被调查的企业在其中拥有显著的市场力量的相关市场。然而，要是采用所谓的"基本原则（第一原则）"的方法，通过预先判断特定行为的竞争影响来推断支配地位必须要多加注意。在很多情况下，支配地位和市场力量都是从声称会构成滥用支配地位的行为的说法推断出的，而这些说法并没有足够的证据表明所声称的行为真的是滥用支配地位行为（比如没有证据表明企业的行为损害了消费者的利益）。委员会在 Michelin 一案中对 Michelin 的推理就很好地说明了这样的一种分析方法。[56]

第二点，这一点对于适用第 102 条的整体竞争性评定可能更为重要，即，结论通常是根据发现存在支配地位推断出来的。如上所述，排他性行为会间接地损害消费者利益；排他性行为排斥竞争对手（也就是损害竞争者的利益），因此往往导致所定的价格比较高（也就阻碍竞争）。但对竞争

---

[54] Eastman Kodak Co v Image Technical Serv. Inc, 504 US 451 (1992).

[55] FTC v Indiana Fedration of Dentists, 476 US 447, 460-61 (1986).

[56] Michelin v Commission (322/81) [1983] E. C. R. 3461; [1981] 1 C. M. L. R. 282.

者的伤害并不能推断出损害竞争。换句话说，就是损害竞争者只是构成排他性滥用行为的必要条件，但不是充分条件。通过合理的竞争性评估可以解释并确定对竞争者的损害如何转变成对消费者收取高价。

但实践中，对于具有支配地位的企业（也许是被认为具有支配地位）的行为所产生的实际竞争影响都是假设得来而不是评估得来的。例如，在英国航空公司的案件，欧洲法院总法律顾问说到，一个被指定拥有支配地位的企业给竞争对手带来的不利影响也可以推断出其对竞争带来不利影响（此说法已成为约定成俗的说法）[57]，这一方法已经并且会继续被法庭认可。[58]

损害竞争对手必然转变成损害竞争这样的说法从经济学研究的角度看是不合理的，与其他相关政策领域的案例法也是相矛盾的，特别在评估非横向并购方面。实际上，弄懂什么是竞争者边缘化很重要。通常，如果滥用行为给其他竞争者的定价决策带来不利影响（如导致短期内边际成本的上涨），那么，数量上的损失只能起到使竞争者边缘化的作用。如果不是这样的话，那么只有构成掠夺的行为才可能引发反竞争的排他影响。[59][60]

换句话说，由被调查的行为引起的市场份额转移并不能推断出会导致竞争对手的边缘化。实际上，在非横向并购指南里，委员会提到（根据已有的经济学文献）非横向并购主要给竞争带来的是良性的或者是促进竞争的影响。这就提出了一个重要的政策问题，即，在非横向并购指南下关于市场封锁的评估与 102 条下的评估相矛盾。非横向并购指南认为对于竞争者的损害并不必然或不经常转变成对竞争的损害，102 条下的竞争性评估采用完全不同的立场：即拥有市场支配地位的企业所做的任何损害竞争者

---

[57] 第 68 段。

[58] 参见 Case C-45/04 P，British Airways v Commission（2007）E.C.R. I-000，第 106 和 107 段。

[59] 更多关于掠夺性定价行为的内容参见第六章及以下内容。

[60] 要注意的是，在评估非横向并购可能引起的市场封锁中，通常不考虑和并购后的掠夺性行为相关的损害理论，因为这样的行为在运用第 102 条时是非法的，并且会受到 102 条的制裁。例如，欧洲第一法庭在通用汽车公司对峙委员一案中会指出，在评定阻碍竞争的搭售行为的诱因时应把 102 条例下的威慑效果考虑进去。

的行为必定被认为是损害竞争的。

例如，拥有支配地位的企业采用的忠诚折扣方案就被认为是损害竞争的。[61] 但忠诚折扣方案可以起到与纵向限制和纵向并购等同的促进效率的作用。忠诚折扣方案可以用来消除双重边际化（双重加价），为分销商的客户提供激励，并减少供应商和分销商为销售自己产品而提供的鼓励措施的分歧。从基础经济学的角度看，采用截然不同的方法评定市场封锁问题，是不合理的。第 102 条所宣称的转向一个更基于市场效应的方法的意愿能否消除这一分歧我们拭止以待。

与其依靠判例，关于滥用行为的判定应该更多的关注其对于消费者带来的不利影响。假设特定的行为通常会导致阻碍竞争是不正确的。例如，尽管在特定的情况下，为达成特定目标而提供额外付款的商业行为（如忠诚折扣）可能会排除竞争，给消费者带来不利影响，但是在很多，甚至绝大多数情况下，同样的行为可能会给消费者带来显著利益。同样地，尽管过于激进的价格竞争在某些情况下可能是不利的，但整体上来说这一现象还是很受欢迎的。事实上，不拥有支配地位的企业采取同样的商业行为，表明了这是正常的竞争行为，同时也说明采取这些行为是为了给竞争带来良性影响或者是促进竞争的。

但这不是说，具有支配地位的企业采取同样的商业行为不会产生反竞争的后果。而是说逐案分析很重要，这样的话可以避免过度干预，以及所有与之相关的成本。

市场支配地位以及其在第 102 条评估中的作用是一个不可忽视的棘手问题。[62] 这个问题亟需解决，特别是考虑到在第 102 条下的案件中界定相关市场面临越来越多的已被识知的困难。但不幸的是，目前的政策讨论很多都忽略了这个问题。这让人感到意外，理由是使用目前的方法确定支配地位，意味着在执行第 102 条款时真正采取基于效应分析的方法是一个巨大或者是不可逾越的障碍。一个真正的以市场效应为基础的评定方法认识

---

[61]　见脚注 15 法律总顾问霍克特（Kokott）对于英国航空公司一案的观点。

[62]　更多详细内容参见毕晓普（Bishop）2007 年著。

到，同样的商业行为，即使被拥有支配地位的企业所采纳，在某些情况下是阻碍竞争的，但在其他情况下可能是促进竞争的。[63]

总的来说，没有经济学证据支持这样的法定假设，即，一个拥有支配地位的企业所做的行为给竞争对手带来损害意味着其对竞争也带来损害。因此相关市场界定及由此得出的支配地位的结论，应该主要起到筛选作用，排除那些和在任何假定的市场界定下都没有支配地位的企业相关的担忧。102 条下所做的调查应关注被调查的行为是否构成滥用行为。以下内容主要讨论剥夺性滥用行为和排他性滥用所引起的经济学问题。

第四节　过高定价

当一个拥有支配地位的企业利用其市场力量将价格提高到高于竞争水平，就是过高定价。一家企业因其具有显著的市场力量而被定义为拥有支配地位的企业，市场力量意味着能把价格提高到高于竞争水平从而获利的能力，由此可见过高定价是滥用支配地位的最直观的形式；拥有支配地位的企业提高价格从而增加利润。然而 102 条下很少有纯属过高定价的案例，[64] 过高定价反而往往被列入有关售后市场的案例中，在售后市场案例里主要向锁定的消费者收取较高的价格。在下一节会讨论到售后市场经济学。

最著名的过高定价的案例是 United Brands。[65] 在 United Brands 的例子里，欧洲司法法院指出，根据第 102 条款其价格被认为是收取得过高，在这个案例中，与提供产品和服务的成本相比，具有支配地位的企业获得的利润率过高：

"在本案中，收取的价格过高，与企业所供给的产品本身的经济价值

---

[63]　法律上也承认这一点——即使是拥有支配地位的企业也能参与到所谓的"正常竞争"中去。然而不幸的是，无论是委员会还是欧洲法院都没有想过要给"正常竞争"下一个实用性定义。

[64]　值得注意的是，美国联邦法律里面也没有关于过高定价的诉讼。

[65]　(27/76) [1978] E. C. R. 207; [1978] 1 C. M. L. R. 429.

没有任何合理的关联性，这样就是滥用。

如果可以通过对所调查产品的销售价格与其生产成本进行比较，并以此计算利润差额，那么就可以客观地判断超额量。"（见［250］－［251］）

其中的基本经济学原理很清楚：市场力量可以把价格抬高到高于市场竞争水平，从而获取更多的利润。然而，在实践中要确定所定价格是否过高是很困难，即使可能的话，也需要确定竞争价格水平。[66] 而且，通过评定一个企业的盈利判断其过高定价也很难，经济学理论也不能给出直接的答案。

要注意的是，经济学原理并没有要求一个行业里的企业要把产品价格降低至成本价或者把利润降低至零。经济学原理认为行业中的边际企业获取的经济利润可能为零，因此，根据定义比较有效率的企业将获取正的经济利润。也就是说，产品价格应该刚好达到边际企业的平均总成本，但要高于非边际企业的平均总成本。[67]

而且，有一些行业很难测算成本和定价的关系。例如，在一些存在知识产权的行业，很难给过高定价定一个概念。在这样的行业里面，产品的价格通常远远超出其单元生产成本。有必要考虑其他所有相关的成本，包括那些与风险投资相关的成本。例如制药公司会对新药进行大量的研发投入，音乐行业会投资发掘新人，电脑公司则投资开发软件。在这些例子里，只有当产品价格超过单位成本，才能收回预付的投资成本。[68] 因为这些行业的竞争具有动态性，似乎很难采用一种有意义的方法测试所定价格是否符合产品的经济价值。[69] 事实上，很难说在那样的市场中究竟有没有

---

[66] 见第3章关于实践中确定竞争价格的困难，以及为什么短期边际成本不能成为政策目的有用替代。

[67] 为简化分析，我们假设这里所讨论的企业都是生产单一产品的企业。有关生产多种产品的企业定价问题我们会在之后的部分讨论。

[68] 这也就是说实际上投资能把一个新的产品带进市场。在很多情况下，产品研发项目都不会成功。这也就意味着从这些成功的项目所获得的收益也要覆盖这些不成功项目的成本以及与将产品引入市场有直接关联的成本。

[69] United Brands v Commission (27/76)［1978］E. C. R. 207;［1978］1 C. M. L. R. 429.

过高定价问题。知识产权如专利或版权，就是专门为了让企业能够把价格定到远远高于其单位成本之上，从而收回预付的投资。比如一个企业拥有一种新药的专利，即使其将价格定得远远高于单元生产成本，本质上也不应该认为这构成了滥用支配地位，只能说这是对创新的竞争性奖励。这个道理同样适用于那些要做大量的事前风险投资活动的行业。

最后，在那些需求存在周期性变动的行业，产品的价格会根据市场需求而围绕成本上下浮动。当市场需求远远低于行业产能时，价格就可能低于总成本（尽管可能会高于可变成本或可避免成本）。相反地，当市场需求远远大于行业产能，价格可能会高于总成本，可能幅度还会很高。假如在短期内产能不变，这种价格波动反映了正常的竞争行为。实际上，需求变动最好能通过价格变动体现出来。因为这样可以让价格机制确保那些最看重产品价值的人成为买家。即使是在短期内价格远远高于成本，采取措施阻止这种价格变动并不符合经济最优化的原则。而且价格和利润为潜在的新供应商发出一个有效的信号。高价和相应的高利润会吸引新的进入者，这样的话就可能会使价格和利润回落。这就意味着确定定价过高的最基本的证据要求是：价格持续远远高于成本，并且有很少甚至没有可能吸引新的进入者从而使得价格和利润回落。[70]

一、过高定价的测试

在 United Brands 的案例中委员会指出，United Brands 的过高定价是基于不同国家的价格比较。例如，委员会发现比利时产品的价格比爱尔兰高出 80%，而丹麦的比爱尔兰的高出 138%。比较同一种产品在不同地区的价格是有指导意义的，在 14 章会对价格集中度的研究作较详细的分析。这些研究调查了价格（或利润或利润率）与不同地区市场集中度的关系，以此来了解较高的集中度与较高的价格（或利润或利润率）之间是否存在系

---

[70]　这是英国公平交易办公室提倡的方法，定价必须"持续过高"并且必须是"很明显在合理的时间段内高利润并不能刺激新的进入者"，才能被认定为滥用行为。（英国公平交易办公室 414 文件 1999 年版：单一协议和行为的评定 2.12 和 2.13.）。

统性的关系，还可以表明市场集中度与市场力量之间的关系。然而，单凭不同地区的价格比较，是很难推断出产品定价是否过高的。第一，不同地区可能有成本差异，这是要考虑的。第二，也是更重要的一点，不同的价格可能反映了价格歧视，这是有利于提高福利。这个问题在后面的段落有详细的讨论。需要指出的是，具有支配地位并不一定会损害消费者，因此也不必然表明是滥用行为。

　　另一种方法（也用于 United Brands 的例子里）就是比较不同企业的价格。这并不是一个好的方法。如果一个企业把价格定得比其他企业要高，尽管消费者仍会买该产品，但这只是表明消费者相信该产品在某些方面胜于其他企业的产品。在这样的情况下，并不能进行单纯的价格比较。至少在消费者眼里应该是"苹果跟苹果比而不是苹果跟梨比"。只有当消费者在一定程度上被"锁定"购买较高价格的产品，这样的单纯价格比较才有意义。这种情况通常在消费者需要购买耐用性商品，并且需要持续购买专用消耗品时可能会出现。"售后市场"的例子就很好地说明了这种情况，我们在之后会详细讨论，在这里就不作考虑。这里要说明的一点是，特定互补商品的独家供应商的支配地位问题，并不比假定情况下简单的适用法律更为常见。

　　最后，可以对拥有支配地位的企业所提供的不同服务进行价格比较。在德国邮政公司的案件里，委员会认为德国邮政公司的跨国界转运邮费定价过高。鉴于详细分析德国邮政公司的成本是不可能的，委员会就比较德国邮政公司的跨国界邮费与该国的关税费用，由此发现其跨国邮费过高定价。⑦ 要采用这样的方法其实困难也很大，其中一个很大的困难就是需要在不同的产品中分配固定成本和共享成本。像之后所说的那样，当企业产生固定成本时，企业很难有效地对其提供的每样产品提供相同的成本加成。换句话说，给不同的产品定不同的价格或成本加成是一个企业的正常竞争行为。因此，通过比较不同产品的定价或者成本加成来判断产品定价

---

⑦　COMP/C-1/36. 915 Deutsche Post AG—Interception of cross-border mail（2001）.

是否过高并没有多大的意义。

　　委员会根据法院在 United Brands 一案采用的方法否决了 Scandlines 关于赫尔辛堡市港口向渡轮运营商收取的港务费过高的投诉案。[72] 委员会并不只是单凭该港的成本去判断收取的港务费是否过高；委员会认为，简单的成本加成的方法并不足以判断所调查的价格是否过高。委员会比较该港口的港务费是否高于该港口其他服务的费用，此外还比较该港口的港务费与其他港口运营商收取的港务费。委员会指出，要判断定价是否过高，要注意到欧洲司法法院在 United Brands 一案所提出的价格测试主要关注所收取的价格，以及其与产品经济价值的关系。通过比较产品成本与价格只能表明其利润率，这对于一些企业来说可能是分析的第一步（如果能够计算出来的话），[73] 但在第 102 条下单凭这个并不能说明是否存在滥用行为。委员会还指出，这样的情况并没有违反第 102 条。[74] 另一个相关的例子就是英国的 Attheraces。[75] 在这个例子里，英国上诉法院指出一个公司的定价高于成本并不足以说明过高定价：定价高于成本对于判断过高定价是必要条件，但并不是充分条件。[76] 我们认同这个观点。

　　另一个测试过高定价的方法是通过利润率推断滥用行为。如上面所说，很多因素使得高利润和行使市场力量之间没有明确的理论关系。此外，还有很多实际性的困难。很多试图测量利率的人都仅仅是依赖于利润率的会计测量。这些并不能反应相关经济概念。[77] 对于不同企业特别是不

---

[72]　COMP/A. 36. 568/D3 Scandlines Sverige AB v Port of Helsingborg（2004）。

[73]　委员会在 232 段指出："在本案中，对产品/服务的经济价值的评定不能像委员会所做的那样通过把提供该产品/服务的大概成本相加所得，利润率可能是预先定好的生产成本的百分比。产品的经济价值必须要把特殊情况和与非成本的相关因素如产品/服务的需求考虑其中。"

[74]　委员会也采用了这样的办法，通过比较本国漫游费用和国际漫游费用对国际漫游费用进行调查。

[75]　Attheraces Ltd v British Horseracing Board Ltd［2005］EWHC 3015（Ch.）；［2005］UK-CLR757, Ch D.

[76]　Attheraces Ltd v British Horseracing Board Ltd［2007］EWCA Civ 38；［2007］UKCLR 309, CA.

[77]　爱德华兹（Edwards），凯伊（Kay）及迈尔（Mayer）2007 年著。

同地区的企业进行比较，运用不同的会计惯例则比较结果会有所偏颇。[78]测量利润率通常是基于测量资本的收益率。在大部分资产都不是有形资产而是无形资产（如人力资源）的情况下，很难对资本进行适当的测量。[79]如果没有合理衡量无形资产的话，就可能会算出超常利润，然而这些超常利润其实反应了对资本基数的错误测算。最后，对于是什么促成收益率过高这个问题也很难回答。[80]有这样一种趋势，把利润率的会计测量与基于市场的收益率的评估联系起来，但这两者不具有可比性，所以这不是可行的方法。

区别过高定价和有效竞争情况下的定价的困难，也反映在这方面的判决极其有限上。值得注意的是，除了 United Brands 的例子，委员会很少处理纯粹过高定价的案子，除非企业具有法定或事实上的垄断地位。因此，过高定价的问题出现在电信背景下，这是因为在这个行业的固网电话运营商通常具有法定和事实上的垄断。1997 年，委员会采取行动反对比利时电信对为了出版电话号码簿而获取订户信息收取了过高价格。同年，委员会调查了德国电信对于提供给竞争对手网络而收取的费用。调查的结果是德国电信降低了其收取的价格。1998 年委员会调查了固网电话以及移动电话运营商收取的互联费用，并发现了过高定价的证据。欧洲不同国家的电信监管机构以及欧盟委员会为此共同采取了行动。其中的一个措施是对移动电话运营商收取的国际漫游费用进行第 102 条的调查。当消费者把电话带到国外，就漫游了该国的网络。国际漫游费是所漫游的国家的运营商对消费者所属运营商收取的费用。因此，如果英国沃达丰的客户在法国使用该公司的手机，那么法国运营商便会向沃达丰收取漫游费用，沃达丰随后会向该消费者收取费用。委员会试图找出英国和德国不同运营商对过高定价分别应负的责任，但却很困难，尽管委员会花了好几年的时间，发表一份

---

[78]　戴姆勒奔驰汽车公司在纽约股票市场最初上市就是一个很好的例子。按照德国的会计惯例，该公司是盈利的，但按照美国的会计惯例，该公司是亏损的。

[79]　解决此类问题的方法参见 Fisher McGowan（1983）。菲斯尔·麦高恩（Fisher McGowan）2003 年著。

[80]　这些通常是基于资产定价模型，该模型无论是理论上还是实际应用中都存在很大争议。

反对声明并举行一场听证会，最终于 2007 年了结此案，但过高定价的情况还是存在。随后委员会在 2007 年通过了一项管理规定，直接对电话运营商进行管制。[31] 这方法很好地反映出监管者"见一个就知道滥用"的做法，尽管无法做出分析（因此才了结 102 条下的案例）。这并不是委员会"最光荣的一刻"。

这些情况不仅局限于欧洲竞争法，南非哈莫尼和米塔尔公司的例子也很好地说明了这点。[32] 米塔尔公司是扁钢生产商，被黄金生产商哈莫尼（Harmony）公司（Harmony 公司的生产运营需要钢铁作为原料）起诉，认为米塔尔在南非市场上的产品定价过高。米塔尔公司在南非以等同于进口价的价格销售其产品，也就是说，产品定价与进口商定价水平持平。公司把其在本国卖不出的产品卖到国际市场上。南非与世界主要的钢铁生产和消费国在地理上有很大的一段距离，因此米塔尔公司要把其产品出口到国外需要花费大笔运费。因此该公司出口的利润远远低于本国的销售利润。总的来说，米塔尔公司的出口所获取的利益收回了生产的可变成本，但并足以抵消全部成本。

2004 年，最初的起诉被南非竞争委员会驳回，但哈莫尼后来把案件移交给南非竞争法庭处理。双方都提供了与之前案例法一致的依据：盈利分析和不同的价格比较。盈利分析表明在整个钢铁行业里，米塔尔公司并没有获取经济利润（如公司并没有收回其资金成本）。价格比较的目的主要是调查米塔尔公司是否在面对较大竞争时定价较低，而在缺乏竞争时则定价较高。

然而，法庭采取了截然不同的方法。法庭认为自己并不是价格监管机构，不能去判断竞争价格或因此认为价格过高（也就是价格远远高于竞争

---

[31]　欧洲议会 717/2007 以及 2007 年 6 月 27 日欧盟委员会关于公用移动电话网络收取漫游费的法例及修改指示。2009 年 7 月更新。

[32]　Harmony Gold Mining Company Ltdand Durban Roodepoort Deep Ltd v Mittal Steel South Africa Ltdand Macsteel International BV，Case 13/CR/Feb04，Competition Tribunal of South Africa（2007）.

价格水平）。[83] 因此法庭采用了过高定价的结构方法。法庭指出[84]：

"'过高'定价的能力是企业在其所在市场（并且该市场具有很大的市场进入障碍）里面持有异常强大的规模。而且市场的进入障碍较大，也就是说，被调查的企业要拥有约100%的市场份额，并且没有现实的进入希望——换句话说，就是该市场不面临，或不可能面临任何竞争。"

在判定米塔尔公司在一个"没有任何竞争的市场"里面拥有接近100%的市场份额后，法庭继续提出[85]：

"如果该价格是由市场结构决定的价格，且有助于切实反映市场上并不存在可辨识的竞争担忧，那么该定价就是与经济价值有关的过高定价，因为该定价将不会由'竞争性市场里的供求自由互动'决定。"

换句话说，法庭从市场架构判断出其过高定价，推断如下：一个拥有很大的市场份额，并且受到很高市场进入壁垒保护的企业肯定定价过高，所以米塔尔肯定实行了过高定价。尽管该企业毫无疑问地推翻了上诉，[86]但该判定的确反映了四个重要的问题。第一，反映出了单纯通过估量市场架构指标从而做出竞争性评定是很危险的。尽管米塔尔提供证据表明没有在整个钢铁市场赚取任何经济利润，更别说过高利润。但法庭还是裁定其是过高定价。这也让米塔尔公司处于尴尬的位置，就是其被认定为过高定价但又不知道什么是不过高的定价。第二，从那些（如价格管制）案例可以看出，竞争监管机构以及法庭是很难把过高定价和相关的要求强加给企业。在美国很少出现关于过高定价的案例，甚至过高定价没有触犯联邦法

[83]　实际上，法庭拒绝接受所提供的证据，在一定程度上是因为其拒绝的资产定价模型的投资分析原理晦涩难懂且存在争议。

[84]　Harmony v Mittal 96 段。

[85]　Harmony v Mittal 147 段。

[86]　Mittal Steel South Africa Ltd, Macsteel International BV and Macsteel Holdings（Pty）Ltd vHarmony Gold Mining Company Ltd and Durban Roodepoort Deep Ltd, Case 70/CAC/Apr07, Competition Appeal Court of South Africa（2009）.

律。第三，强调了采用实证证据的重要性。没有实证经验就会引起像"我一看就知道滥用市场支配地位"这样的事情。第四，说明了玻璃纸谬误带来的实际困难。法庭判定米塔尔公司在相关市场拥有很高的市场份额，因此该公司肯定过高定价，但并没有考虑到在这个案例里要先找出竞争水平的价格才能界定相关市场，很明显，在这个案件里难以做到这一点。导致法庭在逻辑推理上绕圈子。

在某些方面，本部分的结论可能会出乎人意料。尽管过高定价是滥用支配地位的最直接的体现方式（如运用显著的市场力量抬高价格），但案例法中很少会有单纯的过高定价的案子。无论是经济原理还是实践均表明对价格是否过高进行检测极其困难。鉴于此，仅仅发现相对于单位生产成本的高价格不能被看作是滥用行为的一种指示。判断企业是否受到有效的竞争约束或者其行为是否损害消费者利益，还应对市场特征做更进一步调查。

最后要注意的是，如发现企业过高定价，那么逻辑上表明委员会应该要求被调查的企业把价格降低到不是过高定价的水平。这就要求委员会必须清楚什么价格水平才是合理的，这就要做详细的价格规定。[87] 鉴于委员会已经多次表明其不想成为价格的监管者[88]，我们预见未来纯粹过高定价的案子依然很少。

第五节　售后市场[89]

在很多行业，消费者最初的购买决定会对其以后的选择有长期的影响。这通常发生在消费者购买耐用产品的时候，通常购买耐用产品还需要

[87]　英国法院也承认这点，见 Attheraces Ltd v The BritishHorseracing Board Ltd［2005］EWHC 3015（Ch.）；［2005］UKCLR 757, Ch D。

[88]　例如，在第 7 段竞争法第二十七份报告，与以上提到的英国赛马委员会有限公司的案例有关。

[89]　在第 4 章关于市场界定的内容里我们也提到了售后市场。该章所提的关于售后市场的内容是对那部分内容的补充。

购买一些互补性产品，至少在以后的日子里需要购买一些产品而不是产品本身，这样的行业有很多。

表 6.1 售后市场行业

行业	主要产品	副产品
视频游戏	游戏控制性	视频游戏
汽车	汽车	汽车配件
电脑	硬件	硬件和软件维护服务
打印机	打印机	墨盒
DVD	DVD 播放器	DVD
移动电话	移动电话/网络	移动电话

这类行业特有的竞争性特征在于主要耐用产品和副产品或者与互补产品或服务相关的售后市场之间的竞争互动。通常由于耐用性主要产品的技术差异，与其相配的互补性产品的选择是有限的。也就是说一旦主要耐用性产品出售完，消费者就只能选择与主要产品相配的售后市场的产品或者服务。例如，福特汽车的车主需要购买与福特汽车相配的汽车零部件。又如视频游戏，一旦购买了一个特定的游戏平台，那么所玩的游戏必须要与该平台相匹配才能玩。也就是说，消费者或多或少被特定的售后市场供应商锁定。

当消费者未来的购买选择在本质上被锁定，这就可能会使提供售后产品和服务的供应商做出阻碍竞争的行为，也就是提供的互补产品会过高定价。

委员会已经调查过很多具有售后市场特征的行业。[90] 相关的案件包括 Hugin/Liptons[91]，AB Volvo v Veng[92] 和 Hiliti AG[93]。在 Hugin/Liptows 案件中，委员会发现 Hugin 公司在欧洲柜员机行业的市场份额尽管只有 12%，但在零部件市场却拥有支配地位。Hugin 柜员机的零部件与其他柜员机的

---

[90] 有关这一问题的最典型的美国案例是 Kodak（Eastman Kodak Technical Seiv. Inc，504，Us451（1992））。

[91] Liptons Cash Registers and Business Equipment Ltd v Hugin Kassaregister AB（IV/29.132）.

[92] (238/87)［1988］E. C. R. 6211；［1989］4 C. M. L. R. 122.

[93] Hilti AG v Commission (T-30/89)［1991］E. C. R. 1439；［1992］4 C. M. L. R. 33.

零部件是不能相互交换使用的，因此如果没有 Hugin 柜员机的零部件就不可能维修好或者重装 Hugin 柜员机。因此委员会判定 Hugin 公司在拥有 Hugin 柜员机的客户群所在市场占据着市场支配地位。AB Volvo v Veng 和喜利得公司案件中也有同样的判决。

然而，存在转换成本本身并不足以推断出提供副产品或者售后服务的行为就可能是阻碍竞争的。[94] 副产品或服务的定价是否超过竞争水平，取决于消费者购买副产品或服务或者决定购买主要产品受阻的程度。一个既销售主要产品又销售副产品的公司在设定售后市场的价格时需要进行权衡。针对那些已经购买设备的消费者，较高的价格可以让企业在售后市场获取更多的利润。然而，较高的售后产品或服务价格会降低主要产品的销售量，因为潜在的消费者会考虑到购买售后产品所产生的较高成本。如果售后市场的高价格阻碍了大量的消费者购买主产品，那么就是阻碍竞争的定价，应该被制止。[95] 然而，假如这种竞争约束的力度不是很大——或许消费者并不大清楚未来的成本——那么售后市场的反竞争行为可能就是有利可图的。

竞争约束的力量，进而在售后市场进行反竞争行为是否可能，或者说是否可能有利可图取决于多个因素。这通常要求察看一个行业的以下特征。[96]

一、被锁定客户和新买家的比率

相对于既存用户基数，新的消费者越少，与特定主产品相匹配的副产品或服务的供应商进行反竞争行为的可能性越大。当新客户在某一行业（比如，新兴行业）占据着很重要的位置，那么售后产品和服务的定价就会受到很大的竞争性约束。

---

[94]　委员会的实践与此说法一致。在 Hugin 和 Digital 的案子里（竞争法案第 27 号报告 1997 年版，第 153-154 页），委员会发现售后市场有进行滥用支配地位的空间，同时在 Kyocera 的案件里（竞争法案第 25 号报告 1995 年版，第 87 页），委员会判定售后市场没有滥用支配地位的空间。

[95]　在 Swan Solutions Ltd/Avaya ECS Ltd（March 2001）英国电信监管局，电信管理局判定 Avaya 公司在售后市场并没有能力做出阻碍竞争的行为。在 ICL/Syntar（2001 年 7 月），英国公平贸易局得出类似的结论。

[96]　参见萨皮洛（Shapiro）1995 年著。

二、针对新买家进行价格歧视的能力

在售后产品市场中具有进行有利于新消费者的价格歧视的能力，易于促成反竞争的定价。因为对新购买者收取较低的价格，可以鼓励他们进入市场，而既存消费者一旦面临转换到其他主产品的转换成本，就可以对他们收取较高的价格。然而，发生价格歧视的情况似乎相对有限。经验观察告诉我们，售后市场的产品和服务价格对新客户和那些已经购买过主产品的老客户往往是一样的。例如，在视频游戏行业，软件出版商给新客户优惠价格的能力是非常有限的。而且，这会牵扯到诚信问题。如果企业在占既存用户群的便宜，那么新的消费者应该会考虑，一旦他们成为既存用户群的一部分，这家企业不这样对待他们的可信度有多高。

三、转换成本大小

仅是某些消费者面临较高转换成本的事实本身，并不能说明在售后市场上具有较高市场份额的企业拥有真正的市场力量。并且要注意的是，不同的消费者面临不同程度的转换成本。此外，消费者面临的转换成本往往会随时间而发生变化。例如，一个刚刚花钱购买新车的消费者转向另一款新车的转换成本会比几年前就买了同类车的消费者要高。

如果其他条件不变，在一个技术更新换代快的市场里面，转换成本会比较低。如果新设备比已安装过的设备性能更好，那么优化设备的性能优势就会产生一个很好的"转换收益"。这个已经被证实了，比如说消费者愿意承担转换成本去更新他们的视频游戏。

四、边际消费者可获得信息的质量

与主产品相匹配的售后产品或服务的供应利润是否会受到扭曲或限制，取决于消费者在购买主产品时有没有考虑其售后产品或服务的供给条件。如果不能获取售后市场供给条件的信息，那么就会割离或者至少削弱售后产品和主产品市场之间的关系，这样就有可能让竞争性设备市场中的企业拥有售后市场的市场力量。然而，这种情况大多只会发生在设备行业，因为消费者不清楚与不同品牌设备相关联的后续成本。在一个很难获取系统全成本（即所谓的生命周期成本）信息的市场中，消费者可能在不了解设备售后成本的情况下就购买产品。如果大多数客户在购买设备时忽略了这些售后成本，那么设备生产商之间的竞争很难确保购买者在售后市场得到竞争性价格。总的来说，售后市场的产品或服务在整个系统中的影响越大，消费者就越可能花钱获取生命周期成本的信息，这样就可以在一定程度上阻止售后市场供应商的阻碍竞争的行为。并且，并不是要所有的消费者都必须清楚了解相关信息以保证有效竞争：关键是要让足够多的边际消费者清楚了解。[97] 最后，在很多专业杂志，或者如今更普遍地扮演着信息提供者的网页上，买家和卖家的信息是不对称的，这样的情况很普遍，很多汽车杂志和网站就是这样。

五、销售企业竞争的市场数量

售后产品或服务的供应商能够在多大程度上有利可图地进行反竞争行为，同样受到其参与其他市场竞争的影响，包括那些与所调查行业无关的市场。这是因为一些企业的投机行为，例如给锁定的客户定价高于竞争水平，那些企业会因此而出名。在售后市场收取高价的名声，不仅对该企业的主要产品销售带来不利影响，还会给其他产品的销售带来不利影响。对于一些企业来说，因为形成这种名声的后果，给其售后产品和服务的定价带来很大的竞争约束。

六、系统竞争的力量

通常情况下，如果不考虑主要产品市场的竞争情况，就很难判断售后市场的竞争情况。消费者往往愿意购买由主产品和副产品组合而成的捆绑服务，所以总成本才是关键所在。在这种框架下，生产商通常在主要产品

---

[97]　假设卖家并不能对了解情况的消费者和不了解情况的消费者进行价格歧视。

那里获取相对较少（甚至是负）的利润，而在零部件产品那里获得比较大的利润（如移动电话的手机和电话联络）这对于很多企业来说都是非常有效的经营方式。[98][99] 例如主产品以较低价格进入市场比较容易，因为消费者在价格较低的时候更愿意去"冒险"。

<h2 style="text-align:center">第六节　排他性交易</h2>

　　《第102条指南》下的第一类排他性滥用就包括排他性交易。[100] 排他性交易是指这样一种交易安排，即，一家企业与另一家企业进行交易的意愿取决于后一家企业或者只与前者交易（独家购买），或者从前者那里购买大量所需产品。人们普遍认为，排他性交易可以采取多种形式。排他性交易的滥用行为通常与封锁竞争对手有关，主要是通过独家购买义务或者条件性折扣方案或忠诚折扣方案去阻止竞争对手把产品卖给客户。[101] 忠诚折扣包含很多的打折方案，其特点都是给达到一定目标购买门槛的消费者提供折扣。[102] 或者是对所有超过门槛值的购买增加折扣，或者一旦达到门槛值便对所购买产品进行折扣追溯，使折扣适用于所有购买的产品。[103] 当给这两种排他性交易进行竞争评估时，更多的关注应放在独家购买或者条件性折扣方案是否通过拒绝整个市场需求的某一部分而使竞争对手成为不太有效的竞争者。因此对于这两种行为的竞争性分析都是一样的。

　　本部分剩下内容安排如下：鉴于消费者支付的价格取决于他们的购买力，忠诚折扣涉及到价格歧视，[104] 因此接下来首先会简单分析一下价格歧

---

[98]　卡特兹（Katz）与萨皮洛（Shapiro）1994年著。

[99]　参见之后关于捆绑和搭售内容。

[100]　参见雷伊（Rey）2008年著及梅拉米德（Melamed）2008年著。

[101]　《第102条指南》第31段。

[102]　忠诚折扣方案不需要提供条件减少竞争对手供应商的购买数量，事实是否如此取决于所采用的忠诚折扣方案的确切形式。

[103]　回溯折扣方案也叫回降折扣方案。

[104]　正如我们将会看到的，忠诚的折扣会导致二级价格歧视，也就是采用一定的销售行为诱导客户反映其是否有很大的购买意愿。

视经济学，接下来会讨论忠诚折扣方案的激励特征。此外，还会通过这个领域里的一些主要案件解释欧盟委员会历史上对忠诚折扣方案持有（不合理的）否定态度的原因。接下来会讨论适当评估忠诚折扣方案的竞争影响的一些关键问题，并且会讨论在什么情况下忠诚折扣会阻碍竞争。

一、价格歧视

忠诚折扣方案是一种价格歧视，买家根据自己所需，购买不同量的产品就会有不同的定价。尽管第 102 条（c）款特别指出对相同的交易运用不相同的条件其实就滥用，但价格歧视比较特别，在大多数情况下是促进竞争的。

有时候人们认为竞争性的市场不会出现价格歧视的问题。这种说法并不正确，除非人们枯燥地认为，只有理念上完全竞争的情况才被认为是具有竞争性的。[105] 实际上价格歧视是普遍存在的，即使在有效竞争的行业也一样。比如航空行业、其他交通行业、电影票的定价等等，都有价格歧视的情况。英国公平贸易局前局长承认了这一点，他提到：

"价格歧视本身并不能判断出市场力量，更别说支配地位。在很多情况下竞争与价格歧视是不矛盾的。"[106]

很难给价格歧视下一个满意的经济学定义。[107] 而竞争政策里面通常使用的一个定义是当以不同的价格把同一产品卖给不同的消费者，而其成本并没有什么不同的时候，就是价格歧视。[108] 经济学家所说的相关成本通常是指供给的边际成本或者可变成本。

经济学家把价格歧视分成三类：[109]

---

[105] 正如第 2 章所讨论的，运用完全竞争的理论模型并不能给决策提供适用的参考。

[106] Vickers（2001）详见参考文献。

[107] 泰勒 1998 年著，第三章。

[108] 理论上来说，当供应成本不一样时，把一件产品以同样的价格卖给不同的消费者，也是价格歧视。

[109] Pigou（1920）详见参考文献。

1. 一级价格歧视是在企业能够完全地将消费者进行区分的情况下发生的。一级价格歧视在现实中极其少见，因为可能有套利行为的存在。低估产品价值的客户可以把产品以较高的价格转卖给高估产品价值的客户，甚至还会低于制造商的价格。并且，一级价格歧视假设企业完全了解消费者的支付意愿，这在大多数市场难以做到。

2. 出现二级价格歧视，也就是通过一些特定的销售手段引导客户自我选择从而推断出他们的购买意愿是大还是小。二级价格歧视最普遍的一种形式就是数量折扣。还有一种常见的方式是两部分收费，就是消费者预先支付一笔费用，随后支付每次的使用费。这种定价方式通常运用在网络市场像电信、自来水、天然气和电力市场。消费者使用的服务越多（如使用的电越多），则单位服务的平均价格就越少。很多返款和折扣方案都是基于购买数量的，所以属于二级价格歧视。

3. 三级价格歧视是企业利用消费者的信息（如年龄或所在地）来区别定价。很普遍的一个例子就是火车或巴士服务会对小孩子或老龄退休者或对那些愿意在非高峰时段出行的人收取较低费用。

竞争政策通常关注二级和三级价格歧视，因为一级价格歧视实际上几乎不可能发生。二级和三级价格歧视的区别在于，后者是通过直接运用观察到的消费者信息对消费者进行区别定价，而前者是通过消费者的不同选择来进行区别定价。

二、价格歧视的福利效应

从竞争性政策方面说，一个很有意思的问题就是，价格歧视相对统一定价政策来说其福利含义是什么。答案是，通常价格歧视的好处是预先不知道的，要视具体情况而定。

一级价格歧视的福利含义完全取决于所采用的福利标准。[110] 一级价格歧视让企业根据消费者对产品的估值定价。也就是说，企业将会持续销售产品，直到消费者的估值低于边际成本为止，这是在完全竞争的情况下能

---

[110] 见第 2 章关于不同福利标准的讨论。

给社会带来最大福利的方法。然而和完全竞争不同，一级价格歧视不会产生消费者剩余，所以消费者的福利是零。因此，这里的政策选择关键取决于所采纳的福利标准。然而，因为一级价格歧视是很罕见的，这一政策难题我们完全可以忽略。

二级和三级价格歧视的福利含义也是很难分辨的，无论采用什么福利标准都是这样。通常来说，假如价格歧视可以增加总的销售量，那么相对统一定价来说，消费者的福利就可能增加。[11]

我们先讨论三级价格歧视。三级价格歧视的直观含义就是企业对于那些购买意愿大的消费者定价高，对于购买意愿弱的消费者定价低。用经济学的术语来说就是，对于需求弹性较低的消费者定较高价格，对于需求弹性较高的消费者定较低价格。很明显，从采取价格歧视的状态转为非价格歧视状态，通常要对一个群体的收益（那些具有低需求弹性、当下支付了较低价格的群体）与另一个群体的损失（那些具有高需求弹性，当下支付较高价格的群体）进行权衡。总的来说，如果三级价格歧视没有增加总产出的话会减少福利。[12]

相对于价格等于边际成本的福利最优情况，三级价格歧视涉及两种经济无效率。第一，价格与边际成本不相等，当然如第二章所说，在现实中边际成本价是一个理想状态，很难达成。第二，如果不同的消费者群体被收取不同的价格，那么很可能的情况是，高价位群体中的一些消费者愿意支付低价位群体支付的价格，而不愿意支付高价位群体的价格。这就可能会导致一些消费者不愿意购买产品，而另一些低估产品价值的消费者倒会购买。从经济的角度来看是无效率的：经济有效率最好的状态是那些最看中产品的人购买产品。这种影响通常会大于统一定价，这会导致总产出降低。[13]

---

[11] 参见斯马勒恩斯（Schmalensee）1981 年著及瓦立恩（Varian）1985 年著。

[12] 泰勒 1988 年著，第 3 章。

[13] 如果购买意愿高的购买者假装成购买意愿低的消费者，那么第三种无效率情况就可能会出现。例如，通常航空公司对于周五晚的返航班次收费会比周日晚的要高，因为通常搭乘周五晚的返航飞机的乘客都是商务人员，而搭乘周日晚返航飞机的都是休闲旅行者。如果商务人员为了传递他们是购买意愿低的消费者这样的信息，并获得较低飞机票价，而把外出商务旅行的时间延迟至周日晚，这样商务人员就得付出一些代价（如离开家庭的时间更久了）。

　　三级价格歧视在某种情况下是增加福利的，那就是企业为本来不可能会提供产品给那类消费者的群体提供产品。假如一个企业在一个低收入国家以非常低的价格出售品牌商品，而同样的产品在一个收入高的国家却以高得多的价格出售。如果一个企业以统一的价格把商品卖给不同购买意愿的消费者，那么那些购买意愿低的消费者可能就会不买该商品。如果企业只能收取某一价格以继续给这一群体提供产品和服务，那么，企业从高愿意支付群体中所得的降低后的收益要大于从低意愿支付群体中的收益，这样的情况就会发生。假设一个例子来说明这点。

　　假如一个电影院收取儿童每人 2 欧元票费，成人每人 10 欧元，如果儿童票价高于 2.5 欧元就卖不出儿童票。再假设无论是儿童和成人，额外一个消费者的边际成本是 1 欧元。在这样的定价结构下，假设有 50 个成人和 50 个儿童进场看一场电影，电影院的总收入是 600 欧元，成本是 100 欧元，产生的利润是 500 欧元。[114] 假设现在电影院不允许对儿童和成人进行价格歧视，必须设定同样的价格。如果电影院想要继续售出儿童票的话则只能采用不超过 2.5 欧元的统一定价。也就是说，成人那部分的利润只能是高于边际成本的差额 1.5 欧元而不是在区别定价下的 9 欧元。电影院不可能宁愿把票卖给儿童而在成人那里只赚取 1.5 欧元。相反，电影院将不再销售儿童票，而是继续在成人群体赚取更高的利润。假如在价格歧视下成人票价设定 10 欧元可以达到利润最大化，电影院继续以这样的统一定价销售电影票而不卖儿童票，这就会损害消费者的整体福利，不再买电影票的儿童就受到了损失，成人也不会从中得益，因为他们付的价钱与之前是一样的。[115] 而且企业也损失了在儿童身上赚取的 1 欧元利润。所以在这个例子里，价格歧视显然是可以增加福利的，因为它保证了某一群消费者能得到其他情况下不能享有的服务。

---

　　[114]　为了分析起来简单点，我们忽略固定成本。实际上，500 欧元的票价应该需要把租影院及电影以及聘请工作人员的固定成本涵盖在内。

　　[115]　如果电影院以原来成人的票价出售电影票，那么儿童票的那部分损失就会转移到成人消费者身上，那么成人消费者就可能要付更多的钱。

另一个例子是火车旅行。火车出行高峰期的花费通常比非高峰期要高得多，也就是说高峰时期的出行者比非高峰的出行者更能帮助企业收回运营火车的固定成本。如果火车运营商在一整天内收取同样的火车票费，那么非高峰期出行者就可能会选择别的交通方式出行或者不出行。也就是说，非高峰期出行者对于收回固定成本不再有任何帮助，那么高峰出行者不得不承担所有的负担，这有可能会导致高峰出行者要支付更高的价格。

同样的问题也会出现在二级价格歧视中。如果强迫企业收取统一的价格（如不允许提供销量折扣），总销售量因此降低的话，那么对消费者可能也没有好处。采取统一价格，让定价高于一些消费者的购买意愿，那么这些消费者可能就会因此不购买该产品，那样的话总销售量就会降低。

微观经济一般没有"公平"之说，而是更关注经济效率。值得注意的是，在三级价格歧视下愿意支付更多的消费者可能比支付更少的消费者更富有。因此，用统一定价取代价格歧视可能会带来不利影响。

延伸阅读：拉姆齐定价

很多企业在多个市场销售产品时会产生联合成本。这可能是生产不同产品的共同固定成本，或者是在不同市场销售同一产品产生的共同销售成本。联合固定成本包括杂项开支，如企业管理费，用于生产多种产品的工厂的固定成本，或者是为了提高品牌产品的需求而做的品牌宣传，而不是某一特定产品。假如这些联合固定成本需要从各种产品的收入那里进行回收，从经济上来看，实现这个最有效的方法就是拉姆齐定价[⑩]，而这本质上需要价格歧视。

[⑩]　其理论基础来源于 1927 年剑桥数学家弗兰克·拉姆齐（Frank Ramsey）发表的最优税收报告。

拉姆齐定价的基本原理是，因为存在联合固定成本，边际成本定价不可行时，价格的设定应该把定价高于边际成本而导致的销售损失降到最低。这意味着相当大比例的共同固定成本应该在需求弹性较低的市场中收回，少部分在哪些需求弹性较高的市场收回。因此，价格高于边际成本的利润幅度应该与需求弹性成反比。

拉姆齐定价是正常的企业运营行为。在有显著联合固定成本的情况下为了利润最大化，企业会根据需求弹性把价格抬高到高于边际成本支出。然而，尽管为了能够实现社会最优，价格加成应该根据市场的需求弹性而定，但是单个企业将会应对企业的需求曲线。正如第二章所说，企业的需求弹性高于市场需求弹性。一个企业在不同市场的弹性比率与不同市场的市场弹性比率不一样的情况下，企业设定价格的结构与拉姆齐定价的结构不一样。同样，如果企业弹性的比率跟市场弹性的比率一样的话，那么企业设定的价格结构就与拉姆齐定价是一样的。如果企业的需求弹性随着市场的需求弹性的加大而变大，随着需求弹性的降低而变小，我们可以认为企业采用的定价结构应该类似于拉姆齐定价。当然，与价格结构正好相反，价格水平是否是社会最优，则取决于企业是否有市场力量。

因此可以得出几个结论。当有共同的固定成本时，价格歧视大多是最优的。只有当所有相关市场的市场需求弹性一样的时候，价格歧视才不是最优的。企业自然会采用拉姆齐定价而且很可能设定一个接近社会最优的价格结构。企业设定的价格水平是否接近社会最优取决于该市场有怎样的竞争性。

在固定成本高但边际成本低的行业，价格歧视更可能促进福利。[117] 当边际成本接近零，企业所定的任何正数价格都有助于收回固定成本。然而如果企业对于所有消费者都收取一个较低的价格（如低于平均价），那么

---

[117]　软件和制药行业就是很好的例子，但很多"旧经济"行业也一样。

企业就不能弥补固定成本支出。在这样的情况下，企业很可能要通过价格歧视来收回固定成本，可能不存在一个统一定价可以让企业收回其成本。在这种情况下，企业会首先生产那些它认为随后能够区别定价的产品，因此价格歧视很明显是加强福利的。[⑱]

目前还没讨论价格歧视对竞争者的影响。如果价格歧视排除竞争对手（或潜在竞争对手）从而降低竞争的强度导致产品价格上升的话，那么价格歧视就是阻碍竞争的。这样的话价格歧视就跟掠夺价格具有相似的效果，掠夺价格会在下面的内容详细讨论，在此就不对掠夺价格的经济学做详细讨论。但是，价格歧视带来的排他性效应一直是委员会担心的主要问题之一，因此在以下部分我们会对委员会对价格歧视采取的政策进行讨论。

本部分的主要结论是，全面禁止价格歧视是没有必要的。而且，当评定价格歧视的行为时应该要考虑这种行为对总产出的影响。这与英国公平贸易局评估价格歧视所说的一样[⑲]：

"当边际成本低于平均成本，那么区别定价会比统一定价更可取（也就是更有效率），如上面例子所述的那样。价格歧视导致增加的产出越多或确实开拓了新市场（例如，非高峰期的铁路运输，可以面向对价格敏感的出行者如学生、退休老人、家庭出游者），那么它对经济福利越具有有益影响。"

三、忠诚折扣和"吸力"效应

"忠诚折扣"一词能够包含很多折扣方案，然而使其与其他折扣方案或者价格歧视区分开的一个突出的特点就是，它对从供应商那里增加的购

---

⑱　这样的分析对像软件的价格歧视作出了解释，就是把同样基础软件的不同版本以不同的价格卖出去，尽管边际成本是一样的。

⑲　公平贸易局 414 号文件 1999 年版关于单个协议和行为的评估。

买采用较低的价格。[119]

忠诚折扣的一种形式就是当一定量的需求从某供应商处购买就明确地给予一定的回扣。例如，买方90%的需求从给定的供应商那里购买，则会给买方提供一定的折扣。这种折扣并不是取决于购买的绝对数量而是相对于总需求所购买的数量。

以下是几种忠诚折扣方案的传统形式：

● 排他性折扣：买方所有所需产品均从特定供应商那里购买才可以获得折扣。[120][121]

● 个性化的销量折扣：任何买方在一个特定时期购买一定数量的产品都可以得到折扣。对于不同规模的买方，目标数量可能会不同。

● 增长折扣：如果买方当前的购买量比前段时间的购买量多出一定数量，就可以得到折扣。增长目标并不意味着达到目标阈值就会使供应商的市场份额增加；如果目标增长阈值比市场的整体增长水平低，那么就不需要从竞争供应商那里转移份额就可达到该阈值。

● 捆绑折扣：目的是要购买一定范围的产品。在这样的情况下，买家可能需要购买一定数量该公司提供的其他产品，以满足折扣的要求。目标数量要达到对那种产品的大部分需求。

因此"忠诚折扣"包含很多折扣方案。这些不同的折扣方案有一个共同的特点就是，提供忠诚折扣方案的企业会采取一些激励措施刺激消费者购买更多该企业的产品和服务。简单来说，所有的忠诚折扣方案都为消费者创造购买动机，从采用忠诚折扣方案的企业购买更多的产品，从而可能会达到市场份额转移的目的。

---

⑲ 忠诚折扣方案并没有以某些条件减少竞争对手供应商的购买量。情况是否如此要视所采取的的确切的忠诚折扣方案的形式。

⑳ 实际上这是市场份额折扣，阈值为100%。

㉑ 关于此类忠诚折扣的内容，参见里亚德（Ridyard）2008年著。

下面假定的表述可以说明忠诚折扣方案的忠诚诱导作用。X 公司产品的可变单位成本为 1 欧元，每年的固定成本为 100 万欧元（为了这里的讨论，我们可以假设其为沉没成本）。[122] 假设该公司设定的销售定价为每件 2 欧元，但如果客户的购买量达到目标阈值就会给购买的所有产品 5% 的折扣，[123] 那么每件产品的实际价格就降低到了每件 1.90 欧元。[124] 随着客户从该公司的购买量增加，该公司用于刺激消费者的奖励也随之增加。实际上，到某一时点，购买额外数量产品的实际价格变成了负数。这就是所谓的"吸力效应"图 6.1 明晰了这一点。

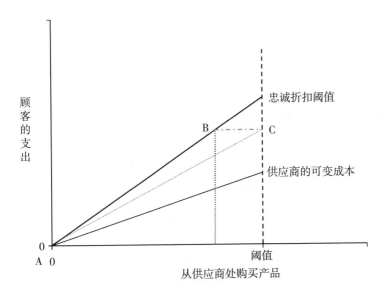

图 6.1 忠诚折扣方案的激励效应

---

[122] 这里的分析并没有涉及到支配地位，因此是没有意义的。应抛开忠诚折扣方案的好处不说（即使是支配地位的公司所采用的），从而再对此类折扣方案进行竞争性评定。

[123] 如果考虑到增值忠诚折扣方案（也就是对超出购买目标阈值那部分所有产品的折扣）那么也要做类似的分析。

[124] 本例说明了阈值是根据总购买量份额而定，但对于目标阈值是根据逐年增长量或者销售量绝对增长而定的，那么也要做类似的分析。

图 6.1 有三条从 A 点开始向上倾斜的线[126]

● 最陡峭的线（从 A 点穿过 B 点），表示客户按照每单位 2 欧元的定价购买产品的支出；购买量越大，客户的总支出越多。在忠诚折扣方案下，这个价格是购买数量未达到支配地位供应商所设的目标阈值前客户支付的价格。达到目标时，客户满足了打折的要求，对所有购买产品的折扣均为 5%，正如从定价线的顶端到 C 点的垂直距离所示。

● 中间的线（A 点到 C 点），表示消费者如果同意并遵循忠诚折扣的条款而实际支付的费用，那么单位实际价格降到 1.90 欧元。[127]

● 最底的那条线表示的是供应商供应所要求数量的商品或服务时总的可变成本，斜率表示的是边际成本。

从 6.1 可以看出，一旦消费者的购买量达到或者超出 B 点，那么从 X 公司那里购买其余需求的产品，那么实际的单位价格就变成了负数；预期年终折扣的价值大于客户购买额外产品需要支付的价钱。对于那些已从 X 公司购买了 B 件产品的消费者来说，购买更多产品的动机很强烈，因此对手公司很难去竞争超过 B 点后的那部分客户需求；实际上，竞争对手可能需要给出负价格才能竞争这样的销售量。这就是这种折扣方案的"吸力效应"或者叫"忠诚诱导效应"。[128] 正是这样的吸入效应，使得委员会对忠诚折扣方案采取敌对态度。

延伸阅读：增量折扣方案的激励特性

图 6.2 显示的是追溯折扣方案的激励特性，这里要讨论的是增量折扣方案的激励特性。在该方案下，客户的购买量超过目标阈值，那么超过目标阈值所有产品都可得到折扣。

---

[126] 注意，上述图表的线并没有标数值。
[127] 为了便于讨论，我们并没有标 AC 线的数值。
[128] 关于吸力效应的正式描述参见麦尔-里哥德（Maier-Rigaud）2006 年著。

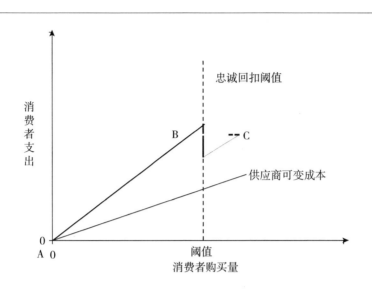

图6.2　忠诚折扣方案的激励效应

即使折扣只对超过目标阈值那部分产品有效，其激励的特性还是跟追溯折扣方案是类似的。如果客户的需求量是 C 个单位，那么对于已经购买了 B 单位产品的客户，从 B 到 C 那部分额外产品的实际价格就变成了负值。

第七节　委员会对忠诚折扣方案的政策

第 102 条案例法完全可以定性为极其反对拥有支配地位的企业提供忠诚折扣方案。比如，Michelin 公司的案件[29]，委员会指出该公司滥用在新西兰为卡车和巴士更换轮胎服务的市场的支配地位，因为该公司根据绩效目标，为客户提供无发票折扣价以及年终折扣方案。委员会指出：

"除了短期措施外，任何折扣都不是理所当然的，除非生产商的成本

---

[29]　（322/81）［1983］E. C. R. 3461.

真正降低了。支付给 Michelin 经销商的补偿金要与他们执行的任务和实际提供的服务相符，并确实减少了生产商的负担。在签订合同时，任何折扣或津贴方案都必须让每个经销商清楚确认并同意。"

本部分简单总结了两个帮助说明目前的激进立场的例子。

案例一：豪夫迈-罗氏公司[⑩]

欧洲法院指出豪夫迈罗氏公司滥用市场支配地位，与一些客户签订独家购买协议并为其提供忠诚折扣。欧洲法院指出标准销量折扣和忠诚折扣方案是不一样的，因为前者仅仅是与购买量相关的折扣方案，而后者并不只是基于客观的目标销量，还针对所有潜在的买家。欧洲法院认为采取忠诚折扣方案是为了增加支配地位企业占客户购买总量的份额，而不是购买量的多少，所以可以认为忠诚折扣方案阻止客户从竞争对手那里得到想要的产品。

委员会在这个案子中持有的立场使其认为，拥有支配地位的企业采用忠诚折扣必然是排他的，除非折扣反映出额外的销售是真的成本节约。因此这方面的案例法并没有关注竞争对手是否能提供相应的折扣或者忠诚折扣方案是否封锁了大部分市场以减少竞争对手带来的威胁，或者消费者利益是否受损。[⑪]

案例二：英国航空公司/维京航空公司[⑫]

维京航空公司对英国航空公司与旅行社签订的营销协议的投诉案中，委员会在其决定中指出，英国航空公司利用旅行社激励方案封锁了从英国出发及飞抵英国的航空服务市场。

---

⑩　Hoffmann-La Roche & Co AG v Commission of the European Communities [1979] E. C. R.

⑪　欧洲法院同时还指出了忠诚折扣方案的差别对待特征。随后在别的案例中委员也指出忠诚折扣具有间接的反竞争影响，见英国航空公司和维京航空公司的例子。

⑫　IV/D-2/34.780 Virgin/British Airways（1999）and British Airways v Commission（C-95/04P）.

委员会指出英国航空公司采用的旅行社激励方案有以下影响：

"通过提供激励政策以使旅行社对英国航空公司忠实，不为英国航空公司的竞争对手提供服务，以保证或增加旅行社的英航机票销售量，而这和销量值本身无关。(见［102］)"

判决提到：

"该方案的排他性效应影响了英国航空公司的所有竞争公司以及潜在的新进入者。这样的做法不仅阻碍竞争并且损害了消费者的利益，而不只是损害了无法与英国航空公司匹敌的公司的利益。"(见［106］)

而且委员会指出无需对给竞争带来的实际影响进行分析。[133]

"尽管有排他性联合方案，但因为英国航空运输市场的开放性，英国航空公司的竞争对手可以从该公司获取市场份额。这并不意味着这些方案没有任何影响。这只能认为如果没有这些方案，那么竞争对手就有更多的机会得到英国航空公司的市场份额。"

这种说法是荒谬的。很明显，如果英国航空公司不采取激励方案，竞争对手就可以获利。但调查仅仅表明如果英国航空公司选择不那么激烈地进行竞争的话，那么竞争对手就会好过点。并且这里所说的竞争关注与排除竞争对手有关。竞争对手市场份额增长的事实明确表明了他们并没有被排挤。实际上可以这样说，如果竞争对手的市场份额增长，那么忠诚折扣方案就没有排他性影响。[134]

不幸的是，欧洲初审法院同意了委员会的"分析"。[135] 欧洲初审法院指

⑬　见 BA/Virgin107 页。

⑭　参见毕晓普（Bishop）2008 年著及艾雷曼（Ehlermann）与马奇斯（Marquis）2008 年著中的圆桌讨论。

⑮　在欧洲初审法院 MichellinII 一案的判决里面也用到了这样的推理；见 241 和 245 页的例子。

出忠诚是英国航空公司激励方案的特征，并且，欧洲初审法院表明，对滥用具体影响的证明，未必构成违反欧盟竞争法第 102 条。根据调查，欧洲初审法院援用委员会的观点：无论英国航空公司滥用支配地位期间其竞争对手的市场份额是否增长，这都没有关系，如果英国航空公司不采用激励方案，竞争对手的市场份额会增加更多。对于维京航空公司目前份额增长为何说明了缺乏有效竞争，并没有做出任何解释。事实上委员会的说法并没有分清对竞争的损害和对竞争对手的损害。忠诚折扣方案使得消费者可以从特定的供应商那里购买更多产品和服务，仅事实本身并不能说明其会对竞争产生不利影响。人们认为，需要对第 102 条所谓滥用的竞争评估进行改革，这正是争论的核心问题。⑬

一、案例法总结

根据第 102 条目前欧洲竞争法对忠诚折扣方案的政策可以简单总结如下：如果一个企业被认定具有市场支配地位的行为，那么其采取任何忠诚折扣方案都可能被视为滥用支配地位的行为。这种敌对的政策立场，可以理解为支配地位企业采用这种方案是本身禁止的。在这种情况下，法律在许多时候对竞争以及消费者的利益都会有不利影响。

二、检测忠诚折扣的竞争影响

接着讨论的是忠诚折扣方案给一个企业的下游客户很大的动机让他们从那家企业购买额外数量的产品。原则上说，这样的激励措施让对手企业更难增加其销售量，因为让客户从支配地位企业那里转移购买数量就更缺

---

⑬　欧洲初审法院也接受了委员会的观点，认为英国航空公司的奖励措施损害了旅游机构服务行业市场的竞争。委员会仅仅通过区别定价来判断其损害竞争，仅仅通过在相似的交易中采用不一样的贸易条件而判断其损害竞争，而没有更深地去探讨其是否给竞争或者消费者带来不利影响，从这点来看，欧洲初审法院就不能驳回英国航空公司的上诉。把"区别定价"看做竞争法的独立因素，因为这样的做法损害了竞争的同时也与任何的经济逻辑不符。这一推理并没有解决一个根本的问题：如果在零售市场激烈的竞争可以让企业销售更多的产品，那么拥有支配地位的企业为什么要阻碍竞争？

乏吸引力，如果这会损失追溯折扣的话。㉝《第 102 条指南》指出，对于在购买量超过阈值前的最后那件产品来说，追溯折扣的潜在封锁效应是最强的。㉘

但上面假定的例子清楚表明，所有的忠诚折扣方案都有这样的特点，不管采取忠诚折扣方案的企业是不是处于市场支配地位。这也就是说，忠诚折扣方案的"吸力"效应并不足以说明忠诚折扣方案会阻碍竞争，对于忠诚折扣方案的竞争性效应，仍需做更详细的调查。首先，我们考虑一下企业采用忠诚折扣方案促进竞争的原理，接着我们会解释，尽管有"吸力效应"，忠诚折扣方案不一定会封锁竞争对手，并且解释为什么进行竞争性分析不仅仅要对消费者的静态激励措施进行分析。在解释完为什么一个简单的方法对于达成忠诚折扣的竞争评估是不合适的之后，会考虑在什么样的情况下忠诚折扣会真正封锁竞争对手并且最终给消费者带来的损害。

（一）忠诚折扣方案促进竞争的益处

忠诚折扣促进竞争的潜在商业动机是以可以提高利润的价格销售更多产品或服务。对于所有企业来说，通过增加销售量来增加利润，这是最标准的动力。其他不享有支配地位的企业也采取同样定价行为的事实表明了忠诚折扣方案是有促进竞争的动机的。就像竞争经济学所认可的那样，任何不具有很强大市场力量的企业所采取的商业行为都不会阻碍竞争。

各种促进竞争的基本原理可以归结为以下几点：

- 给客户提供激励从而销售互补性服务；
- 诱使客户为最终消费者降低价格（也就是降低双重边际化）；
- 有效回收固定成本（拉姆齐定价）。㉙

㉝　Nederlandsche Banden Industrie Michelin v Commission（Michelin I）（322/81）［1983］E. C. R. 3461,［70］to［73］.

㉘　《第 102 条指南》第 39 段。

㉙　拉姆齐（1927）。

前两个原理在很多方面与纵向限制类似。[140] 第三个原理是使企业通过价格歧视增加产出，下面我们逐一分析：

（1）向客户提供激励从而提供互补服务[141]

企业利用忠诚折扣促进竞争的主要原理是使客户的动机与供应商的动机保持一致。[142]通过提供额外的互补服务，客户能为供应商产品和服务增加大量的价值。这些互补性服务包括店内产品促销；向客户提供详尽的产品信息（有时包括如何使用那些产品或服务的展示）；保持产品的适当库存，最终消费者从而能够随时购买他们所需的产品；或者纯粹是在销售供应商的产品和服务上多下一番功夫。

这些服务给供应商创造利益，而服务成本主要由供应商的客户承担。经考虑他们从提供这些服务获得的边际利益以及边际成本后，这些中间客户选择互补服务的水平。既然中间客户没有内在的激励去考虑供应商从这些收益中获得的好处，通常所提供的服务水平相对于供应商预期的要低。

该问题的直接解决方案包括供应商与客户签订合同，规定提供服务的水平以及供应商对客户的补偿。然而，该方法有几点需要关注的地方。第一，很难在合同上具体说明服务的水平，因为这些服务通常不能客观衡量。第二，供应商参与到这些服务的直接监控中是耗资巨大的。第三，即使直接监管可以实现，但是违约情况下的执行会产生额外的费用。最后，也是重要的一点，为了扩大需求量，在决定服务的适当组合方面，客户比供应商更有信息优势，因为地方性的产品需求条件是高度变化的。

一切协调客户和供应商的动机的方法，都可使得供应商以分散的形式在不同的地区获得提供服务的有效水平。忠诚折扣方案是实现本目的的有效方法。为了增加供应商在客户购买某种产品总量中的份额，客户需要付

---

　　[140]　关于纵向限制的经济方面的详尽讨论，请参阅第五章。

　　[141]　某企业会通过降低其产品的价格从而增加销售量。但是，因为全面降价本身对盈利的影响，使其可能没有吸引力。这尤其在固定成本高、可变成本低的生产中更为明显。忠诚折扣方案提供的一个方法就是允许那些企业在没有全面降价的情况下向客户进行大量销售。

　　[142]　供应商和客户的利益一致化的需要有时被视为一个委托代理问题。该问题最初是由诺贝尔奖获得者詹姆士·莫里斯提出的。见莫里斯（1975）。

出更大的努力。假使客户达到了供应商设定的目标阈值，那么供应商与客户可共享销售拓展带来的收益。简而言之，忠诚折扣方案中可获得的折扣是为了协调客户和供应商的动机。

（2）诱使中间客户向最终客户降低价格（即，降低双重边际化）

在很多情况下，采用忠诚折扣的供应商的客户（尤其是零售商）在设定他们自己的价格时，给产品或服务的批发价格加上差价。这个差价包括供应商的客户的利润差额及客户的成本。因为供应商的批发价格已经包括利润加价，那么最终消费者承担的价格会受到双重边际化的影响。结果，与供应商选择的价格相比（如果供应商有着自己的综合网），最终消费者承担的价格过高，这对供应商和消费者不利。[143]

若供应商收取的批发价格等于其生产产品或服务的边际成本，可以消除双重边际化。这样的话，如果客户与供应商纵向整合，供应商的每位客户将会与供应商所决定的零售价格一致。然而，这样的话，供应商的利润会减少或者极有可能遭到巨大的损失。

忠诚折扣方案可使得供应商将平均批发价格从边际批发价格中分离到每位特定的客户。供应商所有的客户都知道达到目标就意味着降低价格。因此，客户们将有动机减少对批发价格的成本加成，这样一来，产量将会增加，从而增加客户达到目标阈值的可能性，达到目标的话，供应商会与客户分享其实现的部分利益。

（3）有效回收固定成本（拉姆齐定价）

向不同的客户收取不同的价格（例如：价格歧视），这对需要收回固定运营成本的企业而言是个有效的方法。忠诚折扣方案可供一种价格歧视的方法，可以有效收回固定成本。在供应产品和/或服务方面，很多行业都有着高固定成本和（相对）低边际成本的特点。结果，在有固定成本的行业中的企业就会超出短期边际成本，或远远超过短期边际成本收取价格。这样的定价可能会引起静态效率损失（即，特定的消费者被劝阻不再

---

[143] 双重边际效应的详细讨论，见第五章、第八章和附录 8。

消费这一产品，即使他们对产品的估值高于供给的边际成本），这种可能性必须与产品或许根本不存在的风险相比较（当进行投资时，如果不给投资者固定成本收回的前景的话，就存在这样的风险）。企业面临固定成本收回的问题，同时他们也面临销售产品的许多市场和市场区间，而这些企业可能会对不同的交易或他们服务的不同市场区间收取不同的价格成本差额，即，企业会进行价格歧视。正因为如此，在现实世界的市场上，不能完全由供给成本的差异来解释价格差异的行业是非常普遍的。

四、忠诚折扣不一定封锁竞争对手

对于忠诚折扣方案的敌对政策立场，主要源自于只注重当折扣方案达到或接近获得折扣资格的门槛时所产生的动机特征。本章节将诠释为何将重点放在"静态"激励上是不恰当的。注重最后一单元意味着竞争评估不能解决其他重要问题，而且这样也不能反映出许多行业中所观察到的竞争动态。本章节将会着重讨论两个重要问题，此问题是基于效果的竞争性评估的核心，但也是当前欧盟委员会和法院对忠诚折扣进行竞争影响分析所缺乏的考虑。

首先，我们解释为什么即使忠诚折扣是由拥有支配地位的企业提供的，也不一定具有排他性影响。其次，我们就达到或接近门槛的动机做更为完整的分析。

（一）忠诚折扣不一定是排他的

上面我们给出了对 X 公司提供的忠诚折扣方案的分析。图 6.3 再现了图 6.1 并考虑客户面临的实际价格如何，以及随着购买量的增加，客户动机的变化。假设一个客户购买量已经超过 B，竞争对手争取获得 B 和该客户年总需求量之间数量的能力将极其受制。对于高于 B（但低于 C）的那部分购买量的实际价格是负的。

但是，与其关注某一特定时点的折扣方案的动机，（例如：一旦客户已购买的数量比 B 的多），不如更适当地考虑这个忠诚折扣方案是如何在该方

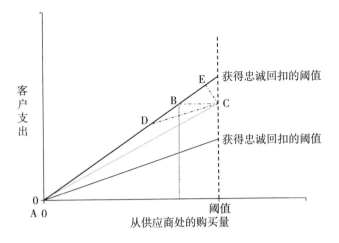

图 6.3　忠诚折扣方案的激励效应

案实施期间影响客户的动机，事实上，这更有意思。正如我们将看到的，客户的动机主要取决于客户在整个满足条件的期间做出购买决策的时点。

　　一旦客户达到了 B 点，从支配地位企业处购买其需求商品剩余部分的边际价格为零，那么作为竞争对手的供应商需要非常努力去竞争这部分需求。超过 B 点（例如，在 E 点），因为预期的年终返利比客户需要为额外的商品所付的价格要高，客户从支配地位企业那里购买剩余需求的实际边际价格为负数。

　　但是如果有人认为这些选择适合购买力低下的客户，譬如支配地位企业价格曲线列表上的 D 点，这些动机不足以鼓舞人心。在 D 点时客户计划将需求转向某一竞争对手时成本高昂，因为这样做的结果会失去赚取大量年终忠诚折扣的机会，而且额外购买产品的价格仍然是大于零的。根据 D 点与后期折扣 C 点之间的斜率（在这种情况下），图 6.3 阐释了该动机的效应。按照定价从支配地位的企业那里购买了所需求的大量产品，预期年终忠诚折扣的全部价值将会贯穿剩余购买，这让边际价格更低。图 6.3 中的 D 点使边际价格（D 与 C 点之间的斜率）和支配地位企业的可变成本一样。

回到客户没有从供应商处购买的时点上，忠诚折扣的激励效果甚至可能更低，并且折扣确实完全没有提供转移销售的动机。在 A 点（代表在供应合同签订之前或采用门槛的年初之时），如果客户忠实于支配地位企业并且达到目标门槛，忠诚折扣方案提供的价格实质上是 1.90 欧元的折扣价格。如果客户既可以从支配地位公司也可以从供应商竞争者处购买其足够的需求量，并且轻松达到本目标的话，这会是一个简单的选择。如果竞争对手能够整年提供一个可以战胜支配地位企业 1.90 欧元的供应价格，竞争对手将会赢取生意，而被看作忠诚交易折扣的事实，也不能说明是必然排他的。

本讨论明确了忠诚折扣方案激励可能产生的竞争影响依赖于客户可行有效的选择。首先，如果客户从一开始（A 点）就能够对折扣进行评估，而且，如果他们对支配地位企业的忠诚折扣和竞争性供应商提供的类似折扣的权衡有明确的选择，那么折扣曲线的形态将无法说明其对竞争的影响。只要客户能够从支配地位企业的竞争对手那里购买足够的需求量，与向支配地位企业的竞争对手转移需求相比，该客户将可以评估由支配地位企业的忠诚折扣所提供的金钱价值。至于图 6.1，客户可以直接把支配地位企业的折扣报价（图 6.1 中的 C 点）与竞争性供应商的可替代支配地位作比较。至此，在"最后一单位"产品或接近最后一单位产品生效的特别有影响的动机可能不会出现，客户响应的是由整体忠诚折扣方案提供的激励，而并非是购买水平接近阈值的激励。

（二）忠诚折扣的激励特性比纯粹考虑"最后单位"更为复杂

正如上述所言，欧盟委员会和欧洲法院都认为忠诚折扣方案必然涉及客户向提供忠诚折扣方案的支配地位企业转移其部分需求。[144] 但是，支撑这一推测的，是关于客户行为的三个假设。

---

[144] 欧盟委员会以及欧洲法院都没有解释为什么这种折扣方案的"忠诚诱惑"影响不能同样适用于非支配地位企业。

1. 第一，客户能够忽视其顾客（如：最终消费者）的利益；

2. 第二，目标阈值的运用极大地激励每一位客户更钟情于支配地位企业产品的销售额，而不是其他企业所供应产品的销售额；

3. 第三，对个别客户而言成立的假想也必然适用于整个市场。

我们依次解决这些问题。

（1）中间客户不太可能忽视最终消费者的利益

应该注意的是，在大多行业中，忠诚折扣适用于中间客户，而这些中间客户拥有影响其客户购买决策的能力。这可能以售前咨询、店内布置或者零售折扣（如：价格优惠）的形式呈现。正因为是这样，供应商努力为他们而不是竞争对手的客户提供适当的激励，从而促进其产品的销售。在许多行业中，折扣方案的使用仅仅代表着供应商之间竞争的一种形式。[145]只注重竞争的一个参数（譬如：忠诚折扣的激励效应）会忽略其他重要而且通常是更为重要的竞争参数。例如，在 BA／Virgin 案例中，[146] 欧盟委员会认为航空公司之间唯一的竞争参数是提供给旅行社的激励方案。空中旅行的价格、服务的质量以及其他形式的竞争（例如：广告、飞机上的服务质量）反而不再被认为具有相关性。

而且，在很多行业，供应商的客户会在竞争市场上自主运营。某供应商的客户相互竞争，尽可能为其顾客带来优质的服务。关于产品或服务的质量、满足消费者需求的能力方面，当然，还有产品或服务的价格方面，这几方面都会产生竞争。随着时间的推移，不能满足最终消费者需求的中间客户不大可能维持其业务。

（2）中间客户未必具有推动支配地位企业的销售的"压倒性动机"

即使供应商的客户能够有效控制其自身顾客的购买，这不代表忠诚折扣方案的结构必定使得支配地位企业比其竞争对手更受欢迎。如果客户能

---

[145]　业内所有企业都采用忠诚折扣，不管企业或大或小，这样会引发一个假设，即这样的行为有着一个竞争的基本原理。

[146]　引用于上面的脚注 132。

够在供应商之间做选择，同时对其自身的业务没有负面影响，客户将会根据哪些产品可能会创造最高的年收入进行优先选择。但是这并不意味着客户必然总会选择向支配地位企业购买。

这反映在以下简单的例子中。在这个例子中，假设在没有对其业务造成不良影响情况下，中间客户销售的产品或是服务可以达到最大收益。现有两名供应商，分别是支配地位的供应商 A 和具有竞争力但规模较小的供应商 B。两者采用的忠诚折扣方案都是基于目标阈值。一旦达到这个目标阈值，对所有采购物予以追溯折扣。

表 6.2 展现了两个相互竞争的供应商所设定的目标阈值。在这个简化的例子中，每个供应商的忠诚折扣方案对于每位零售商只有一个目标阈值。[16] 供应商 A 的阈值是 220，这反映了其更大规模的运作，这个数值是供应商 B 的四倍。对于达到阈值的购买，两位供应商，假设单价是一样的，每件 20 欧元。同时，我们假定客户在每件商品上获得的收益是一样的，并且从每个供应商处购买的产品也一样。如果客户达到了供应商设定的目标阈值，该客户所有购得物每件可以享受 10 欧元的折扣。

表 6.2　不同销售场景下的客户奖励

	供应商 A	供应商 B
目标阈值	220	55
单位成本（欧元）	20	20
达到阈值的单位折扣（欧元）	10	10
目前的销售量		
场景#1	210	50
场景#2	230	50
场景#3	230	60

表 6.2 展示了在三个不同销售场景中某特定客户目前的销售水平。场景#1，该客户没有达到两位供应商的目标阈值。场景#2，该客户刚超过供应商 A 的目标阈值，但没有达到供应商 B 的。场景#3，该客户已超过两位

---

⑯　对多样阈值的考量并不会显著地改变从这个例子中所得出的结论。

供应商设定的目标阈值。

　　现在假设该客户有权选择从供应商 A 或者 B 处追加购买 10 件产品。正如以下所示，该案例中，客户并不一定要选择从较为大型的供应商处购买追加的产品。相反，该客户所选择的供应商关键在于我们考虑的场景。假设两个供应商的产品订价一样，该客户会将需求导向的供应商，从忠诚折扣方案的结构中可以创造更大的折扣。

　　表 6.3 展示了 10 件追加产品的额外采购成本，这与表 6.2 中三个不同场景下的假设销售水平相关。

表 6.3　客户在不同销售场景下的选择

	供应商 A	供应商 B
	增量成本	增量成本
场景#1	−2000 欧元	−400 欧元
场景#2	100 欧元	−400 欧元
场景#3	100 欧元	100 欧元

　　场景#1 在表 6.3 中，从供应商 A 处追加购买 10 件产品意味着该客户从供应商 A 处的采购量增加至 220，从而达到目标阈值，这样意味着所有购买的产品每件均可以获得 10 欧元的折扣。购买额外 10 件产品需要 200 欧元（例如：20 欧元乘以 10），但是结果还有 2200 欧元折扣（例如：10 欧元乘以 220）。换句话说，从供应商 A 处额外购买 10 件产品的结果是 2200 欧元的折扣。这可以比得上从供应商 B 处购买额外 10 件产品的额外成本了。在此情况下，从供应商 B 处的总购买量增加至 60，因此该客户将会达到供应商 B 所设的目标阈值。购买额外 10 件产品花费 200 欧元（例如：20 欧元乘以 10），这和销售供应商 A 的产品的情况一样。该客户同时因为达到目标阈值而得到折扣。但是在此情形中，折扣是小之又小的。客户只获得 600 欧元的折扣（如：10 欧元乘以 60）。换言之，从供应商 B 出购买额外 10 件产品可以节省 400 欧元的成本，而从供应商 A 处购买可以节省 2000 欧元的成本。在此案例中，客户会选择从规模较大的供应商 A

处购买。

　　但是在场景#2，情况不再是这样。客户刚达到供应商 A 的目标阈值。这意味着从供应商 A 处购买额外 10 件产品不会引起追溯折扣。虽然该客户仍然获得额外销售的折扣，但是对之前的所购物没有别的好处。从供应商 A 处购买额外 10 件产品会增加 100 欧元的成本（如：10 欧元乘以 10）。但是在场景#2 中从供应商 B 处再购买 10 件产品，意味着该客户达到了供应商 B 设定的目标阈值。这意味着尽管购买额外 10 件产品的相关成本高达 200 欧元（与供应商 A 的购买者不同，该客户尚未达到阈值），但是，该客户从供应商 B 购买的 60 件产品可获得 10 的折扣。这意味着选择从供应商 B 处购买额外 10 件产品可获得 400 欧元的折扣。很明显，这比选择从供应商 A 处购买更吸引人。

　　场景#3，在这种情况下该客户已经满足两位供应商阈值目标，从哪个供应商处购买产品，对客户来说已无关紧要。成本为 100 欧元（如：10 欧元乘以 10）。

　　这个简单例子强调了分析中的另外一个重要的因素，这个因素在忠诚折扣的竞争性评估中彻底被忽视了，这个因素也就是目标阈值设定的水平。如果供应商将阈值设得过高，那么客户的购买决策不会受到影响。如果客户没有希望达到目标阈值，为什么客户将需求导向支配地位企业？相反地，如果供应商所设定的阈值过低，那么客户毋需参与任何定向销售或者是代表支配地位企业通过努力从而达到目标阈值。同样，在此情形中，目标阈值对客户没有起到激励作用。即使假设该客户无论选择购买哪种产品都没有损失，但仍然会明显倾向于较大的供应商。

　　因此，关于第二种假设，尽管欧盟委员会假设忠诚折扣方案必然将客户与支配地位企业绑定在一起，但是需要一个比欧盟委员会和欧洲法院采用的方法更谨慎的分析。在评估忠诚折扣方案的竞争影响中，评估必须不仅仅是陈述让客户从支配地位企业那里购买更多产品的激励方案，那些陈述都是不言而喻的。恰如上面简单例子中证明的，对客户设定阈值采取折扣追溯方案，让那些符合条件客户得到所有产品的折扣，而非只对超过目标阈值的额外产品获得折扣，即使这种情况，也是显而易见的。

（3）客户的聚集效应很重要

《第 102 条指南》指出，欧盟委员会将考虑"通过让竞争对手更难以向个体客户提供部分需求，来看折扣系统是否能够妨碍'有效'的竞争对手的市场扩张或市场进入"。[148]

但是，适用于个体客户的事物必然适用于整个市场的假设是不对的。封锁的概念与整个市场有关，问题关键在于是否有足够的空间让一个竞争对手来有效地运营。如果忠诚折扣只满足每位客户的部分要求，或者是竞争对手性企业可以从客户处获得足够的购买量，并且这些客户是选择不对支配地位企业提供的折扣作出回应，这样的话，竞争对手就会有足够的空间进行有效经营。事实上，在企业提供忠诚折扣的许多市场上，一些客户选择主要从市场领导者那里购买产品，而一些客户则主要选择从竞争对手购买。而且，个体客户因每年购买的产品不同，其选择会改变。[149]

五、忠诚折扣具有排他性的情形

上述分析表明，不能假设支配地位企业采用的忠诚折扣会引起反竞争的效果。但是，这并不是说这样的行为从来不反竞争。这节讨论拥有支配地位的企业可能会滥用忠诚折扣的情形。

与图 6.3 相对应的分析表明，在折扣计划初始时，同等效率的竞争对手可以与支配地位企业有效竞争。但是，如果支配地位企业品牌能够吸引客户，让其有强烈倾向从支配地位企业那购买大量所需产品，从而最好的结果是竞争性供应商实际上预期可获得客户三分之一的需求量，在这种情况下，应该采用其他不同的分析。这样的销售会被称为支配地位企业的保底销量[150]。保底销量的存在，忠诚折扣方案可以对客户的选择产生巨大的

---

[148] 《第 102 条指南》第 40 段。

[149] 各个旅行社每年选择促销哪个航空公司，这曾是英国旅行社行业的一个特征。

[150] 见《第 102 条指南》，第 41 段。

影响。从达到部分销售后客户的支出情况看，企业追加购买的实际价格会低很多。如果实际价格比供应商的供应边际成本低，则会因为折扣方案涉及对那些比供应商可避免成本还低的可竞争产品进行定价，那么更凸显排他影响效应的担忧。[151]《第102条指南》认为，如果实际价格比平均可避免成本低，要考虑出现市场封锁。这并不能证明折扣方案就是滥用，因为发现一些价格低于可变成本本身并不构成排他性的经济影响。然而，这确实开始出现了排他性影响的情况。

图6.4解释了保底销售对支配地位企业实行忠诚折扣后对竞争的影响。

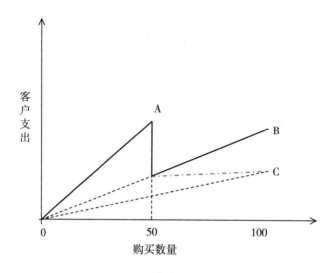

图6.4　保底销售对折扣方案的竞争的影响

图6.4显示了一家企业的忠诚折扣方案，就购买量超过50件的，收取的价格为每件10欧元，那么对于销售量超过50的提供了每件10欧元的追溯折扣。增量成本假定为每件5欧元。总而言之，忠诚折扣方案要求高于成本定价——无论销售额如何，总收入要超过生产总成本。例如，销售量为100时，收入为1000欧元，成本为500欧元。

但是，很明显，如果该企业的保底销售为30件（不论什么原因），那

──────────

[151]《第102条指南》，第42段。

么整体的忠诚折扣方案就可以认为是排他性的，因为额外销售 20 件产品赚取得额外收入低于其增量成本（增量收益为 100 欧元，而增量、成本为 100 欧元）。[132] 事实上，忠诚折扣为企业提供一个可以就对竞争"开放"的那些产品数量获得有效折扣的机制。

虽然保底销售在实践中难以确定并且因客户类型不同而有所差异，但是，这样程式化的框架实为一个好的开始。首先，它证明了忠诚折扣方案原则上可以用来对向竞争开放的销售范围确立较低价，而支配地位企业也是利用这样的方式，在某一市场面临市场进入时选择性地降价，在没有竞争的市场保持高价格。[133]

其二，通过在忠诚折扣方案中将折扣"分配"给向竞争开放的范围，保底销售为评估封锁的可能性提供了一个框架。在上面的例子中，整个折扣分配给最后 20 件产品，保底的 30 件除外。这种方法按照以下假设设计了安全港：（a）存在销售保底；（b）对于保底销售可为目录价格；（c）成本的适当估算并不会随着保底销售而发生多大的改变。这些假设允许整个折扣归于对竞争开放的销售范围。假定的保底销售越大，越容易从事排他性行为。如果我们肯定折扣已经"过度分配"到此销售范围，同时，销售的预设价格超过平均可避免成本，这通常表明折扣计划不会带来封锁的担忧。

总之，通过分析折扣价格是否高于成本的适当估算，[134] 曾用来分析掠夺性定价，这里也可以参考同样的经济学原理。这也和捆绑与搭售有关。如果折扣价格高于成本，忠诚折扣方案更可能是价格竞争的一种形式，并且同等效率的竞争对手能够与折扣价格匹敌。

---

[132]　因为总收入从 600 欧元降至 500 欧元，所以增量收入为 -100 欧元。因为生产额外 20 件产品的单价为 5 欧元，所以增量成本为 100 欧元。

[133]　这也与捆绑销售的研究相关联，对竞争开放区间给予折扣，可以看作是保底销售购前的条件。

[134]　关于识别掠夺行为的详细讨论，请阅第九节。

第八节　搭售与捆绑销售

一、概述

这节将陈述搭售与捆绑销售的经济学原理。搭售与捆绑销售指的是销售策略，即企业提供不同产品的组合。对下面几种策略进行区分对我们理解概念有帮助。

- 纯粹捆绑销售；
- 混合捆绑销售；
- 搭售。

如果产品 A 和 B 仅可一揽子销售，那么这种做法就是纯粹捆绑销售。混合捆绑销售是指产品 A 和 B 可以分开销售，但是如果同时购买这两种产品就可享受折扣的情况。搭售通常指客户购买产品 A 必须购买产品 B 的情况，产品 A 为被搭售的产品，产品 B 为搭售的产品。

表 6.4 阐释了这些概念之间的差异。[155]

表6.4　搭售与捆绑销售下买家可购的产品组合

	买家可购的产品组合
搭售	X+Y
	Y
纯粹捆绑销售	X+Y
混合捆绑销售	X+Y
	X
	Y

---

[155]　《第102条指南》也考虑了搭售与捆绑销售名义下的多元产品折扣。请阅读58-60段。前面的分析认为，多元产品折扣与单一产品折扣计划相似。

因搭售与捆绑销售引起的潜在的竞争担忧和支配地位企业在策略上利用这些行为来封锁被搭售产品市场上的竞争对手以及缓和竞争的能力，这两者是关联的。《第 102 条指南》指出⑮：

"在一个（或多个）搭售或捆绑销售的产品市场中（即搭售市场），占支配地位的企业通过搭售或捆绑销售以封锁其他被搭售或捆绑销售的产品市场（即被搭售市场）可能损害消费者，从而间接地损害搭售市场。"

因此，捆绑销售与搭售情况下的竞争担忧的损害理论是指，支配地位企业能够把其在某一市场的支配地位传导（即延伸）给一个相关但分离的市场，这个市场本来是竞争性的。这样传导的结果是第二个市场竞争减弱，并且依据其他理论，公司在搭售市场的支配地位得以庇护，直到最终损害消费者。在这样损害传导理论下，支配地位企业可以组合两种产品并因搭售或捆绑销售而赚取比销售单一产品更大的利润。欧盟委员会公平贸易局调查该问题时早期的例子是由喜利得（Hilti）提供的，委员会担心喜利得利用射钉枪盒（搭售产品）的垄断地位使得射枪钉（被搭售产品）的市场价格上升。⑮

但是，搭售与捆绑销售是企业（包括非支配地位企业）普通的日常商业行为。如上所讲的，事实表明企业从事搭售与捆绑销售存在促进竞争的原因。的确，对组成一个产品的各个零部件进行捆绑受到自己组装这些零部件的消费者的青睐，事实上，这种捆绑销售方式是所有制造行业普遍存在的特点。一个很好地说明这些"增值""捆绑"现象的例子便是汽车，汽车是由发动机、车轮以及其他诸如卫星导航系统和杯托等一系列部件组成。大众市场上汽车装配的生产过程使得消费者购买以及组装一辆车的独立部件的价格高得离谱；规模经济和范围经济使得汽车生产商的集中生产

---

⑮　《第 102 条指南》，第 48 段。
⑮　Eurofix-Bauco r Hilti（IV/30.787）［1989］4 C.M.L.R. 677；［1988］OJ L65/1, Delember72, 1987.

过程更有效率，这是该情况下出现捆绑销售的主要原因。

因此，与其他排他性滥用的情况类似，不能假设搭售与捆绑销售本身就是滥用行为，即使是当支配地位企业做出这些行为时。因此，在讲述搭售与捆绑销售会导致封锁竞争对手并致使消费者遭受损害的那些情况之前，本章节会更详细地讨论这些行为促进竞争的原理。

二、搭售与捆绑销售促进竞争的基本原理

企业捆绑为什么是有效率的，人们已经提出许多理由。[158] 除了上面提到的组装收益外，搭售与捆绑销售带来的效率，包括因为提供价格歧视、质量提升以及解决定价无效率等。[159] 如前面的段落所讨论的，价格歧视特别对社会福利和消费者福利有不确定的影响。当搭售产品需要原料，而该原料可以潜在地、有竞争性地供给时（例如：电脑游戏机需要游戏；打印机需要油墨；复印机需要纸张），这样会出现以价格歧视为形式的搭售行为。若是一个垄断企业将被搭售产品（譬如：游戏、油墨或是纸张）与搭售产品联合在一起销售，该企业可以有效地利用被搭售产品向搭售产品的重度消费者收取较高的价格，而向轻度消费者收取较低的价格（因此，这种做法被称为计量）。这样该企业可以潜在性地提高利润。这种做法的社会和消费者福利效应是模糊的。但是，在一定程度上，这种形式的搭售促使更多的消费者购买搭售产品，社会福利和消费者福利均可能得以提高。如果垄断企业对被搭售产品的定价高于竞争价格水平，对搭售产品的定价低于竞争价格水平，那么该企业可能会增加搭售产品的总销售量。

---

[158]　参见纳尔波夫（Nalebuff）2003 年著。

[159]　通过捆绑销售来实现的定价效率与减缓双重加价问题的纵向并购中的效率观点类似。

延伸阅读：通过配量销售实现价格歧视，增进消费者福利[160]

在下面配量销售的例子中，关键是搭售允许垄断企业在消费者间实行价格歧视，从而激励垄断企业设定的价格能使更多消费者获得产品。换言之，不能进行区别性定价会排斥一些消费者。此例子中的搭售结果提高社会和消费者的福利。

假设只有一种电脑游戏机，而且只有一家公司提供该产品，其生产成本为 2。假设这款游戏机的软件游戏市场是完全竞争的，同时假设生产该游戏边际成本为 0，这意味着游戏价格也为 0。

为了便于解说，我们假设只有两位消费者（A 和 B）。两位消费者的游戏需求曲线分别为 $Q_A = 8 - 2p$ 和 $Q_B = 16 - 4p$，式中 Q_i 是消费者 i 的游戏需求，而 p 是游戏的价格。在完全竞争下，游戏定价为 0，因此需求曲线下的所有区域是消费者剩余。消费者剩余决定消费者愿意为游戏机支付的最大金额。消费者不会为一个游戏机支付比他从游戏中获得的消费者剩余更多的金额。图 6.5 阐述了来年每位消费者的消费者剩余水平。

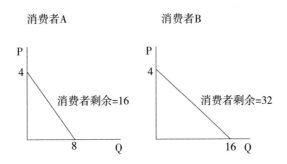

图 6.5　两名电脑游戏买家的消费者剩余

---

[160]　本讨论大部分引自维斯库斯（Viscusi），威尔农（Vernon）及哈里灵顿（Harrington）1995 年著。

图 6.5 中的消费者剩余数据表明了对于垄断企业的最佳策略便是将游戏机的价格设定为 32。消费者 A 不会买游戏机，因为他所愿意支付的单价为 16。然而，消费者 B 将会购买游戏机。这将会为垄断企业带来 30 的利润（即，价格 32 减去生产成本 2）。如果垄断企业打算将游戏机卖给两位消费者，该企业收取的价格最高为 16。这样该企业只获利 28（即，价格 16 减去生产成本 2，再乘以 2）。

现在假设该垄断企业将只允许自己提供的游戏用于该公司的游戏机（例如，通过一些许可证批准程序或者游戏机的技术调整）。该企业将会是该游戏的唯一供应商，因此不必按照边际成本定价。该游戏机利润最大化的价格现为 9，游戏的利润最大化价格现为 1。两位消费者购买游戏机，消费者 A 购买 6 个游戏，而消费者 B 购买 12 个游戏。该垄断企业的总收入为 36，成本为 4，所以此时利润为 32。事实上，该垄断企业如此定价，使得消费者 A 能享受服务。

所提供的产品经久耐用的话，搭售也可引起另外一种潜在性的效率。一款耐用品（如：一台打印机），耐用品的投入品生产（譬如：与打印机兼容的油墨盒）受到规模经济的约束。耐用品（搭售产品）的垄断者可以形成技术性搭售，以致该垄断者是投入品（被搭售产品）的唯一供应商。垄断者可以提高投入产品的价格，利用额外赚取的利润来降低耐用品的价格。这样会增加对耐用品的需求，反过来，这会增加对投入产品的需求。如果投入产品存在规模经济，投入产品的平均成本会更低，投入产品的价格也会下降，因此，增加投入产品的需求，同时潜在地增加了对耐用品的需求。

电脑游戏机为该现象提供另外一个例子。[60] 这里的搭售是技术性的：为了使用游戏机，必须购买专用于制造商游戏机格式的游戏。在这些市场

---

[60] 参见卡特兹（Katz）及夏皮罗（Shapiro）1994 年著。

上，游戏机安装基数的大小与可获取游戏的价格和种类之间是有联系的，安装基数推动了对游戏的需求量。安装基数越大，需要为该格式编写的软件越多，因为软件极端的规模经济（实际上是零边际成本）意味着软件编写者主要关注游戏的大量销售，因此，他们主要倾向于为安装基数最大的格式编写。因此，通过技术性搭售来降低游戏机的价格，制造商可以确保更好地供应游戏，反过来，这增加了游戏机的需求。这样一来，制造商和消费者都可能由此受益。这种方法在消费者抵触购买耐用消费品初始成本的市场并不罕见。移动电话是这方面的另一个例子，移动电话手机通常是由网络运营商补贴，而网络运营商从数量不断上升的电话中获得补偿收入，电话数量的增多是因为用户群的不断壮大。

　　捆绑销售同时也可以用来进行促进竞争的价格歧视。通过分开销售两种产品以及捆绑销售，企业不仅可以获得那些认为一种或任一种产品价值高的消费者的需求，而且还获得了那些在乎两种产品但认为价值较低的消费者的需求。举一个例子来阐述清楚这一点。假设一家公司将产品 A 和 B 定价为 10 欧元，而 A 与 B 组合销售价格为 15 欧元。那些认为产品 A 或产品 B 的价值高于 10 欧元而两者组合低于 15 欧元的消费者，将购买一个或另一个产品。那些认为任意一个产品都少于 10 欧元，但是认为两者组合多于 15 欧元的消费者，将购买捆绑销售产品。如果没有捆绑销售的话，这些消费者可能不会购买任何产品，因此，他们从捆绑销售中获利。制造商同样可以获利。制造商通过销售捆绑产品获得额外的销售额，但是并没有失去之前他实现的销售额。只有一种情况制造商会遭受损失，即，消费者之前购买两种产品是 20 欧元，现在购买是 15 欧元。然而清楚的是，混合捆绑销售能够潜在性地增加制造商和消费者的福利。

　　当捆绑销售允许企业保护他们的声誉和品牌时，捆绑销售同样是能够促进竞争的。当复杂产品必须与其他复杂产品一起工作时，这些企业担心当互补产品中的一个不能工作时，他们会遭受责备，因为消费者不能分辨出互补产品系统内哪部分不能工作了。在这些情况下，企业宁愿捆绑销售所有的互补产品。这样的情况尤其是在高科技市场出现，譬如软件。但是，应该注意的是捆绑销售的理由并不总是合理的。复杂互补产品单一销售的例子也不少（例如：不是系统一部分）。例子包括软件和昂贵的高保真设备。[162]

最后，搭售与捆绑销售会产生定价效率。当两家企业的竞争关系被认为是互补时，如果一家企业产品的价格降低了，每个产品的销售额都会上升。这种关系被称为是古诺效应，这和纵向关系中的双重边际化问题相当。[163] 古诺效应的重要性归功于其广泛的适用性。为了完全获得这种定价外部性的内化利益，互补产品需要通过搭售和捆绑销售两种方式联合销售。这样做的原因是，如果产品分别销售，客户可以自由购买不同品牌"混合搭配"的部件，因此，竞争对手可从降价中获得部分收益。在那些情况下，效率收益的大小取决于那些即使没有搭售也会一起购买产品的客户们。

这并不是否认在某些情况下，支配地位企业进行搭售与捆绑销售会导致对竞争对手的封锁或是减弱被搭售产品的竞争。但是，任何一种这样的损害理论需要解决简单且有说服力的"芝加哥学派"辩论，下面我们将会讲解这点。

三、芝加哥学派观点

任何基于将某一市场的支配力传导到另一个市场上的损害理论必须解决这么一个问题，即在一个市场上有巨大支配力的企业是否能够通过该产品与在竞争市场上销售的产品组合销售而增加利润。芝加哥学派对这一问题的反应是消极的，认为一个垄断者只能赚取"单一的垄断利润"。

假设只有一家垄断企业供应产品 A，该产品是消费者用来与互补产品 B 组合使用的，产品 B 的供应竞争激烈。搭售产品 A 和 B，垄断供应商可

---

[162]　美国的美国电话电报公司（AT&T）曾经除了垄断网络外，还垄断了电话设备的制造和安装。并辩解垄断这些行业是由于必须保证该设备与网络共同工作并且不会损害网络。当美国电话电报公司解体时，这明显成了不必要的担忧。与其说结果是大范围的系统问题，倒不如是创新和竞争性的电话设备市场的成长。

[163]　古诺效应的深入讨论，参见第 8 章。

以轻松地将其垄断地位从产品 A "扩张" 到产品 A+B，因为这样产品 B 的销售份额可能会增加。但是，既然产品 A 的垄断者已经按照利润最大化为产品 A 定价，这样，搭售产品 A+B，垄断者应该掌控不会超过销售产品 B 的竞争性利润（关于这点的详细解释，请参见下面的延伸阅读）。因此，因与产品 A 搭售从而人为地 "垄断" 产品 B 不会实现额外的垄断性利润。而且，如果产品 B 可以由第三方以低于垄断者所达到的成本供贷，或者如果产品 B 的供应商之间的竞争形成垄断者不具备的多样性和/或是创造性，那么产品 A 的垄断者完全不会进行搭售。这样的话，如果产品 B 以更低的价格出售，产品 A 的需求量会上升。因此，产品 A 的垄断价值也会增加。与没有搭售的情况相比，搭售若是排斥产品 B 更有效率的供应商，结果会导致利润更低。

延伸阅读：芝加哥评论

假设有两种产品，产品 X 和产品 Y，按固定的比例消费，并且所有的消费者恰好有着一样的选择（例如：同质消费者）。[164] 假设产品 X 的供应是垄断的，且消费者认为其价值为 P_X。也就是说，消费者愿意支付高达 P_X 的金额来购买产品 X，但最多不超过 P_X。相反地，假设产品 Y 的市场是完全竞争的，市场中有许多供应商，能够在没有搭售的情况下供应产品 Y，并且所有的消费者认为产品 Y 价值 P_Y。为简单起见，假设产品 Y 以不变单位成本 C_Y 供应。假定没有搭售的情形下，产品 Y 的市场是完全竞争的，这意味着没有搭售的情况下产品 Y 的价格会是 C_Y。

---

[164]　为便于讨论，假设所有消费者有相同的偏好，此假设不影响潜在结果。

　　没有搭售的话产品 X 的价格是如何呢？既然这两种产品是以固定比例消费的，任意一位购买产品 Y 的消费者必须购买产品 X。消费者愿意支付 P_X+P_Y 的金额购买这两种产品，所以如果消费者花费 C_Y 的金额购买产品 Y，那么他们愿意支付 $P_X+P_Y-C_Y$ 的金额购买产品 X。因此，在没有搭售的情况下，消费者总共花费 P_X+P_Y（即，$P_X+P_Y-C_Y+C_Y$）的金额购买两种产品。现在考虑一下，如果垄断者搭售产品 X 和产品 Y 的话会发生什么。垄断者现在实际上对这两种产品收取一个价。假设消费者认为这两种产品价值为 P_X+P_Y，这也是垄断者搭售这两种产品可以收取的最高价格。所以消费者在搭售或是没有搭售的情况下所支付的金额是一样的。[65]

　　相应的，芝加哥学派的观点认为，进行搭售与捆绑销售行为的企业是因为效率的原因，而不是因为反竞争策略的缘故。企业拥有的任何市场力量，根据芝加哥学派的观点，在没有搭售和捆绑销售情况下已经得以完全利用。

四、后芝加哥学派观点

　　芝加哥学派的观点简单而吸引人，即企业只能赚取单一的垄断利润。但是，该观点是基于一些假设的，如果这些假设不能站住脚的话，这足以破坏芝加哥学派观点的逻辑。后芝加哥的损害理论本质上是建立在简单的芝加哥学派观点之上，增加了更多的复杂性，即考虑了被搭售市场不是完全竞争的情形，并且涵盖分析中的动态观点。[66]

　　依靠竞争的确切性质，搭售和捆绑销售可以用来削弱价格竞争以及排

---

　　[65] 证实垄断者在两种情形下的利润一样，这很简单（即：$P_X+P_Y-C_Y-C_X$，式中 C_X 是产品 X 的单位成本）。

　　[66] 参见，例如：温斯顿（Whinston）1990 年著及卡尔顿（Carlton）与瓦尔德曼（Waldman）2002 年著。

斥或者阻止竞争对手保留或进入市场。但是，在实际中，主要的竞争担忧与所谓的搭售与捆绑销售的排他性影响有关。因此，我们先来关注这一点。

（一）排他性行为

后芝加哥第一种损害理论与典型的市场力量传导观点有关。根据这一观点，产品A的垄断者可以通过搭售产品A和B从而逼迫销售产品B的竞争对手退出市场。若产品B的独立供应商认为难以和进行整合供应的垄断者竞争时，该供应商将会退出市场。

假设某企业目前销售的垄断产品（X）比其没有垄断的产品（Y）要多。而且，假设Y属于不完全竞争，即，价格超过短期的边际成本。[167] 如果该企业决定捆绑销售X和Y以致消费者若需要购买X的同时必须购买Y，这样会发生什么情况呢？鉴于之前该企业销售X的量比Y的多，如今，按照定义，该企业必须销售数量一样的两种产品。这就给了该企业降低Y的实际价格的动机，从而保持X的销售额（这里该企业赚取垄断利润）。之前，卖不出一单位产品Y使该企业损失的金额等于每单位产品Y的利润。[168] 然而在有捆绑销售的情况下，卖不出一单位产品Y使该企业损失的金额等于每单位产品Y的利润加上每单位产品X的垄断利润。因此，该企业对产品Y的定价比没有捆绑销售的情况要低得多。如果不是降价的结果导致其他企业被逐出市场，结果在较长时期内提高价格从而使消费者的长期利益受损，那么，这将有利于消费者。

如果企业把Y搭售给X，而不是把它们捆绑销售（例如，消费者依然可以单独购买Y），该企业仍然有动机在产品Y市场上进行激烈竞争，因为每销售一件Y就会卖出一件X，但是，因为产品Y的销售损失并不自然而然地意味着损失产品X的垄断利润，因此竞争的动机被减弱。选择不购

---

[167] 温斯顿（Whinston）1990年著。

[168] 介于不完全竞争的假设（例如：下降的需求曲线），这不是完全正确的。但是，基本点应该是清晰明了的。

买产品 Y 的消费者仍然会单独购买产品 X。

与"经典"损害理论相关，另外一个后芝加哥损害理论与某一市场的垄断力量保护有关。假设垄断者的地位可能会随着时间的推移而消失，因为关联市场 B 中的竞争者发现利用他们作为产品 B 供应商的地位作平台，在未来的某一时刻可以更加容易地进入 A 市场。那么，垄断者的动态动机发生了改变。[169]

根据芝加哥学派观点，某一市场（A 市场）中的垄断供应商对互补产品（B 市场）的竞争性供应感兴趣。如果这些互补产品的供应是竞争激烈的，那么不仅仅是这些产品的需求增多了，而且垄断产品的需求也得以增加。但是，如果在未来的某一时刻，互补产品的有效供应商可能会进入 A 市场并且与垄断供应商相互竞争，那么后芝加哥观点提出的可能性便是垄断者会力图捆绑销售垄断性产品和互补产品，这样通过封锁互补品市场中的竞争对手来限制 B 市场的竞争。这未必会导致 B 市场的利润变高，事实上，如果垄断供应商在 B 市场中供应的产品不如竞争对手企业提供的产品受欢迎，这样就可能会降低 A 市场的需求。然而通过延迟或者封锁竞争对手在 B 市场的发展，以及巧妙地搭售 A 市场产品和 B 市场产品，垄断者可以保护其垄断地位。

捆绑销售也可以用来加大企业进入市场（或者是留在市场）的难度。假设某企业目前是两种产品 X 和 Y 的垄断者，捆绑销售这两种产品以及分开销售。[170] 某企业想进入其中一个产品市场，譬如产品 X 的市场，相对于该市场上现有的企业而言，意图进入该市场的企业劣势显著，这是因为，那些认为产品 X 和 Y 价值均高的消费者可能更加喜欢购买捆绑的产品，而不是购买新进入企业的产品。新进企业将只能从那些认为 X 价值高而不那么高估 Y 的消费者身上赚取销售额。如果对两种产品的需求是互补的（即，那些看重 X 的消费者往往也看重 Y，反之亦然），那么新进入者可能仅仅得到市场 X 有限的部分。此外，如果生产方面存在规模经济，进入市

---

[169]　纳勒部弗（Nalebuff）1999 年著。

[170]　此分析基于 Nalebuff（1999）。

场有可能是行不通的。[171]

在这种情况下，于新进企业而言，可供选择的应对方案便是同时进入两个市场。但是，这会非常的困难，风险更大，甚至是不可能的。如果新进企业不能供应一款可以在两个市场上竞争的产品，并且找不到可以与之实现捆绑销售的合作伙伴的话，那此方案就是不可能的了。如果其中一款产品受知识产权保护的话，通过捆绑销售的方式进入市场是行不通的，因为新进企业没有相关的知识产权。这表明了此类阻碍市场进入的策略在高科技市场是尤为成功的，而高科技市场是建立在有着极其苛刻规模经济（例如：实际上的零边际成本）的知识产权之上的。同时，市场进入的风险很大，两种产品的市场进入比单一产品的市场进入的风险更大，因为这两家企业必须通过满足消费者需求的"市场考验"，而不止是一家。

另一个相关的因素是捆绑销售产品之间的竞争比个体产品之间的竞争更激烈，原因和上面概述的相似。[172]当两种商品捆绑销售的定价高于各自的生产边际成本，捆绑销售产品中的每种产品损失销售的话都会增加捆绑销售企业的成本。这种直觉与上面概述的直觉相似。在这样的情况下，一个销售损失意味着两个而不是一个利润的损失。如果一个销售损失仅代表一个利润损失的话，则会诱使企业降低定价。

应当注意的是，对企业而言，捆绑销售也可能是企业采用的代价高昂的策略。如果消费者不经常需要这两种产品，那捆绑销售产品的供应也许会是昂贵的。在这种情况下，卖家不能将捆绑销售产品的定价高于分别销售两种产品的成本太高，因此导致了额外产品的边际成本而且不能赚取更多的收益来收回成本。这就是在以上的分析中假设产品之间的互补性为何重要的原因。但是，当边际成本低时，如在资讯市场，例如软件，在捆售

---

[171]　微软网页浏览器案例是这方面的一个例子。据说微软公司捆绑销售其网页浏览器和视窗操作系统，从而为了阻止进入浏览器市场。视窗操作系统和网页浏览器的需求可能是高度互补的。注意当需求互补性很高时，很可能会整合产品，就像微软组合视窗操作系统和浏览器一样，因为消费者通常需要两者的"功能"并且希望它们在一个无缝的产品中。这便是捆绑销售或是搭售的促进竞争的基本原理。

[172]　纳勒部弗 2001 年著。

中包含额外产品的成本是非常低的。这意味着市场上现有的企业可能会将捆绑产品的定价尽量接近产品各自的价格，这使得单一产品进入非常难，即使只有少量的互补性。

（二）减弱价格竞争

搭售和捆绑销售同样可以导致价格竞争的减弱。[173] 假设有两个供应商供应一种同质产品（即：寡头市场）。在没有搭售有效竞争情况下，我们会观察到激烈的价格竞争。但是，如果其中一家企业垄断另一产品的供应，那么这种产品和供应竞争激烈的产品之间的搭售会导致被搭售产品的价格上升，这是因为搭售产生的影响使被搭售产品成为差异化产品（即：不再等同于被搭售市场上的另一产品）。因此，另一个寡头而损害产品的价格将会上升，反过来这使得被搭售产品的价格上升。[174] 这样的结果是两家企业的利润增加，而损害消费者。[175] 如果该企业参与混合捆绑销售而不是搭售，则会减小对价格的影响，因为寡头企业提供的产品之间的差异化程度变小：现有两种同质产品和一种差异产品，而不再是两种差异产品。

五、搭售与捆绑销售的评估框架

确认捆绑销售或搭售是否会造成反竞争后果，一个有效的初始筛选如下。[176] 首先，企业必须具有显著的市场势力，即，该企业必须是具有支配地位的企业。其次，捆绑销售的产品之间必须有需求互补性。如果这些产品没有互补性，而是在需求方面相互独立，那么难以形成对支配地位企业

---

[173] 参见如下文献：温斯顿（Whinston）1987年及1990年著，卡尔巴多（Carbajo），德梅扎（De Meza）及谢德曼（Seidmann）1990年著，谢德曼（Seidmann）1991年著及霍贝亚斯（Kobayashi）2005年著。

[174] 这是文献中的一个标准结果，即差异产品伯川德竞争下的价格比同质产品伯川德竞争下的价格要高。

[175] 尽管这里的分析没有任何错误，但是如果反托拉斯机构曾采取措施反对这种行为，我们还是会感到惊讶。因为不存在排他性问题，竞争对手无法从搭售企业的行为上获利。因此，很难鉴定这种行为的存在。

[176] 库恩（Kuhn），斯特曼（Stillman）及卡弗拉（Caffarra）2005年著。

有利可图的损害理论。对需求相互独立的产品进行捆绑销售可能会大幅度降低销售额。最后，企业的产品线必须有着明显的不对称性，并且支配地位企业拥有的产品线要比竞争对手的长。如果产品线没有不对称性，那么类似捆绑销售之间的竞争会非常地激烈。

如果这三个条件成立，那么支配地位企业实行的捆绑销售可能是反竞争的猜想至少是合理的。然后有必要提供一个一致的损害理论，根据这个理论，捆绑销售降低了目前或是未来的竞争；同时有必要提供损害理论可能正确的实证证据。例如，自从开始捆绑销售以来，价格上涨了吗？出现排他性现象了吗？竞争对手的研发开支有下降吗？

最后，理解这一点很重要，即除了反竞争的排他性或是削弱价格的捆绑销售，是否存在其他捆绑原因。如果支配地位企业不能提供捆绑销售的这样一个基本原理，那么这会增加捆绑销售是反竞争的担忧。

六、确立搭售和捆绑销售是滥用行为的判例法标准

搭售和捆绑销售行为适用第102条的主要的决定是微软公司案[177][178]。搭售和捆绑销售问题同样在非横向并购中得以解决，这在利乐拉伐/西德乐和美国通用电气/霍尼韦尔公司的并购中最为突出。[179] 在确定搭售或捆绑销售是否违反了第102条中，欧盟初审法院在微软案中规定了5个条件。[180] 这些条件分别是：

1. 搭售产品的供应必须具备支配地位；
2. 搭售产品和被搭售产品必须是两种不同的产品；

---

⑰　案例：T-201/04 微软公司上诉欧委会（T-201/04）[2007] E. C. R. II-3601；[2007] 5 C. M. L. R. 846。

⑱　同时请参见案例：利乐包上诉欧委会（C-333/94 P）[1996] E. C. R I-5951；[1997] 4 C. M. L. R 662。

⑲　COMP/M 2416 Tetra Laval/Sidel（2001）and on appeal Commission v Tetra Laval BV（C-12/03 P）[2005] E. C. R. I-987；[2005] 4 C. M. L. R. 573 and COMP/M 2220 GE/Honeywell（2001）and on appeal General Electric v Commission（C-210/01）[2005] E. C. R. II-5575；[2006] 4 C. M. L. R. 686.

⑳　参见微软公司，即842，859-867和869段，以及上面的脚注177。

3. 搭售产品必须与被搭售产品一起供应；

4. 搭售行为封锁独立的竞争对手；

5. 搭售行为不能被"客观辩护"。

我们依次来了解以上每个条件。

搭售产品的支配地位

搭售或捆绑销售构成滥用行为的先决条件是，寻找供应搭售产品的支配地位企业，不需要在被搭售市场确认支配地位。

独立产品

搭售滥用的第二个必然条件是搭售和被搭售产品是"独立产品"。在微软案件中，法院支持委员会在这方面的推理。[⑱] 委员会实质上依赖于现存的判例法，判例法是独立供应商定义单独产品的标准。特别地，委员会在之前的喜利得（Hilti）[⑱] 以及利乐拉伐Ⅱ（TetrapakⅡ）[⑱] 的两个案例中指出，

> "指出目前的独立制造商专门经营被搭售产品的制造，该事实表明了市场上存在单独的消费者需求。因此有了被搭售产品的不同市场。"[⑱]

乍一看，这好像是一个简单"常识"的方法。然而，定义单独产品不是件微不足道的事，被搭售产品的实际竞争者（或是独立需求）是使搭售区别于其他增值组合的过程中的一部分，将重点放在这一点上会引发 CFI 判决没有完全意识到的诸多问题。

《第 102 条指南》参考消费者需求，定义独立不同的产品[⑱]：

---

⑱　参见判决的 44 段。

⑱　喜利得上诉委员会的初审法院的判决（T-30/89）［1991］E. C. R. p. Ⅱ-1439。

⑱　1996 年 11 月 14 日利乐包上诉委员会的法院判决（"利乐包Ⅱ"）（C-333/94 P）［1996］E. C. R. Ⅰ-5951。

⑱　第 802 段的委员会决议。

⑱　《第 102 条指南》第 50 段。

"在没有搭售或捆绑销售的情况下，如果大批消费者将要购买或已经购买搭售产品的同时没有从同一供应商处购买被搭售产品，因此允许搭售产品和被搭售产品的独立生产，那么两种产品就是有区别的。"

然而，如上面提到的，实际上所有制造行业都涉及对单独部件一定程度的捆绑销售，并且事实上由追逐利益的企业提供的每一样产品或服务都可以分解成不同的组成部分，而这些组成部分早已在制造或是供应的过程中就"捆绑"在一起了。但是，没有经济原则来决定一件产品应该何处终止或何处开始。这样的问题难以解决是因为搭售（这被认为是有问题的）和普通增值经济活动（没有问题的）的界限难以划清。⑱

不单独供应的搭售产品

法院采用的第三个标准是关于搭售和被搭售产品是否分别供应。在微软案件中，委员会提到微软的授权模式要求媒体播放器（WMP）预先安装在视窗操作系统中。⑱ 而且，不可能将媒体播放器从该系统中卸载，因为微软的视窗操作系统中其余部件和播放器的高度整合性。⑱ 因此，法院认为消费者是被迫"购买"媒体播放器，尽管这样做不需要额外的成本。此外，竞争对手的媒体播放器过去（以及现在）都允许消费者免费下载。至少令人质疑的一点是，视窗操作系统和媒体播放器的搭售并没有妨碍竞争对手继续供应能与微软媒体播放器匹敌的媒体播放器。媒体播放器竞争性的供应商所面临的问题不是微软媒体播放器与其操作系统的捆绑销售导致他们遭受价格劣势，而是捆绑销售增加了消费者选择微软媒体播放器的便利性，而这种增值的便利将会使市场倾向于微软媒体播放器并抵制与之竞争的产品。

---

⑱　例如，在杂货店以及许多鞋店，能够买到作为独立产品的鞋带，但是这不能怀疑推出新鞋的卖家通常将他们的产品和鞋带捆绑销售。

⑱　第827段的委员会决议。

⑱　第828段的委员会决议。

市场封锁

第四个标准，也是评估与封锁独立供应商相关的反竞争搭售供应商的封锁相关的最重要标准。注意这一点很重要，即损害竞争者的搭售与捆绑销售行为不是必然损害竞争。《第102条指南》中提出的方法明确指出，即使支配地位企业实施了搭售和捆绑销售行为，也不应遭到谴责，除非可以证明消费者受到损害。因此，如果要确定这些行为是反竞争的，关键要清晰地解释对竞争者的损害是如何转化为对消费者的损害，这一点很重要。

在微软一案中，初审法院同意委员会的观点，即视窗操作系统内包含微软媒体播放器会导致市场的封锁。[189] 除了注意到抑制客户下载以及抑制原始设备制造商安装竞争性的媒体播放器，初审法院还同意委员会的观点与"动态"封锁有关联。通过拒绝竞争对手媒体播放器供应商充分的市场渗入，软件开发商将会停止使用这些竞争对手的产品格式，这会使得他们对消费者更没有吸引力，最终这些竞争者会被迫退出市场。[190]

"客观辩护"

最后一个评估搭售行为需要考虑的标准是存在"客观辩护"，这里确切的意思不清楚。但是，这似乎涉及许多可能的因素，譬如安全考虑以及可能是为搭售辩护的一些效率观点。在微软案例中，初审法院认为搭售媒体播放器和视窗操作系统不存在客观的辩护。[191]

不管芝加哥评论如何，搭售和捆绑销售可能是反竞争的，这种直观担忧在某些情况下是合法正当的担忧。芝加哥评论的依据是：被搭售市场是完全竞争的，以及按固定比例消耗产品。当被搭售市场为不完全竞争时，

⑱　参见微软一案，第1031-1096段，脚注177。

⑲　参见微软一案，第1060段，脚注177。

⑳　参见微软一案，第1144-1167段，脚注177。

搭售和捆绑销售可能导致排斥竞争对手和削弱价格竞争。因此后芝加哥理论表明了未来的不确定性（例如：垄断势力的削弱）或者是通过在关联市场进行激烈竞争，对竞争对手的封锁可以推翻传统的观点，传统观点认为任意一笔交易中仅存在单一的垄断利润。

但是，不要忽视了这个重要的事实，也就是搭售和捆绑销售通常代表了促进竞争的行为，即使是支配地位企业进行的这类行为。确实，对反竞争传导理论的描述不同于对消费者构成了实际竞争性损害。经济分析表明搭售和捆绑销售同时具备促进竞争和反竞争的效应。这意味着每种情况应该根据其自身的优缺点来考虑，并且不应存在反对搭售和捆绑销售的本身违法原则，即使该行为是由支配地位企业实施的。

第九节　掠夺性行为

竞争的好处之一是其对企业的定价策略施加下行压力。粗劣地说，竞争阻止企业赢利性地将价格提升于竞争水平之上。因此，一般来说，低价格应该会受到欢迎。然而，在某些情况下，价格太低会不利于竞争。这种定价行为被认为是掠夺性的。人们认为掠夺行为发生在激烈竞争的环境中，通常以低价格的形式，使企业退出市场或阻止新企业进入。[192]

《第 102 条指南》指出：

"【一个】占支配地位的企业从事掠夺行为，通过故意导致损失或放弃短期利润……以排除一个或多个实际或潜在的竞争对手，以便加强或保持

---

[192]　学术文献对"掠夺行为"提出各种定义。欧德威尔（Ordover）及威里格（Willig）1981年著，将掠夺行动定义为，那些没有导致竞争对手退出就无利可图的行为。艾文斯（Evans）和斯马勒斯（Schmalensee）（2001）将掠夺行为定义为那些只有抑制或消除竞争才会合乎情理的行为。Fisher（2000）表明，掠夺是指为了获得或保护支配地位而故意牺牲利润。威斯库斯（Viscusi），维尔思（Vernon）及哈里灵顿（Harrington）（2005）将掠夺行为定义为"计划从市场中排除一个同样或更有效的竞争者"。这些定义都各不相同。例如，欧德威尔（Ordover），威里格（Willig）和维斯库斯以及其他人都要求竞争者的退出，艾文斯（Evans）和斯马勒斯（Schmalensee）只要求抑制竞争，而 Fisher 专注于取得或维持支配地位。

其市场力量，从而造成消费者损害"。[193]

关于"掠夺行为"的定义，可以得出以下几点。首先，掠夺企业应当享有显著的市场力量。[194] 换句话说，如果一个企业只拥有市场力量，不可能进行掠夺行为。没有支配地位，对一些竞争对手的排斥一般不会削弱竞争，因此，该企业不大可能弥补定价低所造成的损失。其次，需要证明掠夺性企业已经接受了其短期利润的减少，即其定价行为已经涉及短期利润的损失。最后，企业的损失应该导致对竞争对手的封锁，因此支配地位企业的市场力量得到加强，结果对消费者带来不利影响。

可以立即看出，识别掠夺行为的困难是，要区分竞争导致的低价和损害竞争的低价。正如在前面提到的，滥用行为不仅损害竞争对手而且损害竞争。《第102条指南》对"掠夺行为"的定义认为，以更高的价格损害消费者。[195] 由于损害竞争对手是竞争的必然结果，那么，如果显示竞争对手因为应对更有效率和创新能力的企业引起的低价格，正在损失市场份额，则不足以指控是掠夺性定价。

基于这个原因，确定低定价行为是否代表正常竞争或掠夺行为的关键要素，要看支配地位企业是否正在追求涉及放弃或损失短期利润的商业行为。然而，正如我们将要看到的，判断是否损失短期利润本身就是一项艰巨而复杂的任务。[196] 鉴于这些困难，最好考虑构成一个对掠夺行为完整评估的其他因素，特别是补偿的可能性。

本节的其余部分安排如下。首先，我们对掠夺行为基本认识进行扩展讨论；掠夺行为主要涉及投入短期损失，以便在将来价格上涨中获益。尽

---

[193] 《第102条指南》，第62段。

[194] 参见第6-004和6-005段，我们讨论支配地位的法律概念和显著市场力量的经济概念之间的对应关系。

[195] 如果掠夺行为防止新的有吸引力的产品在市场上立足，那么也会对消费者产生损害。当然，这就提出了一个问题：是否该公司由于掠夺行为或因为产品对消费者没有吸引力而失败。

[196] 反思这一困难，博克（1978）曾指出："这似乎是不明智的，因此，对可能不存在或非常罕见的现象构建规则，法院在区分有竞争力的价格行为时会有重重困难。几乎可以肯定地说，尝试应用这些规则弊大于利。"（第154页）

管直观认识是明确的，掠夺行为的概念在理论方面一直受到批判。因此，我们会考虑了关于掠夺行为的三种可能的理论，人们提出这些理论以解决理论批判。然后，我们将注意力转移到如何确定何时的定价行为可以被正确地定性为掠夺性的关键问题之上。随后，我们参照一些最重要的案件总结涉及掠夺性行为的判例法。由于掠夺性行为并不总是涉及低价格，我们会考虑到掠夺行为潜在的非价格形式。最后，我们还会提到高科技产业中的掠夺行为。

一、掠夺行为的直观性

简单的掠夺性定价内容有两个阶段。在第一阶段，掠夺性企业（通常假定为占支配地位的企业）降低价格至一定水平，并持续一段时间直到竞争对手离开市场。[107] 在第二阶段，掠夺性企业提高价格，以便其赚取更高的利润，长期超高利润会抵消与掠夺性定价相关的短期损失。换句话说，从低定价策略所带来的短期损失代表了市场力量的投资。

掠夺性企业利润的时间路径如图 6.6 所示。

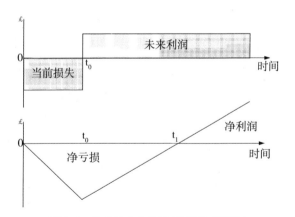

图 6.6　掠夺性企业的当前利润与净利润

---

[107]　然而，该委员会认为，掠夺行为不要求竞争企业的退出。参见《第 102 条指南》第 68 段，以及 *Wanadoo Interactive*［2005］5 C. M. L. R. 120。

图 6.6 显示，掠夺性企业遭受的损失不断增加，直到时间点 t_0，此时竞争对手离开市场。随后，掠夺企业就能够提高价格，并高于竞争水平，因此从长远来看，赚取的利润足以超过任何短期损失。如图 6.6 所示，时间 t_1 点之前掠夺性策略导致净亏损，之后则是净利润。

一项有利可图的因而也是可靠的掠夺性策略要求，一旦竞争性企业被迫退出市场，当掠夺策略的实施者提高价格时，竞争者不会再次进入市场。换句话说，可靠的掠夺性策略要求存在市场进入壁垒。如果不存在市场进入壁垒或重返市场的壁垒，一旦掠夺性企业提高价格竞争者将进入市场并抵消价格的上涨。[198] 这里的含义是，（涉嫌）掠夺性企业将无法获取超额利润，即使其确实将竞争对手赶出市场。就图 6.6 而言，"未来利润"框绝不会大于"当前亏损"框，所以企业绝不会从掠夺行为中进入净利润阶段。掠夺不会有利可图，因此也不会代表一个可信的策略。请注意，在这些情况下，任何掠夺行为的企图只会增加消费者的福利。从短期来看，消费者受益于低价；从长远来看，他们没有面对反竞争性高价。然而，正如我们下面所讨论的，一个掠夺性企业可能能够创造内生的进入壁垒，从而使掠夺性行为可能成为一个确实造成消费者危害的策略。[199]

还应当注意的是，即使掠夺性企业可以在排除对手后将价格提高至竞争价格水平之上，但是这可能不足以使掠夺成为有利可图的策略。这将取决于掠夺者在短期内招致的损失有多大，短期是多久，在排除对手后掠夺者能多快将价格提高至竞争价格水平之上，高出竞争价格水平多高并且持续多长时间。

---

[198] 需要注意的是，如果该企业的资产，没有比在退出后显著下降，重返可能相对容易，无论是资产的原始拥有者或新的所有者都是如此。出于这个原因，可能有利于掠夺企业购买这些资产，以使它们不能被对手用于进入市场。

[199] 在 20 世纪 70 年代，由于缺乏进入壁垒，尝试掠夺性定价的一个失败例子是帝国天然气公司。帝国天然气公司在其部分市场上设定非常低的价格（低于批发价格），以将竞争对手挤出市场。在许多情况下，为赶走竞争对手或说服他们提高他们的价格，这是成功的。然而，对帝国天然气公司来说遗憾的是，缺乏进入壁垒意味着当竞争对手退出，则其他企业进入，并且价格在最初的基础上上涨了，很快就回到了以前的（掠夺前）水平。总的来说，该战略据说是赔了钱。这个例子报道于泰勒 1988 年著，援引了伊斯特尔鲁克（Easterbrook）1981 年著。

显然，短期损失越大，他们要经受的时间也越长，掠夺就越不可能有利可图。当掠夺者设定较低的价格主要针对它要排除的企业，而不是针对整个市场降低价格时，这表明掠夺行为更可能是一个合理的策略。同样明显的是，掠夺者在排除竞争对手后提价越少，该策略就越不可能有利可图。最后，应该记住的是未来不确定的利润需要通过适当的折现率进行折现。[200]

二、掠夺性行为的经济学理论

企业掠夺动机的传统观点主要认为，掠夺者相比被掠夺者（可能是小企业或新进入者）可以使用更多的财力资源，因此在面对掠夺性策略所导致的损失时，掠夺者能够比被掠夺者维持更长的时间。掠夺者通过在小企业离开市场后的回收期收取较高价格所取得的利润，以弥补掠夺并导致其他企业退出时所损失的利润。

虽然这种"深口袋"的说法具有直观的吸引力，但是就其作为掠夺理论的传统形式而言，还远远不尽如人意。有关掠夺行为传统观点的问题是由 McGee（1958）最初提出的。"深口袋"观点最大的挑战集中于主要假设，即掠夺者比被掠夺者获得更多的的金融资源。[201] 没有这种假设存在，掠夺者不可能比（同样有效率的）被掠夺者维持亏损的时间更长。

掠夺性行为最终未能消除非融资约束同样有效率的竞争对手，因此不会在第一时间尝试。在对掠夺行为"传统"理论的反驳中，金融资源（如

---

[200]　正如迈吉（McGee）（1980）认为："如果我们将掠夺视为一项以实现或增加未来的垄断利润的投资，那么我们应该保持连续运算。未来的垄断利润必须适当贴现，如果有未来的利润，那么可能需要长期的时间。短期成本更重要，而且更加确定。1 美元的损失招致今天 1 美元的成本。按 10% 的折现率，一美元的额外利润三年后价值约 75 美分。一美元利润延期 5 年价值只有 62 美分。如果它不能在 10 年内实现，价值只有 38.5 美分。"

[201]　批判的其他方面包括以下观察：由于较大企业的产出量更大，较大企业由掠夺引起的费用应该比那些较小企业更大；一旦价格出现上涨，较小企业能够重返市场；以及大公司可以简单地通过收购，以低成本的方式消除其对手。这些挑战随后在很大程度上，由那些指出以免招致整个产出量的成本，大公司可能会有选择地降低价格解决了。由于沉没成本，进入和重返不可能实现。掠夺可能成为减少竞争对手的收购价格战略的一部分。此外，并购控制可能意味着一个公司不能选择收购竞争对手。

银行）会明白，如果没有金融约束，对有效率的竞争对手进行掠夺行为是不可能成功的，所以会愿意借钱给被掠夺者。掠夺行为传统理论的批评家指出，没有充分的理由说明为什么掠夺行为的目标应该受到财力限制。[202]

这种批评有助于把注意力集中在需要用掠夺行为的连贯经济理论来解决的问题上。人们已经提出了掠夺的三个潜在理论。这些理论均表明，当存在不完全信息的情况下，掠夺行为可能确实是有利可图的。

（一）"深口袋"或掠夺行为的金融市场模式

掠夺性行为的深口袋或掠夺金融市场模型注重解释，在不完善的资本市场上，对被掠夺者来说，上述融资约束可能确实会出现。金融机构显示的不完全信息引发了这样的可能性，掠夺行为影响借钱给被掠夺者的感知风险，因此，内生了融资约束。

金融机构可能无法观察企业将如何利用其提供的资金。为了保护自己，他们可能只向具有一定规模资产基础的企业提供信贷。通过掠夺性定价，占支配地位的企业可以降低被掠夺者的利润，削弱其资产，从而降低其借款能力。

使这一切成为可能的关键假设是金融机构不能观察到借款企业的经理人的行为。[203] 如果可能，该金融机构可以宣称，不管被掠夺企业的利润受到怎样不利影响，都将为其提供资金，或许以停止掠夺的发生。然而，由于不能够观察被掠夺者的行动，一旦利润最终很低，金融机构不能确定这是因为管理者（如无效率支出资金）表现不佳，还是因为企业成为掠夺的牺牲品。支配地位企业知道，金融机构不乐意承诺向被掠夺者（无论表现多差）提供无限资金，也知道通过掠夺行为，它能影响金融机构借钱给竞争对手的意愿，因此，支配地位企业可能会通过掠夺行为成功地消除其竞

---

[202] 除了迈吉（McGee）外，对传统观点提出批评的其他经济学家包括伯克（1978 年著）和伊斯特布鲁克（1981 年著）。

[203] Telser（1966）是最早提议健全的金融基础（即深口袋）可能与掠夺行为关联的人之一。这个想法在毕诺提（1984），波顿，萨弗斯坦（1987），弗登贝格及泰勒（1986）的一系列经济模式之上得到了进一步发展。

争对手。

　　(二) 掠夺行为的信号传递模型

　　掠夺行为的信号传递模型是基于这样的认识，即企业不了解相互的成本。[204] 由于缺乏这方面的信息，一个支配地位企业可能有动力通过其价格向竞争对手传递成本"信号"。如果当下收取的价格低于短期内利润最大化的价格，潜在竞争者会认为这是在表明竞争者的成本很低。因此，潜在的进入者可能认为，假如进入市场，在位企业可能会展开激烈竞争，因此，会克制不进入这一市场。在位企业知道这一点，因此在某些情况下可能发现，牺牲短期利润，从而通过影响进入者对进入后竞争实力的信念，阻止其进入，这样做是有利可图的。

　　该模型假设，在位企业可分为两类：强 (假如它的成本低) 与弱 (假如它的成本很高)。进入者不知道在位企业的成本，但可以在决定是否进入市场前观察在位企业收取的价格。如果进入者知道在位企业较弱，其将更愿意进入，相反，如果知道在位企业强劲，其宁愿置身市场之外。

　　该模型表明，两种不同类型的情况都是有可能的。第一，低成本在位企业发现将价格设定于其短期利润最大化水平之下是有利可图的，关键是，要恰好低到这样的程度，假设成本高，收取这样的价格就不能赢利。通过这种方式定价，在位企业向进入者传达了一个明确的信号，它的确是强大的竞争者，所以，相应地会防止其他竞争者进入。如果观察到现任者较弱，其选择的价格较高，进入者才会进入。需要注意的是，虽然在这种情况下强劲企业将价格设定于其短期利润最大化水平之下，阻止进入并因此在未来赚取更高的利润，这种行为对社会是有益的。如果进入者已经知道该企业是强有力的，那么在任何情况下，它都不想进入。该信号向潜在进入者提供了有价值的信息，而在减少定价的过程中，结果为消费者带来更高的福利。

---

　　[204] 第一个信号传模型是由米尔格罗姆和罗伯特 (1982) 在市场进入的背景下提出的。他们的研究被罗伯特 (1986) 和萨弗斯坦 (1984) 进一步扩展，他们提出了进入后的掠夺行为模型。

　　在第二种情况下，就会出现掠夺行为。一个弱势的在位企业发现将价格设定于其短期利润最大化水平之下是有利可图的，同样，如果是利润最大化，一个强有力的在位企业也会选择该价格。因此，弱势在位企业模仿强劲在位企业。潜在进入者观察到的市场价格并没有传递关于在位企业的成本信息，因此进入者必须依赖在位企业是强还是弱的先验认识。如果在这些先验认识的基础上，进入者不愿意进入，弱势在位企业可以通过这种方式定价成功地阻止其进入。在这种情况下，掠夺行为阻止了本来可以发生的进入（在完全信息情况下）。如果消费者从较低的初始价格（其中弱势在位企业不得不收取这样的价格以隐瞒其高成本）中所得到的收益不超过消费者从随后消除竞争所遭受的损失，那么这种掠夺可能导致消费者损害。

（三）掠夺行为的声誉模型

　　一家企业在保护市场预防进入时，或许能够形成"强硬的"或好战的声誉。尽管打造这样的声誉在短期内的花费很大，但是就长期来说，所得到的回报也是巨大的。这是因为，声誉一旦被建立，它就像资产一样，能够帮助企业阻止未来的进入者。[205]

　　因此，一旦掠夺者提高价格，尽管没有结构上的障碍阻止企业进入市场，担心掠夺者对进入作出反应，可能会导致行为性的进入障碍。这种威慑效应能够使企业通过在未来提高价格更容易地挽回短期损失，因而，有可能会加强掠夺动机。

　　信誉模型一般考虑的情况是，在位企业要保护许多类似的市场，阻止一系列的市场进入。在经济学文献中最初使用的例子就是在位企业在几个不同的城市里拥有连锁商店，而且这些店铺在每一个城市都有潜在的竞争者。[206] 当企业在许多市场中运营时，通过在这些市场中与它面临的进入进

---

　　[205]　克雷普斯（Krcps）与威尔逊（Wilson）（1982）和米尔格罗姆（Milgrom）与罗伯特（Roberts）（1982）。

　　[206]　这个例子最初来源于泽尔腾，他称这是"连锁店悖论"。请参考泽尔腾（Sdten）（1978）。

行激烈的竞争，该企业可以建立起掠夺性行为的声誉。这种"掠夺性行为"投资的好处是，不受出现进入的市场限制，积极的反应将会使所有市场进入者打消念头，从而便于保持所有市场中的高价格。因此，竞争机构通常认为，如果多市场的大规模企业对刚起步的小企业作出激烈反应，掠夺行为会是一种可行的方法。这通常出现在自由化行业中，当大规模的在位企业面临小规模或刚建立的竞争对手进入市场时。[207]

接下来的例子能够解释对新进入者作出的激烈的反应如何旨在建立声望以威慑未来的进入。设想一家企业当前是垄断者。也设想面临新对手时的决策以及垄断者应当如何应对这样的对手。

图6.7展示了三种可能的结果。如果对手决定不进入市场，垄断者继续赚取垄断利润。但是，如果对手决定进入市场，那么垄断者必须决定是在价格上积极应对市场进入还是去接纳它。

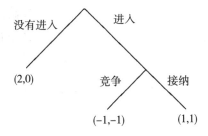

图 6.7　在位者对竞争对手的可能性应对

在每一终点后面括号中的数字都显示了在位企业和潜在进入者的收益。如果潜在进入者没有进入市场，那么在位企业就获得的收益为2，而潜在进入者收益为零。如果潜在进入者进入市场，在位企业要与其进行竞争，那么两者的收益均为-1（即，损失）。如果潜在进入者进入市场，那么在位企业通过调整价格接纳进入者以适应新的竞争环境，那么两者的收

---

[207]　当然，并不是所有阻挠进入市场的行为都是掠夺行为。一种新技术的出现能够大幅度地减少行业的生产成本，经在位企业授权的技术，可以降低潜在进入者对进入市场赢利能力的期望值。然而，开发一种新技术以及为这种新技术申请专利通常并不被认为是掠夺行为。

益都是 1。如果这是一次性的博弈，潜在进入者明显要进入，而在位企业也会接受这种市场进入，那么掠夺行为（即，竞争）就行不通了，潜在进入者意识到这一点，因此它将会进入市场。

现在，我们反过来假设在位企业是一家垄断公司，在 10 个不同的相关地域市场中运营。在这种情况下，在一个市场中所发生的情况有可能会影响到其他市场中的竞争。假设在每一个市场只有一个潜在进入者（即，总的来说有 10 个潜在进入者）。如果有一个潜在进入者进入到一个市场，在位企业进行掠夺性定价（竞争），那么在其他的九个市场中，潜在进入者的反应会是什么呢？这些未进入者有可能会停留在这个行业以外，因为他们担心倾向于进攻的在位企业将会积极应对任何的进入者。根据确切的结果，在多个市场进行竞争也许更说得通。在上述例子中，在十个市场中都接纳进入者的话，在位企业获得的收益是 10，然而在三个市场中与进入者竞争而垄断其他七个市场的话，在位企业所获得的收益是 11。[208] 注意，这个理论尤其不依赖于掠夺性定价。任何的掠夺形式都是可以的。掠夺行为可能有很多种形式。

积极应对进入者以建立掠夺行为声誉的合理例子是由美国的通用食品公司在二十世纪七十年代提出的。通用食品公司是麦克斯韦招牌咖啡的生产商。当时，通用食品公司在美国东部多州的市场份额是 45%。当美国西部的福尔杰品牌咖啡尝试进入各东部市场时，通用食品公司所作出的回应就是大幅度降低福尔杰所进入市场的价格。这一策略成功地阻止了福尔杰进一步进入东部各州。

在微软案例中，杰克逊法官总结出微软通过积极应对市场进入者而建立了自己的声誉，这使得其他的公司不敢与微软竞争。他写道：

"最有害的是消息，微软的行动已经传递给计算机行业中具有潜在创

---

[208]　当垄断者面临的是未来未进入者在不同时间进入到一个特定市场的可能性，而不是进入不同的地域市场时，可以运用类似的分析。因此，目前，对进入某一特定市场所作出的掠夺回应有可能允许垄断者为掠夺行为建立声望以阻止潜在进入者在未来尝试进入市场中。

新能力的每一个企业。通过其对网景公司、IBM、康柏、英特尔及其他公司的行为，微软已经证实，它将使用其巨大的市场力量及巨大的收益，去损害坚持主动加强与微软核心产品进行竞争的任何公司。微软过去在伤害这些公司和扼杀创新方面的成功都阻碍了对微软具有潜在威胁的技术及业务的投资。最终的结果是，一些真正有利于消费者的创新永远不会出现了，唯一的原因就是他们与微软自身的利益不一致。"（事实裁定书，第411—412段）[209]

掠夺行为的另一个潜在例子是由航空公司提供的。在二十世纪九十年代中期和末期，有这么一些例子，低成本的航空公司进入了美国航空市场，而美国既有的主要航空公司大幅度降低其价格，从而迫使这些新进入的航空公司离开市场。美国运输部发布了一份关于这个问题的咨询文件。美国运输部认为：

"美国运输部认为，已成立的大型航空公司在其中心城市对刚成立的小型新进入航空公司所提供的服务进行应对，损害了竞争，从而导致抬升了很多乘客的票价阻止大部分的旅行需求得不到有效服务。这些应对保护主要航空公司在本地中心市场收取更高价格，也涉及临时以低价销售大量的机票，与新进入航空公司的票价不相上下，也就是牺牲短期的利益，从而迫使新的航空公司退出本地市场。"[210]

注意，这一案例或许包含了声望影响及金融实力影响的双重考虑。与新的进入者相比较，大型航空公司可能有更大的能力来承担短期损失。事实上，美国在很长时间内并没有新进入的公司，这至少提高了主要航空公司建立掠夺行为声誉的可能性，而它的声望成功地阻止了新进入者，尽管也可能只是行业内的竞争程度降低了进入市场的吸引力。

---

[209]　美国哥伦比亚特区地方法院，民事诉讼第98-1232条（TPJ）；美国诉微软公司；纽约州诉微软公司；微软公司诉艾略特·斯皮策，纽约州总检察长，他的官方身份。

[210]　美国运输部（1998）。

三、识别掠夺行为

如上所述，低价通常是竞争过程中的一种有益特征。因此，为了识别掠夺性行为，有必要对两种低价行为予以区分：一种是作为正常竞争行为的，应受到欢迎的低价行为；另一种是尽管短期内有利于消费者，但长期来看却损害竞争过程的低价行为。这远不是那么简单的。例如，如何判定为应对市场进入者而做出的降价行为是一种掠夺行为，还是一种正常的竞争回应呢？市场新进入者将会影响到在位企业的需求曲线，所以，对既定价格来说，对在位企业的产品需求有可能会比未进入之前小。因此，在位企业对市场进入所作出的利润最大化回应有可能会涉及降低价格，这种价格降低是没有任何掠夺意图的。[211] 很明显，为应对进入者所作出的降价行为并不能为掠夺行为提供有力的证据。然而，要注意的是，如果真的是对需求曲线转移做出的利润最大化反映，那么我们应该认为价格降低与销售量减少有关。通常，与进入前水平相比，增加销售并不符合短期的利润最大化行为。区分竞争与反竞争的价格下降的困难在于两者均得到经济学文献及委员会和法院法律实务的认可。

当考虑到如何检测掠夺性定价时，最重要的是记住掠夺行为涉及牺牲短期利润，[212] 因为预期到由于排斥竞争对手致使形成一个缺乏竞争的市场结构，从而使得未来利润增长。因此，对掠夺行为进行完整的经济评估包括由以下三点所构成的分析：

1. 是否牺牲短期收益；

---

[211] 此外，在位企业的降价行为在短期内是最优的（如：非掠夺行为），但仍然会造成损失。比如，新的市场进入者可能会驱使短期竞争价格低于成本。然后在位企业需要决定是承受短期损失还是退出市场。如果重新进入市场的代价很高的话，那么对于在位企业来说，尽管会造成损失，最好的选择还是继续留在市场里。在这种情况下，真正的问题是进入市场是低效的，这是因为在那种成本和需求条件下，进入导致市场中有太多的企业。参见阿伯丁期刊关于这种行为的例子，可以说符合这种描述。这个案例涉及的是进入本地免费报纸周刊的市场及已有报纸出版商的回应，已有的报纸出版商与每日支付和每周免费的报纸竞争。

[212] 注意，以下也有例外。

2. 所作出的决策是否会排斥竞争对手；

3. 最终能否挽回短期损失（即，长期利润有可能填补所谓的掠夺者牺牲的短期收益）

接下来我们依次讨论这些问题。

（一）短期收益的牺牲

掠夺性定价涉及故意牺牲收益以促使竞争对手退出市场。人们认为，出现这些损失是不合理的，除非这是作为掠夺策略的一部分。在某种意义上，其他行为会导致较少的损失（或较高的利润），那么这种损失就是故意造成的。《第 102 条指南》考虑了下列情况下涉及牺牲短期收益的行为[213]：

"委员会认为，如果占支配地位的企业在相关时间段内以低价销售其所有或特定部分产品，或在相关时间段内扩大产出而招致或正在遭受本可避免的损失，那么这样的行为被认为是承受了损失。"

判定行为是否有牺牲收益通常涉及把观察到的价格与适当的成本基准进行比较。[214] 根据阿瑞达—特纳的平均可变成本规则，[215] 通常认为低于生产成本的价格（即，短期边际成本）必然涉及故意牺牲；由于每次销售都有损失，可以通过减少销售或者完全停止销售以提高利润。阿瑞达—特纳提出平均可变成本为短期边际成本提供一个合理的近似值。短期边际成本与平均可变成本是相等的这个假想只有从长远来看才成立。从短期来看，两者之间是有相当大的差别的。例如，有一家工厂，目前其产能非常过剩，那么其短期边际成本可能很低，甚至远远低于平均可变成本。相反地，当产能持紧时，短期边际成本有可能大大高于平均可变成本。很明显，一种

---

[213]　《第 102 条指南》，第 63 段。

[214]　在第 6-099 和 6-100 段中，讨论到掠夺行为预算成本的范围。

[215]　阿瑞达-特纳（1975）详见参考文献。

检测在经济不景气时高估掠夺行为的成本层（当生产力过剩时）或在经济繁荣时又低估这一数值这是不完美的。

然而，《第102条指南》提出把平均可避免成本作为评估企业是否故意牺牲利润的适当基准。[216][217] 可避免成本是指如果公司停止执行一个特定活动而避免的成本。[218] 如果企业因某个特定活动所获得的收入少于停止该项活动而节省的成本时，那么企业最好停止该项活动。因此，如果企业的定价低于平均可避免成本，那么相对于完全不停止该项活动来说，企业正承受短期损失。一般而言，平均可避免成本将高于平均可变成本，这是因为可避免成本包括了停止活动而避免的固定成本。[219] 从而，委员会裁定低于平均可避免成本的定价应当成是短期利润的牺牲，从而被认定是掠夺行为。

然而，对基于成本基准的牺牲收益的检测带来一系列的困难。首先，经过多长时期我们可以认为成本是可避免的？考虑的时期越长，企业可避免的运营成本种类越多。[220] 例如，在一周时间里，员工成本可能不被认为是可避免的，但是经过一年时间，员工成本就有可能是可避免的。因此，平均可避免成本的决定需要一个关于相关时间段的假定。对于相关时间段并没有普遍的一致看法，《第102条指南》提出了相关时间段，但并没有提供一个应当如何定义这样一个时间的确切定义。

---

[216]　《第102条指南》，第63段。

[217]　在《第102条指南》，脚注40中陈述："在大多数情况下，平均可变成本与平均可避免成本是相同的，因为通常只有可变成本是可避免的。然而，在平均可变成本与平均可避免成本不同的情况下，后者更可能反映了亏本出售。例如，如果支配地位企业为了能够实行掠夺而扩大产能，那么对额外产能所投入的成本应当看成是支配地位企业的损失。这些成本将体现在平均可避免成本里，而不是平均可变成本。"

[218]　相对于平均可变成本来说，采用平均可避免成本有两个主要优点。首先，这能避免在特定期间内需要精确区分固定成本与可变成本的问题。其次，与平均可变成本相比，这提供了一个更准确的可避免损失的方法。因为这包括了特定产品的固定成本，而这个固定成本是可以通过停止正在进行的产品或服务的生产来避免的。因此，对于是停止生产更有利于企业还是采用掠夺性定价更有利于企业这个问题，平均可避免成本的采用提供了一个更为接近的反思，也就是它能识别这些决定是否继续生产的成本（可变和固定）。

[219]　可避免成本与总成本不同，可避免成本并不包含共同成本（一系列产品共同造成的成本）或者相关时期内沉没成本。

[220]　关于可变成本构成的神秘辩论，请查看委员会与欧洲法院的判定书【1982】1 C. M. L. R. 273；【1981】OJ L374/1。

把相关时间段定义为所谓的掠夺行为发生的时段是有些直觉上的吸引力的。[21] 但即使在这里，也是有实际困难的。假设，一个大型企业降低价格从而对新市场进入者做出积极应对，那么新进入者对这个定价所作出的回应就是退出市场。这种行为是否是掠夺行为取决于进入者要多长时间退出市场。如果进入者几乎是马上退出市场，那么发生掠夺行为的时间是相当短的，这是因为假设进入者是马上退出市场。在这么短的时间内，可避免成本可能性非常少，因此在平均可避免成本检测下，这种行为很少可能被认为是掠夺行为。但是，如果进入者在市场中停留较长一段时间，更多的成本变成了可避免成本，因此平均可避免成本的基准会上升，这就使得这种行为更趋于掠夺行为了。但相关成本基准并不会令人满意，因为掠夺行为至少部分取决于进入者有多少"斗志"。

即使上述的评估问题能够得到适当解决，采用平均可避免成本基准来评估定价行为是否为掠夺行为还是会带来另一个问题；也就是说，定价有可能低于平均可避免成本的良性原因有很多。这些原因包括了促销定价，在经济衰退的时候利用闲置的生产能力，实践中学习，产品淘汰，短期促销等等。而且，低效的市场进入导致在位企业被迫定价低于可避免成本。当新企业进入的市场实际上并不能维持进一步的进入，或当新企业进入的市场具有的经营模式无法持续时，很可能价格会被压低到某一点，在这个点上没有企业获利，甚至定价有可能低于可避免成本。在这种情况下，仍然坚持在位企业的定价必须高于其可避免成本是很荒谬的，尤其是，如果这暗示着企业要退出市场的时候。这样的策略有效地使新进入者有效地驱除在位企业以及潜在有效率的竞争者退出市场。换言之，导致短期损失的定价可能预示着掠夺行为，但未必一定是掠夺行为。应该认识到，企业会犯错误；因此，凭借后见之明，企业也许会试图修正它们的策略。虽然反

㉑　英国的公平贸易局（OFT）认为所谓的时间段是指某一期间内，涉案的价格是有效的或可能预期是有效的。

"通常，OFT 的局长将会认为，评估掠夺行为指控的成本分析的相关时间尺度，就是所谓掠夺性价格或者价格设定被市场接受，或可能预期被接受。"（OFT414（1999）4.6 段《个人协议和行为的评估》）。

省可能表明另一种行动会更有利可图，但是企业的决策必须基于一个持续而长远的视角。也就是说，事前看来是最有利可图的策略事后有可能会变得不太有吸引力。

由于这些原因，掠夺行为的成本测试在经济学文献中被视为单尾检验。[22] 这意味着即使这些成本测试失败了，掠夺行为的指控仍需要进一步证实。

（1）高于成本的掠夺行为：价格高于平均可避免成本

根据《第 102 条指南》，牺牲收益的概念不仅包括定价低于平均可避免成本。委员会也可能会评定"所谓掠夺行为是否导致短期内净收益低于从其他合理行为中本来可以获得的收益"。[23]《第 102 条指南》进一步指出，"通常只有定价低于 LRAIC[24]，才能把有效率的竞争者排除出市场"。[25] 换句话说，定价高于平均可避免成本可能仍被看做是掠夺行为。我们把这称为高于成本的掠夺。这会引发一系列的难题。

第一个问题就是，以低于 LRAIC（或平均总成本（ATC））、但却高于短期平均可避免成本的价格销售部分或全部产品，代表了企业（包括非支配地位企业）在各种各样的竞争市场中的普遍观察到定价行为。对于企业来说，时不时地蒙受损失，除了部分是实施掠夺性策略的原因之外，其他的原因并不少见。的确，很多企业都习惯于承受周期性的损失，很少企业会选择在这些周期里停止营业，而在盈利的时候重新开业。即使在亏损期也应继续运营是大部分企业的本性。[26] 这样的定价行为只会在长期带来竞争问题。在某种程度上说，同样有效率的竞争对手难以完全收回其固定成本，会由于其自身财政约束被迫退出市场（或低效营运）。值得注意的是，这些商业现状已明确得到阿瑞达–特纳规则的认可，这些规则是用于

---

　　[22]　请参考拉普（Rapp）（1990）"例如"，同时请参考波斯纳（Posner）（2001）。

　　[23]　《第 102 条指南》，第 64 段。

　　[24]　LRAIC 指的是长期平均增量成本。这类似于平均总成本，但并不完全一样。进一步的解释请参考本章的成本附录。

　　[25]　《第 102 条指南》，第 66 段。

　　[26]　见鲍莫尔（Baumol）（1996）详见参考文献。

检测掠夺行为的。人们认为，定价高于平均可变成本但低于平均总成本有可能就是掠夺行为，但是同时需要其他的证据。

第二，对 LRAIC 或者 ATC 的计算是很困难的。尤其是，一些成本常常涉及许多产品，在经济上没有单一正确的分配方法，那么基于定价低于某些根本上就是随意估算的产品总成本，指控某一企业有掠夺行为的过错是不合情理的。我们的观点是，检测最多应该只包括那些产品真正增加的成本。这应该是 LRAIC 计算的逻辑。

新市场进入者最初的可变成本高于在位企业时，这就引发了第三个难题了。这有可能是因为干中学的重大影响，在这种影响下，一旦企业进入市场一段时间了，它就可以节约成本。也可能是因为大型活动的可变成本低于较小型活动的可变成本。[22] 在这种情况下，定价低于新进入者的可变成本而不是低于其自身的可变成本，在位企业可能会迫使新进入者退出市场。这样，立足于掠夺者成本的检测并不能捕获掠夺行为。但同样地，基于竞争者成本的检测也是无意义的：每当竞争对手发现自身无法获得利润时，是否都指控企业有掠夺行为？

延伸阅读：说明高于成本的掠夺行为的问题

假设 Domco 公司从同一家工厂订购小工具和小配件，而且数量都很大。这家工厂的间接成本是 250（以折旧费用形式）。制造商生产小工具和小配件的每单元成本是 1，Domco 公司各订制 100 单元，两种产品每单元售价为 3。因此，总的成本为 450，小工具和小配件的平均总成本为 2.25，收入为 600，盈利 150。

---

[22]　竞争策略不应该保护这种低效的市场进入者这种说法是有争议的。然而，对已有主导企业的市场，这种有可能发展成为大型行为的市场进入是大受欢迎的。

> 如果新进入竞争者生产小工具的价格为 2，Domco 公司会如何应对呢？如果为了覆盖平均总成本而勉强定价，那么可容许的最低价为 2.25。在这种情况下，Domco 公司有可能要放弃销售小工具，那么其小工具业务将对日常开支没贡献。因此，其小配件销售便亏损。那么 Domco 公司也需要抬升价格吗？Domco 公司有可能退出市场吗？两者都没有任何经济意义了。尽管第 80 条允许"迎合竞争"防御，但"迎合竞争"防御需适用于这些情况：若起先没有怀疑理由时，为什么要求 Domco 公司来证明其行为？

我们认为，当支配地位企业的定价高于平均可避免成本时，区分有害于竞争还是有害于竞争对手有可能会变得极其困难。因此，掠夺行为超成本理论的应用带来的真正前景是令人心寒的竞争，除非假定高于成本定价并不是掠夺行为。由此推出的结论是，任何希望主张高于成本掠夺行为案件的竞争机构都应当承担很高的举证责任。

（二）排除同样有效率的竞争者的可能性

在制定适当的成本基准时，更侧重于支配地位企业的成本，而不是新竞争者的成本。这种做法是恰当的，正如《第 102 条指南》所陈述，如果低效率竞争者被迫离开市场，一般不会损害到消费者；这是竞争过程中的一个有利特征。当然，关注的对象是反竞争封锁，也就是对有效竞争者的封锁，这种封锁是由反竞争行为导致的，而且可能会损害到消费者利益。根据《第 102 条指南》，只有定价低于长期平均增量成本（LRAIC）才能封锁市场中同样有效率的竞争者。[228] 尽管，我们认同基准应与有效率的竞争者有关，但是我们认为，相对于 AAC 概念来说，LRAIC 概念不太适用于认定和评估掠夺行为（见上）。[229]

---

[228]《第 102 条指南》，第 66 段。

[229]"不同成本概念的详细探讨及认定排他行为中的优缺点"参见本章附件。

如果没有排除企业的可能性，那么掠夺行为并不是一种理想策略，这会损害到消费者。举例说明这一点。在英国，一家有线公司被指控为掠夺性定价。指控是：把电视和电话捆绑在一起，而捆绑的定价几乎与单独出售的定价一样。这就是掠夺行为，因为与其他服务捆绑在一起的每项服务增量定价低于每项服务增量成本。但是，并没有必要去详细了解这种难以置信的指控。被指控为掠夺性定价的企业有英国电信公司和英国天空广播公司。显然，透过有线公司的定价要把这两间公司驱逐出市场是不可能的。这些企业都没有遵守一定的规则去提高定价。如果认为这种行为导致排他性行为是不合理的，那么也没必要分析是否遭受短期损失了。

然而，在《第 102 条指南》中指出，在识别掠夺行为时，并不需要指明竞争者已离开市场以表明封锁。[220] 如果当前行为也许不能成功地驱逐竞争对手，但在将来是有可能做到的。这种策略方法是明智的。然而，《第 102 条指南》似乎有比这更进一步的设想：

"不能排除，支配地位企业也许更喜欢阻止竞争对手进行积极竞争，因此让竞争对手跟随其定价，而不是把对手完全地淘汰出市场"。[221]

尽管，从理论上看这可能代表着合法要求，但实际上，这将是高度推测的，而且几乎不可能证实（或反驳），因为，它要让人们确认，当前的低价将会导致未来所有企业的定价高于竞争价格（进入前的）。真正的危害是这一观点导致对竞争对手的损害必然转化为对竞争力的损害。

（三）收回损失

掠夺行为定义隐含的是，在某种意义上所谓的掠夺者对以短期损失换取长期的收益。实际上，人们普遍认为掠夺性定价是一种增强市场力量的投资（至少在经济文献上）：掠夺企业以短期损失作为投资以保持长远的支配地位。但这种换取意味着，当且仅当企业在较少竞争者的市场中运营

---

[220] 《第 102 条指南》，第 68 段。
[221] 《第 102 条指南》，第 68 段。

的额外长期利益大于诱导竞争者退出市场所遭受的损失时，掠夺才是理想战略。换言之，只有短期损失能挽回时，掠夺策略才是理想的。[22]

短期损失的挽回不仅取决于所谓掠夺者引导有效竞争者退出市场的能力，更取决于退出后的市场条件能允许价格上涨，以收回"掠夺性投资"。情况是否如此将取决于许多因素，包括企业进入市场的难易程度以及消费者对价格上涨的反应。

因此，掠夺行为只会发生在那些市场结构有利于掠夺性"投资"收回的市场里。除非竞争的特点允许收回短期损失，否则任何的掠夺策略将必然导致企业未来利润的净现值减少。基于这个理由，所谓的掠夺者在竞争对手退出后收回投资（即短期损失）的能力，就是经济学文献中关于掠夺性定价的一个主要特征。除非能预期长期中任何短期损失都能收回，否则，低价并不能认定是掠夺行为。如阿瑞达-特纳以下陈述[23]：

"掠夺性定价对于一个潜在的掠夺者来说并没有什么经济意义，除非他有一个非常好的前景：摧毁竞争者后所获得以收益将大于掠夺行动中所承受的损失。"

其他评论者也表达过类似观点，因此人们普遍认为，收回损失是认定掠夺行为的必要条件。[24]

尽管经济学文献这样的观点，《第 102 条指南》重述了判例法，认为关于收回损失的证明并不是证实掠夺行为的必要条件。[25] 按照《第 102 条指南》，为了表明消费者的损害，掠夺者"能够从损失中获益。"（69 段）因此，指南反复重申了在 Tetra Park II 案中委员会沿用以及得初审法庭（CFI）支持的老方法，按照该说法，收回损失的证据并不是认定掠夺性定价的必要条件。的确，指南中指出，并不需要全部利润的证据，而且可能

---

[22]　以下讨论到欧盟法律体系并不要求收回损失检测。

[23]　阿瑞达（AREEDA）-特纳（Turner）（1975）。

[24]　鲍莫尔（Bawnol）（1996），同见拉普（Rapp）（1990）。

[25]　《第 102 条指南》，第 70 段。

的消费者损失可以由一系列因素说明，例如，与行为可能的封锁效应相关的进入壁垒的存在。[234] 委员会认为，这充分表明，无需证实未来利润是如何实现超越竞争水平、从而收回损失的，掠夺者有可能从损失中受益，这就足够了。

这与美国随后的做法形成了对比，美国对掠夺性行为的合理性普遍持怀疑态度，因此，收回损失是认定掠夺行为的重要因素。[235] 在确立收回损失必要性的认定中，一个关键的美国案例是 1986 年的松下电器公司诉天顶广播集团案。在这件案件中，美国本土电视制造商指控松下电器公司在美国以掠夺性定价销售其生产的电视，其行为受到日本国内市场销售量的补贴。这一诉讼请求被驳回，因为所谓的掠夺性行为的周期是许多年，因此，由松下电器公司所引起的损失是巨大的，即使他们成功地实现了垄断也无法挽回这些损失。所以，掠夺行为的辩解是毫无经济意义的，因此被驳回了。

布鲁克集团的决定也证实了收回损失的证据对于掠夺行为的证明致关重要。[238] 尽管证明了被诉方定价低于成本，但是如果没有任何收回损失的可能性也会导致法院拒绝索赔。用它自己的话说，法院裁定[239]：

> "根据反垄断法，认为竞争者倾向于收取较低价格的第二前提是，证明即使定价低于成本，竞争者挽回损失的前景依然很好。"

最近，美国最高法院在 2009 年 2 月的 linkLine 判定[240]中重申了其对布鲁克集团决定的裁定。美国最高法院认为，即使定价低于成本，所谓的掠夺性也应能够收回其损失。[241]

---

[234] 亨普希尔（Hemphill）（2001）详见参考文献。
[235] 埃姆什（Emch）与里奥纳德（Leonard）（2009）详见参考文献。
[238] 布鲁克集团诉布朗和威廉姆森烟草公司 113US2758（1993）。
[239] 吉福特（Gifford）（1994）详见参考文献。
[240] 太平洋贝尔电话诉 linkLine 通讯公司，555US（2009）。
[241] 注意：在美国，尽管收回损失是证明掠夺性行为的必要条件，但拥有支配地位却不是该反垄断行为的必要条件。

概括地说，涉及短期内为消费者所定价格较低，而长期内没有相应提高价格的策略都不应视为反竞争。事实上，即使缺乏形式要件，我们仍相信，最起码，反垄断机构应当进行收回损失的检测，以论证其结论的正当性。

（四）增量利润和损失

成本概念能否为掠夺性定价提供一个完整的可辩护定义，这是值得怀疑的。为此，一些经济学家更喜欢这样的一个检测，这个检验是基于支配地位企业开展活动的增量利润。这个检测的问题是："与其他没有排斥的策略相比，支配地位企业执行的策略是有增量利润吗？"如果支配地位企业降低价格而这种行为仅在导致排除竞争对手时才会增加利润，那么这种行为可视为掠夺性行为。另一方面，即使在短期内能带来增量利润的行为也不应受到谴责。英国 OFT 对检测是这样描述的：

"掠夺性行为是企业为消除竞争者以谋求在未来收取高额费用而承受短期损失的战略性行为。由此可见，对于企业来说，所谓掠夺性战略在短期内可能导致增量损失。与其他情况相比，如果所谓的行为会带来更高利润（或更少损失），那么这种行为将为合法竞争，而不是一种滥用。所以，如果企业能证明其行为能增加其自身利润（或减少其损失），那么这种特殊行为不应视为掠夺性行为。"[242]

这样的一个检测会带来两个难题。正确的反事实是什么？是如何进行运算的？显然，测量增量利润的任何尝试都需基于与其他既定方案的对比。显而易见的方案是企业进行掠夺性行为前的盈利水平。因此，如果企业进行大幅度降价而竞争对手称之为掠夺性定价，那么要对支配地位企业降价前所获利润与降价后所获利润进行比较。但是很多情况下都不会造成这种明显的反事实，尤其是当大部分的掠夺性指控是在应对新进入情况下产生的时候。

---

[242]　公平贸易局（OFT）第 414 号文件 1999 年版。

在试图了解在位企业对新进入者所作出的回应是否为掠夺行为时，会引发一个特定的困难。如上所述，对市场进入所作出的一个正常竞争反应通常是在位企业把价格降至低于进入前水平。这是由于新进入者将会导致在位企业需求曲线移动，从而降低在位企业利润最大化的价格。基于上面解释的原因，对这种回应和掠夺性降价进行区分是很困难的，因此，把竞争价格回应误解为掠夺行为或把掠夺性定价回应误解为竞争价格回应的范围是相当大的。[243] 当然，通过对在位企业以旧价所获利润与以新价所获利润的对比而进行的增量盈利检验并不代表正确的检验。

增量利润测试所带来的困难正是在实际中难以做到的。这需要在位企业需求曲线现状及其成本结构的详细信息。几乎所有情况下，竞争机构都不能进行这种类型的分析。然而，对于竞争当局来说，要求支配地位企业为导致掠夺性定价指控的任何重大价格变动的正当性进行解释是合理的。如果企业本身不能证明其价格变动政策具有增量利润，但不会导致排斥竞争对手，那么很有可能这种定价行为会带来合法的掠夺性关注。[244]

如上所述，《第 102 条指南》提及的损失收益检测需要对企业行为导致的收入是否比通过另一种可行策略而获得的收入低进行评估，也就是说，采用另一种行为能否避免所遭受的损失。

不可避免，这种方法受制于某些类似于上述强调的那些基本问题。这些问题都是因为确定企业可行替代（反事实）策略及评估其相对所调查行为的盈利能力的内在困难。这样的方法很容易受到各种的误差。确实，像因为重大投资而在短期内产生损失这样的策略，从长远来看有可能会带来很高利润，但这段期间不包括在委员会的评估里。另一方面，在委员会调查的期间内，其他策略短期内有可能会带来更高利润，尽管这不是最好的长期策略。在这种情况下，增加了误报风险，即错误地认为某种行为是反竞争的这种风险。考虑到掠夺性检测的困难，如果可以施加一个救济措

---

[243] 乔斯科（Joskow）与克莱沃里克（Klewrlk）（1979）详见参考文献。

[244] 在比利时海运公司诉委员会（T24-26&28/93）［1997］4C. M. L. R. 273 一案中，事实是，当事人接受其行为导致其利润减少（或导致其增量损失）被视为滥用行为的证据。

施，而这个救济措施会影响到进行掠夺行为的企业而不是参与正当竞争行为的企业，那么这会非常有帮助。这样的救济措施是由鲍莫尔提出的。假设 X 公司降低其价格，从而迫使其竞争对手退出市场，但反垄断当局并不确定 X 公司是否设定了掠夺性定价（或者仅仅是比竞争对手更有效率）。这种情况下，竞争机构可要求：即使其竞争对手离开了市场，在给定时间内 X 公司仍需持续以新的低水平定价。这能保护消费者在竞争对手退出市场后免受反竞争价格上涨的可能性。相反，如果不是降价的话，X 公司还可以新增产能涌入市场以击退其竞争对手，这个问题可以用同样的办法解决。在这样的情况下，反垄断当局可以要求 X 公司在给定时间内持续使用新增产能。[245] 在这两种情况下，救济措施保护了消费者，而又不过度损害没有进行掠夺性行为的竞争性在位企业。然而，尽管这是对潜在掠夺行为的有用回应（一开始，这会增加掠夺行为成本，以至于可能性很小），但远远不够完美。首先，根据这种规则，企业为应对无效率的进入而降低价格以减少需求的行为并不是掠夺行为，但是即使进入者退出市场，企业仍必须保持无效率的低价。其次，这样的规则并不能使通过在个别市场进行掠夺行为，从而阻止竞争者进入任何市场的市场多样化企业打消念头。即使竞争对手退出了市场，这样一个企业也将愿意在某一市场承受低廉的价格，如果这样做，能确保其他企业不会尝试进入其他市场。

四、委员会对掠夺行为的评定

对于识别掠夺性定价的法律方法，在委员会与欧洲法院关于 AKZO Chemie BV，[246] Tetra Pak II[247] 及 Wana-doo[248] 掠夺行为的裁定书中有提及。在

---

[245]　这种救济措施在运输市场（如航空和公共汽车）也许特别有效。1996 年，英国 MMC 对两家公共汽车公司（Stagecoach 公司和 Go-Ahead 公司）采用了这种救济措施。

[246]　工厂化学用品（埃普索姆和格洛斯特）有限公司诉阿克苏英国化学有限公司（IV/30. 698）[1982] 1 C. M. L. R. 273；[1981] OJL374/1 及案件 C-62/86 AKZO 诉委员会（C-62/86）[1991] E. C. R. I-3359；[1993] 5 C. M. L. R. 215。

[247]　利乐包国际公司诉委员会（C-333/94P）[1997] 4 C. M. L. R. 662。

[248]　Wanadoo Interactive（COMP/38. 233）[2005] 5 C. M. L. R. 120.

AKZO Chemie BV 中，委员会认定 AKZO 为排除竞争者而滥用其市场支配地位对有机过氧化物进行掠夺性定价。法院证实，支配地位企业的定价政策符合第 102 条，而且法院还提供了两种测试认为价格是掠夺性定价。

第一，法院认为定价低于平均可变成本的，则视为掠夺行为。当支配地位企业以低于平均可变成本的价格销售其产品时，便可推断有掠夺性意图。有人认为，这样的企业：

"对这样的定价并不感兴趣，除非是排除竞争对手以便能在随后通过其垄断地位提升价格。因为每笔销售都会带来损失，即固定成本以及部分与生产每单元产品相关的可变成本的总和。"[219]

第二，法院认为：

"如果价格低于平均总成本但高于平均可变成本是排除竞争对手计划的一部分，那么这个定价肯定是滥用的。"[220]

因此，按照 AKZO 案，如果定价低于平均总成本而且有证据说明其是排除竞争对手计划的一部分，那么价格高于平均可变成本可以被认为是掠夺性定价。[221]

在 Tetra Pak II 案中，法院再次确认了这两种掠夺性定价测验。另外，判决驳回了 Tetra Pak 的上诉，该企业认为是其定价策略并不能视为掠夺性定价，因为对收回由此造成的损失没有合理的前景。相反，欧洲法院法律总顾问表明，欧洲法院应该放弃把收回损失的前景作为确认存在掠夺性定价的先决条件。给出的理由包括：

"——没有收回损失的可能，而支配地位企业却为了击退竞争对手而亏本出售，这样的做法形同自杀；

---

[219] 引自第 71 段。

[220] 引自第 72 段。

[221] 关于"根据第 102 条，为什么目的的证据不应用于证明滥用行为"的论证，请参考班纳斯（Banasso）（2005）。

——支配地位企业的经济潜力及其支配或相关市场竞争的减弱原则上将确保收回损失；

——从最高法院的判例法中可以清楚地看出来，收回损失可能性的证实是很困难的并且需要复杂的市场分析；

——收回损失是支配地位企业寻求的结果，不管其能否实现目标，掠夺性定价本身是反竞争的。"㉒

在 Wanadoo 一案中，委员会还采用了把价格与平均可变成本基准进行比较的测试。委员会发现，Wanadoo 的价格并没有考虑对供应高速互联网接入的成本进行适当估量，也就是为法国居民用户服务的非对称数字用户线路（ADSL）。由此推断出，这种定价行为是为高速互联网接入占领市场计划的一部分。㉓ 委员会发现，Wanadoo 的定价起先大大低于平均可变成本，然后接近平均可变成本但却大大低于平均总成本。委员会认为，这种定价行为是为了获取繁荣市场的大部分份额。这个决定在上诉到初审法院（CFI）中得到了 CFI 的支持。

这个案例引发了一系列重大问题。首先，如何定义平均可变成本？值得关注的一个重要问题是，客户购买和营销成本是代表可变成本还是固定成本。这种辩论凸显了决定相关时间范围的重要性。然而，Wanadoo 辩称，对大部分用户来说，这些成本大部分是不可变的，即固定的，因此，与平均可变成本的计算并不相关。委员会认为某些固定成本是可避免的。

"在非常短的时期中，广告费用被视为固定成本，因为广告费用对销售的影响并不都能立竿见影，但尽管如此，对于那些仅持续几星期的短期活动而言，广告费用的效果是相当明显的。"

委员会认为评价这些成本的盈利能力仅需要 4 年。Wanadoo 公司则认为这些投资最好被看成是整个生命周期的。欧洲初审法院支持委员会关于

㉒　*Tetra Pak International SA v Commission* [1997] 4 C. M. L. R. 662, at [78].

㉓　*Wanadoo Interactive* [2005] 5 C. M. L. R. 120, at [368].

平均可变成本的认定，并指出成本分析包括一个复杂的经济评估过程，因此委员会"理应享有广泛的自由裁量权"。

在欧洲初审法院之前 Wanadoo 公司就已经指出，委员会没有正确判定其行为是否具有掠夺性，理由为如下三点。

- 第一，Wanadoo 公司应有权通过调整其价格至与竞争对手相一致以"应对竞争"。
- 第二，Wanadoo 公司根本不存在掠夺行为的计划。
- 第三，应该要求委员会对 Wanadoo 公司能够收回损失进行确认。

欧洲初审法院不认同以上任一方面的说法。欧洲初审法院认为不应该允许支配地位企业的价格与竞争对手相一致。再者，委员会已明确地给出证据，证明 Wanadoo 公司有欲掠夺市场的意图。至于与收回损失相关诉求的第三个方面，欧洲初审法院重申了在 AKZO 公司和 Tetra Pak 公司案中采用的方法，即收回损失并非判决掠夺性定价行为的先决条件。[54]

（一）对掠夺性定价法律分析的评论

关于这种法律途径，必须做出以下几点解释。首先，确定利润损失是对掠夺性行为的竞争性评估的关键。其中，竞争性评估的第一步是基于一项类似阿瑞达-特纳（Areeda-Turner）检测的测试，也就是将观察到的价格与成本基准进行对比。[55] 然而，如上述讨论中阐明的一样，尽管将价格设定得低于平均可避免成本（AAC）这一行为需要得到解释，但低于 AAC 的价格本身就具有掠夺性这一推测并没有得到经济类文献的支持。如前所述，在位企业可能将价格合理地设定为低于 AAC 的原因有几个。就实用性角度出发，其中最主要的就是源自于新进入者的无效率，这里的无效率是指进入一个不能持续进入的市场，或者是进入者采用一种不可持续的经营

---

[54]　*Wanadoo Interactive*［2005］5 C. M. L. R. 120, at［228］.

[55]　正如我们所看到的那样，欧洲经济竞争过程中所使用的成本基准先前是平均可变成本（AVC），现在是平均可避免成本（AAC）或者长期平均增量成本（LRAIC）。

模式，而这两种情况中后者更为常见。在这两种情况下，这种无效率的进入可能迫使在位企业定价低于平均可避免成本。

其次，结合排他性目的的采证，采用平均总成本作为基准，有某些表面上直观的吸引力和一些理论支持。但就像讨论过的一样，高于成本的掠夺与正常的定价行为区别开来是很困难的。此外，与通常情况相比，对内部文件的解读要谨慎得多。企业往往意欲损害竞争者，因此，提及损害竞争者的意图或者把它们驱除出市场的资料与有效竞争行为相吻合，同样与掠夺性行为相一致。例如，消费者对某一产品的需求下降会导致该产业的产能过剩，这时，企业在希望竞争者退出市场的同时也采取它们最佳的应急措施——定价低于平均总成本。但这并不就意味着掠夺性行为，因为不清楚什么样的定价行为会提高利润。这说明了清楚地界定所谓掠夺性行为的反事实情形的重要性。在不知道竞争性的反应时，大体上是很难断定特定的反应是不具有竞争性的。

再者，判例法总体上并不支持收回损失是掠夺行为检测中的必要因素这一说法。[29] 判例法明确否定证实收回损失的需要。"支配地位"的经济学定义是一个企业拥有显著的市场力量，因此能将价格提至远高于有效竞争环境下的水平。人们可能认为，那种事实就能确保收回损失是可能的。[30] 其实这并不一定。事实上，一个企业就算拥有雄厚的市场力量，也并不代表在将一个竞争对手驱逐出市场后，该企业会获取额外的市场力量来收回其短期的损失。另外，虽然在一个市场中有所谓的掠夺性行动，但由于这和存在所谓支配市场是分离的，因而一个企业在某一市场被认定享有支配地位并不足以说明其在另一市场有能力收回损失。评估收回损失的可能性常常需要复杂的分析，但这并不能成为不进行分析的充分理由。

然而，当评估所观察的定价行为是否构成掠夺性行为时，需要分析在

---

　　[29]　该方法与美国采用的方法相反，据称，收回损失为评定低价格是否构成掠夺性行为提供了重要的现实依据（详见《美国司法部》（2008），第 4 章）。

　　[30]　事实上，这方法是公平贸易局采用的，引自《1998 年竞争法》的导言部分。（"Guidelines to the Competition Act", para. 2. 10 of *Assessment of Market Power*（OFT 415））。

位企业收回所谓短期损失的机会，欧洲的案例法对此有些帮助。

在 Compangie Maritime Belge 一案里，检察长 Fennelly 作出了以下阐述。[58]

"在 Tetra Pak Ⅱ 一案中，欧洲法院维持欧洲初审法院的判决。原判中，AKZO 公司所采用的方法曾应用在以下情况：滥用市场支配地位是发生在 Tetra Pak 处于支配地位而非其处于领导地位的市场中。该案上诉人提出质疑主要参考了美国最高法院案例法。上诉人对欧洲初审法庭拒绝要求委员会证明'收回所招致的损失是有合理前景的'进行上诉。欧洲法院维持原判，认为上诉人进行低于成本的掠夺性定价行为成立，但认为'就目前案件情况看，要求额外的证据证明 Tetra Pak 有现实的机会去收回损失，这可能是不合适的'。我会再次重提（下文的第 136 段）在当时上诉的情况下，措辞的重要性。"

在第 136 段中，检察长 Fennelly 继续道：

"分担收益损失促使本人简要重提一下确认收回损失的动机和可能性。从本质上来说，分担收益损失的过程也是收回损失的一种方式。打击率的战略目标具有不言而喻的含义，表明该比率不会因任何现在或未来的运营而降低，其无需迎合竞争。再者，一旦将竞争对手排除了市场，那么企业的说法就明显站不住脚了。因此，就必要的程度而言，本人认为该案件通过了收回损失检测。同时，本人认为某些要求应该是支配地位企业滥用性地较低定价检测的一部分。引用 AKZO 公司案的话时，第一段就表明了这个意思（见上文第 126 段）。这也是 Hoffmann–La Roche 测试的一部分（详见上文第 124 段）。之所以要约束支配地位企业，不让它们通过特别是排除竞争者来寻求阻碍维持竞争，是因为达到目的后，这些企业就能够滥用性地收取高价格了。因此一种无效率的垄断就会恢复，而消费者只可能在

---

[58]　*Compagnie Maritime Belge NV and Dafra–Lines v Commission of the European Communities*（C-395/96P）[2000] E. C. R I-1365 at para. 127（Case law file, Vol. 2, No. 18）.

短期内获利。如果结果不在支配地位企业的计划之中，这说明这企业进行的很可能是正当的商业竞争。"

然而，就如同我们已经看到的，《第102条指南》拒绝了确认收回损失的要求。依据前面段落提供的原因，这会让人后悔。收回损失检测的引进将使得欧盟竞争政策不仅更符合经济推理，而且与美国掠夺定价的评估一致。在美国，收回损失的分析是掠夺定价情况中既定的一部分。

五、非价格掠夺行为

尽管关于掠夺行为的投诉通常在侵略性的定价时产生，但掠夺行为也可以借用非价格的方式产生。简要讨论几种可能性。关于掠夺定价，主要的问题是区分掠夺行为和竞争。我们注意到，基于成本的检测不能用于分析非价格掠夺行为，例如以掠夺的意图来投资超额产能，在运输市场中采用掠夺性方法进行行程安排，或者进行品牌扩散策略。

（一）时序安排

时序安排可以在运输市场用来作为一种掠夺方法。有两种机制可以出现这种情况，但是这两种机制都有一个共同的目标，就是减少竞争对手或是潜在竞争对手的需求，直到一定程度上他们决定不再停留在或是进入这个市场。其中一个机制是恰好在竞争对手之前安排服务。恰好在竞争对手之前安排服务能够保证你得到更多的市场需求[29]。在近期，这种方式的掠夺行为连同更标准的掠夺定价在英国的大巴产业中时有发生[30]。值得注意

[29]　一个更具有侵略性的通过时序安排来进行掠夺的方法是，恰好在竞争对手之前和之后均安排服务。这样就可以确保任何出现并寻找来自竞争对手的下一班服务的人，不必等太长时间就可以等到你的服务。这使得在不必中转时更容易出售往返票。

[30]　详见英国公平贸易局研究报告。《大巴产业管制的有效性》《The Effectiveness of Undertakings in the Bus Industry》，国家经济学研究协会撰写，该报告着重于公平贸易局和垄断并购委员会对各种英国当地汽车市场9份调查。关于一个最近英国案例见切斯特城委员会和爱瑞发案（Chester City Council v Arriva）［2007］EWHC 1373（Ch）。切斯特城委员会控告爱瑞发认为"使切斯特的公交车服务大量亏损"。爱瑞发在法庭上获胜。

的是这种方式的掠夺行为即使在短期内也不会给消费者带来收益。实际上所有的消费者对出发时间都只有较少的选择，然而不知道时间表的消费者会面临较长的平均等待期。为了验证这一点，假设有两家汽车公司，汽车 A 和汽车 B，而且他们都是一小时提供两次服务。这意味着每 15 分钟就应该有一次服务，并且对于那些不知道时间表的消费者而言，平均等待时间应该是 7.5 分钟，最长等待时间是 15 分钟。

然而，假设汽车 A 现在在汽车 B 前一分钟运行服务。现在平均等待时间仅有 14 分钟，最长等待时间为 29 分钟。

另一个通过时序安排来掠夺的机制是，安排更多的服务来应对行业进入，这样新的进入者就不能通过运行服务来获得利润。"覆盖"一条路线来应对行业进入通常将会是没有利润的，因为载客率（每辆公交车的乘客数量）下降了。这将会导致在位企业决定故意放弃利润来驱除竞争对手。

（二）过剩产能

另一个可能的掠夺形式是通过过剩产能来掠夺。这里的观点就是过剩产能降低了增加产量的边际成本，从而降低了通过增加产量来积极应对行业进入的成本。成本的降低让进入后掠夺性的产量增加更便宜，因此更可能实现。通过观察过剩产能，潜在的进入者认为进入该行业将会遇到十分强烈的冲击从而决定不进入该领域。

过剩产能与掠夺行为的声誉相结合可能是一个非常有效的阻止进入的形式。

（三）品牌扩散

进入阻碍也可以表现为引进大量的不同产品品牌。美国联邦贸易委员会认为，凯洛格（kellogg）、通用磨坊和通用食品公司从事了这种类型的掠夺行为，他们在 20 年间引进了大约 150 种新早餐谷物品牌[20]。这种行为

_____

[20]　详见 Schmalensee（1978）。接下来的讨论很大程度上依据这篇文章。

被认为是掠夺性的，因为它将产品空间都堆积满了，使得其他企业没有产品空间来引进新品牌。这种观点在直觉上是很有吸引力的。如果在位企业已经引进了许多细微差异化的品牌到市场中，那么潜在的行业进入者可能没有新品牌可以引进，因为将不会有足够高的需求量使得进入该行业有利可图。在相对严格的假设下，如果在市场上的品牌数量稍多于市场在理论上能承受的品牌数量的一半，市场进入就会受到阻碍。

在评估品牌扩散阻止进入的可能性时，评估在位者企业品牌的市场定位要固定到何种程度是很重要的。如果在位企业希望阻止市场进入，如果他们做某种承诺活动，使对他们的品牌重置更加昂贵，那么他们的对应策略可能会更可靠。否则，他们选择通过重置他们的品牌来接纳新的进入者。其中承诺策略一个可能形式就是大量地做广告，这样，该品牌就与特定的形象联系在一起。从而使得重置品牌变得非常困难。当然，还有另外一个方法能让在位者的策略值得信赖，那就是获得不用重置品牌来应对进入者的名声，即使重置品牌可能是最好的短期对抗进入者的方法。

六、高新技术产业中的掠夺行为[㉒]

掠夺行为在高新技术产业显得尤为重要，但是与此同时，对掠夺行为的检测可能十分困难。

第一点值得注意的是，非价格掠夺在许多高新技术产业中可能是非常重要的。为了让产品成功运行，许多的接口和相关性是十分关键的，这意味着通过拒绝让一个公司获得关于新平台特性或者关键接口的信息，处于支配地位的企业就能在不依靠任何价格掠夺的情况下有效地扼止竞争。例如，一个生产平台软件（如计算机操作系统）的软件公司，可以通过拒绝对手接触到为这个平台编写软件的必要信息，并在这个平台上运行来达到在关联软件市场上排除对手的目的[㉓]。这种指控就是2004年微软被认定为

[㉒] 该部分问题的进一步讨论见 Lind et al. (2002)。

[㉓] 该情况的进一步讨论见后面的段落，这种情况下拒绝提供可能构成滥用行为。

两宗滥用罪之一的核心指控㉔。微软公司被定为有罪，是因为其拒绝为发展工作组服务器操作系统产品的公司提供交互操作的信息，这样就阻碍了这些公司与微软公司竞争的能力从而损害了消费者。委员会写道：

"微软公司的拒绝限制了技术的发展，有损于消费者权益，尤其与第102 条 b 款相矛盾。如果竞争者获得了这些被拒绝分享的信息，他们将能够为消费者提供新的更好的产品。而且市场证据显示消费者重视产品特性例，如安全性和可靠性，尽管由于微软公司的互操作性的优势，这些特性被降至次级的地位。微软公司拒绝分享信息间接地损害了消费者。"㉕

值得注意的是，这种类型的掠夺行为即使在短时期内也不会给消费者带来收益，因为这不同于标准的价格掠夺行为，这种掠夺没有低价格的时期。在高新技术产业连同掠夺一起出现的另一个难题是，他们的成本结构意味着对掠夺行为基于成本的检测对未覆盖的掠夺定价是不合适的。许多高新技术产业具有非常高的固定成本和非常低的可变成本（例如软件、药品和通讯）的特征。这意味着公司如果想存活下来就需要赚取高于边际成本的大量利润。那么对定价降低到可变成本的掠夺行为的检测就不是对掠夺行为好的检测，因为这将潜在地允许掠夺行为未加抑制地发生。一般而言，考虑到知识产权，基于成本的掠夺行为检测是不适用的。在这种情况下，着重于增量利润就更好。

高新技术产业经常以"赢家通吃"的竞争类型为特色。当只有一个标准胜出（例如微软公司生产的窗口操作系统）或者是只有一家企业能在专利竞赛中获胜的情况下，就会出现这种情况。在这样的市场上，竞争为市场而出现，并且市场的均衡将会是只有一个支配地位企业，而这个支配地位企业很可能具有高额利润且会面临没有竞争者或是只有少数边缘企业竞争的情况。在这样的市场上，成为赢家的竞争是很极端的，而且每家企业

㉔　Microsoft（COMP/C-3/37.792）(2004).

㉕　Microsoft（COMP/C-3/37.792）(2004) 第 18 段。

的竞争策略就是为了排除其他企业，因为只有这样才能成为赢家。同样，在这样的市场上我们经常在竞争阶段看到非常低的"渗透定价"。所以企业经常将价格定的低于可变成本来达到排除对手的目的。但是将这种行为视为掠夺行为通常是错误的：这是这种类型的市场条件下的竞争本质的一部分。

这种方式导致一些评论家认为在"新经济时代"监管干预企业的定价行为从来都不是合乎情理的[⑳]：

"尽管新经济时代下的企业在创新比赛中符合 AKZO 标准（即，他们定的价格低于平均总成本并且意图排除他们的竞争对手）是事实，但是对滥用支配地位的调查和委员会在这种情况下的干预将是不必要的、有害的并且无用的。干预是不必要的，因为许多新经济市场尽管高度集中，但是十分有竞争性：竞争只不过是采用了和旧产业竞争不同的形式而已。干预是有害的，因为任何干预都可能限制新经济企业之间的竞争并且减缓创新竞赛。干预也是无用的，因为最终的市场结构（即，不牢固的垄断）不是存留下来的企业行为产生的结果（虽然存留下来企业的特征很可能是），而是成本结构和这个产业特有的网络效应造成的结果。然而，这也并不意味着就像一些人认为的那样，"新经济"产业中企业的定价行为干预从来都不是正当合理的。值得注意的是，在"赢家通吃"市场中，企业可能只在短期内从事于掠夺行为，然而对具有强大的网络效应的市场来说，会对其最终竞争结果带来显著影响。在这种市场下，一个小的初始引导可能会像滚雪球一样形成胜利形势，那么竞争机构对这部分进行干预就是合理的，可以确保竞争朝着良性的方向发展。然而，这种理论所要求的任何极端的声明都需要依据事实来谨慎检验。

[⑳] Ahlborn et al. （2001）.

第十节　拒绝供应：关键设施及利润挤压

作为一般原则，一家企业无论市场地位如何，都拥有自由选择贸易伙伴和自由处理其财产的权利。背离这个基本的财产权利原则，会破坏企业投资和创新的动机，结果对竞争造成负面影响，从而影响消费者。[267]然而，干预企业行使财产权的权利，在特殊情况下可能是合理的，如一个处于支配地位的企业也参与下游市场的竞争，并且拒绝给下游市场中的竞争企业供应产品。[268]除了彻底拒绝供应产品，一个支配地位企业也可以向下游企业设定价格，导致即使有效竞争者也无法在下游市场的竞争中获利。[269]我们首先考虑与拒绝供给相关的经济问题和法律案例，然后再考虑利润挤压。

一、关键设施理论的基本经济学

很多有关拒绝供给的案例法都出现在关键设施理论的分析框架下。[270]关键设施理论一词源于对美国反垄断判例法的评论。在这种情况下，关键设施或者瓶颈设施的持有者被要求以合理的价格提供该设施。[271] 例如竞争机构或监管机构可能会要求竞争对手被授权进入电信网络并设立这种授权进入的相关条款。关键设施这个概念的引入，对于委员会在网络产业如电信、石油、电力及交通实行的放宽项目具有重要意义。但是，这个理论也被一些通常不被认为是自然垄断的其他行业采用，那些行业包括报纸发行，港口设施和营销数据。

这种由于拒绝关键设施的交易而引发的竞争问题，通常如下所示：

---

[267]　第 102 条指南，第 74 段。

[268]　拒绝向已有的或新的客户供给，详见 See for example, refusal to supply products to existing or new customers. Istituto Che-mioterapico Italiano and Commercial Solvents v Commission（6/73 & 7/73）[1974] E. C. R. 223；[1974] 1 C. M. L. R. 309。

[269]　《第 102 条指南》第 79 段。

[270]　详见委员会 1997 年关于应用竞争条例评估电信运营商之间缔结的协议的通告。

[271]　我们在后面的段落中讨论什么是"合理的"价格。

一家企业活跃在两种相关活动（即垂直一体化）的供应中，而这两者共同构成了终端消费者购买产品的组成部分。这两者通常被称为上游及下游的活动。这种潜在的竞争问题往往如下所示：一家企业活跃于上游和下游，却拒绝向那些只活跃于上游或下游的企业提供设施或服务。图 6.8 说明了这种情况，为了 B 能够最后供应给消费者，B 要求获取 A 控制的下游资产。

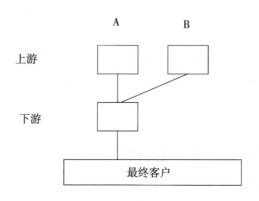

图 6.8   下游瓶颈的例子

在图 6.8 中，当 B 要求获取 A 的下游设施但 A 拒绝提供时，就会产生潜在的法律问题，问题就变成了竞争机构是否应该坚持要求 A 提供设施。

那种认为"拒绝供应是反竞争的"基本论据源于这样一种观点——拒绝供应会导致第三方企业无法进入市场从而弱化了市场竞争。这种观点引发了两个问题。第一，应该确定第三方要求得到某种产品或服务的原因。单单说明拒绝供应阻止了企业参与竞争或者这种被拒绝供给的产品构成了某种关键设施，是远远不够的。事实上，委员会在 Sealink 中提出了关键设施的定义证明了这些困难。委员会把关键设施定义为"一旦无法获取就会导致竞争者不能向消费者提供服务的一种设施或基础设施"。

但这样的定义引发了一系列问题。例如，竞争者真的不可能通过自己的努力不管花费多少成本来复制该设施吗？或者复制该设施对于竞争者而言真的完全没有商业吸引力吗？前一种理解可能是把关键设施的概念局限于这样的情况——复制设施存在不可逾越的障碍，如法律禁止。这看起来很极端而且可能存在无效率复制资产的风险。但后一种定义可能是指那些竞争者不方便复制的资产为关键设施。如此一来，关键设施理论往往适用于那些现有企业比其竞争者更有效率的情况。

既然关键设施的概念和产权的概念是相背的，那么我们有必要找到一种方法，可以区分仅仅涉及合法产权的拒绝授权与危害竞争者及消费者的拒绝授权。因此，拒绝供给以及关键设施理论的问题必须严格检验以及限制使用于适当的条件，而不是仅仅提供广泛的法律干预而可能损害投资动机。识别那些拒绝供给导致反竞争的特殊情况，需要仔细分析那些使一家企业反竞争地阻碍其他企业经济活动的市场特点。㉒

任何公司，即使是处于支配地位的公司，也有通过所有合法途径来竞争的权利。因此，即使是一个支配地位企业，也有权利保留和最大化利用其合法获取的竞争优势，尽管其竞争对手没有相似的优势或者实际上也不太可能得到它们。

合法竞争通常包括获得及保留排他性的资源，例如专利和物理设施等可以赋予竞争优势的资源。企业从该投资中获得的收益，尤其是初始投资风险很高，对于对企业早期的投资给出正确的激励有非常重要的意义。没有这种收益，很多经济有效的投资都不会产生。通过强制获取要求来征用部分或全部这些收益，可能会减少这种投资并对动态效率产生严重的负面影响。正如委员会在《第 102 条指南》中所提到的，损害投资动机不仅影响支配地位企业本身，还有其竞争对手。㉓ 如果他们知道可以得到支配地位企业的资产，竞争对手的投资动机就会减少。

第二，检验拒绝供给如何弱化竞争是很有必要的。拒绝供给弱化竞

㉒ 尽管有很多涉及拒绝交易和关键设施的案例，但它们几乎不能给这些中心问题提供任何指引。阿里达（Areeda）(1990) 在他的美国关键设施案例评论中对关键设施理论描述如下："你找不到任何案例可以为该理论提供一个不变的原则，来探索社会成本和收益或者要求资产创造者和竞争对手分享资产的管理成本。比起理论它更像是一个称号，说明存在保留自我创造权的例外情况，却不告诉我们这些例外情况是什么。"

㉓ 第 102 条指南，第 75 段。

争及损害消费者仅会发生于下游市场尚不属于有效竞争的情况。一家企业因为被强制授权而遭受竞争劣势是不足够的。如何区分关键设施及非关键设施，关键在于拒绝交易对于竞争者及关联市场中消费者的影响。这就需要逐案分析，仅仅以一个关键设施的标签来代替那种分析方法是不充分的。

　　关于拒绝供给以及关键设施的问题已经引起了很多关注。长期以来，市场封锁被视为是具有特殊性的，因此这些案例中的纵向关联受到了相当详细的审查。对这种观点相反的看法来自于芝加哥学派。芝加哥学派认为只有一个垄断利润。垄断者在一个生产环节中可以充分掠夺垄断利润而不用去排除下游市场中的有效竞争者（参考第 5 章关于芝加哥争论的详细讨论）。

　　芝加哥理论可以用以下通信例子来说明。假设有三个城镇 A，B，C。电信运营商 X 和 Y 共同竞争 A 和 B 之间的通信服务，但 X 拥有 B 和 C 之间的通信网络，因此可能妨碍了 Y 提供从 A 到 C 的服务。X 能不能通过拒绝向 Y 提供基础设施来增加自身利润呢？这个例子中的答案是不，以下是原因。

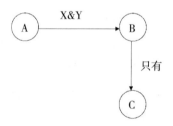

图 6.9　潜在瓶颈的说明

　　生产链中一个联系点的垄断者——在此 B 和 C 之间的网络是 A 到 C 之间服务的一个关键投入——通过设定接入收费，可以完全利用垄断力量，从而可以从 B 和 C 之间的网络收回垄断租金。在这个例子中，X 可以通过其在 BC 之间网络的市场力量要求分享 Y 大部分的收益来获得垄断利润。但是在过程中，Y 并没有被市场排除（假设它和 X 一样有效率）。

假设 AC 之间一次通话的最大收费额为 2 欧元。任何较高的收费都会导致消费者转向其他通讯方式。假设 AB 之间和 BC 之间承载一个通话的边际成本都是 0.5 欧元。如果 X 来运营那么它获得的利润就是 1 欧元。这是由 2 欧元收入减去 1 欧元成本所得到的。但是 X 也可以通过允许 Y 接入 BC 之间的网络并向 Y 收取 1.5 欧元来获得一样的利润。在这种情况下，Y 并没有被封锁在外。X 获得 1.5 欧元收入并产生了 0.5 欧元的成本费用，剩余利润为 1 欧元。而 Y 获取的收益也足以覆盖其 2 欧元的成本（付给 X 的 1.5 欧元加上 AB 之间的 0.5 欧元成本）。除非在提供 AB 之间服务方面 Y 不如 X 有效率，否则 Y 不会被排除在市场之外。这不会成为一个竞争法律问题：第 102 条认为支配地位企业不该被强制要求支持无效率的竞争者。

这种分析引起的一个问题是为什么在对企业利益没有影响的情况下，企业会拒绝提供。一种解释是对于这种服务的供给来说，垄断者是受限于价格管制的（在这里是 B 和 C 直线的网络），因此希望将垄断利润转嫁至不受管制的 AB 市场。在这种情况下，X 可以拒绝向 Y 提供基础设施。在《第 102 条指南》中，委员会承认了这种可能性，我们将在下文中陈述。[274]

"拒绝供给可能会使消费者蒙受损失。在上游市场的投入被管制，而下游市场的价格未被管制时，支配地位企业通过拒绝供给来排除下游市场的竞争者，能够在未管制的下游市场上获得比起其他方式更多利润。"

此外，特别在一些具有网络特征的行业，市场封锁可能会提供一种更不透明的方法，通过这种方法企业可以获得垄断租金，从而降低被竞争机构发现的可能性。在网络产业中，边际成本通常远低于平均成本，因而企业收取的价格一定要获取垄断租金，这价格将会非常高，这样可能会导致竞争机构的审查。另一方面，市场封锁却通过一个更加不透明的方法取得相同的效果。[275]

---

[274] 《第 102 条指南》，第 88 段。

[275] 卡尔顿（Carlton）and 克莱姆（Klamer）(1983)，详见参考文献。

另一个可能拒绝供给的原因是，拒绝供给可能会形成从一个市场到另一个市场延伸或者保护垄断地位的战略的一部分。比如在微软案中（下面有更详细的分析），委员会认为微软拒绝提供互操作性信息的目的是将微软的市场力量从电脑操作系统延伸至相关的工作组服务器市场上。[226]

一项资产在其被认为是关键设施时应当先满足五种主要的经济条件。第一，其他企业无法复制这项资产或者至少复制是不经济的，而不仅仅是具有支配地位的企业因自用而持有这项资产就让其拥有竞争优势。[227] 我们这里是指，其他的企业不可能开发出一种类似的设施，能以更低的成本并以竞争价格给下游企业提供产品或者服务。在 Oscar Bronner 一案里，欧洲法院认为，设施之所以被认为是关键设施，最关键的条件是，新进入者不可能创造第二个这样的资产，即使新进入者以与在位企业相同的规模方式进行运营。[228] 如果复制这项资产是可行的，并且有利可图，那么希望在相关市场上进行竞争的企业应该去投资这样的资产。通过授权去获取其他企业不应该轻易采取的资产，如果这种授权获取资产被广泛运用，企业将会失去其风险投资的动力，因为他们可以对其他企业的投资"搭便车"。比起自己进行风险投资，企业会更愿意去使用其他竞争者的关键设施。但是正如 Oscar Bronner 案中的总法律顾问记载道，这将会对竞争的动态激励效应有着不利影响：

"如果让获取生产、采购和分销设施十分容易，那么竞争者将没有动力去开发有竞争力的设施。这样虽然短期内竞争会更加激烈，但是长期竞争将会减少。而且处于支配地位的企业在其竞争者在上述条件下能够分享收益的情况下，对有效设施投资的动机将会减弱。"

第二，应该不存在以合理成本进入相关市场的替代手段。如果有进入市场的其他替代方法，那么授权获取资产对于保护竞争而言就变得不必要

---

[226] 关于捆绑销售以及潜在损害理论的详细讨论见本章之前段落。
[227] 详见总法律顾问在 Oscar Bronnor 案中的主张，第 57 页。
[228] Oscar Bronner 案（C-7/97），第 45—46 页。

了。授权获取是一项需要慎重采取的手段，如果对保护竞争的作用不大，那么就不应采取这样的手段。

第三，所提及的资产必须闲置产能。除非能明确地大幅度地提高下游市场的竞争水平，否则就不能借用关键设施原理。如果所提及的资产没有闲置产能，那么授权获取并不能提高市场竞争水平。新进入者使用资产而销售的产品，仅仅是取代了资产拥有者之前所销售的产品。这就意味着产品总供给根本没有提高，并且价格也并不会下降。因此，这将不会提高市场竞争的水平。㉙

第四，下游市场必须缺乏有效竞争，并且我们可以合理地预测，授权获取资产将会大幅度地提高下游市场的竞争水平。正如上述所言，如果下游市场竞争已经是有效的，那么拒绝供给将不会使消费者蒙受损失，因此授权获取也无意义可言。同样地，如果我们不能确信授权获取将会大幅提高下游市场的竞争水平，而使得对消费者的收益大于授权获取资产相关的成本，那么即使在下游市场缺乏竞争的情况下，这种获取也不应当被授权。㉚

第五，资产所有者必须和新进入者希望竞争的市场在同一个相关市场。这不止是一个附加条件，而且是一个现实的情况。如果新进入者不希望与资产所有者直接竞争，那么资产所有者也就没有动力去对"准备支付合理授权费用的新进入者"拒绝供给。如果不能说明拒绝供给阻碍竞争，那么就不应该授权获取资产。另外还有很多完全合法的拒绝供给的原因，例如对新进入者信贷可靠性的考虑，或者是其闲置产能的缺乏。

有趣的是，关键设施问题的争论和一些由搭售与捆绑而产生的问题十

㉙　反对这一条件的理由可能是新进入企业的下游产品质量可能比在位企业的要好，那么由它来供应产品的话会收益更多。从经济学理论的角度来讲，这个观点有着明显的价值。然而，从实际竞争策略来讲，如果委员会或任何竞争机构就竞争对手产品质量的可能性事先做判断，然后用这些判断不仅来授权使用，而且在要求支配企业减少下游产量时也授权的话，我们认为这是非常危险的。这不是通常适合竞争机构采用的微管理类型。

㉚　案例法要求更深入地探讨，在没有授权进入的情况下，所有在下游市场的竞争都会被排除（如 Bronner judgment（C-7/97））。然而，《第 102 条指南》说明重要的是排除"有效竞争"，而不是所有的竞争。

分类似。在涉及潜在竞争的问题上，一种产品中的市场力量，可以用于排斥对手。同样地，搭售与捆绑问题的分析也需要建立在逐案分析的基础上，以了解某个特定的行为正在损害或者可能有害于消费者。而对关键设施问题的分析也需这么做。

《第102条指南》与上文的分析一致。在第81段中，委员会指出，当下列三个条件都满足时，拒绝供给将会引起担忧：

● 拒绝供给与这样的产品或服务有关，即这种产品或服务是企业能够有效参与下游市场竞争而客观必要的；
● 这种拒绝供给可能会导致排除下游市场的有效竞争；
● 这种拒绝供给可能会使消费者蒙受损失。

二、授权获取意味着复杂的价格管制

即使在那些少有的案件中能够认定关键设施，也会引发更深层次的问题，那就是在什么条件下可以授权获取。实际上，授权获取必定要包含一些复杂的价格管制，因为仅仅授权获取并不完备。没有价格管制，关键设施拥有者可以通过要求超高的授权价格从而有效拒绝授权。

不可否认，理论能够预测到，上游的垄断者会以合适的价格让下游竞争者获取资产，该价格足以使得其获取上游垄断利润，这和我们在第5章关于上游垄断者对下游零售商实施纵向约束的讨论十分相似。[28]

因此，如果授权获取的目的是给消费者带来更低的价格，那么它就需要与一些其他条件一起考虑。一个常见的条件是，关键设施的所有者必须以其供给自己的下游部门相同的价格，对下游竞争对手进行供给。但是这并没有避免上游垄断者以垄断水平定价，它会向其自己的下游部门和其竞争对手提供同样的垄断价格。就算它自己的下游部门毫无利益可言，它在

---

[28] 详见第五章。

上游依然可获取垄断利润。[202]

在这些讨论中，不可避免的结论是对关键设备的授权获取需要结合价格监管。案例法已经默认地接受了这点，案例法认为应以非歧视而且"合理的"条件进行供给。[203] 但是，"合理"的价格必须和相关的基准相比较，才能称之为合理。在案例法中这种合理如何被计算并未详细描述。[204] 监督机构经常以某些成本为基础来计算，但是这存在着许多困难。第一，与计算成本相关的信息难度非常大，这也是我们通常把这个留给特定行业监管者来做的原因。第二，成本囊括哪些类型也存在困难（如总成本、可变成本，边际成本或者一些其他度量方法）。第三，当在位企业承受着巨大的风险对资产进行初始投资时，以成本价进行授权可能严重破坏投资的动力。对于获取价格需要规制，而不仅仅是授权，实践中遇到的一些困难强调了为什么关键设施原理应当有节制的使用。我们同意美国最高法院在 Trinko 的观点：

"强迫［有着独特设施的企业］分享优势资源与反垄断法的潜在目的有所矛盾，因为它可能会降低垄断者或其对手、或两者投资那些经济上有效益设施的动机。强制共享同时也要求反垄断法庭担任中央规划者，确认出合理的价格、数量以及其他交易因素。而这种工作恰恰是他们无法胜任的。"[205]

---

[202]　这种补救方法有吸引人的一方面。如果补救措施是：价格应该非歧视性而且必须允许上游垄断企业的下游部门至少要收回成本（也就是不能造成损失），那么比下游在位企业更高效的新进入企业就可以获取正收益。再者，垄断企业的下游部门应能够缩减其价格，这样的低价对消费者而言是好的，还能促使垄断企业下游部门变得更高效。所以，这种补救方法具有鼓励下游有效进入的效果。

[203]　在 Sealink 一案中，委员会称，使用价格应该是"公平的和非歧视的"，而且无需就定价方面给予任何指导。

[204]　英国的公平贸易局指出它"希望竞争者们能够以实惠价获得使用权"，但是并没有提到这些价格该如何计算，公平贸易局 414 号文件 1999 年版，《个体协议及行为的评估》，第 7.5 段。

[205]　540 US 396（2004）第 407 段。

三、关于拒绝供给和关键设施的判例法

Commercial Solvents[29] 公司案是这方面的主要案例。在这个案例中，欧洲法院裁定该公司在用于制造某种化学产品的原材料生产方面拥有市场支配地位，因为该公司具有全球垄断地位。该公司拒绝向一个行业下游的竞争者提供原材料，因此，欧洲法院裁定该公司滥用其市场支配地位，陈述如下：

"在原材料市场中拥有支配地位，并旨在将此原材料用于自己生产产品的企业，拒绝向一个同是生产这些产品的生产商客户提供原材料，前者借此消除了后者带来的所有竞争风险。根据第 102 条，该企业是滥用了其市场支配地位。"

B&I Line Plc 对 Sealink[30]案是委员会首次在其中使用术语"关键设施"的第一个案件。该案件的审查决定明显是基于 Commercial Solvents 公司案的判决。Sealink 公司既是汽车渡轮运营商又是 Holyhead 码头的拥有者。B&I 公司是另一个渡轮运营商，在威尔士和爱尔兰之间的渡轮业务中，B&I 公司使用 Holyhead 码头来与 Sealink 公司竞争。问题在于分配给 B&I 公司渡轮停泊的位置。码头的结构使得 B&I 公司的渡轮在 Sealink 公司的渡轮进入或离开码头时，都必须停止其乘客登船或离船。当 Sealink 公司更改了它的渡轮时刻表，B&I 公司因此更常受到影响时，问题就产生了。尽管 Sealink 公司更改渡轮时刻表对其乘客而言是一种完善服务的表现，但是鉴于 Sealink 公司是在利用它在关键设施——码头的供给中利用其垄断地位来消除竞争，委员会认为定其对 B&I 公司的不良影响构成了"滥用市场支配地位"。

---

[29] Instituto Chemioterapico Italiano Spa and Commercial Solvents Corp v Commission（6 & 7/73）[1974] E. C. R. 223；[1974] 1 C. M. L. R. 309.

[30] B&I Line Plc v Sealink Harbours Ltd and Sealink Stena Ltd（IV/34.174）[1992] 5 C. M. L. R. 255.

"为了加强其在另一个关联市场的市场地位，尤其是同意其竞争者以比自身苛刻的条件进入该关联市场。"[288]

这个案例比较遗憾的一点是没有关注到对消费者的损害。委员会指出[289]：

"一个支配地位企业拥有或控制关键设施而且自身也使用关键设施的……以及拒绝其竞争者使用关键设施……从而使其竞争者处于竞争劣势的，违反了第102条。"

相比起其对竞争的损害，委员会更关注其对竞争者的损害。正如我们已在以上多次提及的那样，这是一个错误的竞争政策，因此，委员会（而不是法院）在《第102条指南》中已经认可需要关注对消费者的损害，而这是一个可喜的发展。再者，比较有意思的一点是，在委员会判决三年后，在相关的 Sea Containers 对 Sealink 案例里，委员会也认为 Holyhead 码头是关键设施，而 Sea Containers 公司没有选择从所谓的关键设施——Holyhead 码头去开展服务，相反，它开始从另一个码头（利物浦）竞争到爱尔兰的服务。

另一个重要的关键设施案例是 Magill 案。[290] 这个案例重点在于知识产权（IP）。对拒绝交易行为进行经济分析是很有必要的，在涉及知识产权的案件里尤其如此。[291] 正是在这些涉及知识产权的案件里关键设施理论最容易被滥用。知识产权滥用的空间源自知识产权是排他性权利这样的事实。对于竞争者来说知识产权在竞争中是至关重要的，这是一种容易的但通常是错误的判断。但在判断时一定要十分谨慎，因而要对市场做一个详

---

[288] B&I Line Plc v Sealink.

[289] B&I Line Plc v Sealink.

[290] Magill-Radio Telefio Eirann（RTE）v Commission（C-241 & 242/91P）[1995] E. C. R. 743；[1995] 4 C. M. L. R. 178.

[291] 读者可在里亚德（Ridyard）（1996）找到相关经济问题的详细阐述，更多新近的措施，详见 Melamed, Stoeppelwerth 和 Blank（2008），和 Hovenkamp, Janis 和 Lemley（2006）。

尽的分析。

在 Magill 一案里，㉒ 委员会、欧洲初审法院以及最后欧洲法院裁定电视节目单是一种关键设施，Independent Television Publications Ltd 公司和 BBC 公司应有义务许可给其他杂志出版商。如果将电视节目单视为关键设施是合理的，那么要清楚了解这些知识产权的特别之处，以将它们与知识产权的正确处理区分开来。若没能够区分，就会使得竞争法对所有知识产权的干预合法化。

事实给出了答案：电视节目单仅仅是电视广播的副产品，而不是他们自己的创举。对出版商而言，在没有进入电视市场之前不可能形成竞争节目单（即使这是可能的）。而且，这种许可义务对于激励生成节目单没有任何影响。不管这些广播公司是否受到节目单竞争的保护，电视节目单的制作仍将一样，因为这些公司的收入主要依靠电视节目的制作，而电视节目是不会受到节目单竞争影响的。但是这对于大多数其他经济上有用的知识产权来说，情况并非如此。㉓

在 Oscar Bronner㉔ 案中，因关键设施引起问题的案例法与经济学思考就更接近一致了。㉕ 这个案件涉及一份日报的出版商（Bronner），Bronner 公司想要使用 Mediaprint 公司拥有的全国范围的家庭发行系统，而 Mediaprint 公司是一个强大的竞争者。欧洲法院认为该发行系统并不是关键设施。第一，法院认为 Bronner 公司还有其他方式来发行报纸（如该公司已经使用着的方式），所以发行方式对 Bronner 参与竞争而言并不是关键设施。第二，很难证明 Mediaprint 公司拥有的家庭发行系统是不可复制的，而且至少 Bronner 公司要证明以 Mediaprint 公司的规模来建立自己的发行系统在经济上是不可行的。Bronner 公司无法证明这点。根据总法律顾问

㉒　Magill-Radio Telefio Eirann（RTE）v Commission（C-241 & 242/91P）[1995] E. C. R. 743；[1995] 4 C. M. L. R. 178.

㉓　在 Bronner 一案中值得一提的是，欧洲法院说在 [40] 里指出，Magill 公司含有"例外情况"，因此建议不应该将之解释为在知识产权市场里关键设施的滥用。

㉔　（C-7/97）[1998] E. C. R. I-7791；[1999] 4 C. M. L. R. 112.

㉕　关于该判决的相关讨论请详见 Bishop 和 Ridyard（1999）。

Jacobs 的观点，㉖ 他强调如果资产过于频繁地被认定是关键设施，那么对投资激励就会有损害㉗：

"就消费者的利益而言，允许一家企业将旨在发展自身业务的设施留为己用，这从长期来讲通常是促进竞争的。例如，如果进入生产、购买或分销设施太容易，那么对于一位竞争者而言，他就会失去动力去建立有竞争力的设施。因此，尽管短期内竞争会加强，但是从长期来看，竞争会减少。而且，如果竞争者依要求能够分享收益，那么一个行业的支配地位企业投资高效设施的动机就会减少。"

欧洲法庭总顾问 Jacobs 也强调关注（这些滥用市场支配地位行为）对竞争而不是竞争者损害的重要性㉘：

"第102条最初订立的目的是防止竞争扭曲，尤其是要保护消费者的利益，而不是保护个别竞争者的市场地位，不要忽略了这一点，这很重要。"

在 IMS 一案中临时措施的决定中，委员会认为，作为德国制药业地区销售数据服务提供商的 IMS Health 公司滥用了其市场支配地位，因为该公司拒绝许可同是提供此类服务的竞争对手 NDC 公司使用其"1860 砖结构"。㉙ 地区销售报告的数据采集于各大制药批发商，然后再交由报告提供商（如 IMS 公司、NDC 公司、AzyX 公司）。由批发商提供的数据按预先设定好的结构进行分解。IMS 公司的结构——1860 砖体结构许可只是给批发商用来报告他们的数据而非作为其他用途。制药公司使用地区数据服务来建立其销售区域，为了给其销售代表制定和实施激励计划以及获得市场发

㉖　总法律顾问 Jacobs 的主张，1998 年 5 月 28 日，Oscar Bronner 对 Mediaprint 案。
㉗　总法律顾问 Jacobs 的主张，同上，第 57 段。
㉘　总法律顾问 Jacobs 的主张，同上，第 58 段。
㉙　NDC Health/IMS Health：临时措施（COMP D3/38.044），2001 年 7 月，该裁决被初审法院推翻。IMS Health v Commission（T-184/01）。

展的资讯（比如，其产品市场份额的改变）。地区销售数据是使用砖体结构来报告的，因此，砖体结构对制药公司而言非常重要。

　　NDC 公司和另一位竞争者 AzyX 公司共同于 1999 年进入德国市场，他们也提供地区销售报告，而这些报告可合成为 1860 砖体结构。然而，根据之前在德国法院审判过的一个版权案件，IMS 公司获得裁决——阻止 NDC 公司，接着是 AzyX 公司使用其 1860 砖体结构。NDC 公司称，如果没有对 1860 砖体结构的许可，其无法在德国的制药业地区销售数据服务中进行竞争。

　　委员会的裁决指出，根据第 102 条，确认滥用的标准在某些情况下与知识产权的行使有关，考虑到 Oscar Bronner 案，标准如下：[300]

- "拒绝使用关键设施的行为可能会消除其相关市场的所有竞争；
- 此拒绝行为没有正当理由；
- 该设施本身在进行商业活动中不可或缺，因为这种设施没有实际或潜在的替代品存在。"

　　在评定过程中，委员会重点分析 IMS 公司的竞争对手使用不侵犯 IMS 公司 1860 砖体结构版权的另一种砖体结构，在德国提供地区销售数据服务是否存在现实可能性。委员会称，回答这个问题的关键在于，客户们是否把用另一种结构出售的地区销售数据作为一种有效的替代性选择。委员会认为，事实并非如此，部分原因是 1860 砖体结构有着作为行业标准的功能，而客户们需要一定的时间来比较这两种不同结构所提供的数据。而且，尽管一些客户可以对用其他结构提供的数据进行改进，但是从时间和开支的角度来看，成本都非常高。[301] 因此，委员会裁定 IMS 公司拒绝许可其 1860 砖体结构的行为会对公共利益带来严重的、不可补救的损害，并且命令 IMS 公司非歧视性地许可 NDC 公司和 AzyX 公司使用其 1860 砖体结

---

[300]　NDC Health/IMS Health：临时措施（COMP D3/38.044），July 2001，第 70 段。
[301]　IMS at［118］-［123］.

构。[302] 不管委员会的决定是否正确，当要解决这个问题时，一方面要在做市场调查时注意区分市场中消费者的偏好，因为这有可能显示出消费者对在位企业产品的偏好；另一方面，要区分对于竞争者而言，打败现任优势是否可行。换句话说，也就是在命令 IMS 公司许可之前，仅仅确认 IMS 公司通过将其砖体结构留作己用而享有优势或者确认消费者当前偏好 1860 砖本结构是不够的。[303]

IMS 一案的裁定也说明了要找到一种有效的补救措施是很困难的：要授权使用（或在这个案例里是强制许可）是一回事，而规定授权使用的条件又是另一回事。IMS 公司就如何设定条件提出了几点意见。委员会仅规定：

"在任何 IMS 公司许可使用 1860 砖体结构的协议里，要确保所收取的费用是合理的以及收费不能超过一定的时间。"

该裁定规定了判定费用是否符合 IMS 公司以及要求授予许可一方要求的任务。在那些双方意见无法达成一致的情况下，费用要参考一个或多个独立专家的意见而设定。[304]

微软公司案[305]很好地说明了拒绝供给案件的两个重要方面。微软公司被认为在个人计算机操作系统市场上占有支配地位，而且由于其拒绝向其他竞争者提供 Windows 操作系统与非微软工作组服务器操作系统之间的互操作性信息而被认为 "滥用市场支配地位"。评定该拒绝行为是否引起真的竞争担忧的关键问题是，由微软公司提供的互操作性信息是否真的是必需具备的。尽管服务器能够与 Windows 系统的个人电脑一起工作是非常必要的，所以需要规定个人电脑与服务器之间的一些界面形式，但事实并没表明微软公司是该界面唯一可能的供应商。例如，这个案件存在争议：即

---

[302] IMS at［215］.

[303] 另一个很重要的因素是动态激励受强制使用影响的程度。

[304] IMS at［215］.

[305] Microsoft（COMP/37.792）（Commission Decision of March 24, 2004）.

使通信不如使用微软自身的代码效果好，服务器软件供应商本身也可能获得一定程度可行的互操作，即其服务器和 Windows 系统个人电脑之间的互操作。

这个案例也很好地解释了由拒绝提供关键设施的案件引起的一些有趣的问题。第一，微软公司称任何强制性的许可制度都会打击其投资积极性。而委员会认为，相关测试并不在于弄清是否强制使用会打击支配企业的投资积极性，而是要弄清是否这种行为会打击整个行业的投资积极性。强制性许可很可能会促使微软公司的竞争对手去投资工作组服务器产品。第二，这个案例阐明了价格规制的必要以及相应的困难。在裁决之后，微软公司与委员会就微软公司应许可互操作性信息的价格问题进行了长时间的讨论。讨论的焦点是微软公司是否正"合理以及非歧视"地提供信息。2008 年 2 月，委员会罚了微软公司 8.99 亿欧元，原因是其曾在 2006 年和 2007 年期间收取不合理的价格。

四、对关键设施的总结

关键设施类案件必须以事实为依据，尤其是要参考所涉特定案件的经济学基础。如 Temple Lang（1994）提到：

"在所有的这些案件中，为了促进竞争，竞争法可能会迫使关键设施的拥有者（具有市场支配地位）与其下游市场的竞争者合作。这些案件只能参考反垄断经济学的基本原理来解决。"

对有关拒绝交易影响进行经济分析的要求，有助于关键设施理论在真正产生竞争问题的少数行业中使用。对一个竞争机构而言，对那些投诉缺乏进入新市场渠道的公司进行积极回应总是很有吸引力的。而且在某些情况下，拒绝供给或提供关键设施的观点可能具有一些价值。然而，有必要记住竞争法的目的是要保护竞争而不是竞争者，在大部分情况下，对关键设施理论的盲目应用只会破坏用来巩固竞争过程的动态效率的动机。在有关关键设施的案件里，管制性干预带来坏处的风险非常高，因此，监管机构证明从任何干预中得到消费者福利的举证责任也相应地更大。

　　还有一点要记住的是，在那些罕见的情况下，如有正当理由要求企业提供使用他们的资产，那么有必要对其垄断性资产的使用条件加上价格规制，这是不可避免的。对这一点的认识说明了所提议干预的严肃性。

五、利润挤压

　　与拒绝供给紧密相关的一种行为是"利润挤压"。如我们较早前提到的那样，拒绝向一个行业下游的竞争者提供关键设施的一种方法是，对其收取相当于拒绝供给程度的高额费用。利润挤压是指一个支配企业以批发价格（假设这个价格是现行零售价）向其下游竞争者销售，而这个价格不足以使有效率的下游竞争者收回其成本。

　　图 6.10 可以详细说明。处于支配地位的上游企业向其下游部门以及一些下游竞争者提供关键设施。它向这些下游竞争者收取价格为 W。下游企业竞争的是最终客户。支配企业以价格 P 销售。假设由不同企业供应的产品本质上是相同的，支配地位企业的下游竞争者定价就无法高于 P。这意味着下游企业用每单位 P-W 的金额来支付其成本。当 P-W 比有效率的下游企业的成本低时，就会出现利润挤压，也就是说，这些企业如果不遭受损失就无法留在市场中。

　　一个很重要的问题是如何计算有效运营商的成本。标准的做法是使用"同样有效率的竞争者"测试。这意味着当 P-W 价格比支配企业下游部门的成本低时就会出现利润挤压。这里暂且不考虑与哪种成本概念有关，《第102 条指南》提到，委员会通常使用长期平均增量成本（LRAIC），这是合理的，尽管 LRAIC 是一个单位成本概念，如果固定成本是很大的，那么一家规模比支配企业小的、有效率的企业可能会有更高的长期平均增量成本。在这些情况下，竞争机构与监管者有时候会使用"合理有效的运营商"测试。在这个测试里，对于一个规模较小成本最小化的企业来说，相关成本就是其长期平均增量成本。原则上有一个连贯性的观点，也就是高效但次等规模的市场进入应受到保护，但是只有当进入者能够发展成有效

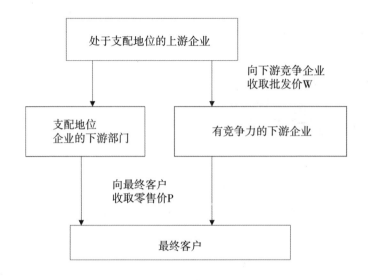

图 6.10　利润挤压

规模时才成立。一般而言，次等规模的进入不应该受到保护。

可以观察到 P-W 太小将难以让有效竞争者存活下去，这与 P 太小或 W 太大是一致的。因此，有时候利润挤压具有在零售层面进行掠夺性定价或者是在批发层面进行过高定价的特征。接下来我们要讨论的这两个案例很好地阐释了其中的差异。

然而，要证明一家支配企业滥用其市场支配地位的话，仅仅证明利润挤压是不够的。正如其他滥用那样，支配企业的行为必须有可能给消费者带来损害，也就是说，有一个损害的一致性理论很有必要。这个损害的一致性理论要证明，竞争性下游企业要有效竞争的话，支配企业提供关键设施是非常必要的。而且这理论也有必要证明排除下游竞争者将损害下游的有效竞争。

如果下游市场竞争是有效的，那么一家特定的企业被排斥应该不会损害消费者，除非能够证明该企业会提供新的产品或服务。

六、关于利润挤压的案例法

在欧洲，关于利润挤压最有名的两个案例是 Deutsche Telekom [306]和 Telefonica[307][308]。在 Deutsche Telekom（DT）案中，委员会认定 DT 在固定线路电话的零售市场构成了利润挤压。DT 积极地向零售客户销售电话服务，但是也向其他同样提供零售电话服务的公司提供批发服务。委员会发现，在 1998 年和 2001 年之间，DT 公司所收取的零售价格低于其批发价，这意味着竞争者们无法赢利性地与其零售价竞争。2002 年之后，DT 的零售价格高于其批发价格，但是还不足以支付 DT 公司本身的零售成本。这个案例中比较奇怪的一点是：DT 公司的零售价格以及批发价格都是被设定了的。批发价格是由德国的监管者来设定的，所以 DT 公司只能通过提高其零售价格来避免利润挤压。它需要获得监管者的批准才能如此做。

而在 Telefonica 一案里，利润挤压出现在住宅宽带市场。委员会认为，在 2001 年至 2006 年期间，Telefonica 公司的零售以及批发价格之间的差距不足以让一个像该公司一样有效率的运营商与之竞争。[309] 尽管这个案件也是发生在电信市场，但其与 DT 公司一案还是有较大的差别。在 Telefonica 一案里，委员会提到 Telefonica 公司的零售宽带价格在 15 个欧盟国家里是最高的。因此，在这个利润挤压案中，委员会发现问题在于零售价格太高了。这应该与 DT 公司正好相反，DT 公司的零售价格太低了。

七、对利润挤压的总结

一些适用于拒绝使用关键设施案件的评论也适用于利润挤压案件。降低对下游竞争企业的供给价格也会对投资积极性带来不利影响。而且，利润挤压案件要求对应该以哪种"适当"价格提供产品做出复杂和困难的判断。

---

[306] Deutsche Telekom AG（COMP/C-1/37.451, 37.578 and 37.579）（May 21, 2003）.

[307] Wanadoo Espana v Telefonica（COMP/38.784）（July 4, 2007）.

[308] Genzyme Ltd OFT Decision（2003）UKCLR 950 这一案也是一个支配企业被控压价。由英国公平交易委员会做的竞争性分析的评论可详见 Ridyard（2004）。

[309] 尽管这忽略了西班牙已有一个有竞争力的有线电视运营商。

第十一节　第 102 条对共同支配地位的阐述

欧洲法院对于 Compagnie Maritime Belge 案的审判证实了第 102 条适用于被认为具有共同支配地位的企业。[310] 原则上，在第 102 条情况下的共同支配地位的概念与经济学理论是一致的。如果支配地位是等同于"显著的市场力量"，那两家或多家企业不能共同拥有显著的市场力量是毫无理由的，即使他们单独不具有市场力量。构成共同支配地位需要一群企业，这些企业要符合以下条件：（a）没有遭受来自群外的其他企业的明显竞争约束；（b）这些企业能够采取一种相同行为模式，这种相同行为模式会降低他们之间的有效竞争。在这些情况下，价格有可能会上涨到高于竞争水平。因此，共同支配和默示协调的概念有着紧密的一致性。

然而，共同支配地位的概念引起了一些依据第 102 条调查而出现的实际问题，正如在第 7 章提到过的那样，实践中非常难区分与默示协调一致的但与竞争行为不一致的竞争行动。尽管寡头垄断市场行为的经济理论明确指出这些企业能够理解他们之间的相互依赖性，但是这并不意味着所有或者大多数这样的市场需要监管干预。的确，大多数市场结果和参与默示协调的企业一致，也与那些激烈竞争的企业一致。例如，经过一段时间后，价格的平行性会与那些彼此激烈竞争的企业完全一致。[311] 因此，在从理论可能性到政策禁令变化的过程中人们应该极其谨慎，在这一过程中，正常的市场行为成了受管制干预的行为。要构成一个有可能产生默示共谋可能性但又不能够排除其他竞争可能性的情况是非常容易的事。[312] 希望详

---

[310] Compagnie Maritime Belge NV v Commission （C－395/96 and C－396/96P）［2000］4 C. M. L. R. 1076.

[311] 正如在第 7 章讨论过的那样，非常难以区分明确构成默示协调的行为与构成正常竞争的行为（实际上注重并购控制，或者至少应该注重并购变化，也就是竞争性评价注重生成默示协调而不是注重加强了默示协调）。

[312] 为此，人们有时认为此类调查应该基于"无过失"的原则进行。在英国的竞争法中，这样的方法是可行的。因为其先前根据《1973 年公平贸易法》开展了全行业性的调查。

细探讨如何分析一个市场是否可能遭受共同支配地位的困扰的读者，请参考第 7 章。

　　第 102 条所应用的法律术语与经济原理之间有着很大的一致性，尤其是支配地位的法律概念与市场力量的经济概念之间的一致性，尽管支配地位通常被看作是只适用于拥有实质性市场力量的企业。

　　一直以来，"支配地位" 主要是参照市场份额来界定的，这就使得对相关市场进行正确的界定变得非常重要。然而，在第 102 条情况下，对市场的界定是非常困难的。这表明，调查者需要认识到市场份额有可能对第 102 条情况下企业市场力量的测量不如往常那样完备。

　　当分析一家企业的行为是否为滥用时，要着重看该行为损害竞争以及因此损害消费者的可能性，而不是着重看其对竞争者的损害，这非常必要。对竞争者造成的损害是激烈竞争的自然结果，所以，一般而言，不应该受到指责。

　　滥用市场支配地位可以有多种形式。我们已经讨论了两种行为，即可能是剥削性滥用或排他性滥用行为。我们认为，一个特定的行为是否构成滥用市场支配地位更多是要看其产生的结果而非其形式。因为特定形式的行为所产生的结果会因不同情况造成的具体市场结果而不同，这意味着每个具体的案件都需要具体分析。简而言之，没有理由让一个本身违法的政策阻止特定形式的商业行为，即使这种行为是支配企业做出的。

补充阅读　成本基准

　　一般而言，在《第 102 条指南》中评估排他性行为所提出的原则，是基于一个前提——只有排斥一个假设 "同等效率" 竞争者的行为是属于滥用。那个"同等效率"竞争者是一个与支配企业有着相同成本的假定竞争者。因此，只有支配地位企业定价低于其自己成本时，才能导致对这个假定竞争者的封锁。

然而，为了进行"同等效率"竞争者的测试，有必要决定采取何种成本测量作为评定支配企业行为竞争效果的适当基准。此附件结合假设的案例对各种成本概念进行了概述。

Domco 公司具有很高的市场份额，可能被认为是支配地位企业。Domco 公司的业务包括一个大厂房，其成本由两部分组成。第一，Domco 公司必须偿还之前取出来用于修建厂房的费用。这笔偿还是 20 年期的贷款（也是厂房的生命期）每年偿还 10 万欧元，而且不会根据工厂的产量水平而改变。第二，Domco 公司为其单位产出承担的费用。特别地，对于产出的前 10000 单位，Domco 公司生产每单位需要花费 5 欧元，超过 10000 单位的产量后，任何一年里，Domco 公司生产一单位需要花费 7 欧元。[313] 该工厂的产能是每年 20000 单位。

平均总成本（ATC）和边际成本（MC）

图 6A.1 显示出在特定的一年里，Domco 公司的边际成本与平均总成本是如何随着产量而变化的。虚线代表边际成本，实线代表平均总成本。

边际成本是指生产一新增单位需要的成本。在我们的例子里，Domco 公司的边际成本是靠其产量水平来决定的。如果 Domco 公司的产量在 0 到 10000 单位之间，其边际成本为 5 欧元。那也就是说，只要 Domco 公司生产少于 10000 单位的产品，生产额外一单位产品，所需要支付的额外成本是 5 欧元。然而，如果只要 Domco 公司生产 10000 单位或多于 10000 单位的产品，其边际成本为 7 欧元。生产 10001 单位而不是 10000 单位产品所产生的成本变化是 7 欧元。

平均总成本是所有可变成本和固定成本的平均值。假设有固定成本，

---

[313] 例如，如果企业要生产多于 10000 单位的产品，那么它要支付工人们加班费，这种情况是有可能发生的。

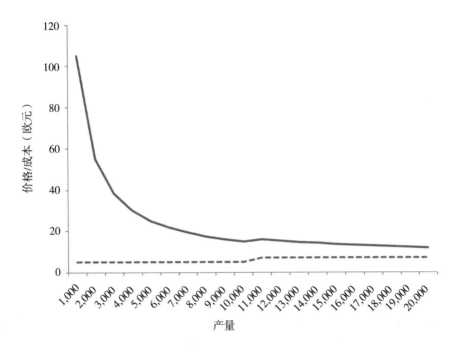

图 6A.1　图解边际成本与平均总成本如何随产量而改变

随着产量增加，平均成本会因此而下降。只有当价格高于平均总成本时企业才能每年获得正收益。

平均可变成本（AVC）

平均可变成本是指总可变成本（也就是那些企业增加产量而随之增加的成本）除以总单位数得出的结果。一般来说，可变成本包括了原材料、燃料和能源的费用。

在我们的例子里，我们假设 Domco 公司前 10000 单位的产出，生产每一单位只需要 5 欧元，但接下来生产的 10000 单位产品，生产每一单位需要 7 欧元。这种成本结构的含义是 Domco 公司的平均可变成本会随着其产量水平而改变。如：

● 如果 Domco 公司要生产 10000 单位的产品，那么其 AVC 是 5 欧元

（也就是用总可变成本 50000 欧元除以 10000）；

　　●如果 Domco 公司要生产 15000 单位的产品，那么其 AVC 是 5.67 欧元（也就是用总可变成本 85000 欧元（5 欧元×10000+7 欧元×5000）除以 15000）；

　　●如果 Domco 公司要生产 20000 单位的产品，那么其 AVC 是 6 欧元（也就是用总可变成本 120000 欧元（5 欧元×10000+7 欧元×10000）除以 20000）。

平均可避免成本（AAC）

　　平均可避免成本是指企业如果不生产个别量的额外产品，每一单位产品避免的平均成本。换句话说，也就是用放弃生产一定数量单位产品而节省的总成本除以产品单位数得出的结果。比如，如果 Domco 公司要扩大其产量，从 9000 单位到 12000 单位，也就是扩大生产 3000 单位产品，我们来计算一下 Domco 公司的平均可避免成本。

　　给定上述的成本假设（也就是前 10000 单位产品中每一单位 5 欧元，10000 单位以上的产品，每单位 7 欧元），产量从 9000 单位增加到 12000 单位，其中总的可避免成本等于：（5 欧元×1000 单位+7 欧元×2000 单位）=19000 欧元。因此，平均可避免成本是 19000 欧元/3000 单位=6.33 欧元。

　　在 Domco 公司一案里，AAC 实际上等于 AVC，因为在其决定是否要增加产量时所面临的可避免成本就是可变成本。然而，也有 AAC 包括被视作固定成本的例子。为了说明这一点，我们先假设 Domco 公司现在以 5 欧元的单价生产 9000 单位的产品，而且它能用更贵的技术以 7 欧元的单价再生产多 10000 单位的产品。再假设使用这项技术需要 Domco 公司购买价值 10000 欧元的许可。这个支出并没有被纳入可变成本里，因为它没有随着产量而改变。在这种情况下，如果 Domco 公司为了将其产量增至 12000 单位而决定使用更昂贵的技术，Domco 公司的 AAC 会是（5 欧元×1000 单位+7 欧元×2000 单位+10000 欧元）/3000 单位 = 9.67 欧元。这里的逻辑取决于这样的事实，即 Domco 公司可以选择不扩大产能（即，获取许可）。因此，与获得许可有关的固定成本的增加也是可避免的。

AAC 取决于评估成本时间的长短。例如，假设 Domco 公司为了维持运营，每 6 个月必须支付一次许可费。在日常情况下，这不会改变 Domco 公司的 AAC，但如果我们考虑一下其在一段长于 6 个月的时间内，那么许可费就变成是可避免的，因为 Domco 公司可通过停止生产来节省这一笔费用。

这些例子都可说明在评估 AAC 是否包括特定成本时，记时的重要性。可避免成本的程度会随着做出产量决定时间的增加而增加。对评估企业的行为来说，AAC 通常用所选时间段的递增函数。

平均总成本（ATC）

如上面提到的那样，一个企业的平均总成本是随着产量而变的。考虑一下 Domco 公司选择生产不同水平的产量时其相应的 ATC，再回想一下 Domco 公司每年必须支付 10 万欧元来偿还厂房的建设费用贷款。

● 如果 Domco 公司要生产 8000 单位的产品，那么其 ATC 为：（100000 欧元+5 欧元×8000 单位）/8000 单位 = 17.50 欧元。

● 如果 Domco 公司要生产 10000 单位的产品，那么其 ATC 为：（100000 欧元+5 欧元×10000 单位）/10000 单位 = 15.00 欧元。

● 如果 Domco 公司要生产 11000 单位的产品，为了使用更贵的技术花了 10000 欧元购买许可，那么其 ATC 为：（100000 欧元+10000 欧元+5 欧元×10000 单位+7 欧元×1000 单位）/11000 单位 = 15.18 欧元。

因此，如果 Domco 公司要生产 10000 单位而不是 8000 单位的产品，那么其 ATC 会降低，因为较高的产出水平会使与借贷有关的固定成本分散在更广泛的产出基数中。然而，如果 Domco 公司要生产 11000 单位而不是 10000 单位的产品，那么其 ATC 会增加，因为其要承担获得许可所增加的费用，而获得许可对生产多于 10000 单位产品是非常必要的。

请注意在每一产出水平 ATC 都比关注于贷款偿还还不可避免时期的 AAC 要高。这是因为 ATC 包括沉没成本，而沉没成本由于适用于更短的时间，一般是排除在 AAC 之外的。例如，生产 10000 单位产品的 AAC 不包括 100000 欧元的借贷偿款，因此，相对于与上述例子中 ATC 为 15 欧元，AAC 为（5 欧元×10000 单位）/10000 单位＝5 欧元。

长期平均增量成本（LRAIC）

在许多例子里，企业生产的不止一种产品。重要的是，生产不同的产品会包括共同成本，也就是生产多于一种产品时所需要的成本。共同成本的存在引起了 ATC 使用中的严重问题，因为这需要一些方法来解决如何给不同的产品分配共同成本的问题。

为了解释这些概念，让我们重新看一下 Domco 公司的例子。假设它生产两种产品：以每单位 5 欧元成本生产的小部件和以每单位 10 欧元的成本生产的小配件（不考虑生产的数量）。再假设这两种产品均是在同一个工厂生产的，也就是都在 Domco 公司每年要支付偿款 10 万欧元的那个厂房里生产的。如果 Domco 公司生产 10000 小部件和 10000 小配件，那么小部件的 ATC 是（5 欧元×10000 单位＋100000 欧元的部分债款）/10000 单位，而小配件的 ATC 是（10 欧元×10000 单位＋100000 欧元的剩余债款）/10000 单位。

因此，每一种产品的 ATC 取决于共同的债务成本最终是如何在两者之间分配的。但是，不存在合理的经济学逻辑，会让人们认为某种共同成本的分配优于其他。结果，任何对不同产品进行共同成本分配的规则都必然是主观随意的。[314]

为了解决共同成本的问题，需要考虑一下长期平均增量成本

---

[314]　这并不是说没有有效的方式来收回这些固定成本。正如在方框 6.3 中讨论过的那样，最佳收回固定成本的方式包括向相对无弹性需求的客户收取较高的费用以及向相对有弹性需求的客户收取较低的费用。

（LRAIC）的概念。假设重新定义的话，LRAIC 是指一个企业生产某种产品所要承担的全部成本的平均值。还是回到 Domco 公司的例子，生产小部件的 LRAIC 仅仅是 5 欧元，因为不管是要生产小部件还是小配件，偿还贷款都是由 Domco 公司来承担，所以生产小部件时无需增加成本。[315]

　　对生产多种产品的企业而言，其 LRAIC 要比 ATC 低，因为后者包括生产所有产品需要的共同成本。然而，LRAIC 排除了这些成本，因为它们对某种产品的生产而言并非是增加的成本。

---

[315]　基于相似的原因，小配件的 LRAIC 是 10 欧元。

第七章　横向并购经济学

第一节　欧盟企业并购控制综述

《欧盟企业并购条例》（以下称《并购条例》），于 1990 年第一次生效。[1][2]如今，欧盟企业并购控制已是欧盟竞争法的一个重要部分。欧盟竞争法中的经济分析日益重要，主要源于经济学的应用，及其在欧盟企业并购控制的进一步发展。

《并购条例》第 2 条第 1 款规定：

"在此规范下评审集中需要考虑规范的宗旨，以及对是否符合一体化共同市场的考量。进行评估时，委员会应当考虑下列因素：

（a）结合涉及的所有市场的结构和欧盟内外企业间现存和潜在的竞争情况，来维持和发展欧洲共同市场中有效竞争；

（b）所涉及企业的市场地位及其经济财政力量、供应商和用户面临的选择机会、联络供应商和进入市场的途径、进入市场时遇到的法律或其他方面的障碍、中介和最终消费者的供需趋向以及在以客户为主并且不阻碍竞争的情况下技术和经济进程的发展。"

---

[1]　Regulation 4064/89［1989］OJ L395/1.

[2]　直至 2004 年，企业间的并购都由欧盟下属竞争局中的一个专门单位——Mergers Task Force 所监管。但是，欧洲初审法院作出了系列判决，推翻了 Mergers Task Force 有关三个企业合并的决定，这带来了一系列改革。如今，企业间的并购归欧盟下属竞争局下的多个单位同时监管。

如引言中提到，在欧盟内进行的企业并购评估关注：并购是否生成或加强市场支配地位。然而，在 2004 年的 1 月，并购条例中的实质性测试被改为：企业并购是否会导致严重阻碍有效竞争（以下简称 SIEC）③。SIEC 测试和"竞争实质减少标准"测试（即 SLC 测试）相类似。SLC 测试是其他区域采纳的并购审查标准，管辖包括美国、英国、爱尔兰和澳大利亚等国家。并购测试的变动可能带来的结果一时成为人们激烈争论的话题，且至今依旧存在争议。后面的内容探讨这一变化可能带来的结果。④《并购条例》的第 2 条第 3 款规定：

"有可能严重阻碍共同市场（或其中一大部分商场）的有效竞争的集中，尤其是会因此产生具有市场支配地位的企业或是增强企业市场支配地位的集中，应被视作与共同市场不兼容。"

《并购条例》适用范围限于欧盟内的并购和合营企业。符合以下条件的并购（或者按照法律用语为"集中"）被认为具有欧盟范围的并购：

（a）合并后的企业在全球范围内的总营业额超过 50 亿欧元；

（b）每家所涉企业在同一欧盟成员国中的营业额超过各自在欧盟范围内的总营业额的三分之二，除此以外的情况下，所涉企业中，至少两家各自在欧盟范围内的总营业额超过 2.5 亿欧元。

不满足以上条件的企业并购，如果具备下列条件，仍被视为具有欧盟范围的并购：⑤

（a）合并后的企业在全球范围内的总营业额超过 25 亿欧元；

（b）至少在三个欧盟成员国中，合并后的企业在每个成员国的总营业

---

③　2004 年版理事会条例（欧盟）中的第 139 条，"关于企业间的集中控制（欧盟并购条例）"条例中提及该测试以及其他变动。

④　详见海默尔（Heimler）和威尔登（Werden）各自在 2008 年的论文。两篇论文都对相反观点和争辩做出很好的概述。

⑤　不符合这些条件的企业并购将由一个或多个欧盟成员国的竞争机构评估。

额超过 1 亿欧元；

（c）和（b）一样，至少在所涉的三个欧盟成员国的每个国度中，两个以上所涉企业中每个企业的总营业额必须超过 2 千 5 百万欧元；

（d）每家所涉企业在同一欧盟成员国中的营业总额需超过各自在欧盟范围内的总营业额的三分之二，除此以外的情况下，所涉企业中，至少两家各自在欧盟范围内的总营业额超过 1 亿欧元。

只要具备欧盟成员身份，各种类型的并购包括横向并购、纵向并购和混合并购都被纳入委员会的监管范畴。委员会的企业并购评估方法主要遵循《横向并购指南》和《非横向并购指南》。⑥ 图 7.1 以图表方式阐释各种企业并购类别。

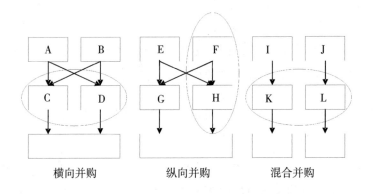

横向并购　　　　纵向并购　　　　混合并购

图 7.1　横向并购、纵向并购与混合并购的差异

●横向并购指的是在供应链里的同一层面上经营的企业间的并购，并且这些企业生产的商品都是替代品。如果一个商品的价格上涨可引起另一个商品的需求增加，那么这两个商品互为替代品。如图 7.1 所示，左图描述了企业 C 和企业 D 间的一个横向并购。因此，横向并购把活跃在同一个相关市场的厂商联合了起来。这类并购的例子有 Friesland/Campina（两者

⑥ 《横向并购评估指南》(2004)，以及《非横向并购评估指南》(2008)。

都活跃在多种奶制品的生产领域），MAV Cargo/Rail Cargo Austria（两者都活跃在铁路货物运输服务和货运代理服务领域），以及 StatoilHydro/Cono-coPhillips（两者的生产活动在零售汽车燃料的下游市场重叠）。⑦

● 与横向并购不同，纵向并购指的是处于供应链不同层面的企业之间的并购，常见的例子有批发商和零售商间的并购，或供应商和制造商间的并购。在图 7.1 中，中间的图描述的就是企业 F 和企业 H 间的纵向并购。委员会认为，Tom Tom 和 Tele Atlas 间的并购，以及 Nokia 和纳维提之间的并购都是纵向并购。⑧ 在这两个案例里，并购中的一方（Tele Atlas 和纳维提）生产电子导航地图数据库，该数据库做为一种投入品被并购中的另一方（Tom Tom 和 Nokia）用于生产便携式导航设备和应用程序。⑨

● 混合并购则指的是在不同市场中经营的，生产互补产品的企业间的并购，如图 7.1 中的企业 K 和企业 L。例如 Proctor & Gamble 和 Gillette 的并购，这两家公司生产的都是口腔产品，并且销往相同的零售商，只是他们的口腔产品并不重叠。又如 GE 和 Amersham 的并购，这两家公司既生产医疗扫描硬件设备，也生产可用于增强或使这样的扫描硬件产生图像的诊断药物。⑩

当然，一个特定的并购交易可能会引起一些涉及到并购方的某些生产活动的横向问题，以及涉及另外一些生产活动的非横向问题。需要依次地对这些不同的问题作出评估。

由并购引起的竞争问题可分为单边效应或协调效应。如果在无论别的企业如何反应的情况下，并购后企业都能够提高价格或降低商品质量来损

⑦　COMP/M.5046 *Friesland Foods/Campina*（2008），COMP/M.5096 *RCA/MAV Cargo*（2008）and COMP/M.4919 *StatoilHydro/ConocoPhillips*（2008）.

⑧　COMP/M.4854 *TomTom/Tele Atlas*（2008）and COMP/M.4942，*Nokia/Navtec*（2008）.

⑨　有关纵向并购，委员会同时也考虑了"对角"并购，即并购方所在的市场既不是横向相关也不是纵向相关，比如并购方中的其中一方是某种最终产品供应链中的一种投入的供应者，而这种最终产品与并购中的另一方的产品存在着竞争关系。"对角"效应的最明显的例子是 Google 和 Doubleclick 并购的决定。正如后文所述，这些"对角"并购案例的分析实质上与标准的垂直分析并没有什么不同。

⑩　COMP M.3732 Proctor &Gamble/Gillette（2005）和 COMP/M.3304 GE/Amersham（2004）.

害消费者利益，那么我们就说产生了单边效应。[11] 相反，协调效应带来的负面影响则是依赖于一个或多个和合并后的企业竞争的对手决定在并购后降低竞争力度。从原则上讲，所有各类的并购都可引起这两种效应，但实际上，就像第8章所说的那样，协调效应很少出现在非横向并购中。

《并购条例》中提供了一个固定的做出决定的时间表（时间表会受到"停钟"的影响，我们会在下文中讨论这一点）。并购审查是按照这个固定的时间表来执行的，并且针对每种情况来做出决定，而做出的决定无论好坏，都会被公布出来。这被广泛认为是并购审查相对于第101和第102条款调查的优势之一。[12]

正式来讲，委员会对并购的评估是采纳一个简短的初步评估的形式，这通常称为第一阶段。第一阶段从申报日开始，持续一个月。[13] 如果委员会认为提议的并购有可能引起重大的竞争问题，并因此对它与共同体市场的相容性产生严重怀疑，委员会就会进行一个更详细的第二阶段的审查。第二阶段会持续四个月，并在最后做出决定。在第二阶段，委员会可能会发表异议书并正式立案。在发表异议书之后，并购方——通常也是原告——有机会在口头审理时提出异议。

然而，许多并购审查所花的时间实际上远远多于第一阶段和第二阶段的法定时间。许多并购在申报之前就经历了与委员会的长时间的讨论，在这期间，有很多实质性的问题在第一阶段正式开始之前就得以解决。此外，现在时间表越来越普遍地受到一个叫"停钟"的影响，这可能是为了允许委员会有更多的时间去评估复杂的问题，或是提供更多的时间去评估所需资料，又或是因为当事方无法在官方规定的时间内出示所需资料。[14]

---

[11] 正如《横向并购指南》中的第八段所示，"增加的市场势力"指一个或多个企业有能力去提高价格，减少产出，缩小商品和服务的可选择范围或降低商品和服务的质量，减少创新，或有能力以其他方式去影响竞争。所以，一项并购可能通过以上所述的多种途径来造成竞争危害，这些途径被统称为"提高价格"（increased prices）。

[12] 详见毕晓普（Bishop）（2008）。

[13] 如果当事方承诺解决欧盟委员会的关注，第一阶段也有可能会延长至6个星期。

[14] 详见韦思（Whish）（2009）and 林赛（Lindsay）（2009）的讨论。

自从《并购条例》于 1990 年颁布以来，已有 4189 例并购申报了 DG COMP。[15][16] 其中大部分都在第一阶段就获批准通过，只有 191 例并购（大约占所有申报的并购数量的百分之五）进入到第二阶段的审查。[17] 对于一个进入第二阶段审查的并购来说，它有可能会面临着三种结果。[18] 第一，无条件批准并购（第 8 条第 1 款）。第二，并购可由当事方采取措施，对审查得出的妨碍竞争的问题进行补救后可获批准通过。直到 2009 年 9 月底，有 46 例并购经第二阶段审查后无条件获批准通过，有 91 例经修改并购计划后获批准通过。此外，第 8 条第 3 款提供了第三种结果，即禁止并购。第一例禁止并购是在 1991 年，Aerospatiale 与 de Havilland 的并购，从那时起直至 2009 年 9 月底，一共有 20 起并购被禁止。当然还有一些并购在经过第二阶段审查即将面临着禁止并购的结果时就已经被撤销了。

表 7.1　ECMR1990 年 9 月至 2009 年 9 月的统计

情况/审查种类	数量
第一阶段审查*	4097
第二阶段审查*	191
无条件批准并购（第 8 条第 1 款）	46
经过承诺/部分撤资后批准并购（第 8 条第 2 款）	91
禁止并购（第 8 条第 3 款）	20

＊不包括在第一阶段中被撤销的案例；有 35 例在第二阶段中被撤销。

来源：DG Competition 网站。

---

[15]　截至 2009 年 9 月。

[16]　有 125 起申报被撤销，其中有 91 起处于第一阶段，34 起处于第二阶段。

[17]　这个数据不包括 34 起在第二阶段中因被撤销而没有结果的并购。

[18]　还有第四种结果，就是依据第 8 条第 4 款去恢复有效竞争。这种结果只适用于在委员会还没做出决定前，并购已经发生。这种结果出现了四次。

　　有些禁止并购的决定遭受欧洲初审法院的质疑。在委员会的决定中，决定因素被质疑的显著案例包括 Airtours/First Choice，Tetra Laval/Sidel，GE/Honeywell 和 Sony/BMG。[19] 欧洲初审法院的判决可被上诉至欧洲法院。欧洲法院的审判为最终审判。但是，值得注意的一点是欧洲初审法院和欧洲法院主要都关心程序问题，他们都是以委员会的初步评估作为证据来做出审判。同时，他们都承认委员会对这些证据有高度解释权。总之，法庭不对委员会的经济分析提供有效限制。

　　本章剩下的部分将涉及因横向并购引起的经济问题，下一章则讨论因非横向并购引起的经济问题。我们先讨论由横向并购引起的潜在经济问题之间的关系及其法律概念之间的关系。这包括从市场支配地位测试转向严重阻碍竞争测试的含义的简短讨论。

　　然后我们转到有关横向并购的大量的经济分析，我们考虑到在横向并购评估中，结构性分析持久的重要性，论述了市场界定的作用以及对并购集中度改变的测量以及作为单边效应评估基础的关键经济原理，在评估单边效应是否可能出现时需要解决的关键问题。原则上讲，提高价格的决定（从而限制产出）涉及有关企业的成本与收益，一个适当的单边效应评估会涉及一个更类似于实证评估，而这个评估就是对企业的成本与收益之间的一个权衡：限制产出所带来的收益是否超过所带来的成本？即使并购后的企业有较高的市场份额，这个并购出于若干原因也可能无法引起单边效应。首先，已经在市场中相当活跃的竞争对手可能会对任何限制产出的行为做出反应，从而减少且可能消除这些行为带来的收益。尤其是，现存的竞争对手的反应可以是扩大或重新定位他们的产品供应。除了现有竞争对手的动态反应（也就是说，现存的竞争对手扩大且/或重新定位他们的产品供应的能力），还有可能有潜在竞争者进入市场以应对限制产出的行为。在此后我们将讨论来自市场进入的竞争约束以及如何进行评估，以及消费者行为对消除由限制产量带来的收益的影响范围，也就是说，买方势力的

────────────

　　[19]　欧盟委员会关于 Sony/BMG 的决策是无条件批准并购。投诉方因不满而提出诉讼。在后文将更详细地讨论这个案件。

影响范围。买方势力指的是消费者可通过支持现存企业扩张或新企业进入市场来改变上游市场结构的能力。因此，动态评估一项横向并购有可能带来的影响，对于一个完整的有关横向并购的评估来说是很重要的，即使只有一种随机的方法来做动态评估。

前文论述了由横向并购引起的协调效应。我们首先论述企业实行协调战略，然后论述他们维持该战略的能力。我们要特别强调解决以下问题的必要性：由横向并购带来的结构变化是如何改变企业减缓竞争行为的能力，尤其是并购是如何使厂商都有默契地去减缓竞争呢？在评估由横向并购引起的协调效应时，竞争对手、新进入市场者和买方势力导致的竞争限制也会影响评估，这些在前文中讨论过，所以我们不再重复。

前文讨论了在横向并购的竞争评估中效率的处理。以及分别论述了对网络效应行业内并购的评估和对双边市场行业内并购的评估。尽管这两种行业各有需要被考虑的特征，但在评估并购可能带来的影响时，对于单边效应和协调效应的经济学分析方法依然适用。在本章后来部分将讨论破产企业抗辨。

第二节　经济学与法律

《并购条例》第 2 条第 3 款禁止可能严重妨碍有效竞争的横向并购，尤其是当该并购会形成或加强市场支配地位时。委员会评价一个横向并购是否会严重妨碍竞争的方法可见《横向并购指南》。[20] 之后的章节中将讨论横向并购引发的经济问题，并对该指南作详细点评。正如本章介绍所提到的，如果并购的企业互为直接竞争对手，那么这种并购称为横向并购。横向并购产生两种既不会在纵向并购中也不会在混合并购中产生的结果：一是减少在相关市场上活跃的企业数量，二是可以提高市场的集中度。尽管

---

[20]　Guidelines on the assessment of horizontal mergers under the Council Regulation on the control of concentrations between undertakings（2004/C 31/04）. 委员会有关企业集中的条例下关于横向并购分析的指南（2004/C31/04）。

特定的横向并购会导致特定的竞争问题，但是由横向并购引起的结构改变都可能从两个潜在途径去严重妨碍竞争，即引发单边效应或引起协调效应。[21]

通过消除并购各方之间现存的竞争约束，横向并购能够在很大程度上削弱一方对另一方或双方彼此的竞争约束。因此，并购后企业可以不考虑竞争对手的反应，提高价格使之比并购前的要高。具有这些特征的并购就被认为是引起了单边效应。这样提高的价格被称为单边价格，因为它不依赖于剩下的竞争对手的行为方式。委员会经常把单边效应称为非协调效应。这两者间既没有实用性差别也没有分析性差别，并可以互用。但是，在本章中我们将用体现出经济学的术语"单边效应"。[22]

另外，横向并购可能通过以下途径削弱有效竞争：如果市场结构的改变创造了一个环境，除了并购后的企业外，对两个或多个企业来说，这个环境更促使他们乐意共同接受降低竞争强度从而提高价格水平的一种行为模式。[23] 具有这些特征的并购就被认为引起了协调效应。[24] 在这种情况下，价格的上涨称为协调效用，因为这个价格的上涨不仅依赖并购后的企业，还依赖别的企业改变他们的竞争行为。

所以，单边效应与协调效应之间有一个明显的区别：前者不是基于一个或多个对手特定的竞争行为模式，而后者是。要注意的是，不能把竞争对手对单边价格的反应误认为是协调效应。许多实例表明，并购后的企业定出单边价格后，会导致剩余的企业也有可能随之提高价格。但这种行为并不构成协调效应，因为即便别的企业不改变他们的竞争行为，最初的单

---

[21]　有些评论认为还存在第三种潜在竞争威胁途径，即非单边效应。根据谢夫曼（Scheffman）和科尔曼（Coleman）（2003）的"非单边效应比协调效应更广泛"。然而，Scheffman 和 Coleman 所提出的例证，在适当的分析下，不是属于单边效应就是属于协调效应。因此我们不同意这"第三种途径"。

[22]　"非协调效应"的支持者认为，这个术语表明对手也有可能随着单边效应的出现而改变定价行为。然而，我们考虑的是这个并购是否反竞争的，所以只需要关注是否出现单边效应。总而言之，这种想法主要是学术兴趣。

[23]　市场结构的改变也有可能形成更多明确共谋的有利条件。

[24]　也被称为有意识的协调。

边价格仍是并购后企业的最优价格。

　　然而，这并不意味着在这两种潜在问题的竞争分析中，没有重叠的地方。约束并购后企业和别的企业的行为构成所谓的协调组合的因素分析与评估是否可能引发单边效应的分析很相似，两者都包含了对市场进入的难易度、较小规模竞争者对单边价格的反应能力、卖方的可替换程度和大规模买方拥有的抵消协调组合市场力量能力的评估。

　　重要的是，无论是单边效应还是协调效应，两者的竞争问题都是基于并购企业会限制产出，也就是说，企业为了提高价格，他们必须承受一些销量上的损失。㉕ 在评估一个横向并购是否会引起反竞争效应时（单边效应或协调效应），通常有两个步骤：一、界定相关市场，计算并购前和并购后的市场份额，以及市场集中度的改变；二、评估集中度改变带来的对竞争可能的影响。㉖ 后文中提供了更多关于在实践中如何执行这两个步骤的细节。

一、SIEC 测试在欧盟并购控制中的实质影响

　　在介绍中我们指出，2004 年《并购条例》把实质性测试从支配地位测试改成 SIEC 测试。在讨论支持改变测试的原因之前，我们注意到，单边效应这个概念与单个企业支配地位的旧概念有密切的联系，因为"支配地位"曾经被视作是"显著的市场力量"的代名词。而且，协调效应也可以认为是共同支配地位的同义词。在过去，围绕着共同支配地位的概念是否比作为协调效应的基础——默示共谋的概念要广泛的问题展开过辩论。在欧洲这场辩论实际上结束了，共同支配地位和默示共谋从经济学的角度来说是一样，这种说法已经被广泛接受。㉗

　　㉕　这是一个由向下倾斜的需求曲线引起的后果：对一个特定产品的需求，更高的价格通常意味着更低的产出。产出限制可能是产量、产能以及产品范围的限制。

　　㉖　正如以下讨论，市场份额可以低估或高估在并购方之间，在并购前的竞争限制。在使用市场份额来决定一个并购是否需要更进一步的审查时，把这个可能性也考虑进去是很重要的。

　　㉗　在大多数成员国中也接受了这种说法。即使是德国，这个是基于市场份额来认定共同支配地位的国家，它的联邦卡特尔办公室中的经济学家也承认共同支配和协调效应是一样的。

　　虽然竞争损害的"新""旧"概念具有一致性，但是依然有许多争论要求欧盟并购控制将支配地位测试改成 SIEC 为基础的测试。首先，这样的改变可使得竞争机构和法庭所做的并购评估更趋向国际标准。[28] 然而，只有当 SIEC 或 SLC 测试得出的结果和支配地位测试得出的结果有重大差异时，这才表明这种改变是一种有意义的进步。如果支配地位是指显著的市场力量，"加强"支配地位与评估由并购带来的对竞争的实际影响相关，那么这两种测试并没有很大的差别。

　　其次，有人认为 SIEC 测试为在并购控制下的事前竞争测试和在第 102 条关于滥用支配地位的事后概念划分了清楚的界线。问题是在第 102 条设立的支配地位标准不适用于并购审查，尤其是在第 102 条中为了确定是否拥有支配地位所设的门槛非常低，[29] 但只要升高一点，都必定会溢出并购审查的范围。有人认为，应引入一种不同的测试，考虑到一种可能性即适用于第 102 条的干预门槛高于适用并购控制的干预门槛。[30]

　　然而，自从实行 SIEC 测试以来，实质并构检测的结果有着截然相反的效果，也就是说，干预临界值跌至 40%。老实说，没有更低的门槛使委员会事前就排除干预。[31] 结果，SIEC 测试引起了一个更加具有（有人会说过度）侵扰性的并购体制，这不仅对并购各方、对整体的竞争过程、因而对消费者而言代价高昂。[32]

　　对于一个市场份额低于支配地位门槛（40%—50%）的并购来说，即使相对较低的市场集中度，降低干预的门槛也是可以解释的，这是因为既

---

[28]　见威尔登（Werden）(2008) 和 维克斯（Vickers）(2002)。

[29]　正如 Werden (2008) 所提到的，在美国，法庭认为如果市场份额低于 50%，就可推出市场力量不大。有很多人认为如果市场份额连续 5 年超过了 70%，可推出拥有市场力量。

[30]　应注意到的是有合理的理由支持，在一些并购案例中界定的相关市场比第 102 条中定义的市场要更广泛。详见第四章。

[31]　《横向并购指南》认为，整合的市场份额如果低于 25%，则可预测到这个并购不会引起竞争问题。

[32]　从 1914 年起，SLC 测试就是美国并购控制的一个特征。在 20 世纪 60 年代，应用 SLC 测试导致了在极端细分市场下有许多并购都被禁止了。可见 e. g. *United States v Von's Grocery Co* 384 US (1966) and *United States v Pabst Brewing Co* 384 US (1966)。

使集中度较低，横向并购仍然有可能排开一个重要的竞争约束。[33] 但这就引起了一个重要的问题，如何去区分"重要"的竞争约束和"不重要"的竞争约束呢？从定义上说，所有的横向并购都涉及在相关市场中活跃的企业，所以会排除竞争制约。

在大部分情况下，与单个企业支配地位的传统理论相一致，并购前的竞争约束可以用一个企业的市场份额作为参考来做评估。但是，根据《横向并购指南》，当企业提供有差异的商品时，一些企业可能比起别的竞争对手与某些对手有更密切的竞争关系，并由此导致市场份额低估两个并购方之间的竞争约束。[34] 并购双方越关系紧密，这个并购就越有可能引起重大的单边效应。[35]

因为支配地位测试依赖于结构途径去作横向并购的竞争力评估，它太过于强调相关市场界定和市场份额，因此当两家企业可能是关系密切的竞争对手时，该测试无法测出这是一个反竞争并购。在涉及的并购双方的商品差异很大时，依靠市场份额去分析会掩盖一个可能性——并购双方是非常紧密的竞争对手，因此，尽管每个企业只有少量的市场份额，但是它们并购也有可能引起单边效应。在这样的情况下，只有市场被细分了才可以捕获反竞争的并购。[36] SIEC 测试的提倡者认为，界定了细分的市场后会影响到将来在这个行业中的并购。但是，这是一个"形式主义"的看法而不是经济学的或"以效果为基础"的看法。它忽略了两点，一是这个"细分"的市场界定可能正适用于评估将来的并购，二是即使在同一行业中，不同的并购也可以引起不同的问题。

而且，正如在推出实质性测试后欧盟的并购控制经验所显示：实际上这些论点都是很空泛的，因为结构分析仍然在对并购高度差异化产品的竞

---

[33] 见例子维克斯（Vickers）（2004），认为"大量的并购可能在没有超过支配市场势力的临界值的情况下，依然严重妨碍竞争"。

[34] 竞争紧密性被定义为有关客户从并购的一方转到购买另一方商品的倾向程度。程度越大，并购双方的紧密度越高。见第28段，《欧盟并购指南》。

[35] 关于竞争紧密性和如何进行实际评估，详见前文。

[36] 这是美国法庭在 Office Staples 一案中采取的方法。

争性评估中发挥着重要作用。[37] 实际上，评估产品高度差异化行业的并购可能造成竞争性影响的额外复杂性，不是源自相关市场界定的困难，而是源自由此而确定的市场份额的解释。

再次，支配地位测试除了可能会把市场份额的门槛设得太高之外，还存在"盲点"或"缺口"。这是因为人们认为有些不能被归类为创造一个或加强单个企业支配地位或共同支配地位的反竞争并购，在这里，共同支配局限地指在增加共谋的可能性所引起的反竞争后果，即协调效应。人们提出许多假设的例子认为这是超出了单个企业支配地位的范围。一个常被用来示范支配地位测试"盲点"的例子是 Heinz（美国第三大婴幼儿食品制造商）收购 Milnot Holding Corp（第二大婴幼儿食品制造商，主要的子公司是 Beech-Nut）一案。这个并购后的公司占了 33% 的市场。几乎剩余的市场都被市场领导者嘉宝所拥有（约 65%）。在美国，相关市场就是预制好的婴儿食品，尤其是罐装的婴儿食品（同时还可能存在地区性的市场，尽管这对评估没影响）。

这项并购被认为会导致单边效应，因为超市更偏向于只囤积两种牌子的婴儿食品，一般其中一种会是嘉宝；嘉宝能在 90% 的超市里找到，而山毛榉-坚果和亨氏食品的牌子分别在 45% 和 40% 超市中出现。换言之，所谓的两家并购企业之间的激烈竞争其实是争夺成为上架的第二品牌。而且两家企业据说曾在产品的发展和差异化方面做出了创新。两家企业间的这种竞争"迫使嘉宝品牌为了竞争也在价格和销售上做出了创新"。[38] 当上诉法院推翻了地方法院否定禁止令后，这笔交易就被放弃了。许多评论者认为，该案例在旧的支配地位测试中不会被捕获，因为它涉及第二大企业和第三大企业，因此（他们认为）并购被认为创造或增强了一家企业的支配

---

[37] 在美国并购控制也一样。

[38] FTC v H. J. Heinz Co 和 Milnot Holding Corp：支持初步禁令的备忘录（2000）。

地位这种观点导致无法成立。[39]

　　委员会对于 T-Mobile Austria/tele. ring 案件的判决，被当做了旧的支配地位测试会遗漏问题案件的"证据"。[40] 那个案件涉及了奥地利第二和第四的移动通讯企业间的并购。尽管这次并购使得德国电信公司在奥地利的市场份额达到了三分之一，但这家公司还是比奥地利手机市场中最大的运营商 Mobilkom 小。

　　尽管该案件中的损害理论被认为和单边效应有关，而且这种案子难以和单一企业支配地位的概念相匹配，然而，这个决定还是表明了主要的问题产生于 tele. ring 的搅局者行为。[41] 但这个问题和协调效应竞争关注的关系更加密切，然而，如果是说该案件填补了一个空白，还是不具有足够的说服力的（至少对作者而言）。

　　总的来说，无论是进行的竞争性分析还是两个检测分析出的结果，在现实中没有太大区别。究其原因，正如上文所说，主要是结构性分析对 SIEC 测试下并购的实际评估依然起着重要的作用。[42] 此外，如果支配地位按许多人提倡的那样被定义为重要市场力量，那么支配地位测试和 SIEC 测试的差异几乎可以忽略。[43] 事实上，2004 年以来并购测试的变化对并购

---

　　[39]　我们注意到所谓的盲点只出现在仅仅根据市场份额来衡量支配地位的情况，即便是在相关市场界定正确的时候。在这种情况下，既然竞争关注是有关消除货架上第二品牌，那就不排除通过市场界定来反映这一关注的可能性。即使在一定程度上，这个案子在旧的支配地位测试下会被遗漏，类似的案件也是极少出现的。

　　[40]　COMP/M. 3916 T-Mobile Austria/tele. ring （2005）.

　　[41]　详见前文中有关协调效应的独特看法。

　　[42]　还应当指出的是支配地位的观念仍然对委员会对横向并购的评估有着极为重要的影响。《并购法规》和《横向并购指南》都规定了委员会决定"并购是否会显著阻碍有效竞争，尤其是通过产生或增强市场支配地位的途径"。

　　[43]　事实上，这种辩论可能仅仅因为缺乏对"形成或增强市场支配地位"的精准经济学定义。详见克拉斯基（Kolasky）（2002）："1982 年之前我们还没有对什么是克莱顿法案中所说的'严重削弱竞争'的明确定义"。其中一个创新的关键是 1982 年《美国并购指南》用经济学术语将"竞争的减少"定义为一个可能"创建或加强市场支配地位或促进其实行"的并购。这个指南还将"市场势力"定义为"一家或多家企业在一段重要的时间段内、有利地将价格维持在竞争水平之上的能力"。综上所述，将这些经济学概念引入竞争削弱测试中，无形中使得该指南将并购政策扎根于经济学学科之上。

决定基本没什么影响。[44][45]

第三节　相关市场在并购分析过程中的作用

在过去的支配地位测试下，相关市场界定在委员会的决策中起了重要的作用。然而，根据新的 SIEC 测试，市场界定继续在并购的竞争评估中发挥重要作用，这不仅仅是因为委员持续注重并购对市场份额的影响。

此外，在新的实质性测试下评估横向并购的经验表明，并购是否会引起严重的竞争关注仍然由结构性评估所主导。[46] 而且，从实际观点出发，界定相关市场仍然为确定是否需要对并购作更加详细的评估提供一个有用的筛分标准。[47] 简而言之，在界定合理的相关市场中，涉及低市场份额企业的并购不会产生竞争问题，因此不需要进行详细评估。[48] 最后，值得一提的是，忽视市场的界定会导致在竞争评估中完全忽略重要的竞争约束条件。因此，相关市场的界定仍然代表着竞争评估中的一个重要分析步骤。[49]

如第 4 章所述，相关市场的界定便于市场结构的评估，包括市场份额的计算和并购带来的影响，以及识别那些对并购方商业活动构成有效约束的其他供应商。委员会对市场界定的通告中明确表明，该通告对 Form CO 中有关界定相关市场的解释，需要和通告中的方法相一致。[50]

---

　　[44]　还应指出的是委员会仍然继续使用旧的支配理念，即具有市场支配地位的企业市场份额的增加被认定为可能引发竞争关注。这与下面将要讨论的单边效应评估的经济学方法相违背。

　　[45]　关于变化对其影响的讨论，详见《Roller and de la Mano》（2006）。

　　[46]　结果是，市场支配地位或显著的市场力量背后的基本概念，仍然和 SIEC 测试下的竞争评估相关。的确，在大多数案件中，委员会所采纳的实际方法和旧的支配地位测试几乎相同。委员会甚至依然断定：当一个企业在合并前份额偏高时，合并所导致的少量份额上升会引发竞争问题。

　　[47]　然而正如上述，当产品差异很大时，市场份额可以低估或高估并购双方之间竞争约束的重要性。

　　[48]　详见《横向并购指南》第 10 段。

　　[49]　此外，审查程序要求当事人完成 Form CO 中的第 6 条（需要各方来界定相关产品和地域市场）。

　　[50]　详见欧盟委员会发布的《Notice on the Definition of the Relevant Market for the Purposes of Community Competition Law》［1997］OJ C372/5；［1998］4 C. M. L. R. 177 第 9 段。

值得重申一下的是，关于横向并购带来的结构变化是否会导致价格在并购后上升的评估（即这是一个预测性分析），与根据第 101 条和第 102 条进行的评估是不一样的，因为第 101 条和第 102 条考虑的是现在的市场情况，往往是对过去行为的分析。这种差异不仅对经验性分析的使用和解读有着重要的影响，还涉及了市场的界定。在横向并购的评估中，评估假定价格上涨的适当标准是现行的价格水平。这意味着，玻璃纸谬误极不可能适用于横向并购分析，而相反的论点是完全错误的。[51] 因此这和以评估横向并购为目的的相关市场界定是完全一致的，而评估横向并购与根据第 101 条和第 102 条进行评估所界定的相关市场可能不同。[52]

持续结构性评估的重要性体现在市场份额门槛以及基于赫芬达尔—赫希曼（HHI）指数的集中度衡量的应用。[53][54]《横向并购指南》指出，"市场份额和集中度水平为市场结构和并购方及竞争对手的竞争重要性提供了有效的首要指标"。[55]

设定市场份额门槛的目的是（或应该是）为了提供一个明确的单侧检验，如果并购方的市场份额不超过门槛值，那么所有的竞争问题不需要进行详细调查而被轻易驳回。设置安全港门槛，需要对执行可能产生的后果做明确考量。设置太高的阈值会导致反竞争的并购，而将阈值设得太低则意味着更多的并购会受到仔细审查。只要市场份额门槛不被用于推断竞争问题（当然这是可以被推翻的），这本身并不一定引起严重的问题（资源限制的除外）。

《横向并购指南》中指出，合并后只拥有有限市场份额的并购不太可

---

[51] COMP/M. 5096 RCA/MAV Cargo（2008）提供了一个错误引用玻璃纸论推论的很好的例子。详见第 4 章案例讨论，以及不假思索地引用玻璃纸谬误，从而排除"无用"的证据所带来的危害。

[52] 第 4 章中举了一个例子：使用第 102 条和并购规则得出的市场界定可能是不同的。

[53] HHI 指数是通过求市场中所有企业的个体市场份额的平方和计算出来的。详见第 3 章中 HHI 计算的讨论。

[54] 市场份额门槛的使用是包含美国、德国、澳大利亚和英国在内的全球企业并购规则的共同特征。

[55] 详见《横向并购指南》第 14 段。

能削弱有效竞争，尤其是在合并后企业的市场份额不超过 25% 的情况下。[56]
此门槛和美国司法部与联邦贸易委员会采用的门槛（非官方）相似，并且
后者认为，除非并购后企业拥有的市场份额超过 35%，否则，并购不太可
能产生显著的单边效应。[57]《横向并购指南》还指出，并购后市场份额在
50% 以上的交易在没有证据证明现有和潜在竞争对手能够充分扩展、提高
销量的情况下，通常被认为是有竞争问题的。[58]《横向并购指南》还包含了
基于委员会不太可能干涉前提下的 HHI 指数水平，及 HHI 变化的门槛。这
些门槛如下所示：[59]

- HHI 低于 1000；[60]
- HHI 在 1000 到 2000 之间，ΔHHI（并购前后 HHI 的差值）低
于 250；[61]
- HHI 在 2000 以上，ΔHHI 低于 150。[62]

这些 HHI 门槛值如图 7.2 所示。落在白色区域的横向并购案件不太可
能会产生横向竞争问题，而落在灰色区域则被认为是 “可能会产生问题”
的案子，需要更详细的分析。

所设定的门槛水平使得许多横向并购都有可能超过这些值。例如，一
个拥有 10 家企业，且每家企业占 10% 的市场份额（即一个非常分散的市
场结构）的相关市场，其 HHI 值已经为 1000 了。

此外，在一个有八家企业（并购前每家企业的市场份额为 12.5%）的

---

[56] 市场份额门槛适用于单边效应的评估，不适于协调效应的评估。详见《横向并购指南》注释 24。

[57] 详见《美国横向并购指南》(1997) 2.211 节。

[58] 详见《横向并购指南》第 17 段。

[59] 这些 HHI 门槛密切反映了司法部/联邦贸易委员会发布的《横向并购指南》中使用的门槛。

[60] 详见《横向并购指南》第 19 段。

[61] 详见《横向并购指南》第 20 段。

[62] 也有一些例外情况，详见《横向并购指南》第 20 段。

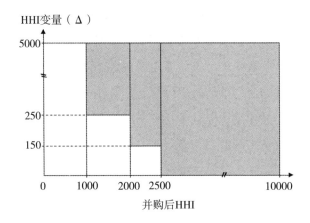

图 7.2　《横向并购指南》中 HHI 阈值的图解积分法

相关市场，两家企业并购后也会超过这些门槛。[63] 但这种并购是非常不可能产生任何单边效应或协调效应的。

因此，正如《横向并购指南》明确指出的那样，这些门槛只是提供了判定竞争问题产生可能性的初步指标，并不能直接推测是否存在竞争问题。[64]

虽然市场份额以及相关市场界定在并购竞争评估中起到一个重要作用，但是不可过于夸大其作用的重要性。首先，相关市场的界定仅仅是两步分析中的第一步。从宽松的角度来讲，第一阶段包含了对于大量受到了横向并购影响的产品之间相互影响的宏观考虑。这一阶段所关注的问题不关系到个别企业。第二阶段则包含了对相关市场中企业竞争能力的微观考虑。这种微观考虑包括对下列问题的解释：哪些企业彼此之间竞争比较紧密？竞争企业是否能够扩展来应对任何的提价？竞争企业是否会改变他们的产品供应？新企业进入市场后能否应付并购后导致的任何提价行为？客户会采取什么样的措施来阻止并购后的提价？总的来说，用这种方法评估竞争既合理又理智。

---

[63]　并购前 HHI 为 1250，ΔHHI 为 312.5。

[64]　详见《横向并购指南》第 21 段，事实是横向并购超过这些 HHI 临界值，这并没有构成并购限制竞争的推测。

　　然而，在实践中，人们往往把过多的注意力放在相关市场的界定上，总是不断地想要把所有涉及整体竞争评估的因素纳入考虑当中。这种做法不仅不符合委员会公告中关于市场界定的规定，同时也会导致竞争评估被不合理地降低至并购后的市场份额计算。尽管在并购的竞争评估当中，结构性因素起着重要的作用，但是涉及市场结构和理想市场结果之间关系的经济分析却非常复杂。随着对市场结构、市场行为、市场绩效（SCP）分析框架的批评声越来越多，现在更被广为接受的说法是高度集中化并不会阻止市场高效运行的可能性。和 SCP 分析框架不同，现代经济分析并没有显示高度集中会导致欠佳的竞争结果。[65] 它仅仅指出高度集中通常是产生上述结果的一种必要条件。

　　人们总是认为，在一个以差异性产品竞争为特点的行业中，界定相关市场既不必要也不合理。这是因为很难区分什么产品在相关市场内（因为这些产品彼此构成有效的竞争制约），什么产品在相关市场外（因为这些产品无法构成有效的竞争制约）。[66] 但是，有必要指出假定垄断者测试从本质上适用于差异化产品。[67] 假定垄断者测试明确地指出，产品可能是非完美替代品。这个测试主要用于解决什么替代程度才是产品同属一个相关市场的必要条件。[68] 简单地说，假定垄断者测试可以有效地应用在一个差异化产品行业中。

　　一些由差异产品市场产生的潜在问题与力图辨别重要竞争约束来源的适当性是没关系的（毕竟这是定义相关市场所带来的问题）。事实上，潜在问题是，针对高度差异化的产品市场，市场份额多大程度上能反映竞争约束，以及是否可能对合并后的市场竞争环境作出错误的指示。可能出现

---

　　[65]　也就是，在一个完全的可竞争市场（例：一个无进出壁垒的市场）中，高度集中不会导致反竞争的结果。

　　[66]　同质产品和差异产品的区别不能只看字面意思，因为大多数的行业是通过差异程度来区分的。例如，即使产品真的是同质的，也会存在运输成本。这也许可以说明工厂厂址比较接近的企业之间所面临的竞争会比厂址相距比较远的企业面临的竞争要更激烈。

　　[67]　关于这点更全面的阐释，参见第四章。

　　[68]　参见谢夫曼（Scheffman）和西蒙斯（Simons）（2003）。

这样的情况是因为市场份额无法区分紧密竞争对手和非紧密竞争对手。基于市场份额的分析无形中假定，相关市场中每一项产品的竞争约束程度与产品的市场份额是相关的。但是这个假定前提忽略了差异产品之间竞争的实质。存在于各种产品间的竞争约束的优势可能更多地决定于产品间的可代替程度，而非产品的销售总额所占的份额。所以，与用于同类产品市场相比，一个完全基于市场份额的调查用于差异产品市场会面临更多的限制。[69]

虽然在高度差异化产品市场中，阐释市场份额会额外的复杂，但是界定相关市场并计算市场份额为评估并购是否会引发严重的竞争担忧起到了筛选的作用。面对高度差异化的产品，即使是在一个严格定义的相关市场当中，并购双方的市场份额仍然相对较低，那么，该并购就不太可能引发严重的竞争问题。另外，虽然市场份额本身并没有为评估并购潜在的竞争影响提供一个好的导向，但是竞争性评估依然需要识别紧密替代品的卖家。也就是说，单边效应的经济模型需要评估把收购方的产品作为次要选择的收购方客户群的比例。若把紧密替代品排除在分析外，这样的分析结果就很可能会出错。因此，即使认为在高度差异化市场中，市场份额对于并购分析的意义不大，在市场界定过程中识别划分紧密替代品卖方还是扮演着非常重要的角色。[70]

第四节　单边效应[71]

假如并购后的企业在无论其他竞争对手如何反应的情况下，提高价格都能盈利，那么一般认为该横向并购会引致单边效应[72]。这一节将阐述评

---

[69]　更多关于并购分析中差异产品市场份额的隐含含义的讨论，参见 Baker 和 Coscelli（1999）Farrell 和 Shapiro（2008），Shapiro（1996）和 Carlton（2007）。

[70]　巴克尔（Baker）（1997）.

[71]　如上所述，尽管《横向并购指南》谈论的并非是单边效应，而是非协调效应，我们还是愿意使用标准的经济术语。

[72]　当竞争的核心是产品创新，而非价格竞争时，并购所引发的潜在主要竞争关注将涉及该并购是否会减缓创新以及新产品上市的速度。

估横向并购是否可能引发单边效应时所涉及的经济学问题，以及推断类似损害理论的相关证据种类。建立任何单边效应理论的核心都是限制产量。提高价格导致的一个不可避免的后果，就是并购后的企业必须要面对销售量的下降。[73] 后面的部分将会对单边效应的分析做更多的阐释。

首先，我们将会讨论单边效应产生的必要条件。也就是：并购后的企业具有提高价格和限制产量（或者更泛泛而言，直接降低服务水平或者产品质量）的动机。然后我们将讨论为什么市场份额和由并购带来的市场份额增加会为单边效应的竞争性评估奠定重要的基石。接下来我们探讨在差异化和同质产品市场中，以及在以投标竞争为特征的行业中，有关紧密竞争的概念。最后也是最重要的，我们将会研究把实际存在和潜在竞争对手以及客户的动态反应纳入考虑范畴的重要性。

一、单边效应的主要原则

当且仅当并购实体认为，并购后，其独立于其他竞争者而单方提高价格（或限制产量），能够有利可图时，并购才会导致单边效应。[74] 价格的上涨（或等同于产量的限制）通常跟收益和成本相联系。[75] 限制产量是否盈利取决于这两种抵消因素。收益主要来自于价格上涨。[76] 而价格上升（或产量限制）的成本，则反映在原先可以从损失的销量中获取的利润差额。每个销售单元的利润差额越大，提价或限制产量所带来的机会成本就越

---

[73]　如上所述，这就是向下延伸的需求曲线带来的结果：假设有一条表示典型产品的需求曲线，越高的价格将必然导致越低的产量。产出受到限制可能反应在产量、产能产品范围或产品质量上。大多数情况下关注点是产量限制。

[74]　注意，这不并等于竞争对手不会对并购做出反击。很典型的例子，并购后的竞争对手会调整他们的商业行为。然而，单边上涨的价格的盈利率并不需要对手公司做出典型的行为反应。这恰恰跟协调效应相反，因为对于协调效应，并购后的产量限制的盈利率取决于对手公司的竞争性行为。

[75]　一些作者，如莫特（Motta）（2004）认为所有的横向并购都缺乏效率，所以导致产品价格上涨。理论上，如果在一个静止的世界，公司间不会对并购做出反应，那么这些作者的观点是正确的。但是，实际上，我们不同意他们的观点。因为他们忽略了在大部分现实市场当中广泛存在的竞争中的动态因素。

[76]　当我们认为产能等同于产出的相关定义，利润将会扩大至递延资本支出成本。

高，而该策略将更有可能无利可图。⑦

　　图 7.3 和图 7.4 展示与产量限制相关的成本和收益。

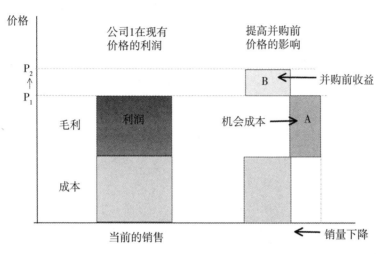

图 7.3　并购前价格上涨无利可图

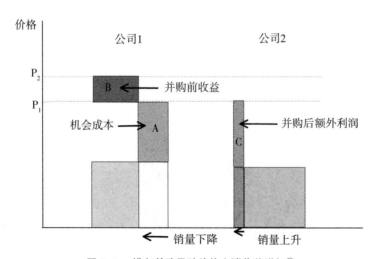

图 7.4　横向并购导致价格上涨收益增加⑱

---

⑦　这种观点就类似于临界损失分析。更深入的讨论内容参见第四章。

⑱　为方便解释起见，我们在此假设两家的价格是一样的。

　　图 7.3 显示的是其中一家并购企业在合并前提价的含义。左边的板块展示的是企业 1 在并购前现行价格水平下的利润。在现行价格水平 p_1，企业 1 获得的利润高于与生产一件额外产品相关的增量成本，也就是，出售产品的价格和增量成本之间的差异。总交易利润等于毛利乘以出售产品数量。[79] 右边的板块显示合并前试图提价所带来的影响。

　　由于提高了价格，企业 1 每销售一件产品，它的利润差额就会增加。利润增加反映在价格从 p_1 升到 p_2。但是，价格上涨必定会导致销售量的下降。因此，要考虑收益和成本。在图 7.3 中，长方形 B 代表的是收益；从图可见，价格上涨，保留下来的销量利润增加。长方形 A 代表成本；成本等于预合并前的利润差额乘以损失销售量。

　　合并前，价格或者产出水平对于并购各方必须是最优的，即任何的价格上涨都不足以抵消产量限制带来的损失。[80] 因此，我们知道并购前的长方形 A 面积肯定比长方形 B 的面积大。[81]

　　但是，横向并购改变了收益和相关成本的权衡计算。这一改变源于，并购一方在合并前单方面提价所损失的销量中的一部分，在合并后将被并购另一方所获取（即，并购一方提价损失给另一方的销量，对于合并后的企业而言将不再是损失）。对于任何并购一方的客户，如果他们转向去购买另一方产品的倾向越大，并购出现单边效应的可能性就越大。图 7.4 可以看出这点。

　　左边的板块复制的是图 7.3 右边的板块。这个板块说明并购一方提高价格背后的实质。收益和成本跟并购前的是一样的。右边的板块展现的是对另一并购方的影响。随着企业 1 的价格上涨，企业 2 的销售量增加了。这就说明企业 1 和企业 2 间的合并能带来额外的收益。也就是说，利润来

---

[79]　这忽略了所有的固定成本。在很多的行业中，企业能从每件产品中获取高利润，但是总利润却非常低，因为企业还需要付出高额的固定成本。

[80]　如第二章提到，这依据定义一定是正确的。如果这不正确，在利润最大化假设下，企业早就提高价格了。

[81]　如果企业能不断调整产量和价格，那么合并前与产量限制相关的机会成本就会等同于与产量限制相关的边际收益。也就是：长方形 A 的面积等于长方形 B。

自企业 2 增加的销售量。企业 2 的销售量增加得越多（也就是企业 1 的客户转向企业 2 的数量越多），总收益（长方形 B 加上长方形 C）超过成本（长方形 A）的机会就会越大。[82]

当然了，图 7.4 只是考虑了并购后，企业 1 卖出的产品的价格变化，企业 2 卖出的产品价格的确也很有可能会改变。这就会带来以下的影响：

- 企业 2 保留的销售量所带来的利润将会提高；
- 随着价格的上涨，企业 1 的销售损失将会减少；
- 随着企业 1 生产的产品的价格上升，企业 2 的销售增加幅度将会下降。

对于并购公司而言，前两个影响意味着合并后的企业利益的提高。第三个影响则意味着利益的下降。

以上考量只是单边效应可能性的整体评估的一部分。评估合并后价格上涨所带来的利益与成本的权衡，也应该考虑竞争对手会做出的反应。例如，竞争对手为应对产量限制而做出提高自身产量的可能性越大，就越能降低最终价格上涨带来的影响。同样的，竞争对手越能改良其产品使其比并购后的企业更有竞争力，价格上涨将导致更多销量转向竞争对手。应该指出的是，为了避免单边效应的产生，竞争对手的回应未必需要完全抵消所有的产量限制（按量或者时间计算）。竞争对手的任何回应，目的都在于降低所有产量限制带来的价格利益。当与产量限制相关的利益超过了相关的机会成本，单边效应就会出现。竞争对手的回应越大，利益就会越低，其他所有因素不变，产量限制能盈利的可能性也会越低。后面的内容进一步讨论了考虑这一因素和其他动态回应的必要性。

以下主要讲述的是评估横向并购出现单边效应可能性的基本方法，以及提出可以用来分析的证据类型。上述讨论应该已经清楚地说明，要

---

[82]　如果企业可以不断地调整产量而价格是产量的持续变量，那么忽略竞争对手和客户的动态反应，限制的产量（长方形 B 加上长方形 C）所带来的利益将会超过与限制（长方形 A）相关的机会成本。如果企业无法不断地调整产量或者价格不能持续刺激产量，结果就未必成立了。

确定价格上涨所带来的收益是否超过机会成本，必须采用实证分析。一个简单事实是，并购后产量限制的利益增加本身并不足以说明横向并购会导致单边效应。

二、评估单边效应的标准方法：市场份额分析

确定横向并购是否会导致单边效应的标准方法需要评估并购后的市场份额。这一传统的并购评估也侧面测量了前面讨论过的重要因素。在其他条件不变的条件下，并购企业的市场份额越高，对于价格上涨或者产量限制后，来自保留下来的客户群的利益就越大。[83] 进一步而言，市场份额可以为相关市场中每家公司给出的竞争性约束强度提供有效的替代。也就是说，并购一方的市场份额越高，并购前的竞争性约束就会越大。

所以一般而言，合并的企业在并购后的市场份额越高，其他条件不变的条件下，并购导致单边效应的可能性就越大。但是，考虑并购产生的市场份额增量也是非常重要的。合并一家市场份额为57%的企业和一家市场份额为3%的企业，并购后的市场份额达到60%，这与两家各占30%市场份额的企业并购相比，所带来的效应可能大不相同。后者引发单边效应忧虑的可能性更大。显著的差异源于价格上升或产量限制所带来的利益成本权衡的不同。在前一个并购中，市场份额的增量只有3%，所以导致并购企业的利益只有少量的增加。然而在后面的那个并购中，并购后企业的市场份额增加30%，对由产量限制产生的利益将会有重大影响。

按照支配地位测试，合并市场份额在40%以上通常被认为是一个门槛，低于这个门槛不会产生竞争担忧。然而，并购测试的改变，导致不太可能引发单边效应的市场份额门槛降至25%。[84] 引入这个变化是为了捕获一种可能性，即市场份额有可能明显地低估了并购各方在并购前的

---

[83]　当然了，所涉及市场的需求和供给弹性越高，企业即使拥有较高市场份额，也越不可能发现提价是有利可图的。

[84]　参见第18段，《横向并购指南》。

竞争约束。如上所述，在一个产品高度差异的市场上，由于一些产品生产商是相对比较"紧密的"的竞争对手，所以市场占有率无法很准确地说明并购的一些潜在竞争性影响。紧密竞争的概念也存在于以下行业和市场当中：(a) 企业生产同质产品但在产能上有差异，(b) 具有竞投标特征的市场。[85] 因此，在评估横向并购导致单边效应可能性的过程中，评估市场份额是否过高或者过低地显示并购各方的竞争性约束是非常重要的。

但是，先不管评估过高还是过低，市场份额门槛只起到筛选作用，所以，它并不能说明超过门槛的并购一定就会引发竞争关注。如上所述，现在更广泛被接受的是并购是否会导致单边效应的可能性不仅取决于市场份额，也取决于其他一些因素，尤其是竞争企业为应对并购企业提高价格的战略所采取的（如对现有产品的重新定位）的扩大产量和其他一些动态反应的程度。[86] 换句话说，竞争性评估不应该只进行单纯的静态分析（也就是说分析只是建立于现有的市场份额），而应该扩大范围至进行明确动态分析（也就是说分析需要考虑竞争对手扩大产量或者重新定位他们各自的产品的程度，包括引入新产品）。[87] 我们先探讨竞争紧密性的评估，然后依次讨论动态反应的重要性。

三、高度差异产品的竞争紧密性

产品和地理差异引起的竞争性企业之间竞争"紧密性"的不同，会使得以传统手段来评估并购导致单边效应的可能性问题变得更为复杂。[88] 上

---

[85]　参见前文关于紧密竞争的两个概念的讨论。

[86]　Pirelli 和 BICC 并购就是不仅仅评估并购后市场份额很好的竞争性评估范例。委员会提到国家层面的高市场份额反映了之前能源应用行业政府控制采购决定的现象。

随着这些行业的自由化和私有化，委员会作出结论，对于国内消费者而言，非本国的企业将成为国内客户的有效替代。参见 COMP/M. 1882、Pirelli/BICC（2000）和毕晓普（Bishop）and 罗凡洛（Lofaro）（2001）。

[87]　遗憾的是，在委员会的评估中，这些因素总是不被重视。

[88]　Vellturo（1997）。

文已提及相关市场在横向并购的评估中所起的作用，所以人们总是认为在一个高度差异化的行业中，界定相关市场难度要高得多。但是，正如我们所理解的，假定垄断者测试可以用来解决这些问题。这就说明产品和服务高度差异化的行业带来的复杂性跟相关市场的界定无关，而是与对市场份额的解释相关。要解释说明高度差异化行业的市场份额是一件难度很大的事。这是因为差异产品间竞争的本质就已经意味着，在消费者眼里，不是所有的产品都是同等可替换的，因此，其带来的结果就是产品间施加的竞争约束不同。在这样的情形下，市场份额无法成为区分紧密竞争对手和非紧密竞争对手有效的工具[89]。笼统地说，"紧密"的竞争对手是指如果某企业产品相对价格上涨，将有可观的一部分销量损失由该竞争对手获得。当并购涉及高度差异化产品时，"紧密竞争"可以从产品特征和地理位置角度来考虑。例如，相比一款品牌不出名的雪糕供应商，一款高端品牌雪糕的供应商更有可能面临另一款高端品牌雪糕供应商的"紧密"竞争。同样的道理，当运输成本很重要时，供应商更有可能面临邻近竞争对手而不是远方竞争对手带来的"紧密"竞争。以下例子说明什么是"紧密"竞争。假设现在有 A、B、C 和 D 公司，他们的销售量分别为 100。假设如果 A 价格提升 5%，它就会损失 20% 的销售量，因此提升价格不能给 A 带来利润。损失的销售量会被转移到表 7.2 中的另外三家公司。这张表说明 15 名客户从 A 转到了 B，3 名客户转到了 C，2 名客户转到了 D。这样的话，对于 A 来说，比起 C 和 D，B 是一个比较紧密的竞争者。B 的市场份额低估了消费者从 A 到 B 转换的程度。如果 A 和 B 要并购，A 供应产品的价格在并购后上涨只会导致并购后的企业 AB 损失 5 个单位的销售额。对比 A 和 D 的并购，A 产品价格提升同样的程度，但是并购公司会损失 18 个单位的销售额。因此，A 和 B 并购，A 产品价格提升 5% 盈利的空间会更大。

---

[89]　此外，产品差异降低协调效应的可能性。参见下面后面关于协调效应的讨论。

表 7.2 单边效应说明

企业	现有价格销售量	A 价格上调 5%后的销售量
A	100	80
B	100	115
C	100	103
D	100	102
AB	200	195

这个例子说明差异化产品市场的并购引发单方面价格上涨的程度取决于并购企业之间的相对"紧密性"。单看市场份额，B、C、D 给 A 带来的竞争性制约强度是同等的。

但是，通过对从 A 转移到这些竞争对手的销售量的分析，发现在这个假设场景中，A 损失的大部分销售量都转移到 B，说明并购前 B 给 A 带来的竞争约束比 C 和 D 带给 A 的约束程度要大得多。同时这也说明 A 和 B 在一定程度上是尤其"紧密"的竞争对手。[90]

但我们同时也要理解，紧密竞争不能与市场份额评估完全分隔开，这一点是很重要的。在上述例子中，由于 B 获取的从 A 转移的销售量超过了市场份额所预测的数额，B 成为一个比较突出的紧密竞争对手。在市场份额基础上，预计会有 6 到 7 个单位[91]的销售单位会转移到 B，然而实际上（在这个设定例子中），转移的数额达到了 15 个单位。在评估并购是否会削弱有效竞争时，需要评估市场份额是否能很好地反映并购竞争性约束的程度，以及是否过低或者过高地反映竞争约束。在一个市场中，市场份额低估了竞争约束，我们就可以判定两家企业是紧密竞争者。

在评估竞争的紧密性时，明确说明紧密性的来源和对其详细分析是非常重要的。在没有提供任何相关的紧密性来源的情况下，就断言某两家企业是紧密竞争对手，这样的情况经常发生。其实评估两家企业是否为紧密竞争对手，是一种实证问题，而不应该只是靠两家企业本身或者所处的地

---

[90] 在一个市场中，如果不同产品的竞争程度不同，这样的竞争有时也被称为"本地化"。Hotelling（1929）首次就这一概念提出正式的说法。

[91] 严格来说，20/3 单位会被转移。

理环境来判断。比如，在一条直路上有 4 个加油站。首先，直觉上会认为比较接近的两家加油站会有更紧密的竞争约束。当然，这并不是绝对的。也有可能这些加油站的所有潜在客户在上班的路上，开车通过所有这四家加油站，这样这四家加油站的紧密性有可能就相等了。[22] 同样的道理，两家企业出售比较类似产品，但是这也无法断定他们是紧密竞争对手。

此外，对最紧密竞争者的识别本身不足以断定并购可能带来的潜在影响。例如，假设企业 A 是一家拥有巨大市场份额的企业。对于并购的其中一家企业的大部分客户而言，A 是最佳的另一个选择。但是转移到 A 的份额却比市场份额表现的转移份额要少。相反，企业 B 是一家市场份额较小的企业。但是转移到 B 的份额却比市场份额表现的转移份额要多。在这个假设的例子中，对于并购企业的其中一方而言，B 是一个比 A 更加紧密的竞争对手。这只是因为市场份额低估了相对价格提高所引起的并购方的客户转向 B 的程度。但是 A 带来的竞争性约束的强度很可能还是会超过 B 所能带来的。[23] 而且，即使严格地说某家企业是最紧密竞争对手，并不意味着其他企业不能带来重大的——更确切地说——是同样紧密的竞争性约束。虽然，在一个高度差异化市场中，如果很大部分的消费者认为并购的两家企业的产品是他们的首选和次优选择，并购会更有可能导致单边效应。[24] 但是，如果其他竞争对手的产品可以成为并购企业的替代品，并购就不太可能会导致反竞争的价格上升。因为，如果这样，并购后价格上涨的幅度就会受到制约。[25]

此外，强调"竞争紧密性"有可能导致重要的竞争约束在竞争评估中被完全忽略。因此，如果完全忽略相关市场界定（或将相关市场界定推迟到竞争评估之后），将又引入了一种随机性的主观分析模式，这恰恰是假定垄断者测试设想解决的问题，即依据并购双方产品特征差异来判断其竞

---

[22]　事实上，两家各处在一条高速路两边的加油站更有可能是紧密竞争对手。

[23]　威尔登（Werden）(1998)。

[24]　参见美国指南的 2.21 节关于这一话题的讨论。

[25]　考虑企业在并购后重新定位产品的能力也是很重要的。

争紧密性。尽管产品特点的差异会导致产品差异化，这种差异不能说明两种具有类似产品特征的产品就是紧密竞争者，从而市场份额将低估合并前的竞争约束；同样，这也不代表特征不相似的产品在合并前彼此构成很微弱的竞争约束。[96] 这类谬论总是存在于一些零售市场中。比方说，一般认为专业的商业街零售商之间的竞争往往比他们和超市零售商或网络零售商之间的竞争更激烈。[97] 再者，即使专业商业街零售商是彼此最紧密竞争对手的说法是正确的，但是在判定单边效应有可能产生之前，还是应该要考虑现存的所有竞争约束的总和。

可以用这三种分析类型中的一种评估竞争紧密性。每一种分析都是直接关注并购双方在多大程度上提供对对方构成有效竞争约束的产品。三种方法分别是（a）结构需求分析、（b）分流比的计算、（c）计量经济分析。结构需求分析包含了一系列不同的模型使用，包括检测并购双方详细的价格和销售数据（如：AIDS 模型）；[98] 合并产品的价格和销售数据以及详细的行业和产品专用的成本数据（剩余需求分析）；[99] 或者市场份额和预先设定的弹性估算（反垄断 Logit 模拟模型）。[100] 原则上，这些方法能模拟出并购的潜在影响。

可惜的是，要开展任何一种结构需求分析都需要获取大量的数据，而在大多数并购中这些数据都无法获取（看第 10 章关于这些分析技巧的讨论）。由于获取数据受到限制，只好把重心放到所谓的分流比的计算上。两种产品间的紧密程度可以从分流比的比重中看出。从 A 到 B 的分流比（记为 D_{AB}）的定义是当 A 的产品价格上升，A 损失的销售量中被 B 所获取的比例。例如，假设 A 产品的价格提升10%，由此损失 1000 单位的销售

---

[96] 这就类似于相关市场的界定，只是建立在相关产品的物理特征差异上。第四章已对此种做法做出严肃的批判。

[97] 英国对于商业街专业零售书籍和游戏的调查为此提供了很好的例子。参见 Game Group PLC 和 Gamestation Ltd 有关 Game Group 收购 Gamestation 的完整报告（2008），以及 HMV Group PLC 和 Ottakar's PLC：HMV 通过 Waterstone's Booksellers Ltd 收购 Ottakar（2006）。

[98] Hausmann，Leonard 和 Zona（1994）。

[99] Baker 和 Bresnahan（1992）。

[100] Werden 和 Froeb（1994a，1994b，1996）和 Werden，Froeb 和 Tardiff（1994）。

量。如果 B 获得了 A 损失的销售量中 400 个单位，也就是说 B 获得了 A 损失的 40% 的销售额，这样 D_{AB} 就是 0.4。

原则上，可靠的分流比分析方法不需要对相关市场进行界定，这是因为分流比本身就是用来直接测量并购前竞争约束程度的。但是，利用分流比来预测并购带来的竞争影响，会存在一些误区。[101][102]

首先，要正确地估算分流比需要有关消费者转移模式的数据。在差异化产品市场中，根据市场份额来估算分流比这一标准简化方法是毫无益处的。[103] 通过市场份额来评估分流比就代表由其他产品带给 A 的竞争性约束的压力会与相关企业的市场份额相称。而某些产品代表了更紧密竞争者的可能性，这一应当考察的关键问题因此未能纳入考虑范围。[104]

另外，进行消费者转换选择问卷调查，并捕获"边缘"消费者行为，而不是"非边缘"消费者行为，是比较困难的。由于消费者有不同的喜好，所以产生了差异化产品。A 生产的产品 A，会有一部分客户，相比其他替代产品而言，会更看重产品 A。所以即使产品 A 的价格相对上升了，他们仍然愿意继续购买产品 A，这样的客户就是非边缘客户。还有另外一些客户在现行价格中会购买产品 A，但是当 A 的相对价格上升了，他们就会购买其他替代品。评估涉及差异产品的并购中 A 和 B 的相关分流比，B 成为 A 的边缘客户的最终选择很重要，因为这有效地测量了 B 给 A 带来的价格约束影响。如果在并购前，A 的相当大部分边缘客户认为 B 的产品是他们的次优选择。那么本来 A 损失给 B 的而且会导致 A 的价格受到限制的销售额对于并购后的企业将不再是损失，相反，A 损失给 B 的销售量由并购企业获得。这种情况下，并购后的企业可能有单边提价的动机。

因此，通过分析边缘客户的次优选择从而判断分流比，与判断 B 是否为 A 所有客户的次优选择是两回事。即使 A 的产品价格相对改变，A 的非

---

[101]　评论参见沃克（Walker）（2006）和 RBB Economics（2006）。

[102]　对这些话题进一步的讨论参见本书第 11 章。

[103]　使用这个方法，D_{AB} 约等于 B 的市场占有率除以一百减去 A 的市场占有率的差。所以若 A 的市场占有率是 40%，B 的是 15%，那么 D_{AB} 就是 0.25（即：15/（100-40））。

[104]　维勒拓（Vellturo）（1997）详见参考文献。

边缘客户依然会购买 A 的产品。而边缘客户则会在 A 产品价格上升的时候停止购买 A 的产品。这样的情况对于竞争评估是很重要的。我们由定义可知，非边缘客户和边缘客户的消费喜好不同，所以非边缘客户的购买替代选择不能很好地反映边缘客户的消费喜好（即：非边缘客户的次要选择也许跟边缘客户的不同）。

即便有合适的数据，但是分流比分析也是不全面的。分流比指的是由于价格上涨，从 A 转移到 B 的客户比例。但是这从最根本上就忽略了从 A 转移的客户数量。如果由于价格上升，A 的大量客户选择转移，即使这当中很大部分客户转移到 B，A 和 B 的并购也未必足以让 A 在并购后有提升价格的动机。例如，假设 A 的产品上升 5%，就会导致 A 流失 90% 的客户。然后流失的客户中有 40%（$D_{AB}=0.4$）流向 B。这样的结果并不会让 A 和 B 的并购获益。这是判断单边效应可能性的重要动态因素。而单边效应不能单单靠分流比的评估，还需要更多的数据才能判断客户转移倾向。

最后，分流比的评估并不是动态的，所以并不能很好地体现客户应对产品重新定位的反应。如上文所述，这些类似的动态反应常常是并购后竞争约束的一项重要来源，但是人们给予它们的重视并不够。

在某些特定的情况下，计量经济分析可以用来评估竞争的紧密性。[105] 要计算并购各方竞争的紧密程度，可以对比并购一方在面临并购另一方带来的竞争情况下的销售价格和并购一方在没有面临并购另一方竞争的情况下的销售价格。如果要做一个同等的对比，需要考虑其他可能会影响两个代表群的价格因素（即：一个代表并购双方有竞争，另一个代表并购双方没有竞争）。使用多元回归的计量经济分析的确是解决这类问题的理想方式，因为它除去了并购一方价格变化给另一方带来的影响。[106] 如果计量经

---

　　[105]　注意，这里用到的计量经济并不等同于之前提出的模拟模型。两者的区别就在于模拟模型是在数据基础上建立的一种理论竞争模型。模拟模型是用来预测并购的实际价格影响。但是，这个模型有缺陷，因为它假定相关行业竞争的真实本质。所以这种模型常常不符合行业的真实情况，即这种模型无法解释已有的结果。参见第 15 章的第三部分更具体的讨论。

　　[106]　参见第三部分关于竞争法中计量经济用法，尤其是关于提供了计量经济方法和技巧综述的"计量经济附录"的具体讨论。

济分析的结果说明，当并购任意一方就价格进行竞争，而并购另一方在不竞争的情况下，并购双方都提供比较低的价格，这就意味着并购双方目前都给对方构成重要的竞争性约束。这也同时说明这个并购提议会导致并购后的价格上涨。相反，如果计量经济分析的结果表明并购各方价格的变化不受并购另一方的影响，这就可以说明并购双方在对方身上施加的竞争约束不显著，也因此说明这个并购方案不太可能会引发显著的单边效应。[107]

使用计量经济来评估竞争紧密度的例子可以参考 Oracle 和 PeopleSoft 的合并案例。[108] 两家公司都致力于软件，尤其是公司应用软件（EAS）的设计、研发、生产和销售。EAS 广泛应用于商业中，如会计、供应连锁管理和人力资源方面。委员会的竞争评估中的一个重要问题就是并购双方产品的竞争激烈程度。由于大部分 EAS 合约都是开发商和客户间各自开展商谈的，价格都是由各自报价。

委员会进行了一系列的计量经济分析，目的是为了调查出中标人给出的折扣是取决于投标者的数量还是取决于最后一轮投标者的身份。委员会发现交易的规模和折扣之间有着非常紧密的联系。但是，没有固定模式能体现 Oracle 定的折扣受到最后一轮投标者的数量和身份的影响。基于这个分析以及投标者复杂的心理以及由此带给其他投标者的竞争性压力（如重新邀请之前不在投标范围的投标者重新竞标，或者隐藏投标者身份），委员会作出一个结论，Oracle 在并购后通过提升价格来获益的可能性不大。[109]

评估竞争的紧密性可以使用通过以下一种或者多种渠道获取的数据：转换研究、消费者调查、输/赢报告、市场份额或销售额转移模式评估。从这些渠道获取的数据可以有效地帮助洞悉两种产品（或者两个地区）的竞争紧密性。因此，这些数据为并购带来的潜在竞争影响提供重要的信息。

---

[107]　参见毕晓普（Bishop）和拉法洛（Lofaro）（2005）关于这些话题的实际讨论。

[108]　COMP/M. 3216 Oracle/PeopleSoft（2004）.

[109]　参见第 29 段，《横向并购指南》。

四、企业产能不一情况下的竞争紧密性

我们已经讨论了差异化产品的竞争紧密度。一般而言，由于有些企业的产品已经接近完全替代品，所以对于同类产品并没有竞争紧密性的说法。这些案例中，市场份额也未必就能成为衡量竞争对手的竞争能力的风向标。虽然一些竞争对手的市场份额相对比较小，但是如果他们在并购后能扩大销售量，也就是说并购前存在剩余产能，或者能相对快速（一至两年内）地提高生产能力，他们就能带来重要的竞争约束。在这些例子中，扩张的阻碍比较少，所有仅仅基于市场份额的分析无法很好地反映并购对竞争的影响。

但是，如果一些企业生产能力受到限制，这就会阻碍他们在应对并购后的企业价格相对上涨时扩大产量。产量限制的出现会降低并购后的企业客户转移的程度，所以就会提高并购后提价获益的可能性。[110] 这种说法是否成立，取决于哪个企业的生产能力受限制以及企业拥有多少剩余产能。如果并购涉及同质产品市场中仅有两家拥有剩余产能的企业，那么并购后有可能引发单边价格上涨，除非存在其他抵消因素，比如竞争企业增加额外产能的能力和速度，以及并购带来的任何成本效率。[111]

竞争对手的潜在产能扩张的重要性在 Bertelsmann/Springer 合营企业案例中有所体现。[112] 案例中合营企业都致力于报刊杂志的出版、印刷和发行。上文提到的合营企业在德国的杂志市场有着主导地位，它的市场占有率达到了40%—50%，跟在其后的两个强竞争对手 Schlott 和 TSB 分别仅占有约20%—25%的市场份额。委员会的分析显示，如果上述合营企业打算提高印刷杂志的价格，那么其竞争对手可以提供强大的印刷产能来印刷德国的

---

[110] 严格来说，第二章提到的古诺假设显示除非边际成本下降幅度很大，否则公司间通过先设定生产能力然后设定价格进行的竞争就等同于在竞争对手数量下降时会引发价格上涨的竞争。参见克雷普斯（Kreps）和谢克曼（Scheinkman）（1983）。

[111] 值得注意的是当所谓的绿地投资由于成本过高而不切实际时，也可以通过解决瓶颈问题或者通过少量投资基础设施，来实现产能的扩展。

[112] COMP/M. 3178 Bertelsmann/Springer/JV（2005）.

杂志。需要明确指出的是，印刷杂志的产能可以从目录和广告印刷的产能中转换出来。而且竞争对手也非常愿意这么做，这是因为杂志印刷的利润高于广告印刷的利润。因此委员会得出结论：并购方在并购后提高价格而获益的可能性很小。

五、企业竞标时的竞争紧密度[113]

输/赢分析可以有效地被用于供应商之间的招投标竞争合约，并且赢标方以及跟随其后的竞标者身份可以辨别的市场中。这样的赢/输有助于了解现在所有竞争对手对并购企业带来的竞争性约束的强度。如果并购双方代表的是彼此最紧密竞争对手，那么其中一方则会和另一方而不是和其他竞争对手在竞标中有更多的交手，所以数据会显示在并购一方中标的竞标中，另一方通常是次中标者。

在多数的情况下，次中标者决定竞标的最终中标价。为了中标，企业定价格必须设定比次优选择稍有吸引力的价格。当然，在进行赢/输分析会遇到很多实际问题。尤其是企业要能够提供足够可靠的关于他们参与（或者至少中标）竞标的数据以及排名第二的供应商的信息。[114] 这些数据也许说明，在不考虑剩余供应商的所有产品重新定位的因素，这起并购有可能消除一个重要竞争约束，因而让合并后的企业提价。

当其他企业对并购各方带来了同等或者更强的约束的时候，这个并购引发问题的可能性就很小。这种分析在 Philips/Marconi 的医疗系统中得到委员会的认可。[115] 这个案例涉及供应给医院的各种医疗成像设备。委员会接受了一份并购双方作出的"赢/输"调查。调查显示在所有的相关产品市场中——计算机断层扫描、磁共振和核医学——Philips 面对的来自其他尤其是美国通用和德国西门子公司的竞争，要比与美国马可尼医疗系统公司的竞争更密切。在此基础上，委员会判定这次并购不会导致反竞争

---

⑬　参见第十二章关于可以用来评估在这些市场中的竞争的经验技巧的讨论。

⑭　委员会可能可以容易获取到这类信息。

⑮　COMP/M. 2537，飞利浦/马可尼医疗系统（2001）。

效果。

在通用/Instrumentarium 的案例中，委员会也就关于所有受影响的产品和所有欧洲国家做了赢/输分析。在紧急救护监测、C 型臂透视器和乳房 X 线照相设备的相关市场中，由于提交的分析中有证据显示并购双方，不是彼此的最紧密竞争对手，所以委员会接受了这个分析结果。例如，第 224 段提到的关于 C 型臂透视器市场的决定中提到：

"在所有通用公司赢得的竞标中，有 40%—50% 的竞标为西门子是欧洲经济区的次中标者，接着是 30%—40% 的飞利浦，最后是 0—10% 的 Instrumentarium 公司。Instrumentarium 公司成为次中标者的频率低于假设各竞争对手具有同等替代关系的出现频率。"[116]

因此委员会判定：在该案中申报方提交的投标数据倾向于表明，市场份额夸大了通用公司和 Instrumentarium 公司合并的市场力量对并购的影响。[117] 换句话说，委员会发现通用公司和 Instrumentarium 公司并不是非常紧密的竞争对手。

委员会也考虑了并购双方有关赢标中折扣的计量经济分析，尤其是当另一方也参与竞标时，对一方竞标折扣的影响。[118] 关于紧急救护监视器、C 型臂透视器和乳房 X 线照相市场的计量经济分析结果与赢/输分析结果一致，它们都说明并购双方并没有对对方设定的折扣程度有很大的影响。[119]

"这个扩展性实证分析的结果就是在 Instrumentarium 公司作为竞标者的时候，并没有对通用公司设置的折扣程度有任何的系统影响。委员会所采纳的分析模型中没有一个模型显示……变量的系数表明 Instrumentarium 出现在招标中具有统计上的显著性。"

---

[116] COMP/M. 3083 GE/Instrumentarium（2003）第 244 段。
[117] 引自 第 245 段。
[118] 参见威尔登（Werden）（2008）的补充。
[119] 引自 第 248 段。

　　但是对于围术期监测市场，各种计量经济分析的结果并不一致。由通用公司经济专家做出的研究显示，在 Instrumentarium 公司中标同时通用也参与的那些竞标中，通用公司的参与并没有对 Instrumentarium 公司提供的折扣造成明显的影响。研究也显示对 Instrumentarium 公司定价施加主要竞争约束的是飞利浦。相反，第三方提供的调查显示，比起只有通用公司或者 Instrumentarium 公司参与的竞标，第三方在通用公司和 Instrumentarium 公司同时参与的竞标中所定的折扣是更高的。

　　由于并购消除了通用公司和 Instrumentarium 公司之间的竞争，这个调查可以说明并购会导致第三方（也有可能是通用公司）提高其并购后的价格。[29]

六、动态评估的重要性

　　即使是那些会导致较高市场份额或者涉及比较紧密竞争对手的横向并购，由于竞争对手的回应，也未必会导致单边效应。因此，竞争对手对并购的回应对评估单边效应的可能性是至关重要的。当前竞争对手的动态回应形式多不胜数。

　　首先，比较小的竞争对手可能会采取扩大产量来降低或者消除任何提高价格的动机。要做出这类竞争性回应，并不要求竞争对手拥有现存的过剩产能。在某些情况下，这些竞争对手为应对提价的企图，可能会扩大自身的生产能力，这样的威胁已足以对并购企业构成充分的竞争约束。

　　其次，竞争对手还可以改变其有竞争力的产品或服务，例如：提供一种之前只有并购企业提供的新服务。改变竞争性的供给可以通过扩大产品范围的形式来实现。例如：零售商在应对并购时，可以增加库存产品种类。还有一种选择就是竞争对手可以通过开始生产或者供应与并购企业类似的产品以达到重新定位自身产品的目的。电子游戏零售就是公司为应对并购而对产品重新定位的一个很好的例子。在 GAME/Gamestation 一案中，

---

　　[29]　题外话，也许有人会问为什么竞争对手会抱怨一个能增加其收益的并购，以及这对其证据可信度而言意味着什么。

英国竞争委员会提出了担忧，原因是并购双方是仅有的两家同时销售新、旧游戏（新游戏也被称为"mint"游戏）的零售商。[⑫] 并购方认为 mint 游戏零售商为应对二手游戏价格的上涨可以出售他们自己的二手游戏，因为 mint 游戏零售商已经拥有一定的客户群和库存管理工具，它们只需要重置货架空间的比例展示二手游戏。英国竞争委员会反对这样的言论。但是，在不足一年时间内，一家竞争零售商已经开始把二手游戏放到市场上了。[⑫]

总之，正如一份上交至英国公平交易贸易局的调查结论显示，并购不是毫无来由地发生的。

"在并购后出现的动态回应意味着，单单靠从需求关系获得线索的并购预测只能说明部分的情况。因此，虽然单边效应模型能有效地帮助理解潜在的危险领域，依然需要评估市场如何应对由并购产生的结构性变化。"[⑫]

除了实际竞争对手的动态回应以外，还有另外两种动态回应的渠道会加大对并购企业的竞争性约束。这两种动态回应就是新企业的进入和并购企业的客户行使买方力量。这两种动态回应在以下两部分中有具体的介绍。

第五节　市场进入[⑭]

《横向并购指南》正确地指出：当进入一个市场足够容易的时候，并购就不太可能会带来任何的重大反竞争风险。[⑫] 因此，评估市场新进入的可能性是单边效应竞争评估中一个很重要的因素。[⑯] 尽管有效进入市场的

---

⑫　参见 GAME/Gamestation, op. cit。

⑫　参见 Murgatroyd, Majumdar 和 Bishop（2008）关于这个例子的讨论。

⑬　公平交易贸易局研究报告 1999 年版。

⑭　参见第三章关于进入的讨论。

⑮　参见第 68 段，《横向并购指南》。

⑯　如文中所述，市场进入也是协调效应竞争性评估中一个重要因素。

可能性评估是并购评估中很重要的一部分，但是有必要在合理的背景下开展这个评估。尤其要注意的是，不能仅仅因为进入市场的门槛很高就认为并购会导致单边效应。即使进入市场的门槛很高，但是现有企业在并购后还是很有可能会保持强劲的竞争。事实上，如果现有企业间的竞争很强劲，那么即使在市场准入的门槛很低的条件下，也不会预见新企业进入市场。因此，进入难易分析应该在评估了合并后没有新企业进入下可能的竞争水平之后进行。如果竞争程度已经很充分，就不需要评估进入市场的难易程度了。例如，如果市场上已经有四家企业在激烈地竞争，那么谁还会在意进入市场是否困难？[127] 因此，只有在认为没有新企业进入市场，并购也许会引发竞争担忧的情况下，考虑进入才是非常必要的。

我们可以把市场进入分成两类。第一类是可以迅速出现，并且不存在或只存在少量沉没成本的进入。这就是文献所说的"打了就跑"式进入。[128] 当企业认为有获利机会（如并购导致价格提升），知道企业在获利机会消失时可以几乎不用成本就可以撤出市场的时候，企业就会进入市场。如果企业可以以"打了就跑"的方式进入，那么潜在竞争就会带来一个比较强的竞争约束。并购后价格上升了，"打了就跑"进入就会出现。只要进入的企业有足够的产能，就会让价格降到并购前水平。[129] 这种进入被称为"王牌"：无论其他竞争性评估认为并购有多么不好，这种进入意味着并购不会是反竞争的。[130]

供给替代性可以看做是一种"打了就跑"的市场进入形式。[131] 如果有企业能很容易就把它们的产能转向生产相关产品，这就很有可能让任何反竞争价格上涨受到打击。[132] 请注意，如果相关企业替换现有产品的机会成

---

[127] 类似的是，认为因为在相关市场的价格很低，准入门槛就很高的想法是没有任何意义的。

[128] 这就类似于美国指南中所说的非承诺性进入。

[129] 这种进入不会将价格降到低于并购前价格的水平。如果在这个水平依然有利可图，进入公司早在并购前就进入市场了。

[130] 巴克尔（Baker）（1997）详见参考文献。

[131] 如第四章提及，在界定相关市场时可以考虑供给替代。

[132] 参见第73段，《横向并购指南》。

本很低，或者如果相关企业现在拥有剩余的生产能力，那么供给替代性将构成有效的竞争约束。如果企业 A 为了提高产品 B 的产量而降低产品 A 的产量，并且导致对 A 销量的较高利润损失，那么企业 A 就不大可能为了回应产品 B 的短期价格上涨而降低产品 A 的产量。

第二种进入经常出现在横向并购评估中。我们称这种进入为长期进入。长期进入需要企业投入沉没成本，因而只有希望长期驻扎在这个市场的企业才会用这种方式进入。[133] 大多数的进入都需要沉没成本（例如广告，研发和不可恢复资产的投资）。这类进入有可能足以抵抗并购后反竞争价格上涨，但是和"打了就跑"式进入相比，这类进入的分析可能就没那么清晰了。

《横向并购指南》指出，为了将进入视为是一个充分的竞争约束，进入必须是可能的、及时的以及充分的。[134]

一、进入市场的可能性

被认为是可能的市场进入，必须是考虑了注入新增产出的价格效应和现有竞争对手的可能回应时，进入仍然足以有利可图。只有进入在长远来看有利可图时，企业才有可能投入沉没成本，进入市场。如第三章提到的，一家理性的企业决定是否进入一个市场，关注的不是当前市场的现行价格，而是一旦进入后预期的市场价格。在一些情况下，当前市场价格也许可以为进入后的可能市场价格提供一个大致合理的估测。但是，在其他一些情况下，进入后的价格有可能明显低于当前市场价格。当更多的企业进入导致激烈的竞争，因此使得价格大幅度下降时，这种情况就会出现。所以，如果人们预期价格随着进一步的市场进入而大幅下降，那么企业便很可能继续设定高价，并因没有吸引新进入者而获取显著收益。在这些情况下，进入的威胁和进入后的预期价格水平，不能被看做对进入前的价格构成有效约束。

---

[133]　这种进入类似于美国指南中所说的承诺性进入。
[134]　欧盟横向并购指南中的进入评估反映了包含在美国横向并购指南中的内容。

　　然而，评估所有横向并购的相关基准就是现行价格水平：[⑬] 关注点是清除一位潜在竞争对手是否能让并购后的企业将价格提高至基准以上。合并后对潜在竞争给出有效的竞争约束，只需要足够的客户转向新的市场进入者，使并购后的企业提高价格的举措无利可图。

　　例如一家并购后的企业想要把价格从 100 提高到 110，但是如果客户转向一家价格为 100 的新的市场进入者，那么这家企业进入市场即为明智的，换言之，并购后企业的涨价将无利可图。简单一点地说，新的市场进入者的定价不需要低于现行价格，只需要等于现行价格就可以带来有效的竞争约束。[⑯]

　　其中一种评估进入可能性的方法就是考虑进入的最小可行规模。进入的最小可行规模是市场进入者为了不亏本，需要以并购前价格出售产品的最低数量。原则上，这个数量是可以算出来的。[⑰] 如果这个数量相对于市场规模而言比较大，就说明不太可能有新的进入。相反，如果这个数量相对市场规模比较小，说明有可能出现新进入。[⑱]

二、及时性

　　新市场进入者为了阻止并购后可能的价格上升，必须能够快速地大幅度影响相关市场中的价格。这就带来了一个问题：多长时间是合适的考量时间段？《横向并购指南》指出如果能在两年内影响相关市场内的价格，这样的进入就算是及时的。[⑲] 即使 12 个月内都不会进入，潜在竞争依然可能带来有效的竞争约束，因而消除所有单边效应的担忧。如果新的市场进入出现，就会在进入后对并购企业产生不利影响。新的市场进入对并购企业

---

　　⑬　参见 Baker（1997）。

　　⑯　英国竞争委员会，Svit- zerWijsmuller A/S，（2007）收购 Adsteam 海洋公司（"Adsteam"）就是一个很好的例子，体现了并购后竞争性限制进入的评估。这里面包括了一个关于竞争性评估合理的进入市场后的价格水平的论证。

　　⑰　引自 The Adsteam/Svizter transaction，就是这类分析的好例子。

　　⑱　参见文中关于《横向并购指南》关于规模经济和其他进入市场的潜在渠道的讨论。

　　⑲　参见文中关于《横向并购指南》。

造成的损失可超过短期涨价带来的收益。

三、充分性

《横向并购指南》指出进入必须有充分的规模以应对并购的反竞争影响。[140] 小规模地进入，如进入某些特殊市场，有可能不被视为充分进入。

四、市场进入总结

通过以上的讨论可以得出两个结论。首先争论进入门槛是高还是低是不够的。事实上，在某种程度上，我们对这个问题并不感兴趣。真正重要的是进入是否可能阻止并购后价格上涨。如上文提到的，这取决于进入的可能性以及进入后的竞争特点。第二个结论就是除非是可能的"打了就跑"式进入，很难实现成功的进入抗辨，需要大量的分析来建立具有说服力的进入分析。当然了，单纯的进入可能性甚至某一类的进入可能性是不足以"战胜"并购的反竞争影响。

第六节　买方力量[141]

买方力量指的是买方采取行动改变供应市场结构的能力。如《横向并购指南》指出，买方力量可以通过威胁借助于替代性的供应源而实施。[142] 其实，买家还可以使用两种策略来应对并购后的价格上涨。

首要策略涉及赞助或者威胁赞助现有竞争对手的扩展，或者赞助新的市场进入者（包括买方从事纵向整合的可能性）。如果买家可以通过签订长期供应合约来保证扩张，包括绿地产能建设，这样的扩展或者进入举动被视为买家赞助行为。以这种方式，此类投资所带来的风险就会被大幅度

---

[140]　参见第75段，横向并购指南。

[141]　参见第三章第64到第67段关于横向并购指南和购买力的讨论。

[142]　参见 COMP/M. 1882 Pirelli/BICC（2000），COMP/M. 1245 Valeo/ITT Industries（1998）和 COMP/M. 1225 Enso/Stora（1998）。

降低。即使产能的扩展会有滞后，但是买家能赞助新的市场进入者的威胁仍然可能构成一个并购后有力的竞争约束。供应商已经投入大量沉没投资，即使是几年价格上涨的前景也不足以抵消之后出现市场进入所造成的损失。因为新产能投资同样可能是沉没成本，并且承诺年限为数年，这些投资上马的滞后时间往往和这些产能与合并后的企业竞争时间相抵消。将真正的买方力量根源和仅是对企业面对的是大客户这样的事情进行迎合要区分开，这是非常重要的。通常认为，在企业面对很大规模的复杂买家时，任何并购增强运用市场力量的可能性都会被消费者的对抗性购买力所抵消。例如，在 Metallge-sellschaft/Safic Alcan 的案例中，委员会就判定由于轮胎生产商占了 2/3 的全球固体天然橡胶需求，所以购买力是非常强劲的。[143] 相反，委员也曾因为买家不如他们的上游供应商集中而认为不存在买方力量。[144] 这明显不足用来驳回买方力量的论证。

但是存在买方力量也不足以表明买方是集中的。集中本身并不是关键，关键是买家能采取行动来削弱供应商涨价意图，而且买方力量的论证要有说服力。

需要进行严谨全面的分析，这些分析应该考虑到相关行业的结构和其他特点是否会导致抵销性买方力量的产生。尤其需要展示买家可能阻止并购后价格上涨的方法策略，这些实实在在的策略，而不仅仅是规模本身，才足以让人相信可以抵抗由并购产生的市场力量的增强。

Enso/Stora 是一个说明买方力量可以抵消并购后高市场份额问题的好例子。[145] Enso 和 Stora 是两家欧洲领头的纸浆、纸张和包装板的生产商。1999 年，这两家生产商的并购造就了世界上最大的造纸和纸板公司，这家并购后的企业在好几个受该交易影响的市场中市场份额高达 50%—70%，而市场中的其他竞争对手规模相对较小，相对分散（例如在液体包装板（LPB）市场，其他一些如 Korsnas 和 Assi-Doman 只是各占了欧洲经济区

---

[143] IV/M146, Metallgesellschaft/Safic Alcan（1991）.

[144] 参见例子 COMP/M. 5046 Friesland Foods/Campina（2008）。

[145] IV/M1225, Enso/Stora（1998）.

销售量的 10%—20%）。更重要的是，进入市场的门槛明显偏高、需求增长非常一般，而且缺乏来自以欧洲经济区其他低板产品生产商的有效潜在竞争，例如 MoDo 和 Metsa-Serla，以及其他非经济区生产商。

委员会发现这个市场的买方是极度集中的。尤其是在并购时，Tetra Pak 占了总需求量的 60%—80%，剩下的需求量就由 Elopak 和 SIG Combibloc 各占 10%—20%。了解到客户的集中度后委员会就分析买家是否会赞助新的市场进入。委员会发现 Tetra Pak 收购大量的 LPB，可以选择和其他现存或者是新的供应商共同开发新产能。简单来说，如果供应商面对的是比较小额零散的需求，不可撤销的投资或者是沉没成本对于供应商的风险就太大。但是如果这些供应商的上述投资和成本能有效地和大客户整合，风险就会大大减小。委员会作出结论：在这个案例中，Tetra Pak 将能够赞助其他企业甚至是新企业进入，以此来应对并购后价格上涨的情况。尽管并购后有很高的市场份额，委员会还是无条件批准了这一并购。

客户可以采用的第二种策略就是把他们的部分需求转向其他现有的供应商。[146] 这种威胁在一些市场是很有威慑力的。当买家可以采取行动影响供应商产品的吸引力和可用性时，这样的策略尤其有效。

例如，超市就能经常通过威胁要减少分配给一些名牌产品的货架位置，然后增加私有品牌产品的货架位置来行使买方力量。但是，应该要注意的是，在零售市场中委员会一般不接受这样的说法。在 SCA/Metsa Tissue 一案中，委员会表示因为并购后具有较高的市场份额，而且并购后的企业可以对不同的客户群实行不同的定价，所以客户其他可以选择的供应商很有限。[147] 所以，有人说即使最大的的客户可以行使抵消性买方力量，但小客户并没有这样的能力。[148]

---

[146] 对于委员会决定通过 Alcatel/Telettra 并购（IV/M42）(1991)，转向非西班牙供应商的可能性是其中一个很重要的因素。

[147] COMP/M. 2097 SCA/Metsa Tissue（2001）.

[148] 委员会也用过类似的证据来反驳在 Friesland Foods 和 Campina. COMP/M. 5046 Friesland Foods/Campina（2008）的两家荷兰乳制品并购中，客户有强大买方力量的说法。

总之，一份完整恰当的抵消性买方力量论证评估应该包括对买方集中度的研究，但是同样要包括这些买方是否可以影响供应条款的研究。在某种情况下，买方力量甚至可以破坏大企业把价格定在高于现行价格的企图。但是，在检测这些论证的时候，要评估供应商是否可以实现价格歧视，并区分具有买方力量和不具有买方力量的买家。

第七节　协调效应

一、概述

并购引发协调效应关注是指并购带来的市场结构变化，包括企业数量的减少、并购后的企业占有更大的市场份额，使得并购后的企业和至少其中一家剩余的竞争对手能够更好地达成默示协议，从而避免进行激烈的竞争并导致价格上涨的担忧。[149] 由此引发的价格上涨被称为是协调效应，这是因为价格上涨并不是并购后企业的单独行为造成的，而是由多家企业（即并购后的企业和至少一家现有对手）共同造成的。这些企业之间激烈竞争的回报要低于不激烈竞争的回报。[150] 换言之，协调效应需要一家或多家竞争对手，在并购后的企业限制产量时，竞争对手也限制它们的产量。这与单边效应形成了鲜明的对比。单边效应是不论竞争对手的回应是什么，并购后的涨价对于并购后的企业都是获益的。

如第二章所述，协调效应可以在很多行业中出现。因为企业意识到一个既定商业决定是否可取，在一定程度取决于这个行业中其他企业所做的商业决定。例如，一个给定行为的盈利率取决于其他企业所做的商业决定。再如，在其他条件不变的情况下，企业会更希望收取客户更高的费用。但是，如果企业预期对手会收取低价，就不会收取高价了。高定价只

---

[149] 参见第 39 段《横向并购指南》。

[150] 在单边效应损害理论下，为应对并购后企业设定的高价，竞争对手也可能会提价。但是这样的回应并不是"配合性"的回应。相反，最终更高的价格是单边利润最大化的结果，这也反映出他们各自剩余需求的上涨。

会导致销售量下降和低收益。但是如果所有企业都能达成共识去收取高价（即不进行激烈的竞争），则这种高价策略就可能有利可图。这种共识不涉及企业之间明示的交流和讨论（根据第101条，这是非法行为），而是仅仅依赖于不少于两家企业意识到它们和其他竞争对手之间的竞争相互作用，并且相应地改变它们的竞争模式。因此，这种竞争行为模式的改变一般也被叫做默示协调或默示共谋，以此与明示协调区别开。接下来将讨论默示协调和明示协调的区别。

但是正如在第二章所说，当企业企图要协调它们的竞争性行为时，总会有个别企业会面对背离共识的诱惑。换句话讲，即使企业有削弱竞争行为的动机，但由于背离动机的存在，结果往往背道而驰。

要根据协调效应建立起一个有说服力的损害理论，必须要确认协调群体中的企业要能做到以下几点[150]：

●首先，协调群体中的企业要能达成默示共识，这样他们就能按照共识中竞争的标准来缓和他们的竞争行为。

●其次，企业都必须能一直遵守默示共识。这就需要这些企业能：（a）时刻关注协调群中其他企业是否有一直遵守默示共识；（b）如果当中一家企业违反默示共识，其他协调群中的企业要能有效地（即打击）惩罚那间企业。

●第三，为了让默示共识能持续下去，必须要不受协调群体外企业的潜在破坏性行为的影响。

下面我们依次考虑这些条件。

二、企业必须要能达成默示共识

任何建立于协调效应的损害理论必须要解释为了实现更高的价格，协调群内企业是如何抑制或者可能如何抑制它们的竞争行为。原则上，企业

---

[150]　假定协调群中的企业比较简单辨认。

可以用多种方式来抑制竞争。这种抑制行为可以是直接涨价、限制生产、限制投入市场的新产能、通过如地理区域或者客户特征等因素来划分市场、或者在竞标市场分配合同。[152] 但是无论企业以什么具体机制来协调它们的竞争行为，协调行为的结果都是一样的：价格会高于没有并购情况下的价格。

要让企业达成的默示共识切实可行的话，这些企业必须要在如何抑制竞争的行为上有类似的想法。要实现这一点，必须要有相对一致的动机，而这些动机通常受到它们各自的成本和生产能力所影响。如果企业的动机不太一致，那么达成抑制竞争行为的默示共识的可能性就很小了。此外，要达成默示共识，需要一个足够简单的市场环境。当企业要达成如何抑制它们之间竞争程度的共识的时候，需要足够简单的市场。当市场环境相对稳定，企业只需要针对少数而不是多个竞争因素达成共识时，他们达成默示共识会容易些。[153] 例如，如果在一个行业中的比较典型涉及因客户或产品而异的交易条件，那么就价格达成合理竞争性协调模式的默示共识是不太可能的。[154] 另外，当供需相对稳定时，达成默示协调的可能性就大些。虽然协调群中的企业能就如何协调它们的竞争行为达成默示共识是明显很重要的，但是这一步在竞争性评估上，如同在学术文献中一样，往往被忽略。[155]

三、企业必须能维持默示共识

第二，虽然大多数的企业可能有协调它们行为的动机，但是这并不说明协调共谋能在大多数的市场经常出现。因此，即使假定协调群中的企业能达成默示共识，也不足以推定并购会引发协调效应竞争关注。在经济和

---

[152]　参见第 40 段，《横向并购指南》。

[153]　参见第 41 段，《横向并购指南》。

[154]　当然，也有可能是企业协调它们的竞争行为因此就影响了价格。比如，协调生产能力扩展或者客户的分配。

[155]　例如：在第一次对 COMP/M. 3333 Sony/BMG（2004）的调查中，委员会无法清楚地说明，更不用说确定主要的唱片公司是以哪种定价参数来协调它们的竞争行为的。

法律文献中都明确地说明，企业间成功的默示协调不是必然的。这一结论也适用于受到极高进入门槛保护的高度集中的行业。[134] 得出这种观点的关键就是因为意识到每个企业的行为都是从自己利益出发的。如果所有的企业都有默示共识，要收取更高的价格，不要那么激烈地互相竞争，这样就会为个别企业违背默示共识，然后就减价来增加收益提供了空间。所以，企业想要通过协调竞争行为来有效地降低竞争激烈程度的意愿和在共识达成后保持共识的能力，这两者之间总是矛盾的。这就说明要成功地实行默示共识，所有协调群体中的每个企业必须相信群体中的其他企业也会一直遵守共识。

在一个充分透明的市场里，企业维持默示共识要容易得多。充分的透明度是企业监督协调群体中其他竞争对手竞争行为，并辨别背离共识行为发生的必要条件。如果市场不透明，则有可能探测不到某些企业的背离行为。

即便能够探测到背离行为，协调群体中其他企业必需能马上进行有效的惩罚（即报复），才能防止背离默示共识的行为的出现。因此，要维持协调共识，就很有必要建立威慑机制来应对背离行为。这种威慑必须能保证在背离行为一旦被发现的时候，其他协调群体中的企业能激活机制并且可以惩罚做出背离行为的企业。[135] 要确定这种可靠的惩罚策略是否可用并不简单。但是，一般而言，最可靠的惩罚措施是一种竞争对手单方短期利润最大化会使得背离行为无利可图的措施。

四、协调群体之外的企业无法动摇默示共识

要使默示共识一直维持下去，就不能受协调群体之外企业的潜在不稳定反作用的影响。这些影响可以来自于没有参与协调行为的竞争对手

---

⑬　这个结果在博弈模型中的"囚徒"困境可以看到（参见第二章更具体的讨论）。

⑮　无数的博弈论模型出现在研究协调、欺骗和执行情景的经济文献中。参见 Green 和 Porter (1984) 的例子。Green 和 Porter 模型是在基于提倡忠于合作价格的情况下，仍然通过周期性（破坏性）的价格战来打击作弊。

的一些行动、新企业进入市场或者客户的反应。[133] 例如，假定企业试图就产能扩张达成默示共识，[159] 只有在没有参与协调行为的企业无法或者没有动机通过提高自身产能的方式来应对产能缩减时，才会给消费者带来负面影响。

综上所述，成功的协调互动取决于协调条件对所有参与的企业有利，并且企业有能力探测并惩罚破坏共识的背离行为。探测和惩罚背离行为确保协调企业通过达成共谋而获得的利益，超过背离共识所获得的短期利益。因此，协调效应的分析应该有以下两个重点：在不需要进行明确协调的情况下，达成抑制有效竞争的共识的能力并维持这样的竞争行为的能力。[160]

以下部分讨论的是两种用来评估并购是否可能导致协调效应的分析方法。首先，我们考虑传统的方法，就是常说的"清单"方法。这种方法用来评估某个市场的特点是否有利于达到和维持默示协调行为。但是，尽管清单方法能区分某个市场的特点是否有利于默示协调，可是这种分析方法没有为评估各类相关因素提供一个系统的框架，也没有回答并购到底会如何影响竞争模式，除了一些显而易见的影响如减少供应商的数量和改变市场份额的分配。要弥补这些不足，我们提出一种分析框架，这种框架能把竞争性评估分成以下三类：假设这些协调企业没有面对其他竞争约束（内部因素），研究这些企业达成和维持默示共识的能力。研究协调群体之外的企业，包括潜在新市场进入者和客户的可能反应（外部因素）的竞争约束。还有，评估并购是如何影响潜在竞争模式的。

五、"清单"方法

传统上，评估并购会不会导致协调效应一直都是建立在一系列已经区

---

[133]　参见第 56 段，《横向并购指南》。

[159]　参见之前关于买方力量和进入的讨论。

[160]　反映美国并购指南的分析方法指出："成功的协调作用能达到协调共识的要求。而这个协调共识是对协调各方有益而且能发现和惩罚背离行为的"。

分好的有利于或者有碍于默示协调的特点基础上开展的。这些因素中的大多数跟那些有利于卡特尔形成的因素是一样的。除了市场集中度以外，以下的市场特点也常常被用于判断并购是否可能导致协调共谋。

● 无弹性市场需求。如果市场需求是缺乏弹性的，这时如果所有的企业都降低价格，需求也不会大幅度上升。这就让欺骗行为不太可能发生。因为任何的惩罚阶段（即降价）都有可能意味着高额的损失。

● 可能获取关于市场情况、交易和个体竞争对手的重要信息。市场越透明，监管协调共识就越容易。

● 企业和产品差异的程度。企业和产品越相似，就越容易在产出上达成一致。

● 搅局者的出现。要说服搅局者达成共谋然后降低共谋价格是很困难的。如果搅局者有很巨大的生产能力，就会破坏其他企业的共谋行为。

● 买家特点。买家越复杂，提高并购后的价格就越难。而且，如果有一些具有显著买方力量的大买家，他们就可以对共谋价格施加压力。[161]

● 超额生产能力的出现。如果一些企业具有超额产能，这些企业就会更有动机来提高产量和降低共谋价格。但是，这也会让反击更易出现并且更激烈。[162]

● 边缘竞争的出现。这将很有可能限制协调的范围。

● 典型交易的特点。比起交易比较小额和比较常见的情形，市场中的交易比较大宗和比较少见时，默契共谋会更加难以维持。

● 进入的难易程度。新企业越容易进入市场，并购导致协调效应的可能性就越低。[163]

但是"清单"方法的最大的缺点就是没有为评估相关因素提供一个系统的结构框架。要强调的是，这个清单不代表"积分系统"，即将有利于

---

[161]　参见第五章全面的讨论。
[162]　详见之前提供关于买方力量的更具体的讨论。
[163]　详见之前提供关于进入的更具体的讨论。

默示共谋的市场特点（即寡头垄断正因素）的总和数，与不利于默示共谋的市场特点（即寡头垄断负因素）的总和数进行比较。[164] 事实上，"正"超过"负"不足以说明会出现协调效应。例如，虽然在一个充满很多"寡头垄断正因素"的情况，但在容易进入和对于现存小企业来说容易扩展的市场，并购不太可能会导致协调效应。

　　清单方法只列出了跟协调效应竞争性评估相关的特点，但并没有为分析这些特点提供结构框架，因此清单方法只为分析提供了一个参考基准。并且清单本身并没有为评估同时存在正负寡头垄断特征的市场提供任何标准。此外，更重要的是，清单方法除了辨别并购是否导致相关市场竞争企业数量减少外，无法帮助理解并购如何影响市场竞争。

六、一个更经济学的分析框架

　　一个用来考虑协调效应的更好的分析框架就是要把竞争评估分成三部分：[165]

- 内部因素
- 外部因素
- 并购改变了什么

　　内部因素指的是一些涉嫌协调群体中的企业类似一个单个实体一样采取行动的能力。这个评估首先要研究特定市场的特点是否能让这些企业达成默示共识，并且能让它们减低彼此间的竞争程度（在没有明示协调的情况下）。竞争性评估接着考虑的是即使这些企业能通过达到默示共识来降低彼此间的竞争程度，那些企业是否能够维持默示共识。如上文所述，当企业通过参与协调共识而收取更高的价格（无论是像这里所指的默示协调还是像卡特尔协议式的明示协调），总会有短期的盈利诱惑个别的企业做出偏离共识的降价行为。因此，默示共识能不能维持下去，还需要取决于

---

[164]　毕晓普（Bishop）（1999），详见参考文献。
[165]　关于这个分析框架进一步的分析，参见 Bishop 和 Lofaro（2005）。

长期利益是否超过背离默示共识加剧竞争所带来的短期利益。[166] 维持默契共识的能力取决于价格竞争的企图或者其他违背共识行为被发现的速度和采取反击行动的速度。因此，要证明并购可能会导致协调效应，不仅需要说明企业有动机去降低竞争程度，同时也要说明那些动机可以转变成可持续的反竞争行为。

但是即使假设某个市场的特点能说明内部因素让那些声称要参与共谋的企业去协调和维持这些共识，这些企业也不一定达成协调共识。即使这些情况都存在，协调群体内的企业也可能遭到外围其他供应商带来的竞争破坏（即通过外部因素）。

竞争性评估的最后要素是要研究并购带来的结构性变化让不少于两家现有的企业达到和维持默契共识的可能性。虽然，并购明显使供应商的数量减少，同时也会导致市场集中化的提高，但是，很多市场特点还是会跟并购前一样。例如，如果一个市场在并购前价格透明，那么在并购后，这个市场还是很有可能会继续保持价格透明。因此，在讨论并购导致协调效应时，关键是要明白为什么某个行业特点对于并购前的协调是不充分的，但是对于并购后的协调是充分的。[167] 关于后者分析总是在委员会的协调效应分析中被省略。

下面将会更具体地讨论分析中的三种必要的因素。

（一）内部因素

即使能够假设那些声称是协调群内的企业没有受到其他的竞争约束（即没有其他的市场参与者，也没有潜在的新的市场进入者），这个市场的特征仍然有可能阻碍这些企业达成和维持降低竞争程度的默示共识。影响共识能否实现的因素分为以下几类：

---

[166] 这个经济文献谈到背离默契共识的公司。

[167] 如本页下面讨论，委员会经常以市场已经受制于默示共识还有并购将会加强默示共识为借口，然后逃避这个问题。

- 市场的稳定性
- 市场情况的透明度
- 市场中各类供应商的对称程度

这些因素被称为内部因素，因为它们影响了整个群体达成和维持默契共识的能力。

1. 稳定性

默契共识让竞争不那么激烈。如果默契共识能维持下去，那么就需要一个稳定的市场。如果市场情况不断地改变，供应商们要在不同时期协调它们的行为就会更难。相反，如果市场情况相对稳定，那么协调行为就简单一些。此外，如果市场的规模是相对稳定的，则企业就会意识到，它们之间的竞争不但不太可能在很大程度上扩大市场，反而收入损失会带来巨大的成本。这就刺激它们去协调而不是去竞争了。

一个充分稳定，并足以让并购引起协调效应现实前景的市场需要满足两个条件。首先，需求和价格应该要相对固定或者是在一种可预测的条件下改变，这样所有的背离行为都可以马上被发现。假设一家企业发现自身产品的需求量下降了，如果市场需求是稳定的，这家企业就能比较容易地辨别其需求下降是源于整个市场的需求下降，还是源于个别企业偏离协调共识。其次，市场需求的弹性应该要小一点。市场需求弹性大意味着执行默示共识会比较难。这是因为这会让背离行为的利益更大；降价也会让销售量有较大的增加。

2. 透明度

要让协调群内的企业能维持默示共识，需要每家企业能时刻了解到其他协调群内的企业的价格或者产量，或者最好是对两方面都有了解。否则，协调群体内的企业就会趋向于做出背离行为，因为这时候的背离行为被发现的机会比较小。换句话说，如果市场不透明，那么就不太可能存在可靠的惩罚机制。

市场是否透明取决于企业观测交易价格、对手的价格水平和市场集中度的能力。协调群内企业越容易察觉到其他企业的实际交易价格或它们的销售水平，就越容易监测他们的竞争行为，这样就能更快地发现和应对那些违反降低竞争程度的默契共识的行为。要注意的是即使能全方位监测交易价格，但是如果产品是高度差异的，仍然可能会很难去达成和维持一个默示协议。最后，分散的客户群也让企业更难去维持默示共识。因为在这种情况下更难仅靠一位客户改变了供应商就推断协调企业做出了背离行为，所以降低了辨别背离行为的能力。

市场集中度会影响市场的透明度。在集中的市场，背离行为更容易被发现。因此，一开始的背离动机就会降低。而且，鉴于大规模企业的背离行为会对整体市场销售产生重大的影响，反而会导致大规模企业的背离行为比小规模企业更容易被发现。

3. 对称性

如果协调群内企业对于合适的价格水平（或者等同于减产程度）有类似的想法，那么它们达成和维持默契共识的能力将被加强。相反目标和动机的不一致性会阻碍企业达成共识，无法取得一个各方都认可的定价。影响对称性的因素至少有四个。因此，这些因素也会影响达成和维持降低竞争程度的默契共识的能力。首先，如果企业的生产成本不同，那么就会为企业达成和维持默契共识造成更多的困难。如果企业的生产成本不同，就很难达成一致的价格政策。事实上，边际成本较低的企业比其他企业更想将价格设定在一个更低的价格水平。更常见的是成本结构的多样性也可能会消除定价策略的焦点，并且激化协调方面的问题。此外，技术效率需要把市场份额分配一部分给低成本的企业。但是，在没有明确的协议和额外补偿支付的情况下，这显然是很难维持的。

此外，即使协调群内的企业能达成默契共识，低成本的企业也会倾向于做出背离行为。这是因为，它们能通过削弱对手的优势来获取更多的收益以及对高成本企业的潜在反击没有太多的顾虑：因为低成本企业能以稍低于其他企业成本的价格在市场上获利，所以它们不会太顾虑价格战。更普遍的是，由一家相对不太高效的企业对一家相对高效的企业做出反击的威力会比较小。尤其是不太高效的企业在遭受重大损失的时候，它让相对高效的企业也同时遭受巨大损失的可能性比较小。这就说明相对不太高效的企业做出的反击，对相对高效的企业不会有很大的影响。因此，相对高效的企业做出背离行为的动机比起只是面对同等高效企业带来的竞争时的动机要大得多。

生产能力的不对称也会破坏企业达成和维持默契共识的能力。相对于所有企业面对一样的产量限制的情况，一家企业牺牲其他企业来提高产能会增大其以低于对手价格出售产品和限制其他企业的反击能力的动机。

第二，当产品差异化强的时候，协调群内企业要就不同产品的价格达成共识（默契）是更难的。特别是针对客户量身定制的产品，维持默契共识将更困难，这是因为每份订单就代表要创造新的产品，而新产品的价格在价格表上是不明确的。

第三，在一个看重产品质量的市场，要达成和维持默契共识是更难的。因为竞争不一定就价格进行，也可以就产品质量进行。第四，在创新高速发展的情况下，对手的产品和每家企业的市场定位随时在变。这就说明对手玩弄的"把戏"在不断地变化，这也让维持默契共识更困难。

委员会的一系列决议已经关注了由于多市场接触产生协调效应的问题。[108] 相关竞争损害理论是指：当企业在不少于一个市场中竞争（可以在多个产品市场或者多个地域市场），这些企业能更容易地维持协调共识，因为它们做出背离行为的动机已经改变。[109] 当一家企业在好几个市场上参与竞争，理论上，如果它减价，那么其所属的好几个市场的竞争对手都会反击。实际上，多市场接触扩大了反击惩罚的程度。有人认为通过多个市场竞争对手的反击，由做出背离行为的企业承担的损失将会增加，由此也

---

　　⑱ 原则上，当并购对横向重叠几乎或者甚至没有影响的时候，这些竞争损害的理论就会出现。

　　⑲ Bernheim 和 Whinston（1990）。

会降低其当初想要做出背离行为的动机。

委员会已经在其多个决定中考虑过多市场接触的问题了。这当中就包括 Air Liquide/BOC[170] 和 Solvay/Montedison-Ausimont。[171] 委员会考虑了是否提高前一个案例的地域范围和提高后一个案例的产品范围可以提高默示协调的可能性，因为这样会使惩罚背离行为会更容易。

但是，采纳这样的理论论证，有必要记住企业能通过在好几个市场降价来应对背离行为并不意味着它们真的这么做。虽然好几个市场的反击的确会增大惩罚的力度，但是这也会提高执行惩罚的企业的成本，并导致短期利润在好几个市场都会下降。在一些例子中，多市场的反击也许并不可信，而且多市场接触的程度有可能不会影响企业达成默契共识的能力。多市场接触的重要性是一个只能通过特定案例分析才能解答的实证问题。

（二）外部因素

即使假设内部因素说明协调群内的企业能达成和维持降低竞争程度的默契共识，也不能认为协调效应会产生。事实上，要让反竞争默示共谋成为可能，需要同一战线的企业拥有整合的市场力量，即它们必须能在外部因素限制的情况下，将价格提高至现行价格水平之上。这就使得外部因素的评估与单边效应评估的分析相类似。这样的分析应该要考虑以下方面：

- 现有企业扩大或者新企业进入市场的难易程度；
- 买方实施抵消性买方力量的能力。

要注意的是，研究外部因素为协调效应问题的评估提供了一个有效的政策筛选。如果外部因素足以阻止价格上涨，那么协调效应的关注也就消

---

[170]　IV/M1630 Air Liquide/BOC（1999）.

[171]　COMP/M. 2690 Solvay/Montedison-Ausimont（2002）.

除了。这些企业也可能仍然不具有将价格维持在高于现行价格水平之上的能力。[172]

（三）并购如何产生影响？

评估横向并购导致协调效应可能性的关键在于，评估为什么并购让并购后的默示协调出现的可能性增大，以及现有的默示协调是否在并购后变得更加稳固。对于讨论这个问题的目的，我们首先考虑如何确定并购是否"创造"了让默示协调稳固的条件，其次考虑在企业已经协调它们的商业决定的这一假设下的竞争性评估，之后我们会讨论。虽然后者表面看起来很有吸引力，但实际上充满困难。

1. 判定并购是否"促成"了默示协调

一般而言，我们假设并购前的企业跟对手的竞争很激烈，所以主要的问题就是要确定并购是否导致企业接受相对柔和的竞争模式。虽然，经济理论已经就达成和维持默契共识所必须的条件提供了很多有用的见解，但是，这些经济理论对于辨别那些足以让这些默契共识达成和维持的市场的特点来说贡献就没这么大了。[173] 并购控制的实际应用中的一个突出问题就是，无论是理论还是实际的经济文献都无法帮助判断并购减少特定市场中的供应者数量是否会导致一个市场从不默示共谋变成默示共谋。当试图用清单方法来评估协调效应的可能性时，这便是一个突出的问题；因为除了并购后企业的数量，市场的所有其他特点并购前后均保持不变。

经济学家一般都认为市场中企业的规模、规模分布、数量和共谋可能性之间存在着关系。因为大多数的横向并购提高了集中度并减少相关市场中运营的企业数量，这些市场结构方面的变化很可能会让不利于默示协调的条件变为有利。一般而言，并购后市场的集中度水平越高，大规模企业

[172] COMP/M. 2498 就是一个小企业对于所谓的协调一边的不稳定影响的好例子：UPM‐Kymmene/Haindl,（2001）。

[173] 可以这么说经济理论已经更关注维持协调的机制，而不是更关注一开始协同达成的机制。

间份额间的不均等程度就会越低，这些企业协调它们之间行为的可能性就越大。[114] 理论文献的另一项发现就是协调行为给客户造成的福利损失会随着集中度上升而上升。[115] 所以，在一个比较集中的市场中进行的并购，由于并购后的协调而导致提高价格的可能性增大，而且导致高额消费者福利损失的可能性也会增大。

但是，从一个更实际的角度出发，并不存在一个常规的，甚至一致认可的法则，以判定什么程度的集中度会出现默示协调。市场的特点差异非常大，一个市场中的四家企业可能达成默示协调，但在另一个市场未必成立。因此，要评估并购是否可能导致竞争模式的改变，需要对相关市场的特点进行评估。跟单边效应一样，是否在横向并购后会出现协调效应，取决于除集中度变化外的其他很多因素。因此，仔细考虑并购带来的结构性变化是如何增加企业在并购后维持默示协调可能性，而不是仅仅考虑供应商数量减少是很重要的。

在实践中，竞争评估趋向于把重心放在以下两方面。

首先，并购会影响各类企业市场份额的不对称程度。如上所述，经济学家发现企业的规模分布有可能影响默示协调的稳定性。这就说明，由并购带来的默示协调的可能性将有一部分取决于是否会增加还是降低企业间的对称度。一般而言，对称度越高，并购导致协调效应的可能性就越大。相反，当并购提高了企业间的不对称程度，并购导致协调效应的可能性就越低。对称度不仅可以通过市场份额，还可以通过其他因素来计算。例如，并购能导致过剩产能分布的改变。[116] 并购可能也会影响企业的相关成本结构，以及边际成本，因此，也会影响企业达成和维持默示共识的容易程度。

第二，消除那些被视为"搅局者"的企业，将提升并购引发协调效应的可能性。维持协调行为最终取决于市场上的企业能否遵守"同坐一条

---

[114]　参见斯洛瓦根（Sleuwaegen）（1986）。

[115]　参见维利希（Willig）（1991）。

[116]　参见孔特（Compte），珍妮（Jenny）和雷伊（Rey）（2002）关于这些问题更具体的讨论。

船，一起划桨"的默契共识。如果，其中一家企业以追求不一样的商业策略而著称——就是说它采用背离其他企业的商业策略——这就会降低协调减少竞争程度的可能性。就因为如此，如果并购涉及一家大企业并购一家搅局企业，这样的并购就可能符合内部和外部因素，提高并购导致协调效应的可能性。相反，当并购不涉及搅局企业时，受制于并购带来的其他变化，协调风险的提高将不太可能。此外，如果并购有可能会产生搅局者，则并购也会降低默示协调的可能性。这种可能性在并购大幅度提高效率的情况下可能会出现，所以并购后企业的商业动机将与其他供应商更不一致。[177]

美国并购指南指出，搅局者可以起到降低并购引发协调效应可能性的作用。

具体的指南内容是：

"当大多数竞争者的产能受到严重限制时，相对于企业销量或相关市场中的销量而言，一家企业的剩余产能或标牌产能越多，它成为搅局者的可能性就越大。[178]

但是，要注意的是，这并不是说只有那些有足够的过剩产能，可以马上扩大销售量来应对并购后的价格上涨的小企业才有可能成为潜在的搅局者。大企业也可以成为搅局者，尤其是当这些企业可以有更大的能力去秘密扩大销售时，这和纵向整合的企业有相似之处。[179]

2. 判定并购是否"巩固"默示协调

在很多的例子中，委员会的竞争评估都没有把重心放在并购是如何让企业调整它们的竞争性行为上，而是把重心放在并购是如何让现有的默契共识更加稳固。理论相对简单：如果现在能达成默示协调，则企业数量的

---

[177] 参见巴克尔（Baker）（2002）关于背离企业评估的讨论。
[178] 2.12节，美国司法部和联邦贸易委员会，《横向并购指南》（1997）。
[179] 克拉斯基（Kolasky）（2002）。

减少会让维持默契共识更简单。⑱

在 ABF/GBI 交易中，委员会接受了并购前竞争具有默示共谋的特点的立场。通过参考一系列市场特点，这些特点包括很少积极的供应商，需求弹性"貌似很小"，和进入市场和扩展的高门槛，竞争中的关于同类产品和透明度的一些如价格和能力决策等的重要因素，委员会认为，西班牙和葡萄牙鲜酵母市场的竞争在并购前具有默示共谋的特点。我们可以看出，市场竞争已经反映默示协调结果的结论是通过清单方法得出的。⑱

但是如之前讨论的那样，清单方法有很多不足。尤其是当需要很严格地使用的时候，清单没有为当事企业提供展现可辩驳证据的空间。例如，一个同质产品的市场，产品是同质的事实是无可否认的，但是同质产品市场本身不能说明企业能达成共谋。事实上，那些同质产品的现有供应商可能在进行很激烈的竞争。

总而言之，应用清单方法来确定并购前的默示协调一定会导致一些严重的问题：怎样区分并购前的市场结果反映了激烈竞争还是反映默示协调行为？遗憾的是，在实践中，要区分跟默示协调一致的商业行为但和竞争性行为不一致的商业行为是非常困难的。事实上，大多数市场结果与企业从事共谋的市场结果一致，同时也跟那些进行竞争激烈的企业的市场结果一致。例如，随时间变化价格的平行变化趋势完全跟竞争激烈市场是一致的。这个事实说明要区分两种结果的模式是非常困难的，所以那些基于并购前默示协调已经形成的协调效应的理论应该尽可能不用。⑱⑱

---

⑱　原则上，人们可以主张上述对称性观点的反面；也就是说，并购导致更多的非对称结果，也导致默示协调的不稳定。

⑱　委员会也提到声称是整合集团的公司的价格趋向平行（参见第 223 段和 318 段）。但是，如下面参考 2006 年 7 月欧洲初审法院 Impala 裁决（T-464/04），这样的证据完全跟竞争激烈公司是一致的。

⑱　有人认为当公司参与的是明示协调，则就更容易认为现有的看到的行为代表的是默契协调。但是有人反对说如果公司需要参与非法的明确协同，就意味着默契协调是不可行的。

⑱　下面我们讨论在 Impala 判决中，欧洲初审法院关于这个问题的分析论证的一些缺陷。

七、默示协调和明示协调的区别

之前已经讨论过企业达成和维持默示协调的问题了。相关评估集中于分析企业（a）达成共识和维持共识（b）的能力。事实上，大部分的经济文献都没有区分明示协调和默示协调，并且在清单中列出的因素同样适用于明示协调和默示协调的评估。但是这两种协调有很大的区别。[184]明示协调也许在刚开始对于达成协调会非常有用，而且它也能让卡特尔成员协议定出一个高于在默示协调下定出的价格。此外，在一个缺乏透明度的市场（即如果企业不能监测对手企业的价格和产量），明示共谋具有稳定效应，即协议成员有意愿主动向其他成员提供市场信息。再者，明示协调共识的存在会比没有明确协议的时候更容易让多个企业达成和维持协调共识。

八、委员会协调效应评估的演变

这一节将简单地分析委员会协调效应评估的演变。

（一）早期决定

委员会早期应用协调效应，往往局限于那些导致主要供应商数量从 3 个减少至 2 个的并购案。例如，在 Nestle Perrier 一例中，委员会就认为并购后并购后的企业 Nestle-Perrier 和另一家该行业的主要企业 BSN 之间关系的本质更可能变成合作而不是竞争。委员会发现 Nestle-Perrier 和 BSN 将会共同支配法国的瓶装水市场。结果就是 Nestle 被要求把旗下一些小品牌转让给了另一位买家。[185]

应用协调效应概念的其他早期主要案例还有 Gencor-Lonrho 和 Kali-

---

[184] 事实上，如果没有区别的话，要明白为什么当企业可以通过默契共识来达到相同的结果的时候，他们会愿意参与到非法的行为中。

[185] Nestle 卖了九个品牌给 Castel，Nestle 卖了品牌 Volvic 给 BSN，虽然这也是原并购方案中的一部分安排。

Salz。[186] Gencor-Lonrho 是第一个被委员会认定因为会形成或者巩固共同支配地位而给予禁止的并购。因为这样的共同支配地位会影响有效的竞争（即用现在的术语来说就是会导致协调效应）。

这两个决定都被上诉到欧洲初审法院。欧洲初审法院的判决中确认协调效应属并购条例的范畴，但也同时（在 Kali-Salz）确认结构性关联并不是发现协调效应的必要条件。在对欧洲初审法院 Kali-Salz 做出裁决前，有人认为协调效应需要具有共同支配地位的群体的成员之间存在一个结构性的连接。这样的结构性关联一般以企业间的交叉持股形式存在。在 Gencor 的判决中，欧洲初审法院表示[187]：

"在'平板玻璃'一案的裁决中［欧洲初审法院］没有要求起诉方说明存在结构性关联，或者将经济联系的概念局限于结构性联系。因此，委员会能够把那个概念理解成包括存在于严格寡头垄断成员之间相互依存的关系。"

欧洲初审法院判决也提到企业的独立性能让它们自己"预测其他企业的行为"和能"刺激它们在市场上做出同样的行为，尤其是通过限制产量来提高价格、实现联合利润最大化"。这就说明欧洲初审法院对协调效应的定义和默示协调的经济概念相符。

（二）*Airtours/First Choice* 案与"经济学"标准的建立

如上所述，委员会早期所有相关决定都涉及竞争者数量三变二的交易，并且确立协调效应的产生实际上是采纳了清单式分析方法。Airtours/First Choice 案的决定代表了第一起从四家变成三家，并且委员会基于协调效应而不予批准的并购案。这个决定牵涉到了英国的一揽子旅游市场。委员会认为 Airtours 和 First Choice 的并购会把主要企业的数量从四家减少到三家，并且提供一揽子旅游的小企业将不能给包括三家主要企业

---

[186]　COMP/M308. Kali Salz（1993）and COMP/M. 619 Gencor/Lonhro（1996）.

[187]　Gencor v Commission,（T-102/96）（1999）第 270 段。

在内的协调群体带来有效的竞争约束。

委员会的裁决有几点是存在争议的，在并购方提出上诉后，受到了欧洲初审法院的严肃批判。[⑱] 这些争议与人们所谓的协调工作机制，以及缺乏任何惩罚机制相关。由于国外全包旅游服务差异很大，所以要让这些企业协同价格是不可行的。如前所述，产品差异越明显的市场，企业就各自应该收取的合适价格达成共识并监测其他企业收取的价格就越困难。因此，委员会认为协调需要基于每个季度实际的产能水平。委员会认为并购后，三家主要提供国外全包旅游服务的企业将能在限制供应产能上协调它们的行为。对供应能力的限制将会导致价格上涨，这是因为供应产能将会被设定在一个即使全速运行，还是会低于并购前的产能水平，所以价格会比并购前更高。

但是，欧洲初审法院随后表示有两点理由可以反驳这种说法。首先，这个市场的产能决策不仅仅涉及提高或者减低整体能力。相反，需要考虑因目的地、出发机场和住宿质量的不同而产生的各种不同类别的全包旅游项目。[⑲] 这些因素结合市场需求的高度波动性，意味着产能决策的形式是相当复杂的，因而可能代表了达成和维持默契共识的重要障碍。第二，委员会的协调效应理论需要其他协调企业在产能设定上具有很高的透明度。欧洲初审法院认为本案事实并未如此，并说明：

"在一个需求整体上升但不稳定的市场，一家综合旅行社很难对其他旅行社对于一年半后的旅游项目的产能决策有比较准确的理解。"[⑳]

在推翻这一决定的过程中，欧洲初审法院提出，所有令人信服且证据充分的协调效应的损害理论应该满足以下几个标准。首先，必须说明的是，协调群内的企业必须有能力就协调因素达成共识。其次，任何默契共

---

⑱　参见 Airtours Plc 和委员会案例 T-342/99 (2002) ECR II-2585。这一案例裁决的评论参见，尤其是看 RBB Economics (2002)。

⑲　第 166 段。

⑳　第 169 段。

识都必须是可维持下去的。这就需要建立以下三方面条件[19]：

- 必须有足够的市场透明度，这样协调群体中的每家企业都可以了解其他协调企业的行为，以便监测他们是否在执行共同决策；
- 必须具有让协调企业对做出背离行为的一方进行惩罚的方法，这样就能防止企业做出背离行为。
- 现在和未来竞争对手以及消费者的可预见性反应将不会危害到共同决策的预期结果。

（三）Sony/BMG 和欧洲初审法院

Airtours 之后，根据上述欧洲初审法院在该案判决中所设立的标准，委员会在评估协调效应可能性的方面有了明显的（和不受欢迎的）改变。与并购是否会导致并购之后企业弱化竞争行为，降低竞争力度相比，委员会将重点关注转向了试图证明所调查的行业已经具有默示协调的特征，而并购使其更为稳定。

类似的论述也出现在 Sony/BMG 的并购案中。[20] Sony/BMG 并购涉及五家最大唱片公司中的两家之间设立合营企业。委员会主要的损害理论是并购会让这五家最大的唱片公司更好地协调批发价和给零售商的折扣水平。即使批发价和折扣本身并不可能观察得到，而委员会的理论则说明折扣可以通过零售价估算出，所以折扣是可以观测到的。但是，调查也发现在现实中：

（i）CD 的零售价格分布幅度很广（例如零售商间对于同样唱片的加价幅度是没有标准的）；

（ii）零售价、批发价和零售商给的折扣之间没有固定的关系。

因此，即使原则上生产商可以很容易地获知所有的零售价格，生产商

---

[19]　第 62 段。

[20]　由于 Impala 裁决的上诉，委员会被要求重审案件。因此这个案件有两个裁决。COMP/M. 3333 Sony/BMG（2004）和（2007）。

还是不能依据自己在折扣方面的经验来"还原"竞争对手的批发价。因此委员会做出这样的结论：这个市场没有足够的透明度，所以并购导致协调效应的可能性受到限制。

　　独立音乐出版社和标签协会（Impala）对于委员会在 Sony/BMG 中的决定提出上诉，结果该决定在 2006 年被欧洲初审法院废除[93]（所谓的Impala 裁决）。欧洲初审法院试图论述 Airtours 标准可以间接地通过观察市场特点得出。尤其是欧洲初审法院指出：[94]

　　"因此，当价格在很长一段时间都比较接近，尤其是高于竞争水平的时候，结合其他以集体市场支配地位为特征的其他因素，也许在没有合理的解释的情况下，同样足以证明集体市场支配地位的存在。在这种情况下，即使没有关于市场透明度的直接确切证据，市场透明度也是存在的。"

　　但是，这个理论由于几方面的原因而在实际中受到严格的限制。首先，这一论点假设价格是高于竞争水平的。正如我们在本书的很多地方都讨论过的一样，只靠所看到的价格来判定价格是不是高于竞争水平是很困难的。第二，如本章开头所述，可看见的跟默示协调一致的市场结果几乎总是和激烈竞争的市场结果一致。例如，"价格长期很接近"完全可以跟企业竞争激烈的结果一致。这就说明在几乎所有的案例中都有"一个选择性合理解释"，所以这类分析几乎没有什么实用价值。

　　值得注意的是欧洲法院（ECJ）不认同欧洲初审法院的裁决，并且驳回了该判决[95]。ECJ 指出在评估协调效应的可能性时，考虑默示协调的总体经济机制是很有必要的[96]：

　　"说到这点，例如，特定市场的透明度的评估不应该是独立和抽象的，应该是以假定默示协调的机制为基础的分析。只有考虑到这种假设，才可能确定存在市场透明度的因素是不是能促进协调共识的达成，并且让相关

[93]　Impala 和委员会对决（T-464/04）2006 年 7 月。
[94]　195C-413/06 P。
[95]　C-413106 P。
[96]　Bertelsmann 和 美国的 Sony Corp 对抗 Impala（C-413/06 P）（2006）第 126 段。

的对手有效地互相监督他们对共识的遵守程度。最后一方面，为了分析所谓的默示协调的持续性，需要考虑所涉及企业可以采纳的监测机制，目的是为了确定这些机制的结果能否让企业快速准确地发现其他企业在协调共识进行时的市场行为。"

换句话说，评估协调效应需要基于损害理论，而损害理论指出协调企业基于哪些竞争因素弱化彼此的竞争行为。

第八节　效率[197]

很多横向并购是促进竞争的，其动机要么源于对市场环境改变的动态回应，要么源于对有形和无形资产更好的利用。[198] 更好地利用有形资产而产生的效率包括通过产品再分配而实现的合理化，或者（以及）规模经济或范围经济的收益。[199] 更好地应用无形资产来提高效率包括技术的分享、管理技能、研发和创新、调整产品线和从已提升的购买力中获益。[200]

在一些例子中，横向并购会创造足够的成本效率，抑制并购后的价格。在一些特定的情况下，这些效率足以超过并购消除的潜在竞争损失而导致的价格上升的压力。经济理论已经很好地阐释了利益最大化的企业会一直生产产品，直到边际成本等于边际收入。[201] 简单来说，企业的定价策略受到生产边际成本影响；当生产边际成本很低的时候，每销售（因此生产）多一个单位所增加的额外收益会更大。如果并购会导致生产边际成本减低，则会使并购后的企业增加产量，引发降价的动机。在一些例子中，虽然消除一个重要的竞争性限制，但这些边际成本效率可能足够大，以至于让横向并购后的价格维持在或者低于并购前的现行价格水平。下文中延伸阅读部分说明了边际成本的降低如何能够抵销并购后提高价格的动机。

---

[197]　参见 s. VII,《横向并购指南》。

[198]　参见 Ivaldi（2003）关于竞争评估有必要考虑效率的讨论。

[199]　参见 Perry and Porter（1985）和 Farrell and Shapiro（1990）的例子。

[200]　参见谢雷尔（Scherer and Ross）和罗斯（Ross）（1990）。

[201]　参见第二章。

延伸阅读：可替代产品并购的一个简单数字计算例子

并购后，生产可替代品的企业必须提价的动机可以从以下简单的例子看出。假设在一个行业中，只有两家企业，每家生产一种生产差异产品。反需求函数是：

(1) $p_1 = a - q_1 - dq_2$

$\qquad p_2 = a - q_2 - dq_1$

当 $a > 0$；

p_1 是企业 1 的价格；

q_1 是企业 1 的产量；

$d \in [0, 1)$ 代表两种产品的差异程度；

如果 $d = 0$，产品不相关，但是如果 d 越趋向于 1，产品就会越趋向同类。两家企业都在边际成本等于 c 的情况下进行生产，同时不存在固定成本。这就说明两家企业的利润可以简单地写成：

(2) $\amalg i = (p_i - c)q_i = (a - q_i - dq_i - c)q_i \quad i, j = 1, 2$ 和 $i \neq j$

如果两家均按伯川德方式进行价格竞争，那么均衡价格是：

(3) $p_1 = p_2 = \dfrac{a(1 - d) + c}{2 - d}$

两家企业并购后，新的并购后实体会将整体利益最大化，结果新的价格如下：

(4) $P_1 = P_2 = \dfrac{a + c}{2}$

不论两种产品的可替代性程度如何，都可以证明并购后两种产品的价格会上涨。例如，如果 $a = 7$，$c = 3$ 和 $d = 0.5$，那么并购后的均衡价格就会从 $p_1 = p_2 = 4.3$ 上涨到 $p_1 = p_2 = 5$。现在假设并购导致并购后企业的边际成本下降，尤其是我们假设并购后边际成本从 $c = 3$ 降到 $c = 0$，这就意味着并购后新的均衡价格是：

$$p_1 = p_2 = \frac{a + c}{2} = \frac{7 + 0}{2} = 3.5$$

换句话说，即便消除了企业 1 和企业 2 的竞争，由于生产边际成本的下降，并购后的价格还是会低于并购前的价格。

为了考虑横向并购竞争性评估中的效率主张，并依此得出结论认为：由于效率提高，没有理由认为并购跟共同市场不相容，委员会要求，这些效率能表明会让消费者受益，而且是并购所特有的和可以检验的。[202][203] 这些条件是累加起作用的。

一、对消费者的好处

《横向并购指南》指出，评估效率主张的相关基准就是并购不会对消费者有害。[204] 在《横向并购指南》中，委员会表示：

"要达到这个目的，效率应充足且及时，而且原则上应该要有利于那些相关市场中的消费者，否则的话，这些市场中可能出现竞争问题。"[205]

由于定价策略受到边际成本的影响，相比于效率所带来的固定成本下降，消费更可能通过可变成本的降低而获益。但是如下所述，这会带来一个很重要的问题：如何确定适用于评估成本是固定成本还是可变成本的合适时间段。[206]

要注意的是，并购后通过减少产量所实现的成本节约并不被视为并购

---

[202]　第 78 段,《横向并购指南》。

[203]　参见克拉斯基（Kolasky）和迪克（Dick）（2002）对美国并购控制中效率处理的评论。

[204]　参见第 3 章和莱恩斯（Lyons）（2002）的例子关于福利标准的讨论。

[205]　第 79 段, 横向并购指南。相反，美国指南要求代理也要考虑跟相关市场的影响密不可分的其他市场的效率。这就说明在美国，为大市场带来巨大效率但是为小市场（消费者大部分跟大市场的一样）带来潜在反竞争效应的并购却能被清除（参见 Alfter, Bishop and Mahr, 2004）。

[206]　当然，如果认为竞争机构应该要把目标放在让社会福利最大化（即消费者福利和生产商福利），那么由并购产生的明确要处理效率和固定成本的说法就会更加深入民心。参见第二章关于替代福利标准的讨论。

产生的相关效率。毫无疑问，产量的降低跟成本降低有关，但是成本降低不代表效率。这样的变化会让并购企业节约成本的事实并不意味着这些变化证明了合法的并购效率。

要注意，不是所有效率收益都涉及生产成本节约。《横向并购指南》指出，刺激新产品或者改良产品出现所实现的效率也可能直接让消费者受益。

"为了开发一个新产品而成立的合营企业可能产生委员会所考量的某种效率。"[207]

尽管收益可能会在一定程度上与价格上涨抵消，但是这些效率，从本质上来说，是要传递给消费者的。

二、并购特有

如果效率是除了通过并购外无法通过其他途径实现，则被认为并购效率。

如果效率可以通过一方或者双方的单方面行动来获取，则不适合被认为效率收益是并购的结果。这就意味着只能考虑并购双方都无法在并购前获取的效率。例如，能够带来规模效益的并购，意味着真正的效率。同样的道理，涉及把一方拥有的高成本工厂的生产转移到另一方低成本工厂来生产的合理化就是一种巨大的效率。关键是，效率的必要条件是两家企业中的任何一方都不可能达到这样的效率。

三、可检验

最后，所有并购带来的效率都必须是可检验的，这样委员会就可以有理由确定效率能够实现，并足以抵消并购带给消费者的潜在危害。[208]证明效率的责任落在并购双方。

---

[207]　详见，《横向并购指南》。
[208]　详见，《横向并购指南》。

四、边际成本效率对比固定成本效率

如上文所述，并购产生的影响边际成本的效率，比影响固定成本的效率更可能有利于消费者。边际成本或者可变成本的下降会增加刺激并购企业把价格减低，如果这能抵消清除双方间竞争限制的影响，便意味着直接的消费者利益。相反，固定成本的降低不会直接转嫁到消费者价格上，因此评估此类效率对消费者福利的影响会更困难。

但是，要区别它们并不是看起来的这么简单。事实上，到底成本是固定成本还是可变成本引起了一个问题，即评估可变成本和固定成本的合适时间段。考虑的时间越长，就会有越多的成本会被认为是可变成本。例如，导致新建机器设备成本降低的效率不会影响由旧机器生产的产品的短期可变成本。但是，长期来看，它们会影响用新机器扩大生产的成本，所以也许从长远来看，它们应该被看做是可变成本。因此，在一些例子中，"固定成本"下降可能也会降低消费价格。尤其是，对于那些短期边际成本接近零的市场，定价时不考虑长期边际成本似乎不符合常识。更实际地说，从常识来看可避免成本的降低或者中期（12 到 24 个月）的产量浮动，的确会影响价格形成过程，因此应该纳入考虑。

总之，原则上，横向并购带来的效率可以至少抵消其他情况下不良的竞争影响。但是，考虑到此类效率理论所扮演的角色，也就是说，抵消了已经确认的消费者危害，所以委员会对于接受效率抗辩提出三个苛刻条件的做法是适当的。事实上，在实际中，广泛应用的效率抗辩少之又少。事实上，迄今为止，委员会还没有基于并购所带来的效率为基础而批准横向合并的先例。因此在实际当中，横向并购的效率之说更可能是为并购提供一个基本原理而不是一个实际的证据。

第九节　评估网络行业的并购

在一些行业，消费者为产品带来的价值取决于使用这个产品的其他消费者的数量。一般而言，这种情况下，使用该企业产品的消费者数量的增加会提升消费者给产品带来的价值，所以产品在已知价格上也会变得更具吸引力。这样的行业也被叫做"网络行业"。

网络效应的存在会导致并购引发倾斜或滚雪球效应的可能性。倾斜效应指的是网络效应有时能导致市场被一种产品垄断的情形（例如微软视窗）。这类理论的基本论证如下。因为网络效应的存在，如果两家网络要并购，这会让某个网络更加吸引消费者，结果更多的消费者会被吸引到那个网络中，就会进一步巩固并购企业的竞争地位。这是一个良性循环，据称这会让市场倾斜，因为所有的消费者都转向了最大的网络运行商，最终就会导致完全的垄断。

委员会在很多案例中都用了这个论证，这些案例就包括 MCI/Worldcom,[209] Vodafone/Mannesmann[210] 和 Microsoft/Liberty Media/Telewest.[211] 在 MCI/Worldcom 一案中，委员会表示拟议的并购会让并购后的企业享有很高的顶级互联网连接份额（所谓的"网络主干"），委员会还说这样的地位会降低小规模竞争对手的网络连接。委员会表示 MCI/Worldcom 将会成为最具吸引力的网络供应商。而且，随着越来越多的消费者被这家网络吸引，加强了这家网络的吸引力，就会形成滚雪球效应。[212]

类似的论据在 Vodafone/Mannesmann 案例以及 Microsoft/Liberty Media/Telewest 案例中都得到了验证。在 Vodafone/Mannesmann 案例中，委员会认为大量非重叠移动供应商的并购（如此可以避免市场份额的增加）将允许沃达丰（Vodafone）创造首个单独泛欧移动网络，其他移动电话运营商将无法复制沃达丰，至少在媒介方面无法复制。因此，委员会得出这样的结论：

"该并购实体将是唯一能够通过新客户来获取未来发展的移动运营商，

---

[209]　IV/M1741, MCI/Worldcom（2000）.

[210]　COMP/M.1795 Vodafone Airtouch/Mannesmann（2000）.

[211]　IV/JV27, Microsoft/Liberty Media/Telewest（2000）.

[212]　参见 Cremer, Ray 和 Tirole（1999）.

因为新客户将被 Vodafone Airtouch/Mannesmann 在其网络中所提供的服务所吸引。"[213]

委员会认为该并购公司将因此享有支配地位。在 *Microsoft/Liberty Media/Telewest* 案例中，委员会试图禁止微软从英国电信营销商 Telewest 获取小部分股份，因为委员会担心这样将会使微软在机顶盒软件供应方面取得支配地位。

委员会对于有些案例的分析太过注重倾斜效果的理论可能性，而没有把理论付诸于经验现实。例如，在 MCI/Worldcom 案例中，没有分析相关理论是否在现实中成立。事实上，该案例并没有分析消费者是否可以判断出理论所看重的不好的服务是由于登陆了特定网站还是因为其所订制的网络本身质量差造成。委员会仅仅假设了后者。[214] 在 *Vodafone/Mannesmann* 案例中，没有任何证据表明"国际移动客户"在客户群中占比很高，或者国际漫游费是客户选择移动运营商的最主要原因。

最后，区分网络效应足以引起倾斜效应的可能性和网络效应不可避免地导致垄断的显性假设尤为重要。要想知道垄断不是网络效应引起的结果，可以看一看电子游戏市场。尽管可以认为这一市场是网络效应形成的，但目前并没有形成垄断。现在仍有三大主要电子游戏运营商：索尼、微软和任天堂。[215]

第十节　评估双边市场的并购

大部分行业都可视为是双边的。从经济学角度被称为"双边"必须具备两个条件。第一，被分析的产品是一个可以促使两个特定客户群交互作

---

[213]　参见 Vodafone Airtouch/Mannesmann case 第 45 段。

[214]　委员会的分析也遭到质疑，因为如果市场有倾向一边的可能的话，那么应早可以看出这个趋势，除非市场早就处于不平衡状态。委员会并没有指明这点。

[215]　由此反映出一点：通过引进更高"质量的"游戏系统从而使消费者转向这个游戏系统，从而消除"大"公司在某个市场的任何网络效益。

用的平台。第二，其中一个群体从平台中获得的利益，因为另一边群体数量的增加而提高。具有双边特点市场的例子有：媒体（其中广告商和观众/读者通过报纸或电视频道进行互动）和信用卡（商户和消费者间的交互作用）。

在双边市场中，一个企业和其中一个客户群的谈判实力会影响其和市场另一边的客户群的谈判实力。这增加了并购引起的市场结构变化给一边或双边客户群带来反竞争效果的可能性。通过加强市场一边并购实体的地位，企业有可能提高市场另一边客户的价格。

在传统的单边市场，经济理论预测，当一个企业提升价格的时候会给企业的利益带来两种矛盾的结果。一方面，每一单生意都会增加企业的收入。另一方面，更高的价格会使客户转向竞争对手的产品，因此会减少销售量。横向并购可能造成单边效果是因为并购后，由于涨价丢失的一部分销量将由另一并购方获得，而这一并购方相对并购前也缓解了销量的损失，因此创造了提高价格的动机。

在双边市场，这些矛盾的诱因也同样存在，但双边市场的交互作用会使得市场机制更加复杂。如果市场一边的一个供应商提高对客户的价格（称之为"下游市场"），那么这可能促使部分客户转向其他的竞争者。这将导致该企业销售额的下降并因此减少收益。此外，下游客户的减少意味着这家企业对市场另一边（上游市场）客户的吸引力减少了，这有可能削弱该企业相对客户的谈判地位。这种额外的市场下游与上游的交互影响，是双边市场的一个特点，这种特点加强了对供应商的竞争限制但也可能为供应商提供机会，从市场的一边到另一边去"影响"市场力量。

在双边市场中，Galileo 与 Worldspan 的并购是一个很好的分析并购的例子。[216] 两家公司经营全球分销系统（"GDS"），其预订系统被旅行社计算机化，由此可以方便旅行社搜索和对比航空公司的价格。GDS 供应商作为双边市场的媒介，联接着在市场"上游"端的航空公司和"下游"端的

---

[216]　COMP/M.4532 Travelport/Worldspan（2008）.

旅行社。GDS 市场的双边特性源于"间接网络外部性"的存在，也就是 GDS 对旅行社越有价值，它可提供的产品就越多，反之亦然，GDS 对航空公司越有价值，预订航班的旅行社也就越多。

委员会提出几种可能涉及的单边效果理论，其中只有一种与标准的单边效应分析不一样。[217] 谈及在大多数成员国的旅行社，这种理论关系到并购实体所谓的传导市场力量的能力，以便可以提高向航空公司收取的价格；也就是所谓的"纵向跨市场效应"。根据这种理论，并购后的 Galileo/Worldspan 在多个成员国的旅行社中将拥有更多的份额。因此，如果一家航空公司在这些国家分销经营时拥有特殊利益，它将更依赖并购实体，如此对航空公司来说并购是获取更多终端客户所不可避免的"通道"。因此，并购可以提高并购后的企业向航空公司讨价还价的能力，从而导致上游市场价格上涨。

另外，对航空公司来说，由于 GDS 费用是边际成本（按每笔生意支付），更高的费用最终会通过更高的票价转嫁给消费者，因此减少消费者福利。然而，航空公司可以采取多种措施去保护其与并购 GDS 供应商进行交易时的交易地位。而且，航空公司可以从 GDS 中撤回部分交易，或者可以向通过特殊的 GDS 进行订购服务的旅行社索要更高附加费用。航空公司运用这些讨价手段，会减少 GDS 对旅行社的吸引力，促使部分旅行社转向竞争的 GDS 供应商。关键是如果旅行社转向了竞争对手，GDS 供应商损失的不仅是潜在航空公司的订票，还有旅行社从其他航空公司的订票，对 GDS 供应商来说，这将是一笔巨额损失。

为使这种竞争机制产生效益，旅行社转向替代性 GDS 供应商的能力显得尤为重要。实证分析表明不但旅行社可以并且的确会转换 GDS 供应商，而且很多离开 Galileo 或者 Worldspan 的旅行社转而加入 Amadeus（EEA 的市场领头羊）而非另一并购方。委员会因此得出结论：并购不太可能因为"纵向跨市场效应"导致单方面的价格提高。

---

[217] 更多关于该案例的细节请参考 RBB Economics（2008）。

总而言之，绝大多数双边市场并没有一套明显不同的实质性并购评估。尽管很多市场具有双边的特点，但这些特点并不一定是市场的主要特征。例如，超市的潜在双边特性不排除超市并购在传统单边市场框架下得以分析。再者，单边市场的并购引起的竞争问题也会出现在双边市场中，单边市场的并购分析所应用的理念和手段在具备双边特点的市场中会继续发挥关键作用。但是，正如 Travelport/Worldspan 案例表明，双边市场的并购可能引起特定的竞争问题，例如委员会所述的"纵向跨市场效应"。它同样表明将市场双边的交互作用所产生的间接限制纳入考虑范围的重要性。

第十一节　涉及破产企业的并购

一些并购会涉及经营亏损的企业。在这种情况下，通常有这样的说法，并购不会给竞争带来不利影响，因为如果没有并购，随时间推移这些企业也会倒闭。因此，并购将不会对在相关市场中运营的企业数量产生长期影响。尽管这种论证不能被忽视，但仅仅以企业破产为由的并购抗辩应受到仔细审查。当破产企业的抗辩可以表明并购后生产资产可以继续使用而不会从市场中消失时，这样的抗辩就变得尤为重要。在大部分市场中，持续亏损的企业最终将从市场中消失。如果其他企业（例如不是并购企业）将在一家企业破产后购买其资产，那么并购中的那家破产企业抗辩则是无效的。只有当生产资产从市场中消失，破产企业抗辩才是合理的。

《横向并购指南》为破产企业抗辩的适用性提出三条准则[218]，分别如下[219]：

第一，如果没有和另一家企业合并，破产企业在不久的将来会因资金

---

[218]　《横向并购指南》第 90 段。

[219]　这些标准同"卡莉萨尔茨"决定中提出的标准一致。

不足被迫退出市场；

第二，没有反竞争影响较少的替代性并购；

第三，没有并购，破产企业资产将不可避免地从市场中消失。

这些标准相当苛刻，在很多案例中破产企业抗辩不太可能受到认可。但是，在 Kali-Salz/MdK/Treuhand[20] 案例中，委员会却接受一家破产企业抗辩，批准了唯一的两家德国碳酸钾生产商间的并购。委员会指出，没有并购，Mitteldeutsche Kali AG（MdK）在不久的将来会退出市场，Kali-Salz 将购买 MdK 的股份，也没有一个引起反竞争担忧较少的替代性购买者。[21] 在这些情况下，不能说并购会产生或者加强支配地位，因为在任何情况下其市场地位都是相同的。[22]

相反，委员会没有接纳 Aerospatiale-Alenia/de Havilland[23] 案例中的破产企业抗辩，委员会指出，没有证据证明戴哈维兰德公司（de Havilland）将从市场中消失，而且，尽管它将会消失，并购方并非唯一的潜在购买者。但是，在 BASF/Eurodiol/Pantochim 案例中，委员会接受了类似抗辩，指出即使没有并购巴斯夫（BASF）也将获得相似的市场地位，而且表明除非并购发生，否则，所讨论的运营资产将从市场消失。[24] 在该案的决定中，委员会运用了上述的三个标准。

尽管前两种条件都满足了，但这并不意味着 BASF 将获得 Eurodiol 和 Pantochim 的股份。但是，委员会指出这两家企业生产能力的流失将引起紧缩性生产限制的市场中生产力的严重缺乏。因此，委员会认为在并购之后市场条件对消费者更为有利，因为它将使市场保持生产能力而不是让其消

---

[20]　IV/M308, Kali-Salz/MdK/Treuhand（1993）.

[21]　这些情况同美国《指南》中 s.5.1 所包含的情况一致。

[22]　委员会指出（第95段）："委员会得出结论，在预并购之后，德国农业钙肥市场的支配地位将得到加强。但是，委员会同样指出：K+S 在尽管没有并购的情况下，其主导地位也会加强，因为 MdK 将在可预见的未来中从市场撤回，如果其被一家企业而非被 K+S 所收购；而 MdK 所有或大部分股份被另外一家而非被 K+S 所收购的可能性几乎可以排除。"

[23]　IV/M53, Aerospatiale-Alenia/de Havilland（1991）.

[24]　COMP/M.2314, BASF/Eurodiol/Pantochim（2001）.

失。在这样的基础上，委员会批准了该并购。㉓

本章论述了对评估横向并购可能产生的竞争影响极为重要的经济
因素。主要观点概括如下：

所有横向并购造成的损害理论包含着一些产量约束的概念。横向
并购不会引起价格上涨，除非并购后的实体准备接受更低的销售量。
不管这些理论是关乎单边或协调效应，都是准确的。

尽管实质的并购测试从支配地位测试转变到严重妨碍有效竞争测
试外，以市场份额为基础的结构分析在竞争评估中仍然发挥着重要的
作用，这种方法拥有理论支撑，导致企业具有较小市场份额的并购极
其不可能引起反竞争效果。把市场份额作为竞争评估的筛选工具会对
并购分析更加有利。但是，考虑市场份额是否低估或者高估并购方之
间的竞争程度很重要，例如，考虑并购各方的分流比。

市场份额和分流比为并购可能产生的影响提供了静态观点。但是
在得出并购导致单边或协调效应的结论之前，有必要对其他动态因素
进行评估。这些因素包括通过并购使已活跃在市场的小企业更容易扩
大和/或改变它们的产品供应（也就是企业扩张的余地）；通过并购新
企业更容易进入市场（也就是企业进入市场的机会），还有购买者改变
上游供应结构的能力，特别是通过赞助新产品（也就是行使抵消性购买
力）。每种因素，不管是单个或累积的方式，都可以很大程度上减少由
单纯的静态评估引起的一些潜在的问题。简言之，对横向并购可能产生
的结果的合理竞争评估应该考虑竞争者与客户双方的动态反应。除了这
些因素，考虑并购后作为并购的结果而产生的效率影响也很重要。

㉓　同样在破产企业抗辩基础上被英国竞争监督机构（贸易竞争委员会办公处）批准并购的
例子有很多，例如：British Salt/New Cheshire Salt Works（2005），Long Clawson/Millway（2009），
and HMV/Zavvi（2009）。

我们也讨论了具有网络效应或双边市场特点的行业引起的特别问题。我们发现，尽管有这样特点的行业其竞争确实有一些不一样的特点，具有网络效应或双边市场的大部分案件没有一套明显不同于标准行业的实质性并购评估体系。

最后，我们讨论了破产企业抗辩。此类抗辩依靠的是确定"既然破产企业无可避免地从市场消失，预并购的竞争条件不会与并购的竞争效应评估结果相悖"。正如前面所说的那样，破产企业抗辩所要满足的条件是非常苛刻的。

第八章　非横向并购经济学

　　本章主要讲述《并购条例》下的并购经济评估，讨论非横向并购的主要经济概念和由非横向并购引发的潜在竞争问题。[①] 非横向并购是否被视为具有共同体市场的维度，会受到适用于横向并购中的相同的收入门槛的影响，也适用相同的程序和进度。因此，我们将不重复讨论第七章所讨论过的这些问题。

　　非横向并购有两大类：纵向并购和混合并购。[②][③] 纵向并购涉及供应链上不同层面的企业，通常以上游企业或下游企业来称呼涉及的企业。上游企业生产的产品可作为下游企业的原料。纵向并购常见的例子是包括一个批发商和一个零售商或包括一个生产商和原料供应商的并购。混合并购指的是不同的相关市场中的企业间的并购，而且企业间没有纵向关系。事实上，活跃在紧密关联的相关市场的企业才会形成混合并购，例如生产具有互补关系产品的企业之间的并购或其产品属于同一产品范围的生产商之间的并购。[④] 重点是，只有当多种不同产品有共同的购买者的时候才有可能引发混合反竞争效应。如果没有共同购买者，那么产品和供应商之间没有

---

　　① 委员会评估非横向并购是否可能引起竞争问题的方法详见《非横向并购指南》,《理事会关于控制企业间集中条例下的非横向并购评估指南》(2008/C 265/07) (以下称《非横向并购指南》)。

　　② 当然也有可能出现一个并购涉及上述类型中的多种。例如，并购可能影响多种市场，一部分市场存在的潜在问题是横向的，另一部分问题是纵向的。

　　③ 在 COMP/M4731 号 Google/Doubleclick (2008) 案例中，委员会也提出"对角"问题，这种"对角"问题同纵向问题在本质上原理是一样的。详见下文第 8-027 段和"委员会裁决"第 7.2 条，COMP/M4731, Google/Doubleclick (2008)。

　　④ 《非横向并购指南》第 5 段。例子包括 IV/M938 Guinness/Grand Met (1997) (spirits) 和 COMP/M. 2220　GE/Honeywell (2001) (inputs to aircraft)。

任何联系，因此，也不会出现任何反竞争效果。⑤

同横向并购一样，如果对有效竞争产生重大妨碍作用，非横向并购也会被禁止。但是，正如本章所述，横向并购和非横向并购有着很重要的区别，这包括并购引发的潜在问题的类型以及其可能产生潜在问题的频率。重点是，非横向并购造成反竞争效果的可能性比横向并购小很多，因为横向并购涉及替代商品或服务的生产商，而非横向并购涉及的是互补商品或服务的生产商。⑥⑦ 这意味着非横向并购不会造成直接竞争损失，任何反竞争效果必定是间接效应造成的。⑧⑨ 此外，由于涉及互补商品，非横向并购会产生一个直接好处就是降低价格和/或提高质量，也就是非横向并购会提高效率。

本章剩下的部分探讨实际情况中非横向并购涉及的主要经济问题，以及非横向并购和横向并购之间的根本区别。我们首先分析由非横向并购引起的问题的总体分析框架。在实践中，横向并购可以产生单边效应和协调效应，非横向并购所引起的潜在竞争问题往往呈现单边特点。⑩ 此外，我们还会探讨与因封锁竞争对手而给消费者带来不利影响有关的竞争担忧。我们会探讨什么构成"封锁"，接着会介绍分析此类问题是否会发生的基本评估框架，包括委员会《非横向并购指南》中的三步法。

接下来简单介绍竞争评估中市场界定的作用，特别是在评估并购方是

---

⑤　更多关于混合并购的讨论，参见纳文（Neven）（2008）。

⑥　《非横向并购指南》第 11 段。

⑦　需要注意的是纵向关系同互补产品的生产商之间的关系很类似。确实，有纵向关系的产品可被认为是互补产品，因为下游产品的涨价将会降低上游原料的需求。纵向并购和混合并购主要的区别是谁将两种产品结合：在纵向并购情况下，是下游公司结合两种产品，而在混合并购中涉及的是互补产品，结合产品的通常是消费者（在没有公司"搭售"的情况下）。

⑧　《非横向并购指南》第 12 段。

⑨　从这个角度看，第 102 条中有非横向并购竞争评估和单边排他行为的依据。参见第六章第 102 条竞争评估的讨论。

⑩　尽管封锁竞争对手造成的单边效应是非横向并购引起的潜在竞争问题，以协调效应为基础的危害机制也有可能。如果非横向并购通过竞争封锁减少有效竞争者的数量，也有可能产生协调效应（参见《非横向并购指南》第 103、120 段），或者如果非横向并购提高市场参与者的对称程度，这可能通过加强行业的纵向一体化程度，或者提高各家企业的产品供应一致性。下面我们会详细讨论该问题。

否引发封锁能力时所发挥的作用。这点和前面讨论的委员会的三步分析法的第一步相对应。顺次将详细讨论纵向并购引发封锁竞争对手的动机的可能性，以及这样的商业行为是否会给客户带来不利的影响，例如：分析委员会分析方法的第二、第三步。接着讨论评估混合并购引发竞争问题的可能性。文中简单介绍《非横向并购指南》中提出的"协调效应"的潜在问题。最后进一步讨论非横向并购可能创造的效率以及应如何将这种效率融入到竞争评估当中去。

第一节　经济学与法律

《并购条例》第 2 条第 3 项禁止严重阻碍有效竞争的非横向并购，特别是因为促成或加强支配地位而严重阻碍有效竞争的并购。委员会评估非横向并购是否对有效竞争造成严重阻碍的方法在《非横向并购指南》中有所阐述。这些指南的详细分析在下面分别讨论纵向并购和混合并购引起的经济问题的相关章节中会提到。

横向并购与非横向并购引发竞争问题的机制存在很大的区别。横向并购涉及提供替代商品的企业：如果并购前并购方其中一家企业提高其产品价格，这将导致它的部分客户转向替代商品的供应商，包括其他并购企业所提供的产品，因此这些供应商的需求量将会增加。[11] 并购后，部分丢失的销量会"内化"，这将为并购后的企业提供提升该产品价格的动机。两家竞争的生产商之间的横向并购可能产生的不利结果可以结合交叉价格效应来理解。

相反，非横向并购则把互补（或不相关的）产品的供应商聚集到一起。这就意味着非横向并购没有排除直接竞争，而且此类并购也往往会促使合并的企业去降低其产品价格和/或提高产品的质量。如果合并的企业提供的是互补产品，其中一家企业产品的涨价不仅对该企业自己产品需求

---

[11]　从经济层面看，替代产品具有良性交叉价格弹性的特点。

量造成影响，而且对互补产品的需求量也会带来不利结果。⑫ 因此，如果两家企业间的竞争关系是互补的，则每家企业都可从另外一家企业的产品降价中获得增加销售量的好处。当互补产品的生产商单独经营，一种产品降价对另一种互补产品需求的有利结果则不在各自的考虑范围之内。但是，如果双方进行合并，这种结果的考虑将会被"内部化"，并且会给并购带来额外诱因，这种情况有时被称为"古诺（互补）效应"。两种产品的互补关系会产生"外部效应"，因此，通过使这种"外部效应"内化，互补产品供应商之间合并会在并购后创造降价动机（即使双方都拥有市场力量），因此消费者福利得到提升。⑬⑭

简单说，横向并购带来提高价格的压力，而非横向并购会带来降价压力。外部效应并不局限于价格，例如，质量、促销或者分销的提高也会对互补产品的供销商产生积极的影响。

这并不是说非横向并购不会造成反竞争效果。但确实在强调，只有在并购会使竞争者边缘化或排除在外并相应地使价格提高时，才可能出现竞争担忧。有时这种竞争者的边缘化是由较低的价格直接造成的；非横向并购导致并购企业降价，因此竞争者们发现会很难进行竞争。在这些情况下，潜在竞争问题的"来源"是并购效率的直接结果。因此，这种情况的损害理论指的是"效率过错"。⑮ 同样应该指出的是，在出现这种情况时，并购对客户产生的短期直接利益不足以抵消长期潜在的间接竞争担忧。在分析竞争封锁引发价格上升的危害理论时，仔细分析各种使并购企业能够从短期降价转为长期降价的条件显得尤为重要，而不是单凭所观察的行业的特点和商业行为而进行理论性的评估。

事实上，非横向并购竞争问题的首要来源与对竞争企业的"封锁"息息相关，即合并后企业削弱竞争对手的竞争能力或动机，以致使竞争对手

---

⑫　互补产品之间的交叉价格弹性是负的：一种产品价格的提升会降低对互补产品的需求。

⑬　企业进行横向并购和进行非横向并购之间的差异在《委员会非横向并购指南》（2008）中有明确阐述。

⑭　与纵向并购有关的特别是这种"外部效应"的内部化被称为消除了"双重加价"。

⑮　对于损害理论的批判，参见帕特森（Patterson）和萨皮洛（Shapiro）（2001）。

边缘化或退出市场。⑯ 在这种情况下，封锁市场可能造成价格上升。⑰ 尽管有大量学术研究对非横向并购引起的竞争损害做出假设，⑱ 但不应该做出非横向并购处处引起竞争问题的假设；这些理论模式对潜在的假设非常敏感和/或没有经过验证，因为它们依赖不可观测量的竞争参数。⑲

　　两家供应商的非横向并购可能引发封锁竞争对手的动机和能力的主要原因有两个。第一，并购企业可以把一个市场的市场力量传导到另一市场。通过利用其在一个市场的市场力量去封锁相关市场的竞争者，并购后的企业有可能在类似的第二个市场削弱竞争，因此造成价格提升损害消费者利益。就纵向并购来说，传导可以从上游市场到下游市场，反之亦然。此类纵向传导可以通过"拒绝与竞争企业（上游企业或下游企业）合作，或只在相比较而言低于并购前标准的情况下与竞争企业合作"来实现。通过封锁竞争对手，减少上游或下游市场的竞争，结果可能导致涨价，从而损害消费者。对混合并购来说，通常产品的捆绑和搭售来实现传导。这样一来可以封锁竞争对手，从而大大减少相关市场的竞争，使消费者蒙受损失。第二，特别是针对混合并购，对相关市场的封锁可能用来保护市场力量而不是协助其进入关联市场。通过搭售和捆绑相关产品，并购企业有可能阻止（竞争者）进入其拥有市场力量的市场。

　　人们总是倾向于认为任何减少竞争对手的选择或消极地影响一个企业的竞争就意味着是市场封锁策略。⑳ 这种观点认为，任何时候竞争者生意变得难做就意味着市场封锁，导致非横向并购被视为一种恶意的交易，从而过于

　　⑯ 《非横向并购指南》第18段。
　　⑰ 或者，阻止竞争对手进入或扩大市场，使并购公司能够保持其市场力量。
　　⑱ 欲全面了解理论文献，参考丘奇（Church）（2004）。
　　⑲ 关于学术文献的危害以及Church报告会被应用者所曲解因为其对非横向并购持有过激的立场的讨论，参见ICC Submission to DG Competition（2005）and Cooper, Froeb, O'Brien and Vita（2005）以及the response of Professor Church to the Cooper critique, Church（2005）。
　　⑳ 这种想法巩固了20世纪50年代美国竞争管理机构早期判决的基础。参见布朗鞋业案例。这些案例是芝加哥批判的催生剂，它们持续影响着"对非横向并购的政策向着减少干预的方向"的转变。

干预。㉑给市场封锁下如此宽泛的定义是不合理的。㉒竞争性市场行为，例如，通过降价获得市场份额，对竞争对手来说毕竟是有害的，因为他们可能失去销售额或者不得不降价来保持竞争。因此，明确了解可以导致市场封锁的行为极其重要。《非横向并购指南》对"市场封锁"的定义如下：

> "市场封锁是指任何'由于并购而使得实际或潜在的竞争对手进入市场时受阻或者无法进入市场，进而损害了这些企业进行竞争的能力和/或动机'的情况。因为市场封锁，并购各方（同时也有可能包括其竞争者）有可能对消费者提高价格并且有利可图"。㉓

尤其需要强调该定义的第二部分：只有当可能对消费者提高价格时，非横向并购才会引起真正的竞争担忧。㉔

企业通过非横向并购拒绝供应产品给其他竞争对手，或者拒绝分销其产品，这样的事实并不能构成引起竞争担忧的充分依据。至于对竞争者的损害，只能说这是一个证明会阻碍竞争从而使消费者蒙受损失的必要条件，而不是充分条件。㉕

根据市场封锁的这个定义，如何判定在什么样的情况下市场封锁对竞争者的损害会给消费者带来不良后果呢？《非横向并购指南》为竞争评估提供了三步法。具体三步如下：

- 第一步：并购后的企业是否有能力封锁竞争对手？
- 第二步：并购后的企业是否有封锁对手的动机？
- 第三步：总体上对竞争产生什么影响，也就是对消费者会产生什么影响？

㉑　这种观点反映出对第101条纵向协议的基于'形式'的解读。

㉒　分别见于第五、第六章纵向限制的讨论。这些章节提供了芝加哥批判的观点。

㉓　《非横向并购指南》第8段。

㉔　通过本章，提高价格的概念被广泛应用，也包含了一个供应商所提供"价格、质量、范围或服务"的弱点化。

㉕　确定在什么情况下对竞争者的危害转变成对竞争的危害是第102条排他性竞争评估的关键。

　　第一步有效反应了显著市场力量的重要筛选前提。例如：并购各方是否有一家或两者均在相关市场享有强大的市场力量？这一步能够发挥很好的直观作用，因为人们通常认为，如果企业不具有强大的市场力量，它们的行为将不会产生反竞争效果。而在混合并购情况下，比如说，能力评估这一步可以延伸到考虑所谓并购后的行为（如：捆绑）是否有可能发生。[26]例如，尽管并购能将销售给同一客户的产品聚集到一起，但捆绑的情况也许不会发生，因为产品是在不同时期被购买的。

　　第二步考虑的是尽管并购企业有能力采取影响竞争企业获取原料或影响其接触客户的策略，但是并购后是否有动机进行市场封锁。评估是否有这种动机的必要性，是因为任何潜在的市场封锁策略都涉及成本和潜在的利益两方面。例如，上游企业停止给下游竞争供应商供货的决定会使其上游实体的销售收益受损。而这部分销售的损失有可能可以抵消并购企业在下游市场提价所获取的利益。

　　第三步考虑的是市场封锁策略对消费者的影响。只有当非横向并购导致对最终的消费者的涨价才能被视为反竞争。《非横向并购指南》指出，这一步包括对购买能力、进入市场的可能性以及效率影响的评估。[27] 和横向并购竞争评估一样，并购各方需平等承担效率举证的责任。但是，正如《非横向并购指南》所述，如果非横向并购大大提高效率，那么实际上非横向并购中的效率举证的难度将远远低于横向并购的情况。[28]

　　《非横向并购指南》指出，这三步通常会一起评估，因为它们是紧密联系的。[29] 实践中，第二步和第三步总会放到一起进行评估。正如下面详细所述，进行潜在封锁策略的动机将部分依赖于价格对最终客户的影响。换言之，全面分析并购方是否具有执行类似策略的动机，有必要评估对最

---

　　[26] 《非横向并购指南》超越简单的市场份额去拓宽动机评估，同时加上可变成本和网络效应。参见 COMP/M4731 Google/DoubleClick 例子，了解如何考虑这些问题。

　　[27] 参见《非横向并购指南》第 51、52 段。

　　[28] 关于该问题的讨论详见 Bishop（2008）。此外，和横向并购一样，实际上，任何效率理论都不可能推翻依据充分的"损害理论"。

　　[29] 《非横向并购指南》第 32 段。

终客户是否面临价格上升，因此，对第二步进行评估时有必要加上第三步的评估。如果动机评估考虑到涨价因素，那么第三步就没有必要了；就可以假设市场封锁策略会引起反竞争效果。

因此，合理的解读应该是把第二步视为"静态"分析，把第三步视为"动态"分析。第二步会考虑市场封锁策略是否可盈利，考虑的只是竞争者和消费者的静态反应，以及包括价格对最终消费者可能的造成影响的评估。如果发现并购方有进行市场封锁的动机，那么第三步就考虑竞争者和消费者的动态反应是否会破坏该策略。第三步将考量买方力量规模和市场进入。重要的是，第三步会着重考虑竞争对于采取反击策略的余地，例如通过合并以应对当前的纵向或混合并购。[30]

接下来的段落将讲述如何把修订的三步法应用到对"纵向并购和混合并购是否产生反竞争效果"的评估当中去。

第二节　评估能力：相关市场和市场份额的作用

同横向并购竞争评估一样，正如人们所期望的那种分析相似性，纵向限制的竞争评估中市场份额在非横向并购的竞争评估中发挥着重要的作用。如果并购方在至少一个相关市场具有显著的市场力量，非横向并购才有可能产生竞争担忧。[31] 同样，对照横向并购的评估，市场份额和市场集中程度是衡量市场力量存在以及并购各方与竞争者之间竞争重要性的首先应该考虑的指标。评估市场份额和集中度的一个必要先决条件就是界定相关市场。[32]

《非横向并购指南》指出，当并购方在每个涉案市场上所占有的市场

---

[30]　有可能竞争对手的"应对策略"不能全面地应付并购。

[31]　《非横向并购指南》对拥有市场力量和享有市场支配地位的区分做出详细说明；因此，尽管并购企业没有支配任何市场，委员会对其保留干预的权利。参见《非横向并购指南》第23段。

[32]　与横向并购评估中相关市场的界定相反，非横向并购中相关市场的界定原则上会受玻璃纸谬误的影响，因为封锁的可能性取决于并购前现存的市场力量。

份额低于30%以及并购后HHI指数低于2000,[33] 非横向并购将不太可能产生竞争问题。企业被认为拥有显著市场力量的阈值低于通常被认为具有支配地位的阈值，这一阈值是根据委员会在《纵向限制集体豁免》中所使用的方法设定的。[34] 但是，准确来说，这些阈值不构成竞争担忧在法律意义上的推定，也就是不能因非横向并购超越这些阈值从而判断其必然引起竞争担忧。[35]

第三节　评估纵向并购引起市场封锁的可能性

本部分对在评估纵向并购可能产生的竞争影响中所引起的具体问题进行讨论。接下来会通过对评估混合并购可能产生的竞争影响中反映以上讨论内容。

纵向并购引起的首要竞争担忧是市场封锁带来的拒绝竞争对手获得供应来源或接触实际或潜在客户的问题。换言之，纵向并购的损害理论要么侧重于提高竞争对手的价格要么侧重于减少对手的收入。[36] 因此，市场封锁可分为两类：原料封锁和客户封锁。

原料封锁的危害涉及提高竞争对手的成本。原料封锁出现的情况：整合后的企业停止对下游竞争对手的原料供应（完全封锁）或提高原料价格（部分封锁），导致并购后上游原料价格的上张，因此可能导致下游竞争对手成本的提升。[37] 如果下游竞争对手的成本提高，就可以缓解下游对整合

---

[33]　《非横向并购指南》第25段。但是，《非横向并购指南》确实列出很多例外情况，委员会依然会在该门槛下寻找机会进行干预；参见26段。

[34]　更多内容参见第五章。

[35]　市场份额门槛的评论和HHI指数起到过滤器的作用，参见Bishop（2008）。

[36]　参见church（2004）。

[37]　值得一提的是，除非并购企业是上游唯一的供应商，否则，不给下游竞争者提供原料将意味着竞争者仍然有能力从上游其他企业购买原料。但是，由于可获得的供应不再是相对于需求而言，如果没有任何动态反应，下游竞争者将有望提价。

企业竞争约束，也就能够引起下游市场的价格上涨。[38]

与客户封锁相关的损害理论为其通常会减低竞争对手的收入。并购后，整合实体的下游部门不再从上游独立供应商获得原料供应，那么客户封锁就出现了。这样将使上游竞争对手的销售额下降，如此可能导致上游竞争者的平均成本（如果规模经济很重要）和/或边际成本的上升。从这个意义上来说，这会使竞争活力消失（从高额平均成本来说）或竞争活力下降（从上升的边际成本来说），这些企业施加给上游整合实体的竞争限制将会减少，造成上游更强大的市场力量和更高的原料成本。更高的原料成本，反过来，会导致下游非整合企业成本的上升，转而造成原料封锁模式中的"对最终消费者提升价格"。

相应地，我们来检验一下纵向并购造成原料封锁和客户封锁的可能性的评估。

一、原料封锁

如果并购后形成的新实体有可能限制下游竞争对手获得产品或服务，且这种情形在没有并购的情况下不会发生时，便会引起原料封锁。由于这种获取限制，下游竞争者的价格可能受到不利影响。如果是这种情况，下游市场的价格在并购后将会提高。或者，原料封锁可以阻止新企业进入市场，因此可以使并购后的企业在上游市场保持显著的市场力量。[39]

但是，正如我们在本章之前所讨论的那样，纵向并购会产生出抵消性效应，因为并购企业通过将互补产品集中到一起可以使其将上下游部门间的正销售外部性内化，因此达到降价目的。所以，原料封锁对消费者产生的总体影响不是很明确，需要仔细地评估。

---

[38]　在进行此项评估时，同时评估上游竞争公司的"静态"和"动态"反应很重要，以判断非并购下游企业的原料成本是否提升。

[39]　关于原料封锁的学术经济文献主要有三个分支，分别为：纵向并购会使得非一体化的企业的进货价格上涨的假想，纵向并购使得上游企业保持显著的市场力量的假想，以及纵向并购使一个原先不现实的原料封锁策略成为可能的假想。更多关于原料封锁的经济原理的详尽内容请参阅丘奇（Church）（2004）以及该书中的参考文献。Church指出，只有前两部分内容与反垄断政策有关。

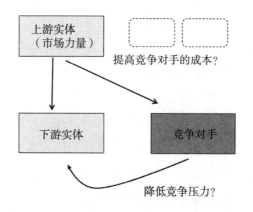

图 8.1   原料封锁

原料封锁要考虑的问题就是，并购实体必须在上游市场拥有显著的市场力量。只有在这些情况下，并购实体才有望对上游原料的提供产生重大影响。否则，其决定不向下游竞争者提供上游产品或者向它们提供更差的产品，那么对上游市场价格的影响将微乎其微。如果并购后的企业在上游市场拥有显著的市场力量，可以认为该企业被认为有能力进行市场封锁。[40]

但是，有能力进行市场封锁并不足以证明纵向并购会引起竞争担忧。相反，应该证明纵向并购会产生原料封锁的动机。在评估原料封锁的反竞争可能性的过程中，需要考虑的是这样一种约束涉及并购实体的成本和收益。市场封锁的成本是并购后没有销售的产品所损失的利润。[41]

市场封锁策略潜在的收益来源有两个。第一，为应对市场封锁策略，消费者从下游竞争者转向并购实体，并购实体能够赚取那些额外销售量的批发或零售利润（也就是上游实体到下游企业的销售利润，或者下游实体间的销售利润）。在其他条件相同情况下，下游封锁的竞争对手转移的需求量越多，下游并购实体获取的转移需求量份额越多，市场封锁策略也就

---

[40]   关于市场份额和市场集中度筛选的讨论，参见《非横向并购指南》第 8-008 段。

[41]   这与限制产量策略的相关成本类似，该策略是横向并购引起单边效应可能性的评估的重点。

盈利越多。[42] 第二，下游市场的销售利润将会提高；下游市场的竞争减少可以使该部分市场价格提升。当然，纵向并购产生的第二部分收益才有可能产生竞争问题。

为说明原料封锁策略的成本和收益，来看看下面假设的例子。A 企业现在向一个下游分销商 X 企业和 X 企业的下游竞争者提供它的产品 A。A 企业面临着来自上游的很多供应商的竞争。

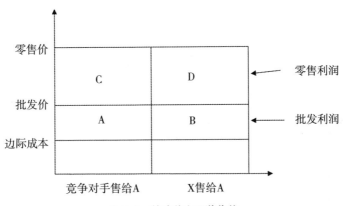

图 8.2 并购前上下游收益

并购前，A 企业赚取将其产品销售给 X 企业和其他分销商的批发利润。批发利润是批发价格和产品边际成本之间的差额。在图 8.2 中，A 企业的总收入为 A+B：批发利润乘以对分销商（不包括 X）销售量加上批发利润乘以对 X 企业的销售量。D 表示 X 企业的零售收入减去零售差价乘以 X 企业卖产品 A 的销售量；C 表示 X 企业竞争者的零售收入。现在分析一下 A 企业和 X 企业进行纵向并购的结果。并购前，它们加起来的收入是 A+B+D。这时候，我们忽略并购企业将外部性内化并且因此降低零售价的动机——这种效率在本章后面会进行详细分析。相反，我们假设 A+B+D 代表在没有其他排他性行为的情况下，企业并购后的收入。

现在来分析完全市场封锁策略的影响，假设并购企业拒绝向 X 企业的

---

[42] 这种现象被称为"份额转移"。

竞争性分销商供应其产品（见图8.3)[43]。

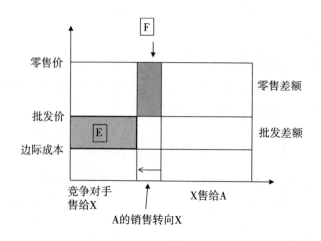

图8.3 完全原料封锁策略的成本和收益

很明显，这种策略会付出一定的代价。现在下游竞争分销商开始从 A 企业的上游竞争者那里购买产品，在没有实施市场封锁的情况下，并购企业将失去 A 企业产品销售的批发利润。这部分的损失等于从 A 企业转向竞争生产商的销售乘以批发利润，如图8.3 中的 E。

另一方面，之前从 X 企业的竞争者那里购买产品的客户现在会转向 X 企业，因为从 X 企业那可以获得 A 企业的产品。这会提升 X 企业的销售量，这部分销售量也就是图8.3 中向左移动的 X 企业的产品 A。这部分利益等于增加的销售量乘以零售利润（也就是零售价与批发价间的差额）——图8.3 中的 F。

但是，以上分析提供的只是与原料封锁策略相关的成本和收益的不完整评估。拒绝与下游企业合作的战略也可能会使产品零售价格上升。特别是 A 企业拒绝提供产品给 X 企业的竞争对手可能会使对手的原料成本上

---

[43] 如果对被供应的下游企业的市场封锁策略涉及提升价格，那么分析结果就是确定的。但是，在该例子中，消费者转向纵向并购企业的程度会削弱，以至于该市场封锁策略获得的利益比完全市场封锁要少。但同时部分市场封锁的成本也低；销量减少批发利润也会损失。

升，因为可提供的与产品 A 竞争的上游原料需求量增加了。因此，它们与X 企业的竞争就减少了。

可能会出现的结果有很多。首先，并购企业会保持价格优势使利益最大化，以及从高额销售中获利。这对消费者来说是否为一个不利因素还尚未明确。[44] 或者，并购企业和竞争者一样提升其下游价格，导致价格高于常价，因此损害到潜在消费者。

这种情况见图8.4。

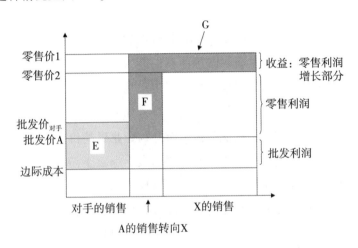

图8.4　原料封锁的潜在额外收益[45]

竞争者面临的高批发价格会促使零售价提升（从零售价 1 到零售价2）。这会使进行原料封锁的并购企业产生额外利益，如，除从转移部分的销售获利之外，其有能力基于整个下游销售提高零售利润，如 G 部分所示。但是，非供应竞争对手的机会成本如图 4 中 E 部分所示，第三方供应商的批发利润也会增加。如果 E 大于 F 加 G，那么拒绝向下游非并购竞争

---

[44]　但是，在一些案例中的推测对竞争者的"利润挤压"可能足以将他们驱逐出市场，在此之后，并购公司将可以提升价格。这种理论很难站得住脚，除非可以确定一旦下游价格上升，其重新再进入市场很困难。

[45]　如图假设的是零售弹性为零，比如说，零售价格的提升不会导致零售需求量的减少。这在实际情况中是不成立的，因此，我们会看到 X 企业的销售量会有所下降。

者供应的策略将不会盈利，因此，该策略将不会获得成功。[46]

因此，任何合理的竞争评估都需要权衡成本和收益。[47] 在其他条件相同情况下，批发利润越低，限制原料造成的损失就越低。同样，零售利润越高，通过排挤竞争对手所增加的下游市场份额而从中得到的收益就越多。但是，这些分析结果提供的只是粗略的、而必然不完整的指导；合理的关于原料封锁策略的成本和收益分析需要实证分析，不仅要对上下游利润进行评估，而且更重要的是对消费者从下游竞争者转向并购实体的倾向评估。

因此，决定原料封锁是不是一项盈利策略的一个关键因素在于下游竞争者从其他上游供应商那里获取同等原料的能力以及这样做的成本。如果上游供应商能够扩大他们的产量去填补假定市场封锁策略造成的缺口，那么原料封锁策略将不会引起竞争问题。但是，如果上游竞争企业能力受到限制，效率不佳（导致他们只能以比上游并购企业更高价格供应原料）或者品牌是决定下游企业客户的选择的主要因素，那么下游企业会发现很难以并购前的价格获得同等的原料。这也是为什么非横向并购如果没有在一个或多个相关市场拥有足够的市场势力将不会产生反竞争效果的原因。

对下游需求量的影响也将取决于受影响的原料是否构成下游成本的很大一部分，或者其是不是下游产品的关键原料。如果上游产品价格只占总体零售价一小部分，那么该产品的价格大幅提升也不会对下游零售价产生相当大的影响。[48]

此外，在评估竞争者应对假定的市场封锁策略的影响时，需要考虑这些竞争者的动态反应。特别要考虑下游竞争企业通过参与纵向并购的应对能力或通过与上游企业竞争以扩大企业规模的能力或作为新企业进入市场

---

[46]　参见 COMP/M. 4942 Nokia/Navteq（2008）案例中的讨论。

[47]　参见 COMP/M. 4300 Philips/Intermagnetics（2006）案例第 56 段到 62 段。

[48]　可以再看看图 8.4 的评估：上游原料的下游价格所占比例越小，G 就越小。更多讨论参见《非横向并购指南》第 42 段。委员会的评估例子可参考案例 COMP M. 4561 GE/Smiths Aerospace（2007）。

的能力。[49] 同时需要考虑消费者行使买方力量促使新产品出现的可能性（例如：买方赞助新产品或自己进行纵向并购）。最后，纵向并购对竞争的总体影响需要考虑纵向并购带来的效率收益。下面的段落将讨论非横向并购效率的处理。

（一）委员会原料封锁实例的评估

本部分将讨论委员会对两个涉及原料封锁的实际案例的评估：能腾公司（TomTom）/特拉斯公司（Tele Atlas）和诺基亚（Nokia）/纳维提（纳维提）。[50] 但是，BPB/圣戈班（Saint Gobain）和 Sasol/Engen 也是此类"纵向评估"的应用很好的例子。前一个案例是石膏板供应商 BPB 集团和石膏板分销商圣戈班集团之间的纵向并购。委员会在第一阶段便对此并购进行审查。[51] Sasol/Engen 案例涉及的是一家南非炼油公司和下游一家汽油柴油零售商之间的并购。在该案例中，南非反垄断法庭发现该案例很可能会引起市场封锁并禁止了此并购。[52]

案例一：通腾公司/特拉斯公司

2008 年通腾公司收购特拉斯的案例是委员会试图采用非横向并购指南中的那套方法的其中一例。通腾公司生产的是便携式导航设备（PNDs）或者是更为人所知的导航系统。[53] 通腾公司是当时欧洲最大的 PND 制造商。特拉斯生产 PNDs 需要的地图，是当时欧洲两家"导航地图"生产商中最大的一家。[54] 乍看之下该并购很有问题：最大的下游企业购买上游市

---

[49]　如果竞争企业进行纵向并购，同样采取"自给"的方法，那么下游公司（例子中的 X 公司）可能失去额外的下游销售量。

[50]　案例 COMP/M. 4854 TomTom/Tele Atlas（2008）和案例 COMP/M. 4942 Nokia/Navtec（2008）。

[51]　更多细节参见案例 COMP/M. 3943 Saint-Gobain/BPB（2005）。

[52]　更多细节参见南非反垄断法庭的决定，101/LM/12/2004。

[53]　第 177 段，案例 COMP/M. 4854 TomTom/Tele Atlas（2008），显示通腾公司在欧洲经济区的市场份额在 30%到 50%之间。

[54]　同上，第 77 段，特拉斯在欧洲经济区的市场份额在 50%—70%之间。

场最大的垄断企业。但是，经过第二阶段的调查，该并购得以通过，因为委员会认定为不存在合理的损害理论。尽管委员会对客户封锁和原料封锁都进行了调查，但主要的竞争问题还是与原料封锁有关。[55]

与原料封锁有关的损害理论有两种：完全原料封锁和部分原料封锁。完全原料封锁涉及的是并购实体将不再向通腾公司的竞争对手供应地图。结果将是纳维提成为通腾公司竞争对手的唯一供应商，其将有机会提高价格。[56] 这会促使通腾公司的导航图像显示器（PND）的竞争对手提高他们的价格，如此一来通腾公司的竞争压力会减少并因此获利。通腾公司可借此机会提升自己的价格或销售更多的 PNDs 或将两种混合。部分原料封锁的损害理论也类似，但在这理论下，并购实体并不是完全不向下游竞争对手提供原料，但会对他们提高价格（或降低地图质量），因此也会使纳维提高了其价格，这样通腾面临的下游竞争也会减少。

损害理论存在着经济学上的连贯性，但在实际情况中是否适用需要进行验证。使用"能力，动机，对消费者的损害"这套方法，委员会首先得出结论，并购实体有能力进行原料封锁。接着，委员会考虑并购实体是否有这样做的动机。理论显示，并购实体牺牲从上游"实体"（如：降低地图的销售量）获取的利益，期待从下游获取更多的利益（从 PND 更高的价格或从销售更多 PND 中获利），即超过损失的上游利益。这里明显相关的一个因素是上下游利益。事实证明，下游利益远高于上游利益[57]，这表明该理论是适用的。但是，委员会发现更高的地图价格对 PND 的价格影响很小因而消除了该顾虑。第一，地图价格只占 PND 价格的一小部分（少于

---

[55] 与客户封锁有关的损害理论表明，并购实体将通过封锁去妨碍上游企业接触其客户以破坏他们的规模经济。在该案例中，并购将意味着阻止特拉斯的上游竞争对手纳维提与通腾公司，使纳维提损失规模经济。但是，并购前特拉斯已经是通腾公司的唯一供应商，所以从这方面来说并购并不会改变什么。最后，委员会放弃了"损害理论"的推断。

[56] 事实上，这种说法存在争议。当纳维提与一个 PND 供应商议价时，纳维提就无法承诺不为随后的其他 PND 供应商提供一个更低的价格，因此，第一个与纳维提进行贸易往来的企业就不会接受纳维提最初提出的相对较高的价格。这样的问题原则上与第二章所讨论的耐用性产品垄断者面临的问题相似。这问题在脚注 40《非横向并购指南》中提到。

[57] 脚注 164 的裁决表明下游利润比上游利润高出 5 到 10 倍。

10%⑤），所以即使地图价格的大幅度提升对 PND 价格的影响也会很小。这就意味着通腾公司面临的竞争压力很小。第二，委员会对通腾公司和它的竞争者间的交叉价格弹性进行了计量经济评估，发现该弹性指数很低，所以，即使对手 PNDs 的价格有很大提高对通腾公司的 PNDs 的需求量也不会造成相当大的影响。⑤ 最后，委员会得出结论：并购实体没有进行原料封锁的动机，因为它在上游减少的销售量失去的利益将大于下游利益。该结论表明并购不可能损害到消费者。

委员会同时也考虑了并购各方的效率声明。正如《非横向并购指南》所述，双重加价的消除可以产生定价效率。⑥ 委员会承认该案例会产生这种效率，但必须确认如果没有并购该效率不会产生。具体来说，委员会对地图是否可以在一个固定价格基础上销售，并加上与边际成本相关的可变量进行调查。得出的结论是这种定价不会在该行业中出现，定价效率是并购特有的。⑥ 并购各方也声明"非定价效率"关乎并购公司在根据通腾用户提供信息的基础上更新他们地图的能力。委员会接受了并购各方的声明，并购可以导致"更好、更快的地图"的说法是合理的。⑥

案例二：诺基亚/纳维提

类似的问题在同行企业诺基亚和纳维提的交易中也被提出。因此，很多与通腾/特拉斯相关的所采用的分析也被用于诺基亚/纳维提案例中。在该案例中，一项完全原料封锁"纵向评估"结果分析显示在有足够的销售从下游竞争者转向诺基亚前，特拉斯有必要大幅提升价格才能使完全市场封锁策略盈利（如：通腾/特拉斯也得出类似的结论）。

从某种程度上讲，这种结果取决于原料提高价格嫁接到到客户价格的传导率。也取决于提价促使消费者转向购买诺基亚手机的程度，正如交叉

---

⑤ 引自 216 段。
⑤ 引自 221 段。
⑥ 关于双重边际化的讨论参见本章其他段落和附录以及第五章。
⑥ 同上第 241、242 段。
⑥ 同上第 249 段。

价格弹性引起的一样。委员会的相关下游弹性实证分析显示，进行市场封锁策略之后诺基亚只获取有限的下游销售。委员会指出，由于地图数据价格只占手机最终原料价格的一小部分，因此进行完全封锁的动机将被进一步削弱。委员会发现：

"如果特拉斯没有将价格提高至200%以上，诺基亚/纳维提并购的市场封锁策略将不会盈利。"[63]

接下来要考虑的问题是：什么会限制特拉斯公司对上游进行大幅提价；纳维提是否确保特拉斯公司会足额提高价格？委员会的结论是"很可能纳维提会在没有确保特拉斯公司提高如此高价格的情况下拿所有地图的收入来冒险。"此外，委员会指出新近产品的潜在重要性。具体如下：

"根据行业特点来看，特拉斯公司如此大幅度地提高价格不太现实。尤其是，提价会增加企业进入的可能性，这有悖完全市场封锁策略的目的。"[64]

在诺基亚/纳维提案例中，完全原料封锁策略的可能性被排除，因为它不是一项可行的策略。如果诺基亚/纳维提实施完全原料封锁策略，特拉斯的上游利益将会增加。但是，如果特拉斯将向他们提供服务的话，这会为纳维提重新向下游竞争者提供地图的动机，假如无论特拉斯以任何方式向这些竞争者提供原料。在并购实体声明不会向下游竞争者提供服务之后，接下来特拉斯会提升价格来进行应对，诺基亚/纳维提接着会以低价向特拉斯出售并从对下游竞争者高价销售中获利。诺基亚/纳维提在下游市场也会获利，因为相比诺基亚/纳维提，诺基亚宣布不向其竞争者供给之前，这些竞争者要面临更高的地图数据资料成本。更高的原料价格将会使非诺基亚手机的价格上涨，需求将转向诺基亚。假如纳维提的地图将被

---

[63]　COMP/M.4942 Nokia/Navteq（2008）第346段。
[64]　第138号文件 COMP/M.4942 Nokia/纳维提（2008）。

继续应用到诺基亚手机中并进行更新，以及向其他手机生产商供应额外地图的边际成本接近零，纳维提重新供应其他手机生产商的成本将会很低。因此，除非诺基亚/纳维提对不进行重新供应做一个可靠承诺，特拉斯才有可能提高其价格。这将破坏任何完全原料封锁策略。此外，诺基亚/纳维提重新提供给下游竞争者的动机将随着特拉斯的涨价幅度而增加。

因此，委员会认为，完全原料封锁策略使并购实体产生向特拉斯低价出售的动机是不合理的。[65]

二、客户封锁[66]

当一家上游企业与一家重要的下游客户进行纵向整合，限制上游竞争企业接触该客户，便会出现客户封锁。如果该客户足够大，那么这将达到降低上游竞争企业竞争能力的效果，特别是促使它们提高平均供应成本。[67]这样可以使并购实体在下游市场提高价格。[68]

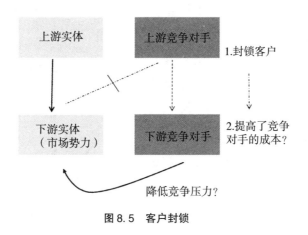

图 8.5 客户封锁

客户封锁，原则上，要么以完全封锁的形式出现，并购实体决定从上

---

[65] op. cit.

[66] 更多关于客户封锁的经济理论，读者可参考《church》及其中的参考文献。

[67] 如果规模经济特别重要，这才是问题。

[68] 《非横向并购指南》第 58 段。

游公司为它所有的产品和服务货源，最后停止向上游竞争企业购买；或者以部分封锁形式出现，并购实体选择减少向上游竞争企业购买（通常支付比并购前更低的价格）

客户封锁要考虑的问题就是，纵向并购必须有一方是重要客户，该客户在下游市场拥有显著的市场力量。[69] 只有在这种情况下，并购实体才会对上游原料的供应产生重大影响。如果并购企业在下游市场拥有显著的市场力量，那么企业将有能力进行客户封锁。[70]

但是，正如原料封锁情况一样，有能力进行客户封锁并不足以说明纵向并购会引起竞争问题。相反，必须确立纵向并购产生客户封锁的动机。

在评估客户封锁反竞争可能性的过程中，需要考虑的是这样一种涉及并购实体的成本和收益的权衡。与客户封锁策略相关的静态成本——或者是没有考虑非并购竞争企业反并购策略的成本，是下游企业选择只提供整合企业产品而引起的销售量下降所失去的零售利益。[71] 这样的损失是由上游并购企业效率不够和/或上游竞争者提供的产品更有吸引力所造成的；不向上游企业提供产品，下游企业将失去销量。

客户封锁策略潜在的利益来源有两个。第一，下游并购企业转向向上游并购实体购买而不向上游竞争者购买，并购实体将会从额外销售中获得批发利益（从上游企业到下游企业销售中获得的利益）。在其他条件相同情况下，从上游被封锁企业中转移的下游需求量越多，（并购实体）获得的批发利益越多，该战略将更盈利。第二，在下游市场会有（潜在的）增加的利益。如果阻止上游企业接触一个很重要的下游客户，则对下游非并购企业的批发价会上升，这将使下游市场竞争减少，因此零售利润更高。当然，如果第二部分利益是由纵向并购产生的才会引起竞争问题，否则不会损害到消费者。

---

[69]　参见《非横向并购指南》第 61 段。

[70]　关于市场份额和市场集中度的分析在应用非横向并购指南时所起的过滤作用的内容参见第 8-8 段。

[71]　这类似于与限制产出的策略的相关成本类似，限制产出策略的成本是对横向并购产生的单边效应进行评估的中心。

　　如果并购企业可以从上游竞争者处成功赢得销售，以及如果上游市场的规模经济很重要，那么客户封锁可以获得更高的原料价格。如果是这种情况，纵向并购引起的客户封锁可能会影响上游竞争者进行有效竞争。例如，并购前，这些竞争企业以最小有效规模或接近最小有效规模的方式经营，那么一个重要客户的丢失将会导致这些上游竞争供应商的平均成本大大上升，结果，导致长期内都会提高对下游客户收取的价格。

　　为说明客户封锁策略的成本和收益，来看看下面假设的例子。现在 X 企业同时向 A 企业以及 A 企业的上游竞争者购买（原料）。假设 A 企业和 X 企业并购。

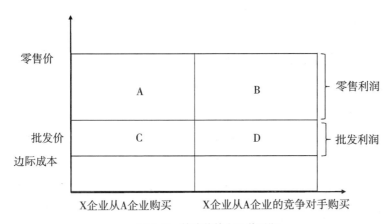

图 8.6　并购前的上下游利润

　　并购前，X 企业赚取所有销售的零售利润。[72] 加起来的收入是 A+B。A 企业获得的批发利润为 C，所以并购前两家企业获得的收入是 A+B+C。

　　现在考虑一下如果两家企业并购后拒绝向 A 企业的竞争对手购买所需要的原料的结果。因此，我们要考虑的是对上游竞争对手的完全封锁。[73]

---

　　[72]　注意在图 8.6 中，相比之前的图表，X 指的是整个横轴。

　　[73]　如果市场封锁策略涉及下游竞争企业被提供产品的价格，那么分析将是一致的。但是，在这种情况下，消费者转向纵向并购公司的程度将会被削弱，市场封锁策略的收益比完全封锁要低。但是也会出现这种情形，与部分市场封锁策略相关的成本也会降低；销售减少会导致批发利润损失。

图 8.7 表明这一策略的多种结果。

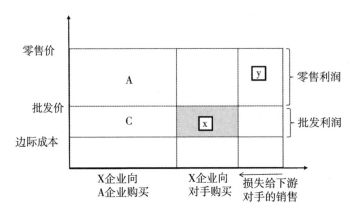

图 8.7　与客户封锁相关的成本和利益

　　首先，考虑一下该策略的潜在成本，如果 A 企业的效率比其上游竞争对手低或者其产品缺乏吸引力。无论哪种情况，转向仅从 A 企业购买会导致 X 企业在下游市场的销售量下降。图 8.7 显示的是 A 企业和其上游竞争对手效率相同的情况（它们的边际成本一样），但提供的产品缺乏吸引力，导致 X 企业的销售量向左偏移。该部分损失源于没有进行市场封锁策略情况下 X 企业产品销售的零售利润。如图 8.7 中 y 所示。

　　客户封锁的利益是双重的。第一，该策略涉及份额转移；A 企业上游竞争对手失去的市场份额将转向 A 企业，因为客户 X 所需原料之前是向 A 企业的竞争者购买，现在则转向 A 企业，这会提升 A 企业的销售。这部分利益等于增加的销售量乘以批发差价（如：产品的边际成本与批发价之间的差额）。如图 8.7 中 x 所示。

　　但是，拒绝向上游非并购实体购买原料的策略也可使产品的零售价上升。如果上游非并购实体的可变成本增加很多，这种情况可能就会出现；[74] 上游非并购企业的边际成本这样的上升幅度会使下游非并购企业的原料成本上升，使它们比并购企业缺乏有效的竞争。相比竞争者而言，并购企业

---

　　[74]　如果上游边际生产成本与规模经济有很重要的联系，这种情况将会出现。

从批发价获利的方式有两种。

第一，消费者将从效率相对欠佳的下游企业转向并购实体，如：并购实体的销售量将会提升。该部分利益如图8.8中 x＊+y＊所示。第二，下游竞争企业竞争效率下降会使零售价上升。收益增加情况如图8.8中G所示。

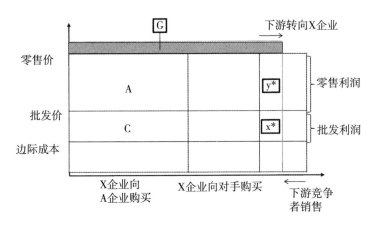

图8.8　客户封锁策略产生的额外潜在利益

评估该策略是否能盈利需要确定 y 减 y＊（总的零售利益损失）是否小于 x 加 x＊（如：总的批发利润增加量）加 G（如：保留销量的总的零售利润增加）。如上面所述，这是一个实证问题，除其他条件之外，取决于批发利润的大小、份额转移程度以及对零售利润可能产生的影响的评估。上游规模经济的损失和原料替代程度也很重要。

但是，通常来说，客户封锁产生竞争问题的可能性比原料封锁产生的可能性要小，因为客户封锁引起的竞争问题往往需要下游市场有一个重要客户拥有很大的市场份额以及原料供应商受规模经济的影响很大。只有这两种条件都具备，并购后销量损失才会提高竞争原料供应商的可变成本，并因此降低他们进行有效竞争的能力。

一项盈利的客户封锁策略同时需要假设上游企业没有能力将销售扩大到其他下游企业。如果上游供应商能够扩大他们的产量去填补假定市场封锁策略造成的缺口，那么客户封锁策略将不会引起竞争问题。此外，在评估竞争者的应对措施对假定的客户封锁策略所生产的影响时，需要考虑这些竞争者的潜在动态反应。特别要考虑上游竞争企业通过参与纵向并购进行应对的能力。⑦

最后，纵向并购对竞争的总体影响需要考虑纵向并购带来的效率收益。下面将讨论在非横向并购中效率的处理。

（一）委员会对客户封锁的评估

在委员会的并购评估中，客户封锁引起的竞争问题没有原料封锁引起问题那么频繁，反映了客户封锁引起竞争问题可能性比较小。⑦ 此外，在《非横向并购指南》发布之后，对此问题进行了详细地评估。但是，未来委员会应用在原料封锁评估中的"纵向计算"原则有望在必要时用到客户封锁评估中去。

三、对角并购

单边效应问题另外一个来源出现在"对角"并购当中。对角并购指的是两家并购企业既不是横向竞争对手也不是直接的纵向关系。

图8.9显示的是A和D的这种并购关系。A向C销售（和D同属于同样的纵向层面），但不向D销售。

从表面上看，我们可能认为该案例不存在潜在的竞争问题。但是，当上游企业供应的是下游合并企业的一个竞争对手，会出现一种连贯损害理论。这种损害理论就是：合并后，上游企业会有提高价格的动机，因为这样会导致下游客户提高他们的价格，而该价格对下游合并企业很有利。因此，在图8.9中，A企业将提高对C企业的价格，C企业会因此提高它对消费者的价格，这样将促使一部分消费者转向D企业。在合并前，A企业

---

⑦　如果竞争企业进行纵向并购采取"自给"方法，竞争并购企业可能获得足够的销售去保持批发市场的成本效率。

⑦　提及客户封锁的案例包括COMP/M. 1879 Boeing/Hughes（2000），COMP/M. 2822 EN-BW/ENI/GVS（2002），和COMP/M. 2978 Lagardere/Natexis/VUP（2003）。

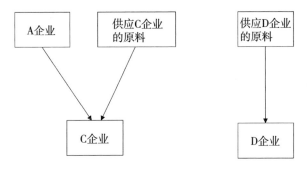

图 8.9　对角并购的例子

不会考虑 D 企业从价格提高中获得的收益，但合并后会考虑，因此，这会使 A 企业提高价格的动机超过合并前。需要注意的是，这是单边效应。这不依赖于其他企业采取同样的做法（如：协调效应问题）。

虽然损害理论有连贯性，但它依赖于三个必要条件：

1. A 企业必须在没有其他供应商对同类原料减价的情况下有能力对 C 企业提高价格，这需要 A 企业具有市场力量。

2. A 企业销售的原料必须占 C 企业原料成本的绝大部分，不然对 C 企业的价格影响将会微不足道，因而，对 D 企业销售的潜在影响则可忽略。

3. C 企业和 D 企业提供的产品必须接近替代品，不然即使 C 企业提高其价格，对 D 企业销售的影响也将微乎其微。

这三个条件都是必要条件。只有在特别情况下，这些条件才会成立，因此，对角合并问题通常不会出现。

对角并购问题的出现在 2008 年 Google/Doubleclick 并购案中，委员会对该案进行了调查。[77][78]问题出现在网络广告领域。Google 是网络文字广告供应商。网络文字广告与网络显示广告进行竞争（如静态或动态图像广告）。Doubleclick 是一家"广告服务"技术供应商。该技术将广告从广告

[77]　案例 COMP/M. 4731 Google/Doubleclick（2008）。
[78]　该案例详细讨论参见路易斯（Lewis）和洛法洛（Lofaro）（2008）。

商那里转向广告领域。Doubleclick 为显示广告提供服务技术，但不为文字广告提供服务技术。其损害理论是 Doubleclick 会提高其价格，这也将提高显示广告的价格，Google 的文字广告生意也会因此获益，因为消费者将从显示广告转向文字广告。

这是一个十分连贯的损害理论。但是，该案例的实证证据不支撑这种理论。第一，Double click 在显示广告服务供应这一块面临着激烈的竞争。确实，当时由于竞争原因，它降低其价格以及失去了一些客户。因此，网络广告商使用显示广告，其价格大幅提高的可能性几乎没有。第二，广告技术成本只占显示广告成本的一小部分，因此，即使广告服务价格提高很多对显示广告的成本或显示广告的价格影响也不大。第三，Google 的文字广告不是显示广告的替代品。因此，该案例中这三个必要条件没有一个是成立的。最终，委员会在第二调查阶段早期便无条件地通过了该并购。

第四节　混合并购引起封锁的可能性评估

混合并购是两家不存在现有或潜在竞争关系（作为竞争对手或者供应商和客户）的企业间的并购，因此，不会引起横向或者纵向问题。[79] 可以对涉及"互补产品"的混合并购和涉及"不相关产品"的混合并购做一个区分。之前提到互补产品的定义，当一件产品的消费者需求量增加，它的互补产品需求量也增加。不相关产品是那些不具有明显共性的产品，如：它们既不是彼此的替代产品也不是互补产品。但是，不相关产品可能会被供应给同一客户群，因此也会用到相同的宣传策略和销售渠道。此类产品有时被称为处于"相邻市场"，因为尽管这些产品从消费者角度来讲可能是不相关的，从严格意义上来讲也不是互补的，但从一些企业的角度来看，在供应链的特定层面它们可以被视为互补的。例如，威士忌和伏特加对消费者来说可能是不相关的，但零售商（如：一家酒吧）有可能认为它

---

[79]　《非横向并购指南》，第 91 段。

们是互补的，因为如果只提供这些产品中的其中一种，一般来说，酒吧对消费者的吸引力就会下降。[80] 涉及互补产品或邻近市场产品的混合并购被称为是"密切相关"的。没有活跃在密切相关市场的企业间的混合并购不会引起竞争问题。[81] 混合并购的损害理论往往是基于并购后实体产品的延伸而引起，让人们认为并购后的实体能够把它的"强势"品牌传导到其"弱势"品牌而增加其销量。结果，这种损害理论通常被称为"范围效应"或"组合力量"。但是，有必要了解扩大并购实体产品范围如何引起竞争问题，尤其是此类扩展往往和消费者对这些产品的效率收益相关。

混合并购只有在特定情况下才会引起"组合力量"，即当客户（通常是，大型的零售商）通常购买一系列相关的产品。组合效应概念应用的潜在原则是来源于不同市场的一系列产品形成的市场力量比其各个市场部分的简单相加要强得多。换言之，例如，参与五个不同相关市场比参与其中一或两个市场使一个企业处于更加有利的竞争地位。

为了检验这些理论的合理性，来看一下下面 A 企业与 B 企业间并购的例子。A 企业在市场 I 和市场 II 经营，B 企业在市场 III、IV 市场 V 经营。需要明确的是，所有五个市场都是明显相关的。每个市场假定的唯一供应商可以提高价格。表 8.1 显示的是并购前双方的市场份额以及并购后的情况。

表 8.1　组合力量

	市场				
	I	II	III	IV	V
A	30	30	10	0	0
B	0	0	10	40	40
并购后	30	30	20	40	40

---

[80] 笔者认为，辨别生产非竞争产品的相同原料购买者之间的混合并购非常有用。尽管这种并购在一些特定的情况下会产生特定的效果，但把这归结为并购的另外一种是否合理，还不明确。

[81] 《非横向并购指南》第 91 段。

　　并购的唯一重叠出现在市场 III 中，但重叠部分并购后加起来的市场份额仅仅是 20%。我们假设，根据标准的竞争分析，该并购不会引起任何不利的横向竞争结果。

　　有五点可以加强组合力量的基础。

- 并购企业对客户更具吸引力，因为它可以提供各种各样的产品。
- 在销售和市场营销过程中，并购企业可以实现规模经济和范围经济的目标。
- 并购实体将拥有更强大的资金来源，因此，相比其他竞争者来说，这样可以加强它的竞争地位——"大就是恶"的损害理论。
- 并购增加了拒绝供应的威胁性。
- 并购为捆绑产品创造更多的机会。

　　前两种额外市场力量的来源似乎损害到的是竞争者，而不是损害竞争本身。特别是第二种来源更有利于竞争，因为它涉及并购后的实体可以以更低成本供应消费者。

　　而且，规模本身不足以证明混合并购可能会对竞争产生不利后果。过去，委员会认为混合并购会引起竞争问题，集中可以使并购的其中一方获得更多的资金来源，因此相比其他竞争者，它的竞争地位加强了。但规模在一些情况下可能是一个优势，认为规模越大等于竞争力越强大或"资金雄厚"就必定使一个企业花比对手更多的钱赢得市场份额，这样的观点是错误和危险的。规模越大不一定等于竞争力越大，其中一个原因是因为资金是流动的，流到最佳的投资机遇中。此外，通常规模对竞争有影响是基于效率原因，而不是反竞争原因。

　　如果存在显著封锁效应的可能性，不利的组合力量来源是唯一的问题。但是，这种所谓的市场力量的来源通常是不确定的。似乎有这样一些看法：通过并购，产品具有很强的吸引力以至于购买者无法不买，即使是在反竞争价格情况下购买。为什么是这样，原因还不太明确。在我们的例子当中，提供给购买者的其中四个市场的外部选择没有改变，在第五个市场也不会有重大改变（假设），所以，为什么产品的并购意味着现在购买者没有足够的能力不去购买并购企业的产品呢？

反竞争组合力量最后一点的确是潜在竞争问题的合理来源。但是，尽管一个企业扩大产品范围有可能提高搭售的可能性，但只有在特殊情况下，扩大产品范围才会因为我们下面所讨论的原因而引起竞争问题。[82]

因此，混合并购引起的主要损害理论与并购实体产品提供范围扩大会造成封锁的单方行为可能性有关。[83] 如果混合并购可以使并购实体通过搭售或捆绑销售的方式将一个市场中的强势地位扩展至另一个市场，便会产生市场封锁。搭售通常指的是只有在购买另一种产品的情况下，才能购买某产品。

搭售可以是"商品搭售"（也称纯捆绑），一种产品的供应预测建立在对另一种产品购买的基础上；或者是"技术搭售"，技术搭售指的是仅一部分产品在技术上和其他产品相容的情况。捆绑通常指的是混合捆绑，如：可以单独购买两种产品，但如果同时买两种产品，可以享受折扣。[84]

因此，尽管在一些特定情况下混合并购可能对消费者产生不良结果，但混合并购比纵向并购产生竞争问题的可能性更小。正如下节详细讨论的那样，混合并购的竞争损害理论首先是以"效率过错"为中心。这种损害理论假定并购实体有能力以更低价格或相比并购前更高的质量向消费者提供一系列产品，这就意味着竞争性企业要面临销售下降的危险以至于这些企业被排挤（边际化），如：不能跟并购实体进行有效的竞争。但是，这些不利结果依靠的是对消费者的短期直接利益以间接形式转向对这些消费者的长期不利结果，了解这一点尤为重要。因此，当这些问题不能在纯理论的基础上进行排除时，那么此类混合损害理论应该以高证明标准为依据。在 Tetra - Laval/Sidel 案例审判中，欧洲初审法院

---

[82]　贝克和利亚德（1999）。
[83]　《非横向并购指南》第 93 段。
[84]　搭售也可以以纯捆绑的形式出现。在实际情况中同"集中"是一样的。

（ECJ）阐述如下：

"'混合型'集中的分析是一项预期分析：第一，是对未来相当长一段时期内的考虑，第二，传导效应必然会对有效竞争产生重大阻碍，这意味着因果链不易识别，不确定，难以确立。所以，委员会用以论证并购与共同市场不相符的证据的质量，是十分重要的；因为证据必须支持委员会的结论，即，如果不采取这样的决定，那么它所设想的经济发展是不合理的。"

现在我们转而讨论混合并购的竞争影响进行评估的分析步骤。

一、捆绑或搭售能力评估

除非并购实体在至少一个相关市场拥有显著的市场力量，否则混合并购不会产生竞争问题。[85] 此外，封锁需要考虑的一个问题是，涉及的产品需要有一个很大客户群。否则，搭售和捆绑销售策略便无法有效地将市场份额从竞争者那里转移至并购主体，而这种效果便是"杠杆"理论所关注的核心。[86] 同时，捆绑和搭售战略必须是切实可行的。如果涉及的产品是在不同时期被购买和/或购买的次数不一样，那么捆绑和搭售战略是行不通的。

在评估并购各方的市场地位时，有时需要参考所谓的"必备"产品概念。[87] 但是，一个"必备"产品的定义和产品被这样定义的原因还不明确。直观地说，一种"必备"品是购买者（特别是，零售商）需要储备的以满足客户的需求。但是，从非严格意义上讲，一种产品是"必备"的不意味它本身就享有显著的市场力量。确实，在很多情况下，购买者有能力通过

---

[85]　《非横向并购指南》第 99 段。

[86]　参见纳文（Neven）（2008）。

[87]　参见例子 COMP M. 3732 Procter & Gamble/Gillette（2005），其中委员会指出并购双方有大量的"必须购买产品"（参见 111 段）。但是，尽管有"必备"品的存在，但委员会还是在第一阶段对并购进行了部分调查，因为零售商们提到他们将继续提供对品牌产品造成竞争限制的自有品牌产品。

供应决定影响一种产品的需求量；供应一种产品是一方面，供应大批的那种产品和/或把那种产品放在商店理想位置销售和/或力图在众多可选择竞争品中促销产品又是另外一回事。相反，并购企业产品贴上"必备品"的标签必须伴随着这样的分析：为什么购买者没有能力去改变对这些产品的购买量。当这些同样的买家同时存有竞争产品，包括自有品牌产品时，这种分析尤为重要。在这些情况下，零售商们更容易采取一项或更多的措施应对并购企业意图借助其产品范围带来的不利影响。这些措施包括减少摆放品牌产品的货架（可能增加摆放自有品牌产品的空间）；限制品牌产品的宣传（通过降低品牌产品生产商提供折扣的能力，这样会使自有品牌产品对消费者更具吸引力）；以及减少品牌产品的可接触度（再次使自有品牌产品对消费者更有吸引力）。

二、参与捆绑或搭售的动机评估

正如上面提及，这些情况的首要问题是并购实体将采取反竞争策略，旨在借助其在一个或多个市场的市场力量去封锁它在互补市场或邻近市场的竞争者。如果并购实体有能力捆绑产品，混合并购采取的主要机制可能（至少在理论上）会造成这些反竞争结果，结果会导致竞争者被长期地边缘化。原则上，捆绑可以以技术捆绑、纯捆绑或混合捆绑的形式出现。但是，捆绑策略也伴随着成本。如果绝大部分客户对购买捆绑产品不感兴趣，反而更喜欢买其中一种产品，那么，纯捆绑和搭售可能给并购实体带来损失。在这种情况下，试图将一种有需求的产品与一种需求较少的产品进行捆绑，可能会导致捆绑产品显著的销售损失。[88]

另外，想购买捆绑产品的消费者更喜欢购买竞争企业提供的捆绑产品。混合捆绑涉及隐含折扣的成本。

事实上，很多竞争存在与混合捆绑相关的问题，因此接下来重点讨论那种捆绑形式。要评估混合并购通过混合捆绑产生反竞争传导效应的危

---

[88]　这种损失非常极端，产品之间不存在互补。

险，需要考虑以下两个关键问题，即：

* 并购实体是否有可能进行混合捆绑？具体来说，混合捆绑在涉及的市场中必须是一项可行的商业策略，以及并购各方必须有实施该策略的动机。
* 混合捆绑是否将造成竞争对手的边缘化。即使并购后的实体进行混合捆绑，只有在一些条件成立的情况下才会产生反竞争效果，导致竞争者在中长期内被边缘化，并购后的实体可以提高价格，并因此在很长期损害消费者。

在评估并购实体进行混合捆绑的动机时，我们需要考虑以下问题：

* 并购各方生产的产品是互补的吗？实施捆绑或搭售企业的潜在利益来源于从竞争者那里获取的销售转移份额。该利益的多少根据案例的不同而不同。混合捆绑的利益取决于捆绑产品间的互补程度。如果互补程度有限，并购的短期价格刺激不会引起实质性的改变，因此，对竞争者销售额的影响也有限。但是，互补程度越高，并购后一种产品降价的动机越大，因此，互补商品的销量也会增加。
* 即使并购各方生产的产品本身是互补的，但并不一定给并购实体产生大幅降价的动机。这取决于被捆绑产品的相对价值。如果产品的价值相对比较低，那么从捆绑中获取的利益将会有限。如果没有重大的"古诺"效应，混合捆绑，其主要目的将是使并购实体从互补产品的负交叉价格弹性中获益，非常不可能是一项短期利益最大化策略。
* 混合捆绑是否会为并购实体在客户当中提供更大范围的价格歧视？[89]

如果没有任何重大"古诺"效应和没有更大的价格歧视的机会，任何以混合捆绑为基础的损害理论本质上可以归结为"掠夺性定价"；对竞争者的封锁并非来自于并购企业增加的定价效率，而是并购企业进行掠夺行

---

[89] 参考第五章混合捆绑引起价格歧视的讨论。

为的意愿和能力（但并购企业没有任何一方有意愿或有能力进行掠夺行为）。这种损害理论需要解释为什么并购后而不是并购前掠夺行为会获利，同时需要按照第 102 条严格的标准来评估掠夺行为，包括赔偿可能性的评估。

三、捆绑或搭售策略的竞争效果评估

尽管并购后并购实体有能力和动机采取搭售和捆绑销售策略，这将对竞争也因此对消费者产生不利影响，但前提条件是：当一些条件暗示竞争供应商在中长期内被边缘化以至于并购后的实体能够提升价格，最终在长时间内损害消费者。

尽管捆绑或搭售可能导致竞争企业的销售下降，但是销售下降本身不意味这是一个竞争问题。⑨ 明确竞争者的边缘化指的是什么很重要。例如，如果混合并购使并购实体降低其价格，这将给竞争者带来不利影响，从这方面来看，他们会发现他们在边缘地带的销售很难超过降价前的。但这种价格下降只能在降低竞争对手的竞争能力以至于他们在未来不能约束并购企业提升价格的情形下才构成将竞争者边缘化。⑨⑨ 在评估这种情况是否可能发生的过程中，需要对降低对手有效竞争的能力，对竞争者的损害（如：利益减少）和对竞争的损害做出区分。如果在生产方面规模经济很重要，销售损失正常来说只会对一个企业的竞争能力产生负面影响。

另外，如果并购企业的竞争供应商发现采取类似的措施（或"反击策略）去减少并购方行动的影响并不是很好或不现实，混合并购才会产生反竞争封锁。通过与其他企业并购或达成同等的合同协议（所谓的"合作协议"），竞争供应商才能采取策略去减少或消除假定战略（如：捆绑或提高对手的成本）的竞争优势。寻找和实施这种协议通常是非横向并购引起

---

⑨ 《非横向并购指南》第 111 段。

⑨ 理论上，如果竞争者长期边缘化使得（并购公司或竞争对手）对新产品的投资减少，而这些投资会提高产品质量或者降低成本，那么竞争者边缘化也会使消费者蒙受损失。然而，事实上这样的一个损害理论很难得到确切的验证。

⑨ 实际上，如果情况真如此，市场上必须要有一个或多个竞争企业。

的动态竞争过程中很重要的一部分。只有当这些关于并购企业假定策略的反应有效时，并购相应的竞争关注才能被缓和。

因此，我们提出参与反竞争捆绑的动机评估应遵循下列分步骤，每一步都需要成立以便得出结论：非横向并购会引起排他性反竞争效果。正如前面所述和欧洲初审法院在 Tetra Laval/Sidel 案中提出的一样，既然非横向并购被认为不会引起竞争问题，确定并购后的捆绑战略导致封锁的证明标准应该很高；需要确定而不是假设短期降价会导致竞争者长期被边缘化。非横向并购通过封锁妨碍竞争需要的条件如下[93][94]：

● 条件 A：竞争性企业是否会在上述情况下被边缘化？

● 条件 B：与并购企业相竞争的供应商是否发现采取类似的措施（或"反击战略"）去减少并购方行为的影响并不是很好或不现实？

● 条件 C：因为上述一连串问题，价格会不会上升以及客户利益是否受到损害？如果这些竞争者被边缘化到一定程度以致于短期边际成本严重受到影响或被迫从市场永久撤出使并购企业可以长期提高价格，这种情况才会发生。

四、委员会在实践中对混合并购的评估

该部分进一步讨论委员会对混合并购影响的评估。这样做是为了通过三个涉及通用的案例说明委员会混合并购影响评估的演变；即：通用电气/霍尼韦尔（GE/Honeywell）（2001），通用电气/安玛西亚公司（GE/Amersham）（2004）和 GE/Smiths（2007）。这些案例反映出委员会对混合并购立场的转变，从反对到更加与标准经济理论相一致。

---

[93] 这些条件主要取决于现存竞争者的市场封锁。类似的条件来源于试图排挤潜在市场进入者的策略。

[94] 这些条件不仅反映出强大的市场力量，在调查 GE/Amersham（COMP/M. 3304 GE/Amersham（2004））一案中，其中一个作者也提出了类似的条件，并且委员会也接受了这些条件。

通用电气公司/霍尼韦尔公司

对混合并购关注度最高的案例是委员会阻止通用电气和霍尼韦尔并购的决定。美国司法部反托拉斯部门和加拿大竞争署均有条件通过了该交易。相反，欧盟委员会禁止了该并购。尽管该案例涉及横向、纵向以及混合并购问题，委员会对混合效应问题的评估最受争议，下面的讨论主要针对该问题。⑤

通用电气（GE）独自生产飞机引擎，而且也通过 CFMI 和一家法国公司 SNECMA50/50 的合营企业来生产。霍尼韦尔生产各种航空电子部件（如，用于飞机操纵、导航和交通）和各种非航空电子部件（如：辅助动力装置、环境控制系统、轮胎和制动器）。引擎和各类航空电子/非航空电子部件产品在大型商用客机和直线喷气式飞机都需要用到。该市场的主要客户是机身原始设备制造商（OEMs），包括波音公司、空中客车公司、庞巴迪、巴西航空工业公司和仙童飞机公司以及航空公司。

委员会认为 GE 在商用客机引擎市场具有支配地位，霍尼韦尔在各类航空电子产品市场有"主导"地位。

混合问题在于 GE 和霍尼韦尔各自的产品是互补的，这些产品有时但并不全是卖给同一客户。所以，在其他条件相同情况下，引擎价格的下降，将有更多的飞机被制造，并转换为航空电子和非航空电子产品更高的需求。此外，委员会认为 GECAS、GE 的飞机租赁业务，在决定其他客户的选择方面发挥着很重要的作用；通过影响 GECAS 购买的飞机中安装的非航空电子产品选择，会促使其他客户也作出同样的选择。⑯

在委员会看来，并购会给 GE 进行一种或多种形式的引擎和电子产品捆绑提供能力和动机，导致 GE 在大型支线飞机引擎市场地位被加强，并

---

⑤　但是，需要注意的是，在欧洲初审法院在其判决中对委员会的决定同样做出了批评，批评了其关于纵向并购的损害理论。

⑯　这种损害理论已经被称为"阿基米德杠杆"，从这个意义上来讲，GECAS 的选择会改变其他客户的选择，因为航空公司"团队共性"。该理论的讨论参见 Reynolds and Ordover（2002）Reynolds 和 Ordover（2002），评论参见 Grant 和 Neven（2005）。

为其提供航空电子产品创造显著的市场力量。[97][98]

　　尽管没有对委员会所有的论据进行详细讨论，但下面几点值得重视。[99]第一，委员会似乎没有考虑竞争者应对并购的可能性（空间）。第二，委员会对捆绑可能的结果评估焦点放在竞争者的利益上。如，决定中说到：

　　　　"由于市场份额的侵蚀，并购实体对其各类互补业务进行交叉补贴和从事盈利性捆绑销售的能力，将对航空电子产品和非航空电子产品的竞争生产商的盈利能力产生不利的影响"。

　　从委员会的观点可以看出，这将导致现有竞争者的消失，从而导致市场封锁。[100]简言之，似乎委员会在其对 GE/Honeywell 的决定中认为，盈利能力的降低等同于一个企业竞争重要性的下降。

　　这种观点与第 102 条中传统的封锁评估是一致的，即，任何对竞争者的损害都被认为是对竞争的危害。[101]但是，《非横向并购指南》明确指出，现在这种方法并不可靠。第三，与上面所讨论的经济评估相反，委员会的决定中没有任何地方对捆绑是不是并购公司一项盈利战略做出评估。相反，则认为并购实体拥有的所谓商业优势无可避免地意味着捆绑将会提高盈利性：

　　　　"委员会认为，对一种或另一种经济模式的依赖，对该结论的得出并无影响：并购实体有能力进行捆绑交易，可以封锁竞争者进入引擎和航空电子/非航空电子市场。"[102]结果，委员会一致认为捆绑会导致封锁。但是，正如上面所解释的那样，那种假设有悖标准经济思维。

――――――――――――――

　　[97]　COMP/M. 2220 General Electric/Honeywell（2001）第 341 段。
　　[98]　委员会同时认为捆绑会帮助飞机引擎供应创造主导地位。参见 COMP/M. 2220 General Electric/Honeywelll（2001）第 443 段和 444 段。
　　[99]　有很多关于委员会决定的评论。参见其他，Baxter, Dethmers and Dodoo（2006），Nalebuff（2002）and Emch（2004）。
　　[100]　参见第 398 段 COMP/M. 2220 GE/Honeywell（2001）。
　　[101]　详细讨论参见第六章。
　　[102]　参见第 352 段 COMP/M. 2220 GE/Honeywell（2001）。

欧洲初审法院对委员会的决定进行了猛烈抨击，认为委员会并没有证明 GE/Honeywell 的并购会进行决定中所谓反竞争混合行为。欧洲初审法院认为，委员会不能充分确定 GE 是否有能力或动机进行引擎或航空电子/非航空电子产品的捆绑。欧洲初审法院得出此结论有两个主要考虑。第一，欧洲初审法院指出，实施委员会所谓的捆绑策略固有的现实困难性以及不排除并购实体实际想实施该策略的可能性，欧洲初审法院认为，现实问题使捆绑策略显得更加不合理。

"无可否认，尽管现实问题并没有使捆绑不太可能发生，但仍会使该策略的实施变得更加困难，相应地，捆绑出现的可能性也就降低了"。[103]

简而言之，委员会没有确认捆绑的能力。

第二，欧洲初审法院认为委员会没有确定并购实体进行所谓的商业行为的真实可能性。特别是，并购实体进行混合捆绑的可能性。欧洲初审法院指出：

"如果没有将现有案例放在特定情况下使用古诺效应进行具体经济分析，就不能从委员会对那种理论的简单提及中得出结论……并购后并购实体将进行混合捆绑"。[104]

简言之，欧洲初审法院认为即使 GE/Honeywell 有能力进行捆绑，但委员会并没有确认其是否有能力这样做。[105]有了这些证据，欧洲初审法院没有紧紧抓住所谓的捆绑策略会引起封锁这一点。换言之，欧洲初审法院并没有处理委员会的损害理论问题，也就是，竞争对手会失去市场份额以及市场份额的损失会使并购实体提高一个或两个市场的价格。

---

[103]　2005 年欧洲初审法院判决。

[104]　欧洲初审法院审判 2005 第 462 段，General Electric v Commission。

[105]　欧洲初审法院也认为，在评估进行反竞争捆绑动机的过程中，委员会本应该考虑第 102 条中的妨碍结果。

通用电气/安玛西亚生物[106]

市场份额损失对竞争者竞争能力的影响和市场份额损失对最终消费者的影响，直接在委员会对通用电气和安玛西亚的并购评估中得以解决。并购所涉及的产品是医疗诊断产品。GE 生产的是（DI）设备用于测试身体的内部图像，而安玛西亚的生产的 DI 设备提高了形成图像的清晰度（DPs）。因此，DI 设备和 DPs 可以被视为互补产品。

委员会考虑的是，并购主体是否会获得并通过搭售或捆绑销售等排他行为将并购前的市场力量延伸至其他市场、进而排除竞争的能力。[107] 委员会考虑了以 DI 设备和 DPs 的捆绑和技术搭售为基础的危害理论。

与 GE/Honeywell 明显相反，GE/Honeywell 中竞争评估的焦点只是并购后并购实体进行捆与绑的可能性，而 GE/Amersham 的决定则集中于捆绑的影响。在评估商品（或混合）捆绑的过程中，委员会会审查了：

（1）并购实体是否有能力传导其并购前在一个市场的主导地位而进入另一市场；

（2）竞争对手是否没有能力应对捆绑策略；

（3）对竞争对手的边缘化是否会导致他们从市场中消失；

（4）在这些竞争者消失之后，并购实体是否可以实施单方面提价，该价格在长时间内不会被新进企业或之前被边缘化的企业重新进入市场而破坏。[108]

就这样，委员会在罗列出每一步。委员会发现这些条件没有一条是成立的，结果在第一阶段通过了并购。决定明确指出，尽管商品捆绑将会因为并购而实现，但它不会引起竞争封锁。[109] 委员会同时消除了技术搭售的

[106]　COMP/M. 3304 GE/Amersham（2004）.

[107]　同上，第31段。

[108]　同上，第37段。

[109]　同上，第42段。

顾虑，因为并购实体会开发与 DI 设备兼容的 DPs。除了审查这种战略实际发生的可能性之外，委员会还对参与技术捆绑的经济动机进行评估，得出的结论是，这不是一项利益最大化的策略，因为并购实体不会获得 DI 设备的机底安装设备。

简言之，相比对 GE/Honeywell 采取的评估而言，对 GE/Amersham 捆绑和搭售的竞争评估有了明显的提升。

通用电气/史密斯航空[⑩]

对 GE/Smiths 的决定说明了委员会的捆绑和搭售评估的演变程度有了更加显著的提升。在很多方面，该并购是 GE/Honeywell 案例中论据的重演，因为 Smiths 在商用和军用飞机的引擎部件的提供方面相当活跃。[⑪] 因为 GE 和 Smiths 都将产品卖给飞机制造商（波音和空中客车），委员会对与 Smiths 拥有重要市场地位的这些市场混合效应的可能性进行了调查。[⑫] 尽管委员会发现 GE 在大型商用飞机引擎方面拥有支配地位，但它认为通过和 Smiths 产品捆绑的交易不会加强 GE 的市场地位。

第一，Smiths 的产品价值相比 GE 的引擎要低，这意味着 Smiths 产品的折扣对 GE 的引擎的需求影响较小。第二，捆绑这些产品的策略不可能会成功，因为 CE 的大部分引擎不是卖给飞机制造商而是航空公司。这意味着需要引擎的绝大部分客户群不受捆绑或搭售策略的影响。此外，SmithsAerospace 公司的产品对引擎价格的影响很小。[⑬]

最终，委员会在第一阶段无条件通过了该并购。

第五节　协调效应

同横向并购一样，纵向并购至少在理论上，也会引发协调效应，不仅

---

⑩　COMP/M. 4561 GE/Smiths Aerospace（2007）.

⑪　同 COMP/M. 3220 GE/Honeywell（2001）案例一样，交易涉及纵向和混合问题。

⑫　这些市场是为轻型战斗机（LCA）提供飞机监管系统和燃料数量监测。

⑬　COMP/M. 4561 GE/Smiths Aerospace（2007）第 116 到 119 段。

通过对并购后企业的竞争行为，而且对一个或多个对手（或上游或下游）的竞争行为做出改变，导致对最终消费者提高价格。纵向并购使企业产生并保持心照不宣的共识，降低竞争强度，或许可以通过提升企业间的均等程度或提高市场透明度，或扩大竞争企业索价信息的范围。[114] 纵向并购企业需要清楚了解到，如果新进入者需要同时参与上下游市场，这有可能降低协调群体外围企业扩大或进入市场的能力。

通过在一个特定市场减少有效竞争者的数量，混合并购可能会影响协调效应的可能性。[115] 此外，混合并购可以扩大多个市场竞争的范围和提高多个市场竞争的重要性。多个市场的相互竞争影响可以扩大约束机制的范围和效率以确保协调的条款得以遵守。但是，在实际情况中，这些理论依靠的是企业数量的减少，如：混合并购导致一家或多家竞争性企业被封锁。因此，事实上，协调效应问题是单边封锁常见问题的补充。

第六节　非横向并购的效率

正如本章引言中所提到的，非横向并购很有可能产生效率收益，因为在很多情况下，并购后，会产生直接的降价或提高质量的动机，因为这样会提高互补产品的销量。此外，纵向和互补关系中的企业所生产的产品被一起使用，非横向并购的效率收益来源于两种产品的相互影响的提高。这种效率收益和价格行为的影响无关，而是和质量提升、种类增加或投资水平增加有关。[116]

纵向并购和混合并购的潜在效率收益来源于多种不同机制，在不同的情况下出现。但是，它们可以广泛地归类为以下四种[117]：

---

[114] 非横向并购所采用的可能会产生协调效应的替代性机制已经成为最近的经济原理的主题。例如参见 Nocke and White（2007）。然而，事实上还没有得出一个有说服力的理论。

[115] 《非横向并购指南》第 120 段。

[116] 例如，非横向并购可以解决所谓的"扼制问题"（更多细节参见第五章）。

[117] 更多关于纵向并购和混合并购产生的效率，参见毕晓普（Bishop），拉法洛（Lofaro），洛萨堤（Rosati）和永扬（Young）（2005）。

- 提高定价效率；
- 提高生产效率；
- 防止利益分散；
- 克服不完整合约和/或交易成本引起的问题。

一、提高定价效率

在很多情况下，统一定价不是组织供应链或提供互补产品的最佳选择。但是，很难或不可能制定一套非常严密的定价机制。在这种情况下，撇开外部定价的需要，非横向并购可以获得更有效的结果。非横向并购创造的定价效率关系尤为紧密，因为它们可以立即带来降价。

在纵向并购创造的定价效率中，双重边际的消除具有最广泛的适应性。当供应链中存在多重加价时，非效率将出现，导致价格超过供应链中多个环节的生产边际成本。由于经济体中普遍存在的固定成本和市场力量，价格通常会超过短期边际成本，因此，加价往往是一种极其普遍的现象。[119] 附录8.1提供了把下游竞争强度和双重边际消除的收益相关的一种理论模型。下游市场竞争强度越弱，与双重边际有关的收益也就越大。

古诺效应和垂直行业造成双重边际效率低下是对等的：当两家企业的竞争关系是互补的时候，如果另一家降低其产品价格，每家企业都可以从增加的销量中获利。如果互补产品的生产商单独经营，那么一种产品降价对另一种互补产品需求量的有利影响则不在考虑范围内。但是，如果双方并购，对这种影响的考虑将被内化，并提供降价的额外动机。

古诺效应的重要性在于它的广泛适应性。一般来说，任何提供互补产品的两家企业并且高价出售，往往受到来自于非效率的影响。并购企业通过消除并购企业间的外部因素减少这种定价非效率。此外，与双重边际化不同，替代完全并购的合同方案并不简单，在实际情况应用中也比较罕

---

⑩　双重边际化的详细讨论参见第五章纵向限制的讨论。

见。需要注意的是，为了获取这种外部定价内化的收益，互补产品需要通过捆绑或搭售一起销售。这样做的理由是：如果产品被单独销售，客户将自由"混搭"各种不同品牌的产品，导致竞争性企业可以从降价中侵占一部分利益。在这些情况下，效率收益的多少将取决于即使没有搭售的情况下一起购买产品的客户比例。

二、提高生产效率

因为规模经济或范围经济的存在、管理和融资效率的提高或供应的保证，非横向并购可以使原料和/或生产资产得到更有效的利用。例如，提高上下游企业间的供需协调，纵向并购可以提高生产效率。整合后的企业可以从研发、分配、营销方面的协调、信息分享和新生产技术的采用中获利。

三、防止利益侵占

在一些情况下，一个企业可能无法获取投资的所有收益，原因是其中一部分被竞争对手获得。这将导致投资水平欠优。通过将这些外部情况内化化，非横向并购可以获得很大的效率利益。例如，一家企业会担心自己的投资被竞争对手"搭便车"。这样会减少这家企业投资的动机，不仅损害自身利益也损害纵向伙伴的利益（例如上游供应商或下游客户）。举个例子说，一个零售商可能不愿意推销一个制造商的产品，因为这样可以使竞争性的零售商获利。结果，这种服务没有被提供或者在一个相对低的水平被提供，产量也就跟着下降了。如果上游企业和下游供应商整合，将单独零售商排除在外，那么所有的收益将会被单一的并购实体所占有，投资欲望也增加了。其他企业侵占部分利益也是研发活动中常见的现象。一家企业可能会担心它的竞争者将发现它的创新技术，然后复制（"搭便车"）其创新成果。纵向并购通过减少供应链上其他公司将"技术"泄露给竞争者，或者提供机会让技术运用到上游产品中，可以减少这种横向泄露。

互补并购可以通过帮助阻止利益侵占来提高效率。第一，并购可以使质量标准化。当两种商品被一起使用时（形成一个系统产品），并且消费者可以观察到这个系统的质量，而不是单上配件的质量时控制互补产品的质量很重要（如：消费者和企业间存在不均衡信息）。第二，如果这些利益溢出到相关产品市场，并购可以通过将研发利益内化增加对技术创新的投资欲望。

四、克服不完整合约和/或交易成本引起的问题

现有的不完整合约和交易成本产生的效率是纵向并购促进竞争的动力。[⑩]如果合同没有非常具体的约束条件，一方可以找到合同漏洞去抓住纵向合作伙伴的弱点。

很具体的一个例子就是"套牢"问题，其中专用性投资使一方更依赖于另一方，一旦进行投资，就会让侵占行为有机可乘。当企业处于分离的所有权时不受这种行为的影响是不可能的，或者禁止这种行为代价高昂。很明显，在共同所有权的情况下，此类问题不会发生。通常来说，即使没有具体的不完整性问题，在寻求合作伙伴或拟定合同时，交易成本或多或少都会出现。

对混合并购来讲，不完整合约和交易成本在促进竞争动机分析方面发挥着重要作用。例如，如果一种产品生产商的投资利益依赖于互补商品的互用性，套牢问题会在混合并购中出现。如此说来，不完整合约问题并不取决于并购各方是否是纵向或互补关系，从消除双重边际中实现效率利益的条件同纵向并购一样。

此外，混合并购可以通过为客户提供"一站购买机会"减少交易成本。对买方或卖方来说，当交易成本不可忽视的时候，将会带来效率利益。

五、效率对非横向并购竞争结果影响的评估

横向并购与非横向并购的根本区别不仅在于竞争问题类型的区别，还在于总的竞争评估中如何考虑效率。如第七章所述，横向并购竞争评估采

[⑩] 例如，委员会认为在 COMP/M. 4854 TomTom/特拉斯案例中，通过合同手段不会获得更好的产品整合的收益。

取的是两步法：首先，评估对竞争可能产生的影响，如果并购有可能证明显著削弱竞争，接着就要评估是否有效率可以抵消这些认定的竞争问题。在横向并购情况下，这种方法逻辑很清晰。在明确并购将消除竞争约束，并导致价格上升之后，横向并购所产生的效率才被评估。因此，效率评估的焦点在于它们是否足以抵消认定的竞争损害。[⑲]

《非横向并购指南》指出，效率也可以用类似的方法评估，如：按照《指南》提出的方法的第三步。但是，根据非横向并购引起的潜在损害理论的间接性，将应用在横向并购中评估反竞争和效率意义的两步法运用到非横向并购评估中是不合适的。在评估非横向并购的竞争效果时，不可能简单地把竞争损害评估和效率评估分开来。确实，在很多例子中，非横向并购评估假定的竞争损害理论会发生，因为并购会产生效率。例如，混合并购提出的标准损害理论通常涉及并购各方短期的竞争优势（通常是通过提供低价能力的形式），被认为造成竞争者的边缘化，因此导致对竞争的长期破坏。但很明显，短期降价也是一种直接有利于消费者的效率。换句话说，该例子中潜在竞争损害的来源与效率是相同的。很难分辨如何将这两种效果分开进行评估。[⑳]

据推论，横向并购中设立的评估这些类型效率的同样严格标准是否适用于非横向并购，同样值得怀疑。正如《非横向并购指南》中明确指出，此类并购为效率提供大量的空间。并购各方证明非横向并购产生效率的举证责任应该比那些由横向并购产生效率要小得多。确实，如果有必要实施一套统一的非横向并购产生的效率和潜在反竞争效果评估，我们应该坚持这样的立场，即，被预测的效率可以产生促进竞争的结果，除非可以证明其不会。这跟通常所称"效率抗辩"有明显的不同。在效率抗辩中，只有能够被证实，效率才能被视为是没有问题的。

[⑲]　应该注意的是在实际情况中评估横向并购竞争效果的这种方法仅适用于（a）单边效应问题的评估以及（b）应用与边际成本效率评估。

[⑳]　CET 经济学家也（默认）接纳这一看法。De Conick 和 Papandropoulos 对关于 the COMP/M. 4854 TomTom/特拉斯（2008）交易的看法指出并购消除了双重边缘化，并且这样的效率是"任何损害理论的进化不可或缺的部分" De Concick 和 Papandropoulos（2008）在 28 段特别强调。

　　本章强调了横向并购和非横向并购的一些不同之处。横向并购涉及直接竞争产品的供应商，以及通过直接消除竞争限制，提高并购实体提价的动机。相反，非横向并购并没有涉及直接竞争产品的供应商。非横向并购产生的主要竞争问题来源于并购对竞争对手竞争能力的间接影响，如：只有证明竞争对手被封锁是由并购引起的，竞争问题才会产生。

　　竞争问题的特点也会影响效率主张的立场和对这些效率的评估结果。第一，非横向并购提供很大的效率空间；通常这种并购的直接结果是企业降价。接受此类效率主张的证明标准应该低于横向并购的情况。第二，在评估横向并购时，有可能将并购的直接竞争效果和效率收益分为不同的两步；首先，评估并购是否会导致价格上涨；如果是这样，是否存在效率会抵消由竞争下降引起的提价动机。相反，在评估非横向并购竞争时，通常不会将竞争评估和效率的影响分开，这意味着效率评估需要整合进竞争评估。

补充阅读　竞争强度和双重边际化[⑫]

　　该附录运用简单的理论经济模式表明，下游层面的竞争强度越弱，从双重边际化的消除（可以通过纵向并购实现）中获利越多。此外，我们发现在下游市场自由竞争的典型案例中，纵向并购带来的竞争效果是中性的，因为并购前不会出现双重边际效应。

模型

该模型基于下面的假设：

1. 在行业中有 $n>0$ 家下游企业和一家上游企业；
2. 该垄断者生产每一单位产品的价格为 c，以价格 c 卖给下游企业。

[⑫]　该补充阅读选自 Bishop 等（2005）。

需求函数为下游企业的产量。

3. n 家下游企业的规模是确定的，它们生产同一类产品；

4. 下游企业运用一单位的原料（上游企业的产品）去生产一单位的产品。它们同时要面临每卖一件产品的额外成本 x。

5. 下游市场的需求函数为 $p = a - bQ$，$Q = \sum_{i=1}^{n} q_i$ 为总产量，q_i 是 i 公司的单独产品。

给定假设 1-5，每家下游企业的利益函数则为：

$$(1) \qquad \mathrm{Pi}_i = (a - b \sum_{i=1}^{n} q_i - c - x) q_i$$

以及上游企业的利益函数为：

$$(2) \qquad \pi = (c - C) \sum_{i=1}^{n} q_i$$

正如文献中所述的纵向限制一样，我们分析中的时间阶段如下：

第一阶段：上游垄断者选择 c，这样（2）最大化。

第二阶段：下游企业观测 c，在古诺模型下进行数量上的竞争。在特殊情况下 n=1，下游企业可以简单选择使其利益最大化的产出。

因为这是具有完美信息的动态博弈，均衡的相关概念是子博弈完美的均衡。因此，该博弈必须从第二阶段开始解决问题，其中给定值 c，n 家下游竞争企业在古诺模型竞争。接着第一阶段，预测下阶段结果的上游企业，将选择使其利益最大化的最优值 c。

没有纵向并购情况下的解决方法

在第二阶段，每家下游企业 i 将其利益最大化，给定（1），q_i。相对应的方法是：

$$(3) \qquad q_i = \frac{a - c - x}{b(1 + n)}$$

接着，在第一阶段，上游企业针对 c 使其利益最大化，给定

（2）。即：

（4）　$\displaystyle\max_{c}(c-C)\sum_{i=1}^{n}q_i = n(c-C)\frac{a-c-x}{b(1+n)}$

得出

（5）　$c = \dfrac{a-x+C}{2}$

那么，行业产量是：

（6）　$Q = \displaystyle\sum_{i=1}^{n}q_i = n\frac{a-x-C}{2b(1+n)}$

纵向整合的解决方法

假设现在下游 n 家企业被那家上游企业并购。接下来，我们要在新的条件下解决上述"两阶段"模式，然后，与之前的模式对比一下结果。

因为上游企业现在拥有下游企业，唯一需要做的选择是要生产多少产品以及如何销售到下游市场。换言之，如何实现垄断者利益最大化：

（7）　$\dfrac{\max}{Q} = (a-bQ-C-x)Q$

注意，我们假设垄断者的成本为 C+x。换句话说，我们假设并购不会产生任何成本协同。

上述最大化问题的解答是：

（8）　$Q^{**} = \dfrac{a-C-x}{2b}$

纵向整合带来的收益

从纵向整合中获取的收益可以设为 $Q**$ 和 Q 之间的差额。这是因为，纵向并购会带来社会福利的提升，这会使产出水平提高（或等同于价格下降），两种情况下产出水平之差为：

（9）　$Q^{**} - Q = \dfrac{a-x-C}{2b}\cdot\dfrac{1}{1+n}$

　　很容易证明上述差额是正的(如：纵向并购总会带来高产量)，如：需求差额 a 上升，成本参数 x 和 C 下降，需求参数 b 下降，最重要的是企业的数量。

　　后者结果表明，企业数量越多，从纵向整合中获得的社会福利收益就越少。这是因为如果下游企业数量增加，竞争也随着增加。因此，双重边际问题会消失。随着企业数量 n 的无限增加（如：下游企业转向完全竞争），从纵向整合获取的收益会消失。

　　下图 8A.1 表示的是 $Q^{**} - Q$ 与企业数量 n 之间关系的行为，假设 $(a - x - C)/2b = 20$。

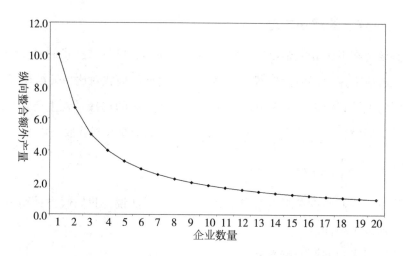

图 8A.1　纵向整合收益与下游企业数量的函数关系

第三部分　测量

"假设固然好，但最好把情况弄清楚"

——马克·吐温

第九章　　实证分析介绍

　　正如本书第一部分和第二部分所言，判断企业各种形式的竞争行为是否是反竞争的，是一件复杂而且通常困难的任务。尽管经济学理论能够提供相应的分析框架，实现竞争评估，但是如果说存在一种先验的、对案件分析的各个重要方面都达成一致意见，这种情况并不多见。例如，在同一个行业中，自有品牌产品对品牌产品是否具有有效的竞争约束？事实上，在某些行业，自有品牌产品的确给出了这种有效的竞争约束，而另一些行业却没有。因此，依赖宽泛的经验法则或者与其他行业相关的早期判定，并不能对做出判断提供足够的或者可行的指导。事实上，对企业行为的竞争性结果进行评估，需要考虑与所讨论的具体问题相关的那些因素。

　　因此，实证分析在竞争评估中起着主要的甚至通常是关键的作用。通过参考相关事实——即行业中的竞争实际产生的市场结果——那些没有事实根据的主张在得出决定过程中所起的作用降低了，从而实现了更客观的评估。这并不是说整个评估过程简化成了一种机械的程序。相反，对事实的参考可以检测当事方和政府官员所做出的主张。

　　在过去的十几年中，欧盟委员会对实证分析的使用日益增加。首席经济学家团队（CET）的出现是这一进程中的重要因素，但是，这种推进远早于首席经济学家团队出现之前。下面章节中介绍的实证方法现在已被欧盟委员会经常使用。

　　本书的这一部分给出了竞争法调查中使用的主要实证检测的一个概况，讨论了实证方法在实现竞争评估中起到的作用。本部分的重点放在每种检测试图强调的竞争要素，以及依据这些应该如何解释相应的结果，同时，也讨论了那些帮助评估竞争的每种检测的说服力和不足。

下面的章节旨在介绍和说明如何使用各种实证方法，对分析的表述尽可能使非经济学家①能够理解，目的是说明哪些实证方法在竞争评估中是可用的，而不是提供一种如何实现这些方法的"详细的说明书"。总之，那些工作最好留给经济学从业人员。

第一节　实证分析在欧盟竞争法中的作用

在欧盟竞争法下进行调查的主要经济学问题——不管是在第 101 条、第 102 条或《并购条例》中出现，均是市场力量的存在和运用，无论是当前的还是潜在的。本书中给出的每种实证方法均涉及同样的问题：直接或间接地对市场力量进行测量。实证检测可以被粗略地分为两类：直接方法和间接方法。

直接方法是直接评价市场力量的程度：弹性估算和价格集中度研究就是这种检测的例子。间接方法研究的问题与市场力量问题非直接相关：例如进行某些检测，试图界定相关市场时进行的价格关联性测试等。

对某一特定行业的竞争性进行的所有实证检测，都是试图利用从所调查的市场中获取的数据，对竞争本质的假定进行检验。例如，价格关联分析常用来检测对相关市场的假定。理论上，实证研究可以用来检测所有关于市场的竞争行为假设。重要的是，在应用这样的测试时要清楚将要检测什么样的假设：用哪种测试取决于要检测什么样的假定。

一、实证分析介绍

（一）错误的方法

实证证据错误的方法是给出的实证证据是一个"黑匣子"，这主要是

---

① 但是，检测的某些部分是针对经济学从业者而不是非经济学家，特别是第 10 章和第 15 章。

因为竞争当局或法庭"信任"某个专家。② 因此，下列内容给出的分析并不令人满意。

---

1. $\log q_{mt} = \beta \log y_{Bt} + \sum \delta_{mk} \log \Pi_{kt} + \alpha_m + \varepsilon_{mt}$

2. $\log u_t = \beta_0 + \beta_1 \log y_t + \beta_2 \log \Pi_t + Z_t \delta + \varepsilon_t$

3. $S_{it} = \alpha_i + \beta_i \log(y_{Gt}/P_t) + \sum_{\gamma ij} \log P_{jt} + \varepsilon_{it}$

因此，看似合理的参数值表明并购是促进竞争的。

这种证据不是那么显而易见，而且不容易理解。经济学专家没有尝试着解释这种分析，或者如何从分析中得出相应的结论。这种分析方法更多地表现为"相信我，我是专家"，遗憾的是，过去这在经济学家中普遍存在，而且现在仍然经常在不该出现的时候出现。作为说服竞争当局或法庭相信某一特别观点的一种方法，这样的处理可能表现得过于怠惰和专横。如果专家提交了这种形式的分析，那么作决定的机构需要判断：是要基于专家证人的信誉而采信这样的证据（最好是放手一搏），还是干脆不予理睬。我们认为：如果执法机构不能完整地评价这种证据，那么采取不理睬的做法就是合理的。事实上，执法机构也有责任对提交给他们的实证分析作出回应，并且告诉当事方他们不能够评价这种分析。那么，这就给当事方提供了进一步解释的一次机会，以帮助执法机构对证据做出评价。如果竞争当局对提交给他们的关于分析的看法保持沉默，而在做出决定时忽视这样的证据，没有给当事方进一步解释的机会，这种做法是不可取的。

举例来说，相关执法机构认为不能正确评价复杂的计量经济证据的情况，出现在 UK Premier League 案件中。③ 该案中的一个问题是，通过电视播放英超联赛是否会使比赛现场的观众人数减少。英国公平贸易局（OFT）的经济学专家认为不会这样，英超联赛的经济学专家出示了计量分析证据

---

②　更不用说同样的标准应该适用于竞争当局给出的分析。

③　Televising Premier League Football Matches, Restrictive Practices Court, January 12-May5, July 28, 1999, [2000] E. M. L. R. 78 RPc.

来驳斥这一主张。OFT 的经济学家只是表明当事方提交的计量证据不可靠，但并没有解释为什么。面对这样相互矛盾的学术性证据，Ferri 法官认为：

"计量经济学家的证据展示了很大程度的专业技能和辛勤付出，但是我们不得不说：这些证据的帮助有限……遗憾的是，双方几乎不存在共同点……我们没有办法采信任何一方专家的证据。"（第 227 段）

结果，法官根据自己的直觉对相关问题做出了判断。在这个判决的下一段写道：

"尽管如此，在我们看来，如果电视播放足球比赛，与迄今相比，会在很大程度上导致比赛现场的观众减少，这看起来本来就是可能的。"（第 228 段）

（二）合理实证经济分析的标准

合理的实证分析会对现实情况给出正确的描述，对做决定的机构来说也易于理解。提交给竞争机构的这种实证分析，其必要标准如下：

——基于清晰的经济学理论；
——可检测的假设条件；
——直观；
——可重现。

首先，实证分析关注的潜在经济学理论以及该理论内在的假设，需要明确、清楚。④ 只有这样，竞争机构才能充分评价潜在的经济学理论。第二，相应的理论必须能推出可检测的假设条件，以区别竞争假设。举例来

---

④ 需要注意的是，当我们提到"经济学理论"时，我们并不仅是引用复杂的经济学模型，最好的经济学理论通常是简单和清晰的。

说，涉嫌具有支配地位的企业和潜在竞争者之间的交叉价格弹性高，并没有传递出有用的信息。因为交叉价格弹性高既可表明：潜在的竞争者是一个实际的竞争者，可以约束所谓的支配地位企业而进行价格竞争（即，该企业不具有实际上的支配地位）；也可能表明涉嫌支配地位的企业实际上具有支配地位，而且可以行使支配地位，把价格提高到潜在竞争者开始施加竞争约束的程度。⑤ 第三，与不直观的分析相比，直观的实证分析更可能会影响决定做出者。英国高等法院的斯诺克案，给出了关于分析的一个很好案例，即如果分析不是直观吸引人的，将被拒绝采纳。⑥ 该案法官拒绝了世界职业斯诺克和台球协会提交的关于市场支配地位的经济分析，原因在于，尽管他认为从分析上来看是正确的，但是直观上并不吸引人，而且"对我来说似乎是违背了常识"。第四，实证分析必须是可重现的。如果竞争当局不能重现分析的结果，那么就不够验证这些结果。在这种情况下，他们就很难重视这些分析结果。

第二节　关于采用量化分析的常见评论

欧盟竞争法中对实证经济学方法的应用，一直存在大量的争论，提出了许多反对使用它们的理由。

一、数据不可获取

第一类意见原则上认为采用实证方法有助于竞争评估。但是，也表达了对这些检测在实践中的适用性的担忧。举例来说，在提出这些实证方法之后，人们往往会听到下述评论："这很好，但是我们不能获取必要的数据。"

---

⑤　应该注意，在这种情况下较低的价格需求弹性会给出有用的信息，因为这将表明两个企业不是竞争者，不管涉嫌支配地位的企业是否会行使实质性的市场力量。

⑥　Hendry v World Professional Billiards and Snooker Association Ltd（HC0100813）in the High Court of Justic, Chancery Division, October 5, 2001.

　　尽管数据信息的获取量和类型很少符合理想要求，但这不应该被认同为不存在可获取的有用数据。数据的来源有很多：公布的行业研究、委托研究、正在调查的企业本身，等等。企业内部可获取的数据量往往是很惊人的，发现这些数据的关键是，要能识别出企业内部合适的人员来进行沟通。大型跨国企业的首席执行官不知道企业是否存在产品的历史价格数据，但这并不表明数据就不存在。

　　而且，事实上，不能获得理想的数据并不表明可获取的数据不能用。一旦获取数据，就需要做出明确的选择：或者仅依靠理论判断和对消费者行为毫无事实根据的主张；或者明白理论的缺陷，对之辅助以最有用的工具。显然，后一种方法更可取：基于更多信息进行的评估要好于（一定不差于）信息更少的情况。[7]

　　当然，人们必须了解数据信息的潜在缺陷，特别是，人们必须注意：数据要与关注的问题相关、还要在适当的时间范围内，这样的数据才是适用的。例如，价格数据一定是指或以某种系统方法接近消费者支付的实际价格。如果消费者实际支付的价格是以一种无序的方式对定价进行折扣，那么定价就不能作为适当的数据。同样地，并购调查中使用的弹性估算应该与一年或更长时间段内发生的情况相关联，而不仅仅是一周的时间。

　　与所有统计分析一样，重要的是评价整个竞争过程中可获取的数据具有怎样的代表性。数据集合越大，这种分析结果具有代表性的可能性越大。但是，即使部分范围的数据也可能有指导性。如果数据集合包括了市场交易涉及重要部分的可靠信息，那么在正常情况下，这也足以推导出能代表正在调查的行业的结果。

二、过去对未来是否具有有益的指导？

　　并购分析必然会涉及对历史数据的运用，这就引发了另外一个问题：借助过去的数据是否能对并购对未来竞争可能产生的影响提供有益的指

---

　　[7]　尽管 Diamond 和 Hausman（1994）正确地指出，没有推断比错误的推断更好。

导。在评价并购可能产生的竞争影响时，人们必须考虑可能出现的行为变化，既包括部分供应商也包括部分消费者。例如，在两种可以紧密替代的差异化产品的并购中，评估并购的竞争影响时，人们需要评价市场中既有供应商对产品重置的潜能。同样，并购必然带来的结构性变化，可能提高或降低企业间默示协调的可能性。实证分析通常不能回答所有这些问题，相反，实证分析只是构成整个竞争评估的**一部分**。这并不意味着不应该进行实证分析或者毫无目的地进行分析，更确切地说，采用实证分析的同时应该明白其潜在的缺陷。

三、"误入，误出"

还有一类更根本性的评论，关系到实证方法在帮助竞争评估时是否有用。这一类评论可以总结为一句话："误入，误出"。

显然，这一言论具有一定的价值。当采用不适当数据时，实证方法得出的结论就不能采信。例如，在进行关联性分析时使用价目表上的定价，而我们知道，大多数的交易均对定价进行不同折扣。显然，这是典型的"误入，误出"的例子。但是，人们必须预防仅是作为烟幕弹的这类论调，特别是一方试图败坏另一方提交的证据时。至少，反对方应该说明数据为什么是错误的，解释纠正错误数据的方法，这样会改变最初研究的结论。

第三节　第三部分讨论的实证方法

本书第三部分的章节逐一考虑不同的实证方法，包括：

1. 价格检测
2. 弹性的运用（临界损失和分流比）
3. 竞标研究
4. 冲击研究
5. 价格集中度分析

6. 并购模拟

7. 装运成本检测

8. 损害估算

我们还提供了附件，其中介绍了计量经济分析。

采用哪一种检测能够有所帮助，因个案而易，这取决于手头的问题、数据的适用性和质量以及进行检测适用的时间等。一般来说，可用的数据集合越大，数据质量越好，进行分析的时间段越长，能够采用的分析就越精细。

一、价格检测

本章包括了归属于价格检测总标题下的许多方法。这些检测关注不同价格序列之间的关系，以尝试并推导出竞争性相互作用和市场界定的含义。这一章节中的检测涵盖了价格关联分析、格兰杰因果分析、协整分析和平稳性分析。

价格关联分析具有两个优势。首先，这一检测潜在的原理比较直观。如果用户或者购买者认为两种产品是可以替代的，则这两种产品在同一个市场中。因此，两种产品的价格会相互约束，随着时间的推移，两种产品的价格应该是趋同的。第二，价格关联分析实现起来相对容易。

但是，价格关联分析也有一些缺陷。这种分析的结论不能严格地用于直接测试市场力量的问题。而且，许多竞争约束之外的因素也可以导致两种产品的价格高度关联，我们也会讨论关联分析中内在的各种隐患。尽管如此，当正确使用和解释时，价格关联检测还是能够提供有用的信息。

这一章中涵盖的其他价格检测需要计量经济分析，人们一直认为这些方法是对不太严谨的价格关联分析运用的改进。我们的观点是：这些貌似更复杂、严谨的测试，并不必然是对价格关联分析的改进。和价格关联分析一样，这些分析也不直接回答假定垄断者测试的核心问题，通常具有较低的效力，也会导致反常的结果。因此，我们要清楚：这些分析解决不了价格关联分析引起的所有难题，这一点很重要。

二、弹性的运用：临界损失和分流比

这一章是对假定垄断者测试的直接应用，采用被称为是临界损失分析或临界弹性分析的方法来实现。这一方法仅运用价格—成本差额以及弹性的相关数据，回答假定垄断者测试的问题。当然这种分析不是毫无缺陷（例如，特定企业和市场弹性的一致性、计算弹性的正确时间段以及成本等），但也不是技术性特别强。

讨论过临界损失和临界弹性分析后，我们接下来讨论反垄断分析中对"分流比"的运用。分流比测度了一家企业提高产品价格、从而销售损失由另一家企业获得的比例。多种产品之间竞争相对紧密时，分流比是一种很有用的方法。两种产品之间的分流比越高，则企业就是越紧密的竞争者。在进行相关市场测试过程中，当考虑哪一种产品应该归入假定的市场中时，这一方法特别有效。但是，使用分流比来估算并购后的价格上涨，正如有些人所主张的那样，困难重重，不应该进行这种分析。我们会详细解释为什么。

三、竞标研究

竞标市场与其他市场不同，因为产品销售是通过招投标程序进行的。每家企业以某一价格去竞标，然后被选定作为中标者或者非中标者。因为每一标都要提前报价，这意味着竞标市场往往具有高度价格歧视的特点。我们讨论了特别适用于这类市场的三种实证分析形式。

第一种主要估算需要多少家企业能够确保有效竞争，价格和竞争者数量的关系分析能够揭示有效竞争需要多少家企业。第二，在竞标市场中，市场份额并不总能代表竞争实力。在竞标市场中，人们经常可以通过观察竞争结果是否因某特定企业是否参与竞标过程而变化，来分析小企业对竞争结果的影响。第三，在单边效应案件中的一个重要问题是：参与并购的企业竞争力如何。竞标市场中获取的数据，通常可以用来判断参与并购的各方是否为紧密的竞争者。

四、冲击分析

本章讨论被称为冲击分析的方法，这一方法简单，但是却能够对竞争性假设给出强有力的检测。冲击分析方法主要研究：行业中那些过往的事件告诉我们行业的竞争方式是怎样的。冲击分析关注行业中曾经发生的突发事件，以判断行业对冲击的反映能否告诉我们关于行业的有用信息。实际上，与其说这是一种实证方法，不如说是对数据的常识性应用。对一个行业的冲击，能够传递出大量关于行业如何运作的信息。有用的冲击事件种类包括：新产品推出、汇率冲击、投入成本冲击和推销活动等。

冲击分析不是复杂的分析。人们要科学地思考：那个市场发生冲击后，从市场行为可以得出什么看法。这种分析方法的优点就是简单，其缺点就是不可能总是进行这样的分析。如果刚刚过去的时期内没有发生对分析有用的冲击事件，就不能采用这样的方法。但是，应该注意的是，诸如新产品推出、短期促销和新的广告活动等冲击事件相对常见。

该章还讨论了股票市场事件研究，这些分析试图从股票市场收集信息。例如，当宣布并购时，竞争性企业股票价格的变动，可以收集关于并购竞争效果的信息。我们的看法是，运用股票市场事件研究预测并购对竞争的影响，存在严重的困难。

五、价格集中度研究

本章讨论在反垄断领域应用的一种实证方法，该方法具有潜在的影响力，而且直观上很吸引人，这种方法被称为价格集中度研究。该方法研究在既定的行业或行业区间内价格[⑧]和集中度或者市场份额之间的关系。这种研究主要分析价格和集中度在众多单独的"市场"中如何变化。

价格集中度研究比较简单，也是潜在有效的研究。这种研究可以给出所关注问题的直接证据：市场集中度的提高会引起价格提高吗？这一问题

---

⑧　或者毛利率，抑或利润率。

与并购案件（增加的市场集中度会引起较高的价格吗?），支配地位案件（企业的高市场份额会让它盈利性地把价格提高到竞争水平之上吗?），以及违反第101条的案件（有能力把价格提高到竞争水平之上的企业，这是他们之间达成的协议吗?）相关联。这是一个相当大的优点，特别是考虑到：本书讨论的其他几种实证方法，没有**直接**回答所关注问题，而是回答了中间的问题（如相关市场界定）。

然而，价格集中度研究一直备受争议，事实上，调查者在使用该方法时也要面对许多问题。我们在这一章中会讨论这些。我们认为，尽管存在各种争议，价格集中度研究往往非常有用，特别是在相关市场界定时。

六、并购模拟

本章研究的并购模拟，是这些年已经越来越广泛地应用在欧盟并购控制中的一种量化方法。这一章的目的不是为了让读者自己完成并购模拟。正如我们在这一章中所详细解释的，并购模拟实际给做出决定的过程增加了分值，完成并购模拟需要相当可观的经济学模型专家、并且最好也是计量经济学专家。事实上，这一章的目的是让读者理解：什么时候并购模拟是有用的、什么时候不可能有用，以便于读者在案件处理的过程中，批评性地评价所遇到的并购模拟。尽管完成一个理想并购模拟的原理可能被描述为复杂事件，而理解一个特定的模拟是否对并购的影响具有有益指导，则相对简单。

在这一章中我们也强调了这样一个观点：即使最好的并购模拟也不能单独作为做出并购控制决定的根据。这些分析忽略了竞争影响分析的一些重要因素，如市场进入、买方力量、产品重置和并购后竞争模式的改变等。这并不是说并购模拟因此而没有价值，而只是强调其正确的作用是什么。并购模拟能够起到的一个重要作用是，评价并购后边际成本减少对价格所产生的影响。

七、装运成本检测

在很多竞争调查中，一个关键的问题是：位于其他地理区域中的企业所具有的竞争约束的重要性。特别是在这样的案件中：涉案企业在既定的成员国或区域中具有较高的市场份额，而竞争约束可能不仅来自于该成员国或区域，也可能来自于其他成员国或区域。

装运和进口的渗透测试，为评价跨区域的竞争力量提供了直观的检测。通过测试，可以为界定相关地域市场提供有益的帮助，特别有助于判断国内企业是否面临境外供货商的重要竞争。这样的测试会考虑：在既定的区域内，有多大程度的销售额来自外面，或者区域内的产量在多大程度上出口到区域外。

装运测试之所以吸引人，是基于以下两种原因：首先，方法直观，人们很容易理解其含义。第二，易于实现，完成测试仅需要数量数据，并且可以快速计算出来。因此，毫不奇怪的是，装运测试（或者，确切地说，不正式的描述）出现在大量委员会的决定中。但是，这类方法也不是毫无缺点，我们在这一章会对此进行讨论。

运输成本测试主要推测从某一市场外多远的距离为该市场供应产品是可行的，这一测试有助于理解特定区域内的供应商所面对的竞争约束。这些测试可用来说明：那些当前还没有进入该区域的供应商，哪些能够以现有的价格或者在并购后价格上涨的情况下进入该市场。

八、损害赔偿评估

这一章包含的内容在近几年已经变得越来越突出，即计算因企业的反竞争行为而带来的损害。显然，反竞争行为会损害其他企业和消费者，例如，卡特尔引起价格上涨从而高于非卡特尔的情况，会给消费者和在生产中使用卡特尔产品的制造商造成损害。过高定价具有同样的效果。掠夺性定价和其他形式的排他性行为，通过把其他竞争者驱逐出市场、阻止其赢利来损害竞争者，从而在更长的时期内提高产品价格而损害消费者。

在这一章里，我们论述了计算反垄断损害的概括方法，然后给出实现这种方法的几种途径。大多数讨论是计算卡特尔引起的损害，但是涉及的方法和途径也能适用于其他类型的反垄断行为。最后，书中讨论了计算损害赔偿引起的一些争论和通常缺陷。我们始终假定，该量化分析的目的是计算补偿性损害赔偿，而不是惩罚性或恢复到原来状态的损害赔偿。

九、计量经济分析介绍

在竞争法调查背景下，对产业进行竞争评估是一件复杂的工作。需要考虑许多因素，尤其是参与竞争企业的数量、其他产品作为替代品的有效性、新企业进入市场的便利性等。换言之，有大量的、独立的因素决定着企业之间竞争的本质。在进行竞争评估时，经常会产生许多不同的实证问题，比如："什么是自需求弹性？""A企业对B企业施加了多大的竞争约束？""集中度高时价格会提高吗？""新的进入会使价格下降吗？"

同时把这些因素都考虑在内是很复杂的，至少大体上是这样，但计量经济分析能够做到这些。计量经济分析包括一组数量工具，利用统计方法构建代表性的模型，描述真实世界的竞争关系，最为重要的是，测试这些假定之间的关系。计量经济模型可以使人们把大量影响竞争的因素考虑在内（受制于数据约束），并评估每个因素的经济重要性。因此，计量经济分析为我们提供了非常有用的方法，以帮助竞争法的调查。

该附录有两个目的：一是帮助人们理解，一组特定的计量经济分析结果说明了什么；二是提供根本性评价计量经济分析性质的工具。尽管计量经济分析有好、有坏，但也存在一整套的测试，来帮助识别合理的计量经济分析和错误的计量经济分析。有人时常声称，计量经济分析可以用来证明"任何事情"，这是完全不真实的。

> 在分辨相互竞争的各种主张时，采用实证证据可能非常重要。通常情况下，人们不会通过单一的检测给出决定性的结果，但实证证据将支持某一观点，尤其是几份实证证据均指向同样的结论时，情况更是这样。如果使用时小心慎重、精细严谨，实证分析可以减少主观随意，大大提高竞争评估的质量。

在竞争法程序框架下给出的实证分析不应该是对结论没有任何解释的一个"黑匣子"，应该解释如何得到的结论或者背后的经济学理论是什么。另外，证据提供者应该确保非经济学者也能够理解。

传统上，人们用许多观点来反对使用实证分析，其中之一就是，适用于实证分析的必备数据非常少。我们看来，认为不存在可获取有用数据的看法绝对是不正确的。另外一个观点是，过去不能用来预测未来。而事实是，不能轻率地采用过去的信息提供证据，但市场中过往竞争的特征几乎总是包含了未来可能竞争本质的有用信息。第三个观点是，粗劣的数据会导致拙劣的实证分析质量。毫无疑问，这是正确的，调查者应该谨慎，以确保数据尽可能是最好的。应该注意的是，这些反对使用实证分析的观点现今很少听到了，这是一个令人欣慰的进步。

第十章　价格测试

本章包括了归属于价格检测总标题下的许多检测。这些检测研究了不同价格序列之间的关系，并努力推导出竞争性相互作用和市场界定的含义。本章中包括的检测有价格关联分析、格兰杰因果分析、协整分析和稳定性测试。后面三种检测涉及计量经济分析，而位居第一项的价格关联分析没有涉及。接下来，我们以价格关联分析开始本章的讨论。

第一节　价格关联分析

价格关联分析已经成为欧盟竞争法的通常工具，特别是在并购评估中。因为这种方法相对简单，能够迅速提供界定相关市场的有用数据信息。价格关联测试在许多案件中都发挥了重要作用，一直被欧盟委员会和被调查中的企业所采用，这一方法也是欧盟竞争当局最早开始使用的量化方法之一。在早期的重大并购案中，价格关联测试发挥重要作用的案件包括：Nestle/Perrier[1]、Mannesmann/Vallourec/Ilva[2]、Proctor& Gamble/VP Schickendanz 案[3]，Lonrho/Gencor 案[4]和 Guiness/Grand Metropolitan 案[5][6]。

---

[1]　IV/M190 Nestle/Perrier ［1997］OJ L356/1.

[2]　IV/M190 Mannesmann/Vallourec/Ilva ［1994］OJ L102.

[3]　IV/M430 Proctor & Gamble/VP Schickendanz ［1994］OJ L354/2.

[4]　IV/M619 Lonrho/Genacor ［1997］OJ L11/30.

[5]　IV/M938 Guiness/Grand Metropolitan ［1997］5 C. M. L. R. 760；［1998］OJ L288/24.

[6]　价格关联分析也一直用于第101条和102条的案件中。但是，相比第102条和大部分101条的案件，该方法一般来说更适用于并购案件（和第101条的合营企业），这在本章的后面会很明显。

近年来，价格关联分析仍然经常得以应用，在案件审查中发挥重要作用，如 Ryanair/Aer Lingus 案⑦和 BMG/Sony 案⑧。它的广泛应用主要源于对数据的适度需求，以及进行该检测的速度。本章的目的之一，就是解释价格关联分析背后潜在的直观知识，并评价关联分析作为市场界定工具的有效性。

从一开始人们就必须认识到在界定相关市场中运用关联分析存在的几点不足。例如，作为一种分析方法，与基于严格设定的产业计量经济模型得出的价格弹性相比，价格关联分析的结果可靠性要差一些。但是，尽管存在这些弱点，如果价格关联分析得到正确的应用和解释，还是能够提供有用的信息来帮助界定相关市场。特别是，考虑到对信息的需求相对较低而且易于使用，这种方法可能会提供有用信息，因此，对此视而不见是不明智的。相反，从业者必须充分了解关联分析的内在缺点是什么，以及这些缺点如何影响对结果的解释。

本章分析了价格关联分析的潜在直观原则，以及如何帮助实现竞争评估。本章还对欧盟委员会判决中使用的价格关联分析进行了简短评论，这些判决表明价格关联分析在竞争评估中的潜在作用，特别是与其他分析一起使用时更为明显。我们解释了价格测试和界定相关市场的基本方法之间的联系。⑨

本章强调了关联分析的潜在不足。人们普遍认识到，价格关联分析可能表示一个狭小的市场，而真实的市场比较宽泛；或者表明一个宽泛的市场，而真实市场范围却比较小。本章解释了易于产生这类问题的客观情况，例如，价格关系分析的结果可能是因为虚假关联。虚假关联是指在某些情况下，两组价格序列之间的关联度很高，但是这与两个单独产品或地域的竞争约束关联很小或毫不相干。在很多情况下，虚假关联是因为两个价格序列中存在共同的成本，这个问题是可以得到解决的。遗憾的是，正

---

⑦   COMP/M. 4439 Ryanair/Aer Lingus（June 27, 2007）.

⑧   COMP/M. 3333 BMG/Sony（October 3, 2007）.

⑨   基本方法是指本章描述的假定垄断者测试。

如本章所表明的，虚假关联的问题还有其他原因，而且这些较难用满意的方式得到解决。在界定相关市场方面，因分析结果难以解释，价格关联分析也一直受到诟病。本章讨论了解决这一问题的基准化分析方法的应用，特别是，应该如何解释基准化分析方法的结果。

从传统上看，价格关联分析一直在欧盟的日常竞争调查中得以运用，包括相关商品市场和相关地域市场界定。但是，值得重视的是，当价格序列以不同的汇率计量时（例如，英镑和欧元），使用价格关联分析会引起一些难题。因此，我们对应用价格关联分析界定跨汇率区域的相关地域市场进行了讨论。这种讨论的关键性结论是：除非汇率非常稳定和非常接近固定汇率，否则价格关联分析不太可能对界定相关地域市场提供有用的检测。欧元的出现减少了这些问题出现的频率，因此也增加了跨成员国的地域市场界定使用关联分析的范围，但这在大量案件中仍然是一个问题。尽管现在欧元区有15个国家，再加上其他把欧元作为合法支付货币的一些国家，但仍有大量的欧洲国家不使用欧元（即，欧盟内的丹麦和英国，以及欧盟经济区的挪威和瑞士）。

一、关联分析作为评估竞争的辅助方法

界定相关市场的目的是帮助进行竞争分析，主要是通过识别一些产品和/或区域，这些产品和区域对被调查的产品和/或区域的竞争行为施加了重大约束。这表明界定相关市场的适当基础就是明确地处理产品或区域之间竞争约束的本质。[10] 这与基于物理差异、价格水平差别或其他一些主观的分类（正如竞争当局有时仍在做的）来界定市场并不相同。不直接关注产品面临的竞争约束而对相关市场进行界定的任何方法，即使得出正确的相关市场界定的结论，也只是偶然的。

一种产品在多大程度上可以成为有效的竞争约束，取决于价格上涨对产品需求和供给的影响。如果一种产品价格上涨，我们可能会认为消费者

---

[10]　详细的讨论见第4章。

购买的产品减少，产品的自价格需求弹性体现了这种效应。一般情况下，当需求方存在紧密的替代产品时，一种产品的自价格需求弹性就比较高（用绝对值表示）。同样，我们可能期望看到对供给方的影响。如果一种产品的价格上涨，我们会认为其他企业愿意供给更多的同类产品，产品的供给弹性体现了这种效应。

如果两种产品互为替代品，其中一种产品的相对价格上涨后，人们会希望至少观察到两种效应中的一种：随着消费者转向其他产品，消费者对相对昂贵的产品需求下降，而且/或者替代产品的价格也会上涨。换句话说，同一市场中，任何被察觉到的产品价格的独立变动，应该伴随着显著的市场反应。从需求替代的情况看，这些产品之间的价格差异，会使消费者转而购买那些价格下降（相对而言）从而相对便宜的产品。从供给方替代的情况看，市场反应的表现为：生产商转向生产价格相对上涨的产品。可以预料，对价格低廉产品需求的增加，一般情况下将会导致其价格上涨。同样，应该预料到，对价格昂贵产品增加的供给，总体上会导致其价格下降。如果两种产品真正是替代品的话，那么价格会相互趋同。因此，替代产品的价格应该是随着时间逐步趋同的。价格关联分析提供了一种测量方法，检测两个价格序列在多大程度上会随着时间变化而趋同。

两种产品随时间推移而趋同的程度，从统计意义上可以由关联系数测量。在多大程度上一种产品或一个区域的价格变化可以由其他产品和区域的价格变化来反映，关联系数可以用来对这一程度进行测量。

序列 X 和 Y 之间的关联系数定义如下⑪：

$$(1) \quad \frac{\sum (x_t - \bar{x})(y_t - \bar{y})}{\sqrt{\sum (x_t - \bar{x}) \sum (y_t - \bar{y})^2}}$$

式中，X_t 是产品 X 在时间 t 时的价格；

Y_t 是产品 Y 在时间 t 时的价格；

---

⑪ 等式（1）也可以写成 $\rho_{xy}/\sigma_{xy}/\sigma_x\sigma_y$，式中 σ_x 和 σ_y 分别是序列 X 和 Y 的标准偏差，σ_{xy} 是两个序列的协方差。

$\bar{x}$ 和 $\bar{y}$ 是两个价格序列的平均值。

两序列之间的关联系数总是位于-1 和 1 之间。两种产品价格之间的正关联系数表明一种产品价格上涨（下降），由另一种产品价格的上涨（下降）所反映。负关联系数表明一种产品的价格上涨（下降），与另一种产品的价格下降（上涨）相关联。如果关联系数为 1，则表示一个价格序列的每一变动均准确反映在另一序列中。[12] 同样，关联系数为-1，表明一个序列的每一变动均由另一序列完全相反的变动来反映。关联系数为 0，表明一个价格序列的变动，没有在其他价格序列的变动中得到任何反映。

当两种产品的价格是正向关联时，会看到这些价格序列的图形随着时间的推移会一起向上和向下移动。关联系数的正值越大，这种变化将会越紧密地趋同。总体来说，两个价格序列之间的关联度越高，那么这两个产品越可能在同一个相关市场中。我们下面更深入地讨论这一问题。需要注意的是，这里与价格的绝对水平并不相关。[13] 很可能出现的情况是，产品 A 的价格高于产品 B，但是两种产品仍可能在同一个相关市场中，这或许是因为两种产品存在着质量上的差异。因此，尽管自有品牌产品的价格通常便宜得多，但自有品牌产品很可能与品牌产品在同一个相关市场中。[14] 相关的问题是，产品 A 的价格是否受到产品 B 的价格约束。[15]

图 10.1 提供了说明，该图给出了三种产品随着时间变化的价格情况。图 10.1 表明，产品 A 和产品 B 随着时间变动而相对紧密地趋同。产品 A

---

[12] 这里的"准确反映"有点儿不精确。这表明一个序列的变化与另一序列变化之间的关系是不变的，因此，如果一个序列一单位的增加与另一序列的两单位增加相联系，那么对价格序列的所有变化来说都保持不变，所以，第一序列 2 单位的减少会与另一序列 4 单位的减少相关联。换句话说，这种关系可能以百分比表示，因此，一个序列 1% 的变化总是反映另一个序列 x% 的变化。

[13] 参见第四章的讨论，那里解释了价格水平不同并不意味着单独的相关市场。

[14] 例如，在 Kimberly-Clark/Scott 案的裁决中，委员会实际上认为相关市场包括品牌产品和自有品牌产品，委员会承认，这两类产品之间存在着价格上的差异。参见 Levy（1996）。最近（2007 年）在 SGA/Rrocter & Gamble 案（COMP/M. 4533 案中），委员会总结到："首先，自有品牌和品牌产品在零售层面是相互竞争的。第二，自有品牌产品的质量一直在提升，目前类似于品牌产品。尽管如此，品牌产品销售的价格仍然高于自有品牌产品。"（第 17 段）。

[15] 尽管对有些人来说，这种观点可能与申报表（Foorm CO）相左，但是这与欧盟委员会关于相关市场界定的通告 [1997] OJ C372/5"的精神是非常一致的。

的价格上涨，伴随着产品 B 的价格上涨。根据前面的讨论，这支持了产品
A 和 B 在同一个相关市场的论点。尽管在某些时期产品 C 的价格也跟随着
产品 A 和 B 的价格，但是，在其他时期存在着很大的分歧。除非能够解释
这些明显的分歧（例如，产品 C 的有效供给受到意外的约束），否则这将
表明产品 C 与产品 A 和 B 不在同一个相关市场中，尽管产品 A 和 C 的价
格在初期非常相似。

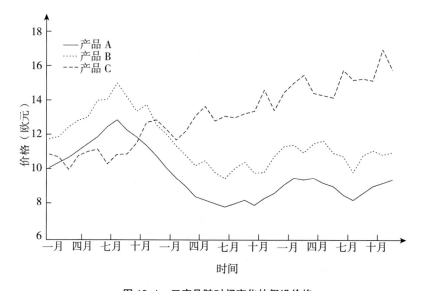

图 10.1　三产品随时间变化的假设价格

　　然而，利用图表方法评估两种产品随时间趋同的程度，不能提供系统
化的测量。这可以通过关联系数得到。图 10.1 与价格序列相关的关联系数
在表 10.1 中给出。⑯ 可以看出，产品 A 和产品 B 之间的关联系数为正值，
而产品 C 与产品 A 和 B 的关联系数为负值。

---

　　⑯　注意，关联分析通常使用价格序列的对数完成，两个价格序列同等百分比的变化将转变
成价格序列对数的同等绝对值变化。

表 10.1 与图 10.1 相关的关联系数

	产品 A	产品 B	产品 C
产品 A	1.00		
产品 B	0.98	1.00	
产品 C	−0.65	−0.62	1.00

表 10.2 给出了 8 种产品（假定的）价格关联分析结果的例子。

表 10.2（假定的）价格关联分析的结果

	产品 A	产品 B	产品 C	产品 D	产品 E	产品 F	产品 G	产品 H
产品 A	1.00							
产品 B	0.95	1.00						
产品 C	0.96	0.93	1.00					
产品 D	0.89	0.87	0.90	1.00				
产品 E	0.87	0.91	0.89	0.96	1.00			
产品 F	0.88	0.90	0.85	0.96	0.97	1.00		
产品 G	0.10	0.13	0.13	0.05	0.03	0.02	1.00	
产品 H	−0.13	−0.22	−0.60	−0.50	−0.55	−0.43	−0.65	1.00

表 10.2 说明，八种产品可以归为三类。产品 A、B 和 C 价格之间的关联系数高达 0.93 或者更高（平均 0.95），表明这 3 个产品的价格互相趋同，这与 3 个产品属于同一个相关市场的结论相一致，尽管我们后面讨论认为这并不能作为证据。类似地，产品 D、E 和 F 价格之间的关联系数也同样很高，至少为 0.96（平均为 0.96）。同样，这符合 3 个产品在同一相关市场的情况。产品 A、B 和 C 的价格作为一方，产品 D、E 和 F 的价格作为另一方，两者之间的关联系数同样表明这 6 个产品之间存在很强的竞争约束，其平均关联系数为 0.88。这也符合这样一种看法，即这两类产品是同一相关市场的组成部分。

但是，产品 G 和 H 对其他 6 个产品似乎没有显著的竞争约束，产品 G 和产品 H 的价格与其他 6 个产品的价格之间的关联系数均很低。产品 G 与其他 6 个产品之间的关联系数最高仅为 0.13（与产品 B 和 C 之间），而产品 H 和其他 6 种产品之间最高的关联系数实际上是负值（-0.13，与产品 A 之间）。这种结果说明产品 G 和 H 与其他 6 种产品不在同一个相关市场中。

二、欧盟委员会判决中对关联分析的应用

考虑到这种方法对数据要求相对较低，而且可以提供简单直观的分析，因此价格关联分析经常用于欧盟竞争法调查中，特别是并购调查这一部分通过一些判决来说明价格关联分析在欧盟委员会竞争评估中的应用。目的在于说明价格关联分析如何在实际案例中应用，以便为下面的讨论提供背景情况，而下面的讨论主要着眼于进行关联分析时需要考虑的一些问题。

案例一：雀巢/毕雷矿泉水案[17]

雀巢/毕雷矿泉水案是关联分析在相关市场界定的争论中起到显著作用的第一个欧盟案例。在雀巢/毕雷矿泉水案中，一个重要的问题是瓶装矿泉水和软饮料之间的竞争程度。拟议并购导致主要矿泉水企业的数量由 3 家变为 2 家，并购后的企业在苏打水和不含碳酸气体矿泉水市场拥有 50% 的销售量（以量计算）。[18] 显然，如果软饮料对矿泉水的价格施加重要的竞争约束，那么并购引起的问题就会相当少了。

人们可能认为不存在单独的矿泉水市场，认为评估拟议并购的相关市场本应该是不含酒精的体能饮料市场，包括矿泉水和软饮料。欧盟委员会一度持有相反的观点，认为从竞争分析的角度，苏打矿泉水和无汽的矿泉水存在不同之处。图 10.2 描述了各种可能的市场界定：

---

⑰　IV/M190 Nestle '/Perrier［1993］4 C. M. L. R.　M17；［1992］OJ L356/1.

⑱　委员会判决第 133 段。

三个较窄的相关市场　两个宽泛一点的相关市场　一个宽泛的相关市场

瓶装无汽水

所有瓶装水

瓶装苏打水

所有软饮料

其他软饮料

其他软饮料

图 10.2 雀巢/毕雷矿泉水案中可能的市场界定

在解决这一争议时，价格关联分析起到了关键作用。[19] 价格关联分析的结果显示，各种品牌的苏打矿泉水之间以及各种品牌的无汽矿泉水之间关联系数很高。更为重要的是，苏打矿泉水品牌和无汽矿泉水品牌之间的关联系数也很高。这表明苏打水和无汽矿泉水之间存在重大的竞争约束。相反，分析发现矿泉水和软饮料品牌之间的关联系数一律很低，表明软饮料对矿泉水缺少竞争约束。[20] 根据这一证据，结合其他论证，委员会最终认为相关商品市场界定为矿泉水市场。[21]

案例二：宝洁/施克坦兹案[22]

这个案子很有意思，因为它说明了使用价格关联分析的潜在逻辑，即使该案没有进行正式的价格关联分析。该案的审查关注宝洁收购施克坦兹对德国女性卫生行业产生的影响，在评价交易潜在的反竞争效果时，一个重要的问题是相关地域市场的范围。[23] 交易使得德国和西班牙的卫生巾市

---

[19] Lexecon 竞争备忘录（1994）。

[20] 委员会决定第 13 段。

[21] 委员会决定第 19 段。

[22] IV/M430 Procter & Gamble/VP Schickedanz［1994］OJ L354/33.

[23] 相关商品市场的范围同样是关注的问题。但委员会更依赖弹性估算来界定相关商品市场。（第 70 段）。

场份额较高。㉔ 关于这一情况，委员会采信的一则证据是各北欧国家产品的价格演变。㉕ 具体来说，委员会认为德国、法国、英国和荷兰的卫生巾价格在 1991 年初和 1993 年初之间没有趋同到一起。过了这个时期，德国的价格上涨 10%，而在北欧的其他那些国家上涨得更快，法国为 24%，英国为 43%，荷兰为 45%。欧盟委员会没有提供精确的关联系数，而是观察了价格的大概趋势。虽然如此，委员会得出的结论是基于潜在关联分析的同一逻辑：相互竞争产品的价格应该会随时间而趋同。

案例三：CVC/兰精案㉖

这起并购的竞争关注涉及纤维素短纤维部门，尤其是粘胶短纤维（VSF）和莱赛尔短纤维。委员会认为，并购会导致欧盟经济区的日用 VSF 市场、纺前染色 VSF 市场、莱赛尔市场、莱赛尔产品市场和处理技术市场等产生支配地位，强化欧盟经济区用于棉球的 VSF 市场的支配地位。作为评估的一部分，欧盟委员会进行了关联分析。这个分析为轻率地使用关联分析可能产生的隐患给出了很好的阐释。

委员会计算了 VSF 和棉花、聚酯纤维和聚丙烯之间的关联系数。对聚酯纤维和聚丙烯，委员会均采用一个高价格序列和一个低价格序列。高价格被认为是订价或者是小客户支付的价格㉗，而低价则是大客户支付的价格。表 10. 3 给出了分析结果。

㉔　委员会判决第 119 段。

㉕　委员会判决第 81 段。

㉖　COMP/M. 2187 CVC/Lenzing（2000）.

㉗　参见 fn. 61 to COMP/M. 2187 CVC/Lenzing（2000）。

表 10.3　VSF 和其他纤维之间的价格关联

（1991 年 1 月至 2001 年 5 月数据）

棉花	0.04
聚酯纤维：低价	0.39
聚酯纤维：高价	0.44
聚丙烯：低价	0.06
聚丙烯：高价	0.24

信息来源：欧盟委员会判决第 74 段。

　　欧盟委员会认为，这些结果表明了列表中的纤维没有一个可以被认为与 VSF 是在同一相关市场中。这个分析的问题在于，委员会没能给出一个基准，即需要什么水平的关联可以表明是一个共同的市场。正如我们下面讨论的，关联分析需要一个基准，这个基准根据所涉行业和数据周期的不同而改变。但是，委员会宣称：

　　"即使最高关联（σ=0.44）…也不够高，不能证明一个共同产品市场的假设是合理的。"（第 74 段）

　　委员会又通过以下内容进一步证明：

　　"这一结论与欧盟的实践相一致。关联系数高于那些在表 1 中给出的数值，在以前的决定中也一直被认为是不充分的，委员会曾经认为关联系数大于 0.80 为高、关联系数小于 0.65 为低。"

　　委员会显然认为存在一个单一的指标，即关联系数足够高就可以表明一个宽泛的市场，而这一指标与所涉及的行业或数据的期间没有关系，这是不正确的。或许在这个行业中这些数据的关联系数为 0.44，这是个非常低的数字，不足以说明一个共同的市场，但是委员会对这一点并没有给出任何证据。

　　在后来的判决中，委员会进行了三种 VSF（即：日用 VSF、纺前染色 VSF 和用于棉球的 VSF）对棉花、聚酯和聚丙烯的关联分析，委员会加重了这些错误。委员会发现最高的关联系数为 0.76，这个数位于低价格的聚丙烯和日用 VSF 之间。委员会不认可这一数据，因为其"低于通常可以被认为指向存在宽泛商品市场的水平"，[28] 似乎再一次认为关联分析的基准值与行业和数据的期间无关。另外，数据似乎是订价数据，而不是交易数据。[29] 只有当使用交易价格进行价格关联分析时，这种分析才有意义，因为正是这些价格才是由产品之间的实际竞争约束达成的。

案例四：瑞安航空/爱尔兰航空案[30]

欧盟委员会近期使用关联分析的例子是在瑞安航空/爱尔兰航空的判决中。该案涉及的是瑞安航空，一个低成本的航空公司，拟议收购爱尔兰航空的交易。两家航空公司均用都柏林作为其主要枢纽机场，在许多航线上展开竞争。事实上，尽管存在两家运营商飞往同一机场的一些直接重叠，然而还有一些重叠是两家运营商飞向不同的机场，但是在同一个城市，至少目的地是相互接近的。例如，瑞安不是飞向伦敦希思罗机场，但是飞向伦敦斯坦斯特德机场、卢顿机场和盖特威克机场。爱尔兰航空飞向伦敦希思罗机场和盖特威克机场，但是不到卢顿机场或斯坦斯特德机场。委员会进行了关联分析，以研究相同的或接近的"城市对"但不同机场的费用之间的价格关联性。

这个案子很有意思，因为委员会进行的关联分析比一个标准的分析要复杂得多。特别是考虑了下述问题：

1. 需要提供一个基准，以此为基础比较不同机场对之间的关联系数。委员会把瑞安航空和爱尔兰航空飞向同一机场的那些航线的平均关联性作为基准。有六条这样的航线，平均关联性为 0.69。如表 10.4 中所看到的，关联数大于此数的，则支持委员会的决定，即认为相关机场对在同一个相

---

[28] COMP/M. 2187 CVC/Lenzing（2000），第 110 段。

[29] 参见 COMP/M. 2187 CVC/Lenzing（2000）第 111 段、114 段 和 115 段。

[30] COMP/M. 4439 Ryanair/Aer Lingus（2007 年 6 月 27 日）。

关市场中。

2. 委员会检测了价格序列是平稳的或者是非平稳的。这是一个相对技术性的问题（在后面的段落中进行处理），但关键的问题是非平稳的价格序列可能导致虚假的关联，委员会认真考虑这一问题是正确的。

3. 委员会注意到燃料成本占航空公司成本的很大一部分，这会导致跨越不同机场对的费用中出现一个公因子，而不管他们是否在同一个相关市场中。共同成本的出现往往会增大两个价格序列之间的关联系数，即使产品并不是竞争关联的。因此，委员会采取措施把燃料成本的影响从关联分析中去除掉。我们在下文中讨论共同成本的问题。

4. 航空费用呈现出季节性，因此这是委员会从关联分析中剥离出的另外一个公因子。

5. 航空公司之间的竞争反映可能不是即时的。一个航空公司在一条航线上的价格削减，也许在接下来的一个月或几个月中才会产生反应。因此，进行关联分析时考虑这种滞后效应就很重要。委员会这样做了。我们在下文中做进一步的讨论。

表 10.4　瑞安/爱尔兰航空案中的关联分析

机场对	关联系数	市场界定
阿利坎特—木尔西亚	0.90	一个市场
阿姆斯特丹史基浦—艾恩德霍芬	0.45	不清楚
巴塞罗纳—赫罗纳—雷乌斯	0.92	一个市场
伯明翰—东英格兰中部地区	0.62 *	一个市场
布鲁塞尔机场—沙勒洛 布鲁塞尔南部	-0.27	不清楚
美茵河畔法兰克福—法兰克福/哈恩	0.53	不清楚
格拉斯哥国际—格拉斯哥普雷斯蒂克	0.62	不清楚
伦敦：斯坦斯特德—盖特威克—卢顿	0.93	一个市场
伦敦：希思罗—其他	0.19	不清楚
曼彻斯特—利物浦	0.57 * *	一个市场
纽卡斯尔—达勒姆提斯瓦利	0.81	一个市场
巴黎查尔斯戴高乐—巴黎博韦—蒂耶河机场	0.74	一个市场
罗马菲乌米奇诺机场—罗马钱皮诺	0.89	一个市场
图卢兹布拉尼亚克—卡尔卡松尼	0.95	一个市场

注意：委员会的关联分析附录包括了比上表更多的机场对。但是，这个表格囊括了委员会进行相关市场界定研究而包含在关联分析中的所有机场对。

*数字 0.62 是一个平均值（0.80 和 0.45 的平均值），即瑞安航空到伯明翰、东英格兰中部地区的 0.80，以及爱尔兰航空到伯明翰和瑞安到东英格兰中部地区的 0.45。委员会提到，0.80 这一数字，表明瑞安航空至少认为两个机场是可以替代的。

**数据 0.57 低于委员会的基准值 0.69，但是高于瑞安航空和爱尔兰航空从都柏林飞往曼彻斯特的关联系数。

案例五：ABF/GBI 案[31]

委员会在 *ABF/GBI* 案的决定中涉及了西班牙、葡萄牙和法国市场的压缩酵母产品。在这三个国家中的每一个国家中，并购双方均面临来自 *Lessafre* 和少量边缘供应商的竞争，合计份额低于所考虑的每一个国别市场的 15%。委员会认为进入是不可能的。委员会发现，西班牙、葡萄牙和法国市场均为独立的相关市场，得出这一结论的原因之一是对西班牙与葡萄牙和法国市场中价格的关联性进行了评估。委员会首次提到：

"尤其是观察葡萄牙和近邻西班牙之间价格的变动，可以看到惊人的差别，葡萄牙的平均价格在 2003 年和 2005 年中期是下降的，然而在 2005 年末和 2006 年初又陡然上涨，而西班牙的价格演进显示的是自 2002 年以来的平稳上升趋势。"（第 76 段）

委员会随后公布了关联分析的结果：

"而且，根据构建在区域水平上的平均价格变动的关联性表明，西班牙所有区域的价格以非常相似的方式变动，而当与葡萄牙和法国的区域相比较时，关联性却不是很强。例如，图 5 中的曲线描述了与马德里基本区的价格关联性，颜色的强度表明了关联性的强度。曲线显示了西班牙所有

---

[31] COMP/M.4980 ABF/GBI Business，（2008）。这个案例是英国天旅（Airtours）要求考虑协调效应问题的第一个案子。

区域之间的价格与马德里区域的价格关联性非常强，而与西班牙之外区域的关联度较低。"（第 77 段）

二、价格关联分析和相关市场的关系

假定垄断者测试（或 SSNIP）一直被欧盟委员会认可作为界定相关市场的适当方法，并在其关于相关市场界定的通告中得以体现。[32] 这种方法询问：一个假定的垄断者是否能够有利可图地对所涉及的一组产品施加小幅而有意义的非短暂性价格上涨（通常被认为 5%—10% 之间），高于竞争性价格水平。[33] 考虑到相关市场界定，两个价格序列高度关联的事实并不必然阻碍一种产品自身就是一个相关市场，这是很明白的。产品 A 和产品 B 之间存在竞争性影响的事实并不必然表明竞争的程度足以阻止某一产品能够有利可图地提高价格。换句话说，在产品 A 的单一供应商提高价格能够增加利润的情况下，产品 A 可能就是值得垄断的。

假如两个产品的价格之间存在较高的关联性，则**至少**表明这两个产品之间的交叉价格弹性是正的，因此意味着它们之间存在某些竞争影响。但是，存在**某些**竞争影响的事实（即，交叉价格弹性为正这样的事实）并不必然表明他们构成同一市场的一部分。可以想象，矿泉水和软饮料之间的交叉价格弹性是正的（意味着存在某些竞争影响），但是，看起来这些影响不足以使矿泉水案和软饮料构成相关商品市场（参见雀巢/毕雷矿泉水和雀巢/意大利圣培露矿泉水案的审查决定[34]）。简言之，交叉价格弹性为正是两个产品在同一相关商品市场的必要但非充分条件。

---

[32]　参见第 4 章。

[33]　正如我们在第 4 章中所讨论的，并购案件中的基准价格通常是当前价格。

[34]　IV/M190 Nestle '/Perrier（1992）OJ L356/1 和 IV/M1065 Nestle ' San Pellegrino（1998）。

延伸阅读：不同市场中两产品之间高度相关的例子

下述例子给出的一个事实说明，相关系数高并不必然表明一个宽泛市场。这个例子基于这样的事实，即产品之间具有一定的竞争影响并不足以使这些产品在同一相关市场中：必须具有足够的竞争影响。考虑卡车和汽车一个非常简单的需求系统。具体来说，对卡车的需求仅取决于卡车和汽车的价格，同样对汽车的需求也是如此。

（2） $Q_T = 100 - P_T + 0.1 P_C$

（3） $Q_C = 1000 - 5P_C + 0.5P_T$

式中，Q_T 是对卡车的需求；

　　　　Q_C 是对汽车的需求；

　　　　P_T 是卡车的价格；

　　　　P_C 是汽车的价格。

我们进一步假设汽车市场的特征是同质产品的伯川德寡头市场，因此汽车的价格等于它的边际成本。最后，假设卡车市场当前是垄断的市场。有意思的问题是：汽车价格和卡车价格之间的关联程度能告诉我们正确的相关市场吗？为了回答这一问题，我们计算了汽车和卡车的均衡市场价格。

卡车公司的利润为：

（4） $\Pi_T = (100 - P_T + 0.1 MC_C)(P_T - MC_T)$

式中 MC_T 是不变边际成本，不存在固定成本。对式子关于 P_T 进行微分，得到：

（5） $\dfrac{\delta \Pi_T}{\delta P_T} = 100 - 2P_T + MC_T + 0.1 MC_C$

令（5）等于 0，整理得到：

（6） $P_T = (100 + MC_T + 0.1 MC_C)/2$

假设 P_C 等于 MC_C，因此方程（6）可以重写为：

(7)　$P_T = (100 + MC_T + 0.1P_C)/2$

如果卡车制造的单位成本随时间保持不变，那么汽车和卡车之间的关联性等于+1，因为汽车的价格变化随即反应在卡车的价格中。因此，根据标准关联分析，人们会得出结论认为汽车和卡车是同一产品市场的一部分。

但是，在上面的例子中汽车和卡车是在同一相关市场中吗？假设卡车的单位成本是 20，汽车当前的边际成本是 10。这表明当前卡车的垄断价格为 60.5。在伯川德竞争假设下，竞争价格为 20（即边际成本）。因此，卡车是一个值得垄断的市场——垄断者把价格提高到竞争水平以上 5% 是有利可图的——因此卡车自身形成了一个相关市场。这个例子，尽管是高度程式化的，说明两个价格序列之间较高的相关系数并不总是认定两个产品在同一相关市场的充分条件。

在解释价格关联分析结果时，一旦考虑到不同企业的供给反应，则会引发另一问题。[35] 一个价格高于竞争性价格的产品加成，随着替代产品供给弹性的降低而增加。如果产品 A 的价格提高一定的幅度，那么替代产品的供给弹性越低，来自替代产品的产出反应将越小。[36] 相比替代产品的供给弹性较高的情况（在这种情况下，它们会更多地增加产出），替代产品可能反而会大幅度提高它们的产品价格。这表明，当替代品的弹性较低时，替代产品施加给产品 A 的竞争约束比较低。针对产品 A 的价格上涨，替代产品不是增加产出（因而会潜在地导致价格上涨是无利可图的），而更可能是跟随价格上涨。

但是，这对价格关联分析具有潜在的反常喻意。如果替代品跟随产品

---

[35]　参见 Werden 和 Froeb（1993）。

[36]　在极限情况下，如果替代产品全部是供给约束的，那么他们的供给弹性等于零，将不存在产出反应。

A 的价格上涨，这可能表明价格序列之间存在相对较高的关联性，即使替代品事实上对产品 A 没有施加太多的竞争约束。相反，如果供给弹性很高，替代产品不跟随价格上涨，即使替代品在这种情况下施加了重大的竞争约束，也可能会产生一个较低的价格关联性。这种情况表明，应该根据潜在供给方的反映来考虑价格关联分析的结果。

延伸阅读：潜在反常效应的图形说明

考虑品牌可乐和自有品牌可乐之间的竞争约束。如果品牌可乐的价格发生变化导致自有品牌可乐的剩余需求曲线向外移动，那么，自有品牌可乐价格上涨的程度，部分取决于自有品牌企业供给曲线的斜率。供给曲线越陡，针对品牌可乐既定的价格上涨，自有品牌可乐提高的价格越多。这表明，供给曲线越陡，在其他条件相同的情况下，品牌可乐和自有品牌可乐之间的关联系数越高。[37] 根据关联系数检测，这表明自有品牌可乐生产的供给曲线越陡，价格关联分析越可能表明品牌可乐和自有品牌可乐在同一相关市场。但是，这肯定是错误的。自有品牌可乐的供给曲线越陡，自有品牌可乐对品牌可乐价格上涨产出的反应越小，因此施加给品牌可乐的竞争约束也越小。自有品牌的价格上涨越多，施加给品牌可乐的竞争影响越小。图 10.3 清楚地说明了这一现象。

---

[37]　这不是严格正确的表述。假设价格 B 的上涨或下降和价格 A 的幅度相同，而价格 C 的上涨或下跌仅是价格 A 变化幅度的一半。那么，价格 A、价格 B 和价格 C 之间的关联系数是一样的：均为 1。但是，价格序列可能包括随机噪音，当随机噪音消除了价格序列之间的完美关联，对价格序列（此例中的价格 C）较小的变动而在更大的程度上产生这种影响时，这种情况是无法维持的。在极限的情况下，如果随机噪音很大，可能完全消除价格序列之间的关联性。

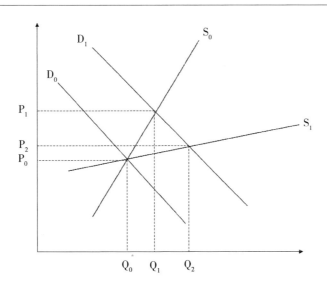

图 10.3 供给方反应对关联分析的重要性

品牌可乐的价格上涨，把自有品牌可乐的剩余需求曲线从 D_0 移动到 D_1，这对自有品牌价格的影响取决于自有品牌可乐供给曲线的形状。如果曲线为 S_0，则价格上涨到 P_1，销售量增加到 Q_1。然而，如果供给曲线更有弹性（例如，S_1），那么价格上涨较少而销售量上涨较多（在这种情况下价格和销售量分别为 P_2 和 Q_2）。在第二种情况下，因为产出反应较大、价格上涨较少，自有品牌可乐对品牌可乐施加了更多的竞争约束。但是，在第二种情况下自有品牌和品牌可乐之间的关联系数可能会比第一种情况下的要小。在极端情况下，如果自有品牌可乐的供给曲线是完全弹性的（即，水平线），则关联系数将会是 0，但是自有品牌可乐将对品牌可乐施加非常大的竞争约束。

三、虚假关联

当两个价格序列存在虚假关联时，价格关联分析会夸大相关市场的范围。虚假关联是专门术语，用于描述价格序列的关联不是由两个产品之间的竞争影响所导致的。[38] 在本部分内容中，我们将讨论虚假关联的潜在原因。

（一）共同成本

虚假关联一个众所周知的潜在来源是共同成本或者共同影响的问题。如果两个价格序列具有共同的投入，那么尽管两者之间缺少任何竞争关系，它们可能也会高度关联。因此，需要明确是否存在共同的成本而导致明显的高度关联性。

例如，欧盟委员会在瑞安航空/爱尔兰航空案中正确地指出，燃料成本是航线面临的一个重要成本，所有航线均是如此。[39] 因此，从伦敦到纽约、从巴黎到莫斯科的费用中均存在一个共同的成本。但是，如果认为从伦敦到纽约航班的垄断供应商可能受到从巴黎到莫斯科航班的定价约束，这还是令人怀疑的。

因存在共同成本引发的问题可以通过调整价格序列、消除共同成本或成本得以解决。有两种主要的方法可以用来纠正共同成本的影响。

消除共同成本影响的第一种方法是精确评估共同因素对产品总成本的贡献。例如，如果我们知道一种特定产品使用 10 公斤扁钢、另一种使用 15 公斤的扁钢，那么我们可以计算出扁钢在每种产品中的成本，并从产品的价格中减去这一成本。因此，如果扁钢的价格是每公斤 7 美元，则我们从第一种产品的销售价格中减去 70 美元，从第二种产品的销售价格中减

---

[38] 存在大量虚假关联的例子。例如，早在 1955 年 Daniel Suits 受到乔治·斯蒂格勒（George Stigler）的启发，突出了锯和颗粒散装盐，犁和棉线以及德克萨斯皮革和中等盐之间的高关联性（Suits（1995））。

[39] 参见 COMP/M. 4439 Ryanair/Aer Lingus（June 27, 2007）附件 3 第 15 段。

107 美元。因为扁钢的价格随时间而变化，我们根据扁钢在每一时期的市场价格不同而减去不同的数量。[40]

但是，人们通常不可能以如此精确的方法计算出共同因素的成本。一个可以替代的方法是采用计量经济学估算共同因素对销售价格的影响，欧盟委员会在瑞安航空/爱尔兰航空案中使用了这一方法。方法如下所述，首先，对所有价格序列进行下列形式的简单回归：

（8）$P_t = \alpha + \beta CCF_t + \varepsilon_t$

式中，P_t 产品在 t 时的价格；

CCF_t 是 t 时的共同因素的成本；

α 和 β 是回归系数；

ε_t 是这个方程的残差。

因此，对每一个价格序列都将会产生一组残差，那么关联分析就基于这些残差而进行。对价格 A 进行回归得到的残差，与对价格 B 进行回归得到的残差进行关联分析，则得到消除共同成本之后的价格 A 和价格 B 之间的关联系数。最终，这些关联性（或"偏相关系数"）将与从未经调整的价格序列得到的关联系数进行比较。如果这些"原始的"关联系数远高于偏相关系数，则表明"原始的"结果受到了共同成本存在的影响，而不是受到竞争约束的影响。

这里应当告诫的一句话是，如果共同成本占一种产品价格的比例很高，把它们去除掉可能会导致较低的关联系数，意味着单独的市场，即使从供给方来看这些产品在同一市场中。假设存在两个产品 A 和 B，两者价格高度关联，但是他们具有90%的共同成本，消除这些共同成本可能会大大降低两者之间的关联性。但是，两个产品共有相当高比例的共同成本的事实，可能表明两个产品内在的生产程序非常相似，因此应该认为两者是相互供给替代的，从而在同一相关市场中。这样的例子如宠物食品。狗粮和猫粮不是需求方可替代的（至少，对猫来说。狗不是太挑剔），但是，

---

[40]　存在争议的是，可根据扁钢在某一时期购买的成本。

它们是在同一生产线上生产的。罐装猫粮和狗粮之间的区别不在于生产过程，仅在于组成部分，尽管那样，两者很多成分还是相同的。结果是，狗粮和猫粮之间的原始关联很强，但是，因共同成本占总成本的比例非常大，当去除共同成本后，两者的关联性显著下降。然而，毫无疑问从供给方来看这些产品应该被看作同一相关市场的一部分。

作者曾经有过这样的经验，两产品从需求方看不是替代产品，但因为两者由几乎完全相同的配料制造，这些成本均使用相同的植物。最初的价格关联系数超过 0.90，而调整后的关联系数大约为 0.20。然而，这个案件正确的结论并非是两个产品在不同的相关市场中，而是它们是非常紧密的供给方替代品。

结束这一话题之前，需要强调的是：两个价格序列仅具有共同成本的事实并不表明他们因此就不在同一相关市场，这很重要。因此，重要的是要对共同成本进行纠正并重新进行关联分析。

（二）季节效应

当产品的价格表现出季节性趋势时，同样可能出现虚假关联。例如，鲜花的价格和新鲜水果的价格在冬季的月份中往往会提高（这反应出从比较温暖地带运送这类产品所增加的成本）。这往往会使这两类产品价格之间产生一定程度的正关联性。但是，这种正关联的程度无法给出鲜花价格对新鲜水果的价格施加多大程度的竞争约束，反之亦然。解决这个问题需要对价格序列进行调整，考虑价格中的季节性因素。利用不同周期价格数据的差异性作为季节性周期，这一问题可以得到解决。因此，如果价格序列以每年为基础表现出季节性（例如，夏天的价格高，冬天价格低），那么进行关联分析时应该首先计算价格数据每年的变化，然后再对数据进行关联分析。举例说明这一情况。

图 10.4 给出了两个价格序列三年的季度性数据。很明显两个序列均为高度季节性的，每年的第一季度出现峰值、第三季度出现凹点。两个序列之间的关联系数为 0.93。

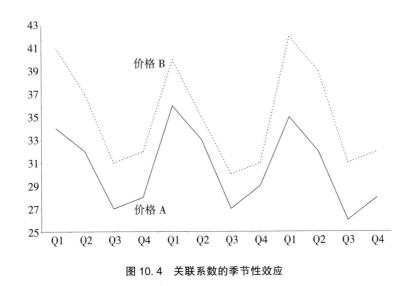

图 10.4 关联系数的季节性效应

图 10.5 给出了两个价格序列的年度变化。显然这些序列并没有随时间的变化而移动到一起，这可以用关联系数为-0.78 来证明。

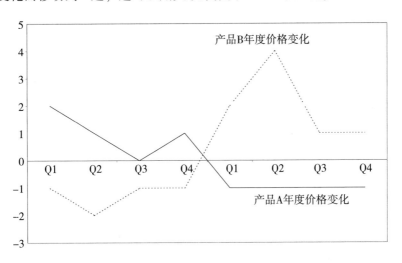

图 10.5

与季节性效应类似，需求冲击（或商业周期）可能会影响不相关产品的价格，使其价格随时间变化而表现出相关性，这种情况同样是可能的。

例如，经济繁荣可能引发对某些奢侈品的较高需求，如跑车或珠宝，但是，我们观察到那些奢侈品的价格趋同的现象，并不必然表示这些产品属于同一相关市场。同样，当世界粗钢生产面对不曾预料的激增时，即使那些不同类型的投入品之间缺乏竞争影响，生产钢铁的所有投入品的价格也可能会增加。

（三）单整变量

虚假关联可能由不平稳的价格序列而导致。[41] 这是一个相当技术性的问题，下面会详细地讨论。但是，需要提及的重点是，如果基于原始数据进行的关联分析，与基于一阶差分数据[42]的关联分析所作的推断显著不同的话，那么这个分析的有效性一定是存疑的。如果价格序列是非平稳的，那么可能会引起虚假的高度相关性，但是，当以一阶差分进行分析时，这些高度相关性将会消失。因此，高度相关性应该通过进行一阶差分的分析而得到检验。同样的原因，任何共同的趋向都应该从数据中去除掉（例如，通货膨胀）。

欧盟委员会在 Lonrho/Gencor[43] 并购案的分析中考虑了这一情况。委员会在调查中发现了高度相关性，但是认识到这些高度相关性可能是因为有非平稳变量：

"虽然贵金属如黄金和白金的价格是高度相关的，但是高相关本身并不意味着一种因果关系。事实上，经济价格序列数据时常是不平稳的（即趋势性），而且因此自动关联。"[44]

---

[41]　我们下面会进一步讨论，与平稳性相关的问题近些年一直非常突出。但是，这一问题在反垄断文献中得以熟悉已经很多年了。例如，斯蒂格勒（Stigler）和舍温（Sherwin）（1995）显然注意到这一问题，并谨慎地避开它，以免产生虚假关联。

[42]　"一阶差分"是每个周期的数据改变。因此，如果数据是 x_1, x_2, x_3, x_4 等，那么一阶差分即为 $x_2—x_1$, $x_3—x_2$, $x_4—x_3$ 等。

[43]　IV/M619 Lonrho/Gencor［1997］OJ L11/30.

[44]　IV/M619 Lonrho/Gencor［1997］OJ L11/30，第 49 段。

之后，委员会在瑞安航空/爱尔兰航空案中对非平稳问题进行了处理。委员会在决定中认为：

"当基础价格水平平稳的情况下，价格关联系数的计算不会引起任何问题。但是，当价格序列不平稳时，即使这些序列可能不是高度相关的，也会导致虚假的高相关系数。尽管如此，当价格水平是一阶单整时，计算价格转换的关联系数还是有意义的（并且在统计意义上是有效的），即，计算转换后的序列 $\Delta p_{it} = p_{it} - p_{it-1}$ 的关联性。在这种情况下，关联性的经济学解释是不同的，因为它是价格转换的潜在关联，而不是价格水平的关联。在这种情况下，是对相对收敛性的检测。不同地理区域的产品或服务价格变化"高度"关联，仍然说明这些价格是共同变化的，因此表明这些产品或服务属于同一地域市场。"[45]

延伸阅读：非平稳序列

平稳序列是指具有不变均值和方差的序列。非平稳序列是均值和方差随时间而发生变化的序列。许多经济学变量（例如，GDP 和消费）都是非平稳的。如果一个变量是平稳的，可以被看作是 0 阶单整，记作 I（0）。如果一个变量通过一次差分变成平稳的，就是一阶单整，记作 I（1）。

这在统计学文献中是标准的，使用 I（1）变量的回归会导致所谓的伪回归。如果两个 I（1）变量相互回归，那么即使它们是完全不相关的，[46] 标准回归方法将会拒绝大约 80% 的没有统计显著性的虚假关联。[47] 换句话说，统计分析将表明一种不存在的关系。关联分析会引发类似的问题。

---

[45] COMP/M.4439 Ryanair/Aer Lingus（June 27, 2007）附件三第 24 段。
[46] 例如它们是具有独立正态分布误差的随机变动。
[47] 参见 Yule（1926）。

考虑两个价格序列，X 和 Y，两个产品互相不施加任何竞争约束。假设价格随着时间按照下列进程而变化：

（9）$X_t = X_{t-1} + e_t$

（10）$Y_t = Y_{t-1} + \eta_t$

式中 e_t 和 η_t 是均值为 0、方差为 1 的正态分布误差。两个变量均为 I（1），因为它们都是一阶差分平稳（即，误差项具有不变的均值和方差）。如果我们对这两个变量进行关联分析，我们的平均期望值是：关联系数将为 0，因为根据假设两个产品不存在竞争影响。

但是，利用 5000 次重复模拟分析表明，这并不是实际所观察到的结果，表 10.5 给出了这些结果，两个变量的趋向也在表中得到体现。[48]

表 10.5　非关联 I（1）变量之间的关联系数

关联水平	结果频率（%）	
	无趋向	有趋向
大于 0.5	19.9	66.2
大于 0.6	13.8	58.7
大于 0.7	8.6	49.4
大于 0.8	5.1	35.7
大于 0.9	2.7	13.8

因为两种产品之间不存在竞争约束，两个价格序列之间的任何关联均为虚假关联。表 10.5 的结果表明相当大的范围中发现了虚假关联。Cartwright，Kamerschen 和 Huang 认为，大于 0.5 的所有关联均指

---

[48]　关于这个分析进一步的讨论可以向作者要求获得。

向一个宽泛的市场。⑲ 据此，即使两个序列是完全不关联的，对 I（1）
变量进行关联分析将给出大约 20% 的虚假肯定结果。正如表 10.5 所
示，如果两个变量均表现出某种趋向，这在经济学中是常见的，则问
题变得更为严重。当存在某一趋向的情况下，约 2/3 的关联系数大于
0.5，35% 的情况大于 0.8。

　　这些例子说明了在进行关联分析前检测价格序列协整程度的重要
性。如果发现它们是 I（1）（或者为更高阶的协整），那么应该基于差
平稳分后的价格进行关联分析。⑳ 同样，如果说存在明显的共同趋向
（例如由高通货膨胀引起的），那么应该从数据中消除掉。

四、基准检测

　　价格关联分析没有明确的基准，正是受制于这个问题，价格关联分析
经常受到人们的批评。关联系数要多高才足以表明两个产品在同一相关市
场中或者不在同一市场？ 0.5 足够高吗？ 0.9 如何？ 对这种评论给出的部分
回应是使用基准测试方法。人们利用两种产品——人们喜欢基于先验理
由，认为这些产品在同一相关市场中——的价格或价格序列之间的关联系
数作为一个基准，与其他关联系数进行比较。如果另外两种产品之间的关
联系数大于这个基准值，那么这通常被解释为这两种产品在同一相关市
场中。㉑

　　例如，考虑对各种品牌可乐（可口可乐和百事可乐）和自有品牌可乐
之间竞争约束进行（假设）评估。可以采用可口可乐和百事可乐之间的关

---

　　⑲　具体来说，Cartwright, Kamerschen 和 Huang（1989）认为："我们不知道谁有足够的胆识
来认定一个精确的量化门槛值，认为价格关联系数足够'高'……可以成为构建一个市场的有效
替代。事实上引经据典来支持一个提议的量化门槛值是不可能的。我们感觉，大于等于 0.5 的
（正的）关联系数，与市场界定中的定性表述相一致。"（第 85 页）

　　⑳　斯蒂格靳和舍温（1985）在讨论关联系数应该以水平、一阶差分、对数或对数的一阶差
分进行时，提出了类似的观点。

　　㉑　当然，基准产品必须在同一行业或非常近似的行业。

联系数计算出基准。这里假设存在有力的、先验的理由，认为这两种品牌构成同一相关商品市场的一部分。因此，这两个品牌间的关联系数可以作为基准去评价其他较弱的品牌或自有品牌可乐是否构成同一相关市场。假设的结果见表 10.6。

表 10.6　可口可乐、百事可乐、小品牌和自有品牌可乐之间假设的关联结果

	可口可乐	百事可乐	小品牌	自有品牌
可口可乐	1.00			
百事可乐	0.77	1.00		
小品牌	0.81	0.79	1.00	
自有品牌	0.34	0.27	0.35	1.00

根据假设，可口可乐和百事可乐是同一相关市场的一部分，表 10.6 给出的基准值是 0.77，因为这是可口可乐和百事可乐之间的关联系数。基于这一基准，小品牌可乐显然与可口可乐和百事可乐一样是同一相关商品市场的一部分。小品牌可乐与可口可乐、百事可乐两者的关联系数大于基准关联系数。但是，自有品牌的情况不是这样。自有品牌和其他可乐之间的关联系数远小于 0.77，其范围在 0.27—0.35 之间。据此，没有迹象表明自有品牌和品牌可乐一样是同一相关市场的一部分。

（一）基准检测的问题

从直观上来看比较有意思的是：假设产品 A 和产品 B 在同一相关商品市场中，其关联系数比如说为 0.8，产品 C 与 A 的关联度更高，那么 C 与 A 和 B 在同一商品市场中。但是，使用这样的基准方法也会引发许多问题。

引发的第一个问题是因为基准检测涉及到一个先验判断。在某些例子中，这种判断很明确或可以通过其他分析来支撑。但是，在其他情况下，基准的选择不是很明显，这样会使得人们指责基准检测分析具有主观随意性。这种指责的力度将取决于用来支持基准选择的其他证据的可获得性。

考虑下面的例子。

表 10.7　假设的产品市场关联性

	苹果	桔子	梨	香蕉
苹果	1.00			
桔子	0.88	1.00		
梨	0.89	0.94	1.00	
香蕉	0.34	0.27	0.35	1.00

　　假设根据先验证据，苹果和桔子在同一个相关市场，因此苹果和桔子之间的关联系数被选定作为基准（即 0.88）。据此，梨也在这个相关市场中，因为桔子和梨之间的关联系数为 0.94、苹果和梨之间的关联系数为0.89，均高于桔子和苹果之间的关联系数。因此，相关市场包括苹果、桔子和梨。但是，如果桔子和梨被选来用作基准（即 0.94），那么苹果和桔子之间的关联系数（0.88）及苹果和梨之间的关联系数（0.89）均低于基准门槛，表明苹果与梨和桔子不是同一相关市场。

　　这一情况说明基准检测对基准的选择很敏感，而且低于基准的关联系数并不必然表明两种产品不在同一相关市场。在既定基准是如何选择的情况下，后面的看法并不出人所料。根据定义，两个基准价格序列之间的关联系数将会很高，所选择的基准可能是两种非常接近的替代品之间的系数，因此，会给出一个较高的基准价格关联系数，比如说 0.9。但是，这并不会一定妨碍另外一个不是那么有效的替代品同样展于同一个相关市场，仅仅基于基准检测产品之一与待定替代产品之间的关联系数为 0.85。为此，基准检测通常充其量可以被看作是"单尾"测试：可以提供说明一种产品在同一相关市场的证据，但是在达成相反结论时不是太有说服力。

　　这与欧盟委员会在瑞安航空/爱尔兰航空案中的方法相一致。委员会利用关联分析为点对点的空中旅行界定相关地域市场。特别是，他们希望分析不同的机场对（例如都柏林—曼彻斯特与都柏林—利物浦）是否为同一相关市场的一部分。委员会把瑞安航空和爱尔兰航空对其服务于同一机场对（例如，都柏林—伯明翰，都柏林—布里斯托尔，等等）的路线收费之间的平均关联系数用作基准，这一基准为 0.69。随后，委员会断定，机场对之间的关联系数高于此数，则证明这些机场对是同一相关市场的一部分。因此，都柏林—纽卡斯尔（爱尔兰航空）和都柏林—达勒姆蒂斯山谷（瑞安航空）之间的关联系数为 0.81，被认为是给出了这两个机场对是同一相关市场一部分的证据。但是，当关联系数低于 0.69 这一基准值时，委员会认为这种结果不明确。因此，都柏林—阿姆斯特丹（爱尔兰航空）和都柏林—艾恩德霍芬（瑞安航空）之间的关联系数为 0.45，委员会声称：

> "关于都柏林和两个任一机场之间的服务是否位于同一重叠区域，委员会自己做的实证分析（价格关联）并不是决定性的。"（第 202 段）[52]

敏锐的读者将注意到，表 10.4 重现了委员会在瑞安航空/爱尔兰航空案中所进行的关联分析的结论，委员会认为关联系数大于 0.69 说明 "一个市场"，而关联系数低于 0.69 并不表明 "两个市场"，而被认为是 "不确定的"。

这部分要得出的结论是：价格关联分析没有给出 "门槛" 值，基准检测尽管只是部分回应了这一批评，但是毕竟给出了一个回答。首先，基准值能够为单尾检测提供一个门槛值，可以为某一特定的产品或区域是相关市场的一部分提供证据，这看起来是明确的。第二，当基准显著高于其他待定产品或区域的关联系数时，基准值能够提供双尾检测。因此，如果基准值为 0.8，而两个产品或区域之间的关联系数为 0.3，那么这至少给出一个证据，有力地说明两种产品属于不同的相关市场。与所有的实证分析一样，调查人员最终需要进行认真仔细的判断。

五、价格关联分析与可变汇率

在欧盟竞争法调查中，一个普遍的问题是：一个成员国的生产商在多

---

[52] COMP/M. 4439 Ryanair/Aer Lingus（June 27, 2007）.

大程度上会受到位于另一成员国生产商的约束。这里引起的问题是，如何考虑这样的事实：一些成员国中的价格采用了不同的货币进行标价。[53]

　　表面上看，这不应该存在任何问题，只用把所有的价格序列转化成一种统一的货币，然后基于调整后的数据序列进行关联性分析。事实上，事情并非如此简单。问题是：把价格序列转换成共同货币是对价格序列强加了一个共同因子，具有人为引起价格关联的效果。我们可以通过一个简单的假定例子说明这一问题。

　　首先，我们创设三个完全相互独立的价格序列。我们称这些序列为法国、比利时和德国。然后，我们把这些序列转换为共同的货币，利用1996—1998 年（即欧盟成立之前）期间的有关汇率，把比利时和德国序列转换成法国法郎。相应的关联系数如表 10.8 所示。

表 10.8　对独立序列施加共同汇率：法国法郎

	法国	比利时	德国
法国	1.00	—	—
比利时	-0.11	1.00	—
德国	-0.07	0.82	1.00

　　这些结果令人吃惊的是，比利时和德国之间的关联系数非常高，即使潜在的价格序列并不相关。法国/比利时和法国/德国的关联系数要小得多，这与价格序列并不相关是一致的，因为我们没有对其施加共同因子（即，法国价格序列没有像其他两个价格序列那样进行转换）。如果我们把所有的价格转换成德国马克，我们会得到类似的结果，但是高度关联的是法国和比利时。如表 10.9 所示。

_____

　　[53]　据我们所知，这个问题还没成为任何研究的主题，可能反映了这样的事实，即关注在竞争法调查中使用价格关联分析的大多数论文来源于美国。显然，不同汇率体制的问题在美国反垄断调查中并没有出现。

表 10.9　对独立序列施加共同汇率：德国马克

	法国	比利时	德国
法国	1.00	—	—
比利时	0.72	1.00	—
德国	0.21	0.29	1.00

最后，我们把三个价格序列均转换成第三方货币。我们采用英国货币，得到下列的结果。此时，尽管三者之间缺乏任何潜在的关系，但是三个关联系数都很高。

表 10.10　对独立序列施加共同汇率：英国货币

	法国	比利时	德国
法国	1.00	—	—
比利时	0.90	1.00	—
德国	0.90	0.94	1.00

这些结果清楚地表明，跨越汇率制度使用价格关联分析，可能导致虚假关联。出现这一问题的原因是，至少对某些价格序列强加了一个共同因子。[54]

如果价格总是根据汇率冲击及时调整，这里认定的问题就不会存在了。在这种情况下，汇率的变化不会改变相对价格，因此将不存在因为汇率变动而产生的关联分析问题。这说明问题在于价格对汇率冲击没有及时调整，而在多个时期之后才进行价格调整。[55] 图 10.6 说明了这个问题的含

---

[54]　本章附件 10.1 给出了更为专业的解释：为什么跨越不同汇率制度时使用价格关联分析通常是无效的，并且可能导致虚假关联。

[55]　相比传统理论给出的建议，把不确定性考虑进企业决定的理论研究表明企业对汇率变动不是很敏感。换句话说，对汇率变动的迟滞调整是可以预料的。详细内容参考 Dixit 和 Pindyck（1993）。

义。图 10.6 给出了一种产品在两个国家（国内和国外）相对价格的变化。假设两个国家构成了同一地域市场的一部分，该图表明了汇率冲击的影响，在此冲击下国内货币快速贬值。贬值的短期影响是，国外产品以国内货币计量的价格显著增加，结果是两个国家的价格明显偏离。但是，随着时间的推移，他们重新调整回均衡的水平，正如人们期望的，两个国家看起来形成同一相关市场的一部分。

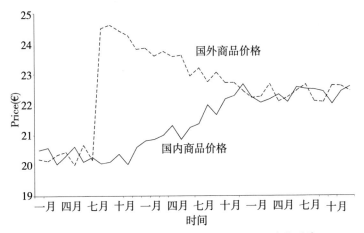

图 10.6　国外商品相对国内商品的价格（以国内货币计）

　　显然，在这种情况下，两个国家价格序列之间的关联系数不可能提供非常有用的信息。汇率冲击后国外商品价格下降、国内商品价格上涨，这与两种产品在同一相关市场是相符合的，但是，这表明在汇率冲击后的期间内，其关联系数将是负的。汇率冲击后的 18 个月中，图 10.6 的关联系数为-0.96。因此，价格关联分析的结果表明：两个国家位于不同的相关市场，尽管对数据的合理解释表明两者在同一市场中。

　　上述讨论假定，如果两种产品在同一个相关市场，那么即使存在汇率冲击的情况下，它们汇率调整后的价格应该趋同。但在一系列模型中，情况并非如此，包括简单的伯川德差异化产品模型。下列的例子可以说明。[56]

---

　　[56]　这个例子来自 Froot 和 Klemperer（1989）。

　　考虑两家企业，一家国内企业、一家国外企业，两家企业在差异化产品行业进行价格竞争。这两家企业按照两期模型进行竞争，汇率在两个期间可能发生变化。进一步（而且关键性地）假设第二期的需求与第一期的销售量正向关联。这种假设可以由品牌忠诚度、转换成本、网络外部性、消费者促销等引起。考虑一下国内货币短期升值对国外商品价格的影响。这里存在三种效果：首先，现今以国内货币计价的外国企业具有较低的成本，因此应该降低它在国内市场设定的价格。进而，这应该会增加其在第一期的销售，因此增加第二期的需求（因此价格减少是未来销售量的投资）。另一方面，汇率升值只是暂时的（至少人们认为这只是暂时的），这意味着，对境外企业来说，当前既定的国内赢利水平相比未来拥有更多价值（当汇率再次下降时）。这一效应表明，国外企业应该提高其在国内市场中收取的价格。此外，国内企业同样面临改变价格的动机，高于由竞争对手价格变化而导致的价格。如果人们认为汇率升值只是暂时的，那么这表明本期的国内利润率将会高于下一期。[57] 当前较高的利润率增加了当前的收益值，从而减少通过降低价格取得市场份额的动机，因此提高了国内的价格。

　　因此，以国内货币计价的两种产品的价格变动将是不同的，这是非常有可能的。国内的价格可能提高（由于利率效应），而以国内计价的国外企业具有的较低成本，又可能会导致国外企业降低价格。国外企业是否会实际降低或提高价格，取决于其面对的两种效应的相对力量。成本效应和对未来销售效应的投资可能足以超过当前利润所增加的收益，但也可能不是这样。如果国外企业在国内市场的需求是相对没有弹性的，那么降低价格将不会使当前的销售量增加太多，因此将不会使未来的销售量增加太多。在这种情况下，当前利润的影响可能是主导性的。但是，如果当前的需求是弹性的，那么通过降低价格以增加未来的销售量可能会大于当前的利润效应。因此，非常可能的情况是，在拥有可变汇率和当前市场份额的

　　[57]　在不考虑这里所涉及的专业宏观理论的情况下，足以说明下一期较低的利润率必然引起货币的贬值。

未来收益的情况下，在同一相关市场内两种产品的价格，短期内可能不会走向趋同。

六、跨越汇率体制使用关联分析的结论

应该明确，跨越可变汇率区域使用价格关联分析界定相关市场时，至少应该非常谨慎。我们实际上认为，只要有可能就应该避免采用这一分析。当然，随着欧元的引入，这一问题在欧盟内的显著性已经下降，但是，即使是现在，仍有相当数量的欧盟国家置身于这一体制之外（例如丹麦、挪威、瑞典和英国）。而且关注的问题时常是：相关地域市场是否要大于欧盟市场本身。在这些情形中，对价格关联分析一直要保持警觉。

人们可能会认为，如果汇率仅改变"一点点"，价格关联分析仍然是有效的。但是，汇率变化似乎不仅仅是一点点。下面的两个图表给出了 2003 年初至 2007 年末美元、欧元、日元和英镑的变动。在这些图表中的汇率序列呈现出相当大的波动。每种货币最低和最高汇率之间的差异为：欧元—美元汇率为 43%，日元—美元汇率为 22%，英镑—美元汇率为 35%。

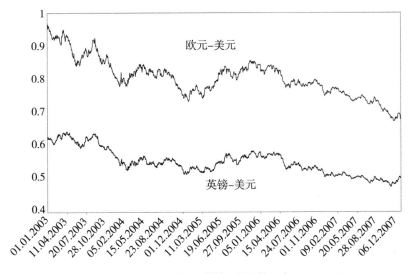

图 10.7　欧元—美元和英镑—美元的汇率（2003-7）

信息来源：http://www.oanda.com

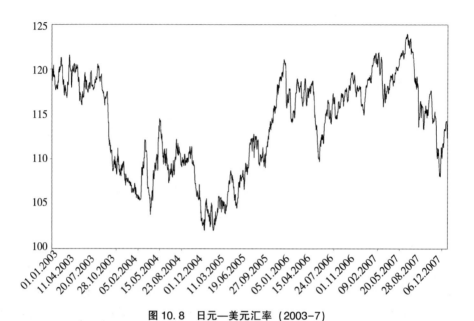

图 10.8　日元—美元汇率（2003-7）

信息来源：http://www.oanda.com

七、周期和延迟

进行计算所采用数据的周期，对关联系数具有潜在的影响。在许多市场中，价格不是即时调整的。相反，在价格对行业中的其他变化做出反应之前，总有一定程度的时间延迟。在判断日价格、周价格、月价格甚至年价格是否适于用来对竞争过程给出一个更好的反映时，认识到时间延迟这一情况很重要。

因此，对调查人员来说，需要回答的一个重要问题是：采用什么样的数据周期和是否采用时滞。例如，他们应该使用周数据、月数据或者是年度数据吗？他们应该对一个序数的当前值与另一个序列的时滞值建立关联吗？简单的回答是，所采纳的数据必须适于表明价格之间可能存在的竞争影响。因此，如果价格序列之间的竞争影响只能延迟传递，可能是因为从地域上来说这些价格是针对不同区域的价格，那么同期关联可能不会表现出这种竞争影响。举例说明这一情况。

考虑下面的情形。我们关注区域 B 和 C 的价格对区域 A 价格所施加的竞争性压力，区域 A 和 B 是相临区域，而区域 C 是海外市场（例如，考虑爱尔兰、北爱尔兰和英国的零售贷款）。考虑下面的关联结果。区域 A 和其他两个区域之间的同期关联性均很低（0.01 和 -0.15），但是，区域 A 和区域 B 之间的延迟关联性相对较高（0.61）。这表明区域 B 对区域 A 的竞争影响存在一个时期的延迟。区域 C 的结果表明时滞更长。延迟一个时期的关联性仍然很低（-0.02），但是延迟 4 个时期的关联性要高的多，达到 0.47。

表 10.11　与区域 A 延迟关联性

区域 A	1.00
区域 B	0.01
区域 C	-0.15
区域 B-1	0.61
区域 C-1	-0.02
区域 C-4	0.47

斯蒂格靳和舍温（1985 年）给出了一个很好的例子，说明了所采用数据的周期如何能够以竞争性披露的方式影响关联系数。他们研究了明尼阿波利斯、堪萨斯城、布法罗和波特兰（俄勒冈州）11 年期间批发面粉的价格，他们具有很强的先验认识，认为明尼阿波利斯和堪萨斯城是同一相关市场的一部分，因此把这两个城市间的关联系数作为基准。这个关联系数为 0.92。[58] 这些关联系数采用了四个城市的月度数据，如表 10.12 所示。可以看出，明尼阿波利斯和布法罗之间的关联系数高于基准值，但是其他的关联系数均低于基准值，但仍然相对较高（0.77-0.88）。对这些结果的一个合理解释可能是，四个城市之间存在竞争性影响，但是不如明尼阿波利斯和堪萨斯城之间那么紧密。结论或许并不令人吃惊，布法罗与明尼阿

---

[58]　这是关于价格对数一阶差分的关联系数。

波利斯和堪萨斯城的距离是两者之间距离的两倍，但是比波特兰要近得多。[59]

表 10.12 批发面粉价格关联性：1971—1981 年的月度数据

	明尼阿波利斯	堪萨斯城	波特兰	布法罗
明尼阿波利斯	1.00			
堪萨斯城	0.92	1.00		
波特兰	0.81	0.77	1.00	
布法罗	0.98	0.88	0.81	1.00

然而，我们可能认为，利用年度数据的关联系数将在较长的时期内表现出显著不同的竞争影响程度。这正是斯蒂格勒和舍温的数据所表明的。

表 10.13 批发面粉价格关联性：年度数据 1971—1981

	明尼阿波利斯	堪萨斯城	波特兰	布法罗
明尼阿波利斯	1.00			
堪萨斯城	0.92	1.00		
波特兰	0.96	0.99	1.00	
布法罗	0.99	0.97	0.95	1.00

总之，常识和可用的数据将会提示正确的方法，当市场更透明、销售量更大时，竞争性反应往往更快。因此，人们认为快销消费品比半成品的竞争反应更快。

第二节 计量经济学价格检测

近些年，人们日益关注使用计量经济学对价格序列进行检测，以作为

---

[59] 明尼阿波利斯和堪萨斯城相距约 400 英里，而布法罗与这两个城市的距离分别是 950 和 1010 英里。波特兰距明尼阿波利斯是 1720 英里，距堪萨斯城 1820 英里，距布法罗 2670 英里。

对关联分析的补充。[60] 这些方法包括格兰杰因果分析、单位根和协整检测等。这部分内容集中讨论这些计量经济学检测，我们会解释这些方法的内在逻辑，讨论其优缺点，并与标准的关联分析进行比较。

与单纯的价格关联分析相比，计量经济学检测似乎给出了更精确、以及统计意义上更强有力的结果。然而，正如我们下面讨论的，这些检测对市场界定的优势有名无实，部分是因为检测通常使用的方法，部分是因为这些检测的本质。调查人员似乎时常对这样的事实感到困惑，即两个价格序列之间存在统计意义上的显著关系，等于表明两者在经济意义上存在显著关联。进一步说，与许多实证分析一样，格兰杰因果分析与协整检测均不能直接解决相关市场界定的根本问题。因此，这些检测只能提供与相关市场界定相关的指导性证据。

在本章的其余部分中，我们首先介绍各种计量经济学价格检测方法，然后对其进行评论。

一、格兰杰因果分析

标准回归方法假定：独立变量和非独立变量之间存在一种因果关系。在确定需要评估的经济学模型时，人们通常利用经济学理论的先验知识，考虑所调查行业的特点。但是，不可避免的是，变量之间因果关系的趋向和程度需要进行假设。对这些假设进行检验的需要引发了格兰杰因果分析的概念。[61]

如果考虑变量 X 的过往值则会改进对变量 Y 的预测。那么变量 X 被认为是另一个变量 Y 的格兰杰因，有三个纬度的格兰杰因果分析可以考虑：X 是否导致 Y；Y 是否导致 X；是否存在即时因果从而 X 导致 Y，并且 Y 导致 X。

---

　　⑥　例如，参见 Forni（2004），Mncube（2007），Boshoff（2007），Coe 和 Krause（2008），Hosken 和 Taylor（2004）以及诸多竞争当局的案例，如英国的 Nutreco/Hydro Seafood 案以及欧盟的 COMP/M. 2187 CVC/Lenzing（2000）案。

　　⑥　Granger（1969）详见参考文献。

格兰杰因果概念在竞争法调查中的应用，可以通过市场界定进行说明。如果两种产品 X 和 Y，构成同一相关市场的一部分，那么人们会认为 X 的价格影响 Y 的价格，反之亦然。这说明利用 X 和 Y 的价格信息所得到的对 Y 的价格预测，将会好于那些仅依据 Y 的价格信息而做出的预测。同样，对 X 的价格预测也会是这样。

乍看起来，格兰杰因果检测似乎对市场界定具有明显的吸引力，而事实上格兰杰检测也一直频繁地用于学术文献中。[62] 假设产品 X 与产品 Y 在同一产品市场，那么人们会认为两种产品的价格序列之间存在某种关联。例如，如果两区域形成同一相关地域市场的一部分，则一个区域中的干扰会溢入另外一个区域，而且数据应该表示出一个区域的价格是另外一个区域价格的格兰杰因。相反，如果两个区域是显著不同的，则不应该存在溢出效应，因此数据也不会表明两个区域之间的格兰杰因果关系。

为了使这一讨论更具体，考虑一下斯雷德（Slade）1986 年的研究中提及的例子。斯雷德研究了美国石油产品批发的地域市场的范围。具体来说，她最感兴趣的是美国东南部是否与东北部为同一地域市场的一部分；或者在较小程度上，这两个区域是否与西海岸在同一市场。斯雷德采用了格兰杰因果检测对相关市场的范围进行了分析。

斯雷德研究了位于东南部内的所有城市对之间的格兰杰因果，但是，8 个东南/东北城市对中仅有 5 个有数据。她没有找到东南/西海岸城市对之间的格兰杰因果关系。她从这一分析中得到的结论如下：

"美国东南部区域是一个局部地域市场，与东北海岸的联系松散，完全独立于西海岸。"[63]

---

[62] 参见 Slade（1986），Cartwright，Kamerschen 和 Huang（1989），Bessler 和 Brandt（1982），Howell（1984），Huang（1987），Uri，Howell 和 Rifkin（1985），Klein Rifkin 和 Uri（1985），Uri 和 Rifkin（1985）以及 Werden 和 Froeb（1993）。

[63] at p. 301.

延伸阅读：格兰杰因果检测

用 P^K 表示区域 K 的价格，斯雷德检测的零假设是：P^K 是决定 P^J 的系统的外生因素，反之也成立。下面两个方程被用来检测这种假设。

(11) $P_t^j = \sum_{i=1}^{L} \alpha_{ij} P_{t-i}^j + g_1^j(Z_t) + \varepsilon_t^j$

(12) $P_t^j = \sum_{i=1}^{M} \beta_{ij} P_{t-i}^j + \sum_{i=1}^{M} \gamma_{ij} P_{t-i}^k + g_2^j(Z_t) + \eta_t^j$

式中 ε^J 和 η^J 是具有零均值的干扰项；Zt 是外生变量，其外生性没有被检测；$G(Zt)$ 是 Zt 的线性方程，α_{ij}、β_{ij} 和 γ_{ij} 是标准回归系数。任何共同因数，如共同投入的价格等，如果被忽略的话可能会导致出现虚假格兰杰因果，均包括在 Zt 变量之中。斯雷德采用的格兰杰因果检测是：方程式(12)中包括了 P^K 变量，相对方程式(11)来说，这并没有显著增加方程式(12)的解释力。这等同于这些数据是否排斥约束条件：即对所有 i，$\gamma_{ij} = 0$。

二、协整分析

如果一个数据序列具有不变的均值和变化量（即这些数值不随时间发生变化），则这个序列可以说是平稳的。一个平稳序列被认为是零阶单整，或者记作 I（0）。一个不平稳的序列，如果进行一次差分变成平稳的，记作 I（1）。需要两次差分变成平稳序列，记作 I（2），等等。假设变量 x 由方程 $x_t = x_{t-1} + u_t$ 表示，式中 u_t 是正态分布具有均值 0 的创新因素，则 x 为 I（1）。这是因为 x 没有不变的均值和变化量（事实上它的变化量是无穷的），但是，x 的一阶差分（即 $x_t - x_{t-1}$）是平稳的，因为一阶差分等于 u_t。

考虑两个时间序列，x 和 y，两个序列都是 I（d），式中 d≥1。一般情况下，这两个序列的线性组合也会是 I（d）。但是，如果存在一个线性组

合如 $z_t = y_t - a - bx_t$，是 I（d-b），b≥1，那么两个序列被认为是协整的。[64]在本章中，协整这一术语一般是用来指和 I（0）具有线性组合的 I（1）变量。这对两个经过协整的变量意味着：两者之间具有稳定的长期关系。关于上面的协整方程，z_t 可以被解释为均衡误差（即系统在任何时点偏离均衡的距离）。

恩格尔和格兰杰表明，同一市场的替代品可能是协整变量的一个例子。[65]惠伦坚持同样的观点，并将此方法用于对相关市场的描述。[66]

三、单位根检测

如果两个产品在同一相关市场，那么有理由认为两者的价格之间存在长期的均衡关系。这表明如果存在一个冲击，改变了其中一个价格，那么这对两者价格关系的影响只是短暂的。因此，如果冲击导致了一种产品（产品 A）价格下降，那么表明它的相对价格低于长期均衡价，那么我们应该有望看到，要么其他产品的价格（产品 B）下降，要么产品 B 的价格下降、产品 A 的价格上涨，或者产品 A 的价格再上涨。但是，如果不存在长期的均衡关系，那么在一个价格序列受到冲击之后，我们将不会看到相对价格回到均衡水平。正如下面提到的，单位根检测与检测价格序列是否协整非常类似。

单位根检测的标准方法是检测下面方程中 ρ 是否等于 1：

(13) $P_{A,\,t} - P_{B,\,t} = \rho(P_{A,\,t-1} - P_{B,\,t-1}) + \varepsilon_t$

式中 $P_{A,\,t}$ 是产品 A 在 t 时价格的对数；

$P_{B,\,t}$ 是产品 B 在 t 时价格的对数；

ε_t 是具有零均值和无序列关联的随机变量。

如果 ρ 大于或等于 1，那么表明这一时期的任何冲击都会永久影响价格序列之间的关系。但是，如果 ρ 小于 1，则意味着冲击影响随着时间逐步消

---

[64] 这个定义由恩格尔和格兰杰引入（1987）。

[65] 恩格尔和格兰杰（1987）详见参考文献。

[66] Whalen（1990）详见参考文献。

失，因此长期均衡是可以重建的。检测 ρ 是否等于 1 最常用的是迪基 – 福勒检测（*Dickey – Fuller test*）。[67]零假设是 $\rho \geq 1$，因此相应的检测是这一零假设是否得到拒绝，如果拒绝则 $\rho < 0$。如果 $\rho < 0$，则不存在单位根，那么两个价格序列被认为是同一相关市场的一部分。[68]如果零假设没有被拒绝，那么很难说冲击不会长期持续，因此，很难说两个价格序列之间存在长期均衡关系。

应该注意的是，只有在两个单独的价格序列自身都不是平稳的情况下，才能使用这种检测。如果两个价格序列是平稳的，那么两者之间将具有长期的均衡关系，即使它们是完全不相关的。这在直观上很清晰。如果两个价格序列均具有不变的均值和变化量，那么我们会认为两者价格的比率往往是常数（即 μ_A/μ_B，式中 μ_A 和 μ_B 分别是价格序列 A 和 B 的平均值）。

人们认为这个检测具有一个优点，因为该检测研究的是两个价格序列的比率，因此不会受到一些问题的干扰，如那些困扰了可变汇率情况下的关联分析的问题。这里的逻辑是：如果存在汇率冲击引起相对价格的变化，只要两种产品在同一相关市场中，那么两个价格序列的比率将恢复其均衡水平。如果比率真的是恢复了，应该会根据平稳的比率而表现出来。

四、委员会判决中采用的计量经济价格检测

利用格兰杰因果分析、协整和单位根等计量经济学概念的价格检测，在欧盟竞争法中的应用相对不是很频繁。[69]但是，委员会自己已经使用这两种检测方法，也收到过采用这两种方法的提交材料。在曼内斯曼公司/瓦卢雷克公司/依尔瓦钢铁案中，[70]当事方提交了利用格兰杰因果检测

---

[67]　迪基和福勒（1979）详见参考文献。

[68]　基于技术原因，方程(13)通常对价格序列比率的对数取一阶差分进行评估。这表明方程(13)右边的价格序列比例的延迟对数的系数变为 $\rho - 1$。那么检测就变为这一系数是否小于 0。

[69]　这里是与价格关联分析的使用相比较。

[70]　IV/M315 Mannesmann/Vallourec/Ilva［1994］OJ L102/15.

结果的证据材料。在朗荷/Gencor 和 CVC/兰精案中，[21] 委员会自己采用了协整检测，以帮助评估相关商品市场的范围。这里我们也简要讨论一下英国竞争委员会的荷兰泰高/海德鲁海鲜案。[22]

案例一：曼内斯曼公司/瓦卢雷克公司/依尔瓦钢铁

这个案子采用了 1979—1993 年的月度数据进行了格兰杰因果检测，以测定美国、欧盟和东欧是否为无缝不锈钢管这个同一相关市场的一部分。这一检测测试了下列关系：

(14) $y_t = \beta_0 + \sum_s \beta_s x_{t-s} + \varepsilon_t$

式中 y_t 表示区域 Y 在 t 时的价格；

x_{t-s} 表示区域 X 在 $t-s$ 时的价格。

这一检测本质上是测试关联系数 β_s 是否共同为零，如果发现系数共同为零，那么在 X 区的价格不是 Y 区价格的格兰杰因。这表明 X 和 Y 不在同一相关市场。

格兰杰因果检测的结果有力地表明所有三个市场都是相关联的。美国和欧盟的价格具有高度的统计确定性，相互表现出格兰杰因。东欧价格表现出对美国和欧盟价格的格兰杰因，尽管欧盟和美国的价格对东欧价格的影响相比东欧对欧盟和美国的价格影响要弱一些（从统计上看）。可以认为这样的结果表明这三个区域形成一个相关地域市场。

案例二：朗荷公司/詹可公司

价格序列之间的协整程度也用来作为检测相关市场。欧盟并购工作组（MTF）1996 年采用协整检测，对拟进行的朗荷公司和 Gencor 公司之间的并购进行了分析。他们认为：

㉑　IV/M619 Lonrho/Gencor［1997］OJ L11/30 和 COMP/M2187 CVC/Lenzing（2000）.

㉒　"泰高控股公司和海德鲁海鲜有限公司：关于拟议并购的报告"，英国竞争委员会，Cm. 5004，2000 年 12 月 12 日。

"继续对铂金、佬金和钯金价格的数据集进行协整分析，同时对金和银的价格进行协整分析。协整分析是一个计量经济学方法，可以检测两个或更多的时间序列数据是否存在系统均衡（或长期）关系。分析的结果表明：这些数据并不显示铂金、佬金、钯金、金和银各自的价格水平之间存在任何均衡（或长期）关系，这些金属的任何子集也不存在任何均衡关系。金属价格的这种计量经济分析表明铂金、佬金、钯金、金和银的价格在长期内各自独立地发生变化，因此证实了铂金、佬金、钯金、金和银各自成为独立相关商品市场的观点。"[73]

决定中的这一段引用说得很清楚，并购工作组把不存在协整关系理解为是对五种产品位于独立相关商品市场的证实。

案例三：CVC/兰精[74]

协整检测用来检查某些关联分析结果的有效性。委员会发现日用粘胶短纤维（VSF）和纺前染色的VSF之间，以及日用VSF和涤纶之间存在相对较高的关联关系。但是，委员会担心这些结果不是由这三种产品之间的竞争影响引起的，而是由其存在共同的成本和变化趋势导致的。为了检测这一命题，他们进行了协整分析。委员会认为：

"共同的变化趋势：委员会为此而进行了协整分析。通常情况下，协整检测基于这样的假设，即，如果所关注的产品属于同一相关市场，那么两个数据序列在长期内不应该偏离。在这种情况下，这样的序列用经济学术语表达被称为是平稳的。相反，如果日用VSF和纺前染色VSF属于两个不同的市场，那么这两个时间序列之间的相对价格肯定是非平稳的，也就是说，两个时间序列之间高度关联度归功于共同的变化趋势。事实上，在当前这个案件中（见下面单位根检测的解释）的统计检测结果总是保持在低于临界值。因此，有理由认为日用VSF和纺前染色VSF不属于同一

---

[73]　IV/M619 Lonrho/Gencor［1994］OJ L102/15 第37段。

[74]　COMP/M.2187 CVC/Lenzing（2000）.

市场。

单位根检测：委员会采用了 ADF 检测，并检验了零假设：日用 VSF 和纺前染色 VSF 之间的相对价格是非平稳的。具体来说，如果检测结果低于临界值，那么就不会拒绝零假设，也就是说，相对价格在长期不会恢复均衡，两种产品不属于同一相关市场。"（第 83 段）

正如我们下面讨论的，这在统计意义上是非常弱的检测。委员会认为，其检测"不能拒绝零假设"，因此价格序列不是协整的。但是，不能拒绝一种假设（假设 90%或 95%置信水平）并不自动表明另一种假设是正确的。这只表明人们不能 90%地保证（或 95%地保证）零假设被拒绝。

案例四：泰高控股和海德鲁海鲜[75]

英国竞争委员会（CC）的案件评估了泰高公司从位于英国、法国、爱尔兰和挪威的挪威海德鲁收购海德鲁海鲜。产品市场界定是有争议的，因此当事方除了提交关联分析外，还提交了平稳性分析。当事方考察了英国和法国的苏格兰三文鱼和挪威三文鱼的相对价格。他们采用 ADF 检测，发现非平稳的零假设可以被拒绝，因此，序列是平稳的。这表明挪威三文鱼和苏格兰三文鱼是在同一相关商品市场中。[76] 需要注意的是：检测要求拒绝一个零假设，因此这比欧盟委员会在 CVC/兰精案中采用的检测更有效力，CVC/兰精案件仅涉及不能拒绝一个零假设。

竞争委员会注意到这一结果可能是因为存在共同成本引起的，但是在进一步的调查中发现这是不可能的，因为最可能的共同成本，鱼饲料，实际上在不同的地域市场变化各不相同。另外，竞争委员会还对三文鱼饲料在挪威和英国的价格进行了平稳性检测，发现相对价格是非平稳的（或者

[75] "泰高控股公司和海德鲁海鲜有限公司：关于拟议并购的报告"，英国竞争委员会，Cm. 5004，2000 年 12 月 12 日。

[76] 尽管在这个决定中没报告这一情况，似乎平稳检测也是由当事方为界定地域市场所完成的，并由此认为存在一个包括欧洲的一个宽泛的地域市场。进一步的内容，参见 Lexecon 竞争备忘录，2001 年 6 月。

不如说，非平稳的零假设不能被拒绝）。竞争委员会认为，对三文鱼饲料来说，这一结果"与英国和挪威市场之间存在竞争性相互影响不一致"。

五、采用计量经济学价格测试引起的分析问题

（一）格兰杰因果关系分析

从严格统计学意义上讲，市场界定与格兰杰因果分析的概念并不相关。这是因为一个准确的特定格兰杰因果检测，即使在产品 A 和 B 均是同一市场一部分的情况下，也会拒绝产品 B 是产品 A 的格兰杰因这种观点。例如，假设有三种产品，A、B 和 C，相互均施加竞争压力，而且基于任何合理的反垄断分析其均显示它们在同一产品市场中。为了证明这个，人们可能会试图表明产品 C 是产品 A 的格兰杰因。作为检验，需要把产品 A 的价格对产品 A 和 B 的过往价格及其他相关因素进行回归，然后与加上 C 产品过往价格的同样回归进行比较。但是，人们可能会发现，加入产品 C 过往的价格并没有增加方程的解释效力。[⑦] 根据格兰杰因果分析这个方法，产品 C 与产品 A 和 B 不在同一个市场。导致这一结果的原因是：除了那些已经在产品 B 中包含的信息外，C 的价格没有包括关于产品 A 的额外信息。但是，这显然不能表明产品 C 一定在不同的市场。例如，如果 C 和 B 的价格是完全相关的（比如说，因为它们是完美替代品），那么 C 的价格不会包含比 B 更多的信息。因此，会出现 C 的价格不是 A 价格的格兰杰因。

这实际上强调了：文献资料其实并不推荐进行特定的格兰杰因果检测。相反，这表明需要研究一个价格序列对另一个延迟的解释效力（即评估自回归滞后方程）。研究者这样做就面临了错误指定模型而且得出不正确推论的风险。y 对 x 的延迟回归可能会得出明显的格兰杰因果的结论，因为 y 与 z 高度相关，并且 z 是 x 的格兰杰因。一个明显的原因可能是他们存在共同的成本 z，包括在 x 和 y 的制造中。因此，调查者需要确保方程

---

⑦ 从形式上看，正确的格兰杰因果检测将是运行第一次回归分析，然后把这个方程的残差对价格 C 进行回归，以观察残差是否为与 C 价格相关的创新因素。

式是严格设定的，其调查结果不受制于那些忽略的变量。换句话说，测定x 的计量经济学模拟检验还是需要的。当斯莱德写到以下内容时她提到：

"对一个既定的应用，相关信息范围的确立依赖于对经济学理论和机构执法实践的思考。这种选择同对包含在所有行为方程中适当变量的选择一样困难，就像结构模型一样，忽略相关变量会引发错误的描述、导致有偏差的估计量。"[78]

在这个情况下，为何不估算正规的需求方程式并得出弹性、从而计算出假定垄断者测试的直接答案？实际的回答是：在大多数实际情况下，没有足够可用的数据，因此不能估算弹性。但是，不应该掩盖这样的事实，即，对自回归延迟方程的估算，是对特有的计量经济学研究的非完美替代。

（二）统计显著性与经济重要性

有关格兰杰因果检测进一步或者更严肃的问题是，这些检验可能会导致统计显著性与经济重要性相混淆。在文献中好像存在一个不成文的假设，即统计显著性等同于经济重要性，因此，如果 X 是 Y 的格兰杰因，那么他们一定在同一市场中。例如，卡特赖特等人认为[79]，格兰杰因果分析相对关联分析有几方面的优势，其中之一就是它不存在如下难题："以价格关联水平足够高为由所界定的相关市场是主观随意的决定。"

但是，一种产品的价格看起来是另一种产品价格的格兰杰因，反之亦然，这种事实并不能表明他们在同一市场中相互施加足够的竞争压力。它所能够表明的是：在 95% 的水平上（或者所选择的任何显著性水平上），某一产品的价格影响另一种产品的价格，尽管那种产品所施加的竞争约束可能不足以使假定垄断者的价格上涨高于竞争水平 5%—10% 而无利可图。即使两种产品不在同一市场中，它们的价格也可能互为格兰杰因。同样，即使两种产品在同一市场中，它们的价格也可能不是互为格兰杰因。

---

[78] Slade（1986）p. 295.

[79] Catwright, Kamerschen, Hnamg（1989）.

这种观点可以由下述两个例子进行说明。在两个例子中，问题均为产品 X 与产品 Y 是否在同一相关商品市场。格兰杰因果分析在回答这个问题时起到怎样的作用？在两个例子中，X 的 3 期时滞和 Y 的 3 期时滞均对 Y 的价格进行回归，以观察 X 价格所包含的信息是否给出一个在统计显著性上对 Y 更好的估算。表 10.14 中是高品质的扫描数据，具有高周期性（即，每日）和长时期的序列。表 10.15 中使用的数据质量没那么高，具有较低周期性（即，每月），而且有明显的测量误差。

表 10.14　格兰杰因果分析指向一个宽泛的市场

	系数	t-统计量	系数	t-统计量
常数	−2.22	−2.00	−0.22	−0.24
Y−1	0.85	183.89	0.86	183.95
Y−2	0.10	19.45	0.10	18.81
Y−3	0.02	4.76	0.02	4.97
X−1	0.01	1.08	—	—
X−2	0.01	2.51	—	—
X−3	0.01	1.59	—	—
RSq	0.997	—	0.997	—
RSS	20.93	—	23.23	—
观测样本数	100	—	100	—
F 检验	3.42	(97.94)	—	—

F 检验统计量（为 3.42），表明在 95% 的置信水平上，X 的过往价格是 Y 当前价格的格兰杰因果。如果认为格兰杰因果分析是反垄断市场范围的一个合理认定，那么 X 和 Y 是在同一反垄断市场中。

表 10.15　格兰杰因果分析指向一个狭窄的市场

	系数	t-统计量	系数	t-统计量
常数	−0.18	−0.01	38.65	1.35
Y−1	0.34	2.28	0.43	2.92
Y−2	0.20	1.21	0.21	1.28

（续表）

	系数	t-统计量	系数	t-统计量
Y-3	-0.04	-0.24	-0.02	-0.12
X-1	0.36	2.21	—	—
X-2	0.09	0.64	—	—
X-3	0.06	0.41	—	—
RSq	0.10	—	0.07	—
RSS	22262	—	23557	—
观测样本数	100	—	100	—
F检验	1.80	(84.80)	—	—

在这种情况下，F 检验表明在 95% 的水平上，X 过去的价格不是 Y 当前价格的格兰杰因。问题是，人们会乐意判断在第一种情况存在一个宽泛的市场，而在第二种情况下存在一个狭窄的市场吗？答案应该是否定的。在第一种情况下，X 的迟滞是统计上显著的，但是非常微弱，几乎无助于方程式的解释效力（即，当 R^2 保持在 0.997 时小于 0.1%）。在这种情况下，虽然从统计意义上看，X 和 Y 之间似乎存在合理的关系，但是这个值太小，应用 5% 的检测将两种产品置于同一市场是存疑的。而在第二种情况下正相反，数据质量较低使得有力的统计学推论存在不确定性。然而，X 对 Y 的影响比在第一种情况下要大。具体来说，X 第一期迟滞的系数现在非常大（0.36），在统计学意义上不同于 0。X 的三期迟滞包含的信息提高了方程将近 50%（离差平方和从 0.07 到 0.10）的解释效力。很可能是（尽管我们的结果没有证实这个）5% 的检测把 X 和 Y 放入了同一个反垄断市场中。

McCloskey 和 Ziliak（1996 年的研究）注意到，经济学文献中存在一种普遍的倾向，把统计显著性与经济重要性相混淆。[80] 实际上，他们认为 20 世纪 80 年代发表在《美国经济评论》中使用了回归分析的论文，仅 30% 在他们的结论中做出了解释。也就是说，70% 的论文把经济重要性等同于统计显著性。但是，正如上述例子所示，两者是不等同的。

---

[80]   McCloskey 和 Ziliak（1996）。

（三）协整和稳定性检测的效力

一些用于协整和稳定性的检测可能效力很低。例如，关于 X 和 Y 是否协整，其标准检测[81]是首先检验 X 和 Y 是否均为 I（1），然后评估线性组合最大可能是协整的（通过简单的 X 关于 Y 的回归），接着检测能够拒绝这个组合为 I（0）的零假设。这种检测的效力很低，主要是因为对 X 和 Y 是否为 I（1）的初始检测本身是一个低效力的检测。具体来说，该检测就是单位根（即，这个序列不稳定但一阶差分是稳定的）的零假设是否可能被拒绝。如果不能拒绝，那么假定这个序列为 I（1）。但是，为了表明人们不能拒绝序列是 I（1）而不是 I（0）的可能性，与表明序列就是 I（1）的差别很大。第二类误差存在相当大的范围，即有相当大的空间来判定两个 I（0）序列实际上是 I（1），然后判断线性组合一定不是 I（1），并因此得出结论他们是协整的。当然，除非原始序列实际上均为 I（0），那么它们线性组合一定是 I（0）。

这表明调查人员需要非常认真地确定他们是否拒绝零假设，这是一个有说服力的结果；或者是否不拒绝零假设，一个不太有强大的结果。在瑞安航空/爱尔兰航空案中，欧盟委员会发现他们不能够拒绝航班飞向其他区域的不平稳性假设，其中包括瑞安航空和爱尔兰航空飞向阿利坎特、巴塞罗那、罗马、巴黎和图卢兹周围地区的航班。随后欧盟委员会发现，他们不能拒绝瑞安航空和爱尔兰航空到每个区域的相关价格的平稳性。因此，委员会指出：

"至少，这个结果与那些强烈认为上述所有路线构成城市对市场的量化证据不矛盾。"[82]

这是正确的：这一证据与城市对构成市场是相一致的，但是也不过如此。缺乏平稳性的区域检测较弱，因此很可能两条航线的价格自身是平稳

---

[81]　参见 Dolado, Jenltin son 和 Sosvilla-Rivero（1990）。

[82]　附件三，第 38 段，COMP/M. 4439 Ryanair/Aer Lingus（June 27, 2007）。

的，在这种情况下比率是明显也是平稳的。事实上，对巴黎线路数据的最初检测表明巴黎线路是平稳的。

（四）短期协整和平稳性

协整关注长期关系，而相关市场界定与中期或短期的价格上涨相关，因此该分析这是否适用于相关市场界定并不确定。考虑图 10.9，给出了两种商品（小器具和小配件）在 8 年期间的假设月价格（1987 年 1 月至 1995 年 4 月）。这两个价格序列均为 I（1），但是他们是协整的。具体而言，协整方程为：

（15）$z_t = P_{Gt} - 1.2P_{Wt}$

式中 P_{Gt} 是 t 时小配件的价格；

　　　　P_{Wt} 是 t 时小器具的价格。

在整个时期，两个价格序列是协整的。但是，尽管 1990 年 5 月以来这种关系相对明晰，但这个时期之前不是很明确。事实上，截至 1989 年 3 月，两个价格序列似乎是等同的，而不是小配件的价格比小器具价格高出 20%。这表明在协整序列中，中期序列（当然是两年多）很可能严重背离长期均衡。假设竞争当局倾向于关注企业在较短时期内行使的市场力量，则意味着协整可能使市场被界定得过于宽泛。

（五）计量经济学价格检测与 5%检测关联甚微

有必要记住所有这些计量经济学价格检测都不是对市场界定核心问题的直接检测：这是一个值得垄断的市场吗？或者换句话说，这组产品的自价格弹性是多高？这并不是仅适用于计量经济学价格测试的一种评论，对关联分析也同样存在。但是，根据我们的经验，一旦调查人员捕捉到计量经济学关系或者检测统计量，他们往往忽略了这一点。我们上面讨论了区分经济和统计显著性的重要性，这里的观点稍有不同。即使两个产品之间存在严格定义的竞争关系，那也不能把它们必然放入同一个相关市场。关于这一点，或许最明了的例子就是玻璃纸谬误的案子。假设一个具有实质

图 10.9　两个协整的价格序列

性市场力量的企业在竞争性价格的水平上没有任何紧密的竞争者，因此可以提高产品价格，使之远远高于竞争性价格水平，我们会把这个看作"被垄断"的产品。在某些时点，一些产品在竞争价格水平上不是这种产品的替代品，但会在垄断产品价格上涨的情况下变成其紧密替代品。这就是玻璃纸谬误：玻璃纸包装材料在竞争性价格水平上没有任何紧密的替代品，但是一旦杜邦把玻璃纸的价格提高到一个非常高的水平时就会存在紧密替代品。[83] 如果我们进行计量经济学价格检测，我们会发现这些检测表明垄断产品的价格是其他产品的格兰杰因，或者与其他产品是协整的，或者它的价格相对于其他产品的价格是稳定的。但是，当我们在处理非并购的案件时，这些均不会表明垄断产品与其他产品是在同一个相关市场中。

（六）关于计量经济学价格检测的近期研究

福尼完成了一项有意思的研究。[84] 这个研究把一个有趣的视角引入协

---

[83]　United States v E. I. du Pont de Nemours & Co 351 U. S. 377（1956）；76 S. Ct. 994；L. Ed. 1264。参见第 4 章关于玻璃纸谬误的详细讨论。

[84]　Forni（2004）详见参考文献。

整和平稳性检验的效力中。福尼检测了意大利牛奶的地域域市场是区域性的，还是更宽泛的市场，测试采用的数据是覆盖意大利 13 个区域 105 周的周价格数据。他检测了各区域的相关价格是否平稳，如果结果是平稳的，则表明一个宽泛的地域市场。

他采用了两种检测，一种是标准的 ADF 检验。然而，正如福尼指出，这种测试的零假设是：数据序列是非平稳性的。如果这些区域是单独的相关市场，那么这个检测会提供一个弱的检测，因为它仅仅表明不能拒绝非平稳性，而不是拒绝平稳性。另一种检测是由 Kwiatkowski, Phillips, Schmidt 和 Shin 提出的，称为 KPSS 检测仪。[85]这种检测具有的优点是，其零假设为：序列是平稳的，因此证明非平稳性只需要拒绝零假设。但是，应该注意的是，这种检测不太适用于小样本数据。首先，这种检测仅是渐近有效的，小样本失真会很大，特别是出现自动关联误差的情况下。第二，在样本少于 200 且存在延迟时，这种检测的效力特别弱。[86]

这些结果很有意思，首先，在 78 个相关价格序列中仅有 15 个没有被 KPSS 拒绝平稳性，这意味着区域的相关价格有 63 次是不平稳的，这可以用来表明这些区域之间缺乏竞争性影响。在 15 个没有拒绝平稳性的区域对中，ADF 测试也有 9 次没有拒绝非平稳性。这表明 KPSS 有 6 次没有拒绝平稳性，但是 ADF 测试排斥了非平稳性。这些情况中的证据似乎表明这些区域之间存在竞争影响。但是，仔细考虑一下列表，说明这个检测方法并不是非常有效。这 6 个区域对分别是威尼托区—艾米利亚-罗马涅区、普利亚区—皮埃蒙特大区、普利亚区—伦巴第大区、皮埃蒙特大区—伦巴第大区、特兰提诺—拉齐奥区和托斯卡纳区—卡拉布里亚区。图 10.10 阐明了这一困难。

作为同一地域市场的一部分，6 个可能区域中的 4 个是不相邻的。既然普利亚区在东南部，而其他两个区在西北部，那么把普利亚区看作与皮

---

[85]　Kwiatkowski, Phillips, Schmidt 和 Shin（1992）。

[86]　关于这个问题更详细的内容，除参见 Kwiatkowshi, Hobijn（1998）外，还可以参见 Elliot, Rothenberg 和 Stock（1996）以及 Ng 和 Perron（2001）关于 ADF 检测效率的内容，Hobijn, Franses 和 Ooms（1998）。另参见 εlliot, Rothenberg 和 stock（1996）以及 Ng 和 Perren（2001）。

图 10.10　意大利区域地图

信息来源：http：//www.goeurope.about.com/cs/italy/l/bl_italy_region.htm

埃蒙特大区或伦巴第大区一样是同一相关市场的一部分，这是没有意义的。根据类似的推理，特兰提诺—拉齐奥区和托斯卡纳区—卡拉布里亚区也是没有意义的。检测给出无意义的结果时，人们就很难过多相信这种检测。

　　另一篇有意思的论文是 Coe 和 Krause 2008 年的论文。他们研究了应用于市场界定的许多基于价格检测的效力。他们建立了一个模拟模型，模型中的三个产品在差异化产品环境中运营，其中两个产品（产品 1 和产品 2）是替代品，而另一个不是。作者形成了 10，000 组样本数据，然后检验了市场界定的下列方法：标准关联分析、格兰杰因果关系分析、单位根 ADF 检测和价格序列对数之间的两个协整检测。[87]

　　结果出人意料，当竞争模型包括了企业特有的成本冲击和对每期每一新均衡的迅即调整时，简单的关联分析就能很好地区分出可替代产品和不可替代产品。例如，对 T = 104 期间，产品 1 和产品 2 的平均关联分析为

_____

　　[87]　这些是上面讨论的恩格尔和格兰杰（1987）的方法和约翰森（1991）的程序。

0.76，而产品 1 和产品 3、产品 2 和产品 3 的关联系数为 0.00。另一方面，其他方法都给出非常不理想的结果，不管所讨论的产品是否可替代，各种零假设的拒绝比率没有任何不同。

正如作者提到的，虽然人们会认为，在竞争反应迟缓的情况下，计量经济学价格检测会更有用，而价格关联分析就不太凑效。但是，即使在人们认为专门设计这些方法的情况下，这些检测似乎也并不是很有效。表 10.16 给出了 104 个期间长度的格兰杰因果关系分析的结果。

表 10.16　来自 Coe 和 Krause 的拒绝率：格兰杰因果关系分析

GC_{21}	0.456
GC_{31}	0.055
GC_{12}	0.460
GC_{32}	0.055
GC_{13}	0.053
GC_{23}	0.056

商品 1 不是商品 2 的格兰杰因，对零假设的拒绝率为 0.46，反之也是这样。这远低于符合要求的数据 0.95，因此不能说明检测是有效的。

表 10.17 给出了 ADF 平稳性检测的结果，ADF 平稳性检测的数据甚至比格兰杰因果分析更差，对商品 1 和商品 2 的相对价格是非平稳的拒绝率为 0.16，而不是符合要求的数据 0.95。

表 10.17　来自 Coe 和 Krause 的拒绝率：ADF 平稳性检测

ADF_{12}	0.159
ADF_{13}	0.057
ADF_{23}	0.063

最后，表 10.18 给出了两次协整检测，在恩格尔—格兰杰方法下，对非协整零假设的拒绝率仅为 0.33，在约翰森协整检验下为 0.52，同样远远低于 0.95。更糟糕的是，采用约翰森方法对商品 3 与商品 1 和商品 2 协整

检测完全拒绝的情况超 4 次。

表 10.18 来自 Coe 和 Krause 的拒绝率：协整检测

EG_{12}	0.325
EG_{13}	0.055
EG_{23}	0.055
TR_{12}	0.523
TR_{13}	0.221
TR_{23}	0.221

作者总结认为，尤其是参考了单位根和协整检测，"我们的结果表明，这些检测的应用可能不是反垄断分析研究中富有成效的方法"。[88]

价格关联分析作为界定相关市场的一种工具，本章主要研究了其背后的直觉知识，并强调了这个方法许多内在的不足。这种检测一直受到许多评论人员的严厉批评，例如 Werden 和 Frob[89] 批评价格关联检测的应用时，基于的理由是：这样的测试不能直接测出市场力量，因此可能导致错误的结论。价格关联分析的确不能直接回答假定垄断者测试，这是一个事实；在进行这种分析时要格外小心，否则会导致不合逻辑的高度关联；基准问题也不是一件简单的事情，而且一般情况下不应该跨越汇率体制使用。这种方法存在缺陷的事实，使得人们更加重视对结果的评估、严格检验所使用的数据和做出的假设，特别是在对基准的应用中。但是，这些缺陷并不意味着价格关联分析一无是处。相反，价格关联分析仍然是一个有用的工具，可以提供关于产品和区域之间竞争程度的初步判断，并以此界定相关市场。

[88] 第 24 页。

[89] Werden 和 Froeb (1993)。

应该记住，竞争法调查通常会受到法律、竞争当局和所涉当事方等共同施加的时间和数据约束。在这种情况下，需要做出一个明确的抉择，要么仅仅依据有关消费者行为的理论判断，要么在相关的时间框架内通过可用的最好工具对理论进行补充，同时要了解这些工具的不足。显然后者更可取。

当然，如果人们能够对自价格需求弹性进行正规的计量经济学估算，可能似乎就不需要使用价格关联分析。但是，即使在这些情况下，价格关联分析也能对数据提供有用的初步描述，而且能够快速完成分析：如果数据可以用来进行计量经济分析，那么就当然可以用来进行价格关联分析。

基于使用计量经济学方法的价格测试，一直被看作是对不太精深的价格关联分析应用的一种改进。在本章中，我们坚持认为，这些显然更加深奥的测试并不必然是对价格关联分析的改进。与价格关联分析一样，它们并没有直接回答假定垄断者测试的，其效力常常很低，而且能够产生不合得出的结果。因此需要明白，这些方法并没有解决价格关联分析引发的所有困难。

补充阅读 为什么变化的汇率会使关联分析无效？

如果两个国家之间的汇率不变，那么就可以运用标准的价格关联分析。把国家 A 和国家 B 之间的不变汇率定义为：e 单位的 A 国货币对应每单位的 B 国货币。那么计算他们之间关联性（即以 A 国货币或 B 国货币）的可用方法是相同的。以 B 国货币计算的关联性为：

$$(16) \quad \frac{\sum (\frac{x_t}{e} - \frac{\bar{x}}{e})(y_t - \bar{y})}{\sqrt{\sum (\frac{x_t}{e} - \frac{\bar{x}}{e})^2 \sum (y_t - \bar{y})^2}}$$

而以 A 国货币计算的关联性为：

$$(17)\ \frac{\sum (x_t - \bar{x})(ey_t - e\bar{y})}{\sqrt{\sum (x_t - \bar{x})^2 \sum (ey_t - e\bar{y})^2}}$$

很容易证明的是：在分母和分子中约去 e 项，可以得到简单的关联系数：

$$(18)\ \frac{\sum (x_t - \bar{x})(y_t - \bar{y})}{\sqrt{\sum (x_t - \bar{x})^2 \sum (y_t - \bar{y})^2}}$$

但是，如果允许汇率随时间发生变化，这种结论就不正确了。在这种情况下：

$$(19)\ \frac{\sum (\frac{x_t}{e_t} - (\frac{\bar{x}}{e})_t)(y_t - \bar{y})}{\sqrt{\sum (\frac{x_t}{e_t} - (\frac{\bar{x}}{e})_t)^2 \sum (y_t - \bar{y})^2}} \neq \frac{\sum (x_t - \bar{x})(e_t y_t - (e\bar{y})_t)}{\sqrt{\sum (x_t - \bar{x})^2 \sum (e_t y_t - (e\bar{y})_t)^2}}$$

该问题的延伸

在差异化产品双寡头垄断的情况下，一个为国内企业，一个为境外企业。在这种背景下，我们使用蒙特卡罗（Monte Carlo）分析法去考虑汇率变动的效果，研究该问题的潜在程度。

这里给出的模拟假设需求模型如下：

$$(20)\ Q_D = \alpha_D - \beta_D P_D + \gamma_F \frac{P_F}{ER} + \varepsilon_D$$

$$(21)\ Q_F = \alpha_F - \beta_F P_F + \gamma_D P_D ER + \varepsilon_F$$

式中，Q_i 为企业 i 的产出；

ER 是以外币单位的数量所表示的每一国内货币单位对应的汇率；

P_i 是企业 i 的国内价格；

ε_i 是企业 i 的需求冲击；

α_i，β_i 和 γ_i 是需求参数；

D 表明国内，F 表示国外。

接下来，每个企业的需求冲击由一个共同因素和一个企业特定的因素组成。如下：

(22) $\varepsilon_D = \varepsilon_d + \varepsilon_C$

(23) $\varepsilon_F = \varepsilon_f + \varepsilon_C$

式中的三个冲击（ε_D，ε_f 和 ε_C）均为具有不变均值和方差的正态分布。式中没有指定每个企业在国内市场和境外市场销售多少。事实上，假设运输成本为零。

利用随机产生的冲击和需求方程的一系列参数值，生成基于非合作纳什均衡关于价格的时间序列集合和不变汇率。[90] 这些价格序列的关联度取决于每个企业面临的需求冲击的两个组成部分的相对大小：共同冲击相对特定冲击来说比较大，则关联度就大。汇率不变时的关联系数被作为两个价格序列的"真正"关联。那么，让汇率发生变化，可以计算以国内、外货币计量的关联系数。假设汇率是根据每个时期正态分布的冲击而随机波动。

在第一个模拟分析中，假设汇率是没有任何趋势的随机分布，第二个模拟分析把一种走势引入汇率的变动。第一个模拟的部分结果见于表10.19。第1栏表明了以正态分布的每期汇率创新的标准偏差来测量的汇率变化，第2栏给出了由不变汇率定义的"真正关联"，第3栏给出了模拟中实际估算的平均关联系数。无论采用哪种货币（国内或者国外）进行估算，这些关联系数实际上是相同的，因此，仅公布了使用国内货币计算的结果。

---

[90]　在该模拟分析中，作者设定 $a_D = 400$，$a_F = 400$，$b_D = 10$，$b_F = 2$，$c_D = 0.4$，$c_F = 2$，恒定汇率等于5。国内企业的边际成本设为20，国外企业的为100（即，边际成本相同，调整为不变汇率）。

表 10.19　汇率变化对关联系数的影响[91]

（相同规模的特定企业和常规需求冲击）

汇率变化率	真实关联系数	估算的关联系数
0.002	0.64	0.63
0.005	0.63	0.60
0.008	0.63	0.55
0.011	0.63	0.53
0.020	0.63	0.47
0.040	0.63	0.49
0.060	0.63	0.54
0.080	0.64	0.63
0.100	0.63	0.69
0.120	0.63	0.74
0.200	0.63	0.85
0.300	0.64	0.91

　　这些结果表明了汇率变化的影响，即使在汇率没有表现出一定走势的情况下，也可能会减力明显的关联系数使之低于真实值（如上表定义的）或者提高其水平使之达到真实值之上。具体来说，小幅度的汇率变化使得关联系数低于真实水平，而大幅度的汇率变化把关联系数提高到真实水平之上。当汇率变动相对较大时，它们就掩盖了竞争作用对关联性的影响，而当汇率变动很小时，使得分辨这些竞争影响更加困难。

　　然而，这些结果适用于没有变动走向的汇率。在真实世界中，汇率时常呈现出一些走势。在汇率变动存在某些走向时进行的第二次模拟分析的结果表明：在存在汇率变动的情况下，解释价格关联分析的结果甚至更不确定。然而，在缺乏汇率变动走向的情况下，基于变动汇率的关联系数不同于真实值，但是与他们计算汇率采用的基值货币（即国内或国外）无

　　[91]　这些结果是根据对随机产生的冲击和汇率创新的重复模拟得到的，对同一水平的汇率变化，使用 200 个时间段进行 200 次模拟。

关。在第二次模拟分析中，关联系数既不同于真实值，也会因所采用的汇率选择而有所差异。

表 10.20　汇率走向对关联系数的影响

汇率变化率	走向	真实关联系数	估计关联系数	
			国内货币	国外货币
0.06	−0.0075	0.64	0.77	0.68
0.06	0.0075	0.64	0.59	0.68
0.08	−0.0075	0.63	0.78	0.71
0.08	0.0075	0.63	0.62	0.69
0.10	−0.0075	0.64	0.79	0.72
0.10	0.0075	0.64	0.66	0.74

第十一章　弹性的运用：临界损失和分流比

第 4 章我们讨论了假定垄断者测试。假定垄断者测试是要寻找一个最小的产品范围，从而使一组产品的假定垄断者，能够把价格提升一个少量且有意义的上涨幅度（例如，5%—10%），而且可以持久、赢利，那么这个产品范围就构成相关市场。在并购案中，施加可能的价格上涨，参照的基准是当前价格。本书中讨论的很多实证方法都与市场界定有关（如，价格关联分析、价格集中度分析），但都不是假定垄断者测试的直接应用。然而，直接进行假定垄断者测试也是可能的。在下面的内容中，我们首先论证这个方面的内容，然后解释假定垄断者测试与临界损失分析或者临界弹性分析的关联性。

讨论完临界损失和临界弹性分析之后，接下来我们讨论"分流比"在反垄断分析中的应用。当一个企业提高产品价格时，分流比测算了其损失的销售量被另一企业获取的比例。正如我们下面所说的，分流比在竞争法案件中经常会被误用。

本章我们不涉及弹性估值的数据来源。弹性可以通过计量经济分析或调查估算获得，在某些情况下，企业自身对其行业有很好的弹性评估。为清晰起见，我们假定本章中弹性测算的准确性毋庸置疑。在我们没有进行这样的假设时，会做出澄清。

第一节　直接运用假定垄断者测试

假设我们面临的问题是：产品"小配件（widgets）"是否构成一个单

独的相关商品市场。假设先验看起来是合理的，并不是因为来自其他众多产品的竞争。首先要注意的是，为了完成假定垄断者测试，我们实际上仅需要知道关于"小配件"的两件事情，因为只有两件事情会决定小配件的价格上涨对一个假定垄断者来说是否有利可图。其一，假定的价格上涨后，小配件的销售量将要下降的程度，这是测算小配件的自需求弹性。其二，伴随销售量下降、生产成本下降，假定垄断者成本节约的程度。有一种可能性是，当成本下降足够多时，即使价格上涨后总收益下降，假定垄断者提高价格依然是可以获利的。

假设小配件当前的价格是10，相应的销售量是1000，自需求弹性的估值是2，可以看出当前的收益是10000。如果价格提高5%到10.5，会发生什么样的情况？如果弹性是2，那么销售量将下降10%（即，5%×2），因此销售量将跌至900。因为价格上涨到10.5，现在的收益是9450（即，900×10.5），下降了550。然而，这并不表明价格上涨因此就不能赢利，原因是我们还没有调查成本节约的程度。成本下降遵循：生产每单位的可变成本乘以销售量的下降。假设固定的可变单位成本为5，那么成本下降了500（即100×5）。因为收益下降了550，而成本仅下降了500，总收益下降了50，因此5%的价格上涨是无利可图的。这样的分析结果表明，相关市场要比小配件市场更宽泛。数据如下表11.1所列，为方便解释，我们假定无固定成本。

表11.1 假定价格上涨的效果

	价格上涨5%前	价格上涨5%后
价格	10.0	10.5
销售量	1000	900
收入	10000	9450
可变单位成本	5	5
总可变成本	5000	4500
利润	5000	4950

现在假设该小配件弹性不是 2，而是 1.5，这就改变了市场界定问题的结论。如果价格上涨 5% 为 10.5，销售额则下降 7.5% 为 925，因此收益下降到 9712.5，下降了 287.5。因为销售额下降了 75，成本下降了 375（即 5×75），如果收益下降 287.5，而成本下降 375，则表明总利润提高 87.5（即 375−287.5）。因此，5% 的价格上涨是有利可图的。数据如下表 11.2 所示：

表 11.2　假定价格上涨的效果

	价格上涨 5% 前	价格上涨 5% 后
价格	10.0	10.5
销售量	1000	925
收入	10000	9712.5
可变单位成本	5	5
总可变成本	5000	4625
利润	5000	5087.5

假定弹性是 2，单位成本为 6 而不是 5，这同样会改变市场界定问题的结论。如上面最开始的例子，销售额下降为 900，收益下降为 9450。但是，此时成本下降为 600（6×100）而不是 500。因此，尽管收益下降了 550，因成本下降的更多，总的利润实际提高了。数据如表 11.3 所示：

表 11.3　假定价格上涨的效果

	价格上涨 5% 前	价格上涨 5% 后
价格	10.0	10.5
销售量	1000	900
收入	10000	9450
可变单位成本	6	6
总可变成本	6000	5400
利润	4000	4050

这些例子说明，在利用弹性估算量来界定相关市场时，两个经济变量

非常重要。一是弹性本身，因为这决定了假定价格上涨所引起的收益变化。二是对产品的需求降低所节约的成本数量。这些例子也阐明了两个重要结论：一，对任何给定的价格成本差额，自价格需求弹性越低，这组产品越可能构成一个单独的相关市场。原因是，需求弹性越低，价格上涨损失的销售量越小，以较高价格进行销售的剩余销售量越大。二，对任何给定的弹性，作为价格一部分的可变成本越大，价格上涨赢利的可能性越大。因为可变成本越大，销售量减少引起的成本节约越多。

一、临界损失分析

临界损失是用另一种方法来重述假定垄断者测试，更方便大家的运用，但是对这一测试也给不出更多的答案。回到我们上述关于"小配件"的例子，假设总的产品销售量为1000，价格为10，可变成本为6。在这种情况下，销售的毛利润为4。临界损失分析探究：一个假定垄断者因产品价格上涨而引起销售量的损失，由此造成无利可图之前，能够承受多少销售量的损失。假设在上面的例子中，假定垄断者将价格提高10%，涨价后价格为11。价格上涨之前，假定垄断者获得的总利润为4000（即销售1000单位，单位利润为4）。价格上涨后，假定垄断者的利润上升到5（即，11-6）。那么，假定垄断者需要销售多少产品仍能使总利润达到4000？答案是800（即，4000/5）。因此，临界损失为200（即，1000-800）。这表明，假定垄断者在价格上涨变得不能赢利时所能承受的销售损失为200。如果价格上涨10%导致的销售量损失超过200，那么假定垄断者就无利可图。如果销售量下跌小于200，那么企业是有利可图的，表明相关市场也就是"小配件"市场。

需要注意的是，这一方法并没有回答假定垄断者测试，该方法所做的就是告诉我们：假定垄断者测试通过或不通过的必要条件是什么。在上面的例子中，我们仍需要调查10%的价格上涨对销售量实际有什么影响。从某种意义上说，临界损失以新的视角重述了假定垄断者测试。在我们的例子中，临界损失方法不是询问：假定垄断者提高价格10%能否有利可图，而是询问 10%"市场范围"的价格上涨是否会导致销售量下降 200。

临界损失取决于假定价格上涨的幅度，在表 11.4 中，我们给出的例子中假定垄断者 5% 和 10% 的价格上涨。5% 价格上涨的临界损失为 111，10% 价格上涨的临界损失为 200。

表 11.4　例子中 5% 和 10% 价格上涨的临界损失

	5%SSNIP	10%SSNIP
价格	10	10
销售量	1000	1000
可变成本	6	6
单位利润	4	4
总利润	4000	4000
SSNIP 后的价格	10.5	11
SSNIP 后的利润	4.5	5
相同总利润的销售量	889	800
临界损失	111	200

如上所述，对一个假定垄断者来说，价格上涨是否能够有利可图取决于价格上涨前的利润、价格上涨的幅度和价格上涨损失的销售数量。价格上涨有利可图的情况，用代数式来表示，当且仅当满足下列条件：

（1）$(p + \triangle p - c)(q - \triangle q) > (p - c)q$

式中 p 是价格上涨前的价格；

c 是边际成本；

q 是价格上涨前市场销售量；

$\triangle p$ 和 $\triangle q$ 为价格上涨后 p 和 q 的变化。

简单的代数运算表明，SSNIP 在下列条件满足时是有利可图的，当且仅当：

（2）$\dfrac{t}{m + t} > \dfrac{\triangle q}{q}$

式中 t 是价格上涨的比例（即，$\Delta P/P$）；

m 是价格成本差额利率(即，$(p-c)/p$)。

方程式(2)的右边是价格上涨后销售量下降的比例。因此，如果 $t/(m+t)$ 大于销售量变化的比例，则假定的价格上涨就是有利可图的。这样，对任意组合的 t 和 m，该公式均可以使我们计算出临界的销售损失比例。如下表 11.5 所示：

表 11.5　价格上涨和价格成本差额变化时的临界损失值

价格成本差额	临界损失（销售量下降的百分比）	
	5%（t=0.05）	10%（t=0.1）
0.9	0.05	0.10
0.8	0.06	0.11
0.7	0.07	0.13
0.6	0.08	0.14
0.5	0.09	0.17
0.4	0.11	0.20
0.3	0.14	0.25
0.2	0.20	0.33
0.1	0.33	0.50

价格上涨是否会导致销售量的下降超过临界损失，根本上是一个弹性问题。在表 11.4 中，10%价格上涨的临界损失是 200，销售量下降的比例是 20%。因此，假定的价格上涨是否会有利可图，取决于 10%的价格上涨是否会导致销售量的下降超过 20%，这等同于询问 10%价格上涨所对应的需求弹性是否大于 2。这表明，另一种实施假定垄断者测试的方法是通过对需求弹性进行估算。我们下面讨论这些问题。

二、临界弹性和临界利润率

我们在前面已经讨论了如何根据一组产品的需求弹性和可变成本的利润来回答假定垄断者测试，利用一些基于自价格弹性、可变成本水平的普通公式，判断假定垄断者是否认为涨价是有利可图的，这样会非常有帮助。这样的公式是存在的，而且形式相当简单，但是如下所述，需要检测一个重要的潜在假设。假如问题是：假如垄断者把价格提高 t 比率，是否会有利可图？当答案是肯定的时，当且仅当假定垄断者的自价格弹性小于：

$$(3)\ \frac{1+t}{m+t}$$

式中，m 是当前价的价格成本差额利率（即，（p-c）/p）；

t 是假定价格上涨的比例量。

需要注意的是，t 是假定价格上涨的等比例数量。因此，如果人们关注假定的价格上涨为 5%，那么 t 就是 0.05，如果假定价格上涨 10%，那么 t 就是 0.1。

考虑上面提到的前两种情形，小配件的当前价格为 10，可变成本为 5，这表明价格成本差额利率为 0.5，如果我们关注 5% 的价格上涨，那么 t 为 0.05，由等式（3）的表达式得出，临界弹性为 1.05/0.05，或者等于 1.91。因此，如果该产品的需求弹性小于 1.91，那么基于 5% 的价格上涨检测，该产品构成一个单独的相关商品市场。这与我们上面的研究相一致。当弹性为 2 时，价格上涨就是无利可图的，而弹性为 1.5 时，结论又肯定的。

现在假设价格成本差额利率为 0.4，如上述的第三种情形。根据公式，临界需求弹性为 1.05/0.45，或者等于 2.3。这与毛利率降至 0.4 的情况相一致，那么，即使需求弹性为 2，价格上涨 5% 也是有利可图的。表 11.6 给出了价格上涨 5% 和 10%、临界弹性如何随着价格成本差额利率变化的情况。

表 11.6　临界弹性随价格成本差额利率变化

价格—成本差额利率	临界弹性	
	SSNIP5%	SSNIP = 10%
0.9	1.11	1.10
0.8	1.24	1.22
0.7	1.40	1.38

（续表）

	临界弹性	
0.6	1.62	1.57
0.5	1.91	1.83
0.4	2.33	2.20
0.3	3.00	2.75
0.2	4.20	3.67
0.1	7.00	5.50

　　表11.6表明，随着价格成本差额利率的下降，临界弹性逐步提高。如果价格成本差额利率为0.9，那么临界弹性为1.11（即，只有当该产品的自价格需求弹性低于1.11时，才构成一个独立的相关市场）。然而，如果价格成本差额利率是0.1，那么临界弹性为7.00。结论显然很明确，价格成本差额利率越低，需求（和相应的产出）下降时节约的可变成本越多，使得价格上涨无利可图，而因此能够放弃的收益也越多。

　　至此，这些讨论是在知道价格成本差额利率的情况下，来计算临界弹性。当然，在知道弹性的情况下，计算临界利润率同样比较容易。如表11.7所示。

表 11.7　临界利润率

弹性	价格上涨	
	5%	10%
1.2	0.83	0.82
1.6	0.61	0.59
2	0.48	0.45
2.4	0.39	0.36
2.8	0.33	0.29
3.2	0.28	0.24
3.6	0.24	0.21
4	0.21	0.18

（续表）

	价格上涨	
4.4	0.19	0.15
4.8	0.17	0.13

三、弹性假设：不变弹性和线性需求

上述讨论忽略了一个重要问题，即关于市场界定中对临界弹性的使用，我们一直假定弹性估算就是所谓的不变弹性估值。这意味着：不管价格如何变化，一个产品或者一组产品的自需求弹性是相同的。这种假设通常用在计量经济分析中，因为这可以大大简化分析。但是，需求弹性显然绝不是总为常数。我们通常认为，随着产品价格的上涨，其自价格需求弹性将提高。这样的话，那么利用上述给出的临界弹性公式将会导致界定的相关市场太窄，其原因是：与实际发生的情况相比，相关分析会认为假定的价格上涨将导致较少的销售损失。这种情况被认为是逆向的玻璃纸谬误，因为这种假设使得界定的相关市场太窄，而标准的玻璃纸谬误导致市场界定的过宽（见第 4 章）[1]。另一种弹性假设是假定需求曲线是线性的（即直线），线性需求曲线的弹性随着价格上涨而增加。从直观上来看，这还是有吸引力的：我们应该认为消费者随着价格上涨而对价格更敏感。如果我们相信需求曲线是线性的，那么方程（3）需要由下面的方程（4）替代。

$$(4)\ \frac{1}{m + 2t}$$

可以明确的是，对任何既定的利润，在不变弹性假设（即等式（3））的情况下，其临界弹性要比线性需求曲线假设（即等式（4））的临界弹性高，这表明，相比线性需求曲线假设，在不变弹性原则下往往倾向于界定出更狭小的相关市场。同样，还可以明确的是，对一个既定弹性来说，

---

① Werden 和 Froeb（1993）。

在不变弹性假设下其临界利润会比较高。同理，这意味着不变弹性假设往往倾向于界定出较狭小的相关市场。

这里重点强调的是，需求弹性的实际形式是依实证而定的，一般情况下，我们不能依据先验知识认为需求曲线是线性的或者具有不变弹性。如果采用其他假设得出假定垄断者测试的不同结果，那么对假设进行检验就很重要。这一问题既会出现在并购模拟中也会出现在临界弹性分析中，我们在第 15 章中进一步讨论。如果我们倾向于假设弹性不会随着价格上涨而降低，那么不变弹性假设会给出准确弹性的一个上限。这表明，采用不变弹性的公式或原则，将会对相关市场的最大范围给出一个较小的界限。

延伸阅读：临界弹性公式

不变弹性和线性需求曲线的临界弹性方程式推导如下。需要注意的是，推导这些方程式的前提是，假设所涉企业是单一产品的企业。如果这一假设不成立，那么这些公式也不正确，当然也可以推导出关于多产品企业的这些方程式。

不变弹性[2]

每个追求利润最大化的单一产品企业，都会依据价格边际成本差额利率（m）等于自价格弹性倒数的负值来进行定价，即 $(p - c)/p = -1/\varepsilon$，式中 ε 是自价格弹性。垄断价格用 p_M 表示，那么 $\varepsilon = -p_M/(p_M - c)$。我们关注的问题是，垄断价格是否比当前价格（由 p_0 表示）高出比例 t，[3] 因此，问题即为怎样的弹性会导致垄断者设定出 $p_M = (1 + t)p_0$。代入替换，这意味着：

---

[2]　分析采用了 Werden（1998）的观点。
[3]　这里假设是处理并购案件，在非并购或合营企业的案件中，p_0 是竞争性价格。

(5) $\varepsilon = \dfrac{-(1+t)p_0}{(1+t)p_0 - c}$

整个式子除以 p_0 得到：

(6) $\varepsilon = \dfrac{-(1+t)}{1+t-\dfrac{c}{p_0}}$

因为 $1-(c/p_0) = m$，可以简化为：

(7) $\varepsilon = \dfrac{-(1+t)}{m+t}$

因此，如果弹性为 $-(1+t)/(m+t)$，一个假定的垄断者会把价格上涨到高于当前价格的比例 t。因为假定是不变弹性，这必须同样是假定垄断者在价格 p_0 时的弹性，因此，这是假定垄断者将价格提高比例 t 的临界弹性。如果弹性的绝对值较大，那么假定垄断者提价的幅度小于 t；如果弹性的绝对值较小，那么提价的幅度高于 t。

线性需求

需要注意的是，上述观点的逻辑表明，不论假定垄断者面临的需求曲线是什么形状，总是会设定价格使 $\varepsilon = -(1+t)/(m+t)$。但是，如果需求曲线是线性的，那么价格为 p_0 时的弹性与价格为 $(1+t)p_0$ 时的弹性是不同的。线性需求曲线的形式为 $(1+t)p_0$，需求曲线的弹性为 $-pdp/qdp$，在线性需求情况下为 $-p/(a-p)$。这表明：

(8) $\dfrac{-(1+t)}{m+t} = \dfrac{-p_M}{a-p_M}$

或者

(9) $\dfrac{1+t}{m+t} = \dfrac{(1+t)p_0}{a-(1+t)p_0}$

重新整理式（9）得出：

(10) $p_0(m + 2t + 1) = a$

我们知道临界弹性（标注为 ε_0）等于 $-p_0/(a - p_0)$，这表示 $a = (-p_0/\varepsilon_0) + p_0$，替代整理后，得出：

(11) $\varepsilon_0 = \dfrac{-1}{m + 2t}$

因此，临界弹性如下所示：

不变弹性需求曲线   线性需求曲线

(12) $\dfrac{-(1 + t)}{m + t}$ $\dfrac{-1}{m + 2t}$

四、临界损失与临界弹性分析

与临界弹性分析相比，人们认为临界损失分析具有两个主要优势。[④] 一是，对假定垄断者价格上涨导致的可能销售损失的估算，比弹性估算更为容易。这是一个相当奇怪的主张，因为评估可能的销售量损失就意味着对弹性进行评估。如果假设 10% 的价格上涨将引起销售量可能下降 25%，那么暗含的弹性就是 -2.5。这一主张似乎更多地认为，采用计量经济学估算弹性往往是很困难的（事实的确如此），而估算可能的销售量损失却不会很难（事实并非如此）。但是，如果你认为能评估出可能的销售损失，你就是在估算弹性，那么接下来的评论不外乎这样表达，"往往很难实现精确的弹性估算"。这样符合事实，但是从逻辑上说这既影响临界弹性分析也影响临界损失分析。

临界损失分析优于临界弹性分析比较站得住脚的一个主张可能是：相比边际消费者来说，非边际消费者对价格非常不敏感。可能的情况是：5%

---

④   例如，参见 Langenfeld 和 Li（2001）。

的价格上涨对企业是无利可图的，因为可能会引发10%的消费者离开相关市场；而25%的价格上涨可能是有利可图的，因为仍然是引起10%的消费者发生转换。如果有一群消费者对价格非常敏感，而大多数消费者对价格极不敏感，或许是因为他们在某种方面"被锁定"使用这一产品（即该产品是他们已经拥有的某种耐用品的投入品），就可能出现这样的情况。每当弹性是单一估值时，临界弹性分析就不能够解释这种可能性。因此，原则上来说，这种支持临界损失分析的主张是正确的。但是，我们应该注意到，一般情况下我们认为弹性随着价格上涨而增加，因此实践中我们认为会很少出现这种问题。总之，对分析人员来说，所调查的市场特征是否表明非边际消费者比边际消费对价格更不敏感，对此进行研究是一种很好的实践。

不用说，我们不应该把假定垄断者测试用来检测单个企业是否位于它自身的一个单独相关市场。一个企业，不管是否拥有市场力量，都会把价格设定在使其利润最大化的一个水平，因此，任何进一步的价格上涨对企业都是没有益处的。如果进一步的价格上涨是有利可图的，我们应该认为企业已经提高价格并从中获益。这表明，询问一个企业能否有利可图地提高当前的价格（缺乏价格规制的情况下），其答案总是否定的。这也意味着，估算一个企业的自价格弹性以便了解是否高于相关的临界弹性，这是没有意义的。但是，竞争当局曾经犯过这样的错误，估算一个企业的自价格弹性，结果发现这个值很低，就认为这个企业是一个单独的相关市场。实践中，所有这些都表明弹性估算似乎是不合乎情理的。⑤

我们上面提到一个明显观察到的情况，即，如果一个市场的利润率高，那么临界损失就会低。但这并不必然表明价格上涨而有利可图的可能性就少，因为更可能的情况是：价格上涨导致销售量的下降，超过了临界

---

⑤ 关于这种错误的例子，见 La Cour 和 Møllgaard（2003）。他们分析了唯一的丹麦水泥生产商阿尔博波特兰（AP）的案子，发现它的自价格弹性为−0.27。这似乎是不合理的，因为这表明 AP 没有使利润最大化。如果 AP 的弹性真的是−0.27，那么通过提高价格，会增加它的收益（因为自价格弹性小于1）、降低其成本（因为销售量会下降），这样可能会增加企业的总利润。

损失的门槛。⑥ 这里的关键是价格上涨而产生的实际损失。一个企业的价格成本差额利率高确实能够说明它的自价格弹性低。勒纳方程表明，如果一个单一产品企业的价格成本差额利率为25%（即，$m=0.25$），那么它的自价格弹性为-4，同样，如果它的价格成本利率是90%，那么它的自价格弹性为-1.11。

当然，有重要意义的弹性是行业的自价格弹性而不是企业的自价格弹性。由于市场弹性一般会小于企业的具体弹性，因此市场弹性值可能低于企业的自价格弹性值。这是因为，当一个企业提高价格时，它损失的销售量会被市场中的其他企业获得，即，不是所有损失的销售量都"离开了这个市场"。因此，企业特定的高利润率表明行业弹性低，任何价格上涨可能只会导致少量的市场销售量减少。这表明，即使临界损失的门槛很低也难以企及。

通过例子可以更清晰地对此做出说明。假设企业 A 和 B 生产某种小配件，两家企业希望进行并购，他们面临着许多其他小配件的生产商。他们认为相关市场不仅仅是小配件的市场，得出这一论断的原因如下：

- 小配件市场的利率为60%；
- 这表明，如果价格上涨5%而销售量下降超过 7.7%（即 $t/(m+t)=0.077$），企业是无利可图的；
- 价格上涨5%会导致销售量至少下降10%；
- 因此，5%的价格上涨将是无利可图的，相关市场是比较宽泛的，而不仅仅是小配件市场。

这种论证方法的问题在于：当事方声称，销售量下降超过10%表明弹性是-2%，而这与当事方自己的利率不一致。他们的利率是60%表示其自价格弹性是-1.67，因为行业弹性要小于企业的特定弹性，那么数据-2与所了解的企业的利率不一致。

---

⑥　Farrell 和 Shapiro（2007），O'Brien 和 Wickelgren（2003）以及 Scheffman 和 Simons（2003）。

关于这个论证方法尤其有意思的是，它实际表明价格成本差额利率越高，相关市场可能越狭小。这是因为，当利率较高时，临界弹性就非常接近于企业的自价格弹性。这在表11.8中予以说明。当价格成本差额利率是90%时，意味着一个特定企业的弹性是-1.11，因此，对5%的价格上涨，临界弹性是-1.11（不变弹性假设）和-1.00（线性需求假设）。显然，临界弹性接近于企业具体的弹性，实际行业弹性更可能低于临界弹性，相关市场可能更小。相反，当价格成本差额利率是10%时，那么暗指企业特定的弹性是-10，但是对5%的价格上涨来说弹性是-7（不变弹性假设）和-5（线性需求假设）。这些弹性远远小于企业特有的弹性，因此实际的行业弹性将更可能高于临界水平。

表11.8 价格成本差额利率变化时企业特定的弹性与临界弹性

价格成本 差额利率	企业弹性	临界弹性			
		5%（SSNIP）		10%（SSNIP）	
		不变弹性	线性假设	不变弹性	线性假设
0.9	-1.11	-1.11	-1.00	-1.10	-0.91
0.8	-1.25	-1.24	-1.11	-1.22	-1.00
0.7	-1.43	-1.40	-1.25	-1.38	-1.11
0.6	-1.67	-1.62	-1.43	-1.57	-1.25
0.5	_ 2.00	-1.91	-1.67	-1.83	-1.43
0.4	-2.50	-2.33	-2.00	-2.20	-1.67
0.3	-3.33	-3.00	-2.50	-2.75	-2.00
0.2	-5.00	-4.20	-3.33	-3.67	-2.50
0.1	-10.00	-7.00	-5.00	-5.50	-3.33

这个讨论引起的一个重要问题是：什么时候市场弹性接近于企业特有的弹性？市场弹性是否接近于企业特有的弹性，这取决于企业涨价时有多少销售量"离开了这个市场"。如果一个企业损失的绝大多数销售量均由市场中的其他企业获得，那么市场总的销售损失将很少。这表明，市场弹

性将远远小于企业的特定弹性。相反，如果一个企业损失的大多数销售量实际上离开了这个市场，那么市场弹性与企业特有的弹性差不多。

注意，这部分论证的原则是基于，行业中的企业当前是非合作的纳什均衡（即，在既定所有其他企业行为的情况下，每个企业都最大化自身利润）。若非如此，而是策略性的共谋，那么勒纳条件并不能保持，因此将不可能由企业的毛利率得出其自价格弹性。同样需要注意的是，简单的勒纳条件仅适用于单产品企业，虽然对应的更为复杂的均衡条件可以从多产品企业中得出。最后，如果固定成本高、边际成本低，那么短期不合作的纳什均衡可能无法代表一个可持续的市场结果。如果为收回固定成本，企业的定价远远高于边际成本，那么对每个企业来说，压低这一产品价格以赢得更多的销售量也是明智之举。但是，如果所有的企业都这样做，那么他们将不足以支付固定成本，因为这是无法持续的。因此，很可能情况是，企业不会持续按照短期纳什均衡进行运营，相应的结果是，即使单产品企业，其勒纳条件也将难以为继。

五、弹性和可变成本的时间周期

有关弹性估算的适当时间区间问题，我们很少给予关注。弹性是测算消费者对价格上涨的反应，消费者对价格的立即反应与长期反映可能存在着差异。例如，消费者对价格上涨一周内做出的反应，可能与价格上涨两年后做出的反应不一样。当利用弹性描述市场时，使用正确的弹性非常重要。我们推荐使用测算一到两年市场反映的弹性估值。[7] 这接近于竞争当局倾向于关注的时间长度：例如，并购会使价格在一到两年期间内上涨吗？这个时间长度同样与美国《并购指南》中关于有约束的市场进入所考虑的"及时性"相一致，这种进入必须在并购发生的两年内对市场可能产生重大影响。

人们总是认为短期弹性（即对两周促销的反映）常常会大于长期弹

---

[7] 总体来说，一年期的弹性和两年期的弹性没有太大的不同。

性，因为短期弹性包括了"抢购"的因素。当消费者认识到促销产品价格下降是暂时的，他们将会抢购产品，即使他们不会增加长期总的产品购买量。这种"抢购"效应将导致短期弹性高的现象，而这并不能反映较长期的弹性。识别抢购效果出现相对比较容易：如果促销期间销售量增加，在促销后几周内反映出相当量或接近量的销售量下降，这就表明销售量的增加在很大程度上是抢购效应，而不是因产品价格较低而反映出的真正需求上涨。

同样，短期弹性也有可能低于长期弹性，因为消费者可能会花费时间调整他们的购买习惯。Pindyck 和 Rubinfeld 给出了弹性如何随时间变化的精彩范例。[8] 他们公布了对石油价格弹性和汽车价格弹性的估算，如下表11.9 所示，显示了石油和汽车的需求弹性如何随着时间周期的增长而上涨。

表 11.9　汽车和石油的价格弹性

	1	2	3	5	10
汽油的弹性	-0.2	-0.3	-0.4	-0.5	-0.8
汽车的弹性	-1.2	-0.9	-0.8	-0.6	-0.4

来源：Pindyck 和 Rubinfeld（2008）。

汽油弹性的绝对值随着时间上涨，由-0.2 到-0.8，可以很直观地认识到为什么出现这种情况。短期内，消费者没有太多减少石油消费量的空间，因此，需求弹性较低。长期内，他们可以替换所拥有的汽车，来显著减少石油消费量。汽车弹性以相反的方向变化：其绝对值随着时间而下降，由-1.2 变为-0.4。短期内，消费者对汽车价格上涨的反应是延缓购买新汽车。长期中，他们接受价格上涨的稳定性而去更换汽车。这可能是对耐用消费品的通常结论。

这些讨论的关键一点是，短期弹性估算可能和稍长期的弹性估算不

[8]　Pindyck 和 Rubinfeld（2008）。

同。因此使用弹性估值要和所关注的时间周期相关联。

需要注意的是，对可变成本来说存在同样的问题。当评估假定垄断者赢利性地提高价格的可能性时，所采用可变成本的大小应该考虑和弹性估算同样的时间周期。相比一周的时间跨度，一年或两年期间有更多成本是变化的，因此，如果使用一年或两年时间的弹性估值，而采用的是与一周、一个月或一个季度相关的可变成本数据，就可能会出现错误。

第二节　分流比

分流比这一概念经常用来测量差异化产品行业两个产品之间的竞争紧密程度。人们有时也把它作为一种"简单"方法，测量单边效应并购案件中并购后可能的价格上涨。本部分的目的是解释分流比在后一种应用中的局限性。

两种产品之间的分流比是：当产品的价格上涨时，一种产品销售量的损失转移到另外一种产品上的比例。假设产品 A 的价格上涨 10%，结果销售量下降 1000 单位；假设 400 单位的损失由产品 B 捕获。这表明产品 B 获得了产品 A 所损失销售量的 40%，因此，A 到 B（D_{AB}）的分流比为 0.4。[⑨]

显然，在某种意义上，分流比可以用来测量竞争紧密性。如果从 A 到 B 的分流比为 0.4，从 A 到 C 的分流比为 0.2，那么这说明 A 损失的销售量转到 B 处的是到 C 处的 2 倍。言外之意是：分流比越高，那么相关企业施加的竞争约束越大。

[⑨] 整个这一章节中，我们采用分流比的标准定义：A 损失的销售量由 B 获得的比例（D_{AB}）。有时也分别被称为单位分流比、容量分流比、销售量分流比或者消费者分流比等。其他的还有收益分流比，是指 A 的收益损失由 B 获得的比例。假设 A 的价格是 10，由于产品价格上涨 1%，则 A 损失的销售量为 100；假设 B 获得了所损失销售量的 50%，其价格为 8。那么，单位分流比为 0.5，即 B 赢得的销售量 50 除以损失的销售量 100；收益分流比为 0.4，即 B 获得的收益 400（50×8）除以收益损失 1000（100×10）。从代数上来看，两种分流比的关系是：单位分流比 DR_{AB} = 收益分流比 $DR_{AB}\dfrac{P_B}{P_A}$。本章中的等式均基于单位分流比。Shapiro（1996）。

在特定情况下，分流比可以用来快速估算并购可能对价格产生的影响。在这些特定的环境中，并购后价格上涨的比例为[10]：

$$(13)\ \frac{p^* - p}{p} = \frac{mD}{1 - m - D}$$

式中，p^* 是并购后的价格；

　　　　p 是并购前的价格；

　　　　m 是并购前的价格边际成本差额利率；

　　　　D 是两种产品之间的分流比。

通过例子可以看出使用这一公式很容易。假设两个企业要进行并购，其分流比为 0.2，并购前的价格边际成本差额利率为 0.4。等式（13）表明并购后的价格将比并购前的价格高（0.2×0.4）／（1-0.2-0.4）= 0.2，即价格将提高 20%。

因此，分流比给出了评估并购价格上涨的直接方法。但是，稍稍思考一下方程式（13），这种方法还是有些问题的。例如，假设价格成本差额利率是 50%、分流比为 0.45，那么这个公式表明并购后的价格将提高 450%！但是，如果利率稍高一点为 60%，那么则表明价格将下降 540%！显然存在问题。[11] 遗憾的是，方程（5）仅在以下条件下成立：

（a）两家并购企业在并购前是均衡的；

（b）并购前均为单产品企业；

（c）他们面对的是不变弹性需求曲线。

我们上面讨论了不变弹性假设的合理性，然而我们通常情况下认为，需求弹性随着价格上涨而提高。但是，如果我们倾向于假设需求曲线是线性的，那么可能得出同样简单的关于并购后价格上涨的一个等式。如方程（14）所示。

$$(14)\ \frac{P^* - P}{P} = \frac{mD}{2(1 - D)}$$

―――――――――――

[10]　Shapiro（1996）.

[11]　英国竞争委员会利用等式（5）发现，在 Somerfield/Morrison 并购案中，并购后的价格上涨接近 2000%！参见下面并于这一案子的详细分析。

　　但是，这个等式仍然要求上面的条件（a）和（b）成立。条件（b）是一个严格的假设，因为大多数企业都是多产品企业。条件（a）几乎不成立。在这些条件不成立的程度上，等式（13）和（14）顶多只是近似于正确答案。放松条件（a）（看似最不合理的条件）会使等式（13）出现严重错误。

　　如果我们继续假设条件（b）和（c）成立，但是放弃均衡性假设，那么，并购后价格上涨比例的准确方程式（假设不变弹性）比均衡情况下要复杂的多。并购后产品 A 价格（P_A）上涨比例的方程式如下：

$$（15）\frac{P_A^* - P_A}{P_A} = \frac{-D_{AB}(c_B(1 + \varepsilon_{AA}) + c_a D_{BA}\varepsilon_{BB})}{c_A(1 + \varepsilon_{AA} + \varepsilon_{BB} + \varepsilon_{AA}\varepsilon_{BB} - D_{AB}D_{BA}\varepsilon_{AA}\varepsilon_{BB})}$$

式中 $p*_i$ 是企业 i 并购后的价格；

　　p_i 是企业 i 并购前的价格；

　　c_i 是企业 i 不变边际成本；

　　ε_{ii} 是企业 i 的自价格弹性。

　　与等式（13）相比，等式（15）显然使用起来不太方便。[12] 如果再放弃企业是单产品企业的假设，那么情况会变得更复杂。如果必须使用方程（15），涉及估算自价格和交叉价格弹性，那么这就背离了快速的粗劣计算，反而应该进行适当的需求分析和模拟。关于这一方法缺点的讨论，进一步详细的内容，参见第 15 章。

　　情况可能会这样：在大多数情况下，即使等式（13）不完全正确，在很多情况下它还是一个合理的方法。但情况并非如此。在某种程度上，等式（13）在单产品的情况下也会给出错误的答案：

$$（16）Error = \frac{-D_{AB}(c_B + c_a\varepsilon_{AA} + c_A D_{BA}\varepsilon_{BB})}{c_A(1 + \varepsilon_{AA} + \varepsilon_{BB} + \varepsilon_{AA}\varepsilon_{BB} - D_{AB}D_{BA}\varepsilon_{AA}\varepsilon_{BB})} - \frac{m_A D_{AB}}{1 - m_A - D_{AB}}$$

通过这个等式，可以相对直观地看出，利用错误公式得出的误差量

---

　　[12]　关于这个结果的推导，参见本章的附件 11.1。同样需要注意的是，这个公式与本书的早先版本稍有不同，这是因为在早先的版本中我们转而假设分流比是负数。这从经济学上来说是正确的方法，正如我们下面讨论的，分流比等于交叉价格弹性除以自价格弹性，会给出一个负数。在这一版本中，我们与文献保持一致，把分流比看作一个正数。

（*Error*）从经济学上来看是显著的。我们在附件 11.2 中给出了例子。

　　一个有意思的问题是：是否存在其他的情况，在这种情况下简单的方程式是正确的。对这一问题的回应是，对等式（13）来说，存在一种这样的情况。有一个例子，所有的企业相互之间是"同等紧密的"：即，分流比可以由两家企业的市场份额推导出来，据此，这意味着一种产品价格上涨引起的销售量损失可以由市场中的其他企业获得，获取的比例直接以他们的市场份额比例计算（在这种意义下，所有的产品是"同等紧密的"）。因此，如果产品 A 具有 20% 的市场份额，产品 B 具有 30% 的市场份额，那么 A 到 B 的分流比为 0.375（30% 占市场中 80% 的比率，其中除去了产品 A 的市场份额），从 B 到 A 的分流比为 0.286（20% 除以 70%）。在这些条件下，方程式（13）就是正确的。但是，即使假设所有企业都是同样紧密的情况下，方程式（14）也是不正确的。

　　而且，分流比的估算需要与获得的其他行业信息相一致。分流比、弹性和价格-边际成本加成之间存在一种相对简单的关系（参见下面的内容）。非常可能（实际上是更可能）的情况是，基于市场份额计算的分流比将与弹性、所涉企业的价格边际成本加成不一致。另外，准确的市场界定很可能是会引起争议的，在这种情况下市场份额也同样是有争议的。通常，在没有很好证据支撑的情况下，认为分流比能够从市场份额估算出来似乎是不能接受的。如果市场界定是没有争议的、相应的产品是同质的，由市场份额推出分流比可能是一个合理的方法，因为销售量以市场份额的比例进行转移就是合理的。但是需要注意的是，在这种情况下，分流比会起到什么有意义的作用就很不明确了。如果产品是同质的，那么我们就不太可能关注单边效应。[13]

　　最后，也是最重要的是，上面阐明的所有论述都基于这样的假设，即并购后不存在新的市场进入或产品重置。可以合理地做出这些假设，但一般情况下应该谨慎处理。我们在第 15 章关于并购模拟中进一步讨论这个

---

[13]　关于这个问题的进一步讨论，参见第 7 章。

问题。

延伸阅读：分流比、弹性和价格成本加成

如果单产品企业在伯川德背景下展开非合作行为，那么他们的价格–边际成本加成应该等于其自价格需求弹性的倒数。假设一个关于价格的纳什均衡，那么根据企业的价格和边际成本，有可能重新找到自价格需求弹性。产品 A 到产品 B 的分流比（D_{AB}）等于：A 关于 B 的价格的交叉价格需求弹性（ε_{AB}），除以 A 的自价格需求弹性（ε_{AA}）。这表明，如果存在 A 到 B 的分流比估算和 A 的自价格弹性估算，则意味着 A 对 B 的价格需求交叉弹性为：

$$(17)\ D_{AB} = \frac{\varepsilon_{AB}}{\varepsilon_{AA}} \Rightarrow D_{AB}\varepsilon_{AA} = \varepsilon_{AB}$$

因此，如果存在 A 到 B 的分流比估算，以及 B 到 A 的分流比估算，同时假设由价格–边际成本加成可以得出自价格弹性，那么意味着可以估算 A 和 B 之间的两个交叉需求弹性。但是，同样可知，两个交叉价格需求弹性之间存在一种关系。具体来说，斯勒茨基对称表明，A 对 B 的交叉需求价格弹性，等于 B 对 A 的交叉需求价格弹性乘以 B 的销售量与 A 的销售量的比率，以代数表示：

$$(18)\ \varepsilon_{AB} = \varepsilon_{AB} \frac{Sales_B}{Sales_A}$$

重点是这个等式可以检查两企业之间分流比估算的一致性。如果已知价格边际成本加成，那么也可以知道他们的自价格弹性（假设是价格纳什均衡）。如果知道两个分流比中的一个、或者其中一个交叉价格弹性，那么就能够计算出其余的交叉价格弹性和分流比。但是，如果已知自价格弹性，并且估算出两个分流比，那么可以检测分流比估算的一致性。

通过例子会使这一点更清晰。假设由价格-边际成本加成得知产品 A 的自价格需求弹性为-3.5、产品 B 为-4.5，产品 A 的销售量为产品 B 的两倍。进一步假设，从 A 到 B 的分流比 (D_{AB}) 和从 B 到 A 的分流比 (D_{BA}) 估值 (或许通过调查数据) 分别为 0.2 和 0.1。如果从 A 到 B (D_{AB}) 的分流比是 0.2、A 的自价格弹性 (ε_{AA}) 为-3.5，那么 A 关于 B 价格的交叉价格需求弹性 (ε_{AB}) 为 0.7。如果 A 的销量是 B 的两倍，这表明 ε_{BA} 是 1.4。如果已知 ε_{BB} 是-4.5，则表明 D_{BA} 是 0.31。但是，这与估算的 D_{BA} 为 0.1 不一致。

这种不一致的出现可能基于两个主要原因：

(1) 分流比的估算不正确；

(2) 非合作的纳什均衡假设是错误的，在这种情况下，由价格-边际成本加成得出自价格弹性的估算是不可靠的。

总之，这些情况下的信息是清晰的：假设对分流比和非合作纳什均衡行为的估算是准确的，继续进行这样的分析是无效的。

案例研究：萨默菲尔德（Somerfield）/莫里森案（Morrison）[14]

2005 年，萨默菲尔德试图从莫里森超市场收购 115 家百货店。这个并购提交给了英国竞争委员会 (CC)。竞争委员会除了进行其他类型的实证分析，还尝试利用分流比预测了并购后可能的价格上涨。这个分析仅用于那些局部市场，在这些市场中并购后有 4 家或者更少的竞争性超市。英国竞争委员会委托调查了 56 家即将被收购的商店。委员会调查中的问题是"如果这家商店不存在了，你会把哪家作为替代性的商店？"据此，英国竞

　⑭　英国竞争委员会 2005，《关于萨默菲尔德公开股份有限公司收购 Wm 莫里森超市公开股份有限公司大型百货商店的报告》。

争委员会计算出了分流比，同时，估算了每个消费者的消费。接下来，竞争委员会利用这些分流比、并购前价格成本差额利率以及上面讨论的简单方程式预测了并购后的价格上涨。在并购后预测价格上涨超 5% 的那些商店受到了竞争关注。如下表 11.10 所示：

表 11.10　萨默菲尔德–莫里森案中所预测并购后的价格上涨

被收购商店	分流比	毛利率	预测并购后的价格上涨（百分比）	
			不变弹性	线性需求
约翰斯顿（Johnstone）	0.72	26.9	1898.4	34.7
南希尔兹（South Shields）	0.43	25.7	36.0	9.8
皮布尔斯（Peebles）	0.36	20.8	17.5	5.9
米德尔斯堡（Middlesborough Linthorpe）	0.34	26.0	22.4	6.8
弗罗姆王街（Frome King St）	0.29	25.3	16.3	5.2
波克林顿（Pocklington）	0.28	30.7	21.3	6.1
亚姆（Yarm）	0.22	28.8	13.2	4.1
纽瓦克（Newark）	0.23	25.8	11.9	3.9
佩斯利（Paisley）	0.21	25.4	10.5	3.5
法利（Filey）	0.21	27.8	11.1	3.6
普尔（Poole）	0.19	25.3	8.5	2.9
惠特本（Whitburn）	0.17	24.8	7.1	2.5

信息来源：Somerfield/Morrison 案中附件 E 表 1。

关于这一分析这里有两条评论：

第一，这个分析是基于上述讨论的简单方程式。但是，正如上面所讨论的，这些简单方程式只有在非常有限的情况下才是正确的。[15] 当事方向英国竞争委员会指出，这个方程式假设并购双方是对称均衡的。委员会回应说，在缺少相反证据的情况下，做出对称假设是合理的。这显然不正确，

---

[15]　奇怪的是，英国竞争委员会没有提到这个事实，尽管他们加了脚注，将本书第二版中的简单公式推导作为信息来源。

英国委员会应该检测对称性。例如，从萨默菲尔德到莫里森的分流比是否等于从莫里森到萨默菲尔德的分流比？显然这并没有得到检测。如果明白特定的假设对结果很重要，那么就有责任努力去证实这些是合理的假设。

第二，英国竞争委员会认为不变弹性公式比线性需求曲线公式更可靠，在第 7.26 段竞争委员会陈述道：

"等弹性需求——即针对不同价格需求弹性不变——正如我们在附件 D 中讨论的，是一个真实假设：另一种线性需求的假设表明弹性随着价格上涨而增加，这看起来是不合理的。"

这种主张有些出人意料，因为通常认为弹性是随着价格上涨而增加的。而且，等弹性需求意味着，不参与并购的企业，对并购企业产品的价格上涨没有反应，而这看起来是不可能的。[16] 不变弹性的假设很重要，因为对表 11.10 中的 6 家商店来说，基于线性需求曲线的预期价格上涨，低于竞争委员会选定的 5% 的竞争关注门槛。

总之，这种采用分流比的方法正是我们认为应该避免的。但是，我们应该注意到，事情可能会更糟。英国竞争委员会至少为估算分流比进行了市场调查，而不是只假设由市场份额推出分流比。

> 弹性估算在市场界定中可能非常有用。如果已知价格成本差额利率，那么弹性估算可以与相关的临界弹性进行比较，来回答假定垄断者测试的问题。这种分析当然不是毫无缺点（例如，企业特有的弹性和市场弹性之间的一致性、弹性和成本正确的时间周期等），但是技术性要求不是特别高。
>
> 临界损失分析同样很有用，但是采用了完全不同的方法。临界损失分析不回答假设垄断者测试，相反，该方法采用非从业人员（即商业人员）可能更易于理解、因此更易于回答的方法，重构了相关问题。

---

[16]　关于这个问题的详细讨论，参见第 15 章。

测量众多产品之间的相对紧密竞争关系，分流比是一种很有用的方法。两种产品之间的分流比越高，竞争者之间越紧密。这有分析很有帮助，特别是在相关市场界定的检测中，考虑哪一种产品应该加入假定的市场时，非常有用。但是，利用分流比估算并购的价格上涨是困难重重的，我们不应该这样做。如果调查人员希望估算并购后的价格上涨，那么这表明需要进行合适的并购模拟（详细内容参见第15章）。

补充阅读　真正分流比公式的推导

在下文中，假定并购前的两家企业均是单产品企业。如果企业不是单产品的话，尽管分析在本质上没有太大不同，但是分析本身会更复杂。

单产品企业面临的问题是最大化其利润函数：

(19) $\Pi = q_i(p_i - c_i) - F_i$

式中 Π 是利润，q_i 是企业 i 的产出，p_i 是企业 i 的价格，c_i 是（假设是）不变边际成本，F_i 是固定成本。对该式针对 p_i 求导（即伯川德假设），结果如下：

(20) $\dfrac{\delta \Pi}{\delta p_i} = q_i + (p_i - c_i)\dfrac{\delta q_i}{\delta p_i} = 0$

整理后得出熟悉的一阶条件：

(21) $\dfrac{p_i - c_i}{p_i} = \dfrac{q_i \delta p_i}{p_i \delta q_i} = \dfrac{-1}{\varepsilon_{ii}}$

式中 ε_{ii} 是产品 i 的自价格需求弹性。

对两种产品的企业来说，问题会更复杂一些。最大化的目标函数变为：

(22) $\Pi = q_i(p_i - c_i) - F_i + q_j(p_j - c_j) - F_j$

关于 p_i 求导，得到：

（23）$\dfrac{\delta \Pi}{\delta p_i} = q_i + (p_i - c_i)\dfrac{\delta q_i}{\delta p_i} + (p_i - c_j)\dfrac{\delta q_j}{\delta p_i} = 0$

一阶条件现如下：

（24）$\dfrac{p_i - c_i}{p_i} = \dfrac{-1}{\varepsilon_{ii}} - \dfrac{p_j - c_j}{p_i}\dfrac{\delta q_j}{\delta q_i}\dfrac{\delta p_i}{\delta q_i}$

式（24）可以重新整理为：

（25）$\dfrac{p_i - c_i}{p_i} = \dfrac{-1}{\varepsilon_{ii}} - \dfrac{p_j - c_j}{p_i}D_{ij}$

式中 D_{ij} 是从 i 到 j 的分流比，简化处理后得到：

（26）$p_i = \dfrac{c_i - D_{ij}(p_j - c_j)}{1 + \dfrac{1}{\varepsilon_{ii}}}$

根据对称性，我们得到：

（27）$p_j = \dfrac{c_j - D_{ji}(p_i - c_i)}{1 + \dfrac{1}{\varepsilon_{jj}}}$

把（27）代入（26）得到：

（28）$p_i(1 - \dfrac{D_{ij}D_{ji}}{(1 + \dfrac{1}{\varepsilon_{ii}})(1 + \dfrac{1}{\varepsilon_{jj}})}) = \dfrac{c_i + c_j D_{ij} - \dfrac{D_{ij}c_j + D_{ij}D_{ji}c_i}{1 + \dfrac{1}{\varepsilon_{jj}}}}{1 + \dfrac{1}{\varepsilon_{ii}}}$

式（28）简化为：

（29）$p_i^{*} = \dfrac{c_i \varepsilon_{ii} + c_j D_{ij}\varepsilon_{ii} + c_i \varepsilon_{ii}\varepsilon_{jj} - c_i D_{ij}D_{ji}\varepsilon_{ii}\varepsilon_{jj}}{1 + \varepsilon_{ii} + \varepsilon_{jj} - \varepsilon_{ii}\varepsilon_{jj} - D_{ij}D_{ji}\varepsilon_{ii}\varepsilon_{jj}}$

式中我们以 p_i^{*} 代替 p_i，以区分新价格水平（p_i^{*}）和旧价格水平（p_i），

从式（21）得到：

（30）$p_i = \dfrac{c_i}{1 + \dfrac{1}{\varepsilon_{ii}}}$

利用式（29）和（30），简化后得到：

$$(31)\ \frac{p_i^* - p_i}{p_i} = \frac{D_{ij}(c_j + c_j\varepsilon_{ii} - c_iD_{ji}\varepsilon_{jj})}{c_i(1 + \epsilon_{ii} + \varepsilon_{jj} - \varepsilon_{ii}\varepsilon_{jj} - D_{ij}D_{ji}\epsilon_{ii}\varepsilon_{jj})}$$

补充阅读　量化简单分流比公式使用中的潜在误差

我们在这个附件中想要说明的主要观点是：在大多数案件中，简单的分流比公式不是正确答案的有效近似。在每一种情况下，都没有针对模型明确求解的替代方案。在两个单产品企业并购的案件中，指的就是前文推导的等式（31），也在本章的主要内容中进行了讨论。更普遍的情况是并购前企业为多产品企业，在这种情况下，尽管与单产品企业的情况没有实质上的区别，但其模型求解更为复杂。

销售量的变化

首先，我们允许两企业的相对销售量可以改变，保持分流比和A产品的自价格需求弹性不变。[17] 我们设定分流比为0.15、A产品的自价格需求弹性为-3.33。改变销售数量对简单公式的准确性影响如表11.A2.1所示。前两栏详述了两产品的销售数量，接下来的两栏为根据模型预测的并购后的价格上涨，再接下来两栏是根据简单公式预测的并购后的价格上涨。显然，使用简单公式得出的预测严重偏离准确的预测。例如，当A的市场份额为20%，B为35%时，简单公式对产品A的价格上涨低估了6%，对产品B的价格上涨高估了10%。

---

　[17]　正如本章正文中讨论的，如果我们设定两个分流比和某一产品的自价格需求弹性不变，那么根据销售量，可以得出其他三个弹性（即，自价格弹性和两个交叉弹性）。

表 11. A2. 1　销售数量变化对简单公式误差的影响

销售数量		实际的价格上涨 （百分比）		依公式的价格上涨 （百分比）	
A	B	A	B	A	B
20	5	2.7	5.3	8.2	1.5
20	10	4.5	6.1	8.2	3.2
20	15	6.3	7.0	8.2	5.4
20	20	8.2	8.2	8.2	8.2
20	25	10.1	9.6	8.2	11.9
20	30	12.1	11.5	8.2	16.9
20	35	14.3	14.0	8.2	24.3

自价格弹性的变化

现在，我们让销售数量保持不变而且是对称的，但是允许两种产品之间的自价格弹性相异。具体来说，我们设定每一产品的销售量均为 20，交叉价格弹性为 0.5，A 的自价格弹性为 -3.33，仅在 -2.5 和 -4.5 之间改变 B 的自价格弹性，这表明从 B 到 A 的分流比也在改变。

表 11. A2. 2　自价格弹性改变对简单公式误差的影响

自价格弹性		实际的价格上涨 （百分比）		依公式的价格上涨 （百分比）	
A	B	A	B	A	B
-3.33	-2.5	11.6	13.9	8.2	20.0
-3.33	-3.00	9.3	9.8	8.2	11.1
-3.33	-3.5	7.7	7.6	8.2	7.1
-3.33	-4.0	6.7	6.1	8.2	5.0
-3.33	-4.50	5.9	5.1	8.2	3.7

显然，简单的公式往往低估具有较高弹性产品的价格上涨，高估较低弹性产品的价格上涨。

边际成本的变化

至此，我们一直假设两家企业面临的边际成本是相同的。在这一部分，我们仅改变边际成本之间的关系，保持其他任何条件不发生改变（销售数量、分流比和弹性）。我们设定销售量为20，自价格弹性为-3.33，交叉价格弹性为0.5，相应的分流比为-0.15。因为那些决定简单公式误差程度的是边际成本的相对大小，而不是他们的绝对大小，下面我们仅记录B产品边际成本对A的边际成本的比率。

表 11. A2.3   边际成本变化对简单公式不精确性的影响

B 的边际成本对 A 的边际成本的比率	实际的价格上涨（百分比）		依公式的价格上涨（百分比）	
	A	B	A	B
1.0	8.2	8.2	8.2	8.2
1.2	9.6	7.1	8.2	8.2
1.4	10.9	6.3	8.2	8.2
1.6	12.3	5.7	8.2	8.2
1.8	15.6	5.2	8.2	8.2
2.0	15.0	4.8	8.2	8.2

注意，这是一个对称性的情况，仅在边际成本上存在差异。显然，边际成本的差异对公式的精确度有显著影响。

第十二章　竞标问题研究

　　本章节着眼于三种类型的分析，这些分析特别适用于所谓的"竞标市场"。竞标市场不同于其他市场，因为竞标市场的销售要通过招标程序达成。每个公司竞标出价以赢得标的，然后要么被选定为中标方要么落选。这表明，招标市场往往具有高度价格歧视的特征，因为对每个竞标者来说价格都是量身定制的。这一点与"正常"市场不同，在通常的市场中，价格一般由卖方设定，然后买方决定是否购买。在这些市场中，往往存在数量相对有限的几个不同价格（例如，取决于购买的数量），并且这些价格不会因消费者的不同而变化。

　　本章并不涉及竞标市场的特定经济学理论，而是着重于那些适用这种市场的实证分析类型。然而，在讨论这些实证方法之前，我们需要来消除一些在竞标市场中有关竞争本质的错误观念。

　　人们有时认为竞标市场的市场份额特别不适于作为市场力量的指标，有些情况下人们基于此观点走得更远，认为竞标市场中不会发生竞争问题，Klemperer（2008）把这种观点称之为"咨询顾问的谬论"。我们不认同这个观点。市场份额是认定竞标市场中市场力量的一个非常弱的指标，这当然是正确的，同样，这一观点也适用于其他市场①，因此，这一点并不能真正区分竞标市场和其他市场。

　　另一种通常被提及的观点是，在竞标市场中有效竞争仅要求两个或非常少的参与者。这种观点大致如下：在竞标市场中，如果你没有中标，

---

　　①　例如，在一个完美的可竞争市场中即使一个垄断者也不会拥有市场力量。参见第三章。

那么意味者对那位客户没有任何销售，并且这种"全有或全无"的态势意味着企业竞标的竞争性很强。这不是一个我们通常能够接受的观点。在有些竞标市场，落选会给企业带来非常严重的后果，因此，即使市场中只有很少的竞争对手，企业竞标也非常激烈。如果给出的投标规模相对于整个市场规模来说比较大，那么对要成为中标者的企业来说就会有特别的压力。不能中标可能意味着企业必须在工厂和员工方面做出重大裁减，企业甚至无法生存。在这样的市场中，参与市场竞争的企业数量可能是一个特别弱的市场力量指标。如果招投标规模大而且不频繁，那么即使只有相对较少的企业，不能中标的严重后果也足以确保招投标竞争十分激烈。然而，大多数中标并不涉及大型招标而且招标相对频繁，因此，这种论点不能普遍不适用（虽然我们下面的确提到了这样一个市场的例子）。

　　有时展开的进一步论证会涉及对中标市场和标准差异化产品市场之间进行比较。在一个标准的差异化产品市场中，把价格设定得高于某个特定消费者意愿购买的价格，并不会导致完全没有销售：除非价格设定得过高，否则，总会有一些消费者会购买该产品。因为在消费者之间进行完全的价格歧视通常是不可能的，因此，差异化产品市场中的企业将会高于边际成本定价，选择不为某些客户提供服务，其服务也可以有利可图（在某种意义上，企业从消费者身上获得的收益将会高于供给成本）。但是，竞标市场表现为高度的价格歧视（每个买方支付的价格均不相同），因此对一个给定消费者来说，不存在过高定价的反补贴效益。人们有时认为，这表明竞争必然是很激烈的。但这并不正确。如果每次招投标都被认定为一次性的同质伯川德博弈，那么上面的结论可能是正确的。但是，这种描述对大多数竞标市场并不适用。事实上，企业多半销售差异化产品，并且随着时间的推移通常会多次参与竞标。产品的差异化表明，企业不一定要以最低的价格来赢得标的。买方可能更愿意购买某一特定产品，即使获取它的价格不是最便宜的，因此，这就使中标价格高于边际成本。企业重复竞争的现实意味着它们可能会默示性地共谋，从而使价格高于竞争水平成为可能。②

我们现在来介绍一下用于竞标市场的三种分析模式。它们分别是：

- 检测多少竞标者是"足够的"；
- 检测竞争的相关性；
- 检测竞争的紧密性。

第一节　竞标市场中的实证分析

一、检测多少竞标者是"足够的"

在竞标市场的并购分析中，一个合理的问题是：并购后是否余下足够的企业，以确保有效竞争。研究这个问题的一种方法就是，观察价格如何根据竞标者数量的变化而变化。下面我们介绍两个例子来分析这种类型的问题。一个案例说明，市场中只需要两个竞标者即可确保有效竞争的市场，而另一个则表明，市场中需要几家竞标者才能维持有效竞争。

第一个例子是英国电视产业中广告商赞助的电视特许经销权的授予。根据 1990 年《广播法案》，独立电视委员会（ITC）要基于竞争性招投标的原则授予 15 个区域的特许经销权。每个特许经销权长达十年之久，因此不能赢得特许权的企业将会在相当长的时间里被排除在市场之外。针对 15 个地区的特许经销权，共有 37 份申请。这些申请可以被用于去调查竞标者的数量对竞标价格的影响：其中，在三个特许权中只有一个竞标者；四个特许权中有两个竞标者；六个特许权中有三个竞标者；在其他两个特许权中有四个竞价者。ITC 在新闻发布中公布了竞标者的数量、身份以及他们竞标的总数。③由此可以看出竞标规模是如何按照竞标者数量变化而变化的。

---

② 有关明示共谋和默示共谋的详细内容，参见第五章和第七章。
③ "ITC 独立电视委员会颁布了 3 频道的许可授权"，1991 年 10 月 16 日。

　　图 12.1 给出了当仅有一个竞争者以及当有两个、三个或者四个竞标者时平均投标价格的情况。投标出价以每个电视家庭用户为单元，计价单位是英镑，以便考虑到每个特许区域的规模差异。④

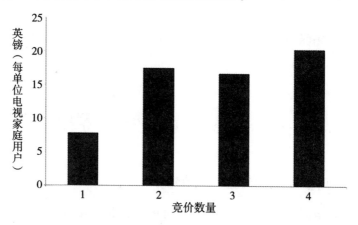

图 12.1　平均竞标出价的变化

（英镑/每单位电视家庭用户，1998 年价格）

　　这个图表吸引人的地方在于，当仅有一个竞标者时，每单位电视家庭用户的平均出价约 6 欧元；两个竞标者时平均出价约 18 欧元，两者差距很大。更有趣的是，当竞标者的数量增加到两个以上时，平均出价的区别不大。实际上，当出现三个竞标者时，平均出价实际上稍低于两个竞标者的平均出价。这张图表表明，在这个市场中两个竞标者已"足够"来确保竞

---

　　④　图表 12.1 中的数字并不像看起来那么浅显。特许权使用人支付给 ITC 的款项分为两部分。除了现金出价，他们必须支付一定比例的"资质收入"（大体来说，他们的资质收入来源于广告费、赞助费和订购费等方面的收入）。这个比例由 ITC 提前设定，并且根据特许不同会存在 0% 到 11% 的差异。有充分的理由表明，在评判现金出价时，应该考虑特许费的第二部分内容，因为竞标公司可能会考虑他们的整体特许支出。图 12.1 用了 1998 年资质收入数据，考虑了这一观点。Bishop and Bishop（1996）也研究了这个竞标案例。他们根据一个竞标者与多个竞标者之间的差异，得出了一个更有吸引力的图表。然而，这一分析忽视了特许支出中的资质收入部分，并且没有考虑到 ITC 决定的标价并不一定是可持续的（比如，价格太高而不能盈利的情况）。忽视这两点也许是无可非议的，尽管我们不愿刻意而为之。因为资质收入支出与每年被特许人的成功息息相关，所以对被特许人来说，其风险要比特许费的现金出价部分要低。因此，也许部分降价是正确的。ITC 认为不持久的出价可能不被当作"真正竞价"。理由是：根据被特许人的预期估计出的竞标价，可以在特许权的使用周期中重新协商现金出价。

争性的竞标。这个解释的前提是假设竞标者知晓什么时候他们不与其他竞标者竞争：通常来说，这并不是一个苛刻的假设。当竞标某个大项目时，公司自然会对竞争对手的数量和身份加以调查。

　　图表 12.1 给出的结果或许并不让人感到惊讶。如果某一企业没有赢得特许经销权，那么它会被市场拒之门外至少 10 年，这可能会怂恿激烈的竞价。正如结果所料，尽管改变了支付条款，以消除一些特许经销权中特许费用的悬殊差异，ITC⑤仍没有对特许经销权进行重新招标。

　　图表 12.2 是我们第二个案例，这是一个假设的例子。在这个案子中，企业竞标成为最低定价的供货商。从图 12.2 中可明显看到，中标者的出价随着竞标者的增加而下降。当我们从一个竞标者增加到两个竞标者时，平均中标价下降了 15%，随着竞标者数量的增加平均中标价持续下降，直到出现五个竞标者时，这时平均中标价相比一个竞标者时降低了 45%，比两个竞标者的平均中标价少了 35%。竞标者的数量超过五个时，价格似乎不再下降，因为竞标者是五个、六个或七个时价格大致保持不变。这表明，一起并购导致市场中只有四个竞标者去竞标大量招投标项目时，可能会引发竞争问题。

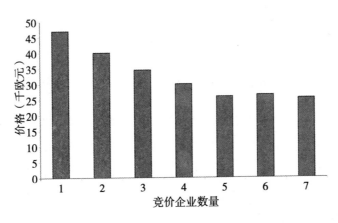

图 12.2　平均中标价的变化

---

⑤　由于 ITC 现如今是 Ofcom 的一部分，事实上是 Ofcom 从未重新招标特许经销权。

　　从诸如图 12.2 给出的结果中得出确切结论前，调查人员需要了解两个重要的问题。第一个是要了解，只有少数竞标者时与多数竞标者相比较，所销售的产品类型是否存在差异。比如，或许只有极少数企业有能力生产高质量产品。假设更高品质的产品生产成本更高，那么即使没有竞争问题，竞标者数量与中标价之间存在明显联系也很正常。

　　第二个问题与第一个问题相关，了解买方要求多少企业参与竞标，这一问题非常重要。针对某一合同，买方常常会限制他们希望参与投标的供货商数量。这一信息可以给出一些指征，说明多少竞标者才是足够的，因为人们通常认为买方会邀请足够多的企业进行投标，以确保有竞争力的竞标。如果买方仅需要三个竞标者，那么意味着三家企业就足够了。同理，如果买方一再坚持要求六家或更多的企业参与，这表明较少的竞标者（比如三个或四个）是不够的。进一步说，如果一个买方只要求少数企业来竞标某些类型的招标，而要求更多企业来参与其他类型的招投标的话，这在一定程度上可能说明了有能力生产相关产品的企业数量。但是，这种证据需要谨慎处理。Klemperer（2008）指出，不要过高评价买方在竞标市场中发挥抵消力量的能力，这一点很重要的。比如，如果大多数买方是市场中的弱小参与者，购买行为也不频繁，那么他们可能很少有能力去行使买方力量，同样，他们可能也很少有能力去确保供货商履行竞价条款。⑥

二、竞争相关性检测

　　另一种可用于竞标市场的实证分析，是设法评估某个参与者的竞争重要性。当需要了解小规模企业是否对市场结果产生影响时，这种分析尤其有用。这种实证方法致力于评估某一特定企业的存在对竞标程序的结果有着何种影响。例如，假设企业 A 正在寻求购买一个小规模的竞争对手——企业 B，问题在于企业 B 是否会对价格施加竞争约束（即，企业 B 是否与竞争相关）。我们想了解，与不参与竞标时相比，当企业 B 参与竞标时中

---

　　⑥　例如，考虑住宅客户与建筑商的关系。

标价格是否比较低。如果结果表明企业 B 的存在对中标价格没有影响，那么，说明作为一个独立运营商的企业 B 从市场中退出，对市场的影响可能很少，或者根本没有影响。同理，如果结果表明企业 B 的存在对于中标价格影响很大，那么它从市场中退出就会有比较大的问题。

许多种方法可以用来分析企业的竞争相关性。一个非常简单的方法就是观察某企业参与到竞标过程中时的平均中标价，以及这一企业未参与时的平均中标价。这在表 12.1 中有所体现。在第一种情况下，不论企业 B 是否参与竞标，平均中标价均为 100。这说明作为市场中的一个独立参与者，企业 B 的退出对竞争结果影响不大。然而，在第 2 种情况下，当企业 B 没有参与竞标时，平均中标价比企业 B 参与竞标时高出 10%（110 比 100）。这表明企业 B 退出市场会对竞争结果有着非常重大的影响。

表 12.1　企业 B 的竞争相关性

	情形 1	情形 2
当 B 投标时的平均中标价	100	100
当 B 不投标时的平均中标价	100	110

显然，这种考察企业竞争相关性的方法不是很精细。特别是，这一方法仅考虑 B 企业的存在与否，除此之外，其他可能影响中标价的因素都没考虑。事实上，可能还有其他因素在起作用，解释为什么在情形 2 中企业 B 不参与的情况下要比其参与时的中标价格高。举例来说，或许是企业 B 无法参与那些质量要求非常高的招标，这或许可以解释为什么中标价格很高（因为所需要的工作要求高质量）以及为什么企业 B 没有参与到招标进程中来。

另一种方法可以把其他因素考虑进来，就是采用多元回归方法，这可以同时考虑多种因素的影响。[⑦] 回到上面的例子中，假设所讨论的产品是碳钢。从多种维度来看碳钢具有差异化：类型（扁钢、长钢等）、厚度、是否镀锌等等。钢铁的需求量也与单位价格相关。因此，如果我们打算更

---

⑦　参见附录计量经济学对多元回归分析的描述和解释。

加严谨地分析企业 B 对价格的影响，我们将进行多元回归分析，评估这些因素中的每一个对价格的影响，包括企业 B 是否参与竞标。那么，我们可能会发现，情形 2 中 B 没有参与的情况下，超过中标价 10% 的价格可以由这些其他因素来解释。例如，可能是 B 企业无法生产镀锌钢，所以不能竞标镀锌钢的招标。镀锌钢比其他大多数碳钢产品要更加昂贵，因为它需要额外的处理。

欧盟委员会在波音/麦道合并案[⑧]中进行了这种形式的分析。在该案中，主要的竞争问题出现在大型商用飞机市场中。波音在这个市场中的份额从 64% 增加到 70%，增加了 6%。这包括其宽体飞机部分的市场份额从 71% 增加到 73%，其窄体飞机部分的市场份额从 55% 增加到 66%。合并之后，市场中只有两个竞争对手：波音和空客。人们或许会认为，6% 的市场份额意味着麦道公司不是一个令人信服的竞争者，因此这起并购将不会导致严重的竞争损失。

然而，委员会的决定指出，对 50 多个招投标竞争进行的多元回归研究表明，事实并非如此。这一回归研究比较了麦道公司参与竞标和不参与竞标时中标企业达成的每架飞机的价格，并且考虑了其他各种因素对价格的影响（例如飞机的类型、飞机订购数量等等）。研究发现，在麦道公司参与竞标情况下，飞机价格低于麦道公司未参与竞标时的价格，平均低 7%。

因为这一研究在决定中没有讨论到，其精确公式尚不清楚。但是，可能是采取以下形式来表示：

（1）$P_i = c + \beta MDC_i + \gamma Otherfactorsi + \varepsilon_i$

式中，P_i 是第 i 次竞标中每架飞机的价格；

MDC_i 是反映麦道是否参与竞标的变量，参与时 $MDC_i = 1$，不参与时 $MDC_i = 0$；

Other factorsi 是一个向量，包括所有其他与价格相关的因素（例如，飞机型号、其他竞标者的数量、订购飞机的数量等）；

---

⑧ IV/M877 Boeing/McDonnell Douglas [1997] 5 C. M. L. R. 270；[1997] OJ L336/16. 下面的讨论来自这一决定第 54 段至第 58 段的论述。

β 和 γ 是回归系数。

MDC 的系数可以测量出麦道公司参与竞标时使价格降低的程度。

这个研究表明，尽管其市场份额小，麦道公司仍然是竞争相关方。这个例子说明，实证分析相比市场份额来说能够更好地说明竞争的本质。

欧盟委员会也直接向各航空公司谈话沟通，结果发现：

"在现存的 29 家航空公司里，其中 20 家表示，他们与波音或者空客已经完成订单的情况中，麦道公司参与了全部或部分定单的竞争。在这 20 家航空公司中，有 13 家表示麦道公司的竞争影响了他们与中标者谈判的结果，获得了更好的价格或者更好的采购条件。"[9]

三、测试两家企业是否为"紧密"竞争者

在所有市场中，市场份额并不总是两家企业之间竞争力量的理想标识。这就意味着在并购案件中，仅仅是市场份额的加总，或许不能有效表明竞争的潜在损失。如果两家企业在某种意义上彼此存在"紧密的竞争关系"，那么，即使合并的市场份额很低，并购也会存在较大的竞争损失。在另一种情况下，如果两家企业竞争关系并不紧密，即使他们的市场份额较大，竞争损失也会很少，或者根本没有竞争损失。[10]

调查这个问题的一种方法是，考察两家企业同时参与竞标的次数，以及查看两家企业在竞标中位于第一和第二最具竞争力报价的频率。假设企业 A 和企业 B 打算在买方通过招投标寻求供应商的市场中进行并购（即，他们要求企业给出最好出价，然后在此基础上选择一个供应商），那么在什么情况下这一合并会导致买方支付更高的价格吗？如果在招投标中两家企业从来都不是最低和次低出价的企业，那么在两家企业并购后，买方永远不会支付更高的价格。这是因为如果两家企业作为一家投标的话，不存

⑨　参见 58 段，IV/M877 Boeing/McDonnell Douglas ［1997］5 C. M. L. R. 270；［1997］OJ L336/16。

⑩　关于这个问题进一步的讨论，参见第 7 章。

在中标价更高的招投标。同理，如果他们通常是最低或者次低出价者，那么并购可能就会存在竞争损失。

考虑下表 12.2 中的两种情形。这两种情形均表明了企业 A 或者企业 B 以最低价格中标时的情况，然而，两种情形也有很大不同。在第一种假设中，次低出价通常出现在并购双方中。因此，在第一种情形下的案例 1 中，企业 A 出价 100，企业 B 出价 105，接下来的最低出价是 110。假设企业 A 和企业 B 成为一家企业，那么这个合并的企业只须让出价低于"次低"价 110，结果可能是：买方可能必须支付较高的价格。同理，在第一种情形下的案例 2 中，企业 B 出价最低为 100，企业 A 出价次低为 105，接下来的最低价为 120。合并后的实体只须让价格低于 120，而合并前企业 B 的出价必须低于 105。这预示着在第一种情形下，企业 A 与企业 B 的合并可能会导致价格上涨。

相反，这一结论在第二种情形下并不成立。在这种情形下，仍然是企业 A 或者企业 B 中标，但是在每种情况下，次低价都不是另一方给出。在第二种情形下的第一个案例中，企业 A 以 100 赢得竞标，企业 B 出价 110，但是次低出价为 105。因此，并购后合并的实体需要击败 105 才能中标，这与并购前企业 A 的出价情况相同。第二种情形下的其他案例与此类似。

表 12.2　"最紧密替代"的竞标分析

情形 1			情形 2		
A	B	第二高价	A	B	第二高价
100	105	110	100	110	105
105	100	120	20	100	105
110	112	115	110	115	112
95	97	110	95	110	97
120	115	130	30	115	120

对这种形式的分析有几点需要注意：第一，如果可以获取数据，进行分析相当简单，不需要任何复杂的统计方法或者建立模型。第二，对企业来说，获取数据可能很难。在并购案中，假定合并各方知道他们对每一投

标的出价，但是他们也许不知道次低出价是多少。但是，即使当事方不知道，竞争当局还是能够进行这种分析，因为竞争当局通常能够要求市场中各个企业来提供相关的数据。而且，买方很可能在自己的招投标中完好地保存了数据，而且，如果他们确信并购行为会对其不利时，他们可能乐意将数据交给竞争当局。第三，这一分析逻辑要求：当企业竞标时要对其他企业的出价有一个很好的了解。因此，我们假设在第一种情形中，当事方知道他们曾是关系最紧密的替代方，所以也知道他们并购后可以出价更高。尽管我们不指望这些企业非常详细地了解其他竞标者的出价（即，他们也许不知道历次情况中谁是次低出价），但很可能随着时间的推移，企业将会知道在特定类型的招投标中，谁是关系最紧密的竞争对手。

第二节　竞标市场的例子

欧盟委员会在大量的案件中都仔细研究了招投标市场。下面我们将讨论其中的一些例子：SNECMA 与 TI 集团成立合营企业；飞利浦公司与安捷伦科技公司间的合并；MCI 世通公司与 Sprint 公司的合并；还有通用电气公司和 Instrumentarium 公司的合并。另外，我们还简要讨论了英国北海直升机的案例。波音和麦道案已在上面的内容中进行过探讨。

我们首先讨论通用电气与 Instrumentarium 公司的合并，因为它是非常好的例子，在上述讨论的三种分析中占了两种。

一、通用电气公司/Instumentarium 公司案[⑪]

欧盟委员会对通用/Instumentarium 案作出的决定，支持通用电气医疗系统公司（即通用电气）收购 Instumentarium 公司，一家领先的医疗设备供应商。受此交易影响的主要细分市场包括：病患监护仪、C-臂、胸部 X 光检查仪器。病患监护仪进一步区分为术前病患监护仪和急救护理监护

---

⑪　COMP/M/3083 GE/Instrumentarium（2003 年 2 月）。

仪。在每个市场中，合并当事方均面临两大供应商（即，飞利浦和西门子公司）和大量较小企业的竞争，这些小企业通常只出现在某些国家市场中。在每个相关产品市场中，合并后的实体在许多国家市场中将拥有较高的市场份额（在某些情况下显著超过 50%）。

这些产品的销售都是通过招标，因此这样的市场可以被定义为招投标市场。欧盟委员会从不同市场中的主要参与方那里收集到大量的数据，并且利用这些数据进行了许多实证分析。我们没有在下面逐一讨论所有内容，而是主要集中在两个有问题的市场进行的一些分析：移动 C 臂市场和术前病患监护仪市场。在这两个市场中所进行的分析，为上述两类竞标市场的研究提供了很好的范例：分析两家企业关系的紧密程度和分析企业是否为竞争相关的。下面所提到的所有数据均来自欧盟委员会的决定。

（一）移动 C 臂

委员会估计，合并后交易双方在欧洲经济区移动 C 臂市场的份额达到 45% 至 50%。此外，委员会明确了合并后市场份额会显著提高的一些国家，例如奥地利（血管 C 臂的市场份额为 80% 至 90%）和德国（低端 C 臂的市场份额为 60% 至 70%）。当事方提供了 1998 年至 2003 年间通用电气在欧洲经济区中标的 400 多次招投标分析。这些分析的目的是了解在通用电气中标的招标项目中，Instumentarium 公司进行次低报价的频率是多少。结果如表 12.3 所示。

表 12.3　通用电气获得移动 C-臂中标项目中的次低报价者

	次低报价的百分比
Instrumentarium 公司	0-10
飞利浦公司	30-40
西门子公司	40-50

数据来源：COMP/M/3083 GE/Instrumentarium（September 2003）案 第 244 段

这些结果表明，当通用电气公司中标的情况下，Instrumentarium 公司很少给出次低报价。当事方提交了 Instrumentarium 中标情况下的类似分析，因缺乏其他国家的数据，这个分析仅仅涵盖了德国。这一分析表明，当 Instrumentarium 公司在德国中标时，通用电气公司作为次低出价的比例只有 10%—20%，而飞利浦和西门子公司相应的比例分别为 50%—60% 和 20%—30%。[⑫]

上述这些研究是"竞争紧密性"研究的案例。这些研究表明，并购前当通用电气公司中标时，Instrumentarium 公司对其具有限定性约束的情况相对很少，反之亦然。相反，具有约束力的限制通常来自西门子和飞利浦。并购后这些公司依然存在，因此这意味着：一般情况下，并购前具有约束力的限制在并购后依然存在，从而说明并购不可能导致价格上涨。

欧盟委员会还进行了计量经济分析，采用了来自西门子公司和当事方的数据。[⑬] 这个分析的目的是评估 Instrumentarium 公司出现在招投标中对通用电气出价的影响。这种分析是我们上述的"竞争性相关"研究的一个例子。这里的价格按照每个招投标报价列表中的折扣进行测量。如果 Instrumentarium 公司出现时，通用电气公司始终给出较低的价格（即较高的折扣），则会表明 Instrumentarium 公司作为一个独立的投标方从市场中消失，将导致通用电气公司在合并后定价更高。然而，委员会发现 Instrumentarium 公司的存在与否对通用电气公司的价格没有任何影响。

"这个拓展性实证评估的结果是，Instrumentarium 公司作为一个独立的投标方出现在竞价投标中和竞标者数量中，对通用电气公司在投标中所给出的折扣大小没有系统性的影响。在欧盟委员会所有的评估模型中，用以捕捉 Instrumentarium 公司出现在竞标中的虚变量系数，都不具有统计上的显著性。"（第 248 段）

委员会得出的结论是，尽管合并后的市场份额可能会很高，但不管是在整个欧洲经济区还是在个别国家，交易均不会导致合并后的实体在移动

⑫　COMP/M/3083 GE/Instrumentarium（2003 年 2 月），第 245 段。
⑬　委员会在决定中提到：尽管有飞利浦提供的数据，但是数据质量太差，不能使用。

C 臂市场中占据支配地位。

（二）围术期病患监测仪

欧盟委员会发现，合并后的围术期病患检测仪市场份额超过 50%，市场份额增量超过 5% 的有五个国家：法国（55%—60%[14]）、德国（45%—50%）、西班牙（80%—85%）、瑞典（70%—75%）、英国（80%—85%）。

利用 1998 年到 2003 年间在欧洲经济区的 3000 多次投标数据，欧盟委员会调查了当事方相互竞争的频率。委员会发现当事方在 50% 至 60% 的招标中会相遇。在这些招投标中，当事方参与而没有其他竞争对手出现的概率为 20%—30%，仅遇到一个其他竞争者的情况是 20%—30%。委员会还发现，在 30%—40% 的情况下当事方面临的竞争来自边缘企业，而不是飞利浦和西门子公司。委员会得出的结论是，这意味着在大约三分之一的招投标，在合并后的重要参与者会从两个减为一个。

该委员会同时依据了 1998—2003 年之间 Instrumentarium 公司中标的招投标分析，这包括了超过 2000 次的招投标。分析结果表明，在法国，通用电气公司作为第二位竞争对手的几率为 50%—60%、德国为 70%—80%、西班牙为 60%—70%。委员会得出结论：

"因此这表明，至少在法国、德国和西班牙通用电气公司是 Instrumentarium 公司最紧密的竞争对手。"（第 147 段）

对于法国和德国来说，这与仅基于市场份额预料的情况正好相反。委员会估计，Instrumentarium 公司在法国的市场份额为 45%—50%，这意味着其他所有公司的市场份额为 50%—55%。委员会估算，通用电气公司拥有 5%—10% 的市场份额。这意味着通用电气公司在非 Instrumentarium 公司的"市场"中拥有 10%—20% 的份额（即 55% 中的 5% 是 9%；50% 中的 10% 是 20%）。因此，仅基于市场份额分析，人们会因此认为通用电气在

---

[14]　审查决定中给出的数字是 55%—100%。但是，两个公司各自的数据为 5%—10% 和 45%—50%，因此 100% 的数据是错误的。

Instrumentarium 公司之后位居第二的情况大概是 10%—20%。然而，研究表明实际数字超过 50%，在德国的情况也大致这样。这表明从市场份额中得出"紧密竞争"的结论是极其错误的。仅依据市场份额，将会认为在法国和德国飞利浦和西门子是 Instrumentarium 公司的更为紧密的竞争者，而不是通用公司。招标数据的分析表明，事实上，在这两个国家中通用电气公司是与其关系最紧密的竞争对手。

对西班牙竞标数据的分析结果更多是与市场份额保持一致。Instrumentarium 公司的市场份额为 65%—70%，通用电气公司为 15%—20%。如果 Instrumentarium 公司的市场份额是 65%，通用电气为 20%，那么我们可以认为大约有 57%（20/35）招投标中，通用电气公司在 Instrumentarium 公司之后位居第二。因此，在西班牙基于市场份额数据（60%—70%）进行的分析并没有太大出入。

委员会也可以对通用电气在法国的定价进行计量经济分析。[15] 通用电气中标时，如果 Instrumentarium 公司也参与投标，则通用电气公司的出价平均低于价目表订价 35%—45%；如果 Instrumentarium 公司未参与投标，通用电气公司的出价平均低于价目表订价的 25%—35%。这些平均折扣的差别在统计上是显著的。这表明，合并后的通用电气公司将会提高价格，因为它将不再受制于 Instrumentarium 公司的竞争约束。

委员会推断，并购会导致当事方在术前病患检测仪市场拥有支配地位。因此，当事方提出一种剥离方案以消除这些竞争关注。

二、SNECMA 集团/ TI 集团案[16]

这个案子涉及 SNECMA 和 Ti 的两个起落架子公司之间成立合营企业。此次并购使起落架的主要供应商从四个减少到三个。根据合营企业 1993 年

---

⑮　我们讨论的这个分析实际上参考了法国 Drager 的定价。Drager 是 1999 年 3 月至 2002 年 2 月通用电气在欧盟经济区围术期病患监测仪的独家分销商。

⑯　IV/M368 Group SNECMA/TI Group［1994］OJ C42/12.

中标的合同价值，合营企业将会形成一个市场份额低于 30% 的实体。[17] 市场中既存的最大竞争者是 Menasco 航空有限公司和古德里奇航空克利夫兰气动公司，他们持有的以价值计算的全部合同的份额与合并后的实体相差无几。[18] 起落架市场的竞争采用招投标的形式，长期供应商提供不同型号飞机的起落架。每个型号飞机的起落架设计都是不同的，因此每个投标人都要提供设计和价格。这表明一旦选定投标人与其签订合同，飞机制造商没有其他起落架供应商和设计替代可以选择。[19] 起落架行业因此给竞争市场提供了一个很好的例子。委员会认识到这一点并指出：

"产品的市场份额数据，如起落架的市场份额数据，应该从飞机制造行业长远的产品生命周期角度来看……未来的竞争将是新型特定飞机起落架产品新的长期合同的竞争，对于将来竞标那些新合同的公司来说，现有的市场份额可能只是相对竞争力量的一个粗略指标。"[20]

欧盟委员会把民用飞机的相关市场界定为全球市场。委员会指出，美国供应商是可以信任的投标方，他们扩大了地理分布，特别是在欧洲，并且扩展了他们打算生产的起落架产品的范围。基于此，人们可能会认可委员会的决定，那就是合并并没有引起严重的竞争问题。

三、飞利浦/安捷伦科技公司案[21]

飞利浦/安捷伦案提供了一个检验两家公司是否为紧密竞争对手的案例，这个案子的竞争关注是心脏超声市场的重叠。飞利浦公司 1998 年通过收购 ATL 进入超声市场，现在想从安捷伦公司手中收购医疗保健解决方案

[17] IV/M368 Group SNECMA/TI Group［1994］OJ C42/12，第 23 段。
[18] IV/M368 Group SNECMA/TI Group［1994］OJ C42/12，第 33 段。
[19] 这或许不是非常正确，但是转向另一供应商的巨大转换成本表明，一旦签订合同，飞机制造商事实上锁定了起落架供应商。
[20] IV/M368 Group SNECMA/TI Group［1994］OJ C42/12，第 25 段。
[21] COMP/M2256 Philips/Agilent［2001］.

集团（HSG）。合并后实体的市场份额大约占欧洲经济区市场的40%，[22]委员会认为 HSG 和 ATL 公司并不是彼此关系最紧密的竞争对手。当事人提交了 HSG 集团参与投标的出价研究结果。该研究采用了1998—2000年的数据，研究发现，当 HSG 集团中标时，通用电气和西门子公司位居第二的几率要大于 ATL 公司。当 HSG 集团未中招标时，通用电气和西门子公司两者均为赢家的次数大于 ATL 公司。欧盟委员会认为：

> "对 HSG 集团的心脏超音波机器来说。通用电气和西门子/ Acuson 公司不管是在中标或失标的项目中，均是最强的夺标者，ATL 公司通常排在第三位。因此，可以认为飞利浦/ HSG 集团即使在没有遇到其他顶级供应商的竞争约束时，也没有能力提高一个或两个产品的价格。"（第35段）

四、MCI 世通公司/斯普林特公司案[23]

在这个案子中，欧盟委员会担心的一个问题是：该交易将导致向多个成员国销售的全球电信服务（GTS）市场形成共同支配地位。委员会计算了合并后的市场份额，合并后的实体份额约为25%—40%，音乐会联盟（Concert alliance）的份额约为25%—45%。委员会注意到，GTS 的销售是基于招投标竞争，认为这个市场的竞标结构会使两个领先的当事方有效地协调他们的行为。他们的理由大概是这样：每个招投标包括两个阶段，在第一个阶段，企业基于服务的质量来投标，而不是基于价格；在第二个阶段，他们在价格上展开竞争。并购后，MCI 世通/斯普林特公司和音乐会联盟可以在第一阶段提供一个组合服务，这些服务小企业很难提供，因此，这两个企业将成为进入第二阶段仅有的企业。接下来，他们温和地竞价，因为只剩下两个竞争对手，而且招投标项目很频繁，因此，默示共谋的可能性很大。

㉒　COMP/M2256 Philips/Agilent［2001］第24段。
㉓　COMP/M2256 Philips/Agilent［2001］第24段。

这个市场的竞标如何开展，在欧盟委员会的分析中存在诸多瑕疵，当事方基于一些实质性的根据反驳了委员会。但是，最关键的依据是，委员会认为小规模的市场参与者不能给合并后的实体或音乐会联盟施加竞争约束，如 Equant 公司和 Cable&Wireless 公司，这些企业的市场份额不到5%。然而，委员会指出，一个公司至关重要的是要有可靠的竞标能力，而不是市场份额的大小。因此委员会得出结论说：

"值得注意的是，当事方解释认为，在招标市场……市场份额较小的公司如 Equant 公司和 Cable&Wireless 公司，能够有效约束拥有较大市场份额的企业行为。"（第 295 段）

尽管小规模企业的市场份额明显较低，但是他们有能力一起进行可信赖的竞标，因此委员会得出结论说：

"欧盟委员会承认，案件调查不能表明实际竞争对手如 Equant 公司和 Cable&Wireless 公司对合并方和音乐会联盟没有竞争约束。"（第 302 段）

五、北海直升机案[24]

2000 年，在北海北部地区为离岸石油与天然气设施提供直升机服务的两家公司邦德公司和布林斯特，成功地谋求了合并。[25] 这是一起三变二的并购，并购前两家公司仅面临一个其他的竞争对手（即布里斯托公司）。这个市场是一个招标市场。石油公司通过招投标程序授予合同，给出的合同往往是 3—5 年期的长期合同。市场中的买家相对较少，因此每一份合同都代表了相关市场中相对较大的比例。这表明，即使只有两个市场参与者，竞争也可能是有效的。此外，市场进入壁垒较低，因此，如果合并后价格上涨，存在新进入者进入市场的压力。作为调查的一部分，英国竞争委员会从当事方那里收到了挪威市场与北海北部地区市场的毛利润对比证据，挪威市场中仅有两个市场参与者，北海北部地区有三个市场参与者。基于毛利率进行的比较，考虑到了挪威市场的成本高于北海市场的事实。

---

[24]　《CHC 直升机公司和直升机服务小组 ASA：并购中的报告》，2000 年 1 月 1 日，Cm4556。
[25]　此案例的讨论基于 Oldale（2000 年）。

当事方表明，在 1995 年至 1998 年间，挪威市场的毛利润一直低于北海市场的毛利润，数据参见图 12.3。[26]当事人认为，这个证据支持了三个参与者变为两个不会导致有效竞争减少的主张。

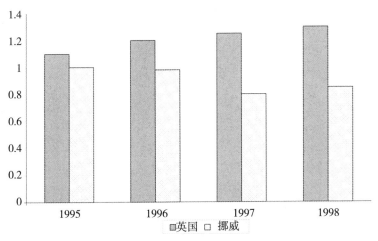

图 12.3 北海北部和挪威地区的毛利润

在竞标市场中，可以进行许多类型的实证分析。在这一章，我们讨论了三类分析：

（1）有效竞争可能只需要相对少数的企业活跃在市场中。关于价格和竞标者数量的关系分析，可以说明有效竞争需要多少企业参与。

（2）市场份额并不总是理想地代替竞争力量。在竞标市场中，分析一个小规模企业对竞争结果的影响，通常也是可能的。

（3）在单边效应情况下一个重要问题是，合并各方到底有多紧密。招标市场中可获得的数据类型（即参与投标公司的投标数据）常常可以被用来判断合并各方是否为紧密的竞争者。

---

[26] 此图表是来自 Oldale（2000）。

第十三章　冲击分析法

　　人们有时会指出竞争法案例中的实证分析过于复杂。对于这种说法有两种回应。第一种认为，实证分析只是反映了竞争法案件中潜在问题的复杂性，因此，分析往往是复杂的，这不足为奇。另一种回应认为，在许多情况下这种表述不正确，许多实证检测不难实现而且也很直观。本章讨论了一种称为"冲击分析"的方法。尽管这种方法很简单，但是如果恰当地应用，可以对竞争假设提供有效的检测。

　　冲击分析利用一个行业中过去发生的事件，告知我们这个行业竞争的本质。冲击分析着眼于发生在某个行业里的冲击性事件，分析行业对于冲击的反应是否会告知我们关于行业有用的信息。事实上，这种方法与其说是实证方法，不如说是应用常识对数据进行分析。对一个产业的冲击能够传递出行业运营的大量信息。有用的冲击类型包括：

　　●新产品发布：当发布一个新产品时，会从哪家企业截获销售量？一般来说，我们会认为新产品赢得的销售额，来自替代性商品而不是非竞争关系的商品。

　　●汇率冲击：当两个产品的相对价格受到汇率冲击而改变时，那么随后价格会发生什么变化？这种类型的冲击分析对地域市场的界定非常有用。

　　●不同投入成本的冲击：因两种产品之一遭受投入成本冲击，两种产品的相对生产成本发生改变时（例如，其中一种产品在生产时是使用石油，而其他产品的生产不使用石油），随后价格会发生改变吗？如果两种产品是紧密替代品，我们应该预料到，没有受到投入成本冲击产品的定价，会与受到冲击的产品价格的调整一致。这可能包括遭受投入成本冲击的产品价格，因为受到了替代产品的价格制约而保持不变，或者，替代产品的价格上调，以回应因投入成本冲击而价格上涨的产品价格。

● 广告活动的效果。当某一产品通过新的广告宣传活动来进行促销时，会从哪里截获销售量？哪些产品用自己的广告活动对此做出回应？

应该指出的是，欧盟委员会自身支持使用冲击分析，认为其在界定相关市场中具有非常有效的作用。在市场界定通告①第 38 段中委员会写道：

"近期替代的证据。在某些案例中，对市场中那些与刚刚过去的事件或冲击有关的证据进行分析，可以给出两种产品之间替代的真实例子。当可以这么做时，这样的信息通常将会成为市场界定的基础。如果相对价格在过去发生变化（在其他条件不变的情况下），那么以需求数量做出的反应将是确立可替代性的决定因素。如果能够准确分析哪些产品因新产品而损失销售量，那么过往新产品的推出也可以提供有用的信息。"

本章中我们先讨论三个应用分析的案例，其中两个案例来自欧盟委员会过去的案例，另外一个是假设的案例。之后，我们将讨论另一种形式的冲击分析法：股票市场事件研究。最后为本章的总结。

第一节　案例研究

案例一　保洁公司/VP Schickedanz 卫生用品公司案②

在本案中，一个重要的竞争问题是卫生巾是否与卫生棉条在同一产品市场。委员会针对这个问题进行了冲击分析。1991 年 7 月，宝洁公司在德

---

① 欧委会关于共同体竞争法下相关市场界定的通告 372/5；[1998] 4 C. M. L. R. 177.
② IV/M430 Procter & Gamble/VP Schickedanz [1994] OJ L354/32.

国推出了卫生巾产品护舒宝（Always）。委员会在决定中着重分析了之后卫生巾和卫生棉市场所发生的事情。委员会首先考察了价格，发现在护舒宝（Always）进入市场两年半后，其他卫生巾价格几乎没有改变，然而卫生棉条价格上涨显著（见表13.1）。

表13.1　护舒宝（Always）进入市场之后的价格变化

	价格变化的百分比	
	卫生棉条	卫生巾
6个月之内	0.7	−3.8
1994年2月	18.2	2.3

资料来源：委员会决定第63段。

这个简单的证据表明Always对其他卫生巾产品施加了竞争约束，但对卫生棉条没有影响。委员会接着分析了市场进入对于女性使用卫生巾或者卫生棉条比例的影响。如果Always在德国与卫生巾和卫生棉条平等竞争，那么人们会认为它将攫取两者的市场份额。表13.2表明事实并非如此。

表13.2　在德国渗透率的变化

	护舒宝（Always）	其他卫生巾	所有卫生巾	卫生棉条
1990年7月/1991年6月	0	64	64	36
1991年7月/1992年6月	5	58	63	37
1992年7月/1993年6月	11	52	63	37

资料来源：委员会决定第64段。

表13.2表明Always从其他卫生巾产品中攫取了份额，但是没有从卫生棉条中攫取市场份额。同样，这意味着在德国Always没有与卫生棉条构成竞争，而是与其他卫生巾竞争。委员会还指出（决定第71段），当

Always 进入北欧国家时，其他卫生巾生产商提高广告支出以对其做出回应，但是卫生棉条生产商并没有反应。

围绕 Always 进入德国市场时进行冲击分析所提供的证据，既简单又有效。当然，委员会看起来非常依赖这一分析，认定卫生巾和卫生棉条分属于独立的相关市场。③

案例二 汇率冲击分析

汇率冲击可以为地域市场界定提供有利的证据。假设我们的问题是：在不同国家销售的产品是否为同一相关市场的一部分。此外，假设存在汇率冲击，一个国家的货币大约贬值 20%。因此，把外国产品的价格兑换成国内货币时，会使其高出 20%。随后可能发生的情形才是引人关注的问题：不同国家中的产品价格，当被兑换成通用汇率时，会随时间而趋同吗？图 13.1 举例说明产品价格会因此而趋同。初期，国内产品和国外产品的价格兑换成国内货币时价格相同。之后出现了汇率冲击，导致国外产品价格兑换成国内货币快速上升 20%。然而，15 个月之后，两个国家的产品价格再次趋同。国内产品价格上升，而国外产品价格下降。结果是，15 个月之后两国产品价格以国内货币计算，增长了 10%。这实际上表明，外国产品的价格有所下降，因为汇率贬值 20%，当兑换成国内货币时，其产品价格应该比以前的价格高 20%。

这表明这些产品之间的确相互施加竞争约束。当外国产品以国内货币计算价格上涨时，则该产品的国内价格出现增长。同样，两产品之间的竞争意味着外国产品价格无法完全反映汇率的冲击。

这种分析说明了什么？这说明两种产品在相同的地域市场中，可以看出两产品的价格只在短期内不保持一致。

---

③ 决定第 75 段指出"委员会断定，毫无疑问存在明确的独立市场——不仅是卫生护垫是独立市场，护垫和卫生棉条也是。

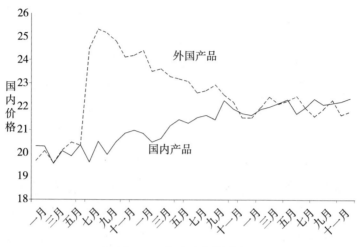

图 13.1　汇率冲击的例子

案例三　阿斯利康 AstraZeneca 案④决议案

在众多的实证方法中，欧盟委员会依据第 102 条对阿斯利康（AZ）做出的判决中采用了冲击分析法。此案涉及 AZ 的产品洛赛克（Losec）。这是最早的质子泵抑制剂（PPI），一种用于治疗各种酸性肠胃疾病的经典药品。⑤ PPI 出现之前，用于治疗各种与酸相关肠胃疾病的最常用药品是组胺受体抗结剂（H2 阻断剂）。

这个案子的一个重要问题是，在涉嫌滥用期间内（1999 年—2000年），H2 阻断剂和 PPI 是否属于同一相关市场。如果答案是肯定的，那么委员会很难认定 AZ 产品具有市场支配地位，因此也很难追究 AZ 滥用市场支配地位。判决第 418 和 437 段是对德国的相关市场进行了界定。委员会提到了四项与此问题相关的证据。委员会认为：

　　"当他们考虑到 AZ 的假设，即 PPI 和 H2 阻断剂在内的一个共同相关

---

④　COMP/A. 37. 507/F3 *AstraZeneca*（2005 年 6 月 15 日）.

⑤　消化性溃疡、反流性肠胃食管炎以及消化不良。

商品市场时，这些'自然事件'构成了对市场存在重大竞争约束的重要证据。"

四项证据如下：

1. 当第二种 PPI 即泮托拉唑于 1994 年 9 月进入德国时，洛赛克产品价格下降了 16%，但对 H2 阻断剂产品价格并未产生影响。委员会认为，这表明了新型 PPI 产品与既存的 PPI 产品竞争，而并非与 H2 阻断剂产品竞争。

2. 1995 年，H2 阻断剂的同属类产品雷尼替定进入市场，导致 H2 阻断剂价格大幅降低（三个月下降了 40%），但并未对 PPI 价格产生影响。这意味着通用雷尼替定与其他 H2 阻断剂产品竞争，而并不与 PPI 产品竞争。

3. 委员会发现，在通用雷尼替定进入市场之前，H2 阻断剂产品的推广活动激增，而 PPI 产品并未加大推广活动。委员会认为这表明 H2 阻断剂部分产品的竞争增强对"PPI 产品市场没有溢出效应"。⑥

4. 奥美拉唑通用产品的市场进入（在洛赛克中的活性物质）对洛赛克产品的销售产生很大影响，其销售额大幅下降了 60%。所有 PPI 产品销售下降，但下降幅度没那么大。委员会指出，这表明洛赛克产品受其最紧密替代品的影响要远远大于受 H2 阻断剂的影响。

如果价格竞争是药物市场竞争的一个重要因素，那么委员会进行的分析似乎既简单又直观上引人注目。例如，第二种 PPI 产品的进入对洛赛克产品价格产生影响，但并没有对 H2 阻断剂产品价格产生影响，这一事实是很有力的证据，用来表明 PPI 的竞争对 H2 阻断剂影响甚微。反过来也是这样，即 H2 阻断剂的竞争对 PPI 的竞争几乎没有影响。

然而，值得注意的是，委员会的结论并不是无可挑剔的。在竞争主要基于价格的市场中，委员会得出的结论似乎是合理的，也会成为通过简易分析给出强有力推论的范例。但是，在药品市场中，价格竞争或许并不是

---

⑥ COMP/A.37.507/F3 *AstraZeneca*（June 15, 2005），第 424 段。

主要的竞争因素。[⑦]

第二节　证券市场事件研究

另一种形式的冲击分析即证券市场事件研究。这些研究背后的理念是运用证券市场对并购相关公告的反应，推测并购可能产生的影响。标准检验法（又称为"Eckbo-Stillman"检验法[⑧]）着重于竞争性公司而不是并购方的股价变化，一般情况下，并购的公告通常会导致并购方股价上涨。然而，这并不意味着我们可以获悉证券市场判断出并购是限制竞争还是促进竞争的。限制竞争的并购导致更高股价，因而人们认为并购方更高的利润会引起合并方股价上涨。然而，对促进竞争的并购来说上述结论依然适用，人们认为这种并购通过合并效率降低成本而提高收益。因此，Eckbo-Stillman检验法则考虑竞争者的股价。如果人们认为一起并购会使并购方提高价格，那么这对竞争性企业来说也是有益的，因此他们的股价理应上涨。另一方面，如果一起并购被认为能够导致交易各方效率更高，那么会损害竞争者，因为他们要与更有效率的竞争对手展开竞争，因此应该会导致他们股价下降。

事件研究法对两者进行比较，即当宣布并购时实际的股价变化，以及在并购消息公布前人们期望的股价变化。尽管没有任何新闻报道，股价每天都会改变，因此当进行事件研究时有必要考虑这些。通常的方法是假设股票的预期收益为：

(1) $r_t = \alpha + \beta r_{mt}$

---

⑦　我们理解，阿斯康利认为价格竞争并非竞争的主要因素。显然阿斯康利发现，在药物市场中，医生在特定条件下可以决定药品选择，而且医生往往是基于治疗而非经济的原因做出抉择。这也引发了一个问题：在药品市场中基于价格的分析究竟会受到多少重视。我们理解，阿斯康利利用对处方行为的详细分析，主张在考察的时间段内 PPI 和 H2 阻断剂事实上为所有的微诊断的处方药，这被视为支持更宽市场范围的证据。

⑧　如此称谓是因为在反垄断中运用的事件研究法的创始工作，是由 Eckbo（1983）和 Stillman（1983）完成的。

式中，r_t 是 t 时间的股票收益；

r_{mt} 为 t 时间股市证券组合的收益；

α 与 β 均为系数。

方程式（1）仅仅表明，一支股票的预期收益等于一个常量加上市场收益乘以系数 β。[⑨] 系数 α 与 β 可通过简单的多元回归分析估算出来，回归分析可利用并购公告前的日常数据。[⑩] 在此之后可估算出并购宣告当日的"非常规收益"（ar_t）。

（2）$ar_t = r_t - \alpha - \beta r_{mt}$

我们认为并购各方的非常规收益为正。Eckbo-Stillman 检验专注于并购双方竞争者的非常规收益是正值（意味着一个阻碍竞争的并购）还是负的（意味着一个促进竞争的并购），还是两者都不是。[⑪]

有助于说明 Eckbo-Stillman 检验法的一个简单例子如下。假设 A 公司宣称即将收购 B 公司。假设 α 值为零，两公司的 β 值均为 1，且在并购公告当日股市价格上涨 5%，那么 A 公司和 B 公司的预期收益均为 5%。假设 C 公司是 A 公司和 B 公司的竞争者，且其 α 值为零，β 值为 1，因此其预期收益也为 5%。表 13.3 提供了两种可能的假设情形。在两个例子中，并购双方的非常规收益均是正值：在情形 1 中，A 公司和 B 公司的非常规收益分别为 7% 和 11%；在情形 2 中，A 公司和 B 公司的非常规收益分别为 18% 和 23%。但是 C 公司即竞争公司的非常规收益在情形 1 和 2 中差别迥异。在情形 1 中，C 公司股价于并购公告当日实际上下降 5%，因此其非常规收益为 -10%。根据 Eckbo-Stillman 检验法，这意味着并购是促进竞争的。在情形 2 中，C 公司股价上升 17%，因此其非常规收益为 12%。这意

---

⑨　那些熟悉基本金融理论的人们会注意到，这个等式仅仅是资本资产定价模型，其中 $\alpha = (1-\beta) r_{RF}$，$r_{RF}$ 为无风险回报率。

⑩　参见附录计量经济学有关多元回归分析的阐述。

⑪　有人建议（例如 Fee 和 Thomas（2004））可以采取类似的方法来检测并购对上游供应商的影响。这种观点认为，如果并购公司可以利用其并购后增强的买方力量来获得更低的投入价格，这应该是促进竞争的，那么上游供应商的股价就会下跌。然而，上游供应商股价下跌的另一个原因是，如果并购后的实体提高价格、降低合并后的产出，那么将从上游公司购买较少的原材料。因此这种方法并不能区分是促进竞争还是阻碍竞争。

味着并购是阻碍竞争的。

表 13.3　事件研究案例

	情形 1	情形 2
A，B，C 公司的预估收益	5%	5%
A 公司的实际收益	12%	23%
A 公司的非常规收益	7%	18%
B 公司的实际收益	16%	28%
B 公司的非常规收益	11%	23%
C 公司的实际收益	−5%	17%
C 公司的非常规收益	−10%	12%

　　Eckbo-Stillman 检验存在许多问题。首先，只有当反竞争的担忧为：并购后的实体提高价格、而且会使其他公司也提高价格时，该方法的基本逻辑才可行。这是横向并购的一个普遍问题。然而，如果竞争担忧是并购后的实体将在并购后从事排他性行为时，那么 Eckbo-Stillman 检验法将行不通。这是因为当出现排他性反竞争行为时，无论并购是阻碍或促进竞争，并购双方的竞争者都将遭受损害。排他问题通常出现在纵向并购中，[12]但也会在横向并购中出现（如 GE/Honeywell 案）[13]。

　　其次，此检验方法的效力也许非常低。也就是说，即使并购是阻碍竞争的，也很难确定对竞争者的股价影响，这是因为有很多原因会导致这种结果主要的原因可能是：大多数公司生产多种产品，即使某一产品的预期收益率因并购公告而大幅改变，这对公司整体收益率影响仍然可能甚微。假设一起已公告的并购是阻碍竞争的，且会导致竞争者利润增长 10%。若上述产品只占此公司利润的 25%，那么这仅转化为 2.5% 的股价涨幅。假设股价呈现不稳定趋势，那么将很难确定每日数据大小的变化。Eckbo-Stillman 检测的说服力不强，也存在一些技术上的原因，其中之一是它很

---

[12]　参见第七章关于纵向并购损害理论的讨论。

[13]　COMP/M. 2220 General Electric/Honeywell（2001 年 7 月 3 日）。

难检验非常规收益在统计上是否显著。[14]

McAfee 和 Williams（1988）认为事件研究无法检验出阻碍竞争的并购。他们对一起被认为是反竞争的并购进行事件研究，结果表明股价变化并没有显现出阻碍竞争的迹象。McAfee 和 Williams 分析了 Xidex 公司收购 Kalvar 公司案。两公司均生产非银复制缩微胶片。并购之后三个月，Xidex 公司关闭了 Kalvar 公司唯一的工厂，并解雇了全体员工。McAfee 和 Williams 预估此举会使 Xidex 公司提高价格，并导致在接下来的两年 Xidex 公司利润大幅增长，远大于收购价格。然而，他们发现竞争公司的股价并没有表现出任何反竞争效果的迹象。也就是说，他们没能发现在并购公告时期竞争者的任何明确反常收益。甚至，哪怕有任何非常规收益表现为负值（尽管统计学上并不显著）。McAfee 和 Williams 认为事件研究的主要问题在于，企业往往为多产品企业，而并购效应通常仅对其中一部分产品产生影响。

事件研究法效力薄弱的进一步原因在于，它对于并购消息何时能够传递到证券市场并不清晰。通常在并购正式发出通告前会出现并购的传闻。如果在正式发出并购通告前，证券市场将这些传闻考虑到股标价格中，那么在通告发布当天，股价反应会很微弱。如果证券市场接受到消息的时间不明确，那么就不可能去检验并购消息对股价的影响。

Eckbo-Stillman 检验法还存在一个逻辑问题。其思路是，证券市场会明白一个并购是反竞争的（即导致更高的价格），并且因此会将此因素考虑进股价中去。但是，如果证券市场知悉这个并购是反竞争的，那么为什么它并未预测到反垄断当局会禁止它，或至少对并购的反竞争影响提出救济方案？换句话说，如果证券市场知悉并购是反竞争的，为什么它会认为尽管如此竞争当局还会同意此起并购？如果竞争者的股价在并购宣告当天上涨，不可能是因为证券市场认为并购是阻碍竞争的，除非它也认为竞争当局不会禁止这起并购。似乎更合理的假设是：竞争当局将会禁止并购，

---

[14]　这里的问题是，标准的显著性测试要求每日股票市场收益是正态分布的。通常并非如此。参见 Ford and Kline（2006）。

并且证券市场期待这种结果。在这种情况下 Eckbo-Stillman 检验是无效的。

最后，应该注意的是，竞争性公司的股价可能在并购宣告当天上涨的原因之一是，证券市场可能相信其他公司也会成为收购目标，这样的信念将导致股价上涨。

事件研究法的案例

（一）Staples-Office Depot 案

Warren-Boulton 与 Dalkir（2001）对 Staples-Office Depot 并购案进行了事件研究。此并购案涉及美国三家办公用品超市中的两家（Office Max 是第三家）打算合并。法院授权联邦贸易委员会发出初步禁令反对此项并购，双方随后放弃了并购。[15]从最初宣告并购到法院决定给出初步禁令，Warren-Boulton 与 Dalkir 对六个事件进行了研究。宣告并购的影响、美国联邦贸易委员会宣告阻止并购及随后法院决定的综合影响等事件分析，如下表 13.4 所示。

表 13.4　Staples-Office Depot 事件研究

	异常收益（百分比）		
	Staples	Office Depot	Office Max
宣告并购	-2.8%	30.0%	10.6%
FTC 提出异议及法院决定	6.5%	-59.3%	-15.3%

来源：Warren-Boulton 和 Dalkir（2001）。

并购宣告对于交易各方的影响是相对常见的：当宣告一起并购时，收购方的股价通常会下跌，[16]而目标公司的股价通常会上涨。然而，表 13.4 有趣的地方在于宣告并购以及随后 FTC 阻止该交易对 Office Max 的影响。

---

　[15]　有关此并购的更多内容，参见第 14 章和第 15 章。
　[16]　对此现象的解释往往倾向于两种可能性，收购方向目标公司支付的费用超过其价值，或者并购将导致收购方的管理层不再专注运营其现有业务。

在宣告并购当天，Office Max 的异常收益超过 10%，这与并购是反竞争的，且会导致价格上升的假设相一致。阻止这起并购对 Office Max 的股价影响好像也得到了证实，因为 Office Max 所遭受的负异常收益为-15%。作者总结到：

"金融市场认为，在 Office Max 目前与 Staples 和 Office Depot 竞争的市场中，此项并购会导致该市场中的产品价格上涨"[17]。

（二）英国案例

Beverley（2007）对英国竞争委员做出的各种决定进行了事件研究。从采样的总体效果可以明确的是，事件研究往往说服力低下。例如，Beverley 研究了 HMV / Ottakar's[18]并购和各种公告对零售书市场中主要竞争者 WH Smith 的股价影响。Beverley 发现 WH Smith 的股价并没因某事件而做出积极反应，这符合反竞争的损害理论。但是，她同样发现积极的反应在统计意义上并不显著，因而低估了其效果。WH Smith 的股价似乎对研究中的其他事件也没做出反应。

在 Baggeridge/Wienerberge 并购案[19]中，有两家上市公司从事相关市场（例如英国的砖市场）中的业务，这种情况或许是运用事件研究的适当市场。但是，Beverley 发现两个竞争者的股价对任何竞标事件都没有反应。

（三）微软

Bittlingmayer 和 Hazlett（2000）对 1991 年和 1997 年间针对微软的美国执法行为进行了事件研究。他们确定了计算机行业中的 159 家上市公司，其中包括了微软的竞争者、微软客户和微软互补产品的销售者。他们同时确定了对微软提起诉讼的 54 起事件。他们认为其中的 29 起是有利于对微

---

[17] Warren-Boulton 和 Dalkir（2001），第 480 页。

[18] "HMV 集团和 Ottakar 通过 Waterstone's Booksellers 拟议收购 Ottakar"（2006 年 5 月 12 日）竞争委员会的最终报告。

[19] "Wienerberger Finance Service BV and Baggeridge Brick plc：A report on the anticipated acquisition by Wienerberger Finance Service BV of Baggeridge Brick plc"（2007 年 5 月 10 日），竞争委员会。

软执行（pro-enforcement）的事件、8 起事件是不利于执行的（anti-enforcement）和 17 件是情况不明的事件。例如，在联邦贸易委员会宣布将调查微软的当日，是"有利于执行"的日子；而司法部声称在 Windows 95 安装之前将不采取任何措施，是"不利于执行"的日子。Bittlingmayer 和 Hazlett 进行研究的假设是，旨在约束微软所谓市场力量的有利于执行的行为，是否会对计算机行业中的其他企业产生正面或负面的影响。他们研究发现，支持促进执法的行为，总是对微软的股价和行业内其他公司的股价产生消极影响（平均来说，每次事件对微软的影响达到 30 亿美元，对其他公司的总体影响超过 10 亿美元）。与此相反，他们发现不利于执行的行为导致微软和其他公司的股价上涨。作者总结认为，事件研究为这种主张提供了有力证据：即 1991 年至 1997 年间，对微软的执法行为有益于计算机行业中的其他企业。

冲击分析代表了一种相对简单的实证分析。在某种程度上，它仅要求巧妙地考虑：对市场产生冲击后，可以从市场的行为中认识到什么。简单是此分析方法的主要优势，我们希望上述给出的例子能够表明，为了提供实用信息，运用实证证据的分析不需要特别复杂。这些案例表明冲击分析可以既简单又实用。

这种形式的分析方法的缺点在于实施困难。如果近来并未发生任何可用于研究的冲击事件，那么此种方法并不可行。但是，应该注意的是，类似新产品上市、短期促销和新广告宣传的冲击是十分常见的。同样，我们承认，即使当市场中存在很多冲击条件，却不意味着可从中汲取实用信息。例如，从其他因素同时影响市场的效果中分辨出冲击事件对市场的影响是十分困难的。而且，如果有证据证明市场竞争的本质近期已经发生变化，那么从以往的冲击事件中获取有用信息也是十分困难的。

　　我们认为，运用股票市场事件研究来预测并购对竞争的影响是极其困难的，部分原因涉及与检验效力相关的技术问题。但是，更实质的问题是，如果不考虑竞争当局将要实施可能的执法行为，证券市场将不会对并购消息做出回应。这意味着，Eckbo-Stillman 检验法在用于预测并购影响时，其常规逻辑是存在瑕疵的。

第十四章　价格集中度研究

　　本章讨论价格集中度研究，该方法是一种有效的、直观上很有吸引力的实证方法，可以广泛应用于反垄断领域。价格集中度研究主要是研究一个既定行业或行业部门中的价格①与集中度或市场份额之间的关系。通过研究众多独立"市场"的价格和集中度如何变化，价格集中度研究实现了其研究目的。

　　价格集中度研究可以用来回答一系列问题：

　　●市场界定。如果价格和集中度在许多市场都是正相关的，这就意味着这些市场中某个市场的假定垄断者能够有利可图地提高价格。集中度与价格之间的关联程度，可以给出假定垄断者涨价幅度的一个指向。在一个给定"市场"中，如果发现价格和集中度是不相关的，那么其引人注目之处在于，这至少与三种主张是一致的：或许是作为需求替代品的产品被遗漏于市场界定之外；抑或是对"市场"施加竞争限制约束的某些地理区域，被排除在市场界定之外；也可能是供应方的约束被忽略，并且进入"市场"是很容易的。为了能够从价格集中度研究中得到市场界定的结论，没有必要知道哪一种主张是正确的。

　　●支配地位。支配地位的法律概念等同于显著市场力量的经济学概念。我们应该会认为，一个具有显著市场力量的企业能够以高于竞争水平来定价。在给定市场中，较高的市场份额是否会导致支配地位，对此进行的检测是：领导性企业的市场份额越高，是否其价格也相应的越高。这与

---

　　①　或者利润率，或利润（有时）。我们在后面讨论这些替代性概念的相对优点。

第二章中讨论的支配企业模型是相一致的。

价格集中度研究吸引人的特征在于，它们能够用于第 101 条和第 102 条的情况中，也能用于并购的情况中，而且不用担心玻璃纸谬误（Cello-phane fallacy），玻璃纸谬误使得弹性与价格关联的解释在非并购案中变得问题重重。与不存在支配地位企业的情况相比，如果一个拥有较高市场份额的企业的价格并不系统性偏高，那么这表明支配地位企业还不能够把价格提高到竞争水平之上，因此市场界定检测并不受到玻璃纸谬误的影响。

●并购分析。价格与集中度的正相关性表明并购会导致协调效应，因为它符合这样的主张：在一个市场中，增加集中度会使企业更容易默示共谋，并因此提高价格。同样的，领先企业的市场份额与价格之间的正相关，或许表明并购可能导致单边效应。

因此，可以通过许多方法进行有益的价格集中度研究。但是，价格集中度研究也受到严厉的指责，我们也承认，调查人员在使用某一方法时，会面对很多潜在的缺陷。我们会在下面讨论这些缺陷。我们的观点是：尽管存在批评的声音，价格集中度研究在很多时候还是可以为竞争评估提供有价值的见解，尤其是涉及相关市场的界定。

本章其余的内容安排如下。首先讨论价格集中度研究的方法，随后给出一些案例研究，说明在实际案例中对价格集中度研究的使用，接下来讨论在使用和解释价格集中度研究中可能出现的各种不足。最后是我们的结论。

第一节　价格集中度研究的原理

我们来考虑一下拥有许多代销商店的两家零售商之间的并购。假设竞争机构已经确认了很多地方性市场，并购双方在这些市场中都设有销售点，并认为由于集中度的增加这些地方性市场的价格将在并购后上涨。并购各方不同意这一看法，他们认为双方不是在地方性市场而是在更宽泛的市场中从事经营，市场份额的增长可以忽略不计。对双方来说，证明局部"市场"的高市场份额并不等同于市场力量的一种方法，就是进行价格集中度的研究，以表明整个局域市场的价格和市场份额并不存在系统的关联性。

价格集中度研究可能首先要观察那些区域中根据集中度标示出的每一区域平均价格的简易图形。在此示例中，因为双方都是多产品的零售商。价格变量将是许多商品的价格指数，图 14.1 中的图表把价格与 38 个区域的四企业集中度（CR4）联系起来。

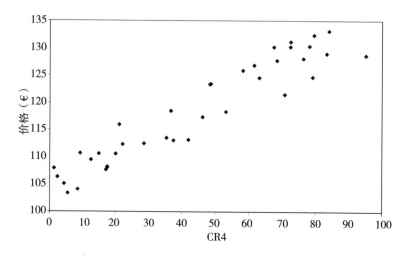

图 14.1　价格与集中度之间的正相关

在这个例子中，价格集中度分析给大家一个清晰的描述。CR4 较高的区域，看起来价格也相应地较高。这意味着，在很多区域中增加了 CR4 的并购，能够被认为导致了这些区域的价格上涨。在图表中绘制一条"最佳拟合"线，就可以得到价格随 CR4 上升而平均上涨的一个非常粗略的估算。在图 14.1 所描述的情况下，"最佳拟合"线的斜率约为 0.3，表明 CR4 每增加一个百分点，价格将上涨 0.3 欧元。

图 14.2 中的图示再次把 CR4 与 38 个区域的价格相关联，但是这一次我们似乎看不到集中度与价格之间的系统性关系。

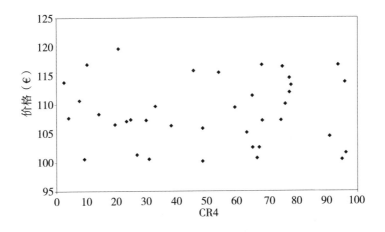

图 14.2　价格与集中度之间不相关联

在这个例子中，价格集中度研究对并购双方来说是有益的，这一研究表明价格与集中度不是正相关的（如 CR4 所测量的一样）。同样，我们依然能够在这个图中画出一条"最佳拟合"直线。在这种情况下，这条线是平的，因此说明价格与 CR4 之间是没有关系的。

尽管这种图表方法简单而且直观，但并不是很严谨。例如：在图 14.1中，集中度与价格之间明显是正相关的，但这种关系实际上是由同时影响价格和集中度的一些其他因素造成的。如果较为偏远的一些地区因为较高的运输成本而具有较高的价格，但同样拥有较高的集中度，因为它们是典型的较小规模的市场，那么，图 14.1 中价格与集中度之间的明显关联，就可能是因为地区偏远引起的，而不是高集中度导致的市场力量所产生。

价格集中度研究一个更严格的方法是进行计量经济分析（通常被称为是"简化形式"的评估）。计量经济分析让人们考虑除集中度之外其他影响价格的因素。对图 14.1 和图 14.2 中的数据进行的计量经济分析，证实了最初我们从图表分析中得出的结论。为了进行计量经济分析，我们需要确定那些随地区不同而发生变化，并且影响每一区域价格的变量。在假设的例子中，我们作出了如下的假定关系：

（1）P（价格）= f（集中度，薪资，租金，人口，及其他不随地区变

化的因素）

选取这些变量的理由应该很明确。选取集中度是因为它是我们首要关注的变量；薪资和租金是可能影响价格的成本因素，可能随区域而发生变化；人口的引入是为了判断市场的规模。如上所述，规模较小的市场提供的产品或服务也许更昂贵。那些不因地域而变化的因素没有必要进行细分，从定义可以看出其作用不大。因为我们的核心关注是了解为什么价格随区域而发生改变，所以以不随地域变化的变量不能提供适当的信息。

从回归分析得到的结果如表 14.1 所示。[②]

表 14.1　价格集中度研究的结果：正相关[③]

变量	系数	t-统计
不变量	100.19	24.6
集中度	0.30	50.9
租金	0.54	2.7
薪资	0.56	2.4
人口	-0.62	23.0
调整方差 R^2	0.98	
正态（v^2（2））	0.78	95%水平的 Crit. 值为：5.99
Chow 检测	0.56	95%水平的 Crit. 值为：2.45

表 14.1 证实了图 14.1 的直观感觉。CR4 每提高一个百分点价格上涨 0.3。样本中的平均价格是 118，因此上涨 0.3 也就相当于平均上涨

0.25%。因此，在某一给定地区中，如果假设的并购将 CR4 提高 10%，则
此区域的价格便会相应上涨 2.5%。

其他变量的系数表明，这些变量都是统计上显著的价格决定因素，
t-统计量都大于 2。可以看出，区域之间成本差异的传递为 0.55，这可
由房租和薪资的系数看出来，分别为 0.54 和 0.56。这是一个看起来非
常可信的值：价格反映了成本随区域而变化的事实，但是，零售商不能
传递所有的成本增加，这也许是因为他们遇到的竞争者没有面对这些区
域成本的变量，如网络零售商。关于人口的系数是负相关的，意味着随
着人口的上升价格会下降，这与较小规模的市场提供产品或服务会更昂
贵相一致。

表 14.2 包含了图 14.2 中图示的计量经济分析结果。同样，结果也证
实了图表的直觉。

表 14.2　价格集中度研究结果：无关联关系

变量	系数	t-统计
不变量	100.14	32.8
集中度	−0.00	−0.02
租金	0.56	3.7
薪资	0.57	2.4
人口	−0.60	30.4
调整方差 R^2	0.95	
正态（v^2（2））	1.97	95%水平的 Crit. 值为：5.99
Chow 检测	0.85	95%水平的 Crit. 值为：2.45

集中度系数实际上等于零。这表明一个区域中 CR4 的上涨对价格没有
影响。

第二节　案例研究

案例一　MMC 的葬礼案④

英国垄断和并购委员会审查的葬礼案是一个价格集中度研究应用于并购案中的例子。这里的问题是：并购导致区域集中度的增加是否会使并购后葬礼的价格上涨。当事方使用了价格集中度研究来检测葬礼价格与市场集中之间是不是正相关的。⑤

并购双方对如下形式的方程式进行了评估：

（2）价格＝f（集中度，质量，葬礼成本，本地薪资）

这里采用的集中度测度方法有两种：一个是相关地区的商店数量，另一个是在相关地区内运营的不同企业的数量。由于地域市场的界定存在争议，因此，当事方基于众多不同的地域市场规模对市场集中度进行测量：即从每个商店的半径为 0.5 英里到 3 英里不等。产品质量由棺材的类型和购买"附加设备"的多少来决定。

当事方发现，区域集中度与价格之间没有关联。他们认为这一结果表明，相关地域市场大于 3 英里，而且并购的结果不会导致任何相关市场的市场份额明显增加。考虑到可变的合理性等一系列原因，如对所采用集中度变量的考虑，垄断和并购委员会选择了忽略这种证据。但是，此研究依然可以成为价格集中度研究潜在应用的一个很好的范例。

案例二　英国超市

英国竞争委员会（CC）对英国超市的市场竞争进行了两次调查。第一

---

④　垄断和并购委员会（MMC）"国际服务公司和 Plantsbrook Group：关于并购情况的报告"，Cm. 2880（1995 年 5 月）。

⑤　MMC 报告附件 2.1 提供了对这个研究的说明。

次调查报告是在 2000 年，⑥ 第二次是在 2008 年。⑦ 在两次调查中，英国竞争委员会都采用了价格集中度研究。

2000 年报告中进行的价格集中度分析，采用了很多表格，并且试图去回答许多不同的问题。对于我们的目的而言，最感兴趣的分析是研究区域市场份额和集中度对价格的影响。一些超市连锁店采用国内统一定价，因而价格不随区域情况而发生改变，分析中就忽略了这些连锁店。那些根据区域改变价格的连锁店，其定价依据每个地区的下列变量进行回归：自身的市场份额、HHI、折扣商店的市场份额、阿斯达（Asda）的市场份额、人力成本、店面大小和平均家庭收入。局部地区是依据邮政编码来界定的。竞争委员会选取了 200 种产品的价格，这些产品出自每个公司多达 60 家门店。

竞争委员会分别分析了随区域不同而改变价格的每一家连锁店。在表 14.3 中，我们给出了 Tesco 的结果。

表 14.3　Tesco 价格集中度的结果：竞争委员会 2000 年的调查 附录 7.8

	系数	t 统计量
截距	1.8823	112.04
折扣店的份额	−0.0641	1.79
自有份额	0.0063	0.47
收入	0.0017	2.83
阿斯达的份额	0.0494	2.06
人工成本	−0.0009	2.25

"自有份额"系数说明 Tesco 的区域定价并不取决于 Tesco 的区域市场份额，尽管这个系数是正的（0.0063），但数值很小，在统计上并不显著。对随区域而改变价格的其他连锁店来说，重复分析得出同样的结果。这意味着单个企业的支配地位问题不会出现。尽管没有在表 14.3 中说明，竞争

---

⑥　竞争委员会（2000 年），超市：关于英国众连锁商店食品杂货店供给的报告，cm. 4842。

⑦　竞争委员会（2008 年），英国杂货店供给的市场调查。

委员会似乎没有发现 HHI 对区域市场价格的任何影响。分析中发现的是，特定竞争者的存在或者说竞争者的类型，会影响区域市场的价格。而且折扣商店的存在对区域价格的影响是负面的，关于"折扣份额"的系数是-0.06，相应的 t-统计量是 1.8，这说明在 90% 的水平上具有统计显著性。阿斯达的存在对 Tesco 的区域价格也具有负面影响，关于"阿斯达份额"的系数为 0.05，t-统计量是 2.1，这表明在 95% 的水平上具有统计显著性。

竞争委员会认为，"消费者往往在那些没有碰到特定竞争者的商店支付得更多，而当那些竞争者出现的时候结果就不一样了"（第 1.6.b 段），当具有市场力量的企业就此行事时，这种行为就违背了公共利益。

2007 年，竞争委员会应要求对超市再次进行调查。此时，所有的大型超市都转向全国定价方式，因此基于局部定价格进行的价格集中度研究就显得没有意义了。竞争委员会没有进行价格集中度研究，而是调查了区域利润率是如何随着区域集中度而发生变化的。利润率采用的是相对可变成本的差额。竞争委员会采用了四种不同的区域集中度测量。

i. 距所调查超市 10 分钟车程内的竞争性超市企业（"招牌"）的数量（即"中心店"）。

ii. 10 分钟车程内的竞争性超市门店的数量。

方案（i）与（ii）的区别在于，同属于一个公司旗下的两个超市在（i）中被看作一个，而在（ii）中作为两个来计算。

iii. 10 分钟车程距离内，竞争者合并的净销售区域（即，总竞争建筑面积）。

iv. 10 分钟车程距离内，竞争者占据总净销售面积的份额。

此外，竞争委员会引入了一系列变量，如区域支出、人口统计和商店特征（例如，商店是否包含一个加油站）。表 14.4 中给出了四种不同集中度变量的结果。

表 14.4　区域集中度对利润率的影响

集中度测量	系数	t-统计量
10 分钟车程内竞争性招牌企业的数量	−0.0096	2.74
10 分钟车程内竞争门店的数量	−0.0036	2.65
10 分钟车程内竞争者净销售面积	−0.0027	2.82
竞争者提供的 10 分钟车程内净销售面积份额	−0.1548	2.75

信息来源：附件 4.4，竞争委员会 2008 年。

对于表 14.4 中系数的解读如下：10 分钟车程距离内，关于招牌竞争数量的系数为−0.0096，这预示着每多增加一个竞争者会使中心店的利润率下降 1%；关于竞争性门店数量的系数是−0.0036，这表明每多增加一个门店会使中心店的利润率下降 0.36%；竞争者的净销售面积每增加 1000 米，会使中心店利润率下降 0.27%；最后，竞争者的净销售区份额每增加 10%会使中心店的利润率下降 1.5%。

因为价格在各个区域内保持不变，竞争委员会认为这些结果表明，面对较少区域竞争的超市，提供的服务质量较低，因此具有较低的成本。竞争委员会总结如下：

"我们发现，在很多重要方面，英国百货产业的竞争是有效的，为消费者提供了良好的结果，但并非一切都是如此完好。我们在两个主要领域存在担忧：首先，我们发现几家百货零售商在很多区域市场中具有很强的地位。那些可能进入这些市场的竞争性百货零售商面临着进入障碍，相比不存在障碍的情况来说，消费者获得的是更糟糕的零售服务，包括价格、质量和服务，而那些在当地具有很强区域市场地位的百货零售商，会由于那些市场的竞争不力而获得额外利润。"(总结，第 2 段)

2004 年 10 月，萨默菲尔德从墨里森那里买了 115 个超市卖场，这些卖场主要是中型规模的商店。在对这起并购的调查中，竞争委员会基于对地域市场的推定得出结论：市区内 5 分钟车程距离，而在乡村则是 10 分钟车程。⑧ 竞争委员会则选取了比上述两个超市更近的车程，因为此并购针对的是中型商店，竞争委员会认为消费者更愿意少走路来这些商店而不是舍近求远去大型卖场。萨默菲尔德认为，这些车程时间太短了。作为对此观点的部分回应，竞争委员会进行了利润率—集中度研究。这一研究把相对直接成本（即，销售成本、员工成本和分销成本）的利润与 88 个墨里森商店的市场份额关联起来。结论是，在利润和城区商店的市场份额之间存在正相关，但其在统计上是不显著的；而对于乡村商店则为正相关，且具有统计显著性。竞争委员会认为：

"并购前，在被收购商店本地市场份额较高的环境下（即，看起来面对较少的竞争），它的利润也往往较高，特别是在乡村地区。因此其必然结果是，对于那些萨默菲尔德计算出所收购商店的市场份额的区域市场，其本身可能就是相关市场，特别是在乡村地区。"（附件 B，第 2 段）

这三个超市案例的研究说明，价格—集中度研究可以用来回答一系列不同的问题。在 2000 年的调查中，不同竞争者价格和市场份额之间的关系说明了特定竞争者在本地市场的重要性（即，折扣商店和阿斯达）。2007 年的利润—集中度研究调查主要着眼于区域集中度的总体影响，而不是某一个竞争者的影响，研究发现较少的区域竞争与较弱的竞争是一致的。这为地区性的高集中度会对消费有损害提供了证据。最后，在萨默菲尔德/墨里森并购中的利润集中度研究关注了市场界定，并且用来证实了竞争委员会对于市场的界定。需要指出的是，尽管 2007 年研究的核心不在于此，但此项研究的结果（关于局部集中度对于利润率的影响）与竞争委员会采纳的市场界定是一致的。

---

⑧ 竞争委员会萨默菲尔德公开股份有限公司和墨里森超市公开股份有限公司：关于萨默菲尔德收购墨里森超市 115 个商店的报告（2005 年）。

案例三　英国零售银行

在 1999—2000 年间，英国国库对零售银行进行了一项调查。[⑨] 这项调查是在英国前电信行业管理者克鲁克尚克（Don Cruickshank）的领导下进行的。《克鲁克尚克评论》试图回答的其中一个问题就是，区域零售银行的集中度是否与区域贷款价格之间存在关联。人们担忧，区域零售银行集中度越高，该区域内的贷款价格就会越高。实际上，克鲁克尚克担心零售银行市场是区域性的，所以在区域层面存在行使市场力量的空间。为了验证这一看法，他研究了局部邮政编码区域内的贷款价格与集中度之间的关系，集中度由 HHI 和现有企业的数量进行测度。克鲁克尚克采用了银行提供的数据，发现集中度的系数不是正的，这意味着较高的区域集中度不会导致较高的贷款价格，因此，克鲁克尚克认为相关市场是全国性的。

案例四　史泰博/欧迪办公[⑩]

1996 年 9 月，美国最大的三家办公用品超市连锁店中的两家史泰博和欧迪办公宣布他们打算并购。美国联邦贸易委员会（FTC）反对此项并购，所以此案诉诸了法庭。在审判中，两方都提供了价格集中度研究，用于预测并购可能对价格的影响。结果是，法庭支持了 FTC，并且发出初步禁令反对此项并购，从而有效地阻止了这起并购。

当事方和 FTC 在审判中均提交了计量经济学证据，我们下面做简要的讨论。不管怎样，FTC 也提供了关于价格和集中度关系的一些非常简单的概括性统计，他们特别考察了史泰博和欧迪办公相互竞争的市场，与两者不存在竞争的市场相比，其价格有多低。表 14.5 给出了与两者不竞争的市场相比双方存在竞争的市场价格低了多少。因此，相较只有史泰博存在的市场，双方存在竞争的市场中价格平均要低 11.6%，而三家办公用品供应

---

⑨　克鲁克尚克"英国银行的竞争：向财政大臣的报告"（2000 年）。

⑩　关于此案更详细的讨论，参见 Dalkir 和 Warren-Boulton（2004 年），以及 ABA（2005 年）。

商都在的市场和只有史泰博和马克斯办公竞争的市场相比，其价格低
4.9%。FTC 认为，这些结果表明并购可能导致并购后的价格上涨。如果我
们把并购看作是把只有史泰博和欧迪办公的市场演变成仅有史泰博的市
场，那么这表明这些市场中的价格将会上涨 11.6%。同样，在并购前三家
超市都存在的市场中，意味着价格将上涨 4.9%。

表 14.5　史泰博/欧迪办公案中简单的价格对比

参照的市场结构	参照市场加上其他并购方	显著的价格影响
仅史泰博	史泰博和欧迪办公	-11.6%
史泰博和马克斯办公	史泰博，马克斯办公和欧迪办公	-4.9%
仅欧迪办公	欧迪办公和史泰博	-8.6%
欧迪办公和马克斯办公	欧迪办公，马克斯办公和史泰博	-2.5%

来源：Dalkir 和 Warren-Boulton（2004 年）。

这些数据是并购具有可能影响的潜在有力证据，尽管这肯定不是无可
挑剔的。纽马克（Newmark，2006 年）认为这些数据可能是受到市场规模
效应的影响，而不是竞争影响（关于这些更多的讨论，请参阅下文的论
述）。但是，FTC 以及并购双方给出的价格分析，并不仅仅取决于这样简
单的比较，也包括大量的计量经济学分析。

并购双方和 FTC 获取的数据是面板数据。这表示它涵盖了史泰博和欧
迪办公商店在全国范围内，以及很长时间段内的价格信息。因此，数据中
集中度的变量有两种类型：跨地域的变量（即：不同地区不同的集中度水
平）和跨时间的变量（即：有超市进入或退出的区域集中度发生变化）。
在价格集中研究中采用的计量经济学方法，取决于你愿意利用集中度随时
间的变量或者随区域的变量而不同。正如我们下面讨论的），两种类型的
数据都有优缺点。但是，FTC 的分析认为，价格集中度研究的结果并不会
随集中度着眼于哪种变量而有显著的不同。[11] 因为交易双方更愿意利用每

---

[11]　参见 ABA（2005）第 362 页 fn. 55。

一地区随时间变化的集中度变量，这种方法就成了双方在法庭上采用的方法。

并购双方和 FTC 对价格集中度研究的结果持不同意见。双方认为并购后的价格上涨将是 1 个百分点，而 FTC 认为是 7—9 个百分点。导致这样的差异有两个主要原因：一个是有关加利福尼亚州是否包括在模型中。排除加利福尼亚会导致并购后价格上涨的估计值更低。另一个与区域竞争如何定义有关。并购双方对区域竞争的测算是基于竞争超市之间的距离，他们是这样对竞争者的距离进行分类的：他们是否在 5 英里内、5 英里到 10 英里之间或者 10 英里到 20 英里之间。因此，与那些在 5 英里范围之外的超市相比，5 英里距离内的超市被认为是会施加更大的价格压力。FTC 采用了不同的方法，他们注意到双方的定价在大城市没有变化，因此，尽管在一个特定大城市里的某一超市在 5 英里内可能有一个竞争对手，而另一个没有，但两家超市的定价是相似的。来自史泰博的内部数据显示，其价格往往设定在大城市区域的水平。

表 14.6 展示了价格集中度的结果是如何依据关于加利福尼亚州的假设和测算区域竞争的正确方法而发生变化的。如果忽略加利福尼亚州、区域集中度根据距离测定，那么预测并购后的价格上涨仅为 0.8%。相反，如果考虑加利福尼亚州、区域集中度依大城市的水平进行计量，那么预测并购后的价格上涨为 8.6%。同样可能看到只有区域集中度测量的影响。不考虑加利福尼亚州，但把基于距离的方法转变为一个大城市区域方法，会导致预测的并购后价格上涨从 0.8% 到 4%。

表 14.6　史泰博和欧迪办公案中所预测的并购后价格

是否包括加利福尼亚州？	不包括	不包括	包括
区域竞争采用距离测算吗？	是的	不是	不是
预测到的变化	0.8%	4.0%	8.6%

信息来源：ABA（2005），第 365 页。

对我们来说，这似乎是一种非常有用的计量经济学证据方法。当事双方的评估与 FTC 存在差异原因很明显，这有助于调查人员来判断哪种假设可能是最好的。

当事方与 FTC 两方所采用的方法，还有许多其他的不同。例如，当事方的分析是假设所有的欧迪办公超市会转变为史泰博的商店，而 FTC 的分析则假设它们会全部关闭。并且，当事方的估计是基于并购后的价格上涨相对于并购之前的价格，而 FTC 是基于整个数据时间段的平均价格。在此我们重申，只要这些不同的假设和它们对最终结果的影响是清楚的，调查人员就可以判断哪种假设是更接近真实情况。

第三节　分析的问题

一、价格还是利润率?

至此，我们考虑了价格和集中度之间的关系。但是，经济学理论认为，一个具有市场力量的企业会相对边际成本来提高价格。因此，这里真正感兴趣的是，在边际成本保持不变的情况下，价格与集中度之间的关系。如果边际成本随区域不同而变化，而且这一因素没有被考虑进去，那么价格集中度研究可能会给出误导性的结论。

对此有两种回应。一个是在进行利润率集中度研究中，是高出可变成本的利润率与集中度相关，而不是价格与集中度相关；另一个是进行计量经济学的价格集中度研究时，边际成本是作为解释变量包含其中的。两种方法都避免了因分析忽略边际成本而产生偏差结果的风险。两者的区别在于，前者关于成本的系数被限定为一个，而后者是可以变化的。在上述假设的例子中，表 14.1 和 14.2 关于可变成本的系数约为 0.55。

二、差异化商品

一个价格集中度研究能提供有意义结果，关键是所采用的价格变量可以描述不同区域中的同类产品或者一篮子产品。如果我们只考虑一种产品，而且这种产品是同质产品，那么这就很容易得到保证。但是，很多时候商品是差异化的，往往涉及不止一种产品。如果各区域中产品差异化很大，那么"价格"可能反映的是不同地区产品的差异，而不是集中度的影响（如果有影响的话）。如果这差异性不能从数据中去除，价格集中度研究的结果就不准确。[12]

如果产品是相对同质的，但考虑了几种产品，有两种可能的反应。一是对每种产品都进行价格集中度研究；另一个则是给相关产品建立一个综合指数，这就是在史泰博/欧迪办公案件中所用的方法。[13]但是，应当注意的是，创设价格指数并不是很容易完成的，FTC在史泰博/欧迪办公案中用到指数也受到当事方的质疑。

三、哪种集中度比率？

在价格集中度研究中的一个重要问题就是对集中度测量的选择。这里主要有三种选择：HHI指数、最大公司的市场份额以及一个n公司集中度测算（如CR3或者CR4）。其他一些可能性如市场中企业的数量，或者一些基于产能市场份额的测量。关于哪一种是最好使用的测量，其答案取决于所要关注的问题。

当竞争关注是单边效应问题或者单个企业的市场支配地位问题时，把领导企业的市场份额与价格关联就是合理的。在这些情况下，重要问题是高市场份额是否赋予其市场力量，因此把价格与市场份额相关联可能会得到有益的信息。但是，价格与领导企业市场份额之间的任何明显关联均不是由质量引起的，对此进行证实很重要。很可能的情况是，市场中领导企业具有最好的商品，因此收取了最高的价格。

---

⑫　定价差异化的另一原因可能是不同区域混合包装尺寸存在差异，通常情况下，销售采用小包装尺寸的产品更昂贵一些，因此，理论上在一个区域中较高的价格可能就是反映了那个区域内小包装尺寸的优势。我们不认为这是一个普遍的问题。

⑬　参见联邦贸易委员会对史泰博公司案，案号97-101，1997年美国雷克西区9322（DDC 6月30日，1997年）。

　　如果竞争关注是协调效应，那么选择一个 n 企业集中度比率或者 HHI 会更有意义。假设竞争当局担心 4 变 3 的并购会导致协调效应，并因此导致价格上升。那么，采用 CR3 进行的价格集中度研究，就可以使竞争当局调查出最大三家企业的市场份额是否与价格正相关。[14] 采用 HHI 的价格集中研究同样可以用来发现较高的集中度是否会导致默示共谋。

　　价格集中研究也经常用来界定相关市场。在这种情形下的问题是，一个假定的垄断者会不会有利可图地把价格提升到高于当前水平（在并购中）或者是竞争水平（在非并购中）。在这种情况下，采用 HHI 或领导企业的市场份额都是合理的。如果较高的市场份额导致领导性企业提高价格，这表明一个假定的垄断者也可以提高价格。如果较高的 HHI 与较高的价格相关，那么这就意味着 HHI 值为 10000（垄断）与较高的价格是相关的。但是，应该注意的是，从这样的检测中得到一个否定的结果（即，价格与集中度或市场份额之间没有关联），并不必然表明一个宽泛的市场，可能的情况是市场内的竞争力量很强，足以在高度集中的情况下使价格保持在竞争水平，除非一个假定的垄断者能够提高价格。例如，如果存在一个激烈竞争的边缘区域，没有产能限制，那么，即使只有很小的来自外部市场的竞争约束，我们也会看到在所推定市场中的激烈竞争。

　　当对价格和市场份额间的共时性存在担忧时，市场中企业的数量或者基于产能份额的测量均是有用的，我们会在下文简要讨论这一问题。

四、经济和统计上的不显著性

　　在计量经济学的价格集中度研究中，区分统计意义上不显著的集中度变量系数和经济学意义上不显著的系数是很重要的。一个系数可能在统计意义上是不显著的，但在经济学意义上可能就是显著的。同样，一个系数可能在统计学上是显著的，但在经济学上并非如此。假设对下面的方程进行估计：

---

　　[14]　正规来说，竞争执法机构也应该考虑 4 变 3 是否与较高的价格相关联。如果 CR4 与价格正相关，那么可能是市场已具有默示共谋的特征，因此并购可能不会显著恶化这种情况。如果并购导致了可能使得并购后价格下降的边际成本效率，这一点就很重要。

（3）价格 $= \alpha + \beta$ 集中度 $+ \gamma$ 其他因素 $+ \varepsilon_i$

此外，假设集中度和价格变量是这样的关系，那么 β 可以被看成弹性，也就是说，集中度提高 1% 会导致 $\beta\%$ 的价格上涨。现在我们考虑并购情况下对 β 四种可能估值的解释，假设并购后市场集中提高了 20%。

表 14.7　经济显著性和统计显著性

	β 值	β 的 t 统计值
（i）	1.2	3.4
（ii）	0.05	3.4
（iii）	1.2	1.2
（iv）	0.05	1.2

在情况（i）中，集中度系数在统计上和经济上都是显著的，这很容易解释，集中度增加 20% 与价格提高 24% 是相关的（即，$1.2 \times 20 = 24$）。现在考虑情况（ii）：这里的 β 在统计上是显著的，但在经济上是不显著的，集中度增加 20% 与价格仅上涨 1% 相关联（即 $0.05 \times 20 = 1$）。这里仅有的事实是，系数是统计上显著的，并不意味着结果就是经济上显著。现在我们来考虑情况（iii）。这里估计的系数是统计不显著的，但是在经济上却是显著的。我们不能确定在这种情形下系数不为零，或者甚至是负的，在这些情形下集中度会与较低的价格相关联。但是，系数的最大值大约是 3，[15] 这表明集中度增加 20% 与 60% 的价格提高是相关联的。这也就意味着我们不能排除集中度增加导致价格在经济上显著增加的可能性。当系数在统计上不显著但是在经济上显著的情形下，价格集中度分析的结果就是不确定的。在情况（iv）中，系数可以说是在经济上不显著，而且在统计上也不显著。系数在统计上不显著，那么它可以为 0。在此情形下的最大估

---

[15]　数值 3 的计算如下：系数估值为 1.2，标准误（即系数估值除以 t-统计值）是 1.0。我们可以 95% 地相信实际的系数估值位于系数估值的 1.64 标准差之内。在此情况下，给出的范围是 -0.4 和 $+2.8$。

值仅为 0.12，这表明集中度增加 20% 与价格提高 2.4% 相关联。但是，我们需要注意的是，这里的最大值与情况（ii）中的相比，高出约 0.7。这也反映了一个事实，即情况（ii）中的系数估值 0.05 比情况（iv）中同样的系数估值更精确。

从这里的讨论中我们得到的结论是，为了表明集中度不是价格的一个重要决定因素，仅表明它是统计上不显著的决定性因素是不够的。相反，需要表明集中度在经济上不是价格的一个显著决定因素，结论具有一定的合理可信度。

五、横截面数据与时间序列数据

大多数价格集中度研究是利用横截面数据进行的，即同一时期内众多区域的数据。这种数据的优点是，各个区域的集中度水平时常有相当大的变化，因此比较容易分离出集中度对价格的影响。但是，横截面数据也存在一些缺点。假设每个区域都存在一些影响价格的因素，而这些影响因素对每一不同区域来说随时间而保持不变，如果价格集中度研究仅采用一个时间段内的数据进行，那么这一分析可能会受到被略掉的变量偏差的影响。如果被略掉的因素与集中度相关，那么估计出的价格和集中度之间的关联，实际上可能是价格与被略掉的变量之间的关系。但是，如果被略掉的因素在每个区域内不随时间发生变化，并且可以获取每个区域几个时间段内的数据，那么就可以避免这样的问题。实践中，集中度变化的影响可以在每个区域内随时间的变化来进行研究。根据假设，被略掉的变量在每个区域内是不随时间而改变的，因此，价格与集中度的关系是真实的。在史泰博案中法庭讨论的价格集中度研究就是这种情形。

我们在图 14.3 和图 14.4 中给出了这样的图示。图 14.3 显然给出了价格与 HHI 之间的一个清晰关系，"最佳拟合"线是明显上倾的，表明了价格与集中度之间的正相关。

然而，在这个例子中，当考虑到每个区域内集中度的改变对那个区域价格的影响时，这种明显的关系就会消失。这在图 14.4 中给出。

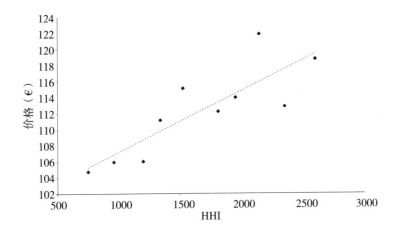

图 14.3 同一层面的虚假关联

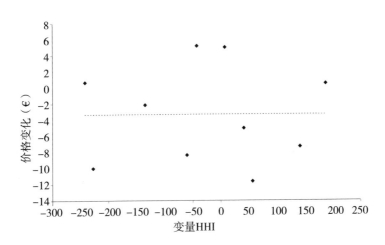

图 14.4 一阶差分无关联

图 14.4 表明，一个区域内 HHI 随时间的变化似乎与那个区域的价格变动不相关。如果所关心的问题是特定区域内并购产生的潜在反竞争效果，那么图 14.4 中的证据则表明并购不会导致价格上涨。⑯

──────────

⑯ 这里有一个问题与"样本外"的集中度变化相关，如果有证据显示 HHI 变化至 500 对价格有影响，那么我们可能不确信这与 HHI 变化 1500 的并购相关。显然，我们更乐意拥有关于这种大规模集中度变化的直接证据。

在图 14.3 中，引起价格和集中度之间正相关的因素是市场的规模。我们已经假定，较小规模的市场集中度更高，并且会有更高的价格。较小规模的市场往往只能支撑较少的市场参与者，特别是在固定成本显著时，因此市场会变得更加集中。他们提供的服务也可能更昂贵，或许是因为距离更远。Newmark（2006）认为，FTC 在史泰博案中认定的办公用品超市集中度与价格之间的关联，可能会受到市场规模的影响。他给出了那些具有中等人口大城市的证据，仅拥有一家办公用品超市的人口是 225000 人，而拥有两家超市的区域这一数字超过了 600000 人，拥有三家超市的区域则超过 1500000 人。

值得注意的是，采用时间序列数据进行价格集中度研究并不是毫无问题。其最大的问题是，在每一个市场内，集中度随时间的变化通常并不会很大，这使得很难精确估计集中度对价格的影响。当存在市场进入和退出的情况下，某一市场的集中度通常会随时间发生显著变化，但即使这样，也还存在两个问题。首先，进入和退出不会随意发生。进入通常发生在感知到利润机会时，这个机会可能是市场中相对较高价格的结果，或者是因为新进入者拥有的产品比现存产品质量更好。这种新进入可能会导致当前产品的价格下跌，但这仅仅是因为第一种情况下集中度的减少。第二种情况是因为新进入产品的质量更好，如果我们把价格下跌归因于市场进入导致集中度的下降，可能是错误的。退出通常会出现在所讨论的公司亏损的时候，这或许是因为价格相对低微，也许是因为这里的市场没有足够的容量，而退出可能会导致价格的提高。但是，因为现有产品被更好质量的产品所取代，同样会出现退出的情况，在这种情况下，退出对价格不可能有太多影响，但这并不意味着集中度的增加不影响价格。这只是表明退出的产品不再是一个竞争性的相关产品。

在价格集中研究中采用进入退出事件的另一问题是：这些事件有时被用来替代某一并购的影响。我们认为，并购可以被看做是进入的逆转，或者被等同于退出，这种观点仅在特定的情况下是正确的。在并购中，收购方关闭了购入的工厂等同于退出，但这并不是收购方通常的做法。同样，新的进入通常会导致市场中产能的增加，而并购通常不会导致撤去一个企业所有的产能。把这与史泰博案联系起来看，并不是欧迪办公所有的商店都被关闭了。

这里的讨论提出了一个明显的问题，即，调查人员应该在什么时候倾向于使用横截面数据研究而不是时间序列数据研究？既然价格集中度研究的目的是确定集中度对价格的影响，那么选取的数据必须要包括大量的集中度变化。如上所述，时间序列数据通常很少具有这样的变化，所以一般不适合用于这样的研究。另一方面，当价格与集中度之间的明显关系实际上受到了另一变量影响时，如市场规模，那么采用横截面数据进行的关联研究可能会给出误导性的结果。如果可以考察其他变量（如市场规模），那么我们就仍然可以使用横截面的方法。但是，如果其他变量是不可观察的，那么使用横截面方法就容易引发错误。

六、价格与集中度之间的联立性

上面描述的价格集中度测试均假设集中度会影响价格，但是价格不影响集中度，即，假设价格对集中度没有反作用。但是，这或许不是一个理想的假设。我们可能会预测到，较高的价格会促进新的进入，这可能会降低集中度。在这种情形中，所描述的那种计量经济分析可能会导致有偏差的集中度变量系数，人们会认为这样的分析是无效的。人们可能基于以下两种原因不认可这种看法。

首先，如果问题在于这种形式存在偏差，那么我们可以相对容易地评估一个不受此问题影响的模型。人们评估的是双方程的联立方程模型，其中集中度是第二个方程的因变量，而不是评估一个把集中作为独立变量（和假设的外生变量）的一个单一方程。当然，在集中度对价格的外生性检测表明存在联立性时，才能够这样做。

其次，因联立性潜在具有的偏差形式，可能不会有特别的问题。如果高价格偏重于低集中度，那么这往往使得一个单方程模型中的集中度系数低于集中度对价格"真实"的影响。但是，这多半不应该过分担心。要关注的问题是高集中度是否会导致市场力量。如果高集中度提高价格，但这些提高的价格接着会引发新的进入，然后降低了集中度，因此又降低了价格，这表明集中度对价格的短期影响要大于长期影响。总的来说，我们很可能更关注长期影响。因此，单方程模型系数估计潜在的偏差很可能是"方向正确"的。Beckert 和 Mazzarotto（2006）认为，如果不能快速出现市场进入，则不足以避免短期的消费者损害，这可能是过于乐观的一种看法。这也许是对的，但如果仅在相当长的时滞后新进入才对价格做出反应，那么关于集中度变量下行的偏差就会比较小。

联立性的另一个潜在根源是没有观察到的需求冲击。如果对于某一商品有一个正向的需求冲击（即，需求曲线向外移动），那么它的市场份额与价格都可能提高，但这并不是市场份额的增加而引起的价格上涨。没有观察到的需求冲击也会导致市场份额与方程误差项之间的关联，结果会导致系数估计的偏差。Evans（1983）认为，这种联立性问题可以采用集中度测量的方法得以避免，如，市场中经营者的数量或者市场份额容量，因为两者均不受需求冲击的直接影响。⑰

价格集中度研究背后的通常假设是：集中度在很大程度上是外生决定的（除了来自并购）。这并不一定成立，例如，Sutton（1991）认为，集中度可能会受到企业对所引发沉没成本的决定影响，这反过来可能会影响定价。例如，如果企业选择大量的广告支出，则结果一定是所有成功的竞争者必须也承受大量的广告支出，这可能就限制了能够在市场中生存的企业数量，与此同时也会影响价格，因为价格要足够高才能收回沉没的广告支出。

当然，这些都不会改变这样一个事实，在合适和可能的时候，进行联立方程评估是更好的选择。

---

⑰　在中到长期，一个企业为应对正向的需求冲击可能会增加产能。

价格集中度研究是简单但又实际上非常有效的实证研究，可以为以下问题提供直接的证据：市场中增加的集中度会不会导致价格的上涨？这问题与并购（增加的集中度会不会导致价格的提高？）、支配地位情况（一个企业的高市场份额会不会让其有利可图地把价格提升至竞争水平之上？）以及第 101 条的情形（这是能够有利可图地把价格提至竞争水平之上的企业之间的协议吗？）相关。这种方法具有一个非常大的优势，特别是当本书讨论的其他实证方法（如价格关联分析与运输检测）不能直接回答相关问题，而仅是回答一个中间问题（如市场界定）的时候。

但是，价格集中度研究也伴随着一个有益的告诫：除非很小心谨慎地进行价格集中度研究，否则很容易给出误导的结果。尤其是当存在同时影响价格和集中度或者市场份额的潜在因素时，如市场规模和质量。因此，尽管价格集中研究度是一个非常有效的工具，我们需要注意，它们是用于理解决定集中度与价格之间的潜在过程的，因为只有这样，调查人员才可以确定价格与集中度之间关联的原因。

第十五章　并购模拟

　　本章主要研究并购模拟，并购模拟作为一种定量分析方法，近年来在欧洲并购控制领域明显得到了较为广泛的应用。虽然本章主要关注单边效应情况中的横向并购模拟，但是我们也会简要地探讨模拟模型在协调效应以及纵向并购中的应用。本章的目的并非是让读者自己去进行并购模拟。正如我们在本章中详尽解释的，进行并购模拟实际上给做出决定的过程增加了分值，进行并购模拟是一种专业技巧运用，需要相当多的经济学模型、并且理论上最好具备计量经济学专业知识。事实上，本章的目的在帮助读者明白什么时候并购模拟是有用的，什么时候可能是没用的，并帮助读者在处理案件过程中遇到并购模拟时能够审慎地对其做出评价。尽管完成一个高质量并购模拟的原理可能被描述成"艰深的学问"，但是理解一个具体的模拟是否可能对并购影响做出准确指导，并非是深奥难懂的事情。

　　本章安排如下。首先描述构成多种不同类型的并购模拟模型基础的经济学理论。接下来的内容包含了若干实际案例中采用并购模拟的简要案例研究，为上下文提供讨论材料。随后对评价并购模拟时所产生的若干问题进行了探讨，其中的重点在于如何区分高水平的模拟与低劣模拟间的差异。最后是我们对并购模拟在并购控制中应起到的作用而做出的结论。

第一节　并购模拟经济学

　　并购模拟模型的基本思路是在单边效应案例中直接计算合并后可能

出现的均衡。和首先界定一个市场、然后计算市场份额、接着进行竞争影响分析、最后考虑并购可能的影响不同，而是提供了另一种选择，可以直接计算并购后价格上涨多少。理论上，这种方法无需进行相关市场的界定。

大部分的并购模拟都始于这样的假设，即所讨论的行业可以用静态的伯川德（Bertrand）差异化产品框架①来进行建模。通过对关键的行业参数进行各种假设，并使用当前竞争状况对模型进行校正，然后才可能评估并购后的均衡。必需的输入信息包括竞争者特征、他们销售的产品、边际成本、自价格弹性以及交叉价格弹性、这些弹性如何跟随价格变化、预计的边际成本效率以及并购后竞争的本质。

事实上，大部分并购模拟都是基于伯川德竞争的假定，这一情况反映了并购模拟目前仅用于单边效应案件的事实。然而，仍然存在一些情形使得，其他形式的竞争与评价单边效应相关，因此，也存在一些基于古诺模型、拍卖–议价竞争模型②的并购模拟。我们接下来会对此进行讨论，但是不会像假设伯川德竞争的并购模拟那样详尽。我们也会讨论在协调效应情况下使用并购模拟的可能性。这一领域的研究还远比不上并购模拟应用于单边效应分析的进展，而且截止目前，我们了解到的案件中还不存在竞争当局必须处理这类模型的情况。然而，为完整起见，我们会简要地讲解一下这些模型当前的研究现状。

一、伯川德模拟模型

伯川德并购模拟模型的基本思路十分简单，完全与单边效应案件的逻辑相一致。相关假设就是市场中的企业出售差异化产品，并通过设定价格来进行竞争。由于产品的差异化特征，每个企业在严格的经济学意义上都有一定的市场力量，能够把价格制定得高于边际成本。市场均衡被假定为静态的纳什均衡，这意味着每家企业都能在其他企业所设定的价格基础上

---

① 参见第二章对于伯川德竞争的讨论。
② 我们在第二章对古诺竞争的讨论涵盖了更多的细节。

实现自身利益最大化。随后，假定这些企业中的两家进行合并而且不再设定非合作的价格，再对这一模型进行重新计算，并且再次假定这个均衡是一个静态纳什均衡，每家企业都能在其他企业所设定的价格基础上实现自身利益最大化。因为合并后的实体提高价格，这一模型将不可避免地显示合并后的价格高于合并前的价格。在合并之前，这些企业是不会提高价格的，因为销售量的损失会使得涨价行为变得无利可图（根据纳什均衡的定义）。而且，在合并之前，这些销量损失的一部分会被另一并购方所获取。因此，如果企业 A 在合并前提高了价格，它损失的销售量会被企业 B、C 和 D 等企业获取。这对于 B 也同样适用：其损失的销售量也会被 A、C 和 D 等企业获取。但是，如果企业 A 和企业 B 合并了，那么合并后 A 所损失的销售量中由 B 获取的部分，对于整个并购实体而言，销售量并未损失。当然，如果 A 获取了 B 所损失的销售量，那也是一样的。合并后，这些销售转移对合并后的实体来说并不算销售量损失，因此，合并后的实体将会把价格设定得高于并购之前③。

我们必须强调，上面的讨论已经包含了有关竞争本质的重要假设，例如伯川德模型已经对此给予了准确的描述。尽管这些假设不是不切实际的假设，但是它们仍可能在现实中无法成立。若非如此，基于这些假设的模拟也不可能是有意义的。

上面另一个内含的假设就是每家企业均为单一产品企业，该基本模型可以轻松地适用多产品企业。在这种情况下，这些企业为自己的产品定价时采用"合作"的方式，但是相对于其他企业则是非合作定价。此模型也包含了这样的可能性，即边际成本在并购后下降。正如我们下面所讨论的，这意味着在某些环境条件下，一个并购模拟模型可能意味着合并后的价格低于合并前的价格。

本章余下内容主要讨论各种不同并购模拟方法的基本经济学原理。本章的部分内容对于非专业读者而言会比较难懂，因为它们包含了一些代数

---

③　关于单边效应理论更详细的讨论，参见第七章。

公式。不过，我们主张这类读者不要完全跳过剩余章节，而是至少阅读一下公式后面每一小部分里面的讨论。这些讨论强调了每种方法所隐含的一些关键假设，事实上，理解这些假设对于今后在具体案例中正确地评价这些方法非常必要。

（一）基本公式

现在我们假设每家企业都只有一个品牌。如果每家企业均是利润最大化的，④ 那么它将选定价格以实现最大化⑤：

（1）　　$(p_i - mc_i) \, Q_i(p_1, \cdots, \ p_n)$

式中，p_i 表示产品 i 的价格；

mc_i 表示产品 i 的边际成本；

Q_i 表示对产品 i 的需求，这取决于产品 1 到 n 的价格。

如果假设为一个非合作纳什均衡，那么达到平衡时必须是如下的形式（即，这是利润最大化的一阶条件）：

（2）　　$Q_i(p_1, \cdots, \ p_n) + (p_i - mc_i) \dfrac{\delta Q_i}{\delta p_i} = 0$

这给出了均衡时的标准结果：

（3）　　$\dfrac{p_i - mc_i}{p_i} = -\dfrac{1}{\varepsilon_{ii}}$

方程（3）是标准的勒纳指数结果，达到均衡时，企业会将价格成本差额利率设定为自价格需求弹性的倒数。这个结论我们已经在第三章中讨论过了。

如果我们已经得到了弹性的估值，那么依据勒纳指数就可以计算出企业边际成本的估值。由于我们对于企业弹性的预估是不精确的（即，该值存在置信区间），因此我们对于企业边际成本的估值也是不精确的。关于这个问题，要确保对边际成本的估值不会严重偏离实际，这一点很重要。

---

④　如上面所述，这不是一个必要的假设。我们在这里提及是为了代数式的简化。

⑤　我们忽略了固定成本，因为它们不影响每家企业利润最大化的价格。

如果严重偏离实际，那么弹性的初始估值要么是错误的，要么这个行业不是一个静态的非合作纳什均衡（即，或许存在出现默示共谋的一些因素）。两种情况下，模拟都不能继续下去。

如果品牌 i 和 j 因并购而被整合了，那么合并后的实体旨在最大化：

$$(4) \quad (p_i - mc_i)Q_i(p_1, \cdots, p_n) + (p_j - mc_j)Q_j(p_1, \cdots, p_n)$$

对一阶条件进行计算得到：

$$(5) \quad \frac{p_i - mc_i}{p_i} = -\frac{1}{\varepsilon_{ii}} - \frac{p_j - mc_j}{p_j}\frac{Q_j}{Q_i}\frac{\varepsilon_{ji}}{\varepsilon_{ii}}\frac{p_i}{p_j}$$

如果我们已知这两种产品的边际成本以及它们的弹性值，那么我们可以从方程（5）以及产品 j 的对应方程中得出合并后的均衡。

方程（5）可以写成如下形式：

$$(6) \quad m_i = -\frac{1}{\varepsilon_{ii}} + \frac{m_j d_{ij} p_i}{p_j}$$

上式中，

m_i 表示产品 i 的价格边际成本差额利率；

d_{ij} 表示产品 i 到产品 j 的分流比（即，相对于产品 i 销量的下降，产品 j 销量增长的比率，该比率的取值范围是 0—1）。

对方程（5）的这种改写显示，从产品 i 到产品 j 的分流比越高，合并后对产品 i 边际成本的加价比率就越高。这说明合并之前的分流比越高，合并后的价格上涨幅度越大。这一点很直观：合并之前产品 i 和产品 j 之间的分流比越高，则产品 j 施加于产品 i 上的竞争约束越强烈，而合并后，由于这种约束消失了，那么预期的合并后价格上涨也会越高。

此外，因合并引起的边际成本减少、从而对合并后的价格产生的影响是能够轻松计算出来的。并购后的边际成本代入方程（5），模型可以求得新值。理论上，如果边际成本下降得足够多，方程（5）可以得出并购后的价格低于并购前的价格。

虽然假定伯川德竞争的并购模拟，其潜在结构相对直截了当，但是在细节内容上则不是这样。特别是，伯川德并购模拟的结果严重依赖于对自价格弹性及多种产品交叉价格弹性所做的假设。可供采用的方法有很多，主要的问题在于各种弹性如何跟随价格的变化而变化。虽然当前价格下的弹性在原则上可以通过计量经济学进行估算，但是随着价格提高到当前价格之上弹性发生变化，这种方法通常不可能实现。事实上，弹性的演变总是需要基于对需求曲线模型的假设。下面我们简要地介绍解决此类问题的更为通行的方法。

（二）不变弹性及线性需求曲线

我们可以合理地假设弹性不随价格的改变而改变，即，假设不变弹性需求曲线。从分析上看，这是一种相对易于处理的假设，但是，在实际情况中，这无疑是错误的。随着价格的上涨，我们会认为产品的弹性将增长，而且我们也通常假设消费者随着价格的上涨而变得对价格更为敏感。因此，采用不变弹性假设会冒这样的风险，即并购模拟将过高估计合并后价格上涨的幅度。⑥ 而且，这种假设，也违背了直觉，即非并购实体部分的产品价格在合并后不会上涨。这是让人意外的结果，因为单边效应分析中的标准预期是：合并后实体在合并后的价格上涨对市场中所有其他产品的价格具有二次效应，合并后实体产品的竞争约束削减，结果会导致其他产品的价格也会上涨。

另一种可以做出的简化假设是需求曲线为线性的（即，直线）。线性需求曲线明确地呈现了增长的弹性，这与我们的直觉相一致，即弹性应该随着价格的增长而增加。但是，线性需求曲线假设在并购模拟中并不多见。造成这种情况的原因有很多，例如，线性需求曲线在分析上不是特别易于处理，⑦ 而且也不存在经验证据表明需求曲线通常是线性的。下面，我们讨论一些更常用的替代方案。

---

⑥　关于此类风险的案例，参见 Froeb 和 Werden（1992）。但是，正如我们下面所讨论的，使用不变弹性假设的案例并非总是过度估测并购的影响，因此，这不能用来推算并购影响的上限值。

⑦　即，与其他替代方案相比，他们在技术上更加难于应用。

（三）logit 需求曲线

一种方法是假设消费者需求可以通过 logit 需求模型进行模拟。此方法尤其为 Werden 和 Froeb 所推崇。[8] logit 需求模型的一大优势在于它直接基于效用理论（即，该模型的结构与我们期望如何使消费者的效用最大化相一致），即使在一个相当基础的层面上。与产品 i 消费相关联的消费者 k 的效用的最简单 logit 模型具体如下：

$$(7) \quad u_{ik} = \alpha_i - \beta p_i + v_{ik}$$

该公式表明消费者 k 通过产品消费得到的效用由三个要素组成。一个是固定要素 α_i，该要素随产品不同而不同，但对所有消费者而言是不变的。第二个要素用来测量产品价格上涨对效用的影响：价格每上涨一个单位，效用下降 β。这个系数对于所有消费者以及所有产品都适用。我们下面会讨论这个强假设。效用的第三个要素，v_{ik}，是针对每个消费者和产品的，该要素独立于产品价格。如果 v_{ik} 按照极值分布，[9] 则每个产品的选择概率为[10]：

$$(8) \quad \pi_i = \frac{\exp(\alpha_i - \beta p_i)}{\sum_{j \in C} \exp(\alpha_j - \beta p_j)}$$

上式中，C 表示所有产品的集合。

这个模型的描述包含了所有的产品，[11] 因此允许消费者选择并购所涉及产品集合之外的产品（即选择所谓的"外部产品"）。使用这种模型的标准方法是假设消费者购买了并购所涉及的一种产品（即，"内部产品"），那么，选择概率视所购买的某一内部产品而定，也可以被看作是

⑧　参见 Werden 和 Froeb（1996），Werden 和 Froeb（1994）以及 Werden，Froeb 和 Tardiff（1994）。

⑨　极值分布常被称为冈贝尔分布，其与正态分布相似，但是具有一个厚尾，因此也考虑了极端情况出现的较大概率。

⑩　参见 Maddala（1983）详见参考文献。

⑪　形式上，它包含了所有可能的购买选择。

销量份额。⑫ 整体市场的弹性用于考虑这样的事实：随着价格的上升，一些消费者会离开市场。这种使用 logit 模型的方法被称作反托拉斯 logit 模型或者 ALM。这给出了自价格弹性以及交叉价格弹性相对简单的形式。即：

$$(9) \quad \varepsilon_{ii} = -\frac{(\beta\rho(1-s_i) + \varepsilon s_i)p_i}{\rho}$$

以及

$$(10) \quad \varepsilon_{ij} = \frac{s_j(\beta\rho - \varepsilon)p_j}{\rho}$$

式中，

s_i 表示产品 i[⑬] 的销售份额；

ε 表示行业自价格弹性；

ρ 表示市场上所有产品的加权平均价格。

这个模型仅包含两个需求参数（β 和 ε），因此弹性相对直观。我们可以使用标准方法对所有的弹性量进行预估（即，以已有的评估为基础；或者如果没有这样的评估，可采用计量经济学的方法；或者也可以通过调研的方法），同样地，β 也可以通过交叉弹性的估算得到。[⑭]

并购前，产品 i 均衡的价格–边际成本加成为：

$$(11) \quad p_i - c_i = \frac{1}{\beta(1-s_i)}$$

而并购后，产品 i 和产品 j 的价格–边际成本加成为[⑮]：

---

⑫ 注意，这里要以相关市场的界定为先决条件，因此对并购模拟来说，这种方法不允许完全省略市场的界定。

⑬ 严格地讲，所选择的产品 i 被认为是内部产品。

⑭ 注意，通过预估若干交叉价格弹性并观察他们是否会给出 β 的一致性估算来进行自洽性测试时，其范围是相当大的。不过，logit 模型的一大优势就在于它不需要进行很多交叉弹性的评估。如果能够获取估计这些弹性的数据，那么就不明白为什么应该依据 logit 模型对差异化产品市场进行模拟，而不是采用更为标准的纳什均衡。

⑮ 虽然这个方程看起来很普通，但是它却需要借用迭代法求解，这是因为有两个未知数 s_i 和 s_j。不过，方程的解是唯一的。

$$(12) \qquad p_i - c_i = p_j - c_j = \frac{1}{\beta(1 - s_i - s_j)}$$

我们在并购模拟中使用这个需求模型时，要做出许多说明。首先，由于需要预估的参数只有两个，这个模型使用起来很简单，因此可以快速处理。然而，这个模型也具有相当大的缺点，即在通常情况下难以对现实做出很好的描述。

其次，这个模型要求首先界定相关市场，否则就无法计算市场份额。这意味着，这种方法与其他并购模拟方法不同，不允许调查人员省略市场界定。

第三，一种产品的市场份额越大，则价格高于边际成本的成本加成幅度越大。这可以从方程（11）中体现出来。这与提供较好产品的企业可以获取更高的利润以及更大市场份额的模型相一致。成本加成与市场份额之间是否观察到这种联系，可以随时采用 ALM 相对简单的检测出来。如果该关系与经验不符，则表明 ALM 对于实际竞争状况的描述是不准确的（尽管如此，请参见下面关于"嵌套 nests"的讨论）。

第四，方程（12）说明并购前市场份额较低的并购产品，与市场份额较高的并购产品相比，前者的价格在并购后会提高得更多。这是因为并购后，两种产品的价格－边际成本差额相同，但是，正如上面讨论的，并购前具有较高市场份额的产品具有较高的价格—成本加成。我们在下面解释这种结论的直观知识。

第五，ALM 展示了所谓的"无关选择独立性"（IIA）。IIA 假设是指无论增加或者改变另一个备选方案的特征，均不影响消费者在两个特定备选方案中的选择。因此，当消费者只能在产品 X 与 Y 之间进行选择的时候，假设选择 X 的可能性是 Y 的两倍，那么 IIA 认为，即使消费者获得了更多的选择范围，消费者选择 X 的可能性依然是 Y 的两倍。这一假设意味着产品 i 到产品 j 的交叉价格弹性仅仅依赖于产品 j 的特性而与 i 无关，这可以从方程（10）中看出来，方程（10）表明 e_{ij} 与产品 i 的特性无关。这使得这个模型易于评估及应用（从计量经济学的观点来看），但是其代价在于该模型假设所有的产品之间同等程度的"紧密"。这表明当消费者放弃购买一个产品时，他们购买其他产品的比例等同于他们的市场份额。这结论的背后给了我们直观的感觉，并购前市场份额较低的产品在并购后价格的增长幅度要大于并购前市场份额较高的产品。并购前，从低市场份额产品转移到高市场份额产品的销售量要多于相反的情况，因此，相对于高市场份额产品来说，并购有效地消除了更多来自低市场份额产品的竞争约束。

　　IIA 假设因为不切实际而广受诟病。事实上，这种批评是正确的。当我们引入与市场中既有产品相似的一个新产品时，我们有理由相信这个新产品将主要从现存的类似产品中赢得销售额，而非依照原有的市场份额比例依次从各个种类的产品中赢得销量。[16] 并购模拟并非机械的对市场份额进行评判，而 IIA 削弱了并购模拟的理论基础。简单地讲，若我们假设替代性是基于市场份额，那么并购模拟相对于简单的评估市场份额并未进步多少。

　　对于暗含于 ALM 之中 IIA 假设的担忧，一个通常的回应是采用嵌套的 logit 需求函数。这种方法允许部分产品之间相对于其他产品更加紧密。这种方法的思路是有序决策的进程，例如，消费者首先决定购买自有品牌还是大众品牌，然后在相关等级的品牌中选择购买产品。在 *Lagarde're/Natexis/VUP* 案[17]中，欧盟委员会通过使用嵌套的 logit 模型对法国出版行业的并购进行了模拟。这个模型假设消费者首先决定希望购买什么类型的书籍（例，科幻小说、恐怖小说、喜剧小说等等），然后在所选定的类型中再决

---

　　⑯　McFadden（1974）给出了一个很好的例子说明为什么 IIA 假设是不切实际的。假设消费者开始的时候有两种交通方式可供选择：轿车以及红色巴士。假设消费者选择这两种交通方式的概率是等同的，即均为 0.5，那么选择这两种方式的相对比率为 1。现在我们假设引入了第三种交通方式：蓝色巴士。假设公交车乘客对于他们所乘坐巴士的颜色毫不介意，则我们应该认为乘客继续选择巴士和轿车的概率是等同的。我们自然假设乘客选择轿车的概率应该为 0.5，选择蓝色巴士或者红色巴士的概率均为 0.25。那么，乘客选择轿车或者巴士的相对比率就成了 2，而不是 1。但是，IIA 认为不会出现这样的情况，相反，IIA 表明相对比例仍然是 1，乘客选乘轿车、红色巴士以及蓝色巴士的概率各为三分之一。

　　⑰　COMP/M. 2978 *Lagarde're/Natexis VUP*（2004 年 1 月 7 日）。

定具体的书籍。[18] IIA 在每一个嵌套层级内成立（即，一个层级类别中的所有产品都是同样紧密的竞争者），而不是跨越不同层级（即，相对于层级内的产品来说，层级外的产品不是层级内产品的紧密替代品）起作用。人们可以尽其所能选择多个层级，但是你所认定的嵌套层级越多，需要预估或者假设的"嵌套参数"就越多。因此，尽管嵌套 logit 相对于 ALM 更加贴近实际，但是这个优势的代价就是计算的复杂性以及需要更多的数据或者假设。[19] 为了把不同的产品归于不同的嵌套层级，分析人员要估算产品之间的交叉弹性，这样的话，会需要更多的数据。作为一种替代方案，分析人员必须作出一些假设，即产品属于哪一嵌套层级。模拟结果对这些假定很敏感。如果假设是错误的，那么结果也将是偏倚的。

（四）几近理想的需求系统

模拟消费者需求的另外一种方法是 Deaton 和 Muellbauer（1980）[20] 几近理想的需求系统（AIDS）。这是一个非常普通的需求系统，形式如下：

$$(13) \qquad s_i = \alpha_i + \sum_{j=1}^{n} \gamma_{ij} \ln p_j + \beta_i \ln \frac{X}{P}$$

上式中，

s_i 表示产品 i 的市场份额；

α_i 和 β_i 为特定产品的常量；

p_j 为产品 j 的价格；

γ_{ij} 为系数，测量产品 j 的价格波动对于产品 i 份额的影响。

X/P 表示所有产品的总支出除以价格指数。事实上，它是市场中的真实花费。

这种方法把一个产品的市场份额与它的价格、市场中所有其他产品的价格以及市场中的总消费联系到了一起。一个产品的市场份额会因为自身

---

[18]　对于这个案例的简要描述，参见下文。若需要拓展阅读，参见 Ivaldi（2005）。

[19]　关于嵌套 logit 模型的更多信息，参见 Anderson 和 de Palma（1992）。

[20]　早期工作由 Gorman（1959）完成。

价格的上涨而下降，也会因其他产品价格的上涨而增加，因此 γ_{ii} 对于所有的 i 而言是负的，而 γ_{ij} 对于所有的 i 和 j 产品组合而言是正的。[21] 一个产品的市场份额是否会随着市场总支出的增加而上下浮动不是先验明确的，因此 β_i 可以是正值、负值或者是零。

AIDS 是基于多阶段预算的思路，即消费者将购买决定拆分为多个阶段。举例来说，他们会首先决定购买一辆轿车，然后决定购买哪一种类型的轿车（经济型、豪华型等等），接下来决定在该类型轿车中选购具体的产品。从技术视角来看，AIDS 模型具有各种特性，使之似乎合理地近乎消费者的需求，正是如此，其作为一个构成并购模拟的需求模型具有许多吸引人之处。但是，AIDS 模型与 logit 模型不同，它需要对大量参数进行评估。一个完整的评估需要 N 个 γ 系数（N 代表产品的个数）以及 N 个 α 和 β 系数。甚至在 $\gamma_{ij} = \gamma_{ji}$ 的情况下，也需要估算多达 N/2 个 γ 系数。假设市场中有 10 种商品，那么需要估计的系数最少为 70 个，最多为 120 个。[22] 20 种商品则意味着 240 到 440 个系数。对如此多的系数进行预估需要非常庞大的数据库，而只有获取了一个合理的长期扫描数据才能满足这个要求，即便如此，如果希望得到与基本的经济理论相一致的结论，也会存在相当多计量经济学方面的困难（即，所有的自价格弹性为负，所有的交叉价格弹性为非负）。

可以替代 AIDS 模型的是所谓按比例校准的 AIDS 模型（PC-AIDS），由 Epstein 和 Rubinfeld（2002）提出。[23] 这种方法的出发点在于完全的 AIDS 模型十分依赖于数据。但是，如果我们做出"比例原则"假设，则模型中未知数的数量将大幅下降。这个模型中的比例原则实际上等同于 logit 模型中 IIA 的特性：当一家公司提高价格时，该公司会以竞争者市场份额的相应比例将销售量损失给竞争对手。因此，假设市场上有三家公司，A、B

---

[21]　或者，至少是非负值。

[22]　实际上，模型所需系数会略微少于这个数字，因为还存在其他约束条件，比如，α_i 和 β_i 的系数之和必须分别为 1 或者 0。

[23]　亦可参见 Epstein 和 Rubinfeld（2004）。

和 C，其市场份额分别为 10%、30% 和 60%，那么当 A 提高价格时，C 从 A 的销售量损失中获得的销量增加将是 B 的两倍。在 AIDS 模型中引入此假设的作用在于，需要估算的弹性数量下降到仅为 2 个，所需要的仅为行业价格弹性和市场中一个产品的自价格弹性。[24] 根据这两个数据以及比例原则的假设，只要已知市场份额，则所有其他弹性均可以得到。[25] 这个假设的明显优势在于降低了估算大量弹性的要求，但是随之而来的代价就是可能无法描述真实的竞争状况。我们也可以在 PC-AIDS 模型中引入嵌套，以考虑部分相互之间比较紧密的产品，就如同在 logit 模型中的处理一样。那么可以假设比例原则仅在每一嵌套层级内成立，但不涉及嵌套层级之间。这样的模型可能更实际，但是需要做出一些假设或者估计，即，哪些产品归属于哪一嵌套层级、这些嵌套层级的相对紧密性等。模型的结果会依赖于这些假设。例如，Epstein 和 Rubinfeld 在美国婴儿食品案中使用这个模型去模拟亨氏食品公司收购比纳营养品公司。这本是在拥有三家公司的市场上排名第二和第三公司之间的一起并购。[26] Epstein - Rubinfeld 并购模拟的基础是有关嵌套层级的三个不同假设：一是，不存在嵌套层级；二是，亨氏食品和比纳营养是一个嵌套层级的一部分，而该层级不包括嘉宝公司；三是，比纳营养和嘉宝公司是一个嵌套层级的一部分，而该嵌套不包括亨氏食品。他们分析结果在表 15.1 中列出。很明显，预期的并购后价格在很大程度上依据关于嵌套所做出的假设而发生变化。

---

[24] Epstein 和 Rubinfeld 甚至更加大胆地建议：假设一组产品根据假定垄断者测试定义为一个相关市场，考虑到垄断者在需求曲线的弹性部分定价，那么行业弹性一定大于 1。这个假设是错误的，因为它涉及假设行业中的当前价格是由假定垄断者设定的。

[25] 利用比例原则假设，可以使人们依据 $-\gamma_{ii} = \sum \gamma_{ij}$ 而得到一个企业所有的交叉价格弹性，自价格（ε_{ii}）和交叉价格弹性（ε_{ij}）的实际方程为：

$$\varepsilon_{ii} = -1 + \frac{\gamma_{ii}}{s_i} + s_i(\varepsilon + 1)$$

$$\varepsilon_{ij} = \frac{\gamma_{ij}}{s_i} + s_j(\varepsilon + 1)$$

式中，ε 表示行业弹性。

[26] 该案的细节详见第七章。

表 15.1　美国婴幼儿食品案例中的价格增长模拟结果

	无嵌套	亨氏-比纳同一层级	比纳-嘉宝同一层级
亨氏	6.2%	12.3%	3.9%
比纳	6.8%	13.3%	3.4%

数据来源：Epstein 和 Rubinfeld（2002 年）表 7。

由于 PC-AIDS 模型和 ALM 模型非常相似，所以我们有理由询问前者相对后者的优势是什么。PC-AIDS 模型的优势之一在于，它不需要价格数据。但是，这个优势相当微弱，因为在当前价格数据几乎唾手可得的行业，使用伯川德并购模拟方法是一个更加合理的选择。PC-AIDS 的另外一个优势在于它比 ALM 更加易于运用。最后，在一定程度上，PC-AIDS 与完全 AIDS 模型非常相似，其与潜在的消费者需求理论是一致的。

二、古诺模型

古诺模型很少被作为并购模拟的基础，原因有很多。首先，并购模拟通常应用于单边效应的案件中，而且，模拟可能产生的单边效应时所采用的标准假设是差异产品之间的伯川德价格竞争。另一个方面，古诺竞争通常涉及的是同质产品，因此，与协调效应的案件相关。[27] 其次，标准古诺模型对于大部分并购是无效的。并购后的均衡包括：参与并购的当事方减少产出，未参与并购的企业增加产出，但是总产量下降，因此价格会上涨。在很多情况下，这意味着并购对参与合并的企业而言是无利可图的。Salant，Switzer 和 Reynolds（1983 年）推断认为，如果参与并购的企业拥有不足 80% 的市场份额，那么并购就是无利可图的。他们做出了不变边际成本、线性需求曲线的对称性假设。若放松这些假设，那么具有较低市场份额的并购企业也会获利。[28] 特别是，在古诺模型中利润和市场份额都直接与成本效率相关联，最具成本效率的企业拥有最大的市场份额和最可观

---

[27]　关于此问题的详细描述，参见第二章。

[28]　详见，Perry 和 Porter（1985）或者 Hennessy（2000）。

的利润。因而，倘若并购导致了重大的成本效率，那么这样的合并也会成为有利的行为。但是，在缺乏产能约束（见下文）或者并购没有实质性的边际成本节约的情况下，许多古诺型的并购对于参与并购的公司而言是无利可图的，而根据古诺竞争模型，并购企业推定是会赢利的，因此为这样的并购建模是没有意义的，至少，任何采用古诺模型的模拟必须显示：模拟意味着并购对参与并购的企业而言是有利可图的。

人们通常认为，当产品同质化以及企业存在产能约束的情况下，古诺模型才是有意义的。这时，未参与并购的企业会囿于产能约束，无法增加产出以对并购后的价格上涨做出回应。如果未参与并购的企业在增加产能方面无能为力，那么参与并购的企业事实上就变成了剩余需求的垄断者，其他企业不能对此提供产能或服务，并因此将他们的价格提高到剩余需求曲线上的垄断价格。这表明，至少在其他企业能够提高他们的产能之前，并购后的价格增长将实际高于标准古诺模型的预测。[29] 我们应该注意到，在这种情况下，并购对于未参与并购的企业而言是更为合算的，其益处依然大于参与并购的企业，因为参与并购的企业必须通过降低产出来提高价格，而未参与并购的企业却能够以之前的产量享受较高价格带来的好处。[30]

由于在古诺模型中，假设产品是同质的，因此相对于差异化产品假设的伯川德模型来说，古诺模拟引起需求方面的问题更少。仅有的需求方面的问题是行业整体的弹性，如何随着行业范围的价格上涨而变化。特定的企业与其他企业的紧密程度如何，在这方面不存在任何问题。取而代之的问题集中在模型的成本方面，特别是边际成本如何随着产出的增加而变化。如上所提，倘若边际成本是不变的，而且不存在产量约束，那么古诺模型在单边效应的背景中通常毫无意义。因此，在决定运用古诺模型时需要考虑是否存在同质化的产品、或者并购产生了显著的成本效率、或者存

---

[29] Werden 和 Froeb（2008 年）认为，美国司法部在 *Georgia-Pacific* 案中，有关未参与并购公司之产能约束的考虑，严重影响了本案的分析。

[30] 尽管在伯川德模型中也会出现同样的结果，即未参与并购企业的利益增加要大于参与并购的企业（参见 Deneckere 和 Davidson（1985））。

在产能约束。在下面的内容中，我们会对古诺模型在电力行业并购中的应用进行讨论，电力行业的特点就在于产能约束和同质化产品。

供应函数均衡（SFE）模型与古诺模型有着紧密的联系。SFE通常运用于电力产业合并中，这些模型取代了古诺模型单纯数量情形的假设，而是假设企业给出"供给函数"，函数细化了在任何既定的价格上企业将提供的产量。这种假设认为供给函数是向上倾斜的：企业会因为价格的增长而提供更多的产能。相比古诺模型来说，假设企业给出供给函数通常是对现实的更好描述，但是，SFE模型受到一个重大缺陷的影响，即这些模型通常导致多个平衡，因此无法为并购提供一个单一的预测结果，我们在下面的案例研究章节详细地讨论这个难题。

三、竞标和议价模型

伯川德和古诺竞争模型均假设消费者首先了解产品价格，然后根据价格情况决定是否购买、购买多少，这是对很多市场一个合理的描述，但是，当然无法囊括全部市场。很多市场的价格设定是买方与卖方之间直接互动的结果。例如，买方在决定从哪一家销售者处购买产品之前，往往会与大量潜在的卖方协商。这方面的例子如一个大型的跨国企业决定从哪家购买电信服务的情况，该企业在最终决定供应商之前，可能会与众多的潜在供应商商议，讨论各种价格和可能的服务等。

对此种类型的市场进行模拟是非常繁杂的，因为模拟的结果严重依赖于对拍卖或竞标运作过程的精确假设。比如，拍卖过程是否最好模拟成第二价格拍卖，这样，赢标者支付次高竞标价（如同在标准的拍卖行中进行拍卖）；或者作为第一价格拍卖，赢标者依照其给出的竞标价格进行交易（即以封闭式竞价拍卖）。然而，大部分模型对于竞标者部分具有相似的潜在估值结构。假设认为，每个竞标者会把对产品的估值分为两部分，一部分对所有竞标者是相同的，而且所有竞争者都是知悉的；另一部分为竞标者之间不同的，而且仅是自己知情。因此竞标者 j 第 i 个中标的估值是：

（14）　　$v_{ij} = c_i + \eta_{ij}$

式中，v_{ij} 表示竞标者 j 第 i 个中标的估值；

c_i 是第 i 标估值的共同部分，这部分不随竞标者变化；

η_{ij} 是竞价者 j 第 i 标估值的特定部分。

人们假设估值中竞标者特有的部分是依据一些特定的分布而随机发生变化（例如正态分布或更常见的极值分布或 Logistic 分布），这些分布具有 0 均值和给定的方差。[31] 那些拥有较高市场份额的竞价者的特征是拥有较高的方差值，因为这增加了产品估值在任何特定情况下都是最高的可能性。对于这一点的直观感受就是，只有估价最高的竞标者会中标[32]，随机分布越趋向于极端的竞标者获胜的机率会越频繁。因此，较大的方差表明更多的中标。设定模拟中与每一竞标者匹配的方差，以便表明不同企业的当前市场份额。

实际上，当竞标者为提供产品而不是购买产品进行竞标时，可以采用同样的方法。当竞标者是销售者时，如果他们对购买者给出最低价格，那么将会胜出（考虑到质量差异）。那么，我们把方程（14）中的 v_{ij} 解释为竞标者 j 提供产品 i 的成本，因此 c_i 是供给成本部分中对所有竞标者共同的部分，η_{ij} 是竞价者 j 特定的成本部分。具有最高市场份额的企业可以再次被模拟为拥有最大的方差 η_{ij}，只是这次是他们的成本最低时中标，而不是估值最高的情况。

在这些设定中，并购的影响是：并购后的实体可能对产品（每一个并购方的产品）具有两个估值（成本），而且这增加了其中之一成为最高估值（或者最低成本）的可能性。那么，这也使模型能够说明并购导致了市场份额的增加，但是，不能直接提供并购对价格影响的估计。只有当竞标市场中两个参与并购的企业通常是第一、二高位的竞标者时，并购才通常被认为会引发竞争关注。这种直觉判断很明确。对参与并购的企业 A 而言，只有当参与并购的企业 B 早先与 A 是最接近的竞争者时，A 在竞拍中

---

[31]　原则上，这种随机变量的平均值不一定是 0。如果一个特定的竞标者总是系统性地倾向给出一个高于其他竞价者的标价，那么他们估值的随机部分可能表现为正均值。

[32]　估价最高的竞标者未必总是赢，至少在封闭竞价中就不是这样。参见下文对此的讨论。

所遇到的竞争约束才会缓和。因此，当 B 早前是第二高竞标者的情况下，A 的竞争约束才会减轻。在并购前 A 中标的一次竞拍中，如果 A 最紧密的竞标者是 C，那么，并购后 A 面临同样的竞争约束：需要击败 C。

因而预估并购对于价格的影响要求估算参与并购的企业作为最高以及次高竞标者的频率，并且了解在那种情况下第三竞标者的情况。这一工作可以根据上述方程（14）中关于竞标者特有因素分布所作出的假设来完成。

关于评估并购对价格影响的讨论是基于二级价格拍卖的假设，这通常也是一个合理的假设。然而，我们应该注意到并购的影响在封闭拍卖的设定中与上面的描述会略有不同。假设企业正在竞标成为成本最低的供应者。在封闭拍卖中，胜出者所接受的价格即为他们投标的价格。这表明竞标者并不会以其实际成本来投标，因为那样就无法增加生产者剩余。你需要以高于实际成本的价格胜出，这意味着你的出价理想上应该略微低于次低价。但是，这与我们在上面所讨论的二级价格拍卖不同，次低出价不会是次低成本竞标者的实际成本，因为他们也不愿意用实际成本进行投标。每家公司都将权衡较高出价中标的较低可能性，以及较高出价而获取的更多利润。对这一过程建模显然是一项复杂的工作，需要对每一家企业如何期望其他企业竞标而进行假设。Vickrey（1961）表明，如果竞标者都是势均力敌的，那么么期望中的竞标价在这里讨论的两种模型中实际上是相同的。但是，在投标者不对称的通常情况下，这样的结果就不再存在。[33]

四、协调效应模拟

上面我们讨论的所有并购模拟的方法均涉及单边效应的情况。据我们所知，并购模拟目前为止还没有在协调效应的情况中得以应用。但是，Davis（2006）提出了在差异化产品市场中对并购的协调效应进行模拟的一个方法。[34] 他假设认为，任何协调均由一个"严格"的惩罚策略支撑，这

---

[33]　参见 Maskin 和 Riley（2000 年）。
[34]　Sabbatini（2006）使用了相似的方法。

意味着一旦任何企业对协调结果进行欺诈，那么在未来所有的时期中，所有企业都会转向非协调（竞争）的结果。这个假设使得他能够相对轻松地对共谋能否持续进行评估。首先，计算出每家企业通过共谋所获得的利润。这个可以通过计算市场的垄断利润来求得。其次，计算共谋是否比背叛更加有利可图。对每家企业来说，当所有其他企业都设定共谋价格，而背叛企业却在其他企业设定的价格下谋求自己利益的最大化，背叛会导致一段时期的高利润。此后，背叛会带来永久的竞争性价格。竞争性价格水平可以通过假设一个非合作均衡来计算，如同在单边效应中的并购模拟一样。对于一家企业而言，背叛是否有利可图取决于其折扣率的高低。一家企业的未来利润值相对于当前利润值越低，其做出背叛行为的可能性越大。只有当所有企业都认为共谋的价值高于背叛时，共谋才会是可持续的。

这种方法非常吸引人的一个方面在于：相对于标准并购模拟来说，它不需要更多的工作量。标准并购模拟包括评估并购后的非合作均衡。估算垄断的结果并不困难，因此，唯一的额外工作就是了解是否每一家企业都有背叛的动机或者诱因，这就需要评估在所有企业都收取垄断价格的情况下每个企业的利润最大化行为，这不是一个纳什均衡，相对容易计算。那么，当且仅当所有企业满足下面条件的情况下，共谋是可以持续存在的：

（15）背叛的利润 + 未来竞争环境下的折扣利润 < 共谋的长期利润

很明显，这种方法存在一些实质性的困难。第一，结果严重依赖于所选择的具体惩罚机制。在长期竞争中，所谓严格策略真是合理的么？第二，在没有明示共谋的情况下，企业实现垄断的可能性有多大？第三，它从某些问题抽象而来，这些问题与背叛行为被发现的可能性相关。第四，对模型进行最初的校准需要假设并购前的情况是纳什均衡。人们总是需要做出这样的假设或者均衡，但还是特别怀疑并购后市场中存在协调问题。

依照这样的情况，我们认为并购控制主管机构未必会把更多的重心放在这种分析的结果上。但是，这种方法对于解决协调效应情况中的并购模拟来说很有意思，我们期待今后在这个领域会有更加深入的研究。

五、纵向并购模拟

纵向并购所采用的模拟方法与横向并购的情况是一样的。但是，纵向并购中的损害理论却往往不同于横向并购。通常来讲，纵向并购对价格的直接影响可能是促进竞争的，而纵向并购的损害理论往往与封锁问题相关。我们在第八章对这些问题进行了深入的探讨，我们也讨论了运用"纵向运算"来评估这些问题。因此，我们在这里不再就这些问题进行过多的讨论。

第二节　案例研究

这部分包含大量简要的案例研究，也是对实际并购已经完成的模拟研究，其目的是为随后关于并购模拟模型的评价提供讨论的背景。前两个案例研究不是正式的并购模拟，但是，它们是早期尝试着直接评估并购对价格可能影响的例子，因此囊括在这部分内容中。

案例一　史泰博/欧迪办公并购

严格讲，这个例子完全不是一个并购模拟，而是一种形式的价格集中度研究。但是，我们涵盖于此是因为这个案子是早期评估并购精确价格效应的一次尝试，而不是仅仅去争论价格可能会上涨、但又没有对可能上涨的幅度做出量化的案例。

1996 年，两家美国办公用品超市史泰博和欧迪办公宣布并购。[35] FTC 反对这次并购，该案被送交法庭，1997 年 6 月 FTC 被授权初步禁令阻止这起并购。当事双方随后放弃了并购计划。计量经济学对并购后价格可能上升的幅度进行了评估，这在 FTC 的案件中起到了重要的作用。

引起 FTC 关注的首要事情之一似乎是并购各方的内部定价资料，这些

---

[35]　关于史泰博和欧迪办公合并的讨论，主要参考资料是 Baker（1999）。

资料表明史泰博和欧迪办公都是基于商店附近超市竞争的数量而设定价格。因此，当史泰博或欧迪办公不用面对彼此的竞争或者来自其他办公用品超市的竞争时，如顶级奥菲斯（OfficeMax），那么价格通常都会上涨。FTC 通过计量经济分析印证了这一观点。因此他们调查了办公用品超市的价格是如何随着其是否面临周边超市的竞争而产生差异的。

FTC 所做的初步计量经济分析表明，这次并购将会使史泰博和欧迪办公当前竞争区域中的消费品供应价格上涨幅度高于 7%。但是，这一数字遭到当事双方的质疑，他们认为涨幅不会超过 1%。不过，这两组结论的争论得到了解决。FTC 表示 1% 的数据来源是基于一个模型，该模型存在两个主要缺陷：首先，它对集中度的测量是有误差的（或者，更加确切地讲，忽略了相关的集中度变量）；其次，忽略了对加州、明尼苏达州以及其他地区的一些观察，导致样本选择有偏差。将这两个因素校正后，模型的预期价格增幅位于 7% 到 9% 之间。[36]

我们从这个案例中可以汲取三方面的经验。首先，计量经济分析和并购模拟可以在实际案例中发挥有益的作用。其次，当计量经济分析和并购模拟用于支撑其他证据的内在含义时是非常有效的。在史泰博和 欧迪办公并购案中，它们证实了内部价格文件的含义，两种类型证据的联合非常有说服力。第三，计量经济分析可以被用来"证明"所需要的任何主张，这种说法并非如此。在这个案件中，FTC 与当事方之间关于计量经济分析方面的分歧是可以得到解决的。当事方的分析存在着缺陷：这是可以论证的而且其结果是，模型给出的预测与从其他证据中（如，内部定价文件）得到的结论是相符的。

案例二　欧莱雅/美宝莲并购案[37]

这起并购所涉及的领域是化妆品（例如，睫毛膏），在这个领域中，

　　㊱　为简洁清晰起见，我们忽略了 Baker（1999）就该案提出的一些比较复杂的问题。有兴趣的读者可以参考那篇文章。

　　㊲　这部分以 Robinson（1996 年）的文章为基础。

美宝莲和欧莱雅均提供那些看起来可以相互替代的产品。根据纯粹的"化妆品的市场份额"方法,这起并购具有潜在的竞争问题。但是,欧莱雅作为一个"高端"品牌,往往与类似于"倩碧"这样的高端品牌进行竞争。另一方面,美宝莲更多地是一个"低端"品牌,与雅芳和封面女郎等这样的品牌进行竞争。这一点被两个品牌之间相对巨大的价格差异所突显。

与史泰博和欧迪办公并购案相比,这起案件中可获得的数据非常有限,尽管可以获得扫描数据,但是这些数据却忽略了很大一部分市场。比如,这些数据并未涵盖百货公司或者"直销"的销售数据,但是,这些数据可以用来进行一些计量经济学分析。分析结果表明,即使两家公司销售的产品出现在同一相关市场(即彩色化妆品),他们之间的竞争程度实际上也非常低的。这一点通过事实得以说明,即结果表明并购后至多仅会导致价格的小幅上涨。这些结果意味着,这两家公司的合并不会导致经济上显著的竞争损失,因而并购后的价格也不会发生明显的上涨。因此,这起并购没有受到美国司法部的质疑。

这个案件值得注意的是,和其他众多案件一样,计量经济学证据并非唯一被采用的实证证据。比如,美国司法部也利用调查数据表明两个产品之间的相互替代性不是非常紧密。[38] 正如本书其他地方所言,只要有可能就应该使用实证证据。

案例三 沃尔沃/斯堪尼亚并购案[39]

这起并购涉及的领域之一是爱尔兰和北欧诸国的重型卡车(超过 16 吨),并购后在这些国家的市场份额将会非常大。

表 15.2 沃尔沃/斯堪尼亚并购前后的市场份额

	沃尔沃	斯堪尼亚	并购后的总额
瑞典	45	46	91

[38] Robinson (1996).

[39] Comp/M. 1672 沃尔沃/斯堪尼亚 (03 15 2000)。

	沃尔沃	斯堪尼亚	并购后的总额
芬兰	34	31	65
丹麦	29	30	59
爱尔兰	22	27	49
挪威	38	32	70

数据来源：委员会决定第 65 段。

　　作为并购分析的一部分，委员会邀请 Ivaldi 和 Verboven 教授对全国重型卡车市场进行并购的计量经济学模拟。[40] 模拟是基于嵌套的 logit 模型，层级对应的是整体式车架卡车和牵引式卡车。整体式车架卡车是一种集成卡车，它的拖车不可拆卸，而牵引式卡车的拖车是可以拆卸的。使用的数据是 1997 年和 1998 年 16 个欧洲经济区国家的价目表价格。[41] 利用嵌套分层 logit 模型的结论，作者假设并购后的结果将是纳什均衡（即假设在合并完成后，剩余的竞争者之间不会存在合作行为），并对模型进行了模拟。他们明确地考虑了这样的情况：如果参与并购的公司提高价格，市场中的其他公司会跟进提高价格。分析结果如下：

表 15.3　合并后价格变化的百分比[42]

	沃尔沃/斯堪尼亚		竞争者	
	整体式	牵引式	整体式	牵引式
丹麦	11.55	8.17	0.26	0.19
芬兰	10.03	7.83	0.39	0.24

[40]　下文均基于 Ivaldi 和 Verboven（2005）。委员会自己的决定中关于这项工作的细节涵盖得较少（决定的 72—75 段有讨论）。

[41]　委员会的决定指出，沃尔沃对研究的合理性提出异议，沃尔沃认为分析是存在严重缺陷的，因而结论不应被采纳（75 段）。人们猜测起诉这份报告的批判之一是这份报告明显采纳目录价格，而非交易价格。使用目录价格是有严重问题的，除非目录价和实际交易价之间存在稳定关系。

[42]　这个表格的来源是 Ivaldi and Verboven（2000）的表 5。尽管作者对 16 个国家进行了统计，但是我们仅仅对委员会所关注的五个国家进行了统计。

	沃尔沃/斯堪尼亚		竞争者	
爱尔兰	10.87	7.36	0.21	0.30
挪威	13.17	8.63	0.32	0.28
瑞典	22.34	12.64	0.47	0.32

表 15.3 显示，在所有关注的五个国家中，作者估计了并购后当事方可能的价格上涨：整体式卡车涨幅为 10%—23%，牵引式卡车为 7%—13%。即使在考虑了并购后所带来的成本效率为 10% 的情况下，作者依然发现消费者的福利将会下降（大约 2%—14%）。[43]

最终，鉴于当事方对这份报告的指责，委员会没有采纳这份报告："考虑到该方法是新事物，而且分歧较大，委员会将不会以这个研究结果作为评判的依据"。[44] 委员会反而最终基于更传统的理由阻止了这起并购（例如，市场份额）。

案例四　拉加德雷/Natexis/VUP 案[45]

这个案例涉及法语书籍的出版，涵盖了基于嵌套需求的伯川德并购模拟的例子，该工作代表委员会完成。分析人员[46]拥有 3200 本精装书籍和平装书籍的数据，因此能够通过计量经济分析评估弹性。[47] 他们采用了分层的 logit 模型，以书本的体裁风格作为划分层级的依据。该模型预测并购后的价格上涨幅度为 4.8%。另外，作者还为这个数据提供了 95% 的置信区间：准确的价格增幅比例位于 3.7% 和 5.5% 之间，具有 95% 的确信度。[48]

与沃尔沃和斯堪尼亚案的研究不同，委员会似乎很看重这个研究结

---

[43]　参见 Ivaldi 和 Verboven（2000）的表 7。

[44]　COMP/M. 1672 *Volvo/Scania*（2000 年 3 月 15 日）第 75 段。

[45]　COMP/M. 2978 *Lagarde're/Natexis/VUP*（2004 年 1 月 1 日）。

[46]　里尔大学的 Jêrôme Foncel，图鲁兹法经产业经济研究所的 Marc Ivaldi 和欧盟竞争局首席经济学家团队的 Valérie Rabassa。

[47]　该数据来自 Ivaldi（2005），其中包含了对所完成分析的有效描述。

[48]　该数据来自 COMP/M. 2978Lagarde're/Natexis/VUP（January 1, 2004）第 702 段。

果。因此委员会宣布：

"这个研究特别稳健，因为有大量的观察数据、评估的各种参数都很稳定、检测给出的统计效力程度高，并且对价格增长测算的置信区间进行了模拟。"[49]

案例五　菲利普·莫里斯国际公司/Papastratos 并购案[50]

2003 年，菲利普·莫里斯国际公司收购希腊烟草制造商 Papastratos。委员会在第一阶段通过了这个合并。这个案例采用了一个并购模拟。有意思的是，这是一个典型的并购模型没有对案件分析提供任何额外帮助的例子，我们下面会转入这个话题。委员会的决定没有提供模拟的细节，而仅是声称：

"企业提供的并购模拟结果显示，并购后的市场价格上涨平均起来幅度不大。模拟模型假设并购各方的产品在不同的门类下竞争，或者换言之，各方产品之间的替换程度很低。市场调查也确认了这种市场分类。模拟的结果证明当前的并购不会导致希腊烟草市场显著的价格上涨。"（第 32 段）

我们有理由去了解模拟对竞争分析起了什么样的作用。模拟基于这样的假设：并购双方产品之间的替代程度很低，因此模拟表明并购后的价格上涨很少，对此我们毫不惊讶。我们没有必要通过模拟来得出这样的结论。替代程度低的假设对模拟的结果非常关键，这一假设也通过委员会的市场调查得以确认。换句话说，竞争影响分析是首要的，然后这个分析会被引入模拟中，模拟再给出竞争影响分析已经给出的结果。

案例六　甲骨文/仁科并购案[51]

2004 年甲骨文收购仁科，这起交易从反垄断的角度看非常有意思，原

---

[49]　COMP/M. 2978Lagarde're/Natexis/VUP（2004 年 1 月 1 日）543.

[50]　COMP/M. 3191Philip Morris/Papastratos（2003 年 10 月 2 日）。

[51]　这部分内容主要来源于 Bengtsson（2005）。

因有很多。其中之一就是委员会建立了一个模型对这起并购进行模拟。这个模拟的特别意义在于它并不是一个标准的伯川德模型，而是一个拍卖模型。

案件涉及的产品是企业应用软件。在这个行业的人力资源（HR）和财务管理系统（FMS）部门，这起并购至少最初的特征是三变二的并购，并购后市场的重要参与者只有合并后的实体和德国 SAP 公司。委员会选择使用封闭竞价拍卖模型对这个交易进行建模，在模型中，供应商给一个出价，那么购买者会从中选择一个竞标方。因为这个行业的成本结构，这种方法优于英式拍卖。委员会认为，为买方提供产品的边际成本实际上是零，因为在软件公司竞标的时点其开发成本均为沉没成本。在英式拍卖下，随着公司连续向下竞价至边际成本，价格有望接近于零。但是产业中没有出现过这一情况，产品的价格是明显高于零的。在封闭竞价拍卖中，参与竞标的公司在高于边际成本之上竞价，如果他们希望中标的话，则需要在减少中标的可能性与增加的利润之间进行权衡，这就使价格高于边际成本，而且也与该行业中出现的情况相一致。

这个模型的假设是：竞标者的身份是公开的，但是购买者对于各个供应商产品质量的认知是未知的。事实上，未知的是一个特定供应商的产品在多大程度上能更好地契合购买者需求。假设在并购完成后仁科的产品会退出市场。[52]对于甲骨文公司产品品质可能出现问题，欧盟委员会考虑了两种可能性。一种可能性是产品保持不变，另一种可能性是，甲骨文收购仁科的商业秘密后，产品质量得到提升。对产品质量的考虑，使委员会不仅模拟了并购对价格的影响，而且也模拟了并购对于消费者福利的影响，包括减少消费者选择、使得一些买方在并购后不能买到和并购前一样适合他们的产品等。

需要注意的是，这个方法表明即使参与并购的两家公司不是紧密的替代者，消费者也会受到伤害。如果他们是紧密替代者，那么并购可能对价

---

[52] 这并不是一个有争议的假设，甲骨文公开表明了它会继续支持仁科的现存客户，但是并购后将不会积极销售仁科的产品。

格具有显著的影响。如果他们不是紧密替代者，那么，尽管并购可能不会显著影响价格，但也可能以并购紧密替代者所不具有的方式，大大减少消费者可获取的选择。

对人力资源和财务管理系统的模拟结果如下：

表 15.4　甲骨文—仁科并购模拟结果

	价格增幅	消费者剩余下降
人力资源系统	7%—40%	15%—39%
财务系统	14%—30%	18%—25%

表 15.4 中给出的范围来源于不同假设。例如，人力资源部门中消费者剩余损失的数据较低，是基于甲骨文收购仁科的商业秘密后产品得到改进的假设。同样，在财务管理系统模拟中，最低价格和消费者福利效应的假设基础是并购后带来 10% 的效率节约。但是，明确的是，该模型自始至终预测显著的价格上涨和消费者剩余的减少。

这个模拟的操作在许多方面都得到了很好的设计。首先，它并非一个"现成"的模拟，由一个特定的理论模型而假设竞争行为得到充分的反映，相反，这个模型是为特定的关联市场专门设计的模型。其次，这个模型和观察到的数据契合得很好。例如，SAP 公司是公认的拥有最高市场份额和最高价格的公司。模拟模型与这一观察相一致：较高的市场份额源自于较高的质量，也因此具有较高的价格。这个模型同样表明：越是看重产品价值的消费者，支付的价格也越高。这与经验观察是一致的，即市场中的定价看起来与购买者的支付意愿相关联，可以由购买企业对产品的使用强度或者用户数量等变量来测算。最后，这个模型明确地处理了并购可能导致仁科公司产品退出市场的事实。

然而，我们应该注意到委员会最终没有采纳这个模拟结果。这是因为委员会认为把这个并购定性为三变二的合并是不正确的，而且认为模型中考虑的竞争性约束还不够。因此在决定的第 196 段，委员会陈述道：

"显然，这个模拟模型的假设前提是当前市场上仅存在三家公司。鉴于对市场界定的调查，这个假设无法成立。"

在延长了第二阶段的调查之后，委员会通过了这起并购。[53]

案例七 努恩/里莱恩特并购案

2003 年，荷兰公用事业公司努恩希望收购电力公司里莱恩特，该交易会造成电力发电市场的集中度显著增加。荷兰竞争主管部门 NMa 委托进行了一个并购模拟。

电力市场的特点表明此交易不适用伯川德模型而可能适用古诺模型。电力是一种不能储存的同质性产品，因此，在所有时间内供给必须等于需求。大多数电力市场的运作方式是，发电企业为每一个发电站设定每一时间段的价格（例，荷兰以一个小时为单位），随后选用发电站，从最便宜的开始，直到满足电力需求。那么，市场价格由所采用的最昂贵电站的竞标价而设定（即边际电站）。这个市场的一个重要特点在于需求弹性很低。这是因为消费者接受的是平均电价，因此不会对短时期的价格上涨作出反应。对这种价格上涨唯一的反应来自大规模的工业企业，他们需要面对所收取价格的短期波动。[54] 需求方缺乏弹性意味着价格几乎完全由市场的成本方面，特别是由发电企业的竞价行为来决定。[55] 这意味着专注于市场需求方的伯川德模型，不太可能对这里的竞争过程给出很好的描述。

在这个案件中，NMa 委托了两个并购模拟模型。一个是古诺模型，另一个是供给函数均衡模型。古诺模型假设发电厂仅设定产出（即，明确他们的哪些发电厂在任何指定的时间都是可用的）；而供给函数均衡模型则

---

[53] 毫无疑问，委员会的批准决定明显受到了美国司法部阻止此项并购而在旧金山联邦法庭败诉的影响。

[54] 这或许是因为他们在"现货"市场购买电力；或者他们与电力企业有协议，同意在电价高时减少用电以获取折扣。

[55] 有大量的学术文献研究发电站策略性竞标以提高价格的情况。例如，封锁较为便宜的发电厂，仅以较为昂贵的发电厂去竞价，那么，如果企业较为昂贵的发电厂成为边际价格设定的电厂，则这个企业就能够提高市场价格。对这一问题的介绍，参见 Harris（2006）。

假设发电企业会竞标形成一个供给函数，即发电厂会以如下的形式进行一系列的竞价：我会以€ A 价位提供发电站 X，以€ B 价位提供 X+Y，以€ C 价位提供 X+Y+Z 等等，这里，A<B<C。这为发电者的实际行为提供了很好的描述，而古诺模型却做不到这样。因此，我们在下面仅仅关注供给函数模型。

如上所述，供给函数模型的主要困难在于其经常会表现出多重平衡。NMa 对这种问题的应对是关注并购对最低价格、最高价格以及中间价格的预期影响。该模型所预测的最低价格在并购完成后并未发生太大变化，中间价格则上涨了 13%，最高价格上涨得相当多。[56] 这立即引起了一个有趣的问题，正确的衡量方法是什么？在某种意义上，选择是任意的，因为这取决于在众多的均衡中，模型选择的均衡是不是市场在并购完成后实际选定的均衡。在这个案例中，这个模型的含义因为采用价格的不同而不同：最低价、中间价或者是最高价。这个问题也牵涉到剥离的情况。如果这个模型用于评估可能的剥离对并购后结果的影响，那么同样地，这将取决于并购后市场选定的是哪一种纳什均衡。

产生的第二个问题是模型达到的均衡。通常情况下，均衡是无法通过分析来决定的，因此模型通常会假设每个公司可能实施的各种策略，并观察哪种策略组合构成一个纳什均衡。NMa 采用的模型为每个公司假设了 17个可能的策略，这些策略的基础是这些公司竞价高于边际成本的程度（即，位于边际成本的 1 到 15 倍之间）。这种方法导致模型达成一些纳什均衡，但这些并非是真正的均衡。假设一个纳什均衡：每家公司都以五倍的边际成本来进行竞价，这是一个纳什均衡，因为没有公司认为以四倍或六倍的边际成本竞价更能够获利，而且这是他们仅有的两种选项。在现实中可能的情况是：这并非一个纳什均衡，因为一家公司以 4.9 倍的边际成本竞价，情况会有很大好转，在这种情况下，其他公司也会愿意以略低于5 倍的情况进行竞价。当然，当事方的经济顾问会认为 NMa 的模型所找到

---

[56]　这些数据均是全年平均价格。如同你可能料想的那样，该模型预测冬天的峰值数据会比其他时刻都高。

的大量高价均衡不是真正的纳什均衡。

考虑到模拟模型的结果，NMa 决定只有当 Nuon 同意售出大量并购后的产能才准许通过这起并购。[57] 但是，Nuon 将这一决定上诉到了鹿特丹法院，法院认为 NMa 的经济分析结果不充分，基于此并不足以达成其做出的决定。法院的忧虑之一在于，模拟模型意味着在并购之前应该有一些策略性的行动出现（例，策略性的控制产能以提高价格），但是 NMa 却没有给出这种情况的证据。这是对模拟模型的一个很公允的批评：正如我们在下面所讨论的细节，一个模拟模型必须与当前市场结果已知的事实相一致。法院也公正地考虑了模拟模型是否准确地找到了纳什均衡。

在完成本节讨论之前，我们希望做出两方面评论。第一，NMa 使用模拟模型作为其评价 Nuon/Essent 并购案的一部分，[58] 包括委托外部顾问使用古诺模型。因此，NMa 至少认为，虽然在该案中受到了来自法院的批评，但是并购模拟在电力并购案中可能是有用的。第二，在 Nuon/Reliant 案的模拟模型中，大量的争论都围绕在：当企业进行策略性行为时如何识别正确的纳什均衡。在这个案例中与此问题相关有一条重要的信息，但是我们在该案中没有看到相关讨论，即企业自身如何设定价格？例如，企业会使用模型来帮助他们获取最大利润吗？如果是这样的话，对这些模型的分析应该会对因使用 SFE 模型而产生的问题大有裨益。

第三节　并购模拟评估中的问题

本章前两个章节介绍了并购模拟的基本经济学原理以及大量的案例研究，用来说明模拟模型的实际应用。在案例中给出的并购模拟是否会对并购后的竞争结果有一个有益的指导，我们现在转而讨论对此进行评估而引发的各种问题。

---

[57]　这是通过对"虚拟电厂"的拍卖来完成，而不是销售实际的电厂。

[58]　最终，公司无法就合并条款达成一致，但是 NMa 依然对此做了大量分析。

一、检查模型是否符合事实：当前的事实

一个模型不符合当前的产业事实，那么这种模型就不可能很好地预测这个行业未来的情况，因此，确保模拟模型能够说明当前已知的事实十分重要。这些事实至少应该包括边际成本估算、弹性估计和当前的市场份额。例如，如果我们假设一个伯川德差异产品均衡，那么，这就意味着各种观测变量之间的一系列关系。[59] 对一个单一产品企业来说，我们知道边际成本和自价格弹性之间存在一个特定的关系（即，价格成本差额利率等于自价格弹性倒数的负值，也就是所谓的勒纳指数）。因此调查者必须确保价格、边际成本和弹性与模型中假设的竞争形式相符。古诺模型也支持类似的关系。在古诺竞争中，企业的市场份额越高，应该拥有的利润也越高，原因在于他们的边际成本较低，他们的价格/边际成本差额应该等于其市场份额除以行业弹性。

主要变量的核心评估不会完全地与潜在的竞争模型相符合，这种情况是可能的。弹性估算通常是不精确的，边际成本也很难测量。但是，在继续进行模拟之前，调查人员至少应该考虑一下造成不一致的可能原因。如果边际成本和弹性估算不相匹配的话，那么对此至少有三种可能的解释：一，弹性的估算和/或边际成本的估算是不理想的估算，针对这一问题的正确做法就是寻找更好的估算值；二，调查人员考察了错误的弹性或者错误的边际成本，也许弹性估算的周期是错的，这可能实际上传递了一些关于竞争本质的有趣信息；三，潜在竞争模型（例，非共谋的伯川德差异化产品）是错误的，在这些情况下，不应该继续使用这种竞争模型进行模拟。很值得回过头来思考一下：当市场份额表明可能存在竞争关注、市场中只有很少的参与者时，在这种情况下实际出现的所有并购中，伯川德模型中的纳什均衡假设真正意味着什么。作为一种行为假设，这一定是错误的：富有经验的企业在设定价格时不会假设他们的对手对此没有反应。处

---

[59]   当然，任何假设均衡模型都表明了各种不同变量之间的一组关系。

于寡头垄断地位的企业非常清楚，他们的竞争对手会对他们所作的行为进行回应，因此，当他们在一开始制定策略时就会考虑这一问题，知道他们的竞争对手会对他们的策略做出反应，并且把他们的反应考虑进竞争者的策略，诸如此类。这种寡头垄断交互反应则完全被伯川德纳什均衡忽略了。因此，如果认为伯川德纳什均衡是对实际情况很好的描述，那么只能说它是对市场最后结果的很好描述，而不是分析市场是如何达成那种情况的描述（即，是一种静态描述，而非动态分析）。这是一个实证问题，且几乎没有理由相信那基本上就是市场最后形成的状态。[60] 我们不应该对市场的真实情况与假定的伯川德纳什均衡假设不一致的证据感到惊讶，而是应该认真对待。如果市场的真实情况与伯川德纳什短期均衡不一致，那么假设事实与这样的均衡相一致而对该行业进行模拟就没有意义。[61]

欧盟委员会在沃尔沃（Volvo）/斯卡尼亚（Scania）并购案中委托所建立的模型对此提供了很好的例子。这个模型模拟了欧洲重型卡车市场，勒纳指数的平均预测值从意大利的 0.35 到瑞典的 0.56。行业专家认为真实的毛利率应该是 0.3。当事方显然是使用了这一信息以及其他信息，认为不能依赖委员会委托进行的模拟模型。这项研究的人员回应指出：首先，由会计数据估算得到的毛利率，可能与以计量经济学得到的精确毛利率不一致；其次，在设定价格时，生产企业会考虑未来通过售后服务获得

---

[60] 作为对纳什假设批评的回应，Werden 认为这样的假设是合理的，因为相比在假设其他企业作出反应、这些企业最终所表现出的最好状态来说，那样的情况会更自然（"并购模拟走向哪里" ABA 反托拉斯法章节"午餐研讨会"，2004 年 1 月）。我们认为这不是一个充足的辩驳。纳什均衡意味着，当其他企业短期中的当前价格和产出决定既定的情况下，企业会最大化其行为，这并不是一个自然的均衡。自然均衡是指，如果其他企业打算改变其行为，企业在预知他们会如何改变的情况下，最大化其行为。这是完全不同的均衡。

[61] Nevo［2001］将市场力量（根据勒纳指数测量）分解为单边和协调效应，这可以使人们有效地检测一个市场是否处于纳什均衡。Slade［2004］，借助销售数据，把这一方法应用于英国酿酒业，没有发现关于协调效应的证据，因此表明纳什均衡假设实际上对这个行业是可以说得通的。Peters［2003］使用基于纳什均衡的并购模拟模型研究了美国 20 世纪八十年代的民航业。他发现并购后公司行为方面的改变是并购后价格的重要决定因素（即，并购后的均衡和并购前的均衡一样，都不是纯粹的纳什均衡）。

的利润。这些回应的第一条显然可能是正确的，但是不能那样断言。第二个回应非常有趣：如果事实确实如此，那么这就说明竞争的本质很有意思，而这一点也应该被考虑在模拟模型中。在耐用品市场中，如果企业价格低于纳什均衡价，并且期望在次级市场收回损失的利润，那么在耐用品市场中借助一个模型假设一个简单的纳什均衡，但不考虑二级市场竞争，这是没有意义的。进一步来讲，把目录价格作为实际交易价格的研究也是不可取的。假定在重型卡车市场上广泛使用折扣（通常与数量相关），可以想象，以目录价为计算基础的利润可能会远高于实际利润。那么，这里计算出的利润与实际利润之间的关系，实际上可以为我们提供目录价格和交易价格之间关系的一些信息（人们总是首先假设模型是合理正确的）。

在结束这个话题之前，我们这里特别指出并购模拟模型的一种方法，就是首先对竞争状况做出判定，然后借此让人们从其他变量中得到一些变量。例如，如果人们假定了一个短期的纳什均衡，那么就可以从企业的价格成本差额利率中得到自价格弹性。除非有非常充足的证据表明对竞争特定假设的模型是正确的，否则我们认为这种做法是不合理的。这种做法意味着，我们把关于竞争本质的假设提升到既定事实的水平，而这实际上是根本不合理的。相反，调查人员应该独立地评估重要变量，然后检查这些变量与所选择的潜在竞争模型是否相符合。市场的真实情况应该被用来推导出市场上竞争本质的含义，而不是对竞争的本质做出假设而从中得出市场的"真实情况"。

二、检查模型是否符合事实：过去的事实

一个与当前情况相契合的并购模拟，一般情况下还不足以对可能的并购影响作出很好的预测，符合所观测的事实是一个必要但不充分的条件，模型也应该能解释行业近期发生的相关事实情况。例如，最近是否发生过市场份额的显著波动？如果是的话，这些是否可以在对竞争本质做出假设的框架内得到解释？在标准伯川德差异产品模型中，市场份额的显著变化

应该是由相关边际成本的变化或者需求曲线的转移导致的。第一种解释能够也应该被检验，第二种解释则带来相当大的困难。尽管第二种解释也可以被检验，但是，如果近些年需求曲线有着显著变动，那么我们很难确信当前对需求曲线的估计。这里有两个原因：首先，它减少了我们用来评估当前需求曲线位置的历史数据量；第二，它提出了一个问题，即需求曲线会不会再一次出现明显的移动，尤其是作为并购的结果。已经在市场中既有的产品可能会因为并购而在产品范围中被重新定位，或者，如果并购后价格上涨，并购会导致新的市场进入，这些可能性都被模拟忽略掉了。这些情况都会让个体企业面对的需求曲线发生变化，因此这也意味着并购后的弹性矩阵不同于并购前的。伯川德模拟模型没有考虑产品重置问题，因而使这种方法不足以可靠预测并购对竞争可能的影响。

如果一个模拟模型能够解释过去的情况，那么这显然会增加人们对模型的信心。例如，如果一个模型可以解释过去市场份额的转变，可能是因为边际成本的变化（例，一家企业的工艺创新，相对竞争者而言减少了其边际成本），那么这就是支撑模型指标的强有力证据，并因此提高人们对于模拟结果的信心。

与已知的行业事实不相符的所有模型（无论是外部经济学家做出的，或是代表监管部门做出的），都应该被监管机构和法院驳回。这种情况出现在美国的康克得船（Concord Boat）诉不伦瑞克公司（Brunswick Corp）案[62]中，这是一个很好的范例。原告的经济学家认为被告把原告排除在市场之外、从而增加被告市场份额的行为具有反竞争效果，经济学专家利用一个模型来说明这一点。法庭注意到，原告的经济学模型表明在没有挑战性行为的情况下，被告拥有50%的市场份额。但是，早在被告开始实施所谓的反竞争行为前，被告已经拥有75%的市场份额。因经济学模型与已知的事实相违背，因此法庭拒绝采纳这一经济学证据。

---

[62]　Concord Boat v Brunswick Corp207 F. 3d 1039, 1056 (8th Circuit. 2000).

三、并购模拟并非一切

欧洲并购控制的标准方法是：首先界定相关市场、计算市场份额，接下来，如果并购后的市场份额表明并购可能会带来竞争问题，则要进行竞争影响分析。对并购可能的竞争影响进行的这种评估考虑了并购后施加给并购实体的约束。[63] 竞争评估关注的原则，内容通常是：市场结构、准入障碍、扩张障碍、买方力量和并购后协调行为增加的机会。

并购模拟通常不考虑这些因素，结果就是：在边际成本效率缺失的情况下，[64] 它们总是得出并购会导致价格上涨的结论。当然，在具有差异化产品的所有横向并购中，都会产生这一标准的理论结果：如果处于不完全竞争情况下的两个企业合并，除非两者之间的交叉价格弹性为零，否则肯定会提高价格。一直以来，欧盟都不存在效率抗辩，直至近期欧盟委员会似乎也不可能基于效率的考虑而批准通过横向并购。同样，欧盟委员会似乎也不可能批准那些在他们看来会导致价格上涨的并购。这表明委员会认可，至少含蓄地认为，其他因素也很重要。因此，这些因素需要在并购分析中进行考虑。

对此的一个回应认为，并购模拟给出了并购后价格可能上涨的一个上限，要对这一上限进行评估，调查人员应该考虑其他相关因素。关于这个方法还有一些要讲的。但是，这就把并购模拟与比较标准的结构性方法放在了一起，两种方法都要求对那些在判断实际竞争结果中起重要作用的其他因素进行单独分析。而且，应该注意的是，如果并购把市场改变成为一种相互协调的解决方案，那么基于单边效应的模拟可能就提供不出价格上限。正如前文提到的，对使用模拟模型预测协调效应的研究尚处于非常初级的阶段。

这里的讨论暗示了另一个困难，这一困难是由竞争本质的潜在模型引起的。引发竞争关注的并购往往是一些重大的并购，通常代表了市场的跨

---

[63]　对此问题的详细讨论参见第 7 章和第 8 章。
[64]　详见下文关于合并模拟中的边际成本效率的讨论。

越性变化。如果这种类型的并购往往会导致并购后竞争本质的变化，我们不会感到特别惊讶。需要注意的是，这里并不是说并购可能会使市场变得较为缺乏竞争，尽管这显然是一种可能性。并购同样可能会增加并购后竞争的激烈程度，这或许是因为并购产生了规模庞大的两家企业，而且与并购前相比降低了扩张的门槛，[65] 或者是并购后的实体变成了市场中最大的企业，而这又激励着之前最大的企业奋力反击。这需要对企业在市场份额和市场领导力方面的策略有所了解。模拟模型一般情况下并不关注这些。

四、制造商之间并购的零售数据

并购模拟最常被用于快速消费品市场，因为这些市场往往产生大量的价格和数量数据，因此可以得到相对精确的弹性估值。那些可以获取的价格和数量数据几乎都是零售数据。然而，并购各方往往是那些销售给零售商的制造企业，因此并购各方设定的价格是其销售给零售商的批发价，但是我们所观测到的价格却是针对消费者的零售价。在进行并购分析时，忽视这个差异会导致严重的错误。

零售价格弹性和批发价格弹性通常是不一样的，尽管批发价格弹性可能与零售价格弹性密切相关。特别是，面向制造商的批发需求弹性等于零售水平的需求弹性乘以零售价格相对于批发价格的弹性（以公式表示为，$\varepsilon_W = \varepsilon_R \varepsilon_W^P$）。后面的弹性是指批发价格每一个百分点的变化所引发的零售价格变化的百分比。如果零售价相对于批发价的弹性等于 1（$\varepsilon_W^P = 1$），那么零售价格弹性就等于批发价格弹性（$\varepsilon_W = \varepsilon_R$）。这种情况是会存在的，例如，假设零售商设定其价格一直保持高于批发价格固定百分比的加成。[66] 但是，一般情况下，我们会认为零售价相对批发价格的弹性小于 1，这样的话，批发价格弹性就会低于零售价格弹性。例如，如果零售商希望保持

---

[65]　委员会一贯认为，相比一家大企业来说，两家大企业会产生更加激烈的竞争局面，即使前者的集中度（如 HHI）比后者高的情况下。

[66]　假设一单位的批发价格产品转换为一单位的零售价产品，产品零售时不存在其他变量成本。

一个不变的绝对利润，而且如果批发价占零售价的一半，那么批发价增长1%就相当于零售价增长 0.5%，因此批发价格弹性是零售价格弹性量的一半。[67]

在有些情况下，批发价格弹性可能高于零售价格弹性，当批发价上升引起零售者拒买产品的时候就会出现这种情况。在这种情况下，不论零售弹性是多少，批发价格弹性都非常高，因为销量下降了 100%。当零售商的货架空间有限，并且要求下架构成可信的制约时，这种情况可能会出现。[68]

Froeb，Tschantz 和 Werden（2005）的文章中认为，零售/批发的差别所展示出来的困难要比这个严重得多。他们表明，一个具有垄断零售部门、上游为伯川德竞争的简单模型，会导致没有成本传递或者成本完全传递，这两种结果取决于制造商与零售商之间具体的合约形式和确切的游戏规则。[69] 这表明，当可获取的数据是零售层面的数据时，调查人员需要关注制造商与零售商之间互动的本质。

还有一个深层次的困难需要考虑。我们即使可以获取大量的零售数据，由于存在"储备"效应，在预估弹性时仍然可能是困难重重的。受短期价格激励的影响，零售价格的扫描数据千差万别。[70] 因为价格降低而出现的销量增长并非是真正的需求增加，而只是因为消费者提前以折扣价购买了他们的需求（"储备"）。用包含了储备效应的数据估算弹性，往往会过高估计真实的需求弹性。[71] 这个问题我们在第 11 章有过更加深入的讨论。

---

　　[67]　Stennek 和 Verboven（2001）调查了关于成本传递方面的文献资料，发现行业范围的成本改变一般都被全部转嫁到了消费者身上。但是企业特有的成本改变却不是这样。他们引用了一些证据，表明企业特有的成本传递可能低至 10%—20%，尽管他们也注意到成本传递的程度会因具体情况而异。

　　[68]　对于零售价格弹性和批发价格弹性之间关系的更多讨论，参见 Hosken（2002）。

　　[69]　他们也注意到，如果零售商与制造商之间拥有长期合约，甚至固定成本的减少也有可能得到传递。当前，大西洋两岸的并购控制可能都不会考虑这个情况。

　　[70]　Hosken 和 Reiffen（2004）预测这个数据在美国大约为 20%—50%。

　　[71]　参见 Hendel 和 Nevo（2006 年）。

五、非价格竞争的重要性

并购模拟模型主要关注价格，因此忽略了非价格竞争问题，而非价格竞争问题经常出现在品牌产品行业中，这些行业的非竞争问题非常重要，例如广告和促销等。这些并购经常牵涉到那些为了将产品卖到消费者手中而需要与零售商进行交易的制造商，这里对货架空间的竞争往往非常重要。

在这种背景下，只有当并购企业间价格竞争损失的效应远远超过非价格效应时，使用并购模拟才是合理的。更可能的情况下，并购各方之间的价格竞争损失是并购最重要的影响，但这个问题是个实证性问题，不能来做假设，正如舒曼（Scheffman）所述：

"伯川德模型是一个标价模型。……你宣布你的价格，如果销量与你对需求的期望值不一致，你就改变价格，没有任何试图夺取竞争者业务的信息，没有对你的产品进行差异化定位的信息，也没有那些真实世界的市场运营所要做的事情的信息。我认为这些情况可能非常重要，但这却是实证问题。这个问题实际上是：把争取市场的问题内部化——这是运行伯川德模型全部内容——是主宰了所有其他实际上非常重要的东西吗？"[72]

并购带来的非价格效应之一是，一些产品可能在并购后面临重新定位。例如，如果作为紧密替代品的两个产品并购，因为两者在产品空间中互为紧密产品，那么并购后，如果并购企业涨价的话，其他公司可能会重新配置他们的产品，使之更接近于并购企业的产品。如上所述，并购模拟没有说明这种可能性。[73]

---

[72] "并购模拟走向何方"美国律师协会反垄断法章节"午餐研讨会"，2004年1月29日。

[73] Berry 和 Waldfogel 2001 年的文章强调了不同的可能性。他们分析了美国的无线电台并购案，认为并购前在产品空间中相互紧密的电台，并购后往往分开了。Berry 和 Waldfogel 认为，这一证据与并购后的实体通过填补产品空间寻求抢先获得并购后的进入相一致。同样，这样的效应也没有被纳入并购模拟之中。尽管可以看到近期 Gandhi et al 2006 年的研究中试图解决这些问题。

六、函数形式的假设

并购模拟的结果严重依赖于各种自价格弹性和有关产品之间的交叉价格弹性。这些指标测量了产品之间竞争性互动的程度，也因此测量了因并购所引起的竞争损失（即，参与并购企业产品之间的交叉弹性）和其他竞争者施加的竞争约束（即，未参与并购企业的产品与参与并购企业的产品之间的交叉弹性）。在其他条件相同的情况下，参与并购的产品之间交叉价格弹性越高，并购后价格上涨的幅度就越大。同样地，其他竞争者与参与并购的企业之间的交叉价格弹性越高，并购后价格的增幅就越低。因此，用于模拟的弹性估值显然是决定模拟结果的关键。

这里存在两个问题。首先，所采用弹性估值的准确性很重要；第二，关于这些弹性如何随价格变化所做出的假设很重要。Walker 2005 年的研究表明，预估的并购后价格上涨会根据采用的具体弹性估值而发生显著的变化。他模拟了发生在一个有四家公司的寡头垄断市场的并购，其中第二大公司和第四大公司合并产生了排名第二的市场参与者。接下来，他让并购公司的自价格弹性改变了 10%，并分析了这对预测的并购后结果的影响。表 15.5 对结果进行了总结。

表 15.5　自价格弹性小幅变化对预测价格上涨的影响

	弹性变化	预测价格上涨的百分比		
		线性	AIDS	不变弹性
公司 1	+10%	−6	−35	−31
公司 2	+10%	−9	−24	−23
公司 1	−10%	13	97	81
公司 2	−10%	12	43	43

线性函数形式的数据看起来是合理的。大体看来，这里自价格弹性 10% 的变化导致了预测价格大约 10% 的变化。但是在 AIDS 体系中情况却

不是这样，在这种形式下，预测价格变化范围从-35%到97%，对不变弹性情况，相应的数据变化是-31%到81%。[24]

　　在研究中加入10%的数据是有意义的。我们通常理所当然地认为，估算参数的真实数据位于中心估值加减两个标准误差的范围中。如果弹性预估值10%的变化位于两个标准误差之中，那么相应参数的t-统计值至少必须为20，这远高于我们通常见到的弹性估值的置信水平，因此±10%的范围对于自价格弹性而言是一个非常受限制的范围。这意味着我们通常会假设弹性估值的潜在范围大于±10%，在这种情况下，并购后可能的价格上涨甚至要高于上面提出的数值。

　　第二个问题是并购后的预测值在多大程度上会非常依赖所选取的需求函数形式。克鲁克（Crooke，1999）研究了弹性随价格上涨而发生变化的不同假设对并购模拟结果的影响。他们在非合作伯川德模型框架内，设定一个行业具有4到8家企业、其中两家企业并购，他们研究了4种可选择的函数形式（对数线性、线性、logit和AIDS）。研究发现，对参与并购的企业在并购后的价格上涨幅度来看，对数线性标准是线性标准的3倍多，AIDS给出的平均价格上涨则为线性情况的两倍，logit给出的价格上涨高于线性50%。我们对这些结果的层级划分毫不感到奇怪，对数线性函数表明弹性不随价格上涨而变化，而其他三种标准下的自价格弹性均随价格上涨而增加。线性函数的自价格弹性增加最快，这也预示着并购后最小的价格涨幅，这也在表15.6中得到了体现，该表格来自克鲁克（Crooke，1999）的研究。假设市场中的竞争均衡（价格等于边际成本）为价格为4、产出为10、行业弹性变化为-2。表15.6给出了四种可选择的需求曲线下该市场的垄断价格，以及相关的行业弹性。很明显，行业弹性随价格上涨而增加的越少，垄断价格就越高。

---

　　[24]　Walker 2005年的研究也关注了预估交叉弹性变化的影响，尽管影响较小，还是发现其对并购后均衡有类似的影响。

表 15.6

	垄断价格	垄断价格的弹性变化量
不变弹性	8.0	−2.0
AIDS	6.4	−2.7
Logit	5.3	−4.1
线性	5.0	−5.0

随之而来的问题就是一个调查人员如何回答这个问题。我们知道至少有三种回答。

第一，了解并购模拟中使用的是哪一种函数形式。如果采用的是线性需求曲线，那么你就知道，相比采用其他需求曲线所预测的均衡来说，线性需求曲线预估的并购后均衡位于比较低的均衡点。同样地，如果需求曲线是不变弹性需求曲线，那么这表明预估值位于非合作竞争均衡可能范围的最顶端。

第二，要求采用一系列的弹性估值和函数形式进行模拟。可能有些时候，模型预测出非常小的价格上涨（甚至是负值），以至于在采用任何函数形式和看似合理设定的弹性下都不存在竞争担忧。同样地，也有一些时候，在任何函数形式和看似合理的弹性设定下都会预测出大幅的价格上涨，那么就会认为：即使在采用了最有利于并购当事各方的假设，模型表明并购仍然是有问题的。

第三，对于模型预测零价格增长的情况，要关注边际成本效率必须是多少。这样做的优点在于，如果价格不发生变化，那么弹性也不发生变化，则需求曲线的具体形状就无所谓了。我们下面对这一问题进行详细的讨论。

七、模拟和成本效率

并购模拟一个潜在的优点在于，它可以相对容易地考虑所谓并购后的边际成本效率对并购后价格的影响。如果边际成本减少了，则意味着并购后的价格实际上会低于并购前的，那么，即使这个并购会显著削弱企业间的竞争，委员会也会批准这起并购。[75]

在并购模拟中，有两种计算边际成本效率的方法，最显而易见的一种方法就是把并购后边际成本减少的因素纳入模拟中，那么，这就给出了在考虑效率的情况下对并购价格上涨变化的评估。如果效率足够大，那么并购会带来价格的下降。这种方法同样受到上述所列弹性估值和函数形式假设问题的困扰，如果这些数据出错，那么所计算的并购后的价格变化也是错的，哪怕价格变化的趋势是对的（即，如果价格在某种函数形式中下跌，那么也会在其他所有的函数形式中下跌），但是，应该指出的是：最终结果越是接近于零，函数形式的误差越小，这是因为，价格上涨幅度越小，基于不同函数形式的各种弹性估值差别越小。

另外一个方法源于 Werden 1996 年的研究。他提出了计算边际成本效率，需要把并购后的市场恢复到与并购前一样的均衡。他把这称之为修正边际成本减少或者 CMCR，因此这些可以与并购当事方宣称的成本效率进行比较。这种方法的强大优势在于，由于并购前后的市场是相同的，那么并购前后的各种弹性应该也是相同的，这样就避免了必需对需求曲线的函数形式做出假设，但是这种方法依然要求正确评估当前的弹性。虽然这与函数形式正确相比要求不高，但依然是一个重要的要求。

Walker（2005）研究了弹性估值不准确对确保价格零增长所需边际成本的影响，他的研究表明即使估算的弹性稍不准确，如 10% 的误差，也会对估算的临界边际成本造成很大的影响。例如，他发现对并购企业的自价格弹性高估 10%，可以导致临界边际成本的预估值降低 35%。这就强调了采用一系列看似合理的弹性估值来计算临界边际成本降低的必要性。

Werden 1998 年的研究给出了在对称性企业的情况下计算 CMCR 的公式：

$$(16)\ CMCR = \frac{md}{(1-m)(1-d)}$$

---

[75]　这并不是经济学文献中经常提及的"效率抗辩"，因为它仅仅关注消费者的福利而不是整体福利。一般情况下，效率抗辩是指这样的观点：并购产生的生产者剩余增加超过消费者剩余的减少，因此并购的结果是增加了总社会福利。此外可以参见博克（Bork，1995）关于竞争政策中社会福利标准的抗辩。

式中 m 是价格边际成本差额利率；

d 是分流比。

虽然我们不认为类似于这样的公式具有实际作用，因为很少有并购会涉及到对称性企业，而且对于其他非对称性企业，适用的公式是显著不同的，[76] 但是这个公式的确有助于强调这样的情况：分流比越高或者并购后的价格成本差额利率越高，则 CMCR 越高。

豪斯曼（Hausman）等人提供了边际成本效率对并购后价格影响的例子。[77] 在该论文中，作者估算了美国 15 种啤酒的自价格弹性和交叉价格弹性，表 15.7 给出了部分自价格弹性的结果。

表 15.7　美国啤酒价格弹性

	弹性	标准误差
百威（Budweiser）	−4.2	0.13
莫尔森（Molson）	−5.4	0.15
拉巴特（Labatts）	−4.6	0.25
米勒（Miller）	−4.4	0.15
库尔斯（Coors）	−4.9	0.21
莫尔森淡啤（Molson Light）	−5.8	0.15

数据来源：豪斯曼、雷纳德和佐纳 1994 年的研究。

作者随后对库尔斯和拉巴特之间假定的并购进行了预测效果研究。他们的模拟是基于伯川德竞争，并假设对于任何价格上涨都没有市场进入或者产品重置。交叉价格弹性的结果（这里没有给出）表明：库尔斯在价格上受到的约束更多是来自于百威和米勒，而不是拉巴特；而拉巴特在价格上受到来自米勒的约束要多于库尔斯。这表明人们不应该期望假定并购后价格上涨太多。表 15.8 给出了他们的模拟结果：

---

[76]　对此更多的讨论参见第 11 章。

[77]　豪斯曼、雷纳德和佐纳（1994 年）。

表 15.8　假定并购后估算的价格上涨

	边际成本减少		
	0%	5%	10%
库尔斯	4.4%	−0.8%	−6.1%
拉巴特	3.3%	−1.9%	−7.0%

数据来源：豪斯曼、雷纳德和佐纳（1994 年）。

表 15.8 表明，即使边际成本减少不多（即 5%），假定并购后的价格也会下降。

八、并购模拟可以对并购后可能的价格上涨提供一个初步的判断

人们有时会说，模拟模型能够对评价一起可能的并购提供一个有用的初步判断，其思路是，借助并购模拟你可以对并购可能的影响得出一个"快速而不完善"的评估。人们认为，这种评估在并购的策划阶段是有用的，可以给当事方一个指导，帮助判断一起潜在的并购是否会遇到竞争政策上的问题。我们对此不敢苟同。

前面的讨论已经说明，并购模拟模型的结果必须在严格的条件下进行才会让人信服，例如，调查人员要对必要输入数据（弹性、边际成本等）的真实值有充分的证据、要对市场真实的竞争模型有充分的证据、能够说明模型是可以解释刚刚过去的数据和当前的数据。在确保这些严格条件得到满足的情况下，我们认为这不是一种"快速而不完善"的方法。例如，对高品质的弹性估值进行估算，通常是一个长期而辛苦的过程。

这种论点有时要用进一步的论据来支撑，即，基于对数线性特征（即不变弹性）的并购模拟模型提供并购后可能的价格上涨的上限，这样的论据会很有帮助。尤其是，如果这个上限很低，那么就不需要进一步的调查；如果这个值较高，那么调查人员可以进行竞争影响的分析。这并非是一种完全没有道理的方法，但是这个上限仅是基于这样的假设，即并购后的均衡是纳什均衡而且所估算的弹性是正确的，牢记这一点非常重要。如

果并购后的均衡包含了协调行为的增强，那么这个上限估值就不是一个真实的上限。

九、模拟和剥离分析

并购模拟也可以在剥离分析方面发挥作用。假设我们构建了一个模拟模型，这个模型可以很好地描述相关市场的竞争状况，而且这个模型预测到，即使在考虑预期边际成本效率的情况下，两家多产品企业的并购也将导致显著的价格上涨。在这种情况下，监管机构可能要求并购当事方提出救济方案。在并购模拟中假设通过改变并购后的所有权，人们可以看出不同品牌的剥离可能对并购后的价格具有什么影响。这可以用来识别那些能够解决竞争问题的剥离和那些没有解决竞争问题的剥离。例如，NMa 在 Nuon/Reliant 和 Nuon/Essent 的并购案中建立模拟模型主要是解决这一问题的。在 Nuon/Essent 并购案中，NMa 进行的研究采用并购模拟估算得到，并购后近 4000MW 的发电产能需要进行剥离，以避免引起价格的显著上涨。[78]

> 在本章中，我们概述了并购模拟模型中的潜在经济学原理，讨论了其变化要取决于市场竞争的特点。这也让我们重点考虑了作为不同模型基础的各种假设。在各种模型中合理使用这些假设要有正当理由，这一点非常重要，我们也认识到改变假设对结果产生的影响。
>
> 一个并购模拟模型必须满足很多标准，才会被认为是有用的。这些标准包括：模型要与当前的市场事实相一致；要与行业过去的事实相一致；研究人员要进行敏感性分析，特别是与弹性估值相关的；必要时还要认真考虑批发和零售的区别。

---

[78]　"影响地理市场界定的因素和荷兰电力部门的并购控制"，Brattle 集团 2006 年 6 月向 Nma 提交的最终研究报告（非保密版）。

即使是最好的并购模拟，其自身也不是做出并购控制决定的基础，因为它们忽略了竞争影响分析的重要部分，例如市场进入、买方力量、产品重置和并购后竞争方式的变化等。这并不是说并购模拟因此就没有用处，而仅是强调它们的正确作用与其经常所声称的相比非常有限，它们能够起到的一个重要作用就是评价并购后边际成本减少对价格的影响。

或许从本章中可以借鉴的重要内容是：一个高品质的并购模拟必须基于对所研究的特定市场的充分理解。基于和市场真实情况不相关的假设而进行的一般性并购模拟是没有帮助的。虽然几年前这可能一直存在争议，但是我们相信现在已经没有争议了。关于这一点，我们欣慰地注意到：尽管几年前还能找到大量基于网络的并购模拟包，仅需要输入很少的数据（例，市场份额和一个弹性值），现在这些已经完全消失不见了。

第十六章　货运和运输成本测试

在很多竞争调查中，一个关键问题是位于其他地理区域的企业所产生的竞争约束的重要性，特别是当某一企业在某一个成员国具有很高的市场份额，但可能受到的竞争约束不仅来自于该成员国的其他企业，也会来自位于其他成员国的企业，这样的情况尤其要注意。

原则上说，计量经济学分析和价格关联性分析可以用来解决地域市场问题。① 在很多情况下，因缺乏充足的数据或者时间，这样的分析就不能够顺利进行。但是，还存在其他可用的测试方法，可以用来评价不同区域之间竞争约束的大小。本章主要介绍装运成本测试。第 14 章评价了可以从多个区域的价格和市场结构之间的关系推测出的信息（即价格—集中度研究）。

运输和进口渗透测试为评估区域间的竞争强度提供了直观的检测，因此，有助于描绘相关地域市场以及确定国内公司是否面临来自境外供应商的重大竞争时。此种测试，主要研究特定区域内有多大程度的销售量来自于这个区域外，或者一个区域中产品的出口程度。运输测试仅仅要求数量数据。在仅有的数据是数量数据或者其他数据的质量存在问题的情况下，运输成本测试有时候是能够有效进行的仅有的实证分析方法。②

运输成本测试主要是评估从一个市场外多远的地区可以向这个市场供

---

① 但是要注意第 10 章中讨论的与可变汇率相关的问题。

② 例如，在某些情况下仅可以获得目录价格的数据。如果实际的交易价格以非常规的形式由目录价格的折扣而来，那么采用目录价格的数据进行的分析将会得出错误的结果。在许多市场中，目录价格的与交易实际发生的价格不具相似性或者具有很少的相似性。在这种情况下，运输成本测试可以避免这种困难，因为测试仅需求数量数据。

应产品，这有助于理解特定区域中的供应商所面临的竞争约束。这些测试可以用来说明，在当前价格或并购后价格上涨的情形下能够进入该区域的，供应商中哪些当前还没有进入某一区域。等时线分析是一种类似形式的分析，但是更侧重于考察需求方而不是供应方，其界定市场是基于客户愿意出行多远选择供应商，而不是多远的供应商能够把产品运输进这个区域。

第一节　运输数据检测

由于区域间的货物流通表明区域间存在竞争约束，运输数据测试可以用于评估某一区域中的公司对另一区域中的公司的竞争约束度。人们通常认为，大量贸易流量的存在表明了消费者可以轻易地从"本地"供应商转换为"非本地"供应商。埃尔津加（Elzinga）和霍格蒂（Hogarty）[3] 以及施里夫斯（Shrieves）[4] 均提出了基于贸易流量的测试。两种检测均指定了两种标准，来评估区域间所观察到的贸易流量。

一、Elzinga-Hogarty 检测

Elzinga-Hogarty 测试建立在"LIFO"和"LOFI"临界值的基础上。LIFO 代表"少量来自外面的进口"，这个标准要了解：相对于一个区域的销售总量，货物的进口量是否很少。如果进口货物量相对较大，超出了 LIFO 的临界值，那么这意味着该区域面临着来自区域外的竞争约束；LOFI 代表"少量内部的出口"，这一标准要了解：相对于一个区域的总产量，出口的量是不是很小。如果出口占比很大，这意味着当地公司可以在生产地之外的区域进行有效竞争。

一般情况下，如果所观察到的贸易模式不符合这两种测试之其中一种，则意味着该区域受到外部竞争的约束。如果所观察到的贸易流量表

---

③　埃尔津加和霍格蒂 1973 年 和 1978 年的研究。

④　施里夫斯 1978 年的研究。

明，进口产品占国内消费相当大的比例，则表明国外的企业能够把产品出口到这个区域，因此，人们认为这些企业对这个区域的定价施加了竞争约束。如果出口占国内消费的比例较低，而出口量较高，这也可能表明相关市场更加广泛，不仅限于这个区域。这种情况下的证据不是很明确，但是，如果进口商品量相对较高，则说明运输成本不是不可克服的，贸易是可行的。人们可能认为这样的证据说明了"外部"区域对"内部"区域施加了竞争约束，除非两个区域之间是不对称的（如一个区域的关税壁垒，非另一个区域的关税壁垒）。[5]

（一）检测的形式

Elzinga-Hogarty 测试的 LIFO 表示了市场中买方的条件，可用以下方式表达：

（1）$LIFO = \dfrac{产量 - 出口量}{消费量}$

式中，消费量等于产量减去出口量加上进口量减去库存变化量。LIFO 值高，则表明既定区域的需求主要由本地产出提供，这说明该区域是一个独立的地域市场。如果假定库存水平保持稳定，LIFO 可以用另一个种方式表示。当库存保持不变时，消费量等于产量减去出口量加上进口量，那么，LIFO 可以改写为如下形式：

（2）$LIFO = 1 - \dfrac{进口量}{消费量}$

这是 LIFO 条件更常用的形式。

Elzinga-Hogarty 测试的 LOFI 表示了市场中卖方的条件，可用以下方式表达：

（3）$LOFI = \dfrac{产量 - 出口量}{产量}$

---

[5]　从其他国家进口的程度同样表示了能够投放到国内市场抵消国内价格上涨的额外国内产出水平。这不是一个市场界定的问题，而是一个市场内竞争程度的问题。

LOFI 值大说明出口量少，本地的产出主要用于服务本地市场，这表明该区域是一个独立的相关市场。LOFI 还可以按如下方式改写为：

（4）$LOFI = 1 - \dfrac{出口量}{产量}$

这是 LOFI 条件更常用的方式。

如果比率低于某个临界值，通常是 0.9（或者以百分比表示，90%），那么两种条件都没有满足。在这种情况下，则认为所研究区域中的供应商受到了区域外供应商的有效竞争约束。[⑥] 为了明确竞争约束的来源，应该扩展"候选"地域范围。大多数情况下，市场扩展以一种连续的方式进行，[⑦] 然后再重新计算 LIFO 和 LOFI 的数值，这个过程一直重复直到得出符合两个条件的结果。

选取 0.9 作为临界值有些随机。埃尔津加和霍格蒂建议，0.9 或 0.75 均可作为临界值，尽管 0.9 的临界值更为常用。但是，事实上不存在一个"正确的"临界值，因此选取的水平须依靠一定程度的主观判断。

（二）意大利制造商的例子

下面我们给出了一个利用 ELzinga-Hogarty 测试评估区域竞争的例子。我们假定所关注的竞争问题是：意大利本地运营的制造商受到位于其他成员国供应商的竞争约束的程度。表 16.1 列出了意大利消费、产出、进出口以及库存变化的相关数据。

表 16.1　Elzinga-Hogarty 测试的意大利市场数据

消费（C）	5125
进口（M）	735
出口（E）	405

⑥　参见下文对 Elzinga-Hogarty 检测结果解释的讨论。
⑦　但是，正如下文解释的，不需要总是这样做。

库存增量（I）	-35
产出（P＝C-M+E+I）	4760
LIFO（（P-E）/C）	0.85
LOFI（（P-E）/P）	0.91

这些数据表明没有满足 LIFO 标准。进口到意大利的产品占消费的比例很高（为15%），这表明意大利供应商受到来自境外供应商的有效竞争约束。

为了调查竞争约束可能的来源，下一步是扩大市场的范围。假设法国是最有可能对意大利施加竞争约束的国家，因为法国比其他国家向意大利出口更多的产品。为了检测法国是否和意大利在同一相关市场，进行 Elzinga-Hogarty 检测时要把意大利和法国合起来看待。表 16.2 列出了法国和意大利合起来的相关数据。

表 16.2　对意大利和法国数据的 Elzinga-Hogarty 测试

消费	意大利		5125
	法国		2743
	合计（C）		7868
进口	意大利	总量	735
		从法国的进口	397
	法国	总量	603
		从意大利的进口	282
	意大利+法国		659
出口	意大利	总量	405
		出口到法国	282
	法国	总量	413
		出口到意大利	397
	意大利+法国（E）		139

（续表）

库存增量	意大利		−35
	法国		21
	总计		−14
产出	意大利		4760
	法国		2574
	总计（P）		7334
LIFO（P-E/C）			0.91
LOFI（P-E/P）			0.98

现在需要考虑向法国和意大利合并地域的进口和从这一合并地域的出口，意大利和法国之间的贸易流量就不再是相关因素。因此出口数据经过处理之后，显示的是法国和意大利合计的出口量，排除了那些从法国出口到意大利和从意大利出口到法国的出口量。进口数据亦依此调整。表16.2显示，流进和流出合并区域的贸易水平相对整个"本地"产出和消费来说比较低，表明符合 LIFO 和 LOFI 条件。这表明，意大利的供应商受到的主要竞争约束来自于法国的供应商。根据 Elzinga-Hogarty 检测，可以认为意大利和法国合起来是一个相关地域市场。

二、施里夫斯（Shrives）测试

Shrieves 检测采用了两个标准，分别是相似性测量和重要性测量。相似性测量考察的是，向考察中的两个区域运输货物的方式是否相似；重要性测量考察的是，两个区域对所涉产品总消费的重要性。如 Werden 所指，该测试很难用言词描述，但它涉及向两个区域运输货物方式的相似程度以及区域消费的重要性。[8] 由于难以用语言对测试进行描述，表明 Shrieves 测试可能不如 Elzinga-Hogarty 检测直观。因此，Shrieves 测试没有得到广泛应用。[9] 本章的其余部分侧重于 Elzinga-Hogarty 测试。然而，为全面起见，

---

[8]　Werden1981 年的研究。Werden（1981）。

[9]　作者并未曾见过此测试在欧洲反垄断实践中被应用。

我们下面描述 Shrieves 测试。

延伸阅读：Shrieves 测试统计

下面给出了进行 Shrieves 检测所需要的信息。

假设问题是，区域 1 和区域 2 是否构成同一地域市场的一部分。这两个区域是由许多地区（包括本地）供应产品。相似性检测定义如下：

（5）相似性检测 $= \sum_{j=1}^{J} \min\left[\dfrac{q_{1j}}{q_1}, \dfrac{q_{2j}}{q_2}\right] > 0.5$

式中，q_{ij} 是在区域 j 中生产、在区域 i 中消费的相关产品的数量；

q_i 是区域 i 的消费量；

有 J 个生产区域。

就每个生产区域，计算了每个区域的消费与来自那个区域消费的比例，取这些比例值的最低值。那么，如果区域 i 中 10% 的消费来自区域 j，区域 2 中 7% 的消费来自区域 j，那么将采用最低数值 7%（或 0.07 的比例）。对所有生产区域重复进行这一计算，然后把每个地区的相关数据（即，区域 j 为 0.07）相加在一起。如果相加之和超过 0.5，则通过了相似性检测。

很难对这种检测给出一个简单的直觉理解。然而，假设所考虑的两个区域从完全不同的区域得到他们的产品，那么，每个区域最小的比例将是零，总和是零，将不能通过测试（即两个领域被假定位于不同的地域市场）。另一方面，假设所考虑的两个区域从同一区域以相同的比例进口产品，那么，检验统计量将是 1，则通过检测（即两个领域可能会在同一地域市场，取决于重要性检测结果）。0.5 的门槛值相当高。假设两个区域消费其本地产品的比例为 80%，并且把其余 20% 出口至其他区域。根据 Elzinga-Hogarty 检测，直观判断这些区域在同一个市场。然而，相似性测度测量将是 0.4，所以检测表明两个领域在不同的地域市场。

显著性检测定义如下：

（6）显著性检测 = $\sqrt{\dfrac{1}{N}\sum\limits_{j=1}^{J}\dfrac{q_{1j}}{q_1}\dfrac{q_{2j}}{q_2}} > 0.05$

式中，N 是把货物运输至两个区域的区域数量；

q_j 是区域 j 的产量。

就每个生产地区，计算了区域 1 和区域 2 的生产消费比例，并把这些比例相乘。对所有的生产地区都进行这样的计算，然后把结果相加，并除以向这两个领域提供产品的区域数量。如果这个总和的平方根大于 0.05，那么这两个区域就通过了显著性检测这个检测是用来衡量那些为这两个区域提供产品的其他区域的显著性。来自其他区域的供货比例越高，就越有可能通过显著性检测，而且两个区域有可能是属于同一个相关地域市场。这样的检测还要考虑相似性检测的结果。

Shrieves 测试内含的经济学逻辑是比较清楚的。如果两个区域有相似的贸易模式，这意味着，当两个区域之间的相关价格发生了变化，便存在转移贸易流的生产者。如果两个区域值的需求量占生产者产出的比例相对较高，那么这些生产者更可能通过转移贸易流来应对相关价格的变化。但是，我们要注意的是，Shrieves 测试失败并不一定意味着相关市场是独立的。如下所述，两个地区之间没有贸易，并不一定意味着他们是独立的市场，尽管存在大量贸易流表明他们是同一市场的一部分。

三、估算国内物价和货物进口间的关系

进口数据的另一种使用方法，是查看国内价格和进口之间的关系，包括评估国内价格变化对进口水平的影响。从市场界定的角度来看，这与我们要解决的问题直接相关：假定垄断者施加5%—10%价格上涨会被进口的

增加抵消吗？这同样与我们在并购调查中要解决的问题直接相关：并购后的价格上涨是否会被进口的增加而抵消。

解决这一问题的标准方法是对这种形式的回归方程进行估计[10]：

(7) $M_t = \alpha + \beta P_t + \gamma GDP_t + \eta_t$

式中，M_t 是 t 时的进口量；

　　　　P_t 是 t 时相对于出口国价格的进口国价格；

　　　　GDP_t 是 t 时国内生产总值程度；

　　　　α，β 和 γ 是回归系数；

　　　　η_t 是误差项。

方程（7）中的价格项是一个相对价格项。这非常重要，对位于出口国的公司来说，重要的不仅仅是进口国的绝对价格，而是这些价格与出口国的国内价格如何关联。进口国的价格相对出口国的本国价格越高，出口的动机就越大。如果这两个国家有不同的汇率，那么即使两个国家的国内价格没有变化，相对价格也会变化。例如，如果进口国的汇率升值，那么它的相对价格就会下降，出口公司就会减少向进口国出口的动力（尽管对进口的需求会上升。见下文进一步讨论）。事实上，这是一个简化过程，因为公司总是寻求在市场上获得最高回报的销售。因此，即使进口国的相对价格上升，如果另一个国家的相对价格上涨更多，那么我们可能就不会看到进口量的增加。事实上，我们可能会发现进口的下降，是因为产品转移到了价格较高的国家。[11]

方程（7）假设 t 时的进口受 t 时的价格和 t 时的国内生产总值影响。这很可能不正确的。首先，我们可能认为，公司了解到价格信号和能够改变出口予进口国的产品数量之间存在时滞，这意味着价格变量应该根据出口企业要花多长时间能够对价格信号做出回应从而滞后一段时间。其次，GDP 和进口量之间的关系很可能是滞后的。如果 GDP 增长导致对进口产

---

[10]　如果进口随时间的一致趋势与价格不相关，那么增加一个时间趋势可能也会有意义。

[11]　这一讨论的前提是假设出口企业具有产能限制，不能为所有价格高于成本的市场提供产品，如果不存在产能限制，那么公司将会为所有边际收益高于边际成本的区域提供产品。

品需求的增加，那么这种影响将不会立即反映在进口上，因为出口公司会在一段时间后才会加大出口，以应对增加的需求。

方程（7）中我们关注的系数是价格项的系数。如果变量采用对数形式，那么这个系数就是进口对相对价格的弹性。这告诉我们，进口量应该会随着国内价格的上涨而增加多少。如果我们对国内的需求曲线有所估计，我们可以估算出有多少可能的价格上涨会被进口抵消。假设并购后，并购实体可以通过限制产出，比如减少 1000 个单位，从而提高 5% 的价格。如果对方程（7）的估计结果表明，这将导致进口量增加仅 50 个单位，那么这意味着进口具有相对较小的约束效果。但是，如果进口量增加了 1000 单位，那么进口将抵消价格的上涨。

然而这种方程形式的分析存在一个重大的技术缺陷。人们不得确定方程（7）是一个需求方程还是一个供给方程。到目前为止，我们假设它是一个供给方程，把一个企业向一个国家出口产品的动机与相关价格相关联。然而，它也同样可能被看作是一个需求方程，把本国消费者的消费动机与消费随相对进口价格变化而购买进口商品联系起来。结果是，在价格影响进口水平但是进口同样影响价格水平的情况下，存在同时性偏误的问题。如我们上述所提，对同时性偏误的一个可能解决方案是采用滞后的价格，我们认为时滞价格的设定独立于当前的进口量。另一个解决方案则是同时估计需求和供给方程，而这可能是能采用的最理想的方法。然而，这很难实践，因此，时滞价格方法在实践中是最切实可行的。

第二节　竞争政策决定中采用的运输测试

欧委员会经常通过对进、出口进行测量以帮助界定相关地域市场，尽管很少明确地根据 Elzinga-Hogarty 测试进行。

一、圣戈班/瓦克公司/NOM 案[⑫]

在圣戈班/瓦克公司/NOM 案中，委员会似乎非常依赖运输检测来界定相关地域市场。[⑬] 委员会认定了五个单独的产品市场：用于冶金碳化硅（SiC）；天然结晶碳化硅；研磨用的加工碳化硅；耐火用的加工碳化硅；其他工业应用的加工碳化硅。[⑭] 委员会认为，冶金用的碳化硅的相关地域市场是一个全球市场，因为其进口量占 1995 年欧洲经济区消费量的 50%以上。[⑮] 委员会发现，1995 年欧洲经济区的天然结晶碳化硅进口量占达到85%，[⑯] "强烈的迹象表明，天然结晶碳化硅相关商品市场的地理范围要比欧洲经济区更广泛"，[⑰] 但是，委员会并没有对此问题做出结论，因为这里不存在竞争关注。用于耐火材料的加工碳化硅进口到欧洲经济区的量占消费量不足 7%，由此，委员会得出结论认为，该产品的地域市场不超出欧洲经济区。其他工业应用的加工碳化硅市场没有引发竞争关注，因此，不用对地域市场的界定作定论。[⑱]

关于研磨用碳化硅的地域市场界定更为有趣。委员会发现，欧洲经济区对该产品的进口大约占消费量的 15%（即 LIFO 统计量为 85%）。[⑲] 然而，委员会认为相关地域市场是欧洲经济区市场。[⑳] 这一结论与依据Elzinga-Hogarty 检测得出的结论相悖，主要有两点：首先，委员会选择使用了不同的阈值，如上面建议的阈值为 90%。如上所讲，阈值没有精确的客观定义，欧委会似乎认为 80%—90%的范围是可以界定单独区域市场的灰色地带。其次，委员会并没有仅仅依据运输检测来界定地域市场，[㉑] 委

---

⑫　IV/M774 Saint-Gobain/Wacker-Chemie/NOM，1997，官方公报，L247/1。

⑬　op. cit. paras 99 et seq 详见相关法规，下同。

⑭　op. cit. para. 39.

⑮　op. cit. paras 108—109.

⑯　op. cit. para. 110.

⑰　op. cit. paras 132—135.

⑱　op. cit. para. 136.

⑲　op. cit. para. 128.

⑳　op. cit. para. 131.

㉑　op. cit. para. 130.

员会还考察了一系列其他因素，如相对价格数据、比较价格变化、客户/供应商关系等等。总的来说，单一的实证测试不可能对案件起决定性作用，不同来源的证据拼合在一起才是实践方式的一种。

二、曼内斯曼/瓦卢雷克/Ilva 钢铁案[22]

在曼内斯曼/瓦卢雷克/Ilva 钢铁案中，当事方利用 Elzinga-Hogarty 检测界定了不锈钢管的相关地域市场。当事方认为地域市场要比西部欧洲更宽泛，因为，即使通过了对进口量的 LIFO 检测（即，产量减去出口量高于消费量的 90%），但是 LOFI 检测却没有通过（即，产量减去出口量小于产量的 90%）。委员会拒绝了这一论证，[23] 他们认为，因为西欧的进口量相对较少，西欧应该被视为一个独立的相关市场。这违反了标准的 Elzinga-Hogarty 测试，因为这里要求 LIFO 或 LOFI 检测中的两者之一不满足条件，就不能扩大市场的范围。

然而，很难说委员会的观点是错误的，只有向西欧市场的进口是可能的情况下，西欧市场中的价格上涨才能被抵消。而事实是，虽在西欧市场的出口与这个问题相关（例如，它告诉我们，运输成本不是过高），但这不能证明进口在相关区域内提供了充分的竞争约束以阻止价格上涨。例如，如果存在关税壁垒，那么便有可能向无关税的区域出口，但是由于关税原因，不可能向该区域进口产品。[24] 当 LOFI 测试失败而 LIFO 测试通过时，正确的回应是要分析通过了 LIFO 检测的原因。也许是存在宽泛的市场（如出口量所证明的），但因为在两个区域的现行价格水平下，进口量很少（即，国内的价格低，几乎没有进口）。但是同样，尽管存在出口，也可能存在一个狭小的市场。

㉒　IV/M315, Mannesmann/Vallourec/Ilva, 1994, 官方公报, L102/15。

㉓　op. cit. para. 33.

㉔　这强调，地域市场的定义可能并不是对称的。假设国家 A 被关税保护，但国家 B 不是。如果在国家 A 内存在竞争问题，因为来自国家 B 的进口产品因贸易壁垒而不能进入，则地域市场的范围即为国家 A。如果在国家 B 内存在竞争问题，则地域市场可能的范围是来自国家 A 和国家 B 的可能出口产品。

三、雀巢/毕雷矿泉水案[25]

在雀巢/毕雷矿泉水案中，欧盟委员会认为"需要对合并后实体的力量进行评估的相关地域市场为法国"，[26] 委员会发现"在共同体内的贸易流非常微弱"。[27] 虽然委员会并未正式进行 Elzinga-Hogarty 测试，但是在其决定书的第 25—27 段的内容却提供了以下的统计数据。

表 16.3　雀巢/毕雷矿泉水案中的运输统计

	进口占消费的百分比 *	出口占产出的百分比
法国	1-2%	>10%[28]
意大利	<1%	<1%
西班牙	<1%	<1%
德国	5%	<1%

* 1990 年的数据。

进口数据表明法国通过了 LIFO 测试，但是，出口数据则表明没有通过 LOFI 检测。然而，正如上文提到的曼内斯曼/瓦卢雷克/Ilva 钢铁案，委员会并没有就此认为应该扩大市场的范围。毫无疑问，主要相邻国家向法国没有出口，这在这一决定中起了一个重要作用。

四、英力士公司/吉宁案[29]

本案中的竞争问题主要与悬浮聚氯乙烯（或 S PVC）的产出有关，这一产出占欧洲经济区 PVC 总产量的 90% 左右。地域市场界定是本案的关键要素。正如欧盟委员会表示，"地域市场界定问题对本案的评估至关重

---

[25]　IV/M190，Nestle'/Perrier，1992，官方公报，L356/1。

[26]　op. cit. para. 21.

[27]　op. cit. para. 25.

[28]　这一数据来源于比利时出口 10% 法国产品的事实（25 段）。

[29]　COMP/M. 4734 Ineos/Kerling（January 30, 2008）.

要"。㉚ 如果相关地域市场是国别范围，那么双方并购后在英国会有超过60%的市场份额，在挪威和瑞典将有90%以上的市场份额。

吉宁是挪威和瑞典国内仅有的 SPVC 生产公司，拥有超过90%的市场份额（第67段），这表明，Elzinga-Hogarty 测试的 LIFO 条件得以满足，因为这意味着进口量占国内销售量不足10%。但是，委员会指出，在挪威和瑞典吉宁超过50%的产量用于出口，表明满足不了 LOFI 条件。另外，挪威和瑞典消费者把距离最多在1000—1500公里内的供应商看作可行的供应商，结合这些证据，使得委员会判定地域市场不仅仅是北欧地区，而是更宽泛的市场。

对英国来说，进口水平也是相关地域市场分析的重要组成部分。委员会指出，2006年，除了当事方自身进口的产品之外，英国进口量占当地消费量的30%—40%之间。表16.4中引用了决定书中的这些数据。

表16.4　英力士/吉宁案中的英国进口量

	2002 年	2003 年	2004 年	2005 年	2006 年
市场规模（kt）	500—550	550—600	550—600	500—550	500—550
竞争者的进口	200—250	200—250	200—250	150—200	150—200
进口比例（%）	30—40	30—40	30—40	30—40	30—40

委员会的结论认为，英国 S PVC 的进口持续很高，这表明消费者的确认为进口是对国内产出的有效替代。委员会也注意到，因为许多消费者至少已经部分依赖于进口，如果并购后当事方提高其产品价格，这些消费者可以轻易地把他们的其他需求转移到进口产品上。

五、其他决定

在奥克拉（Orkla）/沃尔沃（Volvo）案㉛中，委员会发现，相关市场

㉚　op. cit. para. 45.
㉛　IV/M582, Orkla/Volvo, 1995, 官方公报, L66/17。

是挪威的啤酒市场。委员会发现"挪威和其他国家之间的贸易流较小，可以忽略不计"。1994 年的进口量只有消费量的 2.6%，同时出口量占产出的比例不到 1%。

在壳牌化学（Shell Chemie）/埃尔夫阿多化学（Elf Atochem）案㉜中，委员会认为地域市场是欧盟范围的，因为"欧洲内部的贸易流动很显著，分布在整个区域"。㉝委员会得出结论，尽管亦提到了一些国家如法国、意大利和西班牙，大多数消费量来源于相关国家，而且运输成本"相当大"。

在杜邦公司（DuPont）/英国化学工业公司（ICI）案㉞中，委员会认为地域市场是欧盟市场。这个结论似乎是依据 Elzinga-Hogarty 检测得出的。该委员会认为：

"证据表明，市场没有超出共同体的范围。进口量相对较低（低于10%），出口量小得可以忽略不计，因此，共同体和其他区域之间的相互渗透很少"。㉟

在梅赛德斯-奔驰（Mercedes-Benz）/凯斯鲍尔（Kassbohrer）案㊱中，委员会发现，进口到德国的城市公交车数量非常低，1994 年进口量仅占消费量的 5.6%，即使这样，这个数字相比 1989 年仅为 2.2% 这一数据来说也代表了一个相当大的增长。因此，委员会认为：

"因为很低的进口水平和城市公交车公共运营者迄今的采购行为，城市公交车的相关地域市场必须限定于德国。"㊲

在嘉吉（Cargill）/赛力斯达（Cerestar）案㊳中，委员会根据贸易流与

㉜　IV/M475, Shell Chemie/Elf Atochem, 1995, 官方公报, C35/4。

㉝　op. cit. para. 41.

㉞　IV/M214, DuPont/ICI, 1993, 官方公报, L7。

㉟　op. cit. para. 29.

㊱　IV/M477, Mercedes-Benz/Ka¨ssbohrer, 1995, 官方报告, L211。

㊲　op. cit. para. 40.

㊳　COMP/M2502, Cargill/Cerestar, 2002.

运输成本，界定相关地域市场。因为显著的跨境贸易流，委员会认为淀粉的地域市场是共同体范围的市场。然而，委员会发现，尽管在共同体范围内存在明显的甜味剂贸易流，那些远离比荷卢经济联盟/法国/德国北部地区（欧洲生产基础设施）的国家可能是独立的相关地域市场。远距离使得运输成本占总成本的 10% 至 20%（例如，法国北部到葡萄牙），这会导致外围国家更高的价格。

在 Norddeutsch 精炼工厂/Cumerio 案[39]中，委员会明确指出，尽管将半成品铜产品进口至欧盟，有 4.8% 的进口关税，但这并不意味着关税是进入的市场壁垒。这是因为即使存在关税壁垒，仍有大量的进口产品。该委员会指出，这是因为该产品具有高额的附加值。

六、美国医院并购

Elzinga-Hogarty 检测被用于许多美国医院并购案中，尽管与上面的描述不是完全一样。在许多并购案中，地域市场界定是一个重要的问题。Elzinga-Hogarty 测试应用在病人的来源中，而不是实物的产品。因此 LIFO 标准变为"在这家医院接受治疗的患者有多大比例来自区域外？"同时，LOFI 标准则变为"这个区域内多大比例的患者曾经就诊区域外的医院？"如果这些百分比是显著的（例如，10% 以上），那么，地域市场要扩大到超出最初认定的区域。

例如联邦贸易委员会诉泰尼特保健案[40]。法院接到的证据表明，波普拉不拉夫 20% 以上的当地居民，接受区域外的医院治疗。基于这些，法院认为，区域外的医院被当地人视为当地医院的替代。法院甚至认为，狭隘的界定市场是"荒谬的"。[41]

---

[39] COMP/M. 4781, NorddeutscheAffinerie/Cumerio, January 28, 2008.

[40] FTC v Tenet Healthcare Corp, 186 F. 3d 1045, (8th Cir. 1999).

[41] Cited in Capps (2001).

七、巴罗世界涂料（Barloworld Coatings） / 迈达斯油漆 (Midas Paints) 并购

巴罗世界涂料/迈达斯颜料是在南非装饰涂料市场中的两家公司之间的并购。[42] 巴罗世界是个全国性的运营商，而迈达斯颜料的业务则主要是在西开普省。引发的问题是，地域市场是区域性的还是全国性的，如果是区域性的，那么并购后西开普省的市场份额将会较高。申报方提出的货运数据表明市场是一个国家范围的市场。表 16.5 中总结的这些数据表明，对所有三个区域，满足独立区域市场条件的 LIFO 和 LOFI 检测都没有通过。对西开普省的区域性问题，LIFO 统计数据为 0.34，LOFI 统计数据为 0.69。这两个数字均低于 0.9 的标准阈值和较低的阈值 0.75。

表 16.5　在巴罗世界涂料/ 迈达斯油漆案中的 Elzinga-Hogarty 检测数值

	豪登	夸祖鲁·纳塔尔	西开普
从区域外进口占消费的比例	30%	61%	66%
LIFO	0.7	0.39	0.34
销售到区域外的产出比例	56%	79%	31%
LOFI	0.44	0.21	0.69

来源：Ecoex（2006）

第三节　运输测试的分析问题

一、Elzinga-Hogarty 测试和相关市场界定之间的关系

货运数据可以为分析位于不同区域供应商之间竞争约束提供有用的信息，并能够帮助确定相关地域市场的范围即使这些信息不是决定性的。当能够证明大量消费者采用"非本地"供应商，则表明没有贸易壁垒。

---

[42]　详细资料，参见 Econex（2006）。

在调查并购时，贸易流动的证据表明，并购后"本地"产品价格的增加可能会导致"本地"买家转向相对便宜的"非本地"供应商产品。在这种情况下，如果局限于"本地"市场，并购后的价格上涨将是无利可图。

一个地区大量出口的证据，同样可以为区域间存在有效的竞争约束提供证据。如果出口产品是可行的，那么便难以理解为什么进口产品是不可行的。在这种情况下，国内价格上涨应该导致进口量的增加。然而，如上所述，情况并非总是如此。因此，相比当前出口量来说，当前进口量更能够指向一个宽泛的市场。如果只有当前出口量而没有进口量，那么竞争评估应该寻求了解其中原因，或者是存在一个宽泛的市场，但同样也或者不是（如，存在关税壁垒）。

尽管关于贸易流的历史数据可以对分析正确的相关市场界定提供有益的信息，但是这种数据并没有直接回答市场界定的关键问题：一个假定的垄断者，能够在该地区内施加一个少量但是显著的非短暂性价格上涨会有利可图吗？在这种情况下，Elzinga-Hogarty 测试与价格相关分析遭遇同样的缺陷。然而，这并不意味着 Elzinga-Hogarty 测试没有用，它通常为相关地域市场界定提供非常有用的指向。

依据严格的理论基础，地域市场的范围不必包括所有的周边地区。在理论上生产成本和运输成本的差异，能够使得两个不相邻的区域形成一个相关地域市场。Crane 和 Welch（1991）认为，如果一个区域没有通过 Elzinga-Hogarty 测试，那么拟定的市场应该基于贸易流的大小进行扩张，而不是基于地理上的邻近程度。然而，如果两个非相邻国家是同一相关市场的一部分，而那些在中间的国家反而不是，那么需要进一步提出合理解释。因此，如果基于 Elzinga-Hogarty 测试结果，意大利和比利时在同一个地域市场，那么，需要了解为什么德国不是这个市场的一部分。通常答案是，德国是市场的一部分，因此应该被包括在内。然而，有时也会有充分的理由来说明它们不属于同一市场的原因（如，关税壁垒）。

二、缺乏贸易流动的含义

虽然大量的贸易流动意味着宽泛的市场，但反过来并不必然是正确的。对判断一个狭窄的地域市场来说，没有贸易流，通常是必要但不充分的条件。要理解这一点，可以考虑那些约束区域间贸易程度的因素。有三个主要因素。第一个因素是区域之间的运输成本。运输成本相对其经济价值较高的产品，往往只能在较短的距离内构成有效的竞争约束。第二个因素是法律障碍，足以减少地区间的竞争有效性。供应商受到高额关税或配额限制或其他等同因素下，便不能够对其他区域内的供应商形成有效的竞争约束。

Elzinga-Hogarty 测试包含的两个标准，巧妙地捕捉了限制相关市场范围的这两个因素，但却忽略了第三个。第三个约束贸易流的因素与其他区域中的竞争程度相关。本地供应商之间的竞争程度越高，区域外的供应商向该区域销售时可图的利润就越少。这种分析与企业进入一个市场类似。[43]除非是有利可图的，否则不会有企业进入一个新市场；这个市场当前越是竞争激烈，有利可图进入的可能性越小。Elzinga-Hogarty 测试忽略了区域之间的交叉需求弹性概念，如果两个区域之间的运输成本很低，那么一个地区的任何价格上涨都将会导致从其他地区向该地区的进口。

因此，任何价格上涨都可能会被来自其他地区的进口而抵消（即，两个区域之间存在较高的交叉需求弹性）。在这种情况下，每个地区中的生产商都不太可能尝试把价格提至竞争水平以上，导致区域之间没有进行贸易的动机，也没有贸易流。根据货运测试，没有贸易流表明两个区域仍然各自是独立的地域市场，尽管事实上两个区域间相互施加竞争约束。

在这种情况下，Elzinga-Hogarty 测试在认定区域竞争约束的来源中过于保守，即：缺乏贸易流并不必然表明狭窄的市场：他们可能实际上是由于区域内部和区域之间的高度竞争。出于这个原因，区域之间缺乏贸易并不足以证明地区之间的竞争约束是无效的。相反，应该考虑没有贸易的根本原因。

---

[43]　参见第三章、第七章。

三、区域价格歧视出现的结论解释

区域价格歧视能够导致 Elzinga-Hogarty 测试的结果无效。[44] 假设国家 A 的 LIFO 和 LOFI 都是 0.7，这意味着，根据 Elzinga-Hogarty 测试，国家 A 不是一个独立的地域市场。因此，市场范围被扩大。假设国家 A、B 和 C 加总的 LIFO 和 LOFI 均为 0.95，这表明，国家 A 中的并购会导致国家 A 具有 50%的"市场"份额，但是在国家 A+B+C 中的市场份额仅为 10%，将不会产生竞争问题。

现在假设引入地域价格歧视的可能性。特别假设：尽管国家 A 没有通过 LIFO 和 LOFI 检测，但是在国家 A 中存在一个可识别的地域消费者群，可以对这些消费者实施价格歧视从而图利。进一步假设，这个消费者群体因为本地的竞争力量目前并没有受到歧视。但是假设，或许是因为并购双方是该区域的两个主要竞争对手，并购后这个群体将会受到歧视。如果仅仅使用 Elzinga-Hogarty 检测来界定市场，这就引发了一个被忽略的竞争问题。这里的问题是，Elzinga-Hogarty 测试最初应该应用于所关注的最小的、同时不可能进行价格歧视的地理区域。在这个案例中，这个区域不是国家 A，而是国家 A 的一部分。因此，在应用 Elzinga-Hogarty 测试前，在具有可用运输数据的最狭小的拟定市场内，应该考虑价格歧视的可能性。如果可以实施价格歧视，那么 Elzinga-Hogarty 测试就是无效的。

四、国内供应商的海外业务进口

有时候出现的一个问题是：当进口来自国内供应商的海外业务时，应该如何对待进口。答案取决于相关的问题是什么。假设我们关注并购后单边效应的可能性，那么我们感兴趣的议题是并购后实体所面临的竞争影响，因此，来自并购后实体境外运营的进口将不算为竞争约束。然而，来自其他本地企业境外业务的进口却是相关的（即并购后实体的本地竞争

---

　　[44]　特别参见，美国司法部和联邦贸易委员会横向并购指南（1992）。

者）。相反，如果我们关注并购后的协调效应，那么来自任一潜在协调企业的外国业务的进口的重要性会较轻。

如果我们只对界定相关市场感兴趣，那么正确的方法是不要考虑那些进口的公司由谁拥有。市场界定的问题是假设垄断者能否有利可图地施加SSNIP。这个问题和其分析都不受当前资产所有权影响，不注意这点，很可能引起对市场力量的分析混乱和错误推论。相反，界定市场不应当考虑进口企业的所有权，但对市场中市场力量的评估应该考虑进口商的所有者。

第四节　运输成本研究

运输成本大小的分析通常被用来评估不同区域之间竞争约束的有效性。虽然一个企业以目前的价格不能够有利地向一个特定的区域供货，但如果这个区域的价格上涨，它便有可能做到这一点了。因此，在并购案中，运输成本分析可以用来实施 SSNIP 测试。具体要理解的是：当一个区域的价格上涨 5%，产品能够再运输到多远距离。在当前价格下运输水平相对较低时，运输成本测试能够作为运输测试的有效补充。

在许多委员会的决定中，相关产品价值和其运输成本的比较，可视为区域间的竞争约束大小的指标。高额的运输成本表明区域竞争最弱。显然，高昂的运输成本能够解释为什么两个区域之间的贸易是不经济的。因此关于运输成本的证据，可以用来反驳未经证实的主张，如，一个区域内的企业面临其他地区企业的有效竞争。但是，如果相对价格发生变化，我们不能靠高昂的运输成本本身来评估会发生什么。一个区域内相对价格的上涨可能将改变区域之间的贸易，即从经济上不可行到经济上是可行的。

运输成本测试的基本目的是估计一个企业所面临的竞争约束的地域范围，这里提出的问题是：当区域 Y 的价格水平为 X，哪一个邻近区域 Y 的企业，能够有利地在区域 Y 中销售产品。

这个问题经常在并购案的地域市场界定中被提出。假设区域 Y 的价格是 100 欧元，但是有许多位于区域 Y 之外的供应商向区域 Y 销售产品。如图 16.1 所示。这个图表明，除了位于区域 Y 内部的供应商之外，还有 6 个位于区域 Y 之外向 Y 区域提供产品的供应商。这表明，距离区域 Y 最远的供应商，是大约 300 公里的 A。因此，可以认为，在当前价格下，产品运输 300 公里是有利可图的。

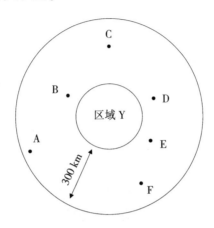

图 16.1 向区域 Y 提供产品的区域估计

现在假设区域 Y 内的价格提高 5%，产品能够有利地运输到多远？一个合理的答案是，产品可以运送至一个额外远的距离，价格上涨完全由额外的运输成本消耗掉。因此，在这个例子中，价格上涨 5% 意味着增加 5 欧元，如果运输产品的成本为每公里 0.05 欧元，那么可以有利可图地多运 100 公里。那么，接下来的问题是，在距区域 Y300 公里至 400 公里的地方是否有潜在的产品供应商？如果有的话，若区域 Y 价格上涨他们是否可能向区域 Y 供货？图 16.2 显示，在我们的例子中有两个这样的供应商：G 和 H。

图中仅有的事实是：有两家公司位于扩展的覆盖区域中，这并不意味着价格上涨时他们必然会向区域 Y 供应商品。例如，他们可能会受到产能的限制，在这种情况下，区域 Y 内的任何销售均可能由其他地方转移过来。只有在利润比其他地区更高的情况下，他们才会希望把销售转移到区

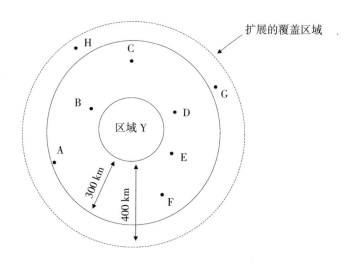

图 16.2　SSNIP 对区域 Y 供应区域的影响

域 Y。同样，他们或许不愿意承担进入区域 Y 可能存在的沉没成本，因此，确认企业 G 和 H 之后，仍然有必要分析：如果价格上涨，G 和 H 是否可能成为区域 Y 的进入者。

　　以上述方式分析能够向区域 Y 提供产品的供应商的潜在集中区域，是比较保守的。这是因为我们假设距区域 Y 最远的供应商（这种情况下为 A），已经位于覆盖区域的边缘上。而这假设很可能不恰当。图 16.3 给出了一个例子，其中真实的覆盖区域为 400 公里，但是，由于在距离区域 Y300 公里和 400 公里之间没有供应商，我们就误以为覆盖区域为 300km。那么，这就意味着，当我们再把覆盖区域扩大 100 公里时，我们认为没有能够向区域 Y 提供产品的其他供应商，而事实上有四个这样的供应商：G，H，I 和 J，均位于距 Y 区域 400 公里和 500 公里之间的地方。

　　如果有可能直接计算出集中区域的范围，而不是试图从供应商实际所处的地方进行推断，那么这种麻烦还是可以避免的。这种方法需要更多的数据，不仅需要知道每英里的运输成本，而且还需要所有其他成本信息，包括公司可接受的最低利润率。

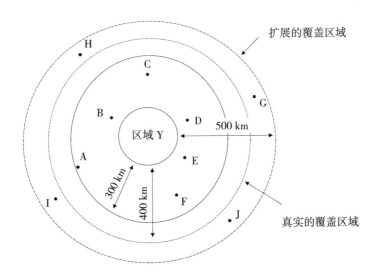

图 16.3　计算向区域 Y 供应产品的区域中潜在错误

在英力士/吉宁案中，委员会进行了类似形式的分析。[45] 委员会提出的问题是：为了让欧洲大陆的生产商向英国（而不是向欧洲大陆）有利地出售产品，并购后英国必须涨价多少。由于要跨越海峡，把产品运输到英国比运输到相似距离的欧洲大陆成本要高。为了进行分析，需要知道欧洲大陆在当前价格下的利润率、销售到英国的额外成本，以及相对欧洲大陆来说英国当前的价格水平。委员会收集了相关数据信息认为，对供应商而言，如果英国的价格上涨 2%—8%，那么他们向英国销售商品和向欧洲大陆销售商品一样有利可图。委员会认为，这一结论表明：产品运输到英国的额外成本，不应该看作是进入的障碍（第 122 段）。

委员会在很多案例中都采用这种方法来界定地域市场，一个很好的例子是 SCA/P&G（欧盟卫生纸业务）案。[46] 这起案件的一个问题是消费者卫生纸产品的地域市场范围，委员会对自有品牌和品牌产品进行了区分。虽然委员会对自有品牌产品没有明确的界定，但是认为自有品牌产品的地域

[45]　COMP/M. 4734 Ineos/Kerling（2008 年 1 月 30 日）。

[46]　COMP/M. 4533 SCA/P&G（欧盟卫生纸业务）（2007 年 9 月 5 日）。

市场范围大概是半径为 1000 公里的区域。

"在金伯利—克拉克（Kimberly-Clark）/斯科特（Scott）案的市场调查中，受访者估计，各种卫生纸产品在经济上可行的最大运输距离是 540—865 公里（取决于产品的类别）。在 SCA/Metsa 案中的市场调查认为，这个距离范围仍然是有效的。虽然倾向较接近区间上限，即对满载的卡车来说，最远距离大约为 800 到 1000 公里。当前案件的市场调查已经充分证实了这些区间范围，并且强调如今许多生产商在距离生产设施 1000 公里的范围内积极参与竞争，有时距离甚至更远。

因此，对自有品牌的生产和供应，最恰当的地理市场界定会表现出'区域性'，其范围介于国家和欧洲经济区之间，半径大约为 1000 公里。"（第 38—39 段）

然而，委员会并没有对品牌产品采用这种分析方法。对这些产品而言，委员会认为地域市场是国家范围或者说是"国家集群"（例如，英国/爱尔兰，德国/奥地利）。原因如下：

"它主要反映了零售层面的情况，在这一层面，'国家'品牌、语言、广告、消费者偏好等仍然很强大，远远抵清了所谓生产商日益增加的'全球化'策略和活动，正如当事方所强调的。"（第 42 段）

这里强调了这样一个事实，即使把产品运输到另一市场从经济上是可能的，但如果存在诸如品牌之类的进入障碍的话，那么也不一定能进入那个市场。因此，表明运输成本没有妨碍供应产品，并不是分析的终止，仍然需要证明：可能因价格上涨而引起市场进入。

这表明，如果不假思索地运用成本运输测试，可能会错误地界定比其实际范围要大的相关地域市场。但是，该测试同样也可能得出比实际范围狭窄的结论。例如，情况可能是这样：存在一些产品供应重叠的区域，即使从经济上看产品不能从一个区域流向另一区域，竞争影响还是能够在区域间传递。我们看一下图 16.4，A，B，C 都是生产设施，其周围的圆线表示了在现有价格下能够有利地运输产品的最远距离。在当前价格下，把产品从 A 的覆盖区域运输到 C 的覆盖区域，运输成本太高而无法盈利。反之亦然。

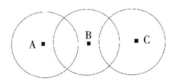

图 16.4　由"运输"成本界定的覆盖区域的区域竞争

从图 16.4 中可以看出，A 工厂不能与 C 工厂竞争，反之亦然，因此他们处于不同的市场。但是，这取决于两个覆盖区域与覆盖区域 B 的重叠部分是否足以传递竞争效应，从而把它们放入同一个地域市场。如果 A 提高价格，则会放松在 A 和 B 之间重叠区域内对 B 的竞争约束，因此促使 B 也提高价格。那么，这将放松在 B 和 C 之间重叠区域内 B 对 C 的竞争约束。竞争约束是否按照这种方式进行传递，三个工厂是否置于同一相关市场，很大的程度上取决于重叠区域和非重叠区域消费者的比例，同时取决于企业是否能够对重叠区域和非重叠区域的消费者进行歧视性定价。如果 B 能够对 A 和 B 重叠区域内外的消费者收取不同的价格，那么，即使 A 的价格上涨引发 A 和 B 重叠区域的 B 价格上涨，这也不会放松对 C 的竞争约束。

委员会间接运用这种逻辑的例子是 Pilkington–Techint/SIV 案[47]的决定。委员会指出，"浮法玻璃原料是笨重的产品"，"远距离运输很昂贵"。因此每一个浮法玻璃工厂都有自己的供应区域，委员会认为是以每个工厂为中心、内半径 500 公里的区域。工厂几乎所有产出都销售在距离 500 公里内的区域。这表明，国家之间应该不会出现大量的贸易流动（虽然委员会并没有给出任何进出口数据）。然而，委员会提到，"各个以浮法玻璃厂为中心的供应区域可以被看作是一系列重叠的范围（如图 16.4 所示），并得出结论认为：

---

[47]　IV/M358 Pilkington–Techint/SIV［1994］OJ L158/24.

"考虑到浮法工厂的分布和自然供给区域不同程度的重叠，因此竞争影响可以从一个圆传递到另一个，那么，把地域参考市场看作是整个共同体市场似乎是恰当的。"[48]

在考虑运输成本时，特别要留意生产成本在不同的地区之间可能是变化的。因此，即使产品的运输成本过高，不能从一个区域运输到另一个区域，但仍可能存在一个第三区域，这区域的生产成本非常低，因此从这个地方运出产品是经济上可行的。英国公平贸易局 1992 年关于市场界定的研究报告，提供了关于该种现象的一个很好的例子：化肥。尽管运输化肥的成本很高，但这并没有阻止出口商远距离地从特立尼达等国家向英国出口。这是因为与英国生产商比较，其他国家生产商具有显著的生产成本优势，因此即便是支付了高额的运输成本，可能仍会在英国具有竞争力。由于：制造化肥的主要原料天然气，这些国家要比英国便宜很多（即，根据英国公平贸易局的说法，事实上是免费的）所以出现生产成本优势。在这个市场上，简单的运输成本方法可能会导致地域市场界定比实际范围要狭小。

第五节　等时线分析

上文运输成本测试的讨论，关注的是供应商把产品运输给消费者的能力，也就是说，侧重于供给方。地域市场界定的另一种方法是侧重于需求方，研究消费者愿意走多远去买东西，以及通过了解客户覆盖范围内有多少竞争者，来识别某个公司面临多少竞争对手。

界定覆盖范围的标准方法是，对相关供应商（例如，一个超市）进行消费者调查，以此弄清消费者到供应商处需要花费多长时间、或者行走多远的距离。[49] 这些信息有助于估算出消费者愿意出行购物的时间和距离，

---

[48]　IV/M358 Pilkington-Techint/SIV［1994］OJ L158/24 第 16 段。

[49]　当消费者的积分卡数据包括消费者的地址信息时，可以利用积分卡数据作为替代的方法。只要我们愿意假设消费者都从家里出发，这种方法就非常有效。在很多案件中，这可能是一个非常强的假设。

借此估计出地域市场。如果估算出了距离，那么，只用简单地画出一个圆以围绕这个距离内的供应商，但这通常并不是首选的方法。比较好的方法是，根据既定交通模式的出行时间，界定一个地域市场，这些就是所谓的等时线。[50]

构建等时线需要使用复杂的物流软件（但如今已经有现成的这类软件），软件利用道路网络和平均行车速度的信息，勾画一个包含了从起点出发在既定的时间内能够到达的全部地理区域（该覆盖范围通常形状都不规范）。[51]

图 16.5 显示了一个假设的等时线，等时线内所有点距离相关供应商（A 公司）的驱车时间均不超过 15 分钟。这个等时线形状是不规则的，主要是因为这个区域的道路系统。例如，图 16.5 中等时线西南角的凸起部分，是由靠近 A 公司的一条向西南方行进的快速路所致。

图 16.5　一个等时线的例子

50　这种方法的一个例外是，消费者通常走路去购买商品或者服务。在这些情况下，根据地理距离得到的覆盖区域可能比行车时间能够更好地反映消费者的行为。这方面的一个例子，参见英国公平贸易局对 2006 年布茨公司（Boots Plc）收购英国单化联盟公司（Alliance UniChem Plc）案件的调查，英国公平贸易局按照 1 英里的地理半径评估了当地药店零售的竞争。

51　因为不同的驱车时间系统包括了不同的复杂程度，使用不同的道路网络和行车速度数据库，其他系统可能不会给出同样的结果。但是，这种系统同样能够定制化，以反映特定的竞争调查，例如，行程可以只限定于某种道路类型，或者平均行进速度可以改变以反映不同的行进模式。

　　构建等时线之后，接下来是确认等时线内的所有其他具有竞争关系的供应商。如图16.6所示，在等时线之内有四家其他公司（即B，C，D，以及E公司），其中，一家公司（B公司）具有两个销售点，两家公司（F和G公司）位于等时线之外。如果我们要审查A公司和B公司之间的并购，那么图16.6表明，在相关地域内集中度将会增加，而如果并购发生在A和G公司之间，那么集中度没有任何增加。

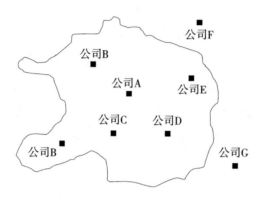

图 16.6　竞争企业的等时线

　　运用等时线来确认地域市场时，会引起很多问题。首先，一个公司多大的客户比例应该位于地域市场内？等时线应该基于公司75%的客户量得出吗？还是90%？在英国竞争委员会对西夫韦案[52]的调查中，竞争委员会根据75%和90%的客户量来构建了等时线，以及由此界定其他城市地区的等时线，为10分钟和乡村地区的等时线为15分钟。然而，假定垄断者测试在界定相关地域市场时，并没有确定在等时线内的特定客户比例应该为多少。例如，可能所有超市客户均在10分钟的驱车范围内，因为更远的那些客户有更近距离的替代超市可供选择。但是，这并不意味着，在某超市的10分钟车程之内的范围，一个假定的超市垄断者涨价5%将会有利可图。价格上涨后，10分钟等时线内的消费者可能会打算去更远的地方购

　　[52]　"西夫韦公司和阿斯达集团有限公司（由沃尔玛公司拥有）、威廉莫里森超市连锁公司、塞恩斯伯里公司、特斯科公司：计划中的并购报告"（2003年9月）。

物。而且，我们认为界定一个忽略了相当比例客户的相关市场，这方式是不合理的。我们认为，可以利用等时线来识别企业最紧密的竞争对手[53]。但用来界定相关市场则不合适。

其次，等时线分析与通过运输成本界定地域市场具有同样的弊端：如果所谓的地域市场的交叉重叠，竞争效应可能会在许多这样的市场间传递，因此正确的地域市场界定要超过等时线分析所确定的范围。个中原因，与应用运输成本研究如出一辙。因此，位于不同等时线的企业，可能仍然处于相同的相关地域市场。

第三，不时有人认为，正确的方法是针对消费者所处的地点，而不是针对供应商位置的分析。英国竞争委员会在西夫韦案调查中提出了这样的论点。在第197页第5段中，竞争委员会指出，

"考虑到这个调查的目的，我们关注每一起并购对本地区消费者的影响。有人可能会认为，我们应该围绕居民区域画出等时线，甚至应该以每个单独的家庭为中心。以每个单独家庭为中心画出的10分钟等时线，会包括10分钟车程内所有可行的杂货店。"

这种分析旨在避免出现此种情形：以供应商为中心的等时线不会引起竞争关注，但是那些以居民为中心的等时线却会。图16.7阐明了这一问题。这里环绕企业A与企业B的等时线（随手画成圆形），并不包含对方的销售点，因此意味着他们不是竞争者。但是，等时线的确存在重叠，对重叠区域的消费者来说，他们互为替代。结果，公司A与公司B之间的并购可能削弱对这些消费者提供服务的竞争。

当然，仅仅指出等时线的重叠，并不意味着存在竞争问题。这需要考虑一些问题，例如，企业A与企业B服务的人群有多大比例在重叠区

---

[53]　我们认为在他们的"并购评估指南"（2009年4月）草案中提到，竞争委员会与公平贸易局认为，他们将通常采用的数据为超过80%的消费者来界定相关市场。因此，指南认为"执法机构可能会检测地理覆盖区域，在该区域内大量（通常是80%及以上）零售商客户位于其中"（第4.67段）

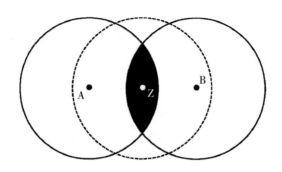

图 16.7   以居民为中心的等时线的例子

域？对重叠区域中消费者是否存在价格歧视的机会？在以居民为中心的
等时线内有多少其他的竞争等等。最终，出于实践的困难，竞争委员会
在西夫韦案中并未采用以居民为中心的等时线方法。但是，正如下面进
一步讨论的，英国公平贸易局在评估电影院并购的案件中采用了这种
方法。

案例分析：Odeon/UCI

英国公平贸易局在对 Odeon/UCI 并购案的分析中采用了等时线分析方
法。[54] 这是关于两家连锁影院之间的并购。[55]公平贸易局认为，根据交易双
方的内部文件，20 分钟车程范围是他们消费者的"主要覆盖区"，因此采
用了 20 分钟等时线。[56] 案中唯一例外是伦敦市中心，公平贸易局认为，因
为广泛的公共交通工具，等时线分析并不合适。公平交易局认为，只有在
每个等时线范围内存在 3 个或以下具有竞争关系的连锁影院的情况下，并
购才可能引起竞争问题。才会被认定为至少有 3 个屏幕、696 个座位的影

---

    [54]   "泰丰资本有限责任公司收购英国 UCI 有限责任公司和英国 CIC 有限责任公司"，OFT 的
决定，2005 年 1 月 7 日。

    [55]   值得注意的是在 Odeon/UCI 案后，在英国的另一起电影院并购案：Cine-UK/UGC（"黑
市集团 UGC 控股有限责任公司完成收购"，公平贸易局决议，2005 年 4 月 28 日）。公平贸易局在
第二例并购中，同第一次一样，采用等时线分析手段。

    [56]   尽管公平交易办公室认为 30 分钟的等时线是灵敏性校验。

院。后一数据是由英国排名前二十的连锁影院每一屏幕平均座位数的 3 倍而得来。而公平贸易局发现，具有 3 家竞争连锁影院的区域的平均价格，要高于具有 4 家竞争连锁影院的区域。因此认为 3 个或更少的竞争性影院存在问题。采用这些标准，公平贸易局认定 10 家 UCI 影院可能引发竞争问题。当事双方认为存在已公布的新进入者，以及较小竞争者具有竞争影响，据此，公平贸易局将 10 家影院中的 1 家从其可能存在问题的名单中剔除。

公平贸易局同样进行了"重新以居民为中心"的分析。该分析包括，在那些可能没有充分竞争影院提供的服务的区域重新以主要的居民中心界定等时线。这一分析的目的在于确定并购在哪些区域会减少竞争，损害位于当事双方电影院之间的消费者。但是以影院为中心的等时线分析又无法认定的区域。结果，公平贸易局认定了 4 个可能会引起竞争问题的区域。通过进一步分析，公平贸易局认为其中的两个区域不会引发竞争关注。

根据等时线分析的结果，公平贸易局认定 10 个区域，涵盖 12 家 UCI 影院，可能会引起竞争问题。公平贸易局同样认定伦敦市中心存在竞争问题。结果是，当事方提出了剥离，并购得以通过，不用转交竞争委员会审理。

运输测试是具有吸引力的实证测试，原因有二。首先，运输测试方法直观：容易理解货运测试中引申的含意。其次，运输测试非常易于实现：仅需要量化数据，并且能够被快速地计算出来。正因如此，运输测试（更确切地说，非正式的运输检测）出现在委员会的许多决定中，这不足为奇。欧盟委员会在界定一个宽泛地域市场之前，往往仅关注进口水平，并倾向于要求更高于标准 Elzinga-Hogarty 测试的进口水平。

　　然而，运输检测也存在一定的弊端：

　　a）同价格关联分析一样，运输测试不会直接显示区域之间竞争约束的大小。

　　b）倾向于"单向"测试。大量贸易流的出现往往意味着一个宽泛的市场，但是不存在大量的贸易流，并不一定表明一个狭窄的市场。没有贸易流亦可能与区域间激烈的竞争没有矛盾的，必须强调，在没有贸易或只有很少贸易的时候，要了解其根本原因。

　　c）当价格歧视发生的地域比贸易统计数据覆盖的地域较狭小时，那么 Elzinga-Hogarty 测试就不可能对竞争水平给出足够的指征。

　　运用运输成本检测有助于界定相关地域市场，并帮助确定来自特定区域之外的潜在竞争约束。这些测试可用来指明，如果价格上涨5—10%，把产品运输多远距离是有利可图的。对运输成本的分析经常可以指出，哪些当前没有把产品运到所关注的区域，但是在价格上涨之后可以这么做。但是，这种测试可以意味着过宽和过窄的地域市场。当调查人员忽略企业向某一区域销售的进入壁垒时（例如，对本地品牌的需求），这些测试可能导致一个过于宽泛的地域市场；当调查人员忽略供应范围相互重叠的事实，并因此形成一个竞争影响能够持续传递的连锁时，这些测试可能导致一个过于狭小的地域市场。

　　等时线分析是地域市场界定的一种方法，更强调需求方而不是供给方，该方法了解消费者愿意出行购物的最远距离。这种分析形式频繁用于评估零售背景下的竞争问题。由此产生的两个重要问题是：等时线内应该包括的客户比例是多少？等时线应当以供应商为中心还是以消费者为中心？最后，我们应当注意，等时线分析与运输成本分析一样，当等时线重叠时，可能会低估地域市场的范围。

第十七章 计算反垄断损害

反竞争行为不仅损害最终消费者，也会对企业造成损害。[①] 例如，卡特尔导致价格高于它们本来应该的价格，这样既损害最终消费者，也损害那些在生产过程中采用卡特尔模式销售的产品的生产商。过高定价具有同样的效果。掠夺性定价和其他形式的排他行为，通过将竞争者驱赶出市场对其造成损害，并因此阻止他们获取利润，从而在更长的时期内通过提高价格来损害消费者。

本章着重介绍由企业反竞争行为引起的损害计算，这一问题近年来在欧洲变得日益突出。2004 年，欧盟委员会公布了一份委托进行的反垄断损害报告（"Ashursts report"[②]），并于 2005 年基于这份报告颁布了有关该问题的绿皮书。[③] 2008 年 4 月委员会发布了白皮书。[④] 许多国家的竞争当局也进行了类似的研究，例如英国公平贸易局关于竞争法个体行为报告。[⑤] 我们将简要描述计算反垄断损害的宽泛方法，以及实现这种方法的一些方式。大部分讨论限于计算卡特尔引起的损害，但所描述的方法论和方法可适用于其他类型的反竞争行为。最后，我们将讨论在计算损害赔偿时引起

[①] 某种情况下，这些公司是竞争者（例如，在排他情况下）；其他情况下是消费者（例如，在卡特尔情况下）。

[②] D. Waelbroeck, D. Slater 和 G. Even-Shoshan "在违反欧盟竞争规则的情况下要求支付损害赔偿的条件研究"（2004 年）。

[③] "绿皮书：违反欧盟反垄断规则的损害行为"（Green Paper: Damages actions for breach of the EC antitrust rules）COM（2005 年）672（2005 年 12 月 19 日）。

[④] "关于违反欧盟反垄断规则损害行为的白皮书"（White Paper on Damages Actions for Breach of the EC antitrust rules）COM（2008 年）165（2008 年 4 月 2 日）。

[⑤] "竞争法中的个体行为：对消费者和商业行为的有效补偿"（Private actions in competition law: effective redress for consumers and business）（2007 年）OFT916 resp。

的一些问题和常见误区。我们自始至终假设，这里的目标是计算补偿性损害赔偿，而非惩罚性或返还性赔偿。⑥

第一节 一般方法论

计算补偿性损害赔偿的关键是，将具有反竞争行为时原告（索赔方）的地位与没有反竞争行为情况下原告本应该所处的地位相比较。我们称之为"反事实"。反事实通常是不可观察的，而在反竞争行为情况下原告的地位是可观测的。⑦ 通过确立反事实，原告在反事实情况下的利润可以与其观测到的利润相比较，两者之差即为应给原告的补偿性损害赔偿。假设反竞争行为发生在几个时期，应该给予原告的损失需要在每一阶段内计算，然后根据合理的利率进行调整，转换成现今的价值。

卡特尔反事实的情况

我们首先讨论卡特尔情况下的反事实评估。关注卡特尔反事实的原因有很多。首先，卡特尔中引发反垄断损害赔偿最为常见；其次，卡特尔案件中的损害理论非常明确；第三，用于评估卡特尔反事实的技术方法和由此而得的损害也同样适用于对其他情况下的反事实评估。⑧

在卡特尔情况下，一个直接购买者遭受到的损害有三个组成部分。首先是"直接影响"。"直接影响"是购买产品的数量乘以卡特尔导致的价格上涨。因此，如果一个购买者在卡特尔情况下购买了100单位的产品，而价格高于非卡特尔价格10欧元，那么购买者遭受的直接损害为1000欧元。

---

⑥ 补偿性赔偿是向受害方补偿由反竞争行为导致的损害。返还性损害赔偿旨在把从事反竞争行为的企业所获得的反竞争行为的利益转移出去。惩罚性损害赔偿旨在对公司的行为进行惩罚，因此比返还性损害赔偿额更大（如三倍赔偿）。

⑦ 受到反垄断损害的原告的利益并不总是可观测的。例如，反竞争行为没有把一家公司驱逐出市场，但是永久地损害了他们的竞争地位，这将对公司的长期利益造成影响，而这种影响是不能直接观测到的。

⑧ 我们下面讨论适用于评估非卡特尔情况下损害的其他方法。

第二个影响是购买者的销售价格上涨，这可能是其原材料价格增加导致的结果。购买者销售价格的上涨将导致对其产品的需求（以至于销售量）下降。因此，如果直接购买者遭受了 10 单位需求的损失，那些产品原本的利润率为 10 欧元，那么它就遭受了 100 欧元的额外损失，我们称之为"产出影响"。最后，如果购买者提高其销售价格，以应对投入成本的上涨，那么将减少其所遭受的损失（"转嫁影响"）。在极端情况下，如果直接购买者能够转嫁所有上涨的投入成本而不遭受任何销售损失，那么这个直接买方就不会遭受任何损害。[9]

　　如图 17.1 和图 17.2 说明了损害的三个组成部分。图 17.1 描述了卡特尔开始前，购买卡特尔产品的企业地位，此时公司的边际成本是 MC_0，其定价是 P_0 且销售量为 Q_0 单位。企业利润如图 17.1 阴影所示，即销售（Q_0）乘以每单位的利润（$P_0 - MC_0$）。

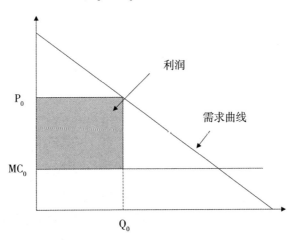

利润

需求曲线

P_0

MC_0

Q_0

图 17.1　卡特尔提高价格之前直接买方的利润

　　现在假设，由于卡特尔的原因，公司边际成本上升至 MC_1。图 17.2 表

---

　　[9]　我们认为卡特尔导致下游公司各种成本的上涨。如果组成卡特尔的产品是下游公司的固定成本，那么卡特尔不会影响下游定价，或因而不影响产出。在这种情况下损害仅仅是要价过高。然而，我们不察觉仅影响固定成本的卡特尔。

示这种成本的增加对采购公司利润的影响。边际成本的增加使得公司把价格提高至 P_1，这样的影响使销售量减少至 Q_1。实心阴影区域表示了公司的新利润；卡特尔的"直接影响"由竖线阴影区域表示，这是由新的销售量水平（Q_1）乘以边际成本的增量（MC_1-MC_0）得出；"间接损失"由横线阴影区域表示，这为卡特尔前的利润差额（P_0-MC_0）乘以因公司价格上涨而引起销售的减少量（Q_0-Q_1）。然而，因为某些卡特尔价格上涨会转嫁至消费者，采购公司对每一个剩余销售量均将获得额外的利润：该利润表示为 P_0 以上的实心阴影区域。

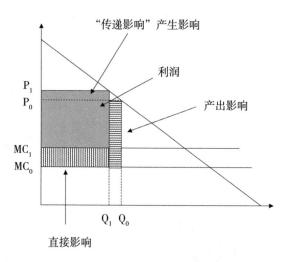

图 17.2　卡特尔价格上涨导致的损失组成

　　关于如上分析，需强调如下几方面问题。首先，销售水平乘以卡特尔过高收价的水平，通过这种简单的运算对损害进行评估是不正确的。如上所述，"直接损失"仅相当于计算卡特尔行为引起损失的一个因素。其次，间接损失和转嫁利润在某种程度上相互抵消。卡特尔价格上涨被转嫁得越多（由此增加了每单位利润率），销售量减少的就会越多，因此产出影响就越明显。第三，一般来说很难判断总体损害比直接影响更大还是更小。在上面描述的情况下，直接损失是对总体损害的低估，因为转嫁的利润比间接损失小。然而，如果下游市场竞争非常激烈，那么销售的利润率将很低，因此产出影响可能很小，从而会少于转嫁影响。在价格等于边际成本的完全竞争市场中，产出影响将为零，因此转嫁影响将超过产出影响，且将意味着直接影响过高地估计了对直接买方所导致的损害。

评估卡特尔所造成的利润降低，意味着对卡特尔存在时的利润与卡特尔不存在时的利润进行比较，即把可观测的利润与反事实情况下所估计的利润进行对比。对反事实情况下的利润进行评估，需要知道或评估以下内容：

1. 卡特尔过高收费的数额，在图 17.1 和图 17.2 中，即，了解 MC_1 与 MC_0 之间的差别。

2. 在较低的投入成本下，销售价格可能会低多少（即，从图 17.1 和图 17.2 中了解 P_0）。

3. 在这种比较低的价格下，销售水平应该怎样（即，从图 17.1 和图 17.2 中了解 Q_0）。

下面我们讨论这些可以回答的问题。应该注意的是：问题 2 和问题 3 的答案，均取决于需求曲线的图形，因此这两个问题是密切关联的。

第二节　对卡特尔过高收费水平的评估

评估卡特尔的过高收费有许多方法。[⑩] 假设卡特尔收取的价格是明确的，这些方法均涉及：在不存在卡特尔的情况下，估计价格会是多少。

一、简单比较方法

在不存在卡特尔的情况下，对价格会是怎样进行评估，最简单合理的

---

⑩　关于卡特尔能够强制实行高额收费的水平，存在大量经验证据。例如，康纳（Connor）和波洛托娃（Bolotova）2006 年研究了 395 例卡特尔事件。他们估计平均的过高收费为 29%，过高收费的中值为 19%。这些过高收费，和下面那些要讨论的一样，由卡特尔导致的价格上涨除以不存在卡特尔时的价格计算而来。在早期研究中，康纳（2005 年）区分了国内（即美国）卡特尔与国际卡特尔的过高收费水平。他发现，国内卡特尔的过高收费中值为 18%，国际卡特尔为 32%。他还发现在大约 60% 的情况下，过高收费超过 20%。莱文斯坦（Levenstein）和萨斯洛（Suslow）2006 年研究了 35 例国际卡特尔，估计得出平均的过高收费为 25%，介于 10% 到 100% 之间。

方法或许就是：假设卡特尔之前和之后的价格相同。如果我们了解到卡特尔存在了十年，而且我们已有的价格数据表明，在这十年期间之前的价格比卡特尔期间的价格低，卡特尔之后的价格比卡特尔期间的价格低10%，那么一个合理的假设就是，卡特尔把价格提高了10%。或者，如果卡特尔之后的价格比卡特尔之前的价格要高，比如5%，那么我们可以假设，在没有卡特尔的情况下，在这十年的卡特尔期间，价格可能每年稳步提高0.5%。这两种可能性说明如下。

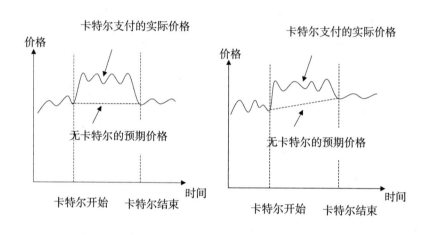

图17.3　简单的"之前和之后"方法

一种类似的方法是考虑不同但相似的市场中卡特尔期间的价格，最明显的比较对象是不同地理区域中相同产品的价格。如果卡特尔化的产品在另一个地理区域中的价格在十年卡特尔期间根本没有上涨，那么我们可以认为：假设并没有卡特尔发生，情况是相同的。

这两种方法都简单明了。然而，它们也存在严重的不足。

首先，它们依赖于能够明显区分出卡特尔行为期间与竞争性行为期间，而且两种时期都要有足够的数据。其次，假定简单的"之前和之后"方法假定，在不存在卡特尔的情况下，一切均未改变，因此价格会保持在卡特尔之前的水平。然而，这可能是一个不正确的假设。比如，即使在没有卡特尔的情况下，价格也会上涨，或许是因为对产品需求的增加或生产成本的增加（例如，投入品成本的增加）。另外，由于需求的暂时减少，卡特尔前的价格可能会非常低，正是如此才导致了卡特尔的出现。除非在卡特尔期间需求减少持续存在，否则，在不存在卡特尔的情况下，假设这种低价格会持续存在便是错误的。或者情况可能是这样：在预见到需求下降、从而价格降低的情况下引起了卡特尔，因此卡特尔之前的价格要比不存在卡特尔时会导致的价格更高。

第三，可能并不存在作为比较对象的任何市场。为了使其他市场作为一个理想的比较对象，其他市场必须与形成卡特尔的市场具有类似的供应和需求结构，但是其自身还不能被卡特尔化。但是其他地理区域的市场可能具有显著不同的结构。比如，如果形成卡特尔的市场仅包含很少几家公司，然而潜在的比较市场包含众多公司，那么，假设在没有卡特尔的情况下仅有少数运营者市场中的价格，与拥有很多运营者的市场中的价格相同，这是非常不合理的。而且，比较市场自身是否形成卡特尔可能也不明确。当然如果存在另一个类似的市场，这个市场的价格与形成卡特尔的市场相比，在卡特尔形成之前和之后的价格相近，但在卡特尔期间比卡特尔的市场的价格低，那么这就是对"反事实"价格的有用证据。⑪

二、计量经济学方法

解决简单价格比较法产生的问题，较理想的方法是进行计量经济学分

---

⑪　如上所述，人们有时认为调查人员可能需要谨慎处理卡特尔之前和之后的数据。在不存在卡特尔的情况下价格会怎么样，卡特尔之前的价格可能不是一个有效的指示。康纳（Connor）2007 提出的一个原因是，卡特尔之前的价格可能是过往卡特尔的结果。康纳认为这种情况在维他命卡特尔期间（1985 年—1989 年）发生过。另外一个原因是，卡特尔之前的价格可能低于竞争价格水平。康纳认为，没有将卡特尔前的掠夺性定价考虑在内，导致了过高估计了赖氨酸卡特尔中的过高收费。一个更为普遍的原因是，卡特尔前的价格过低，卡特尔可能就建立于一个行业内的特别低价时期，这种低价在一定时期内不会持续（例如，暂时性的需求冲击）。同样，卡特尔后的价格对竞争性价格水平可能也不是一个很好的指示。这可能由于卡特尔之后的卡特尔成员能够利用他们明示共谋的经验，继续其默示，从而减少卡特尔之后价格降低的程度。哈灵顿（Harrington）2004 年认为，先前的卡特尔成员如果认为卡特尔后的价格将作为直接或间接客户主张损害赔偿的竞争性基准价格，那么他们可能特别倾向于维持卡特尔之后的高价。

析，即对被调查的行业中可观测定价的决定因素进行统计评估。计量经济学模型可能考虑诸如经济中的总体需求状况、替代产品的价格、对下游产品的需求等。计量经济学建立模型基本的潜在理念是：确定不存在卡特尔的情况下价格的主要决定因素，接下来了解该模型的预测与卡特尔设定的实际价格差异如何。因为这一模型旨在说明不存在卡特尔时的价格水平，因此有必要获取非卡特尔时期的一些数据，以及卡特尔之前或之后的数据（或在理想情况下，拥有两个阶段的数据）。

调查人员可依据下列没有卡特尔时的价格方程式进行评估：

（1）价格$_t$ = f（替代产品的价格、投入成本、GDP、产能利用率，其他因素）。

通过收集卡特尔期间各种因素的数据，调查人员可以估计非卡特尔的价格，如图 17.4 所示的例子。根据这种方法，卡特尔的影响是卡特尔设定的实际价格减去预估的非卡特尔价格。[12]

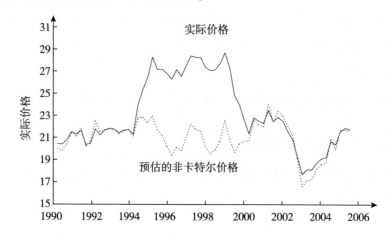

图 17.4　使用计量经济学方法预测非卡特尔价格的例子：

只要调查人员拥有涵盖非卡特尔期间的充足数据，那么这个方法就是合理的。然而，如果仅有相对少的非卡特尔期间的数据可以获取，那么这

---

[12]　有必要知道什么时间段为"卡特尔时期"，什么为"非卡特尔时期"。

种方法就不可能有效，因为它不能对各种外生因素的系数进行合理精确的估计。在这种情况下，比较好的方法可能是评估上述的方程式，但是，该方法是对整个期间（即包括卡特尔时期）进行评估，而且包含卡特尔对价格影响的虚拟变量。这个虚拟变量在卡特尔期间的值为1，在其他期间的值为0。这个虚拟变量的系数是对卡特尔影响的估计。因此公式（1）变为：

（2）价格$_t$ = f（替代产品的价格、投入成本、GDP、产能利用率、卡特尔是否运行的虚拟变量、其他因素）$_t$

假设模型采用对数形式进行评估，则虚拟变量的系数将表明卡特尔对价格的平均比例影响（例如，卡特尔平均提高价格20%）。如果模型采用价格水平进行评估，那么它表明卡特尔对平均价格总量提高的程度（例如，平均为5欧元）。

我们认为计量经济学分析是评估卡特尔行为所引发损害的首选方法。然而，计量经济学方法需要大量的数据，特别需要没有运行卡特尔期间的大量数据。如果卡特尔长期运作，那么可能就不存在可获取的卡特尔之前的数据。如果卡特尔只是刚刚结束，那么可能就只有很少量的卡特尔之后的数据。在这些情况下，计量经济学方法很可能是不精确的。

但是，即使良好计量经济学分析所需的数据并不充足，这并不意味着我们不应该考虑那些已知的影响定价行为的因素变化。例如，如果对某一产品的需求随着时间而增长，那么即使这对价格的影响不能被直接评估，在评估"实质"过高收费的程度时，该因素也应被考虑在内。如果我们知道即使没有卡特尔，价格仍然会因某种因素而上涨，但却仅仅因为无法准确量化该因素的影响而忽略这种因素，那这种做法便是一种蹩脚的分析。

对所有的计量经济学估值的置信区间做出报告，是一种标准的做法，[13]假定过高收费估值如为25%，我们必须了解其95%的置信区间是23—27%还是0—50%。它还用来检测计量经济学模型跟踪卡特尔分解时期，也是

---

[13]　关于计量经济分析和标准测试的详细说明，参见计量经济附录。

一种标准做法。如果我们知道卡特尔短暂失效，从而导致更低价格，那么，对计量经济学模型的稳健性进行检测，一个理想的方法就是检测模型是否能够精确跟踪那些比较低的价格。

三、基于成本的方法

另一种方法是从公司的成本中估计非卡特尔的价格，其思路是：如果我们知道在没有卡特尔时公司的相关成本，以及支付这些成本之后的利润，那么非卡特尔的价格可从这些成本中"重新推算"出来。尽管这种方法在概念上是简单和直观的，但是通常需要做出一系列具有说服力的假设。如果不能获取卡特尔之前价格成本利润率的历史数据，那么调查人员需要对没有卡特尔时的价格成本做出某些假设，实际上，这意味着需要对没有卡特尔时的竞争本质进行一些假设。竞争是否足够激烈而能够促使价格降低至完全竞争的水平，即价格与边际价格相同？或者在相对少数竞争者之间竞争是否意味着即使不存在卡特尔时价格成本利润可能也会很高？当然，也有很多情况人们天真地假设：不存在卡特尔时价格可能会等于边际价格，这是不正确的。赖氨酸卡特尔案中的被告认为，行业的本质是：在没有卡特尔时，公司仍然能够暗中进行协调，从而导致相对较高的价格。⑭ 另一方面，一些行业由于需求减少而产能过剩而出现了卡特尔，在这些情况下，我们会认为竞争使价格降低接近于边际成本。⑮

针对这一情况，一个可能的方法是建立一个行业的理论模型，假设该行业以特定的竞争模式进行竞争，比如市场的特征是伯川德竞争。⑯⑰尽管这是经济学上一致的方法，但仍然具有两个非常显著的弱点。首先，这种分析的结果可能对假设的竞争模型和使用的弹性预估十分敏感。⑱ 其

⑭　康纳报告，"我们的客户是我们的敌人：1992—95 赖氨酸卡特尔"（2001）产业组织评论，18，5—21。

⑮　也存在测量边际成本的问题。参见第 6 章关于这些问题的讨论。

⑯　这反映了大多数并购模拟模型的方法。

⑰　参见第 2 章关于伯川德竞争模型的讨论。

⑱　参见第 15 章关于并购模拟模型中对此问题的讨论。

次，这些模型假设不存在默示共谋。如上所述，在只有几个参与者的市场中，这可能是一个可疑的假设，因为公司可能倾向于"软化"价格竞争，期望即使在没有明示卡特尔出现的情况下，其竞争者也会同样减轻竞争激烈。

采用基于成本方法另一潜在缺点是，在卡特尔情况下的成本可能高于没有卡特尔时的成本。竞争的好处之一是迫使公司提高成本效率。如果企业不进行相互竞争，那么他们可能就会无效率。卡特尔可能也让企业处在一种没有卡特尔就会退出市场的状态。[19] 例如，在一个市场中，由于需求降低而导致产能过剩，我们应该会预期看到企业退出市场。然而，如果市场形成卡特尔，那么卡特尔价格可能会使企业保持盈利，但是这些企业在竞争价格水平下是不会盈利的。

四、合理性检查

确保对卡特尔过高收费的评估与行业已知的其他因素相一致，这一点很重要。[20] 如果进入一个行业很容易，那么卡特尔能够显著地把价格提高至竞争价格水平之上就是不合理的。[21] 同样，如果市场中存在大量进口，那么国内卡特尔能够成功地提高价格，这同样是不合理的。如果存在一个显著的竞争边缘，这个边缘企业不是卡特尔的一部分，那么我们应该认为卡特尔不能提高价格，除非这个边缘企业具有产能限制，因而无法提高其自身的价格以消除（因卡特尔而导致的）价格上涨。高度的价格变化通常也不能认为符合能够成功地提高价格的卡特尔。卡特尔的成功取决于所有的参与者均遵守卡特尔价格，而且不会通过压低卡特尔价格而试图增加各自的销售量。这表明，在一个成功的卡特尔中价格应该是稳定的。

---

[19]　这引起的可能性很有意思：在没有卡特尔时，有些公司可能退出了市场，并因此增加了集中度，这本身可能导致更高的价格。

[20]　类似的评论适用于所有实证分析。

[21]　更详细的讨论参见第 3 章。

五、评估非卡特尔下游价格：直接购买方转嫁成本增加的程度

在不存在卡特尔时下游价格会是怎样的？这一问题等同于：直接客户遭受的投入成本增加中，有多少被该客户以较高销售价格的形式转嫁出去？

需要注意的第一点是，所有投入成本的增加都没有被转嫁的假设几乎都是不正确的。每单位的投入成本的增加，具有增加生产边际成本的影响，这将改变利润最大化的价格。[②] 有关转嫁的经济文献说明如下：

● 在一个完全竞争的市场中，一般投入成本的增加将100%转嫁。这是因为在这样一个市场中公司仅足够支付成本，所以必须提高价格来应对任何投入成本的增加，以防止造成损失。对任何竞争激烈、从而推动价格接近于边际成本的市场来说，这都是成立的。

● 一个垄断者转嫁部分投入成本的增加，尽管一般情况下小于100%。例如，如果垄断者面临线性需求曲线，它将转嫁50%的投入成本增加。

● 仅仅影响某些企业的投入成本变化，将不会以相同程度转嫁。这是因为竞争制约了对成本增加的转嫁能力。如果一个公司面临成本增加，而其竞争对手并没有面临这种成本增加，那么它将不可能转嫁太多，因为它将会发现其价格与其竞争对手相比是没有竞争力的，因此将面临失去业务的风险。需求曲线的弹性越大，公司转嫁其投入成本增加的能力越差。

● 理论上而言，成本传递可以超过100%。例如，如果企业价格只是基于简单的"成本加成"方法，那么转嫁将会超过100%。如果价格设定在比如超过成本的10%，那么任何成本增加都将转嫁110%。一个面临弹性需求曲线的垄断者，同样会把成本增加的传递超过100%。

考虑到某些投入成本增加被传递的可能性，有必要评估在每个特定案

[②]　不管所讨论的公司是垄断企业或在高度竞争的市场中运营，这都是正确的。参见第2章关于这一问题的进一步讨论。

件里可能会转嫁多少，有许多可能的方法来达成这一目的。

我们能够基于大量的理论观察对成本传递作出合理和可靠的假定。[23]例如，如果我们知道直接采购的行业竞争非常激烈，价格被迫降至成本，那么我们会认为成本传递是 100% 的。或者，我们可能从内部文件中了解到企业价格与成本的关系，如果有证据表明是成本加成定价，那么我们就会知道成本传递是超过 100% 的。

然而，通常情况下，成本传递的程度问题是一个实证性问题，需要一个实证性的回答。在过去，人们了解成本传递程度的标准方法是利用计量经济学分析法，这种分析涉及评估下游市场的价格方程，并将投入成本变量的系数作为测量成本传递的程度。美国联邦贸易委员会在 Staples/Office Depot 的并购案中使用了这一方法，采用了 500 家商店 30 种产品两年时间的月数据。他们得出的结论认为，那个行业中，针对该企业特定的成本减少仅有 15% 得以传递。[24]

如果在过往存在与价格变化有关的价格冲击，则有另外一种实证方法是可以采用的。比如，如果出现汇率冲击，使得国内投入品的价格发生巨大变化，那么就可以观察这对产出价格的影响。对于这种方法，我们通常认为不如上文提及的计量经济学方法好，因为人们可能难以辨别投入成本冲击与其他因素的影响，除非其他那些因素也被考虑进去，这就要求计量经济学方法。但是，即使当计量经济学方法的必要数据不可获取时，这种方法也还是合乎情理的。

这一问题还有两种错误的看法我们应该解决。第一种误解是，实证性地估算成本转嫁的程度，需要调查人员仅仅关注卡特尔产品的成本转嫁。这是不正确的，除非有特定的理由认为企业对待卡特尔产品的成本与其他商品不同。如果不是这样，我们有理由认为，上游卡特尔导致的任何投入成本的增加，都会和其他投入成本增加一样，以同等程度进行转嫁。

第二种误解是，如果卡特尔产品仅占企业投入成本的小部分比例，那

---

[23] 关于理论思考有益的讨论，参见凯特和尼尔斯（2005）。

[24] 进一步的细节，参见贝克和鲁宾菲尔德（1999）。

么卡特尔价格上涨对企业总成本的影响甚小且不值得转嫁，这一观点误解了企业如何设定价格的经济学原理。如果我们假设企业追求利润最大化，那么这就意味着他们依照其可变成本来设定价格，意味着那些成本的任何变化都会影响他们设定的价格。他们在设定价格时不仅考虑可变成本较多的类别，还要考虑可变成本的总额。

延伸阅读：传递公式 [25]

在正文中，我们认为在完全竞争的情况下，价格等于边际成本，因此传递率是100%。然而，这一结论隐含的假设是边际成本不随产出的增长而增加。如果产出增长，边际成本增加，那么传递将会低于100%。具体地说，成本增加传递的比例，τ 是：

$$(3) \quad \tau = \frac{1}{1 - \varepsilon\omega}$$

式中，ε 是市场需求弹性；

ω 是供给弹性（即当产出每增长 1% 时，边际成本增加的比例）。

正文中假设，当 $\omega = 0$ 时，成本传递为100%。但是，当 ω 为正数时，便意味着边际成本将随产出的增加而上涨，那么成本传递将低于100%。

对于古诺竞争来说，同样能够得出一个分析解决方案。如果根据标准假设需求弹性随着价格的上涨而增加，那么在古诺竞争下的成本传递可能低于完全竞争的情况。具体而言：

$$(4) \quad \tau = \frac{1}{1 - \varepsilon\omega - \dfrac{\eta - 1}{\varepsilon N}}$$

---

[25]　关于此问题的详细内容，参见 van Dijk 和 Verboven（2008）。

N 是企业的数量；

η 是 ε 的弹性（即随着价格上涨，需求价格弹性变化的程度）。

当 η 为 0 时（即不变弹性的需求曲线），那么分母的第三项是负数，因此成本传递大于完全竞争的情况。当 η 为 1 时，成本传递与完全竞争的情况相同。当 η 大于 1 时，成本传递小于完全竞争的情况。例如在线性需求曲线的情况下，可证明 $η = 1 - ε$，因此传递小于完全竞争。

六、产出影响

从上文我们了解到，下游产出价格的任何上涨都将会导致对下游产品需求的减少，这也是损害赔偿三个组成部分之一。同样，我们注意到，产出效应和传递效应将在一定程度上相互影响。对任何指定的需求曲线来说，传递的程度越高，则那些仍然销售的产品利润降低程度越少，销售量的减少越多（即产出效应越大）。

需求随着价格上涨从而下降的程度，由企业的需求弹性决定。如果价格上涨 5% 而需求弹性为 2，则销售将下降 10%。因此，评估产出效应最显而易见的方法是，先评估企业的需求弹性，然后利用需求弹性估计假定在没有任何成本传递的情况下，销售量会高出多少。弹性可以通过计量经济学的方法进行评估，或者企业已经掌握了对需求弹性的估计。

然而，这种方法把传递的程度和因价格上涨而导致销售下降的程度看作是两个独立的问题。事实上，正如我们上文中提到的，他们必然错综复杂。企业销售量下降的程度取决于企业的需求弹性，但是，传递的利润最大化水平亦是如此。这可以通过参考勒纳方程来进行说明。[26]

$$(5) \quad \frac{P - Mc}{P} = \frac{-1}{ε}$$

---

[26]　正如其他地方提到的，勒纳方程假设企业是一个单产品企业，而且市场的特点是纳什均衡。大多数企业不是单产品企业，而且企业很可能不以纳什均衡进行运作。

　　根据勒纳方程，对单一产品的企业来说，在利益最大化均衡时，其价格边际成本差额等于需求弹性的倒数。方程（5）表明：如果我们假设企业是利润最大化的，那么知道了企业的价格和卡特尔投入品的边际成本，意味着我们同样知道企业的需求弹性。如果我们同样知道或者我们愿意假设，企业的弹性如何随着价格的下降而变化，那么我们能够估计出不受卡特尔投入影响时的价格。

　　举例会使上述情况更加清晰。假设一个直接购买者当前的定价是每单位1.5欧元，边际成本是1.2欧元，由方程（5）可计算出其弹性是−5。假设我们知道企业的需求曲线是不变弹性需求曲线，在不存在卡特尔时，它的边际成本可能会是1欧元。根据方程（5），如果边际成本为1欧元，弹性为−5，那么产品的价格为1.25欧元，这表明价格下降了17%。如果弹性值为−5，则产出增加85%。[27] 因为我们现在已经估计了没有卡特尔时的价格和产出，那么我们可以计算出卡特尔对直接购买者的产出影响。[28]

第三节　第102条款下的损害赔偿评估

　　违反第102条同样能够引发损害赔偿。滥用既可能是剥削性滥用也可能是排他性滥用。标准的剥削性滥用是过高定价，或者因反竞争性的价格歧视，导致对特定的消费群体过高定价。这种情况下的损害赔偿评估与卡特尔情况下的评估相类似，同样地很难知道反事实的价格（即没有滥用的情况）会是怎样。基于成本来估算反事实价格，在过高定价的情况可能是合理的，由于过高定价通常依据成本基准进行判断。对于价格歧视的情

---

　　[27]　这不完全正确。简言之，我们这里已经假设了弧弹性为−5，事实上，在不变弹性为−5，价格下降15%的情况下，弧弹性的绝对值大于8。

　　[28]　有一个重要的隐含假设与这一方法相联系；也就是说，我们很清楚企业的需求弹性如何随价格变化而变化。上述幼稚的方法假设需求弹性不随着价格的下降而变化（即假设一个不变的需求弹性）。但是，我们通常认为需求弹性随着价格下降而降低。如果是这样，那么，我们上述幼稚的方法将是过高地估计了产出影响。这一问题与并购模拟工作中出现的问题相类似。我们在第15章中详细地讨论了这些问题，因此这里不再重复讨论。

况，我们必须要谨慎，因为表面上显而易见的"反事实"价格可能是不正确的，人们倾向利用支配地位企业所收取的非剥削性价格作为"反事实"的价格。但是，如果具有支配地位的企业没有进行价格歧视，那么，该企业可能设定统一的价格，将不同于它进行价格歧视时收取的较低价格，相反，可能是比较高的价格。

对排他性滥用引发的损害赔偿进行评估，需要采用不同的方法。在有些情况下，一家企业因为滥用行为完全被排除在市场之外，需要估算这家企业被排除在外的机会成本的价值（例如，在没有被排除的情况下本来可能获得多少利润，或者在没有排他行为时这个企业的价值本来可能高出多少）。对此进行评估的一种方法是：估算企业如果没有被排除，从这个机会中原本可能获得的利润流。这种做法可能会存在困难。例如，在拒绝交易的情况下，调查人员可能需要评估：对支配企业来说，什么是达成交易的合理收费。在捆绑的情况下，需要评估申诉方在没有支配企业捆绑情况下可能获得的利润，这可能是非常困难的。[29]

在排他情况下，另一种评估损害赔偿方法是，评估没有滥用时可获得的机会的市场价值。我们认为，第二种方法更可取，尽管它并不总是很实用。我们下面讨论这两种方法，并给出采用两种方法的案例说明。

一、估算损失的利润

直接估计一个企业被排除在机会之外所承受的利润损失，需要一个详细模型来整合成本和企业本来可能获取收益，这需要了解企业本身，被排除企业的相关市场。尽管这并不容易，但这是企业作为其日常业务而经常进行的一种分析。当企业做出一个投资决定时，通过评估投资的成本和收益的净现值是否为正数，来评估投资的预期利润率。从概念上说，这是实施起来比较简单的分析，仅需要评估每一阶段带来的收益和成本，然后，根据这些收益和成本在未来多久会发生而对其进行贴现。我们下面进行

---

[29]　参见第6章对这些策略的详细讨论。

阐释。

假设一个企业在时间 0 时有机会进行 500 欧元的投资，这一投资可以带给企业的期望收益是每一时期 100 欧元，为期 10 年。这一投资在时间 0 时的价值是多少？此时，每年预期的 100 欧元收益是不确定的，因此，应该以考虑到这种不确定水平的利率来进行贴现。在没有相反信息的情况下，通常可以假设资金成本为贴现率，因为资金成本反映企业投资者风险。对那些从这一机会中获得利润的投资者来说，是对其风险的合理评估。假设资金成本是 10%。那么，这一投资机会的净现值则为 114 欧元。表 17.1 给出了这一数据。

表 17.1　时间 0 时的机会价值

时间（年）	利润	资金成本为 10% 的贴现利润
0	−500	−500
1	100	91
2	100	83
3	100	75
4	100	68
5	100	62
6	100	56
7	100	51
8	100	47
9	100	42
10	100	39
机会对企业在 0 年的价值		114

现在假设企业因竞争者的反竞争行为而停止投资。这一行为所引起的

损害赔偿是多少？这取决于被计算的损害赔偿的时点。假设损害赔偿的估算在反竞争行为发生后 5 年进行，亏欠原告的损害赔偿是多少？

我们知道在时间 0 时投资的净现值为 114 欧元。然而，如果在第 5 年获得损害赔偿，我们需要依照适当的利率调整价格。普遍错误是利用企业的资本成本，这是不正确的。企业资本成本包含企业利润风险的考虑。但在既定的总额上，加上 5 年的利息不会招致风险，因此企业不应该因任何风险而得到补偿。所以，114 欧元的数量应该按照企业可获得的无风险利息进行贴现。如果这个无风险利率为 5%，则在第 5 年获得损害赔偿应该为 146 欧元。如果改为采用企业资本的成本为 10%，则所高估的数字将大于 25%（即 184 欧元）。

表 17.2　采用正确贴现率的重要性

t=0 时的值	t=5 时的值	
	正确的贴现率 5%	不正确的贴现率 10%
114	146	184

如果损害赔偿在第 10 年获得，则两个数据之间明显会有更大的差别。正确的答案是 186 欧元，而错误的答案 297 欧元，存在 59% 的差别。

估算利润损失，或者过去一些年中做出投资的净现值，会引发一些潜在的复杂问题。首先，估算可能的成本和收益非常难；其次，可能会存在与众多投资或市场共同成本的分配相关的一些问题；第三，对采用正确的资本成本或贴现率可能存在争议；第四，可能要考虑机会成本的问题。如果一个企业被 A 市场排除，因此而进入 B 市场，如果其可能进入 A 市场而不会进入 B 市场，在 A 市场和 B 市场中可预期的利润损失将存在不同。如果不考虑没有进入 B 市场的机会成本，将会导致过高估算利润的损失。

二、使用可观察到的市场价值

另一种可选的方法是利用可观察到的市场价值来推断损失。例如，如果在相关的市场中进行滥用时，有一家企业存在，而且没有被排除在外。那么，该企业的市场价值可能会为投资的价值提供相关信息。[30] 另一种方法是，尝试分析排他性行为对被排除在外企业的市场价值的影响，尽管这种方法原则上听起来较为简单，但在实际上，把一个企业市场价值的变化归为一个竞争对手特定的排他性行为，这可能是非常困难的，特别是被排除的企业在多个不同的市场中运营。

三、两种方法的案例：克里恩案

两种方法如何能够给出不同的答案，克里恩案就是一个非常好的案例。这是一个当时违反第 101 条款的案件，它的损害赔偿部分在英国审理。克里恩先生经营两个酒吧，两者都与 Inntrepreneur "绑定"，这意味着克里恩先生不得不从 Inntrepreneur 处购买啤酒。他于 1993 年破产并在这个时间点放弃租赁他的两个酒吧。他指出他是被迫破产，因为 Inntrepreneur 出售给他的啤酒价格高于竞争价格水平。克里恩先生最终在责任方面胜诉，并要求损害赔偿。法庭上，他获得 130 万英镑的赔偿，主要包括三部分：

1. 1993 年他破产前发生的实际损失：57000 磅。

2. 1993 年至 2003 年期间预计的利润损失：889000 磅。

3. 如果他 2003 年仍在经营，那么当年本来能够售出的租赁价值：361000 磅。

判决给他的这一赔偿的内在逻辑是清晰的。损害赔偿按照 2003 年进行评估，因此包含了过去损失的利润和未来利益的部分。假定克里恩在 2003 年仍持有两家酒吧，其租赁的价值，可作为评估未来利益的基准。将租赁价值作为对未来利益的估算是合理的，因为通过拥有租赁而获得的预期利润将决定租赁价值。

---

[30] 尽管如果因为一个企业排除在外，市场中的竞争较少，那么仍然存续在那个市场中的企业的市场价值，相对于一个企业没有被排除在外、从而面临较为激烈竞争的情况来说，其价值可能是比较高的。

　　原告上诉，上诉法院大幅降低了判决的金额。上诉法院认为对克里恩被迫破产所遭受的损害的正确评估是，如果没有捆绑销售的话，他到那个时点所受到的损失，加上在这个时间点的价格（即 1993 年）。因为酒吧租契经常被买卖，这一数值是可观察到的，双方均认为 1993 年时为 74000磅。因此，应获得总的损害赔偿为 131000 磅。

　　这一案例阐明了两个重要问题。首先，当能够获取可观察到的市场价值，应当采用这些数据。1993 年的租赁价值是 74000 磅，这个事实完全地推翻了租契所有者在随后的 10 年间能够获得 889000 磅利润的提议。其次，用来证实所计算的损害赔偿与市场事实相一致，这是非常重要的。当进入一个市场非常容易时，当称被从市场中排除出去从而导致大量的利益损失，这看起来是没有道理的。这是因为，在容易进入市场的情况下，价格将会被压低至竞争水平，利润将会很低。进入市场成为酒馆老板的壁垒并不高，因此我们通常情况下并不期望酒店能够获得巨大利益。

四、损害赔偿应当依照什么时间点估算?

　　损害补偿的目的是将申诉方置于没有反竞争行为时他们本来应有的地位，这一点应该是没有争议的。但是当考虑应该以什么时间点评估补偿损害时，必须要加以小心。费希尔和 Romaine（1990）对此问题给出了一个不错的阐述。[31] 设想詹尼斯·乔普林在离开高中时，在她一个同学的年鉴上签名，这是在她成名前。假设她签名的那本年鉴被其他学生偷走了，10年以后，詹尼斯·乔普林成为名人，发现了偷年鉴的人，但是年鉴已经丢失了。假设年鉴被偷时的价值是 5 美元，而詹尼斯·乔普林的签名是不值钱的，但是 10 年后，詹尼斯·乔普林签名的年鉴价值 1000 美元，应该如何估算损害赔偿呢?

　　人们可能倾向认为损害赔偿应该设定为 1000 美元，因为如果不被偷窃的情况下，这本年鉴的最初所有者将会拥有 1000 美元价值的资产。然而，

---

[31]　Fisher 和 Romaine（1990）。

这是不正确的。损害赔偿的关键在于，对其估值应该依据犯罪时可获得的证据。在本案中，证据表明年鉴的价值为 5 美元而不是 1000 美元。年鉴的所有者仅能获得 5 美元的赔偿，因此这是所拥者遭受的损失。这 5 美元本来也包括了所有者对其可能性的评估，即年鉴中签名可能会是有价值的，但显然那是不确定的价值，贴现后的现值将会很低。因此，这里正确的答案是损害赔偿应当设定为 5 美元，按 10 年无风险贴现率折现。

一些人认为这一答案差强人意，但是其潜在的逻辑实际上同上文所讨论的贴现率是一致的。在那个案件中，申诉者不能够追诉的机会净现值，应该被设定为申诉方投资时这一机会的期望值，这似乎是毫无争议的。因为申诉者不能做出这样的投资，我们不知道这种投资实际上会带来怎样的回报值。10 年间每年的期望回报为 100 美元，但是也可能分文皆无，或者每年 200 美元，或可获取 100 元超过 10 年，或者是任何可能的数字。然而，对补偿原告的损失来说，采用违法行为时其可能的期望值来确定是正确的。上述例子从概念上是没有区别的。

五、其他潜在的损害索赔者

本章到目前为止，集中讨论了关于反竞争行为直接受害企业所受到损害的评估（即，卡特尔案件中的直接购买者或者第 102 条款情况下的直接受害企业）。然而，还存在许多的其他群体受到反竞争行为的损害。

（一）间接购买者

这是指那些从直接遭受反竞争行为损害的企业购买产品的购买者，既可能是最终消费者，也可能是从直接购买者处购买投入品的企业。对于其他企业的损害分析与直接购买者相同，因此，这一部分我们集中讨论最终消费者。最终消费者受到的损害包括两个部分。首先，是一种直接影响，即他们在购买某一产品时要比没有卡特尔情况下支付得要多；其次，是消费者福利的损失，因为他们购买产品的数量比没有卡特尔时要少，我们称之为产出影响。图 17.5 说明了这两部分情况。

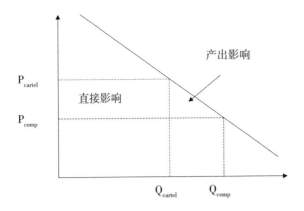

图 17.5　对间接购买者的损害

　　从概念上来讲，对直接影响的计算等于计算一个直接购买者的直接影响，其计算就是：因反竞争行为引起的价格增长（图 17.5 中 $P_{cartel}-P_{comp}$）乘以实际购买数量（图 17.5 中 Q_{cartel}）。然而，产出影响则与上文中探讨的直接购买者的产出影响不同。消费者的产出影响是，消费者本来在 P_{comp} 价格时会去购买、而在价格为 P_{cartel} 时没有购买的那些单位产品所带来的消费者剩余，这便是需求曲线下面位于 P_{comp} 之上 Q_{cartel} 和 Q_{comp} 之间的这一部分区域。因为需求曲线绘出了消费者的购买意愿，这一区域是消费者愿意购买产品所支付总量，少于消费者本来必须购买的量，因此，这是由于反竞争高价所不可避免的消费者剩余。如果调查人员知道这个需求曲线的形状和过高收购的水平（即，知道 P_{comp}），这一区域便可被估测出来。即使如此，这在损害赔偿的要求中较为罕见，相反这些赔偿只是关注直接影响。从理论角度来说，没有正当理由忽略消费者剩余的影响。

　　（二）非购买者

　　受到反竞争行为损害的另一个群体是那些没有购买某种产品的消费者，然而在没有反竞争行为的情况下他们本来会买这种产品。如果反竞争行为导致产品价格的上涨，则存在一群不会在价格上涨后购买产品。但是在较低的价格时将会购买的人群。这一群体受到的损害通过其在较低价格时产生的消费者剩余来测量。

尽管对这一群体产生的损害逻辑清晰，但在实践中却很难要求损害赔偿，这是因为需要证实，该群体在涨价后不购买而在较低价格本来会购买的，尽管可能有些时候能够获取必要的证据，但是这种情况毕竟是少有的。

（三）其他企业的购买者

从其他企业购买产品的消费者或者企业，同样可能受到一个企业或一组企业反竞争行为的损害。假设一组企业从事卡特尔行为，并且成功地提升了他们的价格。第一，便是因卡特尔引起的相关市场竞争约束的减少，那些与卡特尔竞争的企业，也可能会提高其产品价格。因此，如果 A 和 B 是替代品，并且所有的 A 价格上涨，那么 B 的生产商就会提高他们的产品价格，尽管 B 生产商自身并未从事反竞争行为，但这仍将会损害那些购买 B 的消费者。影响之二在于，一些购买者会因价格提升转而购买不太好的替代品。所以，如果 A 的价格升高，一些购买者会转而购买 B。尽管 B 的价格没有上涨，他们仍然受到侵害，因为他们在购买 B 时的状况要差于之前低价购买 A 的状况。情况一定是这样的，要不然这些购买者早已经购买 B 了。

这些损害的来源从概念上来看是清晰的，并且原则上是可以量化的。如果能够明确指出一种产品的价格上涨是由于反竞争行为，而且这种上涨与随后替代产品的价格上涨相联系，那么情况便更显然。

（四）供应商

为进行反竞争提价的一家企业提供投入品的那些企业，将会受到损害。这是因为，价格提高将会降低对产品的需求，从而将降低生产那种产品所需投入品的需求。如果能够估计因为价格提高而对下游产品需求的减少，则应该能够估计上游对投入品需求的减少量，因此估算出损害。

评估反竞争行为的损害，关键是要理解没有反竞争行为条件下情况会如何。在卡特尔案件中，就是指在不存在卡特尔时可能会出现的普遍价格；在第 102 条排他性条款的情况下，是指没有排他时可能出现的普遍状况。

评估卡特尔的损害赔偿，不仅需要估评过高收费的程度、计算下游企业以高额价格购买投入产品而产生的额外成本，还需要考虑较高的投入品价格对下游企业销售价格（即传导效应）和销售量的影响。一般而言，过高收费的一部分将会被传导，并对企业的销售量和利润产生影响。这种影响通常从损害赔偿请求中错误地被忽略掉。

排他行为引起的损害，通常需要采取一种非常不同的方法，因为需要评估市场状况不同的情况下，被排除企业可能会获取的利润。这种评估具猜测性的风险，因此，在情况许可下，必须把这些评估建立在可观察市场价值之上。

最后，任何损害赔偿的评估需要与行业已知的事实相一致。因此，如果一个行业是高度竞争的、利润非常低，被排除在行业外的企业因被拒绝获取高额利润的机会，从而遭受重大损失这种情况似乎是不合理的。同样地，如果进入一个市场很容易，而且存在高水平的进口量，那么认为国内卡特尔成功地把价格明显提高就是不合情理的。

计量经济学附录：
引入多元回归分析作为反垄断政策工具

导　言

　　如在第一部分中提及的和第二部分中介绍的，在竞争法调查背景下评估某一行业的竞争性是一项复杂的工作。除了竞争企业的数量、其他作为替代产品的有效性、新企业能够进入市场的难易程度，还有许多因素都需要考虑在内。换句话说，存在大量的、独立的因素决定企业之间竞争的本质。在进行竞争评估时，时常出现许多不同的实证问题，包括下列问题："什么是自价格需求弹性？"，"企业 A 向企业 B 施加了多大的竞争约束？"，"当集中度较高时价格会更高吗？"，"新进入会导致较低的价格吗？"。

　　计量经济分析包括一系列采用统计方法的数量工具，用来构成真实世界竞争关系的代表性模型，最为重要的是检测这些所谓的竞争关系。因此，计量经济分析原则上标示着解决这些问题的一种有效的实证工具，因为计量经济模型能够考虑到大量被认为影响竞争的因素（受到数据约束），从而评估这些因素中每一因素的经济重要性。

　　计量经济分析在欧盟竞争法调查中已经运用了很多年。例如，1987 年 Hilti 在 Eurofix-Bauco/Hilti 案①中界定相关市场时引入了计量经济分析的证

---

① 　IV/30. 787 Eurofix-Bauco/Hilti［1989］4 C. M. L. R. 677;［1988］OJ L65/19.

据，而且在 Procter& Gamble/VP Schickedanz[2]、Kimberley－Clark/Scott Paper[3] 和 Guinness/Grand Metropolitan[4] 并购案中，计量经济分析在界定市场中起了重要作用。近些年，在 Ryanair/Aer Lingus[5]、GE Instrumentarium[6] 和 Oracle/ Peoplesoft[7] 案中，均进行了实质性的计量经济分析。计量经济分析方法同样应用在第 101 条和第 102 条的调查中。例如，在卡特尔案件中，计量经济分析通常用来评价没有卡特尔时的价格（进一步的讨论参见第 5 章），在适用第 102 条的 AstraZeneca 案[8]中，计量经济分析在市场界定中起了重要作用。

本附录的目的不在于指导"进行计量经济分析"，这种指导超出了本书的范畴。这里主要是提供对计量经济分析的直观理解。某一特定计量经济分析结果给出的信息，我们主要提供对这些信息的理解。而且，我们介绍并讨论那些有可能对计量经济分析的品质进行初步评价的统计工具。不仅这存在正确的和错误的计量经济分析，同样也存在一整套的检测方法来区分正确和错误的计量经济分析。正如通常所说的，认为计量经济分析能用来证明"任何事情"的观点是不正确的。

本附录的安排如下。我们首先介绍计量经济分析采用的基本形式，部分内容的讨论大部分是直观的。接下来我们给出在过去的审查决定中采用计量经济分析的 4 个例子，这部分的目的是为本附录的其他材料提供背景。紧接着的段落包含了如何评估计量经济模型有效性的建议、给出一个加工过的例子说明如何评价模型，接下来是比较深奥的部分，涉及与估算弹性相关的某些技术。最后给出一个小结。

---

② IV/M430 Procter& Gamble/VP Schickedanz ［1994］OJ L354/32.

③ IV/M623Kimberley－Clark/Scott Paper ［1996］OJ L183/1.

④ IV/M938 Guinness/Grand/ Metropolitan ［1997］5 C. M. L. R. 760；［1998］OJ L288/24.

⑤ COMP/M. 4439 Ryanair/Aer Lingus（June 27, 2007）.

⑥ COMP/M/3083 GE/Instrumentarium（September 2, 2003）.

⑦ COMP/M. 3216 Oracle/Peoplesoft（October 26, 2004）.

⑧ COMP/A. 37. 507/F3 AstraZeneca（June 15, 2005）.

基本计量经济分析

　　这部分介绍标准的计量经济工具，多元回归分析。尽管在欧盟竞争法中，这一方法可以用来达成多种目的，但我们这里主要阐释利用多元回归分析评估需求弹性的内容。一个企业的自价格弹性只是描述企业所面临需求曲线斜率的一种方法，因此，利用多元回归分析估算一个企业的弹性，就是尝试估计企业面临的需求曲线。因为不确切知道在每一价格水平需要多少给定的产品，可以基于可获取的价格和数量的观察资料得出估值。如果可以获取某一产品在很多时间段以及很多市场关于某一产品价格和销售量的信息，那么通常就可以合理估算企业面临的需求曲线。图 Annex.1 给出了两组价格、数量数据和对相应需求曲线的估计。

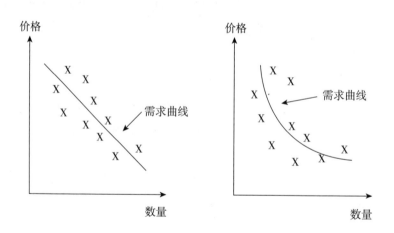

图 Annex.1　由价格和数量数据得出的需求曲线

　　需要注意的是，图 Annex.1 中的两条需求曲线，均没有直接穿过数据集合中所观察到的价格-数据对。这种情况是正常的，因为一些没有观察到的因素也影响需求。没有理由期望实际的需求曲线具有适宜的形状（如直线或光滑的曲线），精确地收集数据同样也不是很容易。例如，在整个地域市场中的一个特定时点，很少存在一个单一规格的价格。不同的零售市场可能设定略有差异的价格，而且存在各种各样的折扣等等。在近乎所有的情况下，我们关注的问题都是通过可获取的数据估算"最佳拟合线"。

计量经济学的主要工具就是多元回归分析。多元回归分析试图"解释"一个变量如何由一组其他变量所决定。借用统计学术语，多元回归分析努力在确定源自许多"自变量"对"因变量"的因果联系。基于所观察到的数据，多元回归分析试图发现因变量和自变量之间的关系，以便最好地"解释"因变量。图Annex.1表明了数量和价格之间简单的二维关系。多元回归能够使包括多个变量的更复杂的关系得到预估。例如，人们可能认为销售量不仅受到价格的影响，也受到广告、每年的时点、经济体的状态等等。多元回归分析原则上可以考虑所有这些因素。

多元回归分析首先假定下列形式的关系：

（1）因变量＝几个自变量的函数。

例如，可以假设下面非常简单的关系。

（2）商品X的销售量＝f（商品X的价格，商品Y的价格）。

这表明，商品X的销售量可以由商品X的价格和另一（替代）产品Y的价格来解释。假设每次X的价格上涨1个单位，X的销售量卜降5个单位；但是，每次商品Y的价格上涨1个单位，X的销售量上涨3个单位。这一统计关系可以用下面的方式来描述。

（3）商品X的销售量＝1000－（5×商品X的价格）＋（3×商品Y的价格）。

数字1000（这里是随机选取的）被看作是"常数"，它的作用稍后再进行解释。等式（3）是X的销售量和X、Y的价格之间的统计关系，可以用来计算X和Y在各种不同的价格时X销售量的水平（见表Annex.1）。

表 Annex.1　X 和 Y 的潜在销售量

X 的价格	Y 的价格	X 的销售量
50	100	1050
100	150	950
100	100	800
100	50	650
200	200	600
150	100	550

在这个例子中，假设 X 和 Y 的价格上涨对 X 销售量的影响是已知的，多元回归分析可以使人们从一个数据集合中估算出这种影响。如果不知道 X 和 Y 的价格对 X 的销售量有影响，但是可以获取表 Annex.1 中的数据，那么这种影响就可以被预测到。在这种情况下，回归分析将从下列形式的初始方程开始。

（4）X_t 的销售量 $= \alpha + \beta X_t$ 的价格 $+ \gamma Y_t$ 的价格。

这一方程说明，在给定时间（由下标 t 定义）X 的销售量由一个常数、特定时间 X 的价格和 Y 的价格决定。方程（4）中的希腊字母被称为系数，表示相关变量对因变量的影响。在这个例子中，β 等于−5，γ 等于+3。

至此，假设 X 的销售量可以完全由 X 和 Y 的价格来解释。在现实中，如图 Annex.1 所示，影响因变量的所有因素不可能都包括在分析中，这意味着一组自变量不会完全解释因变量，这可以在方程中加入误差项来表示。因此，方程（4）变为：

（5）X_t 的销售量 $= \alpha + \beta X_t$ 的价格 $+ \gamma Y_t$ 的价格 $+ \varepsilon_t$。

式中 ε_t 为时间 t 时的误差项。

图 Annex.2 中描述了这一情况，这表明了一种产品的销售量与其价格之间的关系。Xs 项表示所观察到的价格和销售量的组合。在左侧的图中，这种关系是精确的线性关系，最佳拟合线直接穿过所有八个数据点。在右侧图中，这种关系不完全是线性的，最佳拟合线没有通过所有八个数据点（或者说事实上没有穿过任何一点）。每一数据点到最佳拟合线的距离被称为偏差，这些偏差在方程（5）中由 ε_i 表示。

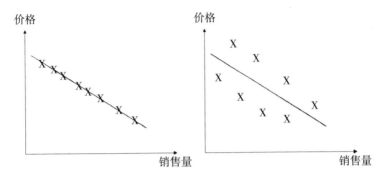

图 Annex. 2　误差项和最佳拟合线的问题

图 Annex. 2 展示了多元回归分析中的一个重要的直观知识。大致来说，任何（多元）回归分析均是一种根据数据集合画出最佳拟合线的尝试，这一最佳拟合线可以如上图所示。当存在两个自变量时，最佳拟合线需要在三维图中显示。三个自变量要求四维，四个自变量需要五维，以此类推。但是，重点是多元回归分析通过多维空间计算出最佳拟合线。[⑨]

总之，多元回归分析是一种统计学方法，可以估计众多变量（自变量）对因变量各自的影响，这可以通过数据信息计算出最佳拟合线来达成。接下来给出在竞争案件中使用多元回归分析的四个例子，目的是激发下面的讨论。

多元回归分析的四个例子

在本部分中，我们给出在竞争法案例中采用多元回归分析的四个简短案例研究。第一个案例研究是利用多元回归分析估算弹性的例子，估算弹性是用作市场界定的一部分。我们把这个旧案例囊括进来，就是为了说明计量经济分析不是一个新形式的分析方法，而是在多年前的竞争法案例中

---

⑨　在技术上说，这通常涉及要计算出使数据点距最佳拟合线的偏差平方和最小的线，这种方法称为，普通最小二乘法（OLS）。

成功采用过。第二个案例研究是运用计量经济分析测量两企业之间竞争性作用的程度。第三个是运用计量经济分析检测：在特定市场中存在多个企业参与竞争时价格是否比较低。第四个是作为监管过程中估算弹性的例子。

宝洁/ VP 席克丹茨案[⑩]

1994 年 1 月，宝洁（P&G）向欧盟委员会申报收购 VPS（Vereingte Papierwerke Schickedanz）。VPS 是一个家用纸产品和女性卫生产品企业，P&G 也是家用纸产品和女性卫生产品企业。而 P&G 在整个西部欧洲很活跃，VPS 仅在德国、西班牙、意大利和澳大利亚是一个重要参与者。在与 P&G 达成协议前，VPS 一直与金百利克拉克公司就可能的合伙企业进行商谈，但是商谈于 1993 年夏突然失败。

竞争问题集中在女性卫生产品市场中，VPS 生产 Camelia 品牌的卫生巾以及一些次级品牌和商店品牌。P&G 生产 Always 品牌的卫生巾。

在决定中，委员会收到两份似乎可以有效界定相关市场的实证证据。第一份是冲击分析，关于这一方法更详细的内容，参见第 13 章；第二份是价格弹性研究，由强生（Johnson & Johnson）提供。[⑪] 这个研究依据的是美国扫描数据。考虑到当时欧盟缺乏这样的数据，因此这一研究被认为是关于卫生巾和卫生棉条替代问题可获取的最好证据。结果如表 Annex. 2 所示。

表 Annex. 2　Fempro 市场（美国）中的价格弹性估算

产品	自价格弹性	交叉价格弹性
卫生巾	−0.5	0.3

来源：委员会决定第 60 段。

卫生巾的自价格弹性估值是−0.5，这表明在既定的地域市场，所有卫生巾的假定垄断者能够有利可图地将价格提高 5—10%。10%的价格提高将会导致仅 5%的需求损失，相应的收入增加 4.5%。另外，可能存在由产量

---

⑩　IV/M430 Procter & Gamble/VP Schickedanz［1994］OJ L354/32.

⑪　这一研究由 RLS 市场协会完成。

减少而产生的成本节约。这表明，基于标准的市场界定测试，卫生巾是一个单独的相关市场。委员会认为"对卫生护垫和卫生棉条来说，的确存在明晰的单独市场"。[12]

人们可能会认为，这里的弹性评估与他们所参考的美国市场并不相关，德国市场并非如此。但是，在缺乏令人信服证据的情况下，认为美国消费者转换行为与德国不同，委员会似乎认为这是强有力的证据（特别是当美国对产品的相关使用模式与德国非常相似的情况下，美国卫生棉条：卫生巾为 40∶60，德国为 39∶61）[13]

瑞安航空/爱尔兰航空案[14]

2006 年，低成本航空公司瑞安航空，试图购买爱尔兰航空公司。两家公司在都柏林都有主要的航空枢纽，并且在众多航线上开展竞争。经过大量调查，委员会阻止了这一并购。在这个案子中，各种各样的计量经济分析起到了重要的作用。我们下面简要概述其中之一。

委员会运用多元回归分析来检测一些假设，包括下列问题：

1. 瑞安航空在某一航线上的存在是否降低了爱尔兰航空在那条航线上的价格？反之是否一样？

2. 与其他在都柏林之外运营的航空公司相比，瑞安航空是否对爱尔兰航空施加了较强的竞争影响？反之是否一样？

3. 瑞安航空对爱尔兰航空的价格影响是否随着瑞安航空提供服务频率的增加而增加？反之是否一样？

委员会采用了 5 年的月度数据（2002 年 1 月至 2006 年 12 月）。研究发现，瑞安航空与爱尔兰航空竞争的航线与两者不存在竞争的航线相比，爱尔兰航空在与爱尔兰存在竞争的航线上的价格平均要低 5%—8%。这就

---

[12] IV/M430 Procter & Gamble/VP Schickedanz OJ L354/32 para. 60.

[13] IV/M430 Procter & Gamble/VP Schickedanz OJ L354/32 para. 60.

[14] COMP/M. 4439 Ryanair/Aer Lingus（2007 年 6 月 27 日）。

回答了上面提到的第一个问题：某一航线上，瑞安航空的存在降低了爱尔兰航空收取的价格。至于爱尔兰航空对瑞安航空的价格影响，委员会没有发现重大的影响。

采用同样的数据，欧盟委员会发现瑞安航空对爱尔兰航空定价的影响至少是其他航线的两倍。委员会同样发现，瑞安航空的频率增加 1%，会影响爱尔兰航空的价格下降 0.03%。[15] 这样，欧盟委员会也回答了上面的第 2 个和第 3 个问题。

委员会认为：

"委员会的回归分析确认并补充了从量化证据中得出的结论，即瑞安航空和爱尔兰航空是紧密竞争者。而且，回归分析的结果也与消费者调查的大多数反馈相一致，消费者调查认为：在其他航空公司出现的航线上，并购当事方是最紧密的竞争者。"

关于委员会基于计量经济分析的结论，应该注意的一个重点是，这些分析与案件中其他可获取的证据相一致。如果计量经济分析与其他证据不一致，并不必然表明计量经济学证据因此就是错误的，但是，这却意味着计量经济分析的设计人员应该解释：为什么由计量经济分析证据得出的结论与其他证据得出的结论不一样。

甲骨文/仁科案[16]

2004 年对甲骨文拟议收购仁科软件公司的调查，包括了大量的计量经济学分析。交易所涉的产品为企业应用软件，在这个行业中的人力资源和财务管理系统部门，这起并购的特征是（至少一开始）三变二，并购后市场中仅有并购后的实体和 SAP 仍作为重要的市场参与者。这个行业的销售是通过招投标竞争而实现，潜在的买方要求潜在的供应商竞标销售。

---

[15]　为了测量频率模式对价格的影响，委员会通过假设并购后瑞安航空完全从重叠的航线中退出，模拟了并购的影响。根据这一假设，重叠的航线价格将上涨 13.1%。

[16]　COMP/M. 3216 Oracle/Peoplesoft（2004 年 10 月 26 日）。

在异议书中，委员会给出的计量经济学分析表明，当竞标者数量增加时，仁科似乎会给出较高的折扣（即较低的价格）。[17] 在口头听证后，甲骨文向委员会提交了额外的数据，委员会也从并行的美国进程中获取了一些数据。利用这些数据，委员会进行了深入的计量经济学分析，分析得到了两个重要结论。一是，交易的规模和所提供的折扣之间具有明显的正相关关系；二是，一旦考虑规模的影响，委员会早先认定的折扣和竞标者数据之间的明显关系就不存在了。委员会陈述道：

"一旦分析中考虑到交易的规模，最终竞争者的数量就不再对提供的折扣给出任何其他的解释成份，也不会出现特定竞争者存在将导致特别高折扣的通常模式。"[18]

这个例子说明了多元回归分析的两个重要方面：第一，它是一种有用的方法，可以使调查者考虑多种因素。在这个案例中，多元回归分析允许委员会考虑交易规模和竞争者数量的影响。第二，在某种意义上错误设定的计量经济分析，则倾向于产生误导的结果。我们在下面详细讨论这一问题以及如何避免错误设定的情况。

英国移动电话终端收费

2001 年和 2002 年期间，英国电信管制机构，英国电信管理局（Oftel）和当时的英国竞争委员会，调查了移动电话终端收费的水平。这些价格是指移动网终端运营商向其他电信运营商收取的价格，收费发生在这些运营商接收来自那些别的运营商的电话。因此，如果一个英国电信（BT）的客户呼叫沃达丰（Vodafone）移动电话，那么英国电信要支付沃达丰电话终端费用，以便把电话接入沃达丰的网络并按线路发送给相关的移动电话。移动电话网络具有非常可观的固定成本，并且远非一项服务成本的情况。例如，物理网络结构要用来从移动电话进行呼叫、呼叫移动电话、短信通

---

[17]　COMP/M. 3216 Oracle/Peoplesoft（2004 年 10 月 26 日）第 197 段。

[18]　COMP/M. 3216 Oracle/Peoplesoft（2004 年 10 月 26 日）第 201 段。

知等。这些常见的成本需要从各种服务的营收中收回。结果，调查的主要问题之一是呼叫终端收费应按照拉姆齐（Ramsey）价格设定，还是依据其他成本分配机制。[19] 根据拉姆齐原则设定价格，涉及估算不同产品或服务的弹性。特别是，应该这样设定价格，以便更多的固定和共同成本可以基于那些相比之下没有弹性的服务中得以收回。

作为英国电信局调查的一部分，英国电信公司的分支机构 Cellnet 公司被授权进行相关弹性的估算，以计算出拉姆齐价格。[20] 对固定电话向移动电话呼叫服务的需求弹性进行估算的结果如下：

表 Annex.3　固定电话对移动电话呼叫服务的弹性

白天	-0.33
晚上	-0.76
周末	-0.43
加权平均	-0.43

资料来源：Koboldt 和 Maldoom（2001）。

移动发起呼叫服务的需求弹性估计为-0.8。根据这些弹性估值，加上成本数据，以及注册费用对消费者决定申请移动网络的影响评估，这一研究给出了关于最优拉姆齐价格的估算值。与英国电信局建议的方法相反，这些方法表明英国移动网络显著的固定成本和共同成本，应该从终端费用中收回，而不是从移动发起呼叫或者注册费用中收回。

对多元回归分析的评价

如上所述，本附录的目的不是提供进行计量经济分析的指导，而是给出基本框架，以对调查中遇到的任何计量经济分析证据进行评价。当计量经济学模型是"有意义"时，多元回归分析才是有用的。这表明：模型要

---

[19]　参见第6章关于最优价格歧视背景下的拉姆齐定价的讨论。

[20]　Koboldt 和 Maldoom（2001）。

包括所有具有重要决定性的因变量，而且模型具有经济学意义。本部分讨论的问题是，让人们区分有意义的模型和无意义的模型（即，某模型对现实没有合理的估计）。

这里的讨论首先说明计量经济学模型合理描述真实情况的重要性。

有偏差的模型

下面说明一个不合理的计量经济学模型如何会导致偏差的结果，这是指系数估值没有接近于系数的真实数值。作为说明的一部分，这里创设一组假设的数据集合，这个数据集合包括四种产品（A、B、C 和 D）的价格，这些产品在某种程度上均是相互替代的。A 变量设定为关于 A 的销售量，A 的销售量取决于 A、B、C 和 D 的价格，也取决于是否为圣诞节。在圣诞节期间，A 的销售量要超过平均水平 40%，接着在圣诞节后迅速下降到比平均水平低 30%。A 产品的价格在圣诞节期间上涨 10%。假设可以获得 10 年的季度数据，总共给出 40 个数据点。

模型中正确的弹性如表 Annex. 4 所示。

表 Annex. 4　正确的弹性

产品	自价格弹性	关于产品价格的交叉价格弹性		
		B	C	D
A	−5.0	0.75	1.25	2.0

产品 A 的自价格弹性是−5.0。这表明，A 产品 5%的价格上涨将导致25%的销售量下降，因此收益下降 21%。

如上所述，销售量受到圣诞节和贴近圣诞节之后期间的影响，上述结果由包括这些因素的模型得出。模型如下：[21]

（6）A 销售量 $= \alpha + \beta_1 P_{At} + \beta_2 P_{Bt} + \beta_3 P_{Ct} + \beta_4 P_{Dt} + \beta_5 Q4_t + \beta_6 Q1_t + \varepsilon_t$。

---

[21]　出于方法性考虑，我们实践中应该把整个分段支出的变量考虑在方程中。为明晰起见这里忽略了这一因素。接下来的段落重回此问题。

方程（6）中大多数变量的含义是很直观的，[22] 但是需要解释一下 $Q1_t$ 和 $Q4_t$。这两个变量均为哑变量，在圣诞节之前的季度中 $Q4_t$ 的值为 1、其他时间的值为 0。在圣诞节后的季度，$Q1_t$ 的值为 1，但是在其他所有时间的值均为 0。

现在假设，模型不包括圣诞节变量及贴近圣诞节后期间变量，从中估算弹性，这种情况下模型为：

（7）A 销售量 $= \alpha + \beta_1 P_{At} + \beta_2 P_{Bt} + \beta_3 P_{Ct} + \beta_4 P_{Dt} + \varepsilon_t$。

这个模型给出相当不同的结果，如表 Annex. 5 所示。

表 Anuex. 5

产品	自价格弹性	关于产品价格的交叉价格弹性		
		B	C	D
A	−1. 76	1. 59	2. 22	1. 34

由此表得出的重要结论是：A 产品的自价格弹性的估值仅为−1. 76，而不是正确值−5. 0（即下降了 65%）。这个不正确的结果对市场界定具有重要的影响。假设调查人员会考虑是否把产品 A 看作一个单独的相关市场，进一步，假设他们从公司的内部文件了解到企业 A 的价格成本差额利率为20%。如果调查者利用价格成本差额利率和自价格需求弹性估值−1. 76 来界定相关市场，那么他们将发现产品 A 是一个单独的相关市场。5%的 SSNIP 将导致销售量下降 8. 8%、收入下降 4. 2%。如果作为对 5%价格上涨的反映、销售量下降 8. 8%，那么只要企业的价格成本差额利率小于 52%，这将是有利可图的 SSNIP。[23] 因为这里的价格成本差额利率实际上仅为 20%，那么 SSNIP 的价格上涨显然是有利可图的。但是，要注意的是，调查者得出这一结论仅仅是因为他们得出了不正确的弹性估值。如果他们采用正确的估值−5. 0，他们会发现 5%的 SSNIP 将是无利的。如果价格上涨 5%而价格成

---

[22]　这个模型采用对数进行估算，因此关于价格变量的系数可以简单解释为弹性。参见下面延伸阅读 1 中进一步的解释。

[23]　关于这个结论的解释和推导，参见第 11 章对临界损失的讨论。

本差额利率为20%，那么当且仅当因此必然产生的销售量的下降超过20%的情况下，将是无利可图的。[24] 根据这个案例中的假设，情况就是如此，因为自价格弹性为-5，因此5%的价格上涨将导致销售量减少25%。

方程（7）推导出的结果是不正确的，因为其忽略了两个变量，这两个变量是因变量（即销售量）的重要决定因素，结果使得自价格弹性的系数估值存在偏差。在这个例子中，偏差足以产生不正确的市场界定。在本附录的其他部分，将讨论那些需要能够评价计量经济学模型的工作。

延伸阅读：函数形式

多元回归中的变量可以转换成多种形式。方程（3）中采用的表述是平级的，即模型中包括的变量没有经过任何转换。另一种可选择的函数形式是不包含同级别的变量，但是以对数的形式体现出来。这就需要把每一个变量转换成自然对数，并在多元回归方程中使用这些形式。这么做的优点之一是：转换成对数的变量，其系数就是弹性。考虑下面简单的回归方程：

（8）销售量 $s_t = 100 - 4$ 价格$_t$ + 误差项 m_t。

如果方程是在同一级别，那么当价格提高1单位，销售量下降4单位。但是，如果变量是以对数形式出现，则模型会有不同的解释。这则表示，价格上涨1%导致销售量下降4%。

考虑到技术的原因，有时会将变量转换成一阶差分。这需要计算变量在每个时间段的变化。当变量转换成一阶差分时，方程的系数通常具有与变量在平级上一样的解释。然而，当变量是一阶差分时，如果不知道因变量的过往值，则最后可能不知道因变量在任何时间点上的数值。因此，上述方程，如果我们知道价格，则可以计算出销售量的预期值。但是，如果方程是一阶差分，其格式则为：

---

[24] 如上，关于这一结论的解释参见第11章对临界损失的讨论。

（ 9 ）$Sales_t$ — $Sales_{t-1}$ = $4(Price_t$ — $Price_{t-1})$ $+ Erroterm_t - Erroterm_{t-1}$ 。

因为截距（为 100）从方程中排除在外，如果不知道早期销售量的数据，则没办法给出时间 t 上销售量的预期值。

关联系数，t-统计值和 t-值

如果构建出模型，而且可以获取数据，那么，即使在模型没有意义的情况下多元回归分析也将会给出系数的估计值。例如，假设德国利率变量（因变量）是每月的降雨量，自变量是德国的货币供给和德国的通货膨胀。显然这是一个荒唐的模型，但是，如果进行多元回归分析，那么也会估计出德国货币供给对降雨的影响！因此，一个极其重要的问题是，如何识别一个有意义的模型、如何评价系数的估值。我们首先考虑第二个问题。

多元回归分析不仅给出系数的估计，也给出所估计系数的精确程度，这些估值被称为标准误差。假设一个弹性的估值为-5.0，一个关键的问题是这一估值与真实的系数有多接近？标准误差回答了这一问题，即真实参数位于所估系数的两个标准误差之间的概率为95%。因此，如果标准误差为 0.5、系数估值为-5.0，那么真实参数位于-4.0 和-6.0 之间的概率为95%。如果概率稍低（为90%），那么真实参数落入所估系数的标准误差约为 1.64（即位于-4.18 和-5.82 之间）。真实参数所在的既定概率区间被称为置信区间。在这个例子中，95%的置信区间是-4.0 到-6.0，而90%的置信区间位于-4.18 和-5.82 之间。[25]

---

[25] 构成 95%和 90%置信区间的标准误差的准确数量，取决于可获取的数据点的准确数量。当可获取数据点的数量很大时，相关数据为 1.96 和 1.64。对于较少数量的数据点，相关数据会稍高于这些数字。

与标准误差密切相关的一个概念是 t-统计值。t-统计值是系数估值除以系数的标准误差。因此，如果系数估值是-5.0、标准误差是 0.5，那么 t-统计值是-10。对于了解人们能够有多确定一个特定系数的真实值不等于 0，t-统计非常有用。假设一个系数的估值是 1，标准误差为 2，这表明系数 95%的置信区间是从-3 到+5。这说明人们不确定真实的系数不等于 0（即相关自变量对因变量没有影响），或者甚至不能确定其与所估系数不是相反的符号。需要注意的是，在这种情况下 t-统计是 0.5（即 1 除以 2）。在另一种情况下，如果标准误差是 0.25，那么 95%的置信区间将是从 0.5 到 1.5，那么人们几乎能够确定真实系数大于 0。这意味着人们差不多可以确认相关变量是因变量的决定因素，所估系数的符号是正的。请注意在这个例子中 t-统计值为 4（即 1 除以 0.25）。

当 t-统计值对所估系数的值大于 2（或小于-2）时，人们能够基本确定（95%的确定）真实的系数不等于 0，而且所估系数的符号与真实系数的符号相同。同样，如果 t-统计值大于 1.64（或小于-1.64），人们可以90%的确保真实系数不等于 0，所估系数与真实系数具有相同的符号。如果 t-统计值大于 2（或小于-2），那么系数估值可以认为是在 5%的水平上具有统计显著性。同样，如果 t-统计值大于 1.64（或小于-1.64），那么系数估值被认为是在 10%的水平上具有统计显著性。

回到货币供给、通货膨胀对德国降雨量这一无意义的回归分析例子上，应该要求关于货币供给和通货膨胀系数的 t-统计值小于 2，即 t-统计值将表明人们不能够确定关于这两个变量的真实系数不等于 0（这当然是人们直觉认为的情况）。

标准误差和 t-统计的应用可以通过前面的例子来表述，在前面的例子中估计了产品 A 的自价格弹性和对产品 A 的 3 个交叉需求弹性。这些弹性估值的 t-统计和标准误差在上面均没有公布。省略的内容在表 Annex.6 中补充如下：

表 Annex. 6　案例回归的全部细节

	系数估值	标准误差	t-统计值	95%的置信区间	
				较低值	较高值
常数	9.81	0.671	14.62	8.44	11.17
Q1	-0.30	0.005	-57.37	-0.31	-0.29
Q4	0.40	0.016	25.69	0.37	0.43
自价格	-4.99	0.089	-55.97	-5.17	-4.81
价格 B	0.80	0.097	8.21	0.60	1.00
价格 C	1.38	0.126	10.97	1.13	1.64
价格 D	1.96	0.092	21.30	1.77	2.14

表 Annex. 6 的第四栏表明，所有的系数估值在 5% 的水平上是有统计显著性的：在任何情况下，95% 的置信区间都不包括 0。同样清楚的是，置信区间的大小根据各种系数估值变化非常大。关于圣诞节后期间（即 Q1t）的影响，其置信区间非常小（-0.29 到 -0.31），而关于产品 C 价格的交叉需求弹性却相当大（1.13 到 1.64）。因此，人们可以非常确信，关于圣诞节后期间影响的真实系数接近于所估计的系数，而人们不能确保交叉需求弹性的估值也是如此。

当处理系数估值时要留意置信区间的大小，这一点很重要。但是，所估计的系数将是置信区间中的中心估值，并且最可能是正确的。因此，如果一个系数估值是 5.0，那么更可能的情况是：真实的参数是 5.0 而不是 4.99 或 5.01。进一步说，更可能的情况是真正的参数接近于所估计的系数而不会偏离太多，即使在置信区间范围内。真实系数居于估值的一个标准误差间的机率大约有 70%，真实参数位于估值标准误差 2/3 的机率为 50%。

影响系数估值的置信区间范围的一个因素是：模型的自由度。相比所要估计的系数，一个模型的自由度与数据周期的相对比例有关。如果你有 N 个周期，x 个要估计的系数，那么这个回归的自由度为 N-x-1。因此，如果具有 30 个数据周期、5 个系数需要估计，那么自由度为 24。

具有的自由度越少，估计值就越不精确。直观的感觉是：根据既定数量的数据，需要估计的系数越多，估计值越不精确，因为数据必须要"做更多工作"。

警告

对标准误差和t-统计值给出一个警告还是必要的。精确计算标准误差（和t-统计值，根据定义）取决于计量经济学模型所具有的大量假设。两个最常见的违反性假设是正态假设和同方差假设。这些问题以及其他问题在下面讨论。简单地说，对于t-统计值识别统计显著性来说，t-统计值大于2（或小于-2）还不足够。同时，恰当地检测t-统计值也是必要的。因此，计量经济学t-统计值的基础应该进行检验。一个有能力的计量经济学家总是会报告完成这种评价的必要信息。更多细节，参见下文的内容。

统计显著性和经济显著性

统计显著性不等同于经济显著性，注意到这一点很重要。一个系数可能是统计显著性的，但是太小而不具有经济上的显著性。同样，一个系数可能是统计上非显著的，但是因为很大而具有经济上的显著性。假设作为并购审查的一部分，确定一个特定行业集中度的增加是否与价格上涨相关联，这是有意义的。对此进行调查的一个方法可能是进行多元回归分析，其中因变量是价格，自变量之一是集中度。假设关于集中度的系数是 0.01（表明集中度增加100%，价格将增加1%）[26]，其 t-统计值为 2.5，这在统计学上是显著的。这表明差不多可以确定集中度的增加会提高价格，但是，也同样表明其价格提升非常微弱，几乎不会有竞争关注。按照系数值 0.01，把集中度提高50%的一起并购仅会把价格提高0.5%。即使真实的系数位于置信区间的顶端（即约为 0.018[27]），并购将仅提高价格 0.9%

---

[26]　这里假设价格的对数相对集中度的对数进行回归。

[27]　如果t-统计值为2.5，系数为0.01，那么标准误差是 0.004（即 0.01/2.5），因此置信区间的最大值是 0.018（即 0.1+（2×0.004））。

（即 50×0.018）。

　　现在，假设关于集中度的系数为 1.0（表明集中度增加 100%，则价格提高 100%），但是因为 t-统计值为 1.5，那么这在统计学意义上是不显著的。那么，应该如何解释这些结果？目前该并购对价格影响最好的估算是价格上涨 50%，但是，因为标准误差相对较大，则不可能在某种程度上确切知道对价格的影响。因为系数的置信区间没有出现负值，因此排除了价格下降的可能性。然而，并购导致 50%价格上涨的可能性在经济层面上当然是有意义的，即使不具有统计显著性。如果真实系数在置信区间的顶端，那么并购会导致价格上涨 117%。[28] 在这个案子中，分析的结果关系重大，即使他们在统计上是不显著的；比较起来，前面的分析结果没有竞争关注，即使其在统计上是显著的。这并不是说审查人员因此就应该认为并购存在竞争担忧，而是说明需要进行更多的工作：或者确认并购后的价格上涨是真正有风险的，或者确认没有。在这个案件中，仅是统计上不显著的事实不足以排除这种担忧。

　　在众多经济学文献中，似乎存在一个不成文的假设，即统计显著性等同于经济显著性。McCloskey 和 Ziliak（1996）已经注意到，在经济学文献中普遍存在混淆统计显著性与经济显著性的倾向性。事实上，他们认为：在 20 世纪 80 年代，发表在《美国经济评论》中采用回归分析的论文，只有 30%做了这种区分，《美国经济评论》是重要的学术期刊。也就是说，70%的论文把统计显著性等同于经济显著性。[29] 当 McCloskey 和 Ziliak 利用 20 世纪 90 年代《美国经济评论》中所有的实证文章，再一次进行了检测，

---

　　[28]　如果 t-统计值是 1.5，系数为 1，那么标准误差是 0.67（即 1/1.5），因此置信区间的最大值是 2.34（即 1+（2×0.67））。50×2.34 为 117。

　　[29]　有意思的是，我们注意到作者发现这种区分显然在基础计量经济学教科书中比专业经济学家的实践更好理解。Wallis 和 Robert（1956）说到："不要把统计学使用的 'significant' 与日常的用法相混淆，这一点非常必要。在平常的用法中，'significant' 意思是：'现实意义'，或简言之 '重要的'。在统计学使用中，'significant' 表明 '从群体中抽取样本所具有的特征' 而不考虑这些特征是否重要。Freedman, Pisani 和 Purves（1978）写道："本章……解释了显著性检测的局限性。首先，'significant' 是一个技术词汇，检测仅能够解释差异是否真实的问题……或者仅是一个随机变量，而不是旨在说明差异是否重要。"

他们发现情况变得更为糟糕。在 187 篇相关的文章中，79%误认为统计显著的系数即为经济上重要的系数，60%（相比十年前的53%）仅依据统计意义上的显著性作为重要性的标准。[30]

这里吸取的教训是，尽管系数的统计显著性具有非常重要的意义，但是单一的标准并不能说明一切，更重要的是一个系数的经济显著性。

这里要提到更重要的一点是，不能发现两个变量之间统计上显著的关系，并不等同于证明变量之间不存在关系。例如，如果可获取的数据质量非常差（例如具有很多测量误差的非频发数据），那么，即使现实中变量之间存在一定的关系，也不太可能发现统计学意义上的关系。欧盟委员会在瑞安航空/爱尔兰航空案的决定中，陈述到：

> "然而，不能证明统计上的关联性，不等同于证明这样的关系不存在。对于'不成功'回归的其他解释尤其包括：不合适的数据集合或者不准确的回归方程。"[31]

在这个案件中，委员会认为，瑞安航空的价格与爱尔兰航空是否出现在某一航线上，寻找这两者之间的统计学意义上的关系是不太可能的，因为缺乏瑞安航空进入爱尔兰航空所在航线的数据。相反，瑞安航空进入爱尔兰航空航线的实例有很多，可以检测瑞安航空进入后对爱尔兰航空的价格是否有影响。我们不评价这个例子中欧盟委员会的观点是否正确，但是，一般的观点还是合理的：不能显示为正并不意味着负值就因此正确。

拟合性

上面内容一直在讨论多元回归将包括一个误差项的想法（参见方程（5）和相应的文字）。这个误差项可以被认为是影响因变量但没有被明确包括进模型的所有因素的加总。一般情况下，人们希望所有重要的自变量

---

[30]　Ziliak 和 McCloskey（2004）。

[31]　COMP/M. 4439 Ryanair/Aer Lingus（2007 年 6 月 27 日），第 476 段。

都包含在模型中，因此误差项应该相对较小。当报告回归的结果时，也通常会同时报告模型的拟合优度测量，这是一个指标，即因变量变化有多少可以由模型的预测来解释（即自变量和模型的函数形式）。

对拟合优度最常见的报告测度是 R^2 统计，这个统计位于 0 和 1 之间，测量自变量所解释的因变量变化的比例。数字 1 表示，自变量 100% 解释了因变量的变化；数字 0 表示自变最对因变量的变化解释为 0。[32]

总之，一般假设 R^2 越高，模型越好。这当然有其正确的合理性：解释因变量的变化越多的模型，通常优于那种解释较小的。观察上图 Annex.2，左侧例子的模型优于右侧例子的情况。然而，尽管事实上会经常报告 R^2，但重要的是不要把一个模型具有高 R^2 值的事实等同于它是一个好的模型。[33] 这种错误时常出现，认为 R^2 值高就表明模型好，这是对计量经济分析的严重滥用。如果仅是因为一个模型的 R^2 值比另一个模型高，就说某一计量经济学模型"优于"另一个或比另一个更可靠，这是错误的。一个模型在不用优化的情况下也可以提高 R^2 值，事实上同一模型相似的公式可以给出不同的 R^2 值。下面给出例子进行说明。

图 Annex.3 表明商品随时间的销售量，自价格弹性是 -4，但是相对于可获取的数据周期（每周）来说，调整的过程比较慢。因为缓慢的调整过程，在时间 t 的销售量水平可以非常好地预测 t+1 时的销售量。

假设多元回归分析用来调查价格和销售量之间（假设未知的）关系。利用多元回归分析，可能试着把销售水平与价格水平相联系。因此：

（10）$Sales_t = f(p_t)$。

如果利用那些生成图 Annex.3 中图表的数据进行处理，我们可以得到关于价格 P，系数（指定为 β）的估计值为 -4.7，R^2 为 0.13。但是，假设以一阶差分来估计模型，即销售量的变化与每期价格变化之间的关系，则：

（11）$Sales_t - Sales_{t-1} = f(p_t) - f(p_{t-1})$。

---

[32]　事实上，对拟合度更好的检测是调整后的 R^2。这与标准的 R^2 非常相似，但是出于各种方法的原因，这是稍好一些的测量。理论上，调整后的 R^2 可以是负的，但在实践中很少看到。

[33]　或者认为 R^2 低必然是一个不好的模型。

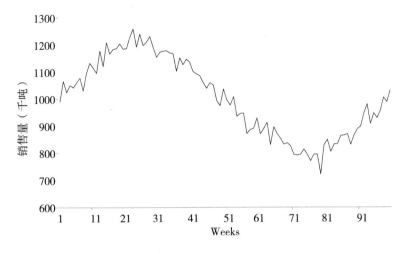

图 Annex. 3　对价格变化缓慢调整的例子

这本质上与方程（10）是相同的模型：试图仅依据价格来解释销售量。用生成图 Annex. 3 的数据对此模型进行估计，得出 β 的估值为-5.0，R^2 为 0.58。因此，现在 β 的估值不是很准确（即远离真实值-4 较多），即使 R^2 从 0.13 提高到 0.58。最后，假设把销售量的时滞包括在模型中，那么模型为：

（12）$Sales_t = f(Sales_{t-1}, p_t)$。

用生成图 Annex. 3 的数据来估计这个模型，给出 β 的估值为-2.7，R^2 为 0.99。β 的估值甚至更糟（即现在偏离正确值为 1.3），但是 R^2 几乎等于 1。

总之，尽管分析经常会报告 R^2 统计值，但是该值不能用来测量模型有多好。下面将讨论用于评价一个模型的统计种类，R^2 统计不在其中。

计量经济学结果的呈现

如果计量经济分析的结果和应用得到了一个竞争当局的认真对待，那么一定是竞争当局可能"认可"其结果。因此，下述涉及的内容是任一弹性或模拟研究的三个最重要属性的列表，这是 FTC 经济局的时任主任 Jonathan Baker 在其 1997 年关于史泰博/欧迪办公并购案㉞论文中的讨论：

（a）"当提交的材料没有数据、解释和其他我们及时理解和重现当事方方法所需要的辅助性材料时，不应该过度看重计量经济研究和模拟分析。"

只有这样，竞争当局才能说服他们自己认可分析的有效性。当然，同样的原则适用于竞争当局所做的分析。

（b）"……当关键的建模选择与经济学理论相一致时，计量经济分析才更具有说服力，被告知定量和定性市场信息，检测假设的选择。"

因此，在史泰博/欧迪办公并购案件中，美国 FTC 没有认可看似遗漏一些数据而又没有充分经济学解释的分析，并且这样的分析公然违背内部定价文件的含义。参见第 15 章对这个案子进一步的讨论。

（c）"……当无法显示其他合理选择［没有］导致显著不同的结果时，应该以怀疑的态度对待计量经济学或者模拟方法。"

特别是在对抗性的程序中，应该提供反对一方或另一方计量经济分析的定量含义。合理的提议是：反对另一方引入计量经济学模型的一方，只要有可能就应该证明其反证的数据显著性。"㉟

普遍问题

评价计量经济学模型，进而了解其给出的估值是否可能是合理的估值，其适当方法是：首先确认各种系数具有看起来合理的符号和数值大小，其次再进行一系列技术指标的检测。应该强调的是，人们不能期望所有的竞争法

㉞　类似的讨论，参见 Werden，Froeb 和 Scheffman（2004）。
㉟　Finkelstein（1978）。

从业者必须进行计量经济学技术指标检测，相反，这个领域的计量经济学分析应该包括技术指标的检测结果，希望下面的解释会使从业者理解这些检测的含义。作为计量经济学方法的一个普遍原则，很难从亨得利的三条黄金法则中挑出错误：检测、检测、再检测。[36] 这些检测并没有给那些进行计量经济分析的人员强加额外的负担，大多数统计程序包会自动让使用者生成这些检测。如果某一程序包不允许这样做，就不应该用来完成严谨的计量经济分析（即简单的电子制表软件不能完成这一任务）。更重要的是，在缺乏这些技术指标检测的情况下，不大可能评价一个模型。

　　所有模型应该通过的一些技术指标检测在下面列出，没有通过这些检测的模型结果应该谨慎对待。[37]

标准误差、t-统计值和置信区间的有效性

　　上面提到的随着回归系数而报告的标准误差和 t-统计值，只有在某些假设保持不变的情况下才能精确计算。在进行统计显著性的推断时，t-统计值计算的精确与否尤为重要。一般情况下，即使 t-统计值没有被准确计算，回归系数自身也是无偏差的。但是，如果标准误差和 t-统计值如果没有得到正确计算，那么围绕着无偏差系数的置信区间将是不正确的。

序列相关

　　当回归的误差项随着时间变化按照某种关系相互关联时，就引起了标准误差的偏差，这被称为误差的序列相关。序列相关的常见形式是一阶自动关联，其形式为：

　　（13）$\hat{\mu} = \rho \hat{\mu}_{t-1} + \varepsilon_t$

　　式中，μ_t 是 t 时的误差；

---

[36] Hendry（1995）及 Doornik 和 Hendry（1992）。

[37] 这里讨论的检测与标准的多元回归分析相关，均对非标准的计量经济分析无关或无效，如有限的因变量模型。关于这一问题和其他测试的进一步讨论参见 Greene（2007）和 Maddala（1986）。

∧ 表示回归中得到的拟合值；

ρ 是回归系数；

ε_t 是白噪音误差项；

如果回归方程包含了一个时滞的因变量，则自动关联只是直接表示了偏差系数估计。但是，这通常表明了一个被忽略的相关变量（一个自身序列相关的变量），因此应该得到认真对待，也就是说，调查人员应该考虑可能什么变量被忽略掉了。

应该报告的一个标准检测是杜宾-瓦特森（Durbin-Watson）检测，用来检测一阶自动关联（即检测 $\hat{\mu}_t$ 和 $\hat{\mu}_{t-1}$ 之间的关系）。如果不存在序列相关，那么杜宾-瓦特森（DW）统计量将约为 2；如果存在正的自动关联，DW 统计量接近于 0；如果存在负的自动关联，该值接近于 4。[38] 另一种经常报告的自动关联检测是 Lagrange Multiplier（LM）检测。如同 DW 检测，如果检测失败，则表明存在自动关联，那么所估计的标准误差将是不正确的。现在大多数标准计量经济学程序包也报告 Newey-West 标准误差，[39] 在出现序列相关的情况下，这些误差更精确（或异方差，参见下面内容）。

注意，一般情况下，进行自动关联检测仅对时间序列数据（例如关于销售量、价格等随时间变化的数据）是有意义的，而对横截面数据（即同一时点不同区域的销售量和价格数据）来说就没有意义。

残差的非正态性

标准的假设是：回归的误差是正态分布的。这表明这些误差按照钟形

---

[38] DW 检测有些奇怪，因为检测失败就不存在准确的临界值：正确的临界值取决于所考虑的准确的变量集合。但是，DW 表提供了每种情况下可能临界值范围的详细情况。在实践中所有的奇特性表明：在有些情况下不太可能认定测试是否在 95% 水平上失败。例如，假设有 70 个观察数据和 1 个常数项及 5 个自变量。那么 DW 检测 5% 的临界值位于 1.46 和 1.77 之间。因此，如果 DW 统计量位于 1.77 和 2.23 之间（即 4-1.77），那么在 5% 的显著水平上，就不能拒绝没有一阶自动关联的零假设（即通过检测）。如果 DW 统计量低于 1.46 或高于 2.54（即 4-1.46），那么在 5% 的水平上拒绝零假设（即检测失败）。然而，如果 DW 统计量位于 1.46 和 1.77 之间，或者位于 2.33 和 2.54 之间，那么就很难表明检测是否通过。

[39] Newey 和 West（1987），详见参考文献。

曲线分布，绝大多数的误差接近于0，远离于0的误差非常少。误差的非正态性并不是偏离系数估值，但是却使标准的t-统计值无效。对非正态性的标准检测是Jarque-Beraχ^2检测。[40] 这种形式的检测在所有回归的结果中都应当予以报告。

异方差

异方差是指误差项方差的非稳定性，表明误差项的平均绝对值随时间而发生变化。

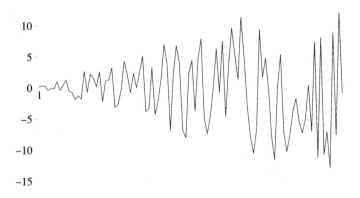

图 Annex. 4　异方差误差项

异方差没有偏离系数估值，但这的确表明标准t-统计值不能用作显著性检测。通常情况下，推荐调查人员采用异方差的一致性标准误差（大多数统计程序包提供这些内容）。如果不存在异方差，那么一般情况下这些会与通常的标准误差相同；如果存在异方差，那么异方差将比通常的标准误差更精确。但是，需要注意的是，在出现非正态性以及异方差的情况下，异方差的一致性标准误差是自身的偏差。

对异方差的标准检验是怀特检验（White Test）。[41] 如果检测失败，那

---

[40] Jarque 和 Bera（1980）详见参考文献。

[41] White（1980）详见参考文献。

么残差表现为异方差，因此系数的标准误差是错误的。这表明围绕（非偏）系数估值的置信区时间是错误的。

稳定性

如果自变量是非平稳的（表明其平均值和方程随着时间的变化均不为常数），那么标准的显著性检测就是错误的。因此，检测变量的非稳定性非常重要（即出现单位根的情况）。这是在价格检测中产生的一个问题，例如关联性分析及其他类似情况，我们在第 10 章中做了详尽的分析。因此，这里不再辍述。

参数稳定性

所有计量经济学模型的一个关键性特征应该是参数的稳定性，即系数估值不应该严重依赖于所采用的精确样本。如果改变所采用的数据样本导致显著（统计意义或经济学意义上的）不同的系数估值，这表明该模型不是一个高品质的模型。例如，假设两个调查人员希望了解 10，000 人口的平均年龄。为了达成这一目标，他们每人选择 1000 人，获悉他们的年龄然后取平均值。如果两个调查人员因其取样不同而得出非常不同的结果，那么两个估值都不能相信。相反，如果他们得出相似的结论，那么两个结果则大体上可以相信。回归分析也具有相同的原则。如果改变取样不会改变系数估值，那么与改变取样导致非常不同的系数估值而言，前者的估值就具有更大的可信度。

关于取样参数稳定性的标准检测是 Chow 检验。[42] 这个检验需要把数据集分成两个子样本，然后检测每个子样本取得的系数是否与整个样本的系数存在显著不同。

共线性

如果某些自变量相互高度关联（正关联或负关联），那么能够引发回

[42] Chow（1960）详见参考文献。

归中的统计问题。第一个潜在的问题是自变量之间的高度关联往往会产生大幅度的标准误差，从而导致宽泛的置信空间。这是不可取的，因为这表明人们不能准确知道系数的可能真实值。

避免高度关联变量的第二个原因是，它可能导致系数估值的不准确。问题是，如果两个变量高度关联，一个不准确的系数估值能够导致另一个系数的估值也不准确。特别是，如果两个变量之间是正关联（或者负关联），那么，对一个系数过度夸大的估值将对应着对其他系数的过低（或过高）估计。

这表明调查人员应该始终汇报不同自变量之间的关联性，以便可以评估出不精确估值的可能性以及评估出补偿性的偏差。

忽略的变量

那些决定因变量的忽略变量，能够导致对那些包括在模型中变量的系数估值的偏差。更准确来说，如果一个相关变量被忽略掉了，将会导致模型中所纳入变量系数的偏差，除非忽略的变量与列入的变量不相关联，或者模型是线性的。

对相关变量的忽略很难直接检测。[43] 但是，有两种明显的预防措施应该得以考虑，以使这种偏差的风险最小化。第一个是用图表画出因变量的实际值和拟合值，如果某些情况下拟合值与实际值差别很大（或者，等同于残差非常大），这表明某一相关因素被忽略了。例如，假设估算对产品 X 销售量的自价格和交叉价格需求弹性，使用的只是各种替代产品的价格和相关部分的总支出，如果画出实际值和拟合值，发现一些点是"异常值"（如图 Annex.5），那么人们可能会认为某些相关因素被忽略了。

在这个例子中，可能的结论是：忽略了某些例如与短期价格促销相关的变量。要采取的第二种预防措施是：对模型中增加的那些可能相关变量的影响进行检测，那些模型忽略的变量但却被认为是重要的因素，而事实

---

[43]　对忽略变量的一种检测方法是通过检测内在变量的时滞是否应该加入模型中来。但是，这种检测不解决真正的问题：有相关变量从我们的数据组中被忽略了吗？

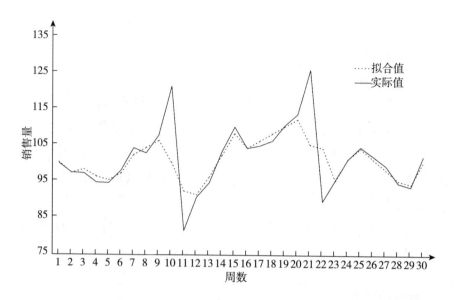

图 Annex. 5　忽略变量的例子

上对因变量不具有统计学意义或经济学意义上的重要决定因素，表明这一点很重要。[44]

　　对忽略变量的标准检测是 Ramsey RESET 检测。[45] 该检测使用回归拟合值的幂（例如拟合值的平方等等）以及自变量的幂，以检测对因变量进行回归时它们是否显著。如果结果显著，则表明忽略了相关变量。这种检测对于大多数计量经济学程序包是标准配置。

联立性

　　当一个变量（X）影响另一个反过来影响变量（X）的变量（Y）时，这种变量被认为是联立决定的。如果一个自变量同时由因变量确定，这可能导致系数估值的偏差，除非使用特定的计量经济学模型。[46] 这是在宏观

---

　　[44]　更专业地说，调查人员应该报告一系列对潜在忽略变量 F-检测的结果。这些都是简单的统计过程，用来检测增加的其他变量是否显著（从统计意义上）提高了模型的性能。如果该变量的确显著提高了模型的性能，那么就应该包括在模型中。

　　[45]　Ramsey（1969）详见参考文献。

　　[46]　这些通常被称为："工具变量"方法。

经济学计量经济分析中经常出现的一个问题：如 GDP、利润率、通货膨胀和汇率等变量都是同时确定的。然而，这一问题同样可能出现在与竞争法调查相关的微观经济学评估中。例如，价格和销售量在某些案子中可能被看作是同时确定的。一般情况下，我们认为设定价格、然后由价格设定决定销售量。但是，如果价格在一个国家内发生变化，而可获取的数据是整个国家的平均价格（即总收入除以总销售量），那么在某种程度上平均价格将取决于每一区域的销售量，而销售量又相应地由每一区域的价格确定。因此，两个变量（总销售量和平均价格）是同时确定的。

有许多不同的检测方法可以用来检测变量确定的联立性（通常是指外生性检验），有许多检验方法可以用来检查联立方程的偏差，这里不讨论这些。[47] 重要的是，如果模型中存在潜在的联立性，建模者必须要说明事实上不存在联立性或者说明模型不会导致偏差估值。

实践中评价一个模型

对这些规范性检测的使用，可以借助例子进行说明，上面的例子估计了一个产品的自价格弹性和二个交叉价格弹性。结果如表 Annex. 7 所示。但是，表 Annex. 7 现在也同时包括了各种统计检测的结果。

表 Annex. 7　一个回归模型的检测统计量

	系数估值	标准误差	t-统计量
常量	9.81	0.671	14.62
Q1	−0.30	0.005	−57.37
Q4	0.40	0.016	25.69
自价格	−4.99	0.089	−55.97
价格 B	0.80	0.097	8.21
价格 C	1.38	0.126	10.97

---

[47]　所有适当的计量经济学教科书均可以解释（例如，Greene（2007））。

（续表）

	系数估值	标准误差	t-统计量
价格 D	1.96	0.092	21.30
检测		检测统计量	95%阀值
调整后的 R^2		0.90	
杜宾-瓦特森		1.94	1.68
Jarque-Bera 正态检验		1.39	5.99
异方差检验（F (12, 27)）		1.02	2.13
Chow 检验（F (6, 26)）		0.73	2.48

该检测统计量表明本模型通过了一系列的统计检测。调整后的 R^2 是0.90，表明该模型解释了约 90% 随时间变化的销售量的方差。杜宾-瓦特森检验接近于 2（1.94），因此表明不存在序列关联。40 组观察数据、6 个自变量，仅在杜宾-瓦特森统计量检验低于 1.68 或大于 2.32（即，4-1.68）时，才表明存在序列关联。Jarque-Bera 正态检测统计量是 1.39，仅当此值大于 5.99 的情况下，才会有证据表明在 95% 的水平上存在非正态性。异方差检测统计量是 1.02，仅当该值大于 2.13，才会有证据表明在5% 的水平上存在异方差。Chow 检验统计量为 0.73，仅当其大于 2.48 时才会有证据表明在 5% 的水平上存在参数的非稳定性。因此，这个模型通过了所有的检验。一般情况下，了解这些内容应该很简单，因此一个调查人员应该会报告所有这些统计量，检测失败的门槛值为 5%。

我们还没有讨论共线性、被忽略变量的偏差或者联立性的可能性。当两个或多个自变量相互高度相关时才会产生共线性，表 Annex. 8 表明在这个例子中关联性总是相对较低。

表 Annex. 8　检测自变量之间的关联性

	Q4	Q1	自价格	价格 B	价格 C	价格 D
Q4	1.00					
Q1	-0.31	1.00				

（续表）

	Q4	Q1	自价格	价格 B	价格 C	价格 D
自价格	0.18	-0.18	1.00			
价格 B	-0.02	0.09	-0.13	1.00		
价格 C	0.19	-0.19	0.17	0.10	1.00	
价格 D	0.14	0.05	0.14	-0.05	0.11	1.00

可以看出，表中除了 Q1 和 Q4 之间的相关系数为-0.31 外，其他相关系数均低于 0.20（取绝对值）。考虑到两个变量的本质，这样较高度的关联并不让人意外。但是，这的确表明，如果对 Q4 的系数估值存在偏差，那么 Q1 可能在同样的方向上存在偏差，反之亦然。碰巧在这个案例中这不是一个很大的问题，因为所关注的系数是那些关于价格的变量。然而，在另一个模型中可能就非常相关（例如，如果是自价格和价格 B 相关的话）。

如上所述，除了常识之外没有非常可靠的方法来检测被忽略变量的偏差。首先，是否存在任何明显被忽略的变量？除了 B、C 和 D，其他潜在的替代品是什么？在这个案例中，人们会认为存在两个其他合理的替代品，但是把它们放入模型中并没有改进该模型的解释能力（例如，调查后的 R^2 仍然是相同的），关于这些变量的系数也不具有统计意义上或经济学意义上的显著性。[48] 第二，真实的和拟合的因变量图表表现出了明显的异常值吗？图 Annex.6 给出的答案为"不是"，因此，关于被忽略变量偏差的可能性不存在太大的问题。

最后需要强调的问题是联立性的可能性。如前面所述，销售量和自价格变量之间可能存在某些联立性。这应该通过外生性检测和常识来进行检验。例如，如果数据是周数据，价格提前 6 周设定，那么就不可能存在显著的联立性。但是，如果数据是季度数据，价格提前 6 周设定，那么可能

[48] 通常情况下，这些结果应该在正文中报告（或者，更可能在附件中）。这里没有提及是出于简洁和清晰的原因。

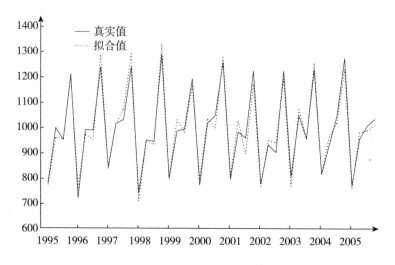

图 Annex. 6　回归分析例子中的真实值和拟合值

存在显著的联立性。图 6 中的数据图表是季度数据，因此可能存在联立性问题。在这个案例中，认为存在联立性问题，因此调查人员报告了这一情况，并且采用了适当的方法得到了上面的结果。[49]

需求系统的计量经济学评估

前面的部分介绍了计量经济分析，通过估计一个产品的自价格弹性、三个交叉价格弹性的例子说明了计量经济分析的使用。但是，为清晰起见，这个例子避免了真实弹性估计中出现的一系列重要问题。

应该再次强调，对需求系统和弹性的计量经济学评估的下列讨论，并不尝试提供一个"如何做"的指导，这种任务超出了本书的范畴。相反，给出关于弹性估计的讨论，是为了提供对相关问题的理解，以便可以对弹性估计的质量进行评估。但是，应该注意的是，这部分内容要比前面的部分技术性更强。

---

[49]　实践中，这意味着采用工具变量估值。

当评估弹性估值时，我们需要面对两个主要的计量经济学问题，包括：

(1) 使用的最佳需求模型；[50]

(2) 处理价格和数量同时决定问题（通常指"鉴定"问题）的最佳方法。

需求模型的选择

本附录中早先说明了可能被认为是"标准方法"的函数形式，涉及销售量与各种价格和其他相关因素的关系，因此，这种方程具有下面类似的形式。

(14) $Sales_t = c + \gamma Segment\ Expenditure_t + \beta_1\ Own\ Price_t + \beta_2\ Other\ Price_t + \beta_3\ Other\ Factor + \varepsilon_t$。

式中，仅包括了一个其他产品的价格和一个其他因素（在上面的例子中我们包括了三个其他产品的价格和两个其他因素）。这个方程同样包括了"分段支出"变量，这个变量代表了整个消费支出模式变化对销售量的影响。例如，如果我们打算评估威士忌酒的自价格弹性，人们可能会把"在烈酒上的总支出"包括在内。同样地，如果人们打算评估所有啤酒的自价格弹性，可能要考虑"总的个人支配收入"。[51] 这类方程采用对数形式进行评估，因此，关于每个价格变量的系数可以被直接解释为价格弹性，这类方程具有对数线性的函数形式。

---

[50] 另一种说法可能是用"函数形式"而不是"需求模型"来表达。这两种说法的使用差不多是可以互换的。

[51] 把这类变量包括在内存在很多技术性的计量经济学原因。但是，考虑这类变量的主要原因是必须确保方程是精确设定的。然而，应该注意的是，所估计的弹性是条件弹性：这些弹性是在假定时段需求整体不变情况下的弹性。

延伸阅读：方程体系和施加斯勒茨基对称

常常需要估计一个对数线性方程的体系。例如，假设人们要估计威士忌酒、杜松子酒和伏特加酒的自价格弹性和交叉价格弹性，或许需要评估下面给出的一个体系。这个体系解释了按照消费者对所有烈酒支出费用为单位的每种烈酒的销售量，以及每种烈酒的价格。

（15）威士忌销售$_t$ = α_1 + γ_1 所有烈酒支出费用$_t$ + β_1 威士忌价格$_t$ + β_2 杜松子酒价格$_t$ + β_3 伏特加价格$_t$ + δ'_1 其他因素$_t$ + ε_{1t}

（16）杜松子酒销售量 = α_2 + γ_2 所有烈酒支出费用 + β_4 其他因素 + β_5 杜松子酒价格$_t$ + β_6 伏特加价格$_t$ + δ' 其他因素$_t$ + ε_{2t}

（17）伏特加销售量$_t$ = α_2 + γ_3 所有烈酒支出费用$_t$ + β_7 威士忌价格$_t$ + β_8 杜松子酒价格$_t$ + β_9 伏特加价格$_t$ + δ'_3 其它因素$_t$ + ε_{3t}

如果人们打算评估这种类体系，人们可能会施加各种交叉方程限制（并且是可以检验的）。例如，人们可能施加这样的限制，关于"烈酒支出"的系数是相同的交叉方程。或者人们希望对误差项施加交叉方程约束。无论如何，一个比较好证明的约束是对这些方程施加斯勒茨基对称性约束。这是因为人们希望 A 对 B 价格的需求交叉弹性和 B 对 A 价格的交叉需求弹性之间存在某种关系，具体来说，人们应该期望：

（18）$\varepsilon_{AB} = \varepsilon_{BA} \dfrac{\text{对 } B \text{ 的支出}}{\text{对 } A \text{ 的支出}}$

式中 ε_{AB} 是 A 关于 B 价格的交叉需求弹性。这仅说明因一个相对价格的变化而引起的需求变化是对称的。在上面给出的例子中，这意味着应该施加交叉方程约束，这些方程如下：

$$\beta_2 = \beta_4 \frac{杜松子酒的支出}{威士忌的支出}$$

$$(19)\quad \beta_3 = \beta_7 \frac{伏特加的支出}{威士忌的支出}$$

$$\beta_6 = \beta_8 \frac{伏特加的支出}{威士忌的支出}$$

如果证明这些约束是有效的，那么施加这种类型的约束，可以使模型更有效。进一步说，这不是一种不能检验的任意约束，利用可能性概率检验来检测数据是否拒绝这些约束，相对比较简单。[52]

这些方程如方程（14）存在两个主要的问题。第一而且最重要的问题是，它没有一个合理经济学理论基础。具体来说，这类方程不能从标准的经济学效用理论中得出。第二个问题是一个比较实践的问题，即如果存在大量的替代品，上述方程往往表现拙劣。例如，考虑一个差异化产品行业，其中存在 20 种不同的产品（例如，啤酒、粮食、汽车等）。每种产品具有 20 多个弹性，评估这种方程可能导致很差的系数估值。出现这种问题部分是因为难以区分每种变量的不同影响，部分是因为在既定自变量数据的情况下，具有相对少量的数据（即自由度问题）。

在反垄断调查中广泛使用的函数形式是 Deaton 和 Muellbauer 几近理想的需求系统（NIDS）[53]，相对于简单对数线性方法来说，这一系统的一个优势是，它能够从一般的效用理论中得到，因此这基于理论来说是合理的。另一个优点是，这个需求系统非常适于设定和检测各种可分离性假设。如果有 20 个价格，则不必把所有的价格都包括在方程中。相反，NIDS 方法允许我们进行"分段方程"评估，把产品分成较狭小的区间（即高端、大众、日常食品、自有品牌等等），这就减少了每个方程中弹性的数量，对各

---

[52]　进一步详细的讨论参见 Greeene（2007），或者 Doornik 和 Hendry（2007）。

[53]　Deaton 和 Muellbauer（1980a）；Deaton（1980b）。

部门之间的交叉弹性暗含的约束可以从计量经济学上得到检验。[54]

延伸阅读：几近理想的需求系统

对 NIDS 的计量经济学应用是基于多阶段规划的思路，这种方法认为消费者的购买决定可以被拆分成许多阶段。例如，豪斯曼、雷纳德和佐纳采用三阶段程序。[55] 欧盟委员会在弗里斯兰食品公司/坎皮纳公司案中采用了多层次预算的 NIDS 模型。[56] 在初始阶段消费决定是否要买的产品类型（例如，汽车）。在第二阶段，消费者决定希望从哪一区间的产品类型中购买（例如，小汽车、旅行车、三排座家庭轿车、豪华大轿车、软顶车等）。在第三阶段，消费者从喜欢的区间中决定希望选择的具体产品（即决定购买三排座家庭轿车，应该是 Espace、Galaxy、Zafira 或者是 S Max?）。

与这三个决定层级相对应，需要在三个层级估计需求方程。最高层级的方法评估市场整体的需求弹性（例如，所有汽车），中间层级的方程评估市场的区间弹性（例如，小汽车、旅行车、三排座家庭轿车等），而较低层次的方程评估每一区间的弹性（例如，标致 207、大众 Polo、日产 Micra 等）。[57] 因此，所有三个层级的结果结合在一起给出每一产品自价格弹性和交叉价格弹性的估值。

较低层级方程的形式如下：

$$(20)\ s_{it} = \alpha_i + \beta_i \log \frac{yGt}{P_t} + \sum_{j=1}^{F} \gamma_{ij} \log P_{jt} + \varepsilon_{it}$$

---

[54] 这些约束是不同分段之间的替代程度，对两个区间中的每种产品来说是相同的。因此，如果 A 和 B 在同一区间"自有品牌"，C 和 D 在"品牌"区间，那么，A 和 C 之间的替代程度等于 A 和 D 之间、B 和 C 之间以及 B 和 D 之间。对这些约束的检测非常重要，因为它使得分析人员拒绝对产品的任意分段。

[55] Hausman, Leonard and Zona (1994)。

[56] COMP/M. 5046 Friesland Foods/Campina (2008 年 12 月 17 日)。

[57] 有时仅使用两个层级：较高级和较低级。

式中 s_{it} 是在 t 时段对 i 品牌总分段支出的收入份额；

a_i 是品牌特有的常项；

y_{Gt} 是 t 时总的分段支出；

P_t 是 t 时分段支出的价格指数；

P_{jt} 是 t 时品牌 j 的价格；

ε_{it} 是误差项；

β_i 和 γ_{ij} 是回归系数。

这个方程把分段收入份额与分段支出、自价格和区间内替代产品的价格联系起来。分段支出变量考虑到了分段同位相似性不存在的情况（即，对分段支出变化时的既定价格来说，支出份额不是常量的概率），只是通过要求 $\gamma_{ij} = \gamma_{ji}$ 来施加了斯勒茨基对称性约束（请注意，左侧变量是收入份额，不是数量，因此这是斯勒茨基对称性的正确形式。）

中间层级方程的形式为：

$$(21)\ \log q_{mt} = \beta_m \log y_{Bt} + \sum_{k=1}^{K} \delta_{mk} \log \pi_{kt} + \alpha_m + \varepsilon_{mt}$$

式中，q_{mt} 是 t 时间 m 区间的销售量水平；

y_{Bt} 是关于产品的总支出（即所有分段）；

π_{kt} 是 t 时 k 区间的价格指数；

α_m 是区间特定常量；

ε_{mt} 是误差项；

β_m 和 δ_{mk} 是回归系数。

这一方程把一个区间的销售量与对某个产品的总支出、每一区间单独的价格指数联系起来。价格指数的正确形式（即从效用理论中得出的）是相当复杂的，因此在实践中常采用斯通指数。[58] δ_{mk} 是区间弹性。总支出变量可以被认为是考虑了收入影响，并且应该考虑关于所得出弹性的更精确估值。

---

⑧　斯通指数是加权平均的产品价格对数的份额。

较高层级方程的形式：

(22) $\log \mu_t = \beta_0 + \beta_1 \log y_t + \beta_2 \log \Pi_t + \delta Z_t + \varepsilon_t$

式中，μ_t 是产品的总销售量；

y_t 是紧缩的可支配收入；

Π_t 是产品紧缩的价格指数；

Z_t 是其他相关变量；

ε_t 是误差项；

β_0，β_1，β_2 和 δ 是回归系数。

这个方程是估算总产品弹性的一个简单对数线性回归。

一旦所有层次的方程都得到评估，其结果可以综合得出所有自价格和交叉价格弹性的有效估值。作为简单的检测，人们期望单个弹性应该比分段弹性要好，分段弹性应该比整体弹性更好。

解决联立性问题

事实上，在评估这些方程时，人们应该预料到会存在一些问题，因为这些方程都包含了右侧的外生变量（即，当前价格变量用来"解释"当前的数量变量）。如上所述，这一问题的一个解决方法是利用工具变量评估。[59] 但是，在差异化产品行业，很少有足够的工具变量用来完成这项工作，那么这个问题的解决方案是，利用扫描技术的证据，即价格和数量序列可以按区域或城镇获取。[60] 一个品牌在某一区域的价格应该被认为是对

---

[59] 简言之，这个计量经济学方法用一组外生代理变量代替了右侧的外生变量。例如，如果外生变量是一个价格变量，人们可能会用一组成本变量（这里的成本是产品的投入成本，我们关注的是该产品的价格）"工具化"它（即代替它）。一个可以替代的方法是，证明价格是提前几周设定的，因此数量不是同时决定的。除非整个国家的价格是统一的，否则这一论证方法的问题是，所报告的平均价格将是加权平均，其权重由每一区域所销售的数量决定，销售量将取决于那个区域的价格。因此，所报告的价格不可能是真实的外生变量，即使价格设定的非常靠前。

[60] 这种解决方案由 Hausman、Leonard 和 Zona 在 1994 年提出。

另一区域同一品牌很好的工具变量（即替代变量）。因此，人们可以一个区域接着一个区域、一个城镇一个城镇地进行评估，完成基础工作，然后对这些结果取平均值。

但是，想当然地认为某一区域中的价格是另一个区域价格很好的工具变量也是存在争议的。因为人们假定这些区域面对不同的需求冲击，一个区域的价格由成本和需求冲击共同决定。另一区域的价格应该由共同成本决定，因此共同成本可以作为对决定价格的基础成本的替代。但是，如果需求冲击是相关的，那么这会导致计量经济学估值的偏差。在美国，在不同州的城镇中，假设某些时期不同州的不同城镇，其需求冲击不同是合理的，特别是在该国不同边缘的州，尽管全国范围的需求变化明显不是这样，例如在全国范围内的衰退或繁荣或者广告宣传活动等。但是，在欧盟国家中这种假设的合理性更成问题，这说明传统可利用的工具变量方法，或许要更好。当然，这也说明在每个案件中要有一些思考，要考虑不同区域面对不相关的需求冲击的假设是否合理。

> 本附录介绍了构成多元回归分析基础的一些基本思路，利用一个处理过的评估各种需求弹性的例子对此进行了说明。本章旨在为这些统计方法提供一个综述，说明在什么时候这些方法或许是有用的。作为重要的内容，本章讨论了一些规范检测，能够用来检测一个既定的计量经济学模型是否是精确设定的（即当模型是精确设定的，那么就值得付出努力得到评估的结果）。最后，我们谈及了关于需求弹性评估技术更高级的部分，这是反垄断法中多元回归分析的关键应用，但技术上通常十分困难。

参考文献

Adelman, "Economic aspects of the Bethlehem opinion" (1959) Virginia Law Revue

Ahlborn, Evans, D., and Padilla, J., "Competition Policy in the New Economy: Is European Competition Law Up to the Challenge?" (2001) 5European Competition Law Review

Ahrel, P. (1994) . "Jurisprudence relative aux practiques restrictives de concurrence en 1993"Revue de la Concurrence et de la Consommation, No 80

Amato, G., Antitrust and the Bounds of Power (Hart Publishing, 1997)

American Bar Association, Econometrics: legal, practical and technical issues (ABA Publishing, 2005)

Anderson, S.P. and de Palma, A., "Multiproduct firms: a related logit approach" (1992) Journal of Industrial Economics, p.40

Antitrust & Trade Regulation Report, various issues

Appelbaum, E., "The Estimation of the Degree of Oligopoly Power" (1982) Journal of Econometrics Vol.19, pp.287-299

Areeda, P.E., "Essential Facilities: An Epithet in Need of Limiting Principles" (1990) Antitrust Law Journal Vol.58, pp.841-853

Areeda, P.E. and Hovenkamp, H., Antitrust Law (Supplement, 1990) pp. 740-787

Areeda, P.E. and Turner, D.F., "Predatory Pricing and Related Practices under Section 2 of the Sherman Act" (1975) Harvard Law Review Vol.88, pp.

697–733

Areeda, P. E. and Turner, D. F. Antitrust Law (Boston, Little, Brown, 1978)

Areeda, P. E. and Turner, D. F., "Market Power in Antitrust Cases" (1981) Harvard Law Review Vol.94, pp.937–996

Ariely, D., Predictably Irrational: The hidden forces that shape our decisions (Harper Collins, 2008)

Armstrong, M. and Vickers, J., "The Access Pricing Problem", Discussion Papers in Economics and Econometrics (University of Southampton, 1995) No 9506

Armstrong, M. and Wright, J., "Mobile Call Termination" (2007) available at http://ssrn. com/abstract = 1014322 [Accessed September 18, 2009]

Armstrong, M., "Competition in Two-sided Markets" (2006) Rand Journal of Economics Vol.37, Issue 3, pp.668–691

Asch, P. and Seneca, J.J., "Characteristics of Collusive Firms" (1975) Journal of Industrial Economics Vol.23, pp.223–237

Azzam, A. and Pagoulatos, E., "Testing Oligopolistic and Oligopsonistic Behaviour: An Application to the US Meat Packing Industry" (1990) Journal of Agricultural Economics Vol.41, pp.362–370

Babusiaux, M., "Principles et modalite's du contrô le du fonctionnement concurrentiel des marche's" (1996) Revue de la Concurrence et de la Consommation, nfa 92

Bael, I. and Bellis, J.-F., Anti-dumping and Other Trade Protection Laws of the EEC 2nd edn (CCH Editions Ltd, 1990)

Baer, W.J., Report from the Bureau of Competition Prepared Remarks of William J. Baer, Director, Bureau of Competition, Federal Trade Commission before the American Bar Association Antitrust Section

Bain, J.S., Barriers to New Competition (Cambridge, Harvard University Press, 1956)

Bain, J., "The Profit Rate as a Measure of Monopoly Power" (1941) Quarterly Journal of Economics Vol.55

Bajari, P. and Ye, L., "Deciding between Competition and Collusion" (2003) Review of Economics and Statistics Vol.85, pp.971-989

Baker, J., "Mavericks, Mergers and Exclusion: Proving Coordinated Effects under the Antitrust Laws" (2002) New York University Law Review Vol. 77, pp.135-203

Baker, S. and Coscelli, A., "The Role of Market Shares in Differentiated Product Markets" (1999) 8European Competition Law Review 412-419

Baker, J.B., Contemporary Empirical Merger Analysis (1997a) Federal Trade Commission Working Paper

Baker, J., "Econometric analysis in FTC v Staples" (1999) Journal of Public Policy and Marketing, 18: 11-21

Baker, J.B., "Unilateral Competitive Effects Theories in Merger Analysis" (1997c) Antitrust Vol.11, pp.21-26

Baker, J.B., "The Problem with Baker Hughes and Syufy: On the Role of Entry in Merger Analysis" (1997d) Antitrust Law Journal Vol.65, pp.353-374

Baker, J.B. and Bresnahan, T.F., "The Gains from Merger or Collusion in Product Differentiated Industries" (1985) Journal of Industrial Economics Vol. 33, pp.427-444

Baker, J.B. and Bresnahan, T.F., "Empirical Methods of Identifying and Measuring Market Power" (1992) Antitrust Law Journal Vol.61, pp.9-13

Baker, S. and Ridyard, D., "Portfolio Power: A Rum Deal?" (1999) 4 European Competition Law Review

Baldwin, L., Marshall, R. and Richard, J-F., "Bidder Collusion at Forest Service Timber Auctions" (1997) Journal of Political Economy Vol.105, pp.

657-699

Banerji, A. and Meenakski, J., "Buyer Collusion and Efficiency of Government Intervention in Wheat Markets in Northern India: An asymmetric structural auctions analysis" (2004) American Journal of Agricultural Economics Vol.86, pp.236-253

Baumol, W.J., "Predation and the Logic of the Average Variable Cost Test" (1996) Journal of Law and Economics Vol.39, pp.49-72

Baumol, W.J., Panzar, J. and Willig, R., Contestable Markets and the Theory of Industry Structure (New York, Harcourt Brace Jovanovich, 1982)

Bavasso A., "The role of intent in Article 82" (2005) European Competition Law Review

Beckert, W. and Mazzarotto, N. "Price-concentration analysis in merger cases with differentiated products" (2006) UK Competition Commission working paper

Bellamy, C.W. and Child, G.D., Common Market Law of Competition 4th edn (London, Sweet & Maxwell, 1993)

Bengtsson, C., "Simulating the effect of Oracle's takeover of PeopleSoft" in P. van Bergeijk and E. Kloosterhuis (eds) Modelling European mergers: theory, competition policy and case studies (Cheltenham, Edward Elgar, 2005) pp.92-106. Bergstrom, T. and Varian, H., "Two Remarks on Cournot Equilibria" (1985) Economic Letters, Vol.19, pp.5-8

Bernheim, B.D. and Whinston, M., "Multimarket contract and collusive behavior" (1987) Harvard Institute of Economic Research, working paper No 1317

Bernheim, B.D. and Whinston, M., "Multimarket contract and collusive behavior" (1990) Rand Journal of Economics Vol.21, No.1, pp.1-26

Berry, S., "Estimation of a Model of Entry in the Airline Industry" (1992) Econometrica Vol.60, pp.889-917

Berry, S., Pakes, A. and Levinsohn, J., "Automobile Prices in Market E-quilibrium" (1995) Econometrica, Vol.63, pp.841–890

Berry, S., Pakes, A. and Levinsohn, J., Differentiated Products Demand Systems from a Combination of Micro and Macro Data: Autos Again (Mimeo, Yale University, 1997)

48.Berry, S. and Waldfogel, J., "Do mergers increase product variety? Evidence from radio broadcasting" (2001) The Quarterly Journal of Economics, Vol.116, pp.1009–25

Bertrand, J., Review of Recherches sur la Principes Mathematique de la Theorie des Richesses (1883) Journal des Savants pp.499–508

Besanko, D. and Perry, M.K., "Exclusive Dealing in a Spatial Model of Retail Competition" (1994) International Journal of Industrial Organisation, Vol. 12, pp.297–329

Bessler, D.A. and Brandt, J.A., "Causality Tests in Livestock Markets" (1982) American Journal of Agricultural Economics Vol.64, pp.140–144

Beverly, L., "Stock market event studies and Competition Commission inquiries" (2007) Competition Commission Occasional Paper Bishop, S., Quantitative Techniques for Assessing Mergers (unpublished handbook prepared for the Merger Task Force, EC Commission, 1984)

Bishop, S., "The European Commission's Policy Towards State Aid: A Role for Rigorous Competitive Analysis" (1997) European Competition Law Review Vol.18, No.2, pp.84–86

Bishop, S. and Ridyard, D., "Oscar Bronner: Legitimate Refusals to Supply" (1999) European Economics and Law

Bishop S., "The Elephant in the Room: A proper place for dominance in Article 82 case" (2007) unpublished mimeo

Bishop S., "Loyalty Rebates and "Merger Standards": A Roadmap for the Practical Assessment of Article 82 Investigations" (2008) inEhlermann and Marquis (eds) "European Competition Law Annual 2007: A Reformed Approach to Article 82 EC" (Hart Publishing)

Bishop S., "Pro-competitive Exclusive Supply Agreements: How Refreshing!"European Competition Law Review Vol.24, Issue 5

Bishop, B. and Bishop, S., "Reforming Competition Policy: Bundeskartellamt—Model or Muddle?" (1996a) European Competition Law Review Vol.17, No 4, pp.207-209

Bishop S. and Baker S., "The role of market definition in monopoly and dominance inquiries" (2001) Economic Discussion Paper 2, Office of Fair Trading

Bishop, B. and Bishop, S., "When Two is Enough: Competition in Bidding Markets" (1996b) European Competition Law Review, Vol.17, No 1, pp.3-5

Bishop, S. and Darcey, M., A Relevant Market Is Something Worth Monopolising (unpublished Mimeo, 1995)

Bishop and Lofaro, "Assessing Coordinated Effects: Theory and Practice of EC and US Merger Control"Antitrust Bulletin (2005)

Bishop S., Lofaro A., Rosati F. and Young J., "The Efficiency-Enhancing Effects of Non – Horizontal Mergers" (2005) Report for DG Enterprise, European Commission

Bishop S. and Marsden P., "The Article 82 Discussion Paper: A Missed Opportunity", (2006) European Competition Journal Vol.2 (1)

Bishop, S., "Modernisation of the Rules Implementing Articles 81 and 82", inEhlermann and Atanasiu (eds) European Competition Law Annual 2000: TheModernisation of EC Antitrust Policy (Hart Publishing, 2001)

Bishop, S. and Ridyard, D., "EC Vertical Restraints Guidelines: Effects-Based or Per Se Policy" (2002) 1European Competition Law Review

Bittlingmayer, G. and Hazlett, T., "Dos Kapital: has antitrust action against Microsoft created value in the computer industry?" (2000) Journal of Financial Economics, 55, pp.329-359

Bolton, P. and Scharftstein, D., "A Theory of Predation Based on Agency Problems in Financial Contracting" (1990) American Economic Review Vol.80, pp.93-106

Borenstein, S. and Shepard, A., "Dynamic Pricing in Retail Gasoline Markets" (1996) Rand Journal of Economics Vol.27, No.3, pp.429-451

Bork, R., "The Rule of Reason and the per se Concept" (1966) Yale Law Journal Vol.75, pp.373-475

Bork, R., The Antitrust Paradox: A Policy at War with Itself (New York, Basic Books, 1978)

Borenstein, S., "Hubs and High Fares: Dominance and Market Power in the US Airline Industry" (1989) Rand Journal of Economics, Vol.20, pp. 344-365

Boshoff, W., "Stationarity tests in geographic markets: an application to South African milk markets" (2007) South African Journal of Economics 75Bresnahan, T.F., Testing and Measurement in Competition Models (Paper presented at 7th World Congress of the Econometric Society, Tokyo, 1996)

Bresnahan, T. F. and Reiss, P., "Do Entry Conditions Vary Across Markets" (1987) Brookings Papers on Economic Activity: Microeconomics Vol. 3, pp.833-871

Bresnahan, T.F. and Reiss, P., "Entry in Monopoly Markets" (1990) Review of Economic Studies Vol.57, pp.531-553

Bresnahan, T.F. and Reiss, P., "Entry in Monopoly Markets" (1990) Review of Economic Studies Vol.57, pp.531-553

Bulletin Officiel de la Concurrence, de la Consommation et de law Répression des Fraudes 1991-97

Burns, M.R., "Predatory Pricing and the Acquisition Costs of Competitors" (1996) Journal of Political Economy Vol.94, pp.266-296

Carbajo, J., De Meza, D. and Seidmann, D.J., "A Strategic Motivation for Commodity Bundling" (1990) Journal of Industrial Economics Vol. 38, pp. 283-298

Carlton, D. and Klamer, M., "The Need for Co-ordination among Firms with Special Reference to Network Industries" (1983) University of Chicago Law Review Vol.50, p.446

Carlton, D. and Waldman M., "The Strategic Use of Tying to Preserve and Create Market Power in Evolving Industries, " (2002) RAND Journal of Economics Vol.33 (2), pp.194-220, Summer

Carlton, D. and Perloff, J., Modern Industrial Organisation (Harper Collins, 2004)

Cartwright, P.A., Kamerschen, D.R. and Huang, M.-Y., "Price Correlation and Granger-Causality Tests for Market Definition" (1989) Review of Industrial Organization, Vol.4, pp.79-98

Chamberlin, E., The Theory of Monopolistic Competition 6th edn (Harvard University Press, 1950)

Chérel, A., "Le principe d'interprétation stricte des textes" (1996a) Revue de la Concurrence et de la Consommation No 91

Chérel, A., "Responsabilite's des dirigeants et délégation de pouvoir" (1996b) Revue de la Concurrence et de la Consommation No 94

Chow, G.C., "Tests of Equality between Sets of Coefficients in Two Linear-Regressions"m (1960) Econometrica, Vol.28, pp.591-605

Christie, W. and Schultz, P., "Why do NASDAQ Market Makers Avoid Odd-eight Quotes?" (1994) Journal of Finance Vol.49, pp.1813-1840

Church J., "The Impact of Vertical and Conglomerate Mergers on Competition" (2004) Report for DG Competition, European Commission

Church J., "The Church report's analysis of vertical and conglomerate mergers: a reply to Cooper, Froeb, O'brien, and Vita " (2005) Journal of

Competition Law and Economics1（4）：797-802

Coase, R., "Durability and Monopoly" (1972) Journal of Law and Economics Vol.15, pp.143-149

Coate, M.B., Kleit, A.N. and Bustamante, R., "Fight, Fold or Settle? Modelling the Reaction to FTC Merger Challenges" (1995) Economic Inquiry Vol.33, No 4, p.537 (15)

Coe, P. and Krause, D., "An analysis of price-based tests of antitrust market delineation" (2008) Journal of Competition Law and Economics Vol.4 (4), pp.983-1007

Compte O., Jenny, F. and Rey, P., "Capacity Constraints, Mergers and Collusion" (2002) European Economic Review Vol.46 (1), pp.1-29

Connor, J., Global Price Fixing: Our customers are the enemy (Boston: Kluwer Academic, 2001)

Connor, J., "Price – fixing overcharges: legal and economic evidence" (2005) Working Paper, Purdue University (Staff Paper No 04-17)

Connor, J. and Bolotova, Y. "Cartel overcharges: survey and meta-Analysis" (2006) International Journal of Industrial Organization, 24 (6), 1109-1137

Connor, J. and Bolotova, Y., "The impact of collusion on price behaviour: empirical results from two recent cases" (2006) International Journal of Industrial Organization26, 6, pp.1290-1307

Connor, J.M., "Forensic economics: an introduction with special emphasis on price fixing" (2007) Journal of Competition Law and Economics 4 (1), 31-59

Connor, J., "Price – fixing overcharges: legal and economic evidence" (2007) inZerbe, R. and Kirkwood, J. (eds) Research in Law and Economics Vol.22 (Emerald Group Publishing Ltd)

Conseil de la Concurrence (1987-95) Annual Reports

Cooper, J., Froeb L., O'Brien D. and Vita M., "Vertical Antitrust Policy as a Problem of Inference" (2005) International Journal of Industrial Organization 23, pp.639-664.

Cournot, A., Researches into the Mathemetical Principles of the Theory of Wealthtranslated by N. Bacon (New York, Macmillan, 1838)

Cowling, K. and Mueller, D., "The Social Costs of Monopoly Power" (1978) Economic Journal, Vol.88, pp.727-748

Cramton, P and Palfrey, T., "Cartel Enforcement with Uncertainty About Costs" (1990) International Economic Review Vol.31, pp.17-41

Crane, S. and Welch, P., "The Problem of Geographic Market Definition: Geographic Proximity versus Economic Significance" (1991) American Economic Journal Vol.xx, pp.313-341

Cremer, J., Rey, P., and Tirole J., "Connectivity on the Commercial Internet" (2000) Journal of Industrial Economics Vol.48, pp.433-472

Crooke, P., Froeb, L., Tschantz, S. and Werden, G.J., "Effects of assumed demand form on simulated postmerger equilibria" (1999) Review of Industrial Organization15, 205-217

Dalkir, S. and Warren-Boulton, F., "Case 2: prices, market definition and the effects of merger: Staples-Office Depot (1997) "in Kwoka, J. and White. L. The antitrust revolution: economics, competition and policy, 5th edn (Oxford University Press, 2004)

Dalton, J.A. and Penn, D.W., "The Concentration-profitability Relationship: Is There a Price-concentration Ratio? (1976) Journal of Industrial Economics, Vol.25, pp.133-142

Dansby, R. and Willig, R., "Industry Performance Gradient Indices" (1979) American Economic Review Vol.69, pp.249-260

Dasgupta, P. and Stiglitz, J., "Industrial Structure and Innovative Activity" (1980a) Economic Journal Vol.90, pp.266-293

Dasgupta, P. and Stiglitz, J., "Uncertainty, Market Structure and the Speed of R&D" (1980b) Bell Journal of Economics Vol.11, pp.1-28

Davidson, C. and Deneckere, R., "Excess Capacity and Collusion" (1990) International Economic Review Vol.31, pp.521-542

Davidson, C. and Deneckere, R., "Long-run competition in capacity, short-run competition in prices, and the Cournot model" (1986) Rand Journal of Economics, Vol.17, pp.404-415

Davis, P., "Coordinated effects merger simulation with linear demands" (2006) UK Competition Commission Working Paper

De Leyssac, L., "La réparation du dommage à l'économie" (1995) Revue de la Concurrence et de la Consommation No 83

Deaton, A. and Muellbauer, J., Economics and Consumer Behaviour (Cambridge University Press, 1980a)

Deaton, A. and Muellbauer, J., "An Almost Ideal Demand System" (1980b) American Economic Review Vol.70, pp.312-326

DeGroot, M.H., Probability and Statistics (Addison-Wesley, 1989)

Demsetz, H., "Industry Structure, Market Rivalry, and Public Policy" (1973) Journal of Law and Economics Vol.16, pp.1-16

Deneckere, R. and Davidson, C., "Incentives to Form Coalitions with Bertrand Competition" (1985) Rand Journal of Economics, Vol.16, pp.473-486

Department of Justice and Federal Trade Commission, Horizontal Merger Guidelines (Washington, 1992)

Diamond, P. and Hausman, J.J., "Contingent Valuation: Is Some Number Better than No Number?" (1994) Journal of Economic Perspective p.45

Dick, A.R., "Are Export Cartels Efficiency Enhancing or Monopoly-Promoting?" (1992) Research in Law and Economics Vol.15, pp.89-127

Dick, A.R., "When Are Cartels Stable Contracts?" (1996) Journal of Law and Economics Vol.39, pp.241-283

Dick, A.R., If Cartels Were Legal, Would Firms Fix Prices? (1997) Mimeo, Economic Analysis Group, Antitrust Division, US Department of Justice

Dickey, D. A. and Fuller, W.A. "Distribution of the estimators for autoregressive time series with a unit root" (1979) Journal of the American Statistical Association427-31

Dixit, A.K., "The Role of Investment in Entry Deterrence" (1980) Economic Journal Vol.90, pp.95-106

Dixit, A. and Pindyck, R., Investment under Uncertainty (Princeton Press, 1993)

Dobson, P.W. and Waterson, M., Exclusivity Agreements between Manufacturers and Retailer (Mimeo, University of Nottingham, 1994)

Dobson, P. W. and Waterson, M., Vertical Restraints and Competition Policy (1996) Office of Fair Trading Research Paper No 12

Dobson, P. W. and Waterson, M., "Countervailing Power and Consumer Prices" (1997) Economic Journal, Vol.107, pp.418-430

Dobson, P. and Inderst, R., "Differential Buyer Power and the Waterbed Effect: Do Strong Buyers Benefit or Harm Consumers?" (2007) European Competition Law Review Vol.28, Isssue 7

Dolado, J.J., Jenkinson, T. and Sosvilla-Rivero, S., "Cointegration and Unit Roots" (1990) Journal of Economic Surveys Vol.4, pp.249-273

Doornik, J. and Hendry, D., Empirical econometric modelling using PcGive 12 (Timberlake Consultants Press, 2007) Vol.1

Durbin, J. and Watson, G., "Testing for Serial Correlation in Least Squares Regression—I" (1950) Biometrika Vol.37, pp.409-428

Durbin, J. and Watson, G., "Testing for Serial Correlation in Least Squares Regression—II" (1951) Biometrika Vol.38, pp.159-178

Easterbrook, F.H., "On Identifying Exclusionary Conduct" (1981) Notre Dame Law Review Vol.61, pp.972-980

Easterbrook, F.H., "The Limits of Antitrust" (1984) Texas Law Review, Vol.63, pp.1-40

Eckbo, B., "Horizontal mergers, collusion, and stockholder wealth" (1983) Journal of Financial Economics 11 pp.241-73

Edgeworth, F., "La Teoria Pura del Monopolio" (1897) Giornale degli Economisti Vol.40, pp.13-31; reprinted in English as "The Pure Theory of Monopoly" in F. Edgeworth, Papers Relating to Political Economy, Vol.1 (London: MacMillan & Co Ltd, 1925), pp.111-1421

Edwards, J., Kay, J. and Mayer, C., The Economic Analysis of Accounting Profitability (Clarendon Press, 1987)

Elhauge E., "Defining Better Monopolization Standards", (2003) 56 Stanford Law Review253

Elzinga, K. and Hogarty, T., "The Problem of Geographic Market Definition in Antimerger Suits" (1973) Antitrust Bulletin Vol.18, p.45

Emch A. and Leonard L., "Predatory pricing after LinkLine and Wanadoo" (2009) GCP The Online Magazine for Global Competition Policy

Engle, R.F. and Granger, C.W.J., "Co-integration and Error Correction: Representation, Epstein, R. andRubinfeld, D., 'Merger simulation: a simplified approach with new applications" (2002) Antitrust Law Journal Vol.69, pp. 883-919

Epstein, R. and Rubinfeld, D., "Effects of mergers involving differentiated products" (2004) Technical Report for DG Competition (European Commission)

Estimation and Testing" (1987) Econometrica Vol.55, pp.251-276

Esposito, F. and Esposito, L., "Excess Capacity and Market Structure" (1974) Review of Economics and Statistics Vol.52, pp.188-194

European Commission "Commission decision of 24 April 1996 declaring a concentration to be incompatible with the common market and the functioning of the EEA agreement (Case No.IV/M.619—Gencor/Lonrho)" (1997a) Official

8c

Journal of the European Communities, Vol.40, L11, pp.30–72

European Commission Green Paper on Vertical Restraints in EC Competition Policy (1997b) Com (96) 721; [1997] 4 C.M.L.R. 519

European Commission Follow-up to the Green Paper on Vertical Restraints: Draft Communication on the Application of the EC Competition Rules to Vertical Restraints (1997c) unpublished discussion document

European Commission Notice on the Relevant Market for the Purposes of Community Competition Law (1997d) 97/C 372/03

Evans, D. and Schmalensee, R., "Markets with Two-sided Platforms" in Wayne Dale Collins (ed.), Issues in Competition Law and Policy Vol.III

Evans and Schmalensee Some Economic Aspects of Antitrust Analysis in Dynamically Competitive Industries (2001) NBER Working Paper 8268

Evans D. and Schmalensee R., "Markets with Two-Sided Platforms" (2008) Issues in Competition Law and Policy (ABA Section of Antitrust Law) Vol.1, Chapter 28

Evans, W. and Kessides, I., "Localized Market Power in the US Airline Industry" (1993) Review of Economics and Statistics Vol.75, pp.66–75

Evans, W., Froeb, L. and Werden, G., "Endogeneity in the Concentrationprice Relationship: Causes, Consequences, and Cures" (1993) Journal of Industrial Economics, Vol.44, pp.431–438

Farrell, J. and Shapiro, C., "Horizontal Mergers: An Equilibrium Analysis" (1990a) American Economic Review Vol.80, pp.107–126

Farrell, J. and Shapiro C., "Horizontal Mergers: An Equilibrium Analysis" (1990b) American Economic Review Vol.80, pp.107–126

Farrell J. and Shapiro C., "Improving Critical Loss Analysis", (2008) Antitrust Source

Faull, J. and Nikpay, The EC Law of Competition (1999)

Fee, C. and Thomas, S., "Sources of gains in horizontal mergers: evidence from customer, supplier and rival firms" (2004) Journal of Financial Economics74, pp.423-460

Fershtman, C. and Pakes, A., "A Dynamic Oligopoly with Collusive Price Wars" (2000) Rand Journal of Economics Vol.31, No.2, pp.207-236

Finkelstein, M., "Regression Models in Administrative Proceedings" (1978) Quantitative Methods in Law p.238

Fisher, "The IBM and Microsoft Cases: What's the Difference?" (2000) American Economic Review, 90, No 2: 180-183 6.70

Fisher, Franklin and McGowan, "On the Misuse of Accounting Rates of Return to Infer Monopoly Profits" (1983) American Economic Review Vol.73, 1 3.64

Fisher F., "Horizontal Mergers: Triage and Treatment" (1987) Journal of Economic Perspectives Vol.No.2, p.13

Forchheimer, K., "Theoretishes zum unvollständigen Monopole" (1908) 32Jahrbuch für Gesetzgebung, Verwaltung und Volkswirtschaft 1

Ford, G. and Kline, A., "Event studies for merger analysis: an evaluation of the effects of non-normality on hypothesis testing" available at http://www.ssrn.com/abstract=925953[Accessed August 29, 2009]

Fourgoux, J.-C., "Complémentarité ou superposition des procédures de constatation et de répression des pratiques anticoncurrentielles" (1991) Revue de ScienceCriminelle p.774

Fourgoux, J.-C., "Discussion pénale et réparation du préjudice des victimes des pratiques anticoncurrentielles" (1997) Gazette du Palais No 43-44

Fraas, G.A. and Greer, D.F., "Market Structure and Price Collusion: An Empirical Analysis" (1977) Journal of Industrial Economics Vol.26, pp.21-44

Freedman, D., Pisani, R. and Purves, R., Statistics (New York, Norton, 1978)

Friederiszick, H.W., Rö ller, L-H. and Verouden, V. "European State

Aid Control: an economic framework" (2006) inBuccirossi, P. (ed.), .Handbook of Antitrust Economics (Cambridge, Mass.: MIT Press, 2008)

Froeb, L., Koyak, R., and Werden, G., "What is the effect of bid-rigging on prices?" (1993) Economics Letters 42, pp.419-423

Froeb, L. M. and Werden, G. J., "The Reverse Cellophane Fallacy in Market Delineation" (1992) Review of Industrial Organization p.7

Froeb, L., Tschantz, S. and Werden, G., "Pass through rates and the price effects of mergers" (2005) International Journal of Industrial Organization Vol.23, pp.703-15

Froot, K.A. and Klemperer, P.D., "Exchange Rate Pass-Through When Market Share Matters" (1989) American Economic Review Vol.79, No 4, pp. 637-654

Funderburk, D., "Price Fixing in the Liquid-asphalt Industry: Economic analysis versus the 'hot document'" (1974) Antitrust Law and Economics Review Vol.7, pp.61-74

Galbraith, J., "Countervailing Power" (1954) American Economic Review Papers and Proceedings Vol.44, pp.1-6

Geithman, F.E., Marvel, H.P. and Weiss, L.W., "Concentration, Price and Critical Concentration Ratios" (1981) Review of Economics and Statistics Vol.63, pp.346-353

Genakos, C. and Valleti, T., "Testing the 'Waterbed' Effect in Mobile Telephony" (2008) CEIS Working Paper No. 110, available at http://ssrn.com/abstract=1114856 [Accessed September 18, 2009]

Geweke, J., Meese, W. and Dent, W., "Comparing Alternative Tests of Causality in Temporal Systems: Analytic Results and Experimental Evidence" (1983) Journal of Econometrics Vol.21, pp.161-194

Gifford, Predatory pricing analysis in the Supreme Court" (1994) Antitrust Bulletin471 6.103

Gilbert, R., "Mobility Barriers and the Value of Incumbency" in R. Schmalensee and R. Willig (eds) Handbook of Industrial Organisation (Amsterdam, North Holland, 1989)

Gilbert, R. and Sunshine, S., "Incorporating Dynamic Efficiency Concerns in Merger Analysis: The Use of Innovation Markets" (1995) Antitrust Law Journal Vol.63, p.569

Goldberg, P., "Product Differentiation and Oligopoly in International Markets: The Case of the US Automobile Industry" (1995) Econometrica Vol.63, pp.891-951

Gorman, W., "Separable utility and aggregation" (1959) Econometrica Vol.27, pp.469-481

Granger, C., "Investigating Causal Relations by Econometric Models and Cross-spectral Methods" (1969) Econometrica Vol.37, pp.424-438

Green, E. and Porter, R., "Non-co-operative Collusion under Imperfect Price Information" (1984) Econometrica Vol.52, pp.87-100

Green, Edward J., "Continuum and Finite-Player Noncooperative Models of Competition, " (1984) Continuum and Finite-Player Noncooperative Models of Competition , Econometric Society Vol.52 (4) , pp.975-93, July.

Greene, W. H. Econometric Analysis 6th edn (Macmillan, New York, 2007)

Grout, P., and Sonderegger, S., "Predicting Cartels" (2005) OFT Economic Discussion Paper, OFT 773

Haag, M. and Klotz, R., "Commission Practice Concerning Excessive Pricing in Telecommunications" (1998) Competition Policy Newsletter No 2

Harberger, A., "Monopoly and resource allocation" (1954) American Economic Review44: 77-79

Harrington, J., "Post-cartel pricing during litigation" (2004) Journal of Industrial Economics52, 517

Harris, C., Electricity markets: pricing, structures and economics (2006) Wiley Finance

Harstad, R.M. and Phlips, L., Informational Requirements of Collusion Detection: Simple Seasonal Markets, (Mimeo, European University Institute, 1994)

Hart, O., "Incomplete contracts and the theory of the firm" Continuum and Finite-Player Noncooperative Models of Competition Journal of Law, Economics and Organization (1988) 4, 1, p.119

Hart, O. and Tirole, J., "Vertical Integration and Market Foreclosure" (1990) Brookings Paper, Microeconomics pp.205-286

Harvey, A.C., The Econometric Analysis of Time Series (Oxford, Philip Allan, 1981)

Hausman, J., Leonard, G. and Zona, J., "A Proposed Method for Analyzing CompetitionAmong Differentiated Products" (1992) Antitrust Law Journal Vol.60, pp.889-900

Hausman, J., Leonard G. and Zona, J., "Competition Analysis with Differentiated Products" (1994) Annules D'Economique et de Statistique Vol.34, pp.159-180

Hausman, J. and Leonard, G., "Economic Analysis of Differentiated Product Mergers Using Real World Data" (1997) George Mason Law Review5-3, Spring, p.321

Hawk, B. and Huser, H., European Community Merger Control: A Practitioner's Guide (Kluwer Law International, 1996)

Hay, D.A. and Kelly, G., "An Empirical Survey of Price Fixing Conspiracies" (1974) Journal of Law and Economics Vol.17, pp.13-38

Hay, D. A. and Morris, D. J., Industrial Economics and Organisation: Theory and Evidence (Oxford University Press, 1991)

Hemphill S., "The Role of Recoupment in Predatory Pricing Analyses

(2001) Stanford Law Review 53, 1581

Hendry, D.F., Dynamic Econometrics (Oxford University Press, 1995)

Hendel, I. and Nevo, A., "Sales and consumer inventory" (2006) Rand Journal of Economics Vol.37, 543-61

Hennessy, D., "Cournot oligopoly conditions under which any horizontal merger is profitable" (2000) Review of Industrial Organization Vol. 17, p. 277-84

Hicks, "Annual survey of economic theory: the theory of monopoly" (1935) Econometrica Vol.3, p.8, 2.21

Holmstrom, B. and Hart, O., "The Theory of the Firm" in R. Schmalensee and R. Willig (eds) Handbook of Industrial Organisation (Amsterdam, North Holland, 1989)

Hoppman, E., "Das Konzept der optimalen Wettbewerbsintensität. Rivalität undFreiheit des Wettbewerbs: Zum Problem eines wettbewerbspolitisch adäquaten Ansatzes der Wettbewerbstheorie" (1966) 180 Jahrbuch für Nationalökonomie und Statistik 286

Hoppman, E., "Zum Problem einer wirtschaftspolitisch praktikabelen Definition desWettsbewerbs" in Sneider (ed), Grundlagen der Wettbewerbspolitick (9) (1968)

Horowitz, I., "Market Definition in Antitrust Analysis: A Regression-based Approach" (1981) Southern Economic Journal Vol.48, pp.1-16

Hosken, D. and Reiffen, D., "Patterns of retail price variation" (2004) Rand Journal of Economics Vol.35, 128-46

Hosken, D. and Taylor, C., "Discussion of 'Using stationarity tests in antitrust market definition" (2004) American Law and Economics Review Vol.6, No 2, pp.465-475

Hotelling, H., "Stability in Competition" (1929) Economic Journal Vol. 39, pp.41-57

Hovenkamp, H., Economics and Federal Antitrust Law (Hornbook, 1985)

Hovenkamp, H., Federal anti-trust policy (1994)

Hovenkamp H., "Signposts of Anticompetitive Exclusion: Restraints on Innovation and Economies of Scale" (2007) in Barry Hawk (ed.) 2006 Fordham Competition Law Institute (Juris Publishing) Chapter 18

Howard, J. and Kaserman, D., "Proof of damages in construction industry bid-rigging cases" (1989) The Antitrust Bulletin 34, p.359

Howell, J., "Market Definition in Anti-trust Analysis: A Regression-based Approach: Comment" (1984) Journal of Reprints for Antitrust Law and Economics Vol.14, pp.1163-1170

Hsiao, C., Analysis of Panel Data (New York, Cambridge University Press, 1986)

Huang, M.-Y., The Delineation of Economic Markets (Ph.D. Dissertation, University of Georgia, Athens, Georgia, 1987)

Inderst, R. and Valletti, T., "Buyer Power and the 'Waterbed Effect'" (2008) CEIS Research Paper No.107, available at http://ssrn.com/abstract = 1113318 [Accessed September 18, 2009]

Ivaldi M., Jullien B., Rey P., Seabright P. and Tirole J., "The Economics of Unilateral Effects: Interim Report for DG Competition, European Commission" (2003), available on DG Comp website

Ivaldi, M., "Mergers and the New Guidelines: lessons from Hachette-Editis" in P. van Bergeijk and E. Kloosterhuis (eds) Modelling European mergers: theory, competition policy and case studies (Cheltenham, Edward Elgar, 2005) pp.92-106

Ivaldi, M. and Verboven, F., "Quantifying the effects from horizontal mergers in European competition policy" (2005) International Journal of IndustrialOrganisation Vol.23, pp.669-691

Jacquemin, A., Nambu, Tsuruhiko and Dewez, I., "A Dynamic Analysis of

Export Cartels: The Japanese Case" (1981) Economic Journal, Vol.91, pp. 685-696

Jacquemin, A. and Slade, M., "Cartels, Collusion and Horizontal Merger" in R. Schmalensee and R. Willig (eds) Handbook of Industrial Organisation (Amsterdam, North-Holland, 1989)

Jarque, C.M. and Bera, A.K., "Efficient Tests for Normality, Homoscedasticity and Serial Independence of Regression Residuals" (1980) Economics Letters Vol.6, pp.255-259

Jenny, F., "Competition and State Aid Policy in the European Community" (1994) Fordham International Law Journal Vol.18, pp.525-554

Jenny, F., "Les relations entre le Droit et l'Economie dans l'Ordonnance du ler décembre 1986" (1997) Gazette du Palais No 43-44

Johansen, S., "Estimation and hypothesis testing of cointegrating vectors in Gaussian vector autoregressive models" (1991) Econometrica, 59, 1551-80

Jones, C. and González-Díaz, E., The EEC Merger Regulation (London, Sweet & Maxwell, 1992)

Joskow, P.L. and Klevorick, A.K., "A Framework for Analysing Predatory Pricing Policy" (1979) Yale Law Journal Vol.89, pp.213-270

Judd, K., "Credible Spatial Preemption" (1985) Rand Journal of Economics Vol.16, pp.153-166

Kamien, M. and Schwartz, N., Market Structure and Innovation (Cambridge University Press, 1982)

Katz, M. and Shapiro, "Systems Competition and Network Effects" (1994) Journal of Economic Perspectives Vol.8, No 2, Spring 6.53

Katz, M. and Shapiro, C., Antitrust in Software Markets Conference paper presented at Progress and Freedom Foundation conference, 1998

Katz M. and Shapiro C., "Critical Loss: Let's Tell the Whole Story", (2003) Antitrust, Spring

Kihlstrom, R. and Vives, X., "Collusion by Asymmetrically Informed Duopolists" (1989) European Journal of Political Economy, Vol.5, pp.371-402

Klein, B., Crawford R.G., and Alchian, A.A., "Vertical Integration, Appropriable Rents, and the Competitive Contracting Process" (1978) Journal of Law and Economics Vol.21, pp.297-326

Klein, C., Rifkin, E.J., and Uri, N.D., "A Note on Defining Geographic Markets" (1985) Regional Science and Urban Economics Vol.15, pp.109-119

Klein, J., "A Stepwise Approach to Antitrust Review of Horizontal Agreements" (1996) American Bar Association's Antitrust Section Semi-Annual Fall Policy Program

Klein, J., "DoJ Analysis of Radio Mergers." Address by Joel Klein, Acting Assistant Attorney General, Antitrust Division, US Department of Justice, 1997

Kleit, A.N., An Analysis of Vertical Relationships among Railroads: Why Competitive Access Should Not BeAn Antitrust Concern (1989) Bureau of Economics, US Federal Trade Commission Working Paper No 176

Klemperer, P., "Entry Deterrence in Markets with Consumer Switching Costs" (1987a) Economic Journal Vol.97, pp.99-117

Klemperer, P., "Markets with Consumer Switching Costs" (1987b) Quarterly Journal of Economics Vol.102, pp.375-394

Klemperer, P., "The Competitiveness of Markets with Switching Costs" (1987) Rand Journal of Economics Vol.18, pp.138-150

Klemperer, P., "Competition policy in auctions and 'bidding markets'" in Buccirossi, P. (ed) The Handbook of Antiturst Economics (MIT Press, 2008)

Kobayashi B., "The Economics of Loyalty Discounts and Antitrust Law in the United States" (2005) Competition Policy International Vol.1, No.115, Autumn

Koboldt and Maldoom "Optimal fixed-to-mobile interconnection charges" Paper presented at the 12th European Regional ITS conference, Dublin, September 2-3, 2001 9-13

Kolasky, W., "Coordinated Effects in Merger Review: From Dead French-men to Beautiful Minds and Mavericks", Speech to ABA Section of Antitrust Law Spring Meeting, 2002 (http://www. usdoj. gov/atr/public/speeches/11050. htm [Accessed August 29, 2009)

Korah, V., EC Competition Law and Practice 7th edn (London, Sweet & Maxwell, 2001)

Krattenmaker, T.G. and Salop, S.C., "Exclusion and Antitrust" (1987) RegulationNos 3/4, pp.29-33

Krattenmaker, Lande and Salop, "Monopoly Power and Market Power in Antitrust Law" (1987) The Georgetown Law Journal Vol.76, pp.241-269 3.55

Krattenmaker, T. G. and Salop, S. C., "Anti – competitive Exclusion: Raising Rivals' Costs to Achieve Power over Price" (1986) The Yale Law Journal Vol.96, No 2, pp.209-293

Kreps, D., Game Theory and Economic Modelling (Oxford, Oxford University Press, 1991)

Kreps, D. and Scheinkman, J., "Cournot Precommitment and Bertrand Competition YieldCournot Outcomes" (1983) Bell Journal of Economics Vol.14, pp.326-337

Kreps, D. and Wilson, R., "Reputation and Imperfect Information" (1982) Journal of Economic Theory Vol.27, pp.253-279

Kroes N. "Preliminary thoughts on policy review of Article 82", speech at the Fordham Corporate Law Institute (2005)

Kroes N., "Exclusionary abuses of dominance – the European Commission's enforcement priorities"Annual Fordham Antitrust Conference (2008)

Kühn, K., Stillman, R. and Caffara, C., "Economic Theories of Bundling and their Policy Implications in Abuse Cases: An Assessment in Light of the Microsoft Case" (2005) European Competition Journal Vol.1, pp.85-122

Kühn, K. - U., Seabright, P. and Smith, A., "Competition Policy Research: Where Do We Stand?" (1992) CEPR Occasional Paper No 8

Kühn, K. - U., "The Coordinated Effects of Mergers" in Buccirossi, P. (ed.), Handbook of Antitrust Economics (MIT Press, 2008)

Kwoka, J. "The price effects of bidding conspiracies: evidence from real estate auction 'knockouts'" (1997) The Antitrust Bulletin 42, p.503

La Cour, L. F. and Møllgaard, P., "Meaningful and Measurable Market Domination" (2003) E.C.L.R. 363-367

Lafontaine, F. and Slade, M., "Exclusive Contracts and Vertical Restraints: Empirical evidence and public policy" inBuccirossi, P. (ed.), Handbook of Antitrust Economics (MIT Press, 2008)

Langenfeld J. and Li W., "Critical loss analysis in evaluating mergers" (2001) The Antitrust Bulletin 299-337

Leibenstein, H., "Allocative Efficiency as X-Efficiency" (1966) American Economic Review Vol.56, pp.392-415

Leibowitz, J., "The Good, the Bad and the Ugly: Trade associations and antitrust" (2005) Remarks by FTC Commissioner Leibowitz to the ABA Antitrust Spring Meeting, Washington DC

Lerner, A., "The Concept of Monopoly and the Measurement of Monopoly Power" (1934) Review of Economic Studies Vol.1, pp.157-175

Lesquins, J.-L., "L'existence d'un 'seuil de sensibilité' en Droit Franc, ais de la Concurrence" (1995) Revue de la Concurrence et de la Consommation No 94

Levenstein, M. and Suslow, V., "Cartel Bargaining and Monitoring: The role of information sharing" (2006) Seminar to the Swedish Competition Authority

Levenstein, M. and Suslow, V., "Private International Cartels and their Effect on Developing Countries" (2001), Mimeo, University of Massachusetts

Levenstein, M. and Suslow, V., "What determines cartel success?" (2006) Journal of Economic Literature44 (1), 43-95

Levy, N., "Kimberly-Clark/Scott and the Power of Brands" (1996) 7 E. C.L.R. 403-410

Levy, D. and Reitzes, J., "Anticompetitive Effects of Mergers in Markets with Localised Competition" (1992) Journal of Law, Economics and Organisation, Vol.8, p.112

Lewis, S. and Lofaro A., "GoogleDoubleClick: The Search for a Theory of Harm" (2008) European Competition Law Review Issue 12, pp.717-720

Lexecon, Beyond Argument: Defining Relevant Markets (1994) Competition Memo

Lexecon, Boeing/McDonnell Douglas (1997) Competition Memo

Liebeler, W.J., "Exclusion and Efficiency" (1987) Regulation Nos 3-4, pp.34-40

Lin, Y.J., "The Dampening-of-Competition Effect of Exclusive Dealing" (1991) Journal of Industrial Economics Vol.39, pp.209-223

Lind, R., Muysert, P. and Walker, M., "Innovation and Competition Policy" (2002) Office of Fair Trading Economic Discussion Paper 3 5.61

Littlechild, S., "Misleading calculations of the social cost of monopoly power" (1981) Economic Journal Vol.91, pp.348-363

London Economics, Barriers to Entry and Exit in UK Competition Policy, Office of Fair Trading Research Paper No 2, 1994

London Economics, Competition in Retailing, Office of Fair Trading Research Paper No13, 1997

London Economics for the European Commission, The Single Market Review: Impact on Competition and Scale Effects—Competition Issues (Office for Official Publications of the European Communities, 1997)

Lopez, R., "Measuring Oligopoly Power and Production Responses of the

Canadian Food Processing Industry" (1984) Journal of Agricultural Economics Vol.35, pp.219-230

Lyons B. (ed.), "Cases in European Competition Policy: The Economic Analysis" (Cambridge University Press, 2009)

Maddala, G., Limited Dependent and Qualitative Variables in Econometrics (New York, Cambridge University Press, 1986)

Maier-Rigaud F. "Article 82 Rebates: Four Common Fallacies" (2006) European Competition Journal, Special Supplementpp.85-100

Majumdar, A., "Waterbed Effects and Buyer Mergers" (2005), CCP Working Paper No.05-7, available at http://ssrn.com/abstract = 911574 [Accessed September 18, 2009]

Mankiw, N.G. and Whinston, H.D., "Free Entry and Social Inefficiency" (1986) Rand Journal of Economics Vol.17, pp.48-58

Mann, H., Meehan, J. and Ramsey, G., "Market Structure and Excess Capacity: A Look at Theory and Some Evidence" (1979) Review of Economics and Statistics Vol.61, pp.156-160

Marion, B. and Geithman, F., "Concentration-price Relations in the Regional Fed Cattle Markets" (1995) Review of Industrial Organization Vol.10, pp.1-19

Marquez, J., Life Expectancy of International Cartels: An Empirical Analysis, Board of Governors of the Federal Reserve System, Discussion Paper No 439, 1992

Martin, S., Advanced Industrial Economics (Oxford and Cambridge Press, Mass, Blackwell, 1993)

Marvel, H.P., "Exclusive Dealing" (1982) The Journal of Law and Economics Vol.25, pp.1-25

Maskin, E. and Riley, J., "Asymmetric auctions" (2000) Review of Economic Studies Vol.67, pp.413-38

Mirrlees J., "The Theory of Moral Hazard and Unobservable Behaviour" (1975) mimeo Nuffield College, Oxford, subsequently published in Review of E-conomic Studies

Melamed D., "Exclusive Dealing Agreements and Other Exclusionary Con-duct—Are There Unifying Principles?, (2006) Antitrust Law Journal Vol. 73, 375

Melamed D., "Thoughts about Exclusive Dealing", (2008) in Ehlermann and Marquis (eds) "European Competition Law Annual 2007: A Reformed Ap-proach to Article 82 EC" (Hart Publishing)

Mullin, L., Mullin, J. and Mullin, W., "The Competitive Effects of Merg-ers: Stock Market Evidence from the US Steel Dissolution Suit" (1995) Rand Journal of Economics, Vol.26, pp.314-330

Mathis, S.A., Harris, D.G. and Boehje, M., "An Approach to the Delinea-tion of Rural Banking Markets" (1978) American Journal of Agricultural Eco-nomics, Vol.60, pp.601-608

McAfee, R. and Williams, M., "Can event studies detect anti-competitive mergers?" (1988) Economic Letters 28 199-203

McCloskey, D.N. and Ziliak, S.T., "The Standard Error of Regressions" (1996) Journal of Economic Literature Vol.34, pp.97-114

McFadden, D., "Conditional Logit Analysis of Qualitative Choice Behavior" in P. Zarembka (ed) Frontiers in econometrics (Academic Press, New York, 1974) 105-142

McGee, J., "Predatory Price Cutting: The Standard Oil (N.J.) Case" (1958) Journal of Law and Economics Vol.1, pp.137-169

McGee, J., "Predatory Pricing Revisited" (1980) Journal of Law and Eco-nomics, Vol.23, pp.289-330

Mehta, K. and Peeperkorn, L., "The Economics of Competition" in Faull, J. andNikpay, A. (eds), The EC Law of Competition 2nd edn (Oxford University Press, 2007)

Milgrom, P., "Auctions and Bidding: A Primer" (1989) Journal of Economic Perspectives Vol.3, No 3, pp.3-22

Milgrom, P. and Roberts, J., "Predation, Reputation and Entry Deterrence" (1982) Journal of Economic Theory Vol.27, pp.280-312

Mncube, L., Khumalo, J., Mokolo, R. and Njisane, Y., Use of price correlation and stationarity analysis in market definition—lessons from a recent merger" (2007) Mimeo, at http://www.web.wits.ac.za/NR/rdonlyres/37777DEF-BA14-432C-A1DD-85889BC7BBB/0/Mncube_ PricetestsConferencepaper_ 3 _ .pdf[Accessed August 29, 2009] (More detailed discussions of this case can be found in Dalkir and Warren-Boulton (2005) and in ABA (2005))

Monopoly and Mergers Commission, Service Corporation International and Plantsbrook Group: A Report on the Merger Situation (1995) Cm.2880 321.Morrison, S. A. and Winston, C., "The Dynamics of Airline Pricing and Competition" (1990) American Economic Review Papers & Proceedings Vol.80, pp.389-393

322.Motta, M., Competition Policy: Theory and Practice (Cambridge University Press, 2004)

Mueller, W., Khan, N. and Scharf, T., EU and WTO Anti-dumping Law: A handbook 2nd edn (Oxford University Press, 2009)

Murgatroyd, R., Majumdar A. and Bishop S., "Grand Theft Antitrust: Lessons from the GAME/Gamestation Transaction" (2009) European Competition Law Review Vol.30, issue 2 , pp.53-56

Muysert, P., Reynolds, P. and Walker, M., "The 'Waterbed Effect' in Mobile Telephony" (2006) CRA Competition Policy Discussion Paper

Nalebuff B., "Bundling, Tying, and Portfolio Effects, "DTI Economics PaperNo.1, (2003) . Available online at http://www.dti.gov.uk/economics

Nalebuff B., "Bundling as an Entry Barrier" (2004) Quarterly Journal of Economics（2004）Vol.119, No. 1, pp.159-187

Nash, J., "Non-co-operative Games"（1951）Annals of Mathematics Vol. 54, pp.286-295

Neven, D., Nuttall, R. and Seabright, P., Merger in Daylight: The Economics and Politics of European Merger Control（CEPR, 1993）

Neven, D., Papandropoulous, P. and Seabright, P., Trawling for Minnows: European Competition Policy and Agreements between Firms（CEPR, 1998）

Nevo, A., "Measuring Market Power in the Ready-to-eat Breakfast Cereal Industry"（2001）Econometrica Vol.69, pp.307-342

Nevo, A., Mergers with Differential Products: The Case of the Ready-to-Eat Cereal Industry（University of California, Berkeley, Mimeo, 1997）at http://www.emlab.berkeley.edu/users/nevo[Accessed August 29, 2009]

Newey, W. and West, K., "A simple positive semi-definite, heteroscedasticity and autocorrelation consistent covariance matrix"（1987）Econometrica 55, 703-708

Newmark, C., "Price concentration studies: there you go again"in Moriati, P. (ed) Antitrust policy issues（Nova Publishers, 2006）

Nitsche R. and Heidhues P., "Study on methods to analyse the impact of state aid on competition"European Economy, Economics Papers 244. European Commission（2006）

O'Brien, D. and Shaffer, G., "Vertical Control with Bilateral Contracts"（1992）Rand Journal of Economics Vol.23, pp.299-308

O'Brien D. and Wickelgren A. "A Critical Analysis of Critical Loss Analysis"（2003）Antitrust Law Journal Vol.71

Office of Fair Trading"European State Aid Control"（2005）（OFT 821）

Ordover, Janusz, Willig and Robert, "An Economic Definition of Predation: Pricing and Product Innovation"（1981）Yale Law Revue Vol.91: 8

6.70

Ordover, J., Saloner, G. and Salop, S., "Equilibrium Vertical Foreclosure" (1990) American Economic Review Vol.80, pp.127-142

Ordover, J., Sykes, A. and Willig, R., "Herfindahl Concentration, Rivalry and Mergers" (1982) Harvard Law Review Vol.95, p.1857

Osborne, M. and Pitchik, C., "Cartels, Profits and Excess Capacity" (1987) International Economic Review Vol.28, pp.413-428

Owen, B. and Wildman, S., Video Economics (Harvard University Press, 1992)

Oxera, "Assessing Profitability in Competition Policy Analysis" (2003) OFT Economic Discussion Paper 6, OFT 657

Peeperkorn, L., "EC Vertical Restraints Guidelines: Effects-Based or Per Se Policy—A Reply" (2002) European Competition Law Review Vol.23, Issue 1

Perry, M. and Porter, R., "Oligopoly and the Incentive for Horizontal Merger" (1985) American Economic Review Vol.75, pp.219-227

Phlips, L., Competition Policy: A Game Theoretic Perspective (Cambridge, Cambridge University Press, 1995)

Pigou, A.C., The Economics of Welfare 4th edn (London: Macmillan, 1920) 349.Pindyck, R. and Rubinfeld, D., Microeconomics 7th edn (Pearson Prentice Hall, 2008)

Porter, R., "On the Incidence and Duration of Price Wars" (1985) Journal of Industrial Economics, Vol.23 pp.415-428

Porter, R.H. and Zona, J.D., "Detection of Bid Rigging in Procurement Auctions, " (2001) Journal of Political Economy, pp.518-538

Posner, R., Antitrust Law: An Economic Perspective (Chicago, University of Chicago Press, 1976)

Quigley, C., European State Aid: law and policy 2nd edn (Hart Publishing, 2009)

Ramsey, F., "A contribution to the theory of taxation" (1927) Economic Journal37 6.31

Ramsey, J. B., "Tests for Specification Errors in Classical Linear Least Squares Regression Analysis" (1969) Journal of the Royal Statistical SocietySeries B, Vol.31, pp.350-371

Rapp, "Predatory Pricing Analysis: A Practical Synthesis", (1990) 59 Antitrust Law Journal6.87

Rapp, R., "The Misapplication of the Innovation Market Approach to Merger Analysis" (1995) Antitrust Law Journal Vol.64, pp.19-47

Rey P., "On the Right Test for Exclusive Dealing" (2008) in Ehlermann and Marquis (eds) "European Competition Law Annual 2007: A 359.Reformed Approach to Article 82 EC" (Hart Publishing) RBB Economics, "Two Sides to Every Story: Lessons from theTravelport/Worldspan EC Case" (2008) RBB Brief No. 25

Rey, P. and Tirole, J., "The Logic of Vertical Restraints" (1986) American Economic Review Vol.76, pp.921-939

Rey, P. and Tirole, J., A Primer on Foreclosure (Mimeo, 1996)

Ridyard, D., "Essential Facilities and the Obligations to Supply Competitors under UK and EC Competition Law" (1996) European Competition Law Review Vol.8, pp.438-452

Ridyard, D., Bishop, S. and Klass, M., Market Definition in UK Competition PolicyOffice of Fair Trading Research Paper No 1, 1992

Ridyard D., "Exclusive Contracts and Article 82 Enforcement: An Effects-Based Perspective" (2008) European Competition Journal Vol.4, No.2, pp. 579-594

Ridyard D., "The Genzyme Case and the OFT's Margin Squeeze Muddle" (2004) European Competition Law Review Vol.25, Issue 1

Roberts, J., "Battles for Market Share: Incomplete Information, Aggressive

Strategic Pricing and Competitive Dynamics"in T.Bewley（ed）Advances in Economic Theory：Invited Papers for the Fifth World Congress of the Econometric（Cambridge, Cambridge University Press, 1987）

Roberts, K., "Cartel Behaviour and Adverse Selection" (1985) Journal of Industrial Economics, Vol.33, pp.401-413

Robinson, C.K., "Qualifying Unilateral Effects in Investigations and Cases" Address to George Mason Law Review Symposium, 1996

Rochet, J-C. and Tirole, J., "Competition Policy in Two-sided Markets, with a Special Emphasis on Payment Cards"in Buccirossi, P. (ed.) , The Handbook of Antitrust Economics (MIT Press, 2008)

Röller L-H. and de la Mano M., "The Impact of the New Substantive Test in European Merger Control" (2006) European Competition Journal Vol.2 (1)

Röller, L-H., Stennek, J. and Verboven, F., "Efficiency Gains from Mergers" in Ilzkovitz, F. and Meiklejohn, R. (eds) , European Merger Control：Do we need an efficiencydefence? (Edward Elgar, 2006)

Rosenbaum, D., "An Empirical Test of the Effects of Excess Capacity in Price Setting, Capacity-ConstrainedSupergames" (1989) International Journal of IndustrialOrganisation Vol.7, pp.231-241

Rotemberg and Saloner, "A supergame – theoretical model of price wars during booms" (1986) American Economic Review 5.18

Sabbatini, P., "How to simulate the coordinated effect of a merger" (2006) Autorità Garante della Concorrenza e del Mercato, Temi e Problemi 12

Salant, S., Switzer, S. and Reynolds, R., "Losses from Horizontal Merger：The Effects of an Exogenous Change in Industry Structure onCournot-Nash Equilibrium" (1983) Quarterly Journal of Economics Vol.48, pp.185-199

Salop, S., "Practices that (Credibly) Facilitate Oligopoly Co-ordination" in J. Stiglitz and F. Mathewson (eds) New Developments in the Analysis of Market Structure (MIT Press, 1986)

Salop, S., Comments on R. Willig, "Merger Analysis, Industrial Organisation Theory and Merger Guidelines" (1995) Brookings Papers: Microeconomics 1991p.313

Salop, "The First Principles approach to antitrust, Kodak, and antitrust at the Millennium" (2000) Antitrust Law Journal Vol.68 (No 1), pp.187–202 3.70

Salop, S.C. and Riordan, M., "Evaluating Vertical Mergers: A Post–Chicago Approach" (1995) Antitrust Law Journal Vol.63, pp.513–568

Salop, S. C. and Scheffman, D. T., "Raising Rivals' Costs" (1983) American Economic Review Vol.73, pp.267–271

Sass, T. R. and Saurman, D. S., "Advertising Restrictions and Concentration: The Case of Malt Beverages" (1995) Review of Economics and Statisticspp.66–81

Scheffman, D.T., "The Application of Raising Rivals' Costs Theory to Antitrust" (1992) Antitrust Bulletin Spring, pp.187–206

Scheffman D. and Simons J., "The State of Critical Loss Analysis: Let's Make Sure We Understand the Whole Story" (2003) Antitrust Source

Scherer, F., Comment on R. Willig, "Merger Analysis, Industrial Organisation Theory and Merger Guidelines" (1991) Brookings Papers: Microeconomics 1991, p.314

Scherer, F., "Schumpeter and Plausible Capitalism" (1992) Journal of Economic Literature Vol.30, p.1416

Scherer, F.M. and Ross, D., Industrial Market Structure and Economic Performance (Boston, Houghton Mifflin Company, 1995)

Schina, D., State Aids (ESC, 1987)

Schmalensee, R., "Continuum and Finite–Player Noncooperative Models of Competition, " (1981) Continuum and Finite–Player Noncooperative Models of Competition Vol.71 (1), pp.242–47

Schmalensee, R., "Entry Deterrence in the Ready-to-Eat Breakfast Cereal Industry" (1978) Bell Journal of Economics, Vol.9, pp.305-327

Schmalensee, R., "On the Use of Economic Models in Antitrust: The ReaLemon Case" (1979) University of Pennsylvania Law Review Vol.127, pp. 994-1050

Schmalensee, R., "Horizontal Merger Policy: Problems and Changes" (1978) Economic Perspectives Vol.1, pp.41-54

Schmalensee, R. and Willig, R. (eds), Handbook of Industrial Organisation: Volume 1 (New York and Amsterdam, North Holland, 1989)

Schumpeter, J., Capitalism, socialism and democracy (1950)

Seidmann, D.J., "Bundling as a Facilitating Device: A Reinterpretation of Leverage theory" (1991) Economica Vol.58, pp.491-499

Selten, R., "A Simple Model of Imperfect Competition Where Four Are Few and Six Are Many" (1973) International Journal of Game Theory Vol.2, pp. 141-201

Selten, R., "The chain store paradox" (1978) Theory and Decision 9, pp. 127-159

Selten, R., "Are Cartel Laws Bad for Business" in H. Hauptmann, W. Krelle, and K.C. Mosler (eds), Operations Research and Economic Theory (Berlin, Springer-Verlag, 1984)

Shaffer, S., "Stable Cartels with a Cournot Fringe" (1995) Southern Economic Journal Vol.61, pp.74-75

Shapiro, C., Comment on R. Willig, "Merger Analysis, Industrial Organisation Theory and Merger Guidelines" (1991) Brookings Papers: Microeconomics 1991, p.316

Shapiro, C., "Aftermarkets and Consumer Welfare: Making Sense of Kodak" (1995) Antitrust Law Journal Vol.63, Issue 2, pp.483-512

Shapiro, C., "Mergers With Differentiated Products" (1996) Antitrust Vol.

10 (2) , pp.23-30

Shapiro, C. and Varian, H., Information Rules (Harvard Business School Press, 1999)

Shrieves, R., "Geographic Market Areas and Market Structure in the Bituminous Coal Industry" (1987) Antitrust Bulletin Vol.23, p.589

Slade, M.E., "Exogeneity Tests ofMarket Boundaries Applied to Petroleum Products" (1986) Journal of Industrial Economics Vol.34, pp.291-303

Slade, M., "Conjectures, firm characteristics, and market structure: an analysis of Vancouver's gasoline price wars" (Mimeo, 1987)

Slade, M., "Market Power and Joint Dominance in UK Brewing" (2004) Journal of Industrial Economics Vol.52, pp.133-163

Sleuwagen, L., "The Relevant Antitrust Market" (1992) unpublished paper

Slovin, M., Sushka, M. and Hudson, C., "Deregulation, Contestability, and Airline Acquisitions" (1991) Journal of Financial Economics Vol.30, pp.231-251

Soames, T., "An Analysis of the Principles of Concerted Practice and Collective Dominance: A Distinction Without a Difference?" (1996) European Competition Law Review Vol.17, pp.24-39

Spence, A.M., "Entry Capacity, Investment and Oligopolistic Pricing" (1977) Bell Journal of Economics Vol.8, pp.534-544

Sleuwaegen, L., "On the nature and significance of collusive price leadership" (1986) International Journal of Industrial Organization, 4: 177-188

Stackelberg, H. von, Marktform und Gleichgewicht Vienna: Julius Springer (1934) ; reprinted inThe Theory of the Market Economy (London: William Hodge, 1952) , translated by A.T. Peacock

Stennek, J. and Verboven, F., "Merger control and enterprise competititveness—empirical analysis and policy recommendations (Research Institute of Industrial Economics, Stockholm, Working Paper, 2001)

Steiner, R., "How manufacturers deal with the price-cutting retailer: when are vertical restraints efficient?" (1997) Antitrust Law Journal, 65

Stigler, G., The Organisation of Industry (Homewood, Richard D. Irwin Inc, 1968)

Stigler, G., "The Theory of Oligopoly" (1964) Journal of Political Economy, Vol.72, pp.44-61

Stigler, G.J. and Sherwin, R.A., "The Extent of the Market" (1985) Journal of Law and Economics Vol.28, pp.555-585

Stillman, R., "Examining antitrust policy towards horizontal mergers" (1983) Journal of Financial Economics 11, pp.225-40

Stucke, M., "Behavioural Economists at the Gate: Antitrust in the twentyfirst century" (2009) available at http://www.ssrn.com/abstract=981530 [Accessed September 19, 2009]

Suslow, V.Y., Stability in International Cartels: An Empirical Survey, Hoover Institution Domestic Studies Program, Working Paper, No E-88-7, 1988

Sutton, J., Sunk cost and Market Structure: Price Competition, Advertising and the Evolution of Concentration (London, MIT Press, 1991)

Telser, L., "Cutthroat Competition and the Long Purse" (1966) Journal of Law and Economics Vol.9, pp.259-277

Temple Lang, J., "Defining Legitimate Competition: Companies' Duties to Supply Competitors and Access to Essential Facilities" (1994) Fordham International Law Journal Vol.18, pp.437-524

Tirole, J., The Theory of Industrial Organisation (Cambridge, Mass, MIT Press, 1988)

Tirole J., "Incomplete Contracts: Where Do We Stand?" (1999) Econometrica Vol.67, Issue 4 (pp.741-781)

Tivig, T., "Exchange Rate Pass-through in Two-period Duopoly" (1996)

International Journal of Industrial Organization, Vol.14, pp.631-645

Tye, W.B., "Competitive Access: A Comparative Industry Approach to the Essential Facility Doctrine" (1987) Energy Law Journal Vol.8, No 2, pp. 337-379

US Department of Transportation, Proposed Statement of Enforcement Policy on Unfair Exclusionary Conduct by Airlines, 1998

Uri, N.D., Jowell, J. and Rifkin, E.J., "On Defining Geographic Markets" (1985) Applied Economics Vol.17, pp.959-977

Uri, N.D. and Rifkin, E.J., "Geographic Markets, Causality and Railroad Deregulation" (1985) Review of Economics and Statistics Vol.67, pp.422-428

Van Bael, I. and Bellis, J.-F., Anti-dumping and Other Trade Protection Laws of the EEC 2nd edn (London, CCH Editions Ltd, 1990)

Van Dijk, T. and Verboven, F., "Quantification of damages"in Wayne Dale Collins (ed) Issues in Competition Law and Policy ABA Section of Antitrust (2008) Vol.III

Varain, H., Microeconomic analysis (New York, WW Norton, 1984)

Varian H., "Price Discrimination and Social Welfare" (1985) American Economic Review, Vol.75, No.4, pp. 870-875

Vellturo, C., "Evaluating Mergers with Differentiated Products" (1987) Antitrust Vol.11, pp.16-20

Vickers, J., Competition Economics and Policy: a speech on the occasion of the launch of the new social sciences building at Oxford University (2002)

Vickers, J., Concepts of Competition (Oxford, Clarendon Press, 1994)

Vickers J., "Abuse ofMarket Power" (2005) 115 The Economic Journal 244 439. Vickers, J. and Yarrow, G., Privatisation: An Economic Analysis (Cambridge, MIT Press, 1988)

Vickrey, W., "Counterspeculation, auctions and competitive sealed tenders" (1961) Journal of Finance Vol.16, p.8-37

Viscusi, W.K., Vernon, J.M. and Harrington, J.E., Economics of Regulation and Antitrust (Cambridge, MIT Press, 1995)

Vogel, L., "Pratiques anticoncurrentielles: le Conseil de la Concurrence toujours contre le seuil de sensibilité" (1995) Contrats Concurrence Consommation, Editions du Juris-classeur p.9

Vogel, L., "Délégation de pouvoirs et assiette de la sanction" (1997a) Contrats Concurrence Consommation, Editions du Juris-classeur p.7

Vogel, L., "La charge de la preuve de l'indépendance économique pèse sur l'entreprise qui argue de son autonomie" (1997b) Contrats Concurrence Consommation, Editions du Juris-classeur, p.37

Vogel, L., "La notoriété de l'entreprise auteur du comportement anticoncurrentiel, facteur d'évaluation du montant de l'amende" (1997c) Contrats Concurrence Consommation, Editions de Juris-classeur p.143

Vogel, L., "Le seuil de sensibilité de nouveau sur la sellette" (1997d) Contrats Concurrence Consommation, Editions du Juris-classeur p.212

Voillemot, D., "Les procédures de sanction: motivation et proportionnalité de la sanction" (1995) Revue de la Concurrence et de la Consommation No 86

Von Neumann, J. and Morgenstern, O., The Theory of Games and Economic Behaviour (New York, Wiley, 1944)

Walker, M., "The potential for significant inaccuracies in merger simulation models" (2005) Journal of Competition Law and Economics Vol.1, 473-496

Wallis, W.A. and Roberts, H.V., Statistics: A New Approach (New York, Macmillan, 1956)

Warren-Boulton, F.R. and Dalkir, S., "Staples and Office Depot: an event-probability case study" (2001) Review of Industrial Organization 19, pp. 469-81

Weiss, L., Concentration and Price (Cambridge, Mass, MIT Press, 1989)

Werden, G.J., "The Use and Misuse of Shipments Data in Defining Geographic Markets" (1981) Antitrust Bulletin pp.719-737

Werden, G.J., "The Law and Economics of the Essential Facility Doctrine" (1987) Saint Louis University Law Journal Vol.32, pp.433-480

Werden, G.J., Simulating the Effects of Differentiated Products Mergers, E-conomics Analysis Group Discussion Paper, US Department of Justice, 1996

Werden, G. J., "Simulating Unilateral Competitive Effects from Differentiated Products Mergers" (1997) Antitrust Vol.11, pp.27-31

Werden, G. J., "Demand Elasticities in Antitrust Analysis" (1998) Antitrust Law Journal Vol.66, pp.363-414

Werden, G.J. and Froeb, L.M., "Correlation, Causality and All That Jazz: The Inherent Shortcomings of Price Tests for Antitrust Market Delineation" (1993) Review of Industrial Organization Vol.8, pp.329-353

Werden, G.J. and Froeb, L.M., "The Effects of Mergers in Differentiated Products Industries: Logit Demand and Merger Policy" (1994a) Journal of Law, Economics and Organization p.10

Werden, G. and Froeb, L. M., The Effects of Mergers in Differentiated Products Industries: Logit Demand and Structural Merger Policy Economic Analysis Group Discussion Paper, 93-94, 1994b

Werden, G.J. and Froeb, L.M., "Simulation as an Alternative to Structural Merger Policy in Differentiated Products Industries" in M.B.Coate and A.N.Kleit (eds) The Economics of the Antitrust Process (Boston, Kluwer, 1996)

Werden, G.J., Froeb, L.M. and Tardiff, T.J., "The Use of the Logit Model in Applied Industrial Organization" (1994) International Journal of the Economics of Business Vol.VII, p.33

Werden G., "The 'No Economic Sense' Test for Exclusionary Conduct" (2006) 31Journal of Corporation Law 293

Werden, G. and Froeb, L., "Unilateral competitive effects of horizontal mergers" in Buccirossi, P. (ed) Handbook of Antitrust Economics (MIT Press,

2008)

Werden, G., Froeb, L. and Scheffman, D., "A Daubert discipline for merger simulation" (2004) FTC Presentation at http://www.ftc.gov/be/daubertdiscipline.pdf[Accessed August 29, 2009]

Whalen, G.J., "Time Series Methods in Geographic Market Definition in Banking"presented at the Atlantic Economic Association Meetings, 1990

Whinston, M. D., Tying, Foreclosure and Exclusion. Discussion Paper 1343, Harvard Institute of Economic Research, 1987

Whinston, M.D., "Tying, Foreclosure and Exclusion" (1990) American Economic Review Vol.80, pp.837–859

Whinston, M.D. and Collins, S., "Entry and Competitive Structure in Deregulated Airline Markets: An Event Study Analysis of People Express" (1992) Rand Journal of Economics Vol.23, pp.445–462

Whish, R. Competition Law 6th edn (London, Butterworths, 2009)

White, H., "A Heteroskedasticity–Consistent Covariance Matrix Estimator and a Direct Test for Heteroskedasticity", (1980) Econometrica Vol.48, No 4, pp.817–838

Williamson, O., Markets and Hierarchies: Analysis and Antitrust Implications (New York, The Free Press, 1975)

Williamson, "Transactions Cost Economics: The Governance of Contractual Relations", (1979) Journal of Law and Economics Vol.22, pp.233–261

Willig, R., "Merger Analysis, Industrial Organisation Theory and Merger Guidelines", (1991) Brookings Papers: Microeconomics 1991, pp.281–332

Yamey, B., "Predatory Price Cutting: Notes and Comments" (1972) Journal of law and Economics Vol.15, pp.129–142

Yule, G.U., "Why Do We Sometimes Get Nonsense Correlations between Time Series? A Study in Sampling and the Nature of Time Series" (1926) Journal of the Royal Statistical Society Vol.89, pp.1–64